U0139809

地区研究丛书 · 中东系列

刘东 · 主编

One Palestine, Complete

Jews and Arabs Under the British Mandate

一个完整的巴勒斯坦

英国委任统治时期的犹太人与阿拉伯人

Tom Segev

[以] 汤姆·塞格夫 —— 著 | 丁辰熹 —— 译

上海人民出版社

侯赛尼市长第二次向英国人投降。图片拍摄于 1917 年 12 月 9 日，地点位于耶路撒冷
（图片来源：犹太复国主义中央档案馆，CZA）

艾伦比将军进入耶路撒冷城时的场景引发了詹姆斯·波洛克对圣经时代的联想。他写
道："耶路撒冷让我们所有人都觉得基督可以成为我们的朋友。"

西班牙领事安东尼奥·德·巴洛巴伯爵。
图片拍摄于 1918 年，地点位于耶路撒冷
（图片来源：Kol Ha'ir）

耶路撒冷总督罗纳德·斯托尔斯
（图片来源：*Orientations*, Storrs, 1939 ）

1918 年哈伊姆·魏茨曼（右二）和犹太复国主义委员会在卢德（Lod）的合影。按照康格里夫
将军的说法，犹太复国主义委员会是"对英国行政当局的一种长期侮辱"。
（图片来源：以色列国家档案馆，State Archive）

作为欧洲人的阿尔特·莱文
（图片来源：以色列国家图书馆，
The National Library）

作为中东人的阿尔特·莱文
（图片来源：以色列国家图书馆，
The National Library）

哈利勒·萨卡基尼和他的两个女儿（哈拉和
杜米亚）

赫伯特·塞缪尔。图片拍摄于 1923 年，地点位
于耶路撒冷
（图片来源：以色列国家档案馆，State Archive）

塞缪尔（右）和斯托尔斯，图片拍摄于 1921 年。塞缪尔在一份报告中写道："这里太安静了，安静到你能听到一根针掉落的声音。"

（图片来源：犹太复国主义中央档案馆，CZA）

"政府同意在所有的政府公告中加入希伯来文——英文印在中间，阿拉伯文印在右边，希伯来文印在左边……"

高级专员赫伯特·查尔斯·翁斯洛·普卢默。图片拍摄于 1925 年，地点位于耶路撒冷
（图片来源：犹太复国主义中央档案馆，CZA）

高级专员约翰·钱塞勒。"一个令人厌恶的国家，"钱塞勒曾这样评论道。图片拍摄
于 1928 年
（图片来源：犹太复国主义中央档案馆，CZA）

耶路撒冷的法官们。"在一个阳光明媚的早晨，七个人爬上耶路撒冷法院的屋顶上拍照。"图片拍摄于 1925 年

（图片来源：犹太复国主义中央档案馆，CZA）

西墙。图片拍摄于 1925 年

（图片来源：以色列国家档案馆，State Archive）

雷蒙德·卡弗拉塔（Raymond Cafferata）。卡弗拉塔曾说："我既不反犹，也不反阿，我只是亲英国人而已。"图片拍摄于 1925 年，地点位于希伯伦
（图片来源：维罗妮卡·罗伯森［Veronica Robertson］）

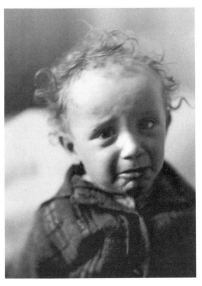

13 个月大的什洛莫·斯洛尼姆（Shlomo Slonim）在希伯伦大屠杀中幸存下来，但他的双亲惨遭杀害
（图片来源：犹太复国主义中央档案馆，CZA）

哈伊姆·沙洛姆·哈莱维（本名耶菲姆·戈尔丁）。图片拍摄于 1929 年
（图片来源：犹太复国主义中央档案馆，CZA）

迷失的一代：十个阿拉伯儿童中只有三个学过读写

（图片来源：以色列国家档案馆，CZA）

英军士兵在撒玛利亚搜捕阿拉伯民族主义者。"谁敢相信巴勒斯坦竟有此等英雄？"哈利勒·萨卡基尼曾评论说。

（图片来源：犹太复国主义中央档案馆，CZA）

犹太复国主义运动海报，号召犹太人加入农业定居点
（图片来源：犹太复国主义中央档案馆，CZA）

1948 年的特拉维夫。"那里竟有四层楼高的房子！"莫迪
凯·本–希勒尔·哈科亨评论说。
　　（图片来源：犹太复国主义中央档案馆，CZA）

高级专员阿瑟·格伦费尔·沃科普。图片拍摄于 1925 年，地点位于耶路撒冷
（图片来源：威廉·丹尼斯·巴特希尔［Whilliam Dennis Battershill］）

在政府大楼举办的一场花园派对。"松树林和花园环绕着这座石质建筑……它散发着威严和永恒的气息，任何人只用看一眼便不会对以下事实产生任何怀疑：大英帝国曾来过。"（图片来源：茨维·奥隆［Zvi Oron］）

在英军中服役的阿拉伯人。图片拍摄于 1939 年
（图片来源：犹太复国主义中央档案馆，CZA）

工党领袖戴维·本-古里安。图片拍摄于 1924 年，地点位于耶路撒冷
（图片来源：以色列政府新闻处，Israel Government Press office）

犹太复国主义领袖戴维·本-古里安在他的办公室。图片拍摄于 20 世纪 40 年代末
（图片来源：以色列政府新闻处，Israel Government Press office）

作为德意志第三帝国访客的大穆夫提哈吉·阿明·侯赛尼。图片拍摄于 1941 年，地点位于柏林

（图片来源：犹太复国主义中央档案馆，CZA）

1941 年，意大利飞机轰炸特拉维夫，当地民众躲在防空洞中
（图片来源：犹太复国主义中央档案馆，CZA）

英军巡逻队。英国殖民大臣曾表示："巴勒斯坦是缠绕在我们脖子上的一座里程碑。"
（图片来源：犹太复国主义中央档案馆，CZA）

1947 年的耶路撒冷。内森·阿尔特曼曾评论说:"英国人背叛了我们。"
（图片来源:犹太复国主义中央档案馆,CZA）

1948 年耶路撒冷街头手持阿卜杜·卡德尔·侯赛尼照片的哈加纳战士。"犹太人赢了,还有什么可说的呢?"詹姆斯·波洛克说道。
（图片来源:帝国战争博物馆,Imperial War Museum）

萨里·萨卡基尼："我必须做自己的主人。"（图片来源：以色列国家档案馆，State Archive）

伊夫林·巴克将军（图片来源：犹太复国主义中央档案馆，CZA）

凯蒂·安东尼乌斯（图片来源：以色列国家档案馆，State Archive）

"这些植物是我的命根子,"简·兰开斯特语。
（图片来源：里卡达·施韦林［Ricarda Schwerin］）

1948 年的卢德。"是时候离开了。"
（图片来源：帝国战争博物馆，Imperial War Museum）

犹太战士。图片拍摄于 1947 年
（图片来源：以色列政府新闻处，Israel Government Press office）

英国高级专员约翰·钱塞勒爵士抵达巴勒斯坦。图片拍摄于 1928 年
（图片来源：犹太复国主义中央档案馆，CZA）

展开地区研究的三根主轴

　　首先要说明的是，这套丛书是在一种并存着刺激与困扰的张力中产生的。它既是以在中国尚属"新兴"的学科来命名，那么顾名思义，当然是顺应了"地区研究"在中国的发展，而这项研究在中国的应运而生，则又肯定是顺应了全球化的迅猛势头。——正是在这种方兴未艾的势头中，中国不光是被动卷进了全球化的进程，还进而要主动成为更大规模的"全球性存在"。就此而言，收进这套丛书中的著作，虽然将视线聚焦在了地球上的某一"地区"，但那都要隶属于环球视界中的特定"视域"。

　　不过，正如罗兰·罗伯逊所指出的，经常要与"全球化"（globalization）相伴生的，竟又是所谓的"全球在地化"（glocalization）。这不光从文化上喻指着，一旦遭遇到"麦当劳化"的夷平，就会激发与强化地方的认同；还更从经济上喻指着，由跨国生产与流通带来的重新洗牌，无论在一个社会的内部还是外部，都会造成新的失衡、落差、不公与愤懑。——正因为这样，反倒是全球化的这一波高潮中，人们才大概是不无意外地看到了，这个世界竟又以原以为"过了时"的民族国家为框架，利用着人类最基本的自卫本能，而煽起了民族主义的普遍排外逆流。

　　其次又要说明的是，这套丛书也是在一种"学科自觉"的批判意识中产生的。这种批判意识的头一层含义是，正是成为"全球性存在"的迫切要求，才使我们眼下更加警觉地意识到，再像传统学科那样去瓜分豆剖，把知识限定得"井水不犯河水"，就会对亟欲掌握的外部世界，继续造成"盲人摸象"式的误解。正因为这样，我们想借这套丛书引进的，就不光是一些孤零零的研究结论，还更是一整套获致这类结论的研究方法。这样的方法告诉我们，如果不能相对集中优势研究资源，来对一个相对独立的地理区域，几乎是"无所不用其极"地调动各门学科，并且尽量促成彼此间的科际整合，我们就无从对于任何复杂的外部区域，获得相对完整而融汇的有用知识。——不言而喻，也正是在这样的理解中，"地区研究"既将会属于人文学科，也将会属于社会科学，却还可能更溢出了上述学科，此正乃这种研究方法的"题中应有之意"。

接下来，这种批判意识的第二层含义又是，尽管"地区研究"的初始宗旨，当然在于有关外部世界的"有用知识"，而一俟这种知识落熟敲定，当然也可以服务于人类的实践目的，包括作为出资人的国家的发展目标，不过与此同时，既然它意欲的东西堪称"知识"，那么，它从萌生到发育到落熟的过程，就必须独立于和区隔开浅近的功用。无论如何，越是能争取到和维护住这样的独立性，学术研究的成果就越是客观和可靠，越足以令读者信服，从而也才能更有效地服务于社会。——不言而喻，又是在这样的理解中，率先在中国顶尖大学中建立起来的"地区研究"，虽则在研究的国别、项目和内容上，当然也可以部分地与"智库"之类的机构重叠；然而，它在知识的兴趣、理想的宗旨、研究的广度、思考的深度、论证的独立上，又必须跟对策性的"智库"拉开距离，否则也就找不到本学科的生存理由了。

正是基于上述的权衡，我在清华大学地区研究院的第一次理事会上，就向各位同行当面提出了这样的考虑——我们的"地区研究"应当围绕着

"三根主轴":第一,本土的历史经验与文化价值;第二,在地的语言训练与田野调查;第三,与国际"地区研究"的即时对话。毋庸置疑,这"三根主轴"对我们是缺一不可的。比如,一旦缺少了对于本国文化的了解与认同,从而无法建立起自身的文化主体性,那么,就不仅缺乏学力去同外部"地区"进行文明对话,甚至还有可能被其他文化给简单地"归化"。再如,一旦缺乏对于国际"地区研究"的广阔视野,那么,就会沦入以往那种"土对土"的简陋局面,即先在本国学会了某一个"小语种",再到相应的"地区"去进行综述性的报道,以至于这种类似新闻分析的雏形报告,由于缺乏相应的学术资源、知识厚度与论证质量,在整个大学体系中总是处于边缘地带,很难"登堂入室"地获得广泛的认可。

关于这种所谓"小语种"的学科设置,究竟给我们的知识生产带来了哪些被动,我上次在为"西方日本研究丛书"作序时,就已经以"日本研究"为例讲过一回了:

> 从知识生产的脉络来分析,我们在这方面的盲点与被动,至少在相当大的程度上,是由长期政治挂帅的部颁教育内容所引起的。正如五十年代的外语教学,曾经一边倒地拥抱"老大哥"一样,自从六十年代中苏分裂以来,它又不假思索地倒向了据说代表着全球化的英语,认定了这才是"走遍天下都不怕"的"国际普通话"。由此,国内从事日本研究的学者,以及从事所有其他非英语国家研究的学者,就基本上只能来自被称作"小语种"的相关冷门专业,从而只属于某些学外语出身的小圈子,其经费来源不是来自国内政府,就是来自被研究国度的官方或财团。[1]

---

[1] 刘东:《序"西方日本研究丛书"》。

有鉴于此，为了能让我们蓄势待发的"地区研究"，真正能摆脱以往那种被动的局面，既不再是过去那种边边角角的、聊备一格的国别史，也不会是当下这种单纯对策性、工具性的咨询机构，也为了能够让它所获得的学术成果，最终能被纳入到公认的学术主流，进而成为人们必备和必读的文化修养之一，我才提出再来创办一套"地区研究丛书"。当然，如果从学科划分的角度来看，我以往主编的"海外中国研究丛书"和"西方日本研究丛书"，也都属于海外，特别是美国的"地区研究"，具体而言，是属于"地区研究"中的"东亚研究"。于是，如果从这个角度来看，本套丛书亦正乃以往努力的延续。另外，考虑到美国的"地区研究"虽说无所不包，甚至还包括哈佛设立的"美国文明"项目，也即还要包括用来反观自身的"本国研究"，可毕竟它那些最富成果也最具功力的领域，还要首推其中的"东亚研究""中东研究"和"拉美研究"。既然如此，我们这次就先行推出两个"子系列"，即"地区研究·中东系列"和"地区研究·拉美系列"。——如果再算上我以往主编的两套"东亚研究"，那么或许也可以说，这大概是美国"地区研究"的主要精华所在了。

最后，尽管在前文中已经述及了，但行文至此还是要再次强调：在我们规划与期望中的，既有中国特色又有全球关怀的"地区研究"，必须围绕缺一不可的"三根主轴"，即第一，本土的历史经验与文化价值；第二，在地的语言训练与田野调查；第三，与国际"地区研究"的即时对话。从这个意义来讲，我们在这套丛书中引进的，就属于对于那"第三根主轴"的打造，也就是说，它既会形成学术对话的基础，也将构成理论创新的对手。也就是说，一旦真正展开了这种学理形态的对话，那么，"前两根主轴"也势必要被充分调动起来，既要求本土经验与价值的参与，也要求在地调查的核实与验证。由此一来，也就逻辑地意味着，对于既具有强大主体性又具有亲切体验性的，因而真正够格的"地区研究家"来说，无论这些著作写得多么匠心独运、论证绵密、学殖深厚、选点巧妙，也都不可能被他们不假思索地"照单全收"了，否则，人类知识就无从继续谋求增长了，而学术事业也将就此停滞不前了。

不过话说回来，不会去"照单全收"，并不意味着不能"择优吸收"。恰恰相反，至少从我个人的角度来看，从这套书逐渐开始的、逐字逐句和恭恭敬敬的迻译，恰恰意味着在起步阶段的、心怀诚敬和踏踏实实的奠基。也就是说，从这里一砖一瓦缓缓堆积起来的，也正是这个学科之标准、资格与威望的基础——当然与此同时，也将会是我们今后再跟国际同行去进行平等对话的基础。

刘东

2019 年 8 月 28 日于青岛海之韵

目 录

致　谢

英国对巴勒斯坦委任统治时期的这段历史曾引起过许多作家的兴趣，我首先要感谢从事这一领域研究的先行者们。我在耶路撒冷的犹太国立和大学图书馆（the Jewish National and University Library）中找到了他们所撰写的大部分书籍和文章，在此，我想对图书馆借阅部、阅览室和期刊部的工作人员表示感谢。

这项研究基于数以千计的档案材料，包含难以计数的文件。其中大部分文件保存在位于以色列、英国和美国的历史档案馆里。以色列的档案馆包括：犹太复国主义中央档案馆（Central Zionist Archive）、以色列国家档案馆（the Israel State Archives）、魏茨曼档案馆（the Weizmann Archives）、本-古里安遗产档案馆（the Ben-Gurion Heritage Archives）、劳工运动研究所档案馆（the Archive of the Institute for the Study of the Labor Movement）、工党档案馆（the Labor Party Archive）、哈加纳档案馆（the Haganah Archive）、贾博廷斯基研究所档案馆（the Jabotinsky Institute Archive）和雅伊尔之家档案馆（the Yair House）。

英国的档案馆包括：位于伦敦的公共档案馆（the Public Records Office）、帝国战争博物馆（the Imperial War Museum）、大英图书馆（the British Library）和国王学院的李德·哈特中心（the Liddell-Hart Centre, King's College）。其次还包括：牛津大学圣安东尼学院的中东中心（the Middle East Centre, St. Antony's College, Oxford）、牛津大学罗德楼图书馆（the Rhodes House Library, Oxford）、牛津大学博德莱恩图书馆（the Bodleian Library, Oxford）、剑桥大学图书馆（the Cambridge University Library），以及利物浦大学西德尼·琼斯图书馆（the

Sidney Jones Library, University of Liverpool)。

我还需特别感谢北爱尔兰公共档案馆（the Public Records Office of Northern Ireland ），该机构大方地向我公开了詹姆斯·波洛克的日记和信件。波洛克是最早进入巴勒斯坦的英国人之一，也是最后离开的人之一。

我使用过的其中一部分材料保存在华盛顿的美国国家档案馆（the National Archives ）、纽约的犹太神学院（the Jewish Theological Seminary ），以及德国慕尼黑的当代历史研究所（the Institute for Contemporary History ）。

上述所有机构及其工作人员均给予了我慷慨、有力的帮助，以至于我怎么向他们道谢都不为过。在这些人之中，我必须特别感谢圣安东尼学院的克莱尔·布朗。

本书所依赖的大量材料都归私人所有，且在书中首次公开，它们构成了本书的基础。在此，我向这些材料的所有者表示感谢。马德里的蒙特费尔特女伯爵（Condesa de Montefuerte, Madrid ）玛丽亚·伊莎贝尔·德拉西尔瓦（Maria Isabel de la Cierva ）女士当着我的面打开了她父亲马德里的巴洛巴伯爵安东尼奥·德拉西尔瓦·莱维塔（Antonio de la Cierva Lewita, Conde de Ballobar, Madrid ）的私人日记。这位伯爵在第一次世界大战期间担任西班牙驻耶路撒冷的领事。多亏了神奇的互联网，我才找到蒙特费尔特女伯爵，当她父亲那引人入胜的日记到达我手中时，我还得到了西班牙历史学家爱德华多·曼萨诺·莫雷诺（Eduardo Manzano Moreno ）、以色列历史学家什洛莫·本-阿米（Shlomo Ben-Ami ），以及特拉维夫大学苏拉斯基图书馆（the Sourasky Library ）馆长丹·西蒙（Dan Simon ）博士的慷慨协助。胡里奥·阿丁（Julio Adin ）帮助我翻译了这本日记。

耶路撒冷的穆宁家族（the Munin family ）为我提供了一座真正的宝库——其祖父阿尔特·莱文（又名耶路撒冷人阿萨夫·哈莱维）的私人文书和文学作品。在这方面，我还要感谢身为诗人同时也是小说家的安东·沙马斯（Anton Shammas ）。

我要感谢拉马拉的哈拉·萨卡基尼和杜米亚·萨卡基尼，她们准许我研究他们的父亲，即著名的教育家和作家哈利勒·萨卡基尼的原始日记。这份文件具有无可比拟的重要性，但它至今也只以阿拉伯文和希伯来文的形式出版了其中的部分内容。在此，我也要向侯赛因·哈姆扎（Hussein Hamza）表示衷心的感谢，这位研究阿拉伯文学的学者协助我翻译了萨卡基尼的日记。此外，他还为本书所依赖的其他阿拉伯文材料倾注了大量的时间和精力。

利物浦的维罗妮卡·罗伯逊（Veronica Robertson）十分友善地向我提供了她父亲雷蒙德·卡弗拉塔（Raymond Cafferata）的自传、信件和其他材料。卡弗拉塔于1929年任希伯伦警局的指挥官。德-本森夫人则向我提供了她丈夫，巴勒斯坦托管国教育部门主任伯纳德·德-本森（Bernard de Bunsen）爵士的日记和其他资料。此外，彼得·刘易斯（Peter Lewis）少校在《英国近卫步兵团官方历史》(*the Official History of the Grenadier Guards*)一书出版前曾向我提供了该书相关章节的文稿。

我要感谢阿利·沙维特（Ari Shavit），他准许我引用耶路撒冷的玛格丽·本特威奇（Margery Bentwich of Jerusalem）的著作。本书还参考了亚伯拉罕·哈勒菲（Avraham Halfi）从特拉维夫城的创始人和早期居民那里搜集到的回忆录，在回忆录被集结出版之前，亚伯拉罕之女雷海勒·哈勒菲（Rachel Halfi）女士曾慷慨地向我展示了其中的一些章节。

耶路撒冷的什洛莫·哈莱维（Shlomo Halevy）向我提供了他父亲的几十封信件，当年他的父亲从巴勒斯坦把这些信件寄给了他身在维尔纽斯的父母。在这方面，我要特别感谢中央犹太复国主义档案馆馆长约拉姆·马约雷克（Yoram Mayorek），是他让我注意到了这些信件的存在。

耶路撒冷的洛特·盖格（Lotte Geiger）向我展示了其好友迈克尔·布莱恩特（Michael Bryant）的日记，还允许我引用了几封私人信件。

我想感谢圣城大学（Al-Kuds University）校长萨里·努塞贝（Sari Nusseibeh）博士，他的父亲当年是耶路撒冷的阿拉伯公众领袖之一。在他的许可之下，我才得以查阅其父所撰写的个人回忆录。在这方面，我还要感谢意大利记者洛伦佐·克雷莫尼西（Lorenzo Cremonesi）。

还有许多其他的人也向我提供了建议和个人信息，其中包括以色列空军历史和信息处处长阿夫内·帕兹（Avner Paz）上校、吉登·赫梅尔（Gidon Hermel），以及亚伯拉罕·库什尼尔（Avraham Kushnir）。我还要特别感谢联合国停战监督组织耶路撒冷指挥部（the UNTSO command in Jerusalem）的高级顾问安东尼·弗兰奇（Anthony French），他曾在政府大楼（Government House）接待了我。

我在写作本书之前曾花了三年时间用于调研，在此期间，我得到了两位年轻、优秀、有想法的学者的帮助，他们是奥弗·努尔（Ofer Nur）和乔纳森·卡明斯（Jonathan Cummings）。他们每个人都以自己的方式帮我完成了调研，不仅协助我搜寻资料，还贡献了他们的分析和理解，这使我获益匪浅。他们在工作过程中倾尽心力，同时还让我感受到了他们的友情。对此我特别感激。

阿维·卡兹曼（Avi Katzman）在编辑本书希伯来文手稿的过程中贡献了他的聪明才智。他总能在强硬与友好之间找到黄金分割点，同时帮我避免了不少错误。哈伊姆·瓦茨曼（Haim Watzman）是英文版的译者，他在翻译过程中帮忙进一步完善了手稿的内容。最后，我还要由衷地感谢我的经纪人兼好友黛博拉·哈里斯（Deborah Harris）。

缩略语

ISA：State Archive 以色列国家档案馆

CZA：Central Zionist Archive 犹太复国主义中央档案馆

FRUS：Papers relating to the Foreign Relations of the United States 美国对外关系相关文件

H. C. Debs：Parliamentary Debates，House of Commons 议会辩论，下院

H. L. Debs：Parliamentary Debates，House of Lords 议会辩论，下院

HMSO：His Majesty's Stationery Office 皇家文书出版署

IWM：Imperial War Museum，Department of Documents 帝国战争博物馆，文档部

JTS：Jewish Theological Seminary 犹太神学院

KCL：King's College，London. Liddell Hart Center for Military Archives 国王学院李德·哈特军事档案中心

MEC：Middle East Center，St. Antony's College，Oxford 牛津大学圣安东尼学院中东中心

PCL：Pembroke College Library Cambridge 剑桥大学彭布罗克学院图书馆

PRO：Public Record Office 公共档案馆

PRONI：Public Record Office of Northern Ireland 北爱尔兰公共档案馆

RCS：Royal Commonwealth Society，Cambridge University Library 皇家英联邦协会，剑桥大学图书馆

RHL：Rhodes House Library，Oxford 牛津大学罗德楼图书馆

ULL：University of Liverpool Library，Special Collections and Archives 利

物浦大学图书馆特殊收藏与档案

USNAM：United States National Archive Microfilm 美国国家档案馆微缩胶卷

引言　直到我们再次相见

在锡安山南坡，圣经时代耶路撒冷的遗迹旁，有一座小型的新教公墓。通往墓地的小路穿过松树、柏树，橄榄树、柠檬树，以及粉色和白色的夹竹桃树丛，一直延伸到某扇黑色的铁门，铁门周围蜷曲着一根优雅的葡萄藤。坟墓散落在梯田似的山丘上，怕是有一千座之多；古老的石头从红色的银莲花中探出头来。在不远处的山顶上有一处遗迹，它被犹太人尊为大卫王的墓地；山顶上还有一个房间，天主教徒认为"最后的晚餐"就是在此处举行的。他们还相信，在附近的某个地下室里，耶稣的母亲玛利亚长眠于此。这座山对于穆斯林来说也有类似的意义，山上有几座坟墓被他们视为圣地。

19世纪40年代，塞缪尔·戈巴特（Samuel Gobat）主教建立起了这座公墓，供热爱耶路撒冷的人士使用。然而，在那些埋葬于此的人当中，很少有人是在这座城市出生的。他们大多是外国人，几乎来自世界各地。他们的墓碑上镌刻着用英文、德文、希伯来文、阿拉伯文和古希腊文撰写的墓志铭，一块墓碑上甚至还刻着波兰文。[1]

当第一批死者被安葬在这里时，巴勒斯坦还是奥斯曼帝国下属的一个相当偏远的地区，当地没有自己的中央政府，也没有什么公认的规范。时间慢慢地流淌着，骆驼的脚步和传统的束缚决定着这座城市的节奏。世纪末，外来者开始涌入，该地似乎便从黎凡特地区的恍惚状态中苏醒过来。无论是穆斯林、犹太人还是基督徒，他们都被一股强大的宗教和情感力量吸引到以色列地（the Land of Israel）。有些人只停留了很短的时间，而有些人则永久地定居下来。他们共同掀起了一场持续近百年的革命，一场混杂着预言和幻想、创业精神、先锋理想及冒险主义等元素的多元文化革命。幻想与行动之间的界线往往是模糊的——来自各国的骗子和怪人齐聚一堂——但在大多数情况下，这一时期的特点是充满干劲和勇气，人们有胆量去尝试各种第一次。甚至在一段时间里，新来的人们沉醉于一种集体错觉，即认为一切皆有可能。

1908 年，一个美国人为巴勒斯坦带来了第一辆汽车。他驾车纵横驰骋，游遍全国各地，在当地引起一阵轰动。一位荷兰记者来到加利利地区，梦想着教当地居民说世界语。一位来自罗马尼亚的犹太教育家在里雄·莱锡安（Rishon LeTzion）——一个由犹太复国主义者们建立的小型实验性定居点——开办了一所幼儿园，这名教育家同时也是第一份希伯来儿童报纸的编辑之一。有人开始生产冰淇淋——此人名叫西姆哈·惠特曼（Simcha Whitman），他还在特拉维夫开设了第一家小卖部。一个名为阿巴·科亨（Abba Cohen）的人成立了一支消防队，而另一个出生于柏林的企业家筑成了第一座蜂房。一位乌克兰指挥家成立了一家当地的歌剧院，另一个来自安特卫普的商人建立了一家钻石抛光厂。一位曾在苏黎世求学过的俄罗斯农学家在当地种植上了桉树，而另一位来自维尔纽斯（Vilna）的实业家则在当地创办了第一家钉子厂（即巴尔泽利特［Barzelit］钉子厂）。俄国医生阿尔亚·莱奥·博伊姆（Aryeh Leo Boehm）建立了巴斯德研究所，而一个名叫斯密亚蒂斯基（Smiatitzki）的波兰人则将《爱丽丝梦游仙境》翻译成了希伯来语。[2] 巴勒斯坦阿拉伯名士乔治·安东尼乌斯（George Antonius）梦想着建立一所阿拉伯大学。与此同时，他还在为一本阿拉伯语技术术语词典出版所需的经费四处奔波。[3] 除了巴勒斯坦本地的阿拉伯人外，该国的其他阿拉伯人来自土耳其、摩洛哥、波斯、阿富汗及其他六七个国家。这里还有或被释放或从主人那里逃出来的前黑奴。[4]

数万人从东欧和中欧来到这里，其中大多数是犹太人。他们中有勇敢的反叛者，在犹太复国主义意识形态的影响下寻找新的身份。其他人则是因为贫困或被迫害而选择逃离，多数人是作为难民非自愿地来到这里。A. D. 戈登是一位长着白胡子的农民传教士。在某种程度上，他就是当地的托尔斯泰。他在加利利地区传播福音，号召人们从事手工劳动并回归自然。他来自乌克兰，是劳工犹太复国主义——一场带领犹太人走向独立的政治运动——的创始人之一。一个狂热且疯狂的年轻女子，身着阿拉伯服饰，在加利利山区奔波驰骋，她的名字叫玛尼亚·威尔布什维茨（Manya Wilbushewits）。玛尼亚来自俄国，在那里，她把自己的灵魂献给了共产主义。在巴勒斯坦，她是集体农场的创始人之一，这种集体农场是基布兹（Kibbuts）的早期雏形。她同时还是以色列国防军前身哈舒迈尔（HaShomer）的首批成员之一。[5] 一些犹太移民在由第一批犹太复国主义者们建立的农村中开始了新的生活；另一些人则决定在地中海的岸边建立一座新的城市，它的名字叫特拉维夫。

基督徒则带来了其祖国的帝国主义愿景，他们大多被吸引到了耶路撒冷。领导犹太复国主义运动的哈伊姆·魏茨曼（Chaim Weizmann）说："因此，巴勒斯坦，特别是耶路撒冷，成了一座名副其实的巴别塔。"[6] 的确如此，基督徒们全都试图以他们自己的精神和形象来塑造这座城市，耶路撒冷仿佛是一个国际沙盘。俄国人用"洋葱圆顶"来覆盖他们的教堂，就像莫斯科的克里姆林宫一样；意大利人在当地建立了一所医院，并在旁边竖起了一座像佛罗伦萨韦奇奥宫（Palazzo Vecchio in Florece）一样的塔楼。在锡安山上，德国人以亚琛（查理大帝治下的首都）的大教堂为灵感，修建了一座教堂。位于城市南部的德国殖民区看起来就像黑森州的一个小镇——几十栋红瓦屋顶的小石屋，形成了一个主要由圣殿骑士团成员组成的社区。埃丝特尔·布莱思（Estelle Blyth）是耶路撒冷圣公会大教堂设计师的女儿，她写道："怪人在巴勒斯坦是安全的。"这一建筑结构的灵感来自牛津的"新学院"大楼（New College）。[7] 一位来自芝加哥的律师在距教堂不远处安了家。这位律师和他的教派成员们共同建起了耶路撒冷的美国殖民区（American Colony），他们梦想着在全世界传播爱、同情与和平。[8]

美国殖民区的各大创始人也埋葬在戈巴特主教的公墓里。离他们不远处埋葬着一位德国银行家的儿子，他曾资助了连接雅法和耶路撒冷的第一条铁路。附近还有一位波兰医生的坟墓。他在先知街开设了第一家儿童医院。葬在这位医生一旁的康拉德·希克（Conrad Schick）在上述同一条街上所造的建筑使他成为了现代耶路撒冷最伟大的建筑家。在他的家乡瑞士，希克曾做过布谷鸟自鸣钟。在公墓更高的一个平台上埋葬着一个英国人：威廉·马修·弗林德斯·皮特里（William Matthew Flinders Petrie）。他被一些人尊为现代考古学之父。他在埃及做了很多工作，也在巴勒斯坦进行了考古发掘。他晚年在耶路撒冷定居，并于近九十岁时去世。在他下葬之前，这位考古学家的遗孀把他的头颅从身体上割了下来。头颅被放在一个装有福尔马林的罐子里。在用木箱打包后，威廉的头颅被送到伦敦进行病理学检查，目的是找出其聪明才智的秘密。[*][9]

在这座新教墓地里，埋葬着许多为巴勒斯坦而牺牲的外国人，其中有许多士兵。在英国委任统治[†]时期数十年的冲突中，他们丢掉了自己的性命，敌人和战友并肩而葬。阿道夫·弗洛尔（Adolf Flohl）是一名德军飞行员。在第一次世界大战期间，他加入了保卫本国盟友奥斯曼土耳其人的战役，并于1917年11月中旬被击落身亡，此时距离英军挺进耶路撒冷并控制巴勒斯坦还有不到四周的时间。在离弗洛尔之墓的不远处埋葬着一位英国警察，他是N. E. T. 奈特（N. E. T. Knight）巡佐。奈特于1948年4月被杀，此时距离英国人离开巴勒斯坦还有不到四周的时间。这些人共同见证了一个充满希望和恐怖的时代。

将欧洲推入20世纪的那场大战也改变了巴勒斯坦的地位。七百多年以来，这片土地一直处于穆斯林的统治之下。1917年，作为英国进军中东计划的一部分，它落到了基督徒手中；事实上，许多征服该地的英国士兵都把自己比作十字军。然而，即使英国人控制了巴勒斯坦，他们的帝国也正在走向衰亡；当他们在三十年后离开这个国家的时候，英国刚刚失去了皇冠上的明珠——印度。巴勒斯坦不过是一个即将结束的故事的尾声。因此，在帝国的历史上，巴勒斯坦只是一段并不光彩的插曲。[10]

从一开始这就是一个奇怪的故事。总的来说，英国人似乎在这场冒险中失去了方向。他们并没有从对巴勒斯坦的统治中获得任何经济利益。相反，统治的财政代价却不时会让他们考虑离开这个国家。占领巴勒斯坦也没有给他们带来任何战略利益，尽管他们认为有。许多高级军官认为，巴勒斯坦对帝国利益没有任何贡献，也有人警告说，对该国的统治有可能削弱大英帝国

---

[*] 按照以色列作家梅隆·本维尼斯蒂（Meron Benvenisti）的说法，当木箱抵达伦敦时，没有人去认领它，它迷失在大英博物馆的巨大地下室里。"弗林德斯·皮特里的头颅，"本维尼斯蒂写道，"停留在了最合适的位置，埋藏在他（弗林德斯）所挖掘和研究过的宝藏中。"这个传说是如此地迷人，如此地光怪陆离，充满了耶路撒冷的特色，以至于让人犹豫不决，不敢去触碰它，唯恐它被揭穿而变成幻想。四十年后，这个天才的头颅被人重新发现了。

[†] "委任统治"即Mandate，这一术语在后文中视情况亦翻译为"托管国"。——译者注

的实力。早期的迹象表明，英国人正在使自己卷入一个无解的政治问题中。这些都为不接管这个国家提供了充分的理由。但巴勒斯坦毕竟是圣地，它本身就具有特殊的吸引力，其地位不是仅由地缘政治层面的考量就能决定的。英国政府的一位官员评论说："巴勒斯坦对我们大多数人来说是一种情感而不是现实。"[11]

起初，巴勒斯坦的居民们把英国人当成一支解放军来对待。阿拉伯人和犹太人都希望独立，并认为他们会在英国的支持下赢得独立。混乱、暧昧和失望从一开始就存在。在出兵巴勒斯坦之前，英国人就被一封书信捆住了手脚。在这封给阿拉伯人的信中，英国人不仅闪烁其词，还表现得极其业余。阿拉伯人认为他们与英国人达成了一项协议：他们将帮助英国对抗奥斯曼帝国，而作为交换，他们将得到巴勒斯坦。然而，就在征服这个国家之前，国王陛下的政府却发表了《贝尔福宣言》，宣布该国将"支持"犹太复国主义者在巴勒斯坦为犹太人民建立一个"民族家园"的愿望。事实上，英国人向犹太复国主义者许下了一项承诺，即他们可以在巴勒斯坦建立一个犹太国家。英国人大笔一挥，这片应许之地就变成了两项承诺的标的物。尽管英国人占有了"一个完整的巴勒斯坦"（one Palestine，Complete）——正如英国高级专员在其所签署的接收文件上所指出的那样——但在国王陛下的政府进驻该地之前，巴勒斯坦实际上已经被分成了两半。

英国人履行了对犹太复国主义者的承诺。他们向大规模的犹太移民开放了国境。到1948年，犹太人口增加了十倍以上。犹太人被允许购买土地，发展农业并设立工厂和银行。英国人允许他们建立了数百个新的定居点，其中包括几个城镇。犹太人建立起了学校和军队，形成了政治领导层和民选机构。在这一切的帮助下，他们最终打败了阿拉伯人。这一切都是在英国人的支持下进行的，都源自1917年的那个承诺。人们普遍认为英国持"亲阿"立场，但实际上，英国所推行的政策相当有利于犹太复国主义事业。

在支持犹太复国主义运动的过程中，英国人认为他们赢得了一个强大而有影响力的盟友的支持。这种想法实际上是"犹太人推动了历史车轮"这一观念的翻版——一种融合了古典反犹主义先见和对圣地及其人民浪漫崇拜的独特现代观念。事实上，犹太人民是无助的，除了这种神秘权力的神话之外，他们提供不了任何东西，也没有任何影响力。

英国人妄想可以在不伤害阿拉伯人的情况下为犹太人建立一个民族家园，或许有些人甚至坚信如此。但这当然是不可能的。事实是，两个相互竞争的民族主义运动强化了他们各自在巴勒斯坦的身份认同，并朝着对抗的方向稳步推进。历史学家伊萨·哈拉夫（Isa Khalaf）写道："对于一个巴勒斯坦民族主义者来说，当他在面对犹太民族主义及其支持者（西方列强）时，他几乎没有任何妥协的余地。"[12] 既然如此，结局从一开始就只有两种可能：阿拉伯人打败犹太复国主义者，或者犹太复国主义者打败阿拉伯人。两者之间的战争是不可避免的。

而英国则被夹在中间。高级专员阿瑟·沃科普（Arthur Wauchope）把自己比作一个试图同时驾驭两匹马的马戏团演员。他说，在这两匹马中，一匹跑不快，另一匹也不愿慢下来。[13] 英国人一度紧紧抓住一种希望，即在巴勒斯坦建立一个由犹太人和阿拉伯人共享的单一地方身份认同。在这一背景下，他们甚至提出了"巴勒斯坦人民"这一说法。但这些都是空话。英国人在愚弄阿拉伯人，在愚弄犹太人，也在愚弄他们自己，哈伊姆·魏茨曼曾如此评论道。他是对的。[14] 这是一个引人入胜的故事，但并不总是值得称道。与其他地方的民族革命一样，巴勒斯坦的两个民族都倾向于把民族主义置于民主和人权之上。阿拉伯民族运动的领导人甚至和阿道夫·希特勒达成了共识。

在英国征服巴勒斯坦二十年后，阿拉伯人奋起将其逐出。到 1939 年，阿拉伯人的叛乱几近逼迫英国人决定回家。如果英国人当时离开就好了，但他们又花了近十年的时间才采取行动。与此同时，第二次世界大战爆发了，战后英军也受到了犹太恐怖主义的打击。他们中的数千人为这次冒险付出了生命的代价。

事实上，那些被安葬在戈巴特主教墓地后方地块的人，他们大多死于英国统治三十年间经常性的暴力事件。刘易斯·安德鲁斯（Lewis Andrews）就埋在那里，他是被阿拉伯恐怖分子杀害的。离他不远处埋葬着托马斯·威尔金（Thomas Wilkin），而他，则是被犹太恐怖分子杀害的。四十一岁的安德鲁斯来自澳大利亚，是加利利地区专员的助理。1937 年 9 月，他来到拿撒勒的圣公会教堂参加主日晚祷，四名持手枪的阿拉伯人在教堂附近偷袭了他。九枪过后，他被当场打死。陪同他的警察也被击中，后来因伤势过重而过世。安德鲁斯是犹太复国主义者的朋友。安瓦尔·努赛贝（Anwar Nusseibeh）法官称其为仇视阿拉伯人主义者。安德鲁斯死于通往教堂的路上，这引发了努赛贝的评论："他在追寻其造物主的时候，遇到了他的造物主。"[15] 托马斯·詹姆斯·威尔金是巴勒斯坦警方刑事侦查部的成员，他参与了逮捕和处死某犹太地下恐怖组织领导人"亚伊尔"（Yair）的行动，并因此于1944年被杀害。不过，威尔金并不仇视所有犹太人。在给他送葬的队伍中，就有俄罗斯犹太社会主义创始人的女儿舒莎娜·博罗舒夫（Shoshana Borochov），她和威尔金是一对恋人。[16]

从锡安山上的戈巴特主教公墓向"魔鬼劝谏山"（Hill of Evil Counsel）望去，人们能看到作为英国行政机关总部的政府大楼（Government House）。在西边，人们可以在山间的远景中看到英国人留下的其他石质建筑。这些建筑成为了他们那一代人在巴勒斯坦的纪念，散发着权威和威严的气息。在这些建筑中，第一个映入眼帘的是苏格兰教堂，它有一个长方形的钟楼；在夏天开始的时候，它常被一片野花的海洋所包围。再往西是塔勒比耶（Talbieh），这是一个由豪宅组成的街区，居住的主要是富裕的阿拉伯人，其中许多人是基督徒——在英国人治下，他们的日子过得很好。有一位名叫阿布卡里乌斯·贝（Abcarius Bey）的律师住在这里，他给他心爱的莉亚·坦南鲍姆（Leah Tennenbaum）盖了一座大房子。莉亚是个犹太人，比他小30岁。当莉亚离开他后，他便把别墅租给了埃塞俄比亚的流亡皇帝海尔·塞拉西（Haile Selassie）。[17]

紧接着，人们的目光转而落到一条宽阔的大道上。为了使这座城市看起来合乎一个帝国殖民地首都的规格，英国人修建了这条大道，并以其君主的名号为之冠名，即乔治五世大道。大道的尽头矗立着一家名为"大卫王"的豪华酒店。该酒店于1930年开业，当时被认为是东方的几大奇迹之一，全世界迷恋美好生活的人们都将其视为朝圣的对象。"真是太壮观了！"埃德温·塞缪尔在写给他母亲的信中赞叹道。他的母亲是英国第一任驻巴勒斯坦高级专员的妻子。一位来自美国的游客认为这座酒店是修茸一新的所罗门圣殿。耶路撒冷市长拉吉卜·纳沙希比（Ragheb al-Nashashibi）也曾在这里理过发。[18]

该酒店以其厨房和服务人员而闻名，服务员都是身材高大的苏丹黑人健将，身着紧身的红色夹克。他们在客人之间来回走动，用金色的托盘给他们提供威士忌和咖啡。大卫王酒店变成了英国权力的中心及其象征，其中一翼曾是托管国政府的办公楼。1946 年 7 月 22 日，犹太恐怖分子设法将几个装满炸药的牛奶罐偷偷放进了酒店的地下室里。爆炸共造成 91 人身亡，其中大部分人后来被埋在了锡安山上。有些墓碑的碑文上写着，死者为巴勒斯坦献出了生命。其他墓碑则只是简单地写着："直到我们再次相见。"

在大卫王酒店的对面，一个巨大的石质阳具在邻近的屋顶中拔地而起。这是基督教青年会的塔楼，它象征着生育力。该建筑同样建立于 20 世纪 30 年代，被认为是当时的建筑奇迹之一。它由勾画了纽约帝国大厦建筑蓝图的同一家公司设计而成。[19] 托管国的政府官员和上流社会人士在这座塔楼的露台上喝着柠檬汁，男人们戴着遮阳帽，女人则用白色的丝质遮阳伞遮住脸。他们小心翼翼地遵守着英国社会的善良风俗。他们会喝下午茶，吃晚饭时还要换上正装。在晚间的讲座或音乐会上，不时也能看到他们的身影。有时他们会参加由安妮·兰多（Annie Landau）小姐举办的舞会，她是一所极端正统派（ultra-Orthodox）犹太学校的校长。他们有时也会登门拜访乔治·安东尼乌斯的妻子，即那位传奇的阿拉伯女主人凯蒂·安东尼乌斯（Katy Antonius）。

英国人保留着严格的阶级意识：士兵和军士们在酒吧和妓院里消磨时间；军官们则去猎捕狐狸与豺狼。他们在拉姆拉（Ramle）成立了一个狩猎俱乐部，该俱乐部为其成员提供了购买俱乐部红色外套和纽扣的机会，外套上印着俱乐部的大名——"拉姆拉山谷猎豺俱乐部"。俱乐部成员在回忆录中都没忘提及这款外套。[20] 当局在拉特伦（Latrun）和拉马拉（Ramallah）之间铺设的道路主要服务于英国官员周末野餐的需要。[21] 此外，他们还打网球。在英国人实施委任统治之前巴勒斯坦就有人踢足球，但网球却是英国人带来的，这是他们殖民文化和殖民心态的一部分。[22] 耶路撒冷总督罗纳德·斯托尔斯（Ronald Storrs）在日记中记录了以下场景：殖民部大臣米尔纳爵士（Lord Milner）到访巴勒斯坦，他与希伯伦（Hebron）总督及其客人一起喝茶，之后便去打了网球。他们特地从监狱里找来了两个阿拉伯囚犯，负责在球场上来回捡球。在整个比赛过程中，囚犯们的腿部都拴着铁链。斯托尔斯写道，对此，米尔纳似乎是强忍着才打完了比赛。[23]

加利利地区专员爱德华·基思–罗奇（Edward Keith-Roach）写道，殖民政府的方法是"经仁慈调和后的极权主义"[24]。许多英国人带来了帝国主义的傲慢和强烈的文化优越感。在某些英国人看来，其统治既是一种宿命也是一种使命。第一任高级专员赫伯特·塞缪尔（Herbert Samuel）建议英国政府征服巴勒斯坦，以使其"文明化"。[25] 在一篇致部下的悼词中，塞缪尔用尽了自己最热烈的颂词来向其致敬："作为公务员队伍的首脑，他身先士卒，几乎从零开始建立起了一个现代国家的结构。"[26]

在托管国政府中，有些人认同犹太人，有些人认同阿拉伯人，还有些人则讨厌上述两者。"这两个民族我都不喜欢，"沃尔特·诺里斯·康格里夫（Walter Norris Congreve）将军写道。"在叙利亚和巴勒斯坦，阿拉伯人、犹太人和基督徒，他们全都一个样，都是禽兽般的人。他们所有人加起来都配不上一个英国人！"这是大家共同的心声。雷蒙德·卡弗拉塔（Raymond Cafferata）警官说得更为委婉："我既不反犹，也不反阿，我只是亲英国人而已。"许多在巴勒斯坦服役的英国人——甚至有可能是大多数人——都怀有同样的想法。[27]

英国殖民政权是一个万花筒，各种观念、立场以及相互冲突的利益不停地互相碰撞，并重新排列组合。官员、外交官、政治家、军人和记者在无休止的言语、阴谋、联盟和背叛中相互角逐和竞争。首相、外交部、殖民部、财政部、印度事务部、国防部以及各军事部门，它们只是试图在管理巴勒斯坦方面发挥一定作用的一部分机构而已。而巴勒斯坦地方政府也有一个充满矛盾和敌对势力的官僚系统，它们共同构成了一个由各处室和各分局组成的棋盘，里面人满为患。这些工作人员撰写了上百份，甚至数千份备忘录、报告以及信件。他们每写一份文件几乎都会再产生另一份文件，而且通常不止一份，上面写的全是相反的内容。

当英国人来的时候，他们看到的是一个不发达的国家。而当他们离开时，他们留下了许多进步因素——这些进步因素在犹太人身上体现得尤为明显。但他们也留下了许多落后的东西，这集中体现在阿拉伯人身上。某位政府高级官员在行将离开巴勒斯坦之际表示，英国人实际上从来没有过一项所谓巴勒斯坦政策，"除了政策的波动、犹豫不决……根本没有政策"²⁸。他是对的。调查委员会接二连三地到来，研究完阿拉伯人和犹太人的情况后便离开。英国政府一般都会采纳他们的建议，然后改变主意，并派出更多的调查委员会。托管国政府的最后一位首席政务官*亨利·格尼（Henry Gurney）写道："如果把为19个委员会准备的所有统计簿堆在一起，它们会有大卫王酒店那么高。"²⁹ 与大多数的同僚一样，格尼在离开巴勒斯坦时也感到失望、愤世嫉俗、不满和悲伤。最后一任高级专员声称英国人"带着尊严"离开了，但这种说法是站不住脚的。格尼写道，他们是带着十足的愧疚离开的，至少他们中的许多人都是如此。³⁰ "英国是个奇怪的国家，"戴维·本-古里安总结说。³¹ 尽管如此，当英国人行将离去时，本-古里安还是跑去伦敦想说服他们留下，只需稍稍再多留一段时间就好。

注　释

1. Gabriel Barkai, "The Archaelogical Remains in the Area of the Gobat School" (in Hebrew) in *The Old City of Jerusalem*, ed. Eli Schiller and Gideon Biger (Jerusalem: Ariel, 1988), p. 152ff.
   Gideon Hermel, "The Protestant Cemetery on Mt. Zion," in Schiller and Biger, *Old City*, p. 174ff.
2. Milton O. Gustafson, "Records in the National Archives Relating to America and the Holy Land," in *With Eyes Toward Zion*, ed. Moshe Davis (New York: Arno Press, 1977), p. 133.
   Miriam Borla, "The Dutch Galilean," *Davar*, 10 Dec. 1976, p. 10.
   Ya'akov Shavit, Ya'akov Goldstein, and Haim Be'er, *Lexicon of People of Palestine, 1799–1948* (in Hebrew) (Tel Aviv: Am Oved, 1983), pp. 124, 186, 251, 262–63, 291, 293, 309, 362, 435.
3. Antonius collection, ISA P/329, no. 813; P/330/864.
4. Michael Asaf, *The Relations Between Jews and Arabs in Palestine, 1860–1948* (in Hebrew) (Jerusalem: Tarbut Ve-Hinuch, 1970), p. 132.
5. Ruth Baki, *Russian Roulette* (in Hebrew) (Tel Aviv: Ministry of Defense, 1992).
6. Weizmann to Curzon, 2 Feb. 1920. *The Letters and Papers of Chaim Weizmann*, ed. Jehuda Reinharz (New Brunswick, NJ, and Jerusalem: Transaction Books, Rutgers University, and Israel Universities Press, 1977), vol. IX, p. 306.
7. Estelle Blyth, *When We Lived in Jerusalem* (London: John Murray, 1927), p. 230.
   Yehoshua Ben Arieh, *A City in the Mirror of an Era: New Jerusalem at Its Beginnings* (in Hebrew) (Jerusalem: Yad Ben-Zvi, 1979), pp. 371ff.

---

* Chief Secretary，大英帝国殖民地政府中仅次于高级专员的二号人物。——译者注

8. Bertha Spafford Vester, *Our Jerusalem: An American Family in the Holy City* (Beirut: n.p., 1950).

9. Meron Benvenisti, *City of the Dead* (in Hebrew) (Jerusalem: Keter, 1990), p. 112
Margaret S. Drower, *Flinders Petrie: A Life in Archaelogy* (London: Victor Gollancz, 1985), p. 424.

10. P. J. Marshall, ed., *Cambridge Illustrated History of the British Empire* (Cambridge: Cambridge University Press, 1996), p. 82.
Correlli Barnett, *The Lost Victory: British Dreams, British Realities, 1945–1950* (London: Macmillan, 1995).

11. C. R. Ashbee, *Palestine Notebook, 1918–1923* (London: Heinemann, 1923), p. 276.

12. Isa Khalaf, *Politics in Palestine* (Albany: State University of New York Press, 1991), p. 135.

13. Lecture by Arthur Wauchope, 1 Nov. 1932, CZA S25/1006.

14. Weizmann to the JAE, 7 Mar. 1939, CZA Z4/303/32.

15. Wauchope to Battershill, 27 Sept. 1937, RHL, "Battershill Papers," Box 10:4: ff 11–13.
Moshe Sharett, *Political Diary* (in Hebrew) (Tel Aviv: Am Oved, 1971), vol. II, pp. 146, 184, 247ff.
Anwar Nusseibeh, "Pattern of Disaster: Personal Note on the Fall of Palestine," p. 29, with the kind permission of his son.

16. Natan Yellin-Mor, *Freedom Fighters of Israel* (in Hebrew) (Shakmona, 1975), p. 197ff.
Yehuda Koren, "The British Officer's Lover," *Davar Ha-Shavua*, 28 Nov. 1986, p. 12ff.

17. David Kroyanker, *Jerusalem Architecture: Building in the British Mandate Period* (in Hebrew) (Jerusalem: Keter, 1991), p. 310.

18. Edwin Samuel to his mother, 29 Nov. 1930, ISA, P/653/85.
Edmund Peleg, *My Land of Israel* (Tel Aviv: Am Hasefer, 1957), p. 69.
Nasser Eddin Nashashibi, *Jerusalem's Other Voice* (London: Ithaca Press, 1990), p. 15.

19. Kroyanker, *Jerusalem Architecture*, p. 231.

20. Edward Keith-Roach, *Pasha of Jerusalem* (London: Radcliffe Press, 1994), p. 89.
E. C. Hodgkin, ed., *Thomas Hodgkin: Letters from Palestine, 1932–36* (London: Quarter Books, 1986), p. 91.
Walter Francis Stirling, *Safety Last* (London: Hollis and Carter, 1953), p. 232.
Ronald Storrs, *Orientations* (London: Ivor Nicholson and Watson, 1939), p. 446.
Stirling, *Safety Last*, p. 116.

21. Moshe Sharett, *Political Diary* (in Hebrew) (Tel Aviv: Am Oved, 1971), vol. II, p. 292.

22. Memoirs of Aharon Danin, *Urgent Dreamers* (in Hebrew), ed. Shimon Halfi (To be published). Quoted with the kind permission of Rachel Halfi.

23. Ronald Storrs, *Orientations*, p. 446.

24. Edward Keith-Roach, *Pasha of Jerusalem*, p. 90.

25. Herbert Samuel, "The Future of Palestine" (Jan. 1915), ISA P/649/1.

26. Herbert Samuel on Wyndham Deedes (undated), ISA P/650/1.

27. Congreve to Wilson, undated [apparently April 1920], IWM HHW/2/52a/16.
Bateman to Oliphant, 30 Aug. 1938, PRO FO 271 21881.
Cafferata to Martin, 17 July 1946, Cafferata Papers. With the kind permission of his daughter.
David Ben-Gurion, *Memoirs* (in Hebrew) (Tel Aviv: Am Oved, 1971), vol. I, p. 365.

28. Gurney diary, 19 Mar. 1948, MEC, GUR 1/1.
    Henry Gurney, "Palestine Postscript," p. 21, MEC, GUR 1/2.

29. Gurney, "Palestine Postscript," p. 21.

30. Gurney diary, 14 May 1948, MEC, GUR 1/1.
    Sir Alan Cunningham, "Palestine: The Last Days of the Mandate," *International Affairs*, vol. XXIV (1948), p. 490.

31. David Ben-Gurion, *Memoirs* (in Hebrew) (Tel Aviv: Am Oved, 1973), vol. III, pp. 416, 418.

第一部分　幻想（1917—1927）

简·兰开斯特（Jane Lancaster）是个怪人，一个英国女人，基督徒，未婚。她住在耶路撒冷南部的某个犹太街区。没人知道她为什么要来巴勒斯坦，但有一件事他们是清楚的——兰开斯特小姐热爱《圣经》中的这片土地。她每年都会去犹大山（Judean Hills）种上水仙花球茎、仙客来和银莲花。

第 1 章　哈利勒·萨卡基尼接待了一位访客

1

1917 年 11 月 28 日星期三凌晨，有人敲响了哈利勒·萨卡基尼（Khalil al-Sakakini）家的大门，并因此给他带来了巨大的不幸，甚至差点让他被绞死。萨卡基尼是阿拉伯基督徒，也是一位教育家和作家，在耶路撒冷小有名气。他住在老城的西边，就在城墙外。

那天晚上他难以入眠。他辗转反侧，然后起床，点上一盏灯，架起他的水烟筒（nargileh），坐下来开始写信。"即使是最坏的情形，也没有那么坏，"他写道。等他写完信时，已经快凌晨三点了，于是他又回到了床上。几分钟后，他听到了迫击炮的爆炸声，距离很近，似乎正在向他所在的街道开火。萨卡基尼又从床上爬了起来，他的妻子苏丹娜（Sultana）也跟着起来了。他们爬到楼上去听外面的动静。声音从西边传来，来自犹太人聚居的梅阿谢阿里姆街区（Mea She'arim），但萨卡基尼和他的妻子却什么也没看见。现在是凌晨 4 点半左右。他们刚回到床上，以为还能睡上一两个小时，结果炮击又开始了。炮弹比之前落得更近了，撞击声如雷贯耳。萨卡基尼在日记中写道："我们担心整座房子都会坍塌，然后压到我们身上。"[1] 英国军队正在迅速推进，因为首相戴维·劳合·乔治（David Lloyd George）希望能在圣诞节前占领耶路撒冷。[2]

黎明时分，萨卡基尼跑去洗澡，这时他听到了敲门声。他下楼开门，发现站在自己面前的是犹太人阿尔特·莱文（Alter Levine）。莱文是一个保险代理人，他和萨卡基尼很熟。莱文请求萨卡基尼让他躲在他家里。莱文解释说，土耳其警察正在追捕他，接连几夜，他一直在挨家挨户地躲，但现在他已经无处可逃了。

莱文的麻烦始于4月，当时美国站在同盟国一边加入了第一次世界大战。作为美国公民的莱文就这样和他的国家一起成为了土耳其的敌人。当美国领事离开耶路撒冷后，莱文便不再受到保护了，他被认定为需要被驱逐出境的对象。在战争中保持中立的西班牙领事巴洛巴（Ballobar）伯爵曾建议莱文离开该城。于是，莱文搬到了特拉维夫附近的犹太小镇佩塔提克瓦（Petach Tikva），而他的家人则去了佩塔克瓦南边的犹太定居点雷霍沃特（Rehovot）。9月，莱文从巴洛巴伯爵那里得知，土耳其当局怀疑他是间谍。[3] *

莱文的确是一个神秘人物。他经常旅行，并与许多使馆的外交官都保持有联系。美国领事奥蒂斯·格莱兹布鲁克（Otis Glazebrook）是他的其中一位朋友，莱文很可能时常向他报告耶路撒冷的情况。然而，莱文的个人文件中却没有任何间谍活动的蛛丝马迹。

莱文用最快的速度回到了耶路撒冷。在之后的某个时刻，他被逮捕了。逮捕他的原因尚不清楚，事实上，当时许多人被捕都没有具体理由。也许只是因为他的美国公民身份，当时其他的美国公民也正处于被逐出耶路撒冷的过程中。[5] 也许他出版的一本诗集让人怀疑他在煽动亲犹太复国主义和反土耳其的情绪。[6] 后来，莱文显然是成功地贿赂了某人。通过这种方式，他被放了出来，但他仍是一名通缉犯。"从那个时候起，我父亲就变得神出鬼没，和各种熟人躲在一起，"莱文的女儿舒拉米特（Shulamit）后来写道，"因为他不敢在任何一个地方待太长时间，以免他们发现了他的藏身之处。"[7] 莱文的妻子和三个女儿也躲了起来。舒拉米特·莱文写道："下午我们离开了上午的地方，到了早上我们又离开了晚上停留的地方。"

土耳其警察还是找到了他们一家。莱文的女儿眼睁睁地看着警察殴打

---

* 多年后，土耳其情报官员阿齐兹·贝克（Aziz Bek）在他的回忆录中写道，当时公认的观点认为，英国人攻占巴勒斯坦依靠的是犹太人设在齐克隆·亚科夫（Zichron Ya'akov）的尼利（Nili）间谍网，著名的犹太间谍们为英国人提供了最大的帮助。在他看来，事实并非如此，一位居住在耶路撒冷的犹太人提供了更大的帮助。阿齐兹·贝克确定了这位间谍大师的姓名：奥尔特·莱维（Alter Levi）。据阿齐兹说，莱维（即莱文）在黎凡特地区的城市间自由穿梭，建立起了一条由诸多妓院组成的情报链，通过敲诈勒索的方式从顾客那里获取情报信息。[4]

了她的母亲。在监狱里，警察为了套出其丈夫的下落，鞭打了吉特尔·莱文（Gittel Levine）。巴洛巴领事事后证实，这名妇女遭到了严刑拷打，导致她精神上受到创伤。[8]与此同时，莱文敲响了哈利勒·萨卡基尼家的大门。根据莱文的描述，萨卡基尼是"一位教师、基督徒和朋友"[9]。

萨卡基尼心里很害怕。他想，"上帝保佑我，不要把间谍带进我家里"，但他的良心却不允许他把莱文赶走。他不知道该怎么做。他从来没做过如此重大的决定。[10]

2

三年前，即 1914 年，奥斯曼帝国将其命运与德意志帝国的命运捆绑在了一起。就在土耳其人正式加入第一次世界大战的几天后，一小群人在西班牙驻巴勒斯坦领事家的窗户下举行了示威游行。巴洛巴的伯爵（安东尼奥·德拉西尔瓦·莱维塔，Antonio de la Cierva Lewita）走到阳台上迎接人群。事后，他还把这件事情记录了下来，说城里的居民当时在向苏丹表示忠诚。在阿克萨清真寺举行的一次聚礼上，领拜者宣告：奥斯曼帝国所要推动的事业是一场"圣战"（吉哈德）。巴勒斯坦的犹太社群也迅速宣布效忠。特拉维夫市长梅厄·迪岑戈夫（Meir Dizengoff）表示，许多犹太人都戴上了塔布什帽（Tarbushes）。尽管他们内心并不情愿，但表面上他们还是成为了爱国者。当听说英国战争大臣基奇纳勋爵（Kitchener）于 1916 年 6 月在海上溺水身亡时，特拉维夫的犹太人盛装打扮，涌上街头，并组织了庆祝游行。西班牙领事在日记中写道，耶路撒冷的基督教居民深感恐惧。[11]

战争爆发时，哈利勒·萨卡基尼正计划为儿子萨里（Sari）的一周岁生日举行盛大的庆祝活动，但聚会最终还是被取消了。"鉴于目前的局势，我们决定用亲吻他一千次来凑合，"萨卡基尼写道。和许多人一样，他也认为战争不会持续多久。他想，如果上帝保佑，他要在萨里的下一个生日时为他举办一场盛大的派对。[12] 与此同时，萨卡基尼还在尽可能地避免加入土耳其军队。大多数犹太人也同样害怕参军。

许多移民到巴勒斯坦的人并没有放弃他们之前的公民身份，其中有数千名犹太人，他们大多数是俄罗斯帝国的臣民。由于俄罗斯与法国和英国结盟，巴勒斯坦的犹太人便面临着一个残酷的选择。他们要么离开这个国家，要么等待被驱逐出境。当然，他们也可以接受奥斯曼帝国的公民身份并参军入伍。驱逐的威胁迫使犹太复国主义者们提出了一项倡议，即接受奥斯曼国籍，尽管这意味着参军。这么做的目的是为了防止国内犹太人口的减少。该倡议的支持者包括犹太复国主义运动中的两位重要人物：耶路撒冷的语言学家埃利泽·本-耶胡达（Eliezer Ben-Yehuda），此人后来被称为希伯来语复兴之父；以及戴维·本-古里安（David Ben-Gurion），一个当时只有 20 多岁的低级别政治家。

当他四处游说犹太人接受奥斯曼帝国的公民身份时，本-古里安头顶塔布什帽，打扮得像是帝国的政府官员；当他谈到奥斯曼帝国时，他称其为"我们的国家"。他相信土耳其人会赢得战争，他也希望后者能在战争结束后帮助犹太人在巴勒斯坦实现自治。作为交换，犹太人将保持对帝国的忠诚。为此，他提议在奥斯曼军队中成立一个犹太营。与之相对的是另一个犹太复国主义者团体，他们坚信英国会赢得战争，因此倾向于把赌注都压在同盟国身上。这个团体主张建立一支犹太部队，该部队将成为英国战争计划中的一部分。本-古里安后来写道："也许我们错了，但也许我们没错。"[13] *

尽管奥斯曼当局限制犹太人往巴勒斯坦移民，也限制他们购买土地安置移民，但到 1914 年时，犹太复国主义运动还是取得了一些成就。这些成就主要归功于土耳其人。在战争爆发前的十年里，成千上万的犹太人来到巴勒斯坦定居。土耳其人允许他们建立农业村和独立的犹太学校系统。[14] 但犹太复国主义者们基本上都是亲西方的，拥有同盟国的公民身份，并对伊斯兰政权构成了威胁。他们发现自己在战争期间越来越受到迫害。

许多生活在巴勒斯坦的犹太人并不支持犹太复国主义。事实上，许多先

---

* 尽管本-古里安忠于奥斯曼政权，但他之后很快就因自己的政治活动而被驱逐出巴勒斯坦了。他去了美国。

于犹太复国主义运动出生的犹太人——即那些在 19 世纪 80 年代之前就生活在巴勒斯坦的人——都是极端正统犹太教徒。他们对在圣地实施世俗化的犹太人自治概念深恶痛绝。根据宗教教义，圣地只有在弥赛亚时代通过神的干预才能得到救赎。对巴勒斯坦本土的传统犹太人来说，犹太复国主义的世俗救赎理想是渎神的。本-古里安写道："一道深渊将伊舒夫（Yishuv）的两个部分分开。"*他呼吁对"背叛人民的拉比们"发动战争。除了憎恨犹太复国主义的世俗理想外，他们还担心犹太复国主义活动会使当局采取行动，打压所有犹太人。在他们看来，犹太复国主义者们日益强大的力量对整个社群的领导权形成了竞争。[16]奥斯曼苏丹手下的巴勒斯坦总督杰马勒帕夏（Jamal Pasha）很清楚犹太人内部的这种分裂，他总是小心翼翼地声称他只反对犹太复国主义者，而不是所有犹太人。巴洛巴领事在日记中记录了一条传到他耳朵里的流言——杰马勒帕夏实际上娶了一个犹太女人为妻。后来，他从杰马勒本人那里证实了这一传闻。耶路撒冷老城街头的人们说他的妻子是个妓女。[17]

杰马勒还仔细监视着阿拉伯人的独立意向。巴洛巴在日记中惊恐地描述了阿拉伯民族运动成员首次被处决的情形。土耳其方面的做法是在城门口展示被绞死者的尸体，巴洛巴能从他领事馆的窗口看到这些尸体。至少有一次，他从被吊死的人中认出了一个熟人——加沙的穆夫提。杰马勒曾经开玩笑说，他也要吊死巴洛巴，但这位西班牙领事却没有被逗笑。[18]

到战争结束时，巴洛巴，作为奥斯曼帝国耶路撒冷城中的一个关键人物，他同时代表了十几个国家，其中许多国家都曾相互交战过。这些国家包括俄国、奥匈帝国、德意志帝国、法国、大英帝国和美国。外交史上是否还能出现另一个能成为如此多国家特使的人，着实令人感到怀疑。[19]战争开始时，这位伯爵只有二十来岁。其母亲是犹太人，而他的父亲则是在西班牙驻维也纳大使馆担任武官时认识她的。这位领事身材矮小、瘦弱，长着尖鼻子和大

---

* 这个词可追溯至希伯来语的古老源头，根据埃利泽·本-耶胡达的词典，该词其中的一项含义是"少数犹太人居住在非犹太人的村庄"。伊舒夫（Yishuv）的字面意思是"定居点"，它同时也是"荒地"和"毁灭"的反义词。犹太人在使用这个词的过程中，或有意或无意地传递着这样一层信息，即犹太人生活在一片无人（阿拉伯人）居住的荒地之上。一位犹太复国主义领袖反对用希伯来语的"摩沙瓦（moshava）"来指代犹太农业城镇。摩沙瓦的字面意思是"殖民地"，因此具有帝国主义的含义。这个问题曾引起了激烈的辩论。[15]

胡子，他对着装很有讲究，总是穿着熨烫的西装，戴着花哨的巴拿马帽。在人们的印象中，他是一个"有魅力且和蔼可亲的年轻人"[20]。他在耶路撒冷遇到了一位来自本国的朝圣者，这位朝圣者成为了他一生的挚爱。巴洛巴的家位于耶路撒冷西部，对面是埃塞俄比亚教堂，隔壁住着埃利泽·本-耶胡达。他以在家中所提供的丰盛美食而闻名。杰马勒帕夏是他家中的常客。两人喝着香槟，然后抽着上等雪茄坐在阳台上打牌，一直持续到午夜之后。事实上，他们见面的次数很多，经常一起到犹大荒野中骑马。

巴洛巴对巴勒斯坦的兴趣主要是守卫修道院和教堂，但他对犹太人的忧虑也很同情。[21]他在日记中把当地的政治描绘成一个丰富多彩的万花筒，不管是帕夏还是主教、上尉还是代办、商人还是雇佣兵，阴谋、欺骗和诡计充斥其间。他们在无休止的晚宴和招待会上表现出了对美食和奉承的极度贪欲，同样的热情被他们用于彼此间的欺骗、利用、贿赂、监视，散播流言蜚语和相互影射。各方均沉浸在一个逐渐分崩离析的帝国的衰弱和腐败中。

年轻的伯爵用他那吸引人的自嘲方式来面对生活的重负。他是个很理性的人，也是个善于观察和写作的人。他从自己的所见所闻中学到了很多东西。他对那些准备出发去夺取苏伊士运河的土耳其士兵进行了描述：士兵们外表狼狈不堪，制服破破烂烂，纪律也十分松散。士兵们在出发前经常举行胜利大游行，伯爵对此进行了观察。在其中一次游行中，巴洛巴注意到一名士兵正推着一台装着饮用水的婴儿车，而车很可能是从某个犹太人的院子里偷来的。他还记录了他在城南出口通往伯利恒的路上所目睹的一幕：一群妇女和儿童被强行拉来挖掘战壕，而负责监督他们的土耳其士兵则在织衣服。伯爵认为，靠这样一支军队，土耳其人是赢不了的。"我们要么在运河的另一边相遇，要么在天堂相遇，"杰马勒帕夏曾对巴洛巴说道。巴洛巴认为第二种可能性更大，但他十分小心地没和杰马勒帕夏分享他的判断。

1917年1月，巴洛巴注意到五辆装满土耳其士兵的军用卡车停在了他家门口。他们在那里待了一整天，被恼人的小雨困扰着。领事注意到，士兵们一直没吃饭。傍晚五点多钟，他们每人分得了一个小面包卷和一罐稀扁豆汤。巴洛巴怜悯地看着这些饥饿的年轻人。这些士兵即将奔赴沙漠去拯救奥斯曼帝国，但他们根本不可能完成任务。[22]即便敌人没逮到他们，他们肯定也会被饥饿所打倒。有些士兵洗劫了城中的面粉厂，有些则为了吃上肉而宰杀了自己的骆驼。一个耶路撒冷的小男孩回忆说，某个土耳其士兵在他上学的路上向他冲来，并抢走了他手中的半块披塔饼（pita）。[23]

许多土耳其士兵逃离了军队。贝尔萨·斯帕佛德·维斯特（Bertha Spafford Vester）的父母是耶路撒冷美国殖民区的创立者，她看到一群应征入伍的士兵来到城里，而士兵的指挥官则给他们戴上了铁链。[24]

3

1917 年春天，土耳其进攻苏伊士运河未果后，英军发起了征服加沙城的战役。他们尝试了两次，但都被击退。争夺该城的战斗使双方都损失了数千名士兵的生命，而加沙的居民也损失惨重。[25] 土耳其人担心民众会妨碍军队的行动，他们便把许多当地的居民逼走。出身农民的摩西·斯米兰斯基（Moshe Smilansky）是犹太复国主义运动的重要思想家和作家，他写道："可怕的恐慌不仅笼罩在加沙居民头上，还笼罩着整个国家。这次驱逐的目的是什么？会不会在英国人到来之前就把整个国家的人都驱离殆尽了？"路上到处都是难民，斯米兰斯基写道，他们都被饥饿、恐惧和灾难蹂躏着。

一位加沙妇女描述了土耳其军队展开流散行动时的情景。手持皮鞭的士兵们挨家挨户地冲进当地人的家里，左抽右打，直接把居民逼到街上，他们连收拾细软的时间都没有。按照斯米兰斯基的说法，有 4 万人被驱逐出加沙，其中包括一些犹太家庭。阿拉伯历史学家阿里夫·阿里夫（Aref al-Aref，该城后来的市长）估计的数字为 2.8 万人，其中约 1 万人在战斗打响前就离开了该城。

加沙的富人在希伯伦、拉姆拉（Ramle）和利达（Lydda）落脚，穷人则流落到巴勒斯坦各村庄，甚至是果园与田地里。据斯米兰斯基记录，奥斯曼当局曾计划将部分阿拉伯难民安置到犹太人的村庄。"对于这些特殊的客人，我们感到十分焦虑，"斯米兰斯基写道，"因为拥挤、肮脏和整体上的失序。但我们还是寻得了一些安慰——把阿拉伯人送到我们这里总好过让我们去找阿拉伯人。"[26] 这项计划一直没有予以实施，但几周后，随着战争的临近，雅法和特拉维夫的许多居民也被迫离开他们的家园。事实上，也确有一些犹太难民跑到了阿拉伯人当中避难。

那时的雅法有 5 万居民，其中约有 1 万名犹太人，另外还有大约 2 000 名犹太人住在附近的特拉维夫。[27] 当局声称，雅法城的疏散行动是为了保护市民所必须采取的措施。杰马勒帕夏向巴洛巴领事解释说，如果让士兵们听到了妇女和儿童的尖叫声，他们将无法为保卫城市而战。[28] 少数犹太人获准留在城内并守卫自己的家园，其他人则被强制逐出城外。[29]

整个疏散行动花了两个星期的时间。起初秩序井然，但很快便落入了无序状态。一位当地记者记录下了混乱的人群、马匹、骡子以及成堆的物品。男人、女人和孩子们躺在他们的包裹上，一连数日在空旷的天空下等着轮到他们离开。一辆接一辆的马车出发了，有几十甚至数百辆之多。马车上装着钢琴、地毯、沉重的家具、《圣经》卷轴、小麦以及其他食物。他们身后则留下了一连串动物粪便的痕迹。斯米兰斯基注意到了一头拴着婴儿车的驴子，两个孩子在驱使着它前进。[30] "特拉维夫是一片荒地，"他写道，"街道上弥漫着死一般的寂静。仿佛这个地方已经被瘟疫所侵袭。"一名当地记者辨识出了墙上的一些涂鸦，这些涂鸦出自某个孩子之手，上面写着"再见，特拉维夫"。[31]

雅法和特拉维夫的驱逐行动使犹太团体不再愿意支持土耳其人的利益。"我们永远不会原谅杰马勒帕夏的这一罪行！"莫迪凯·本-希勒尔·哈科亨（Mordechai Ben-Hillel Hacohen）写道，他是特拉维夫的创始人之一，也是一名商人和公众人物。他之所以生气也是有个人原因的——他的儿子戴维正在土耳其军队中服役。哈科亨曾以儿子的军官军衔为荣，但在被赶出家门后，他觉得儿子是在冒着生命危险为一个腐朽的帝国服务。如今，所有人都在祈祷这个帝国的崩溃。

本-希勒尔（马库斯·希莱洛维奇，Marcus Hillelovitch）·哈科亨从白俄罗斯的莫吉廖夫（Mogilev）来到雅法。在 1897 年举行的第一次犹太复国主义大会上，他是第一个用希伯来语发表演讲的代表。作为犹太复国主义在巴勒斯坦的奠基人，他见证了自己两个女儿的出嫁。其中一个女儿嫁给了有影响力的作家和哲学家阿哈德·哈阿姆（Ahad Ha'am）的儿子，另一个女儿则嫁给了犹太复国主义屯垦计划的重要人物阿瑟·鲁宾（Arthur Ruppin）博士。当他第一次得知撤离雅法的命令时，哈科亨曾动过抵抗的念头：如果杰马勒意识到犹太人不准备像"待宰的羔羊"一样离去，帕夏可能便不会执行驱逐计划。但这只是一闪而过的念头，是一种无奈的愤怒，"因为到头来，"他总结道，"羊群能做什么呢？羊群怎么能在沙漠里的狼群中自立呢？"摆在哈科亨面前的选择是巴勒斯坦犹太复国主义社群将反复面对的选择：在顺从和抵抗、克制与战斗之间；在可能危及族群之存续的犹太爱国主义和往往需要妥协，甚至变得羸弱无力的族群责任之间。

但哈科亨被自己的软弱所激怒。他指责阿拉伯人的原始与不忠，并以此来发泄自己的愤怒。许多阿拉伯人不顾疏散令，成功地留在了雅法，还有许多人很快就返回了家园。"我们是欧洲人，忠心耿耿，习惯于服从命令，并准确地按时执行命令，"哈科亨写道。他这么说一方面是出于傲慢，另一方面则是为了自怜。面对着无法逃避的命运，他离开了坐落于特拉维夫赫茨尔街（Herzl Street）11 号的家。离别时，哈科亨最后看了一眼他的两棵夹竹桃树，一棵在喷泉旁，另一棵在走廊上。他意识到，再过几天，夹竹桃树美丽的花朵就会释放出它们的芳香，但谁还能在那里闻到它们的香味呢？他哽咽着泪水，发誓一定要回来。他写道："我们的整个生命都崩塌了。"[32]

大多数犹太流亡者最初栖身于加沙东部的佩塔提克瓦（Petach Tikva）。由于战火有可能蔓延，他们被迫再次向北迁往加利利。约瑟夫·哈伊姆·布伦纳（Yosef Chaim Brenner）是一名作家和教师，他也在这次迁徙的队伍中。他记录下了迁徙过程中的一个场景：一名妇女坐在地上，而她的旁边是一个死去的婴儿。许多流亡者被安置在条件十分恶劣的地方。不到数周，斑疹伤寒便在他们中间肆虐开来。"灾难接踵而至，"摩西·斯米兰斯基写道。[33]

整个巴勒斯坦的情况都一样。在一些犹太村庄，劳动者每两天才吃得上一顿饭。尽管各地都有一些施粥所，但它们很难满足人们的需求。还有许多人死于霍乱。巴洛巴领事执着地记录着疾病的传播过程，他自己也因为担心水被污染而停止刷牙。摩西·斯米兰斯基记录下了他访问梅阿谢阿里姆（Mea

She'arim）极端正统派犹太社区时的印象，在那里，他被深深地震撼到了。"我的上帝！"他写道。"我从来没有想到，这世上真的存在着如此悲惨的贫困，真的存在着如此黑暗和肮脏的角落……饿得臃肿的男人和女人。脸上写满了惊恐和饥饿的孩子们。他们也在哭泣，喉咙里发出凄惨的、无休止的呜咽声——饥饿的呜咽。而他们所有人几乎都赤身裸体，浑身都是破烂不堪的碎布，身上爬满了各种害虫……在他们的脸上、手上和身上，全都是黏液、污秽、疾病和疮疤……人竟可以这样活着而不至于丧失理智！"一份史料指出，许多人从屋顶上跳下或投井自杀，这么做只是为了不必看着自己的孩子死去。

斯米兰斯基在阿拉伯人中也看到了同样可怕的场景。在一些村庄，多达三分之一的居民死于饥饿和疾病。斯米兰斯基写道："在每一条路上，在每一个栅栏下，在每一条溪流和水井里，都有尸体。如果有人生病了，他可能会被丢在田里或路上好几天，直至死去，没有人会来帮助他。"据贝尔萨·斯帕佛德·维斯特（Bertha Spafford Vester）说，有阿拉伯妇女出现在美国殖民区的院子里，她们想卖掉自己的婴儿以换取食物。鲍里斯·沙茨（Boris Schatz）是当地的一名艺术家，也是贝扎莱勒（Bezalel）艺术学校的创始人。他记录了一个犹太妇女的故事。这位犹太妇女听到自己阿拉伯邻居家院子里的狗连续几天狂吠不止，她便前去一探究竟。"当她打开屋门时，"沙茨写道，"她看到三个孩子死死地躺在地上，其母亲则抱着大女儿坐在屋角的一堆破布上。她走近他们，结果发现他们也死了，她吓了一跳。她冲出屋外去叫其他邻居，但忘了关门。当他们回到阿拉伯邻居家时，狗已经吃掉了其中的一个孩子。"据巴勒斯坦阿拉伯民族运动的领导人伊扎特·达尔瓦扎（Izzat Darwazza）记载，有的妇女吃掉了自己的婴儿。[34] 据估计，战前巴勒斯坦共有 70 万阿拉伯人和 8.5 万犹太人，而到 1917 年时，该地区减少了约 10 万人口，其中包括 3 万犹太人。有些人被杀或饿死，有些人则逃亡、遭流放或被驱逐出国。* 至于那些留下来的人，他们中的许多人都渴望英国人的到来。

---

* 绝大多数阿拉伯人都是穆斯林，他们主要居住在农村，但也有人在沙漠中过着游牧生活。大多数阿拉伯基督徒都住在城市里，犹太人也是一样。有超过一半的犹太人生活在耶路撒冷。[35]

4

1917 年春天，英军从埃及出发，由南向北，经西奈沙漠向前进军。英军的进展有赖于铁路的建设。他们为这项工程雇用了 56 000 名工人和 35 000 头骆驼。此外，他们还必须铺设管道来供水。英军由埃德蒙·艾伦比（Edmund Allenby）将军指挥。他身材高大，脸上长着一个令人印象深刻的鹰钩鼻，浑身散发着力量、权威和魅力感。他把他的指挥营帐设在前线，赢得了士兵们的尊敬。他所在的家族声称其谱系可上溯至奥利弗·克伦威尔（Oliver Cromwell）。艾伦比将军是一名职业军人，时年五十六岁。他坚信佯攻、奇袭和骑兵机动力量在战场中的作用。在被派往巴勒斯坦之前，他曾在南非和法国战斗过。

艾伦比热衷于阅读《圣经》，并对他即将征服的国家的历史、地理和动植物感兴趣。在给妻子的信中，他向她介绍了关于鸟类和树木的情况。就像人类学家在进行实地考察一样，他记录了当地人的情况。在他笔下，这些人看起来都像《圣经》中的人物。他的传记作者写道："鸟、兽、花比他的士兵更让他感兴趣。"1917 年 10 月底，艾伦比的部队拿下了贝尔谢巴（Be'ersheba），并在经过三次尝试后攻克了加沙。[36]

这场战役催生了反间谍史上的一个经典故事，其核心人物是英军上校理查德·迈纳茨哈根（Richard Meinertzhagen）。他的任务是让土耳其人相信，英国人打算对加沙发动第三次进攻，而事实上他们计划先进攻贝尔谢巴。迈纳茨哈根在日记中记录了这项计划：

> 我最近一直在忙着编纂一本假的部队参谋笔记本，里面记载了关于我军计划和困难的各种胡话。今天，我把它带到了贝尔谢巴西北部的乡村，以期在不引起怀疑的情况下把它交给敌人……我发现了一支土耳其巡逻队，他们马上就追了上来。我骑着马跑了一英里左右，然后他们就追上来了。于是我停下来，下马，朝他们开了一枪……他们又重新开始追赶，不停向我开火，但毫无威胁。现在，我的机会来了，在努力上马的过程中，我松开了我的背包、野战眼镜、水壶，并丢掉了我的步枪——步枪之前从

我的马身上沾了一些新鲜的血迹。事实上，为了让他们相信我被击中了并仓皇逃走，我竭尽所能。他们现在已经走近了，而我也逃走了，扔下了我的背包，里面装着笔记本、各种地图和我的午餐等东西。我看到他们中的一个人捡起了那个小包和步枪，所以现在我像风一样往大本营跑，很快就溜了……只要他们按照笔记本上的内容行动起来，我们就会大有所为。

根据迈纳茨哈根的说法，这个计策奏效了——英军对贝尔谢巴的进攻让土耳其人大吃了一惊。这件事传开了，而德军的一位高级军官认为有必要维护德国盟友的声誉，便对此予以否认。

迈纳茨哈根还发明了另一种打击敌人的方法。在日落时分，英国飞机会在土耳其部队的聚集地上空盘旋，并向他们投掷鸦片烟。艾伦比不允许这样做，但据迈纳茨哈根说，上述计划在艾伦比不知情的情况下继续进行。最后的结果是："11月6日，在谢里亚（Sheria）和加沙的土耳其军队中有很高比例的士兵昏昏欲睡，神志不清。一些被抓的俘虏几乎没有任何意识，完全没有抵抗能力。"[37]

而英军士兵主要是被沙漠的高温折磨着。"我们现在已经完成了漫长旅程的第二阶段，"一名士兵在沙漠中写道，"我必须说，我现在感觉不是特别愉快。我正在一个野兽般的帐篷里写作，阴凉处的温度也达到了106度，所以如果你注意到纸上有几个油点，你就会知道这是什么。在坐下来写作之前，我不得不把一条小蛇赶出帐篷，一条长约18英寸的可爱的小东西。其他一些野兽般的动物刚刚从我的腿上飞跃而过。我想那是一条蜥蜴。它大约有10英寸长，但由于动作太快，我还没来得及看清楚它的样子。这是一个光荣的地方，会有各种各样的动物在你身上爬来爬去，苍蝇也很可爱。我已经被咬得满身是包和水泡了。"[38]

艾伦比的部队由7.5万名步兵、1.7万名骑兵和475门火炮组成。这支部队中有一半以上的军力参加了贝尔谢巴战役。6辆坦克参加了对加沙的进攻，该城几乎被夷为平地。[39]这支部队继续北上，两周后，也就是11月中旬，它到达了雅法和特拉维夫。

第一批进入特拉维夫的英国士兵印象最深的是有机会获得新鲜的面包和洗澡。"欧洲！欧洲！欧洲！"他们高兴地喊道。莫迪凯·本-希勒尔·哈科亨很快便回到了自己的家，他把英军的评价当成一种赞美。他在日记中自豪地写道：英国人没有想到，在亚洲的荒野中，竟会发现一座秩序井然的城市，有漂亮的房子和干净笔直的街道。

一些士兵进行了劫掠。他们闯进了尚未归来的特拉维夫人的家中，毁坏家具，损毁书籍，并卸下门窗框用来烧火取暖。该市的一位老居民回忆说，她的母亲在最后一刻设法挽救了一台被士兵们偷走的钢琴。她还听说了"发生在小女孩身上的各种不幸事件"。哈科亨与来自雅法的社群领袖去向英军指挥官投诉。指挥官"建议"他们忘掉他们所控诉的事情，否则这些参与劫掠的士兵将被送上军事法庭并被判处死刑。哈科亨和他的同伴们认为最好还是退缩——除了用爱心接受士兵们的闹腾，别无选择，哈科亨写道。他安慰自己说，也许英国人认为特拉维夫是德国人的聚居地，因此，他们在此地展开了短期的报复行动。他相信，英国人最终会带来法律、秩序、正义以及纪律。"我们已经被拯救了，我们已经得到了救赎！"他写道。

在巴勒斯坦作战的许多英军士兵都是澳大利亚人。"他们都很有魅力，面孔也很英俊，"哈科亨指出。"他们的脸蛋好似大孩子，"他补充道。"澳大利亚人慷慨大方，自由自在，"该市的一个女孩后来写道，"有一次，当我在屋前跳绳时，一名澳大利亚士兵也加入了进来，和我一起跳。我们俩都笑了。他拿着绳子缠在手上，我就试着和他一起高高跃起。最后他给了我一大块巧克力。"士兵们还带来了一支管弦乐团，特拉维夫人则给乐团送来了摩西·霍本科（Moshe Hopenko），他是该市第一批小提琴教师之一。[40]

摩西·斯米兰斯基在橘子林里闲逛时遇到了他所见过的第一个澳大利亚人。这位士兵的职业是牧师。"他离开了他的羊群，自愿加入了前去征服巴勒斯坦的军队，"斯米兰斯基写道。"当他还是个小学生的时候，他就学习过《圣经》。他知道《圣经》的土地已经从《圣经》的人民手中被夺走了，目前正处于土耳其统治的枷锁之下……当世界大战爆发时，澳洲人民被号召去当志愿者，澳洲的女士们则为巴勒斯坦的战争募捐。他也把手伸向了战场。他的母亲和姐姐为他送上了祝福，并说：去帮助一个没有家园的民族恢复家园吧。"斯米兰斯基记录下了这个年轻人的名字——西德·谢尔森（Sid Sheerson）。这个年轻人也因此确保了他在历史上的地位。[41] 然而，战争还没有结束。德国飞机轰炸了雅法，佩塔提克瓦也几度易手。11 月下旬，艾伦比将军转向了他的下一个目标：耶路撒冷。

英军沿着两条主要路线向该城进军：一条从南面，与希伯伦公路平行；另一条从西面，沿雅法公路进军。土耳其人进行了反击。他们数次成功阻止了英国人前进，甚至还击退了英国人的进攻。土耳其人控制了坚固的山地碉堡，如卡斯特尔（Kastel）和内比·塞缪尔（Nebi Samuel）。英军从下方发动进攻。双方用刺刀和剑进行着肉搏战。一位英国骑兵指挥官写道："驰骋的马匹很难单手操作，而你的另一只手却拿着剑。受制于杂乱的步枪枪托和其他装备，士兵们发现几乎不可能对低头躲避的土耳其人下手。某个士兵失手了，但接着又失手了一次，直到碰到出手不够快的土耳其人……有人问我，那天的感受如何。老实说，我想那是我唯一一次不害怕的场合——可能是因为太忙了。最后的兴奋感来得相当强烈，总的来说，就像空腹喝香槟酒一样。"[42]

英国人组织严密。与土耳其人不同的是，他们不饿。他们从埃及得到了所有的物资，包括面包。有一部分物资是通过火车运来的，在最后一段铁轨上，英国人只能用骡子来拉火车。铁路止于贝尔谢巴，从这里开始，英国人需要用骡子来运输物资。往北行进一段路程之后，物资会被转移到卡车上，但之后的路程还是得要靠骆驼来完成。许多骆驼无法应付通往耶路撒冷的山路，其路途泥泞、潮湿，有几头骆驼直接死了。士兵们射杀了其他的骆驼，以结束它们的痛苦，并将它们的尸体推到山谷中。"它们很快就被警惕的当地人抓住了……毫无疑问，它们为许多巴勒斯坦家庭提供了极好的晚餐，"一名军官后来报告说。当时的战争回忆录也描述了马匹拼命攀登犹大山丘的痛苦；许多马匹都被土耳其人的炮弹击中。最后，艾伦比将军下令从埃及运来一千头驴，而从埃及运来的重炮也不得不留下。

但现在，土耳其人和英国人的共同敌人是冬天。当在炎热的沙漠中长达数周的战斗结束时，许多英国士兵还穿着夏季制服，比如说短裤。英军中有来自埃及、印度、新西兰和澳大利亚的士兵，他们不得不面对严寒的困扰。一位将军甚至将犹大山丘比作喜马拉雅山。[43]

即便城市即将沦陷，耶路撒冷的生活几乎仍照常展开。斯米兰斯基写道，在梅阿谢阿里姆那遭饥荒肆虐的小巷旁，"在干净的家里坐着饱腹的人们……

他们并没有被他们所看到的东西逼疯"[44]。马尼（Mani）家族是耶路撒冷的一个塞法迪犹太精英家族，巴洛巴伯爵参加了一场在马尼家举行的蒙面舞会。舞会上，他将自己打扮成了一个土耳其女人，大家都以为他是总督的女儿。舞会十分让人尽兴。[45] 几天后，耶路撒冷最后一份仍在出版的报纸《哈赫鲁特》（HaHerut）刊登了一则广告。该广告向耶路撒冷的犹太居民许诺，当地剧院将要上演"一场令人啼笑皆非的普林节（Purim）戏剧"，还有一名喜剧演员也将登台亮相。此外，3 月底"无花果电影院"将放映一部有关福尔摩斯的电影。按照广告上的说法，该片的技巧和手法将给人提供"超然的享受"。但仅仅几天后，该报就被关停。印刷机的铅字被当局没收，熔化后被制成弹药。[46]

　　4 月，当雅法和特拉维夫的疏散行动结束后，杰马勒帕夏召集起了留在耶路撒冷的领事们，并在他位于橄榄山的总部召开紧急会议。会议在一座城堡里召开，这座建筑的形制受到了德国霍亨索伦宫（Hohenzollern palace）的启发，并以奥古斯塔·维多利亚（Augusta Victoria）皇后的名字命名。杰马勒帕夏向领事们表示，为了准备战事，他决定将耶路撒冷的居民赶出该城，就像加沙和雅法那样。尽管如此，巴洛巴伯爵却预测事情将往相反的方向发展：作为盟友的德国人将迫使土耳其方面维护耶路撒冷的完整性，直接放弃该城。[47] 他猜对了。柏林方面明白，这座城市没有任何军事价值，放弃它总比让德国人承担摧毁圣地的责任要好。到 11 月，当贝尔谢巴、加沙和雅法相继沦陷后，耶路撒冷的居民们也听到了炮火逼近的声音。他们很清楚，一个崭新的时代即将来临。11 月 17 日，哈利勒·萨卡基尼（Khalil al-Sakakini）写道："耶路撒冷即将沦陷，明天或后天。"与该城真正沦陷的时间相比，萨卡基尼所预测的时间只差了三个星期。就在此时，阿尔特·莱文出现在了他的门前。[48]

5

　　哈利勒·萨卡基尼不敢把这个犹太逃犯带进自己的家。他知道，如果自已被抓住，土耳其人会以叛国罪论处。但如果把莱文送走，他又会背叛自己的文化传统。在他看来，莱文不是在寻求他个人层面的保护，而是在寻求阿拉伯人传统好客文化所要求的庇护。"他请求我按照本民族文化向他提供庇护，这种文化在伊斯兰教之前便已出现，并于伊斯兰教诞生之后继续存在，"萨卡基尼写道，"我不得不说，他的请求对我来说是一个巨大的荣誉，因为这让我能够展示本民族的历史精神和文化精神……一个外国人通过我，请求在我的族人中避难，我希望我的族人会为此而感到欣慰。在他遭到自己族人拒绝、并被家人关上大门后，我却以我们同胞的名义接待了他。"[49]莱文保证没人知道他的行踪，萨卡基尼便把他请进了家门。

在随后的日子里，两人进行了多次长谈，彼此间因此有了更加深入的了解。他们两个都是极其复杂的人，充满了矛盾。他们都对自己的文化和身份有许多困惑和疑问。出生于俄国的莱文当时大约三十五岁，是三个女儿的父亲。萨卡基尼则是耶路撒冷人，三十九岁，有一个儿子。莱文的父亲名叫莫里斯，曾在明斯克地区经营地产。19世纪90年代初，莫里斯跟随家人来到巴勒斯坦；但不久后他就去了美国，在当地为耶路撒冷的一所犹太学校和一家医院筹款。在那个时期，耶路撒冷的大部分犹太人都是靠海外援助过活。几年后，莫里斯获得了美国公民身份。他的儿子阿尔特曾在犹太学校学习，但后来却离开了伴他成长的正统犹太教世界。成年后，他认为自己是一个传统犹太人，但由于他是一名犹太复国主义者，极端正统派犹太教徒将其视为叛徒。[50]

哈利勒·萨卡基尼的父亲则是一名木匠。和莫里斯·莱文一样，他也积极参加自己所在社群的活动。萨卡基尼本人则曾在希腊东正教教会学校学习，之后又在布莱思主教（Bishop Blyth）创办的英国圣公会学校学习。[51]后来，他与东正教主教及其追随者就教会的腐败问题产生了争执。同样引起争执的还有他的阿拉伯人身份，萨卡基尼是其民族身份的坚定支持者。他解释说："我不能让这个腐败且卑鄙的牧师来领导我，也不能被列入这个可恶的教派中。"他离开了教会。"我不是东正教徒！我不是东正教徒！"他强调说。和阿尔特·莱文一样，他倾向于以自由为导向的民族主义来界定自己的身份，但他同时也坚持自己的宗教根基；他在遗嘱中指示儿子要按照耶稣"登山宝训"（the Sermon on the Mount）中的精神来生活。[52]

　　莱文是一个现代商人，他对自己所处的新世纪的精神有着清醒的认识。他最开始是辛格缝纫机公司的代理，该公司的产品对于巴勒斯坦而言是一种革命性的创新。此后，莱文转而进口打字机。接着，他又成为了几家外国保险公司的代理人，专门经营人寿保险，而这本身就是一个新兴的业务。他的生意做得很好，很快就被称为巴勒斯坦的"保险大王"。他在许多中东城市都有自己的代理人和次级代理人。当他来到萨卡基尼家躲藏时，他已经是一个富翁，在全国各地拥有土地和房屋，同时也是个放债人。在决定躲藏之前，他很小心地把自己所有权益的授权书都交给了他的岳父。[53]

　　在新世纪精神的熏陶下，萨卡基尼也是他所在领域的先驱。在他创办的学校里，他开创了一种革命性的教育方法。学校里的教学语言是阿拉伯语，而不是土耳其语，学生们不是死记硬背，而是要理解教材。这所学校没有家庭作业，没有考试，也没有成绩单。萨卡基尼宣扬"学生的解放"——他说他最讨厌的就是暴力教学。教师不应该像通常的做法那样去惩罚或羞辱孩子，而是要帮助他们发展个性。教师和学生之间的关系应该是开放的。他鼓励学生的社会活动，包括出版校报和开展体育运动，这在当时都是相当独树一帜的。萨卡基尼和莱文都对体育活动净化灵魂的力量有一种近乎神秘的信仰。学校还设有宿舍和幼儿园，这是进一步的创新。[54]

　　萨卡基尼加入了耶路撒冷的一个共济会分会，莱文也是众"兄弟"之一。两人有很多共同之处。他们每天晚上都会聊天，一直聊到深夜，他们都是爱读书且有行动力的人，都在不断地反省自己。当教堂的钟声在背景中响起，清真寺的宣礼在空中飘荡，远处的大炮雷鸣般地响起时，他们交流着各自对巴勒斯坦的想法和愿景。莱文希望看到 100 万犹太人生活在地中海和幼发拉底河之间——这是《圣经》上许诺给犹太人的边界。但同时，他也承认，在巴勒斯坦复兴犹太民族的梦想已经破灭：这个国家不可能安放下世界上所有的犹太人，最多只能容纳二三十万人。他主张犹太人和阿拉伯人共存。"这片土地是我们的姐妹，"他在一首诗中写道，"一轮新月让我们两人变成了黑夜中的游牧民族。"[55] 萨卡基尼则说，他憎恨犹太复国主义，因为它试图在别人的废墟上建立自己的家园；在征服巴勒斯坦的过程中，萨卡基尼觉得犹太复国主义好像是在践踏阿拉伯民族的心脏。[56] 不过，他有时也会软化自己的态度，并断言世界正在走向统一。他说，地球上只有一个民族的日子迟早将会来临。[57] 但在两人更冷静的时候，他们都能非常清楚地意识到这两个民族在文化和政治上所存在的争议，甚至是敌意。

萨卡基尼试图把犹太人和犹太复国主义者区分开来。但对莱文来说，这种区分却并没有什么意义。虽然他舍弃了大部分宗教戒律，但就像大多数世俗犹太复国主义者一样，他仍遵守着各种犹太习俗。他只吃洁食（Kosher），这意味着他不能食用萨卡基尼做的饭菜。主人注意到莱文只吃面包和橄榄，饮料只喝茶，这让他感到很不适。"愿上帝原谅你，兄弟，"他写道，"你为什么不能吃我们的食物？如果你认为我们的食物不洁，那么我们也是不洁的，因为我们吃的是不洁的东西。那么，你为什么要跑到我们这里来避难呢？"他把这件事记录了下来，就好像莱文代表着所有犹太人，而萨卡基尼代表着所有基督徒。"你们对我们犯下了多少罪行，遭你们所害的人又有多少！"他写道。[58]

但让萨卡基尼恼怒的不仅仅是文化冲突，他有充分的理由对他的客人感到气愤。莱文无意继续挨饿——在到达萨卡基尼住所一两天后，他在窗口看到了一个犹太路人，并请他与他的岳母联系。那人照做了，莱文的岳母开始给他送来洁食。但两三天后，除了洁食之外，她还带来了土耳其警察。

12 月 3 日凌晨三点，一大群警察包围了萨卡基尼的家。萨卡基尼听到警察从台阶上走来，并听到他们扣动扳机的声音。他毫不怀疑他们是来逮捕莱文的。"我跳下床，来到我们的朋友的床前，"萨卡基尼写道，"我敲了敲门，想让他赶紧出来。但他始终都没醒。与此同时，士兵们已经站在房子的内门处了。除了投降，我什么也做不了。"他打开门，士兵们闯了进来，莱文的岳母也在一起。他们逮捕了莱文，并把萨卡基尼也带走了。[59]

6

土耳其人的统治还剩五天。当时还是个女孩的耶路撒冷居民阿利扎·吉多尼（Aliza Gidoni）写道："恐惧笼罩着我们所有人。"她仍记得当时的场景：牛车载着死者和伤者，里面既有土耳其人又有与他们并肩作战的德国士兵。"士兵们的尖叫声和呻吟声十分可怕，路上滴满了他们的鲜血。"伤员后来被送到了耶路撒冷和其他地方的临时医院。吉多尼很好奇是否有人能活下来。*伤员的脸上流露出了悲痛欲绝的表情，看起来十分可怕，这一幕深深地触动了安东尼奥·德·巴洛巴。据加德·弗鲁姆金（Gad Frumkin）法官后来回忆，耶路撒冷城中当时骚动异常。"通往火车站和伯利恒的路上，到处都是车辆、骡子和步兵，整个队伍无组织、无纪律地经邮局往东边的杰里科（Jericho）走去。很明显，这不是一次有序的撤退，而是一次仓促的逃亡。"在某个街区，弗鲁姆金看到一个土耳其士兵无力地趴在地上，向路人乞求面包和水。他显然已经好几天没吃过东西了。据报道，在城市的其他地方，为了获取食物，土耳其士兵不惜交出自己的武器。许多士兵都丢弃了武器，以免在逃跑时被压垮，有些人甚至赤脚逃跑。[61]

哈利勒·萨卡基尼描述了从他牢房的窗口所能看到的景象。"战争正处于最激烈的阶段，"他后来写道，"炮弹从四面八方袭来，局势一片混乱，士兵们四散而逃，恐惧支配着一切。"最后一批外国外交官烧掉了手头的文件，然后离开了这座城市。[62]

在奥古斯塔·维多利亚城堡，西奥多拉修女（Sister Theodora）问埃里希·冯法尔肯海恩（Erich von Falkenhayn）将军，如果士兵离开后有暴徒闯入城堡，她和剩下的几个修女该怎么办。几个月之前，冯法尔肯海恩曾反对那些想不战而逃的同胞们，他不支持撤离耶路撒冷，但他的意见被否决了。现在他真不知道该怎么回复这位修女，他大概建议她祈祷。他下令将德皇的一幅大油画像从教堂的前厅移走，这么做至少可以保护画像不被暴徒发现。[63]

尽管局势一片混乱，巴洛巴伯爵却照常与德军的指挥官共进晚餐。直到最后，他都始终保持着每天与其中一人共饮一杯科尼亚克白兰地的习惯。巴洛巴一直忠实地记录着自己的所闻所见，但在土耳其人统治的最后一周里，连他都在日记中承认："我一头雾水！"不过，他的人脉还是有些用处的。作

---

* 在其中一家医院里躺着一位名叫鲁道夫·赫斯（Rudolf Hoess）的德国士兵，他正在与死神抗争。后来，他成为了奥斯维辛集中营的指挥官。[60]

为一份恐怖的告别礼物，土耳其人计划炸掉耶路撒冷的面粉厂。巴洛巴伯爵得知这一消息后，赶紧借了一辆马车，然后来到了橄榄山的军队总指挥部。他成功说服士兵们放过了面粉厂。

城中的混乱局势最终还是波及了西班牙领事馆，于是便有了下面这段通常情况下只会出现在电影中的场景。巴洛巴答应给犹太社群的两位领袖提供庇护，他们分别是雅各布·塔洪（Jacob Thon）——犹太复国主义在巴勒斯坦的代表，和西格弗里德·胡菲恩（Siegfried Hoofien）——该运动的银行家。上述两人和其他一些犹太公众人物都被指定为驱逐出境的对象。土耳其警察局长在得知两人的行踪后，现身西班牙领事馆，要求伯爵把他们交出来。然而，领事却把他们藏在了馆内的帘子后面。警察局长进入领馆后，巴洛巴答应第二天就把两人交出来。两位犹太复国主义领袖在帘子背后吓得瑟瑟发抖，他们本以为这位领事打算把他们交出去。[64] 但巴洛巴肯定不会这样做，因为他确信土耳其人在二十四小时后便会离开这座城市。事实证明，他是对的：总督伊扎特·贝伊将最后一台电报机敲得粉碎，并给耶路撒冷市长留下了一份交给英国人的投降令。为了体面地离开这座城市，他还从美国殖民区偷来了一辆马车。

12月8日，犹大山丘上一阵狂风暴雨，大雾使当地的能见度降为零，英军不得不停下了脚步。那一天的早些时候，部队已经经过了伯利恒，英军在当地得到了解放者一般的待遇。某些部队甚至已经行进到了耶路撒冷西南的艾因凯雷姆（Ein Kerem）——施洗者约翰的故乡。傍晚时分，风暴开始减弱。

巴洛巴伯爵走到房顶上欣赏风景。天空中满是星星，城市突然间陷入了一片寂静。只有一门门定时发射的大炮扰乱了夜色，还有几声狗叫。巴洛巴听到远处有汽车的声音，试图猜测车里的乘客是谁。对于世事之无常，他沉思了一会，然后就睡了。那晚有枪声，但他睡得很香。[65]

注　释

1. Khalil al-Sakakini, *Such Am I, O World* (in Hebrew) (Jerusalem: Keter, 1990), p. 69.
2. Mordechai Ben-Hillel Hacohen, *The Wars of the Nations* (in Hebrew) (Jerusalem: Yad Ben-Zvi, 1985), vol. II, p. 767.
   David Lloyd George, *War Memoirs* (London: Odhams Press, 1938), p. 1,089ff.
3. Spanish Vice-Consul Jona Kuebler to Alter Levine, 7 Sept. 1917, Levine Papers. With the kind permission of the Munin family.

4. Aziz Bek, *Intelligence and Espionage in Syria, Lebanon, and Palestine in the World War 1913–1918* (Ramat Gan: Bar-Ilan University, Ma'arachot, 1991), p. 25ff.

5. "Jerusalem Diary" (in Hebrew), *Hadashot Mi-Ha-Aretz*, 18 Dec. 1918, p.7.
   "The Cruel Deportation of American Citizens from Jerusalem to Damascus," undated memorandum, signed by Alter Levine and 150 others, Levine Papers. With the kind permission of the Munin family. See also: Hacohen, *The Wars of the Nations*, vol. II, p. 791.

6. Asaf Halevy ish Yerushalayim, *Ancient Scroll* (Tel Aviv: Dekel, 1915).

7. Memorandum by Shulamit Levine, undated, Levine Papers. With the kind permission of the Munin family.

8. Memorandum by Shulamit Levine [apparently from 1920]; memorandum by Consul Ballobar, 22 June 1920. Levine Papers. With the kind permission of the Munin family.

9. Asaf Halevy ish Yerushalayim, "Geschichte fun a Martir," *Yidishes Tageblat* (Jewish Daily News), 11 May 1919, p. 4.

10. Sakakini, *Such Am I, O World*, p. 73.

11. Ballobar diary, 18 Nov. 1914. With the kind permission of his daughter.
    Meir Dizengoff, *With Tel Aviv in Exile* (Tel Aviv: Omanut, 1931), p. 13; Mordechai Naor, ed., *Tel Aviv at Its Beginnings, 1903–1934* (Jerusalem: Yad Ben-Zvi, 1984), p. 71.

12. Sakakini, *Such Am I, O World*, p. 56.

13. Shabtai Teveth, *The Burning Ground* (in Hebrew) (Tel Aviv: Schocken, 1997), p. 36ff., 298. See also: Matiyahu Mintz, "The Historical Conception: A Clarification of Ben-Gurion's Political and Zionist Position at the Time of the First World War, Before the Balfour Declaration," *Ha-Tsionut*, vol. XIII (1988), p. 69ff.

14. Mordechai Eliav, *Palestine and Its Settlement in the Nineteenth Century* (in Hebrew) (Jerusalem: Keter, 1987), p. 335; Yisrael Kolat, ed., *The History of Jewish Settlement in Palestine Since the First Aliya, the Ottoman Period* (Jerusalem: National Academy of Sciences, Bialik Institute, 1990).

15. Kisch to Brodetsky, 24 May 1931, and correspondence, CZA S 25/2726.

16. David Ben-Gurion, "On the Question of the Old Yishuv," *Ha-Ahdut*, Sept. 1910, p. 55.
    Menachem Friedman, *Society and Religion: Non-Zionist Orthodoxy in Palestine, 1918–1936* (in Hebrew) (Jerusalem: Yad Ben-Zvi, 1977), p. 33.

17. Hacohen, *The Wars of the Nations*, vol. I, p. 127.
    Ballobar diary, 31 May 1915, 7 Sept. 1915, 21 June 1916. With the kind permission of his daughter.
    Diary of Mohammed Adel Al-Saleh, National Library, Jerusalem, Manuscript Division, AR80.46, p. 93.

18. Ballobar diary, 26 Aug. 1915, 19 May 1916. With the kind permission of his daughter.
    George Antonius, *The Arab Awakening* (London: Hamish Hamilton, 1938), p. 189.

19. Eduardo Manzano Moreno, ed., *Diario de Jerusalem, 1914–1919* (Madrid: Nerea, 1996), p. 13ff.

20. Rachel Elyashar, *Family Album* (in Hebrew) (private publication), 1990, p. 30.

21. Hacohen, *The Wars of the Nations*, vol. II, p. 745.

22. Ballobar diary, 7 and 18 Jan. 1915, 4 May 1915, 21 Dec. 1916, 11 Jan. 1917. With the kind permission of his daughter.

23. Ya'akov Gross, ed., *Jerusalem, 1917–1918: Destruction, Miracle, Redemption* (in Hebrew) (Tel Aviv: Koresh, 1992), pp. 20, 48.
    Ballobar diary, 20 Mar. 1915. With the kind permission of his daughter.

24. Bertha Spafford Vester, *Our Jerusalem: An American Family in the Holy City* (Beirut: n.p., 1950), p. 246.

25. Yehuda Walch, "The Military Engagement in Palestine During the First World War," in *The History of the Jewish Yishuv in Palestine from the Time of the First Aliya (The British Mandate)* (in Hebrew), ed. Moshe Lissak (Jerusalem: Israel Academy of Sciences, Bialik Institute, 1993), part I, p. 97ff.

26. Moshe Smilansky, *Memoirs* (in Hebrew) (Tel Aviv: Hitahdut Ha-Ikarim, 1935), vol. X, p. 196.

    Aref al-Aref, *A History of Gaza* (in Arabic) (Dar Al-Itam Al-Islamiyya, 1943), p. 251. See also: Michael Asaf, *The Relations Between Arabs and Jews in Palestine, 1860–1948* (Tel Aviv: Tarbut Ve-Hinuch, 1970), p. 131. Gerald Butt, *Life at the Crossroads: A History of Gaza* (Nicosia: Rimal, 1995), p. 109ff.

27. Hacohen, *The Wars of the Nations*, vol. II, p. 548.

    Uziel Schmaltz, "The Reduction of the Population of Palestine in World War I" (in Hebrew), in *In Siege and in Suffering: Palestine During World War I*, ed. Mordechai Eliav (Jerusalem: Yad Ben-Zvi, 1991), p. 17ff.

28. Ballobar diary, 4 Mar. and 2 Apr. 1917. With the kind permission of his daughter.

29. Ben-Zion Dinur, ed., *The Haganah History Book* (in Hebrew) (Tel Aviv: HaSifriya HaTzionit, Ma'archot, 1954), vol. I, p. 392ff.

    Yitzhak Olshan, *Din U-Devarim* (Dispute) (in Hebrew) (Jerusalem: Schocken, 1978), p. 45ff.

30. Yitzhak Lufben in *HaPoel HaTzair*, qtd. in Ilan Shchori, *Dream That Became a City* (in Hebrew) (Tel Aviv: Avivim, 1990), pp. 3–20.

    Smilansky, *Memoirs*, vol. X, p. 211.

31. Smilansky, *Memoirs*, vol. X, p. 215.

    Ilan Shchory, *A Dream that Became a City* (in Hebrew) (Tel Aviv: Avivim, 1990), p. 105. See also: Tsiona Rabau, *In Tel Aviv on the Sands* (in Hebrew) (Tel Aviv: Masada, 1973), p. 60ff.

32. Hacohen, *The Wars of the Nations*, vol. II, pp. 540, 573–74.

33. Yosef Chaim Brenner, "The Way Out" (in Hebrew), in *Writings: Stories, Novels, Plays* (Tel Aviv: Sifriyat Poalim, Hakibbutz Hame'uhad, 1978), vol. II, p. 1693. See also: Menachem Brinker, *To the Tiberian Alley* (in Hebrew) (Tel Aviv: Am Oved, 1990), p. 43. Hillel Yafeh, *The Way of the Ma'apilim* (in Hebrew) (Tel Aviv: HaSifriya HaTzionit, 1971), p. 385.

    Moshe Smilansky, *Memoirs*, vol. X, p. 216.

34. Moshe Smilansky, *Memoirs*, vol. II, p. 664; vol. X, p. 110ff.

    Ballobar diary, 19 May 1916, 31 May 1916. With the kind permission of his daughter.

    Boris Schatz, *They Built Jerusalem: Daydream* (in Hebrew) (Jerusalem: n.p., 1924), pp. 91, 174.

    Helena Kagan, *My Early Time in Jerusalem* (in Hebrew) (Jerusalem: WIZO, 1983), p. 64ff.

    Bertha Spafford Vester, *Our Jerusalem: An American Family in the Holy City* (Beirut: n.p., 1950), pp. 257, 264.

    Izzat Darwazza, "95 Years of Life—Memories and Musings" (in Arabic), in *Arab Thought Forum* (Jerusalem: 1993), p. 294.

35. Schmaltz, "The Reduction of the Population of Palestine in World War I," p. 38.

36. Captain C. H. Perkins, Nov. 1917, IWM, 87/18/1.

    Brian Gardner, *Allenby* (London: Cassell, 1965).

    A. Wavel, *Allenby: Soldier and Statesman* (London: George G. Harrap, 1945), p. 160ff.

    Cyril Falls, *Military Operations Egypt and Palestine* (London: HMSO, 1930), p. 395ff. Walch, "Military Deployment," p. 97ff.

    Gideon Biger, *Crown Colony or National Home: The Influence of British Rule on Palestine, 1917–1930, a Geographical-Historical Examination* (in Hebrew) (Jerusalem: Yad Ben-Zvi, 1983), p. 5.

37. Richard R. Meinertzhagen, *Army Diary, 1899–1926* (Edinburgh: Olivier and Boyd, 1960), p. 222ff.

    Friedrich Freiherr Kress von Kressenatein, *Mit den Tuerken zum Suezkanal* (Berlin: Otto Schlegel, 1938), p. 249. See also: Yiagel Shefi, "The Conquest of Palestine in World War I: The Element of Deception," in *In Siege and in Suffering: Palestine During World*

War I, ed. Mordechai Eliav (Jerusalem: Yad Ben-Zvi, 1991), p. 219ff.

38. Captain William Hine to Hilda Gosling, 5 Sept. 1917, IWM, Con. Shelf, Gosling Papers.
39. Walch, "The Military Deployment in Palestine During the First World War," pp. 1–120.
40. Hacohen, *The Wars of the Nations,* vol. II, pp. 774ff., 779ff., 796, 1,000.
    Rabau, *In Tel Aviv on the Sands,* pp. 75ff., 78.
41. Smilansky, *Memoirs,* vol. III, p. 357.
    Ilana Bet-El, "A Soldier's Pilgrimage: Jerusalem 1918," *Mediterranean Historical Review,* vol. VIII, no. 2 (Dec. 1993), p. 218ff.
42. Captain C. H. Perkins, Nov. 1917, IWM 87/18/1.
43. C. H. Dudley Ward, *History of the 53rd (Welsh) Division* (Cardiff: Western Mail, 1927), pp. 152, 163ff.
    Vivian Gilbert, *The Romance of the Last Crusade* (New York: D. Appleton, 1926), p. 139.
    See also: George de S. Barrow, *The Fire of Life* (London: Hutchinson, n.d.), p. 170ff.
    W. T. Massey, *How Jerusalem Was Won* (London: Constable and Company, 1919).
    Walch, "The Military Engagement in Palestine During the First World War," p. 125.
44. Smilansky, *Memoirs,* vol. X, p. 222.
45. Ballobar diary, 16 Feb. 1917. With the kind permission of his daughter.
46. *HaHerut,* 7 Mar. 1917, pp. 1, 3; *HaHerut,* 23 Mar. 1917, p. 1.
    G. Karsel, *The History of the Hebrew Press in Israel* (in Hebrew) (Tel Aviv: HaSifriya HaTsionit, 1965), p. 135.
47. Ballobar diary, 11 June 1917. With the kind permission of his daughter.
48. Sakakini diary, 17 Nov. 1917. With the kind permission of his daughters.
    Sakakini, *Such Am I, O World,* p. 68.
    Ballobar diary, 26 June 1917. With the kind permission of his daughter.
49. Sakakini, *Such Am I, O World,* p. 74.
50. Fund-raising agreement, yeshiva letter, permit from the American consul in Jerusalem (1881), naturalization papers, 6 May 1897, and other documents, Levine Papers. With the kind permission of the Munin family.
    David Tidhar, *Encyclopedia of the Pioneers and Builders of the Yishuv: The First Ones* (in Hebrew) (1947), vol. II, p. 920.
51. Gideon Shiloh, "The Life and Diaries of a Palestinian Educator of Jerusalem," in Sakakini, *Such Am I, O World,* p. 9ff. See also: Sakakini Bibliography, p. 270.
    Anton Shammas, "This Story Has No Headline" (in Hebrew), *Kol Ha'ir,* 2 Sept. 1983, p. 29ff.
    Anton Shammas, "Uncle Alter Takes Off" (in Hebrew), *Kol Ha'ir,* 30 Sept. 1983, p. 18ff.
    Hala Sakakini, *Jerusalem and I* (Amman: n.p., 1987).
    Elie Kedouri, "Religion and Politics: The Diaries of Khalil Sakakini," *St. Antony's Papers,* No. 4 *(Middle Eastern Affairs,* No. 1) (London: Chatto and Windus, 1958), p. 77ff.
52. Sakakini, *Such Am I, O World,* pp. 33, 44ff., 82. See also Hala Sakakini, *Jerusalem and I,* p. 23.
53. Documents in Levine Papers. With the kind permission of the Munin family.
54. Sakakini, *Such Am I, O World,* pp. 156, 160.
    Shiloh, "Life and Diaries," p. 11. See also: Yehoshua Ben-Hanania, "On the History of Arab Education in Palestine" (in Hebrew), *Hed Ha-Mizrah,* no. 12 (26 Nov. 1943), p. 5 (part of a series).
55. Levine to Zehavi, 1 Oct. 1924, Levine Papers. With the kind permission of the Munin family.
    Asaf Halevy ish Yerushalayim, *Ancient Scroll* (Dekel, 1915), p. 243.
56. Sakakini, *Such Am I, O World,* p. 47.
57. Sakakini, *Such Am I, O World,* pp. 50–51ff.
58. Sakakini, *Such Am I, O World,* p. 73ff.
    Asaf Halevy ish Yerushalayim, p. 5.

59. Sakakini, *Such Am I, O World*, p. 74ff.

60. Tom Segev, *Soldiers of Evil* (New York: McGraw Hill, 1987), p. 196.

61. Aliza Gidoni, "The End of the War" (in Hebrew), in *Jerusalem 1917–1918: Destruction, Miracle, Redemption,* ed. Ya'akov Gross, p. 193.
Ballobar diary, 8 Dec. 1917. With the kind permission of his daughter.
Gad Frumkin, *The Way of a Judge in Jerusalem* (in Hebrew) (Tel Aviv: Dvir, 1954), p. 194.
"The Last Days of Jerusalem Under the Turkish Government" (in Hebrew), *Hadashot Mi-Ha-Aretz Ha-Kedosha*, vol. 1, no. 1 (4 Apr. 1918), p. 3.

62. Sakakini, *Such Am I, O World*, p. 76ff.
Ballobar diary, 8 Nov. 1917. With the kind permission of his daughter.

63. Walch, "The Military Engagement in Palestine During the First World War," p. 127.
Franz von Papen, *Memoirs* (London: Andre Deutsch, 1952), p. 76.
Steuber, *Jilderin: Deutsche Streiter auf heiligem Boden* (Berlin: Gerhard Stalling, 1925), p. 120.
Mordechai Eliav, "The Involvement of German and Austrian Representatives in the Events of 1917 in Palestine" (in Hebrew), *Kathedra* 48 (June 1988), p. 90ff.

64. Ballobar diary, 15, 20 Nov. 1917; 8 Dec. 1917. With the kind permission of his daughter.
Zvi Shiloni, "Changes in the Jewish Leadership in Jerusalem During the Period of World War I" (in Hebrew), *Kathedra* 35 (Apr. 1985), p. 87.

65. "The Last Days of Jerusalem under the Turkish Government," p. 3.
Ballobar diary, 5, 8 Dec. 1917. With the kind permission of his daughter.

第 2 章 "与犹太人的契约"

1

英国人进入巴勒斯坦是为了打败土耳其人,留在那里是为了不让法国人染指,而把巴勒斯坦交给犹太复国主义者则是因为他们爱"犹太人"。事实上,他们也厌恶犹太人,既崇拜又鄙视他们。最重要的是,他们害怕犹太人。英国人既没有受到战略性考量的指引,也没有有序的决策过程。当他们发表支持犹太复国主义者的《贝尔福宣言》时,同样的因素也在起着作用。该宣言不是军事或外交利益的产物,而是偏见、信仰和政治手腕的产物。催生了这份宣言的人是基督徒、犹太复国主义者,甚至是反犹主义者。他们相信犹太人控制着世界。

1915 年 1 月,在土耳其参战不到 3 个月的时候,有关征服巴勒斯坦并最终在那里建立一个犹太国家的建议第一次以备忘录的形式呈现在大英帝国的内阁面前。这份文件的起草人是邮政局长赫伯特·塞缪尔(Herbert Samuel),一个犹太人。塞缪尔是一个犹太复国主义者,但他以自己独有的谨慎方式来维持自己的这重身份。他似乎把犹太复国主义看作沟通其犹太教信仰与自由主义价值观的桥梁。第一次世界大战爆发时,他三十四岁。[1]

塞缪尔深知其中的困难。他在备忘录中写道:"试图过早地在一个世纪内实现犹太国家的愿望,可能反倒会使其实际实现的时间倒退许多个世纪。"现在时机还不成熟,他解释说。犹太人的少数统治不应该强加到人口比例占多数的阿拉伯人身上,相反,应该先实现犹太人的多数地位。无论如何,巴勒斯坦的面积太小,无法吸纳世界上所有的犹太人,也因此不能为欧洲的犹太人问题提供解决方案。但那里的确存在容纳三四百万犹太人的空间，他总结说。

夺取巴勒斯坦的建议符合当时伦敦人的想法。当他们谈到奥斯曼帝国的解体时，有一种倾向是把它看作一个大蛋糕：这个国家将得到一块，那个国家将得到另一块。奥斯曼人即将失去的领土被认为是胜利者之间分享的战利品。[2]英国的一份犹太复国主义期刊写道："我们已来到世界历史上的巅峰时刻，世界地图将被重塑。"[3]还有人想到了交换领土的方案——正如一份建议所言，如果法国在巴勒斯坦问题上让步，作为交换，它将得到非洲的一些殖民地。[4]

但塞缪尔的备忘录与内阁会议上的大多数外交政策文件不同——它是一种神话和预言，用外交大臣爱德华·格雷（Edward Grey）的话来说，它是"近乎抒情的爆发"[5]。"我们不要妄言在以赛亚的同胞中没有天才，或在马卡比（Maccabees）的后裔中没有英雄主义，"塞缪尔引用历史学家托马斯·麦考利（Thomas Macaulay）的话写道。他承诺说，只要给犹太人的灵魂一个身体，让它居于其间，它就会回来，并丰富这个世界。在一次私下谈话中，塞缪尔还谈到了重建犹太圣殿的必要性。

塞缪尔在给他同事的信中写道，吞并巴勒斯坦并让犹太人在该地定居，这能帮助英国完成其历史使命：将文明带入蛮荒之地。他概述了巴勒斯坦在奥斯曼帝国统治下的情况：专制、腐败、落后、肮脏。几百年来，这一地区没有给世界带来任何好处。而犹太人则将带来进步和启蒙，在英国的统治下，这片土地将得到"救赎"。巴勒斯坦将提高大英帝国的声望，它的征服"甚至会给大英帝国的皇冠增添光彩"。英国公众也需要巴勒斯坦，如果战争结束后英国却没有任何实际收益，他们会感到失望。德国在非洲没有多少殖民地，夺取它们也是不明智的选择。"在新教世界里，人们对这种思想存在着普遍且根深蒂固的同情心理，即让犹太人回到其祖传的故土上去。他们对实现这一早已被言明的预言存在强烈兴趣，"他写道。塞缪尔坚称，"收回基督教圣地也会增加这一政策的吸引力"，并使人们更容易进入这些圣地。

塞缪尔接着说，犹太人与以色列地之间的联系与世界一样古老。犹太人对回归故土的渴望已经有 1800 年的历史了。如果英国吞并巴勒斯坦，打算有朝一日建立一个犹太国家，那么散落在世界各地的数百万犹太人，包括在美国的两百万犹太人，将世世代代永远表示感激。塞缪尔写道，"整个种族"的善意"未必没有价值"。他指出，犹太人在巴勒斯坦生活时，培养了许多伟人——政治家、先知、法官和士兵。犹太人的大脑是一种"不容轻视的生理造物"。

塞缪尔只是简短地提到了某个欧洲列强可能控制巴勒斯坦的情形，这会危及英国对苏伊士运河的控制，但显然他并不是真的对此存有顾虑。他想到的是法国，该国在中东地区有自己的领土野心。

外交大臣格雷对这份备忘录付之一笑。显然，他写道，这份备忘录里的确体现出了迪斯累里（Disraeli）非常喜欢的那句格言："种族（race）就是一切。"*把世界上所有犹太人聚集在一个国家的想法让他为之一颤。"一个多么有意思的族群！"他冷笑道。但当他真正与塞缪尔谈论将巴勒斯坦划给犹太人的前景时，格雷却声称这一想法"在情感上具有强烈的吸引力"。不过，他还是认为英国不应该再承担任何殖民责任，他担心英国会在巴勒斯坦问题上陷得过深。[6]

在与外交大臣和其他官员交谈后，塞缪尔决定重新起草他的备忘录。他删去了第一版中过于感性的表述，并补充说，即使是那些不支持犹太复国主义的犹太人也赞成他的建议。他还削减了建议在巴勒斯坦定居的犹太人数量，从"三四百万"减少到了"三百万"。在修改后的版本中，他不再谈及"吞并"巴勒斯坦，并将之纳入大英帝国的版图，转而提出建立英国"保护国"的建议。这些都是巨大的修正，但备忘录的核心内容却与之前保持一致。

几个月后，英国在伦敦成立了一个部际委员会，用于议决奥斯曼帝国领土的未来。委员会的成员们主要是对一些战略性议题进行了权衡。巴勒斯坦的重要性被放置在保障英国与印度交通安全的背景中。但英国并不需要为此目的而控制这个国家。事实上，委员会并没有建议征服巴勒斯坦。不论如何，英国并没有战略上的理由把巴勒斯坦交给犹太人。巴勒斯坦当然也可以给阿拉伯人。

在战争开始时，英国的行动是基于这样的假设：打击德国的最佳方式是在西欧进行直接对抗。从东面经奥斯曼帝国包抄德国的可能性当时尚未被列

---

* 英国人一般用种族一词来表示"民族"。这一点对于理解那些轻蔑地谈论犹太人的人很重要：认为他们的评论带有种族主义倾向并不一定正确。有些人即使在没有表达反犹主义意思的时候也会用上"种族"一词。

入作战计划。因此，塞缪尔提出的行动与其同僚们的战略思想相违背。然而，这一提议却真的激起了他们的历史正义感，引发了他们基于《圣经》而同情犹太人的倾向，唤醒了他们对犹太人所拥有的强大力量的模糊但根深蒂固的信念，但显然也点燃了他们摆脱犹太人的希望。[7]

正是这些情感促使英国参与解决"犹太问题"——英国于1903年提出在英属东非地区划出一块土地，供犹太复国主义者建立一个由犹太人自治的定居点。当时，伦敦的犹太复国主义运动找到了一位律师为其服务，以方便其与外交部的联系。这位律师的名字叫戴维·劳合·乔治。《犹太纪事》(*The Jewish Chronicle*) 认为劳合·乔治热衷于犹太复国主义事业，且塞缪尔在撰写备忘录的时候也曾咨询过他的意见。[8]事实上，劳合·乔治的确相信犹太人能重回锡安。

2

劳合·乔治属于那些在《圣经》中长大的英国人之一。"我在学校里所学到的关于犹太人的历史远比关于自己土地上的历史多得多，"他曾经回忆说。"我可以告诉你所有以色列国王的名字。但我怀疑自己能否说出五个以上英格兰国王的名字，更不用提威尔士国王了。"他对戴维·本-古里安说，在他知道巴勒斯坦的河流、平原和山脉的名字之前，他自己国家的地理名称却一个都说不出来。在他的回忆录中，他用巴勒斯坦的古名"迦南"(Canaan) 来称呼该地。[9]因此，犹太人同归锡安的思想深深地扎根于他的基督教信仰中。事实上，英国基督教犹太复国主义有着悠久的传统，为了迎合这一传统，赫伯特·塞缪尔在他的备忘录中耗费了不少心力。爱德华·格雷称其为新版的坦克雷德（Tancred）。*

---

* 早在十七世纪初，英国的书籍和公开讨论就已经提出了这样一种想法，即犹太人要本着圣经先知的精神回到他们祖先的土地上。

　　这个比喻是贴切的。坦克雷德是本杰明·迪斯累里（Benjamin Disraeli）于 1847 年出版的同名小说中的主人公。这是一位年轻的英国贵族，他奔赴圣地，并鼓舞东方人发起解放战争。"帕默斯顿（Palmerston）不得到耶路撒冷决不罢休，"书中的一个人物在谈论世界局势时曾这样说道。小说出版 30 年前，英国外交大臣帕默斯顿曾指示驻土耳其大使向该国政府施压，要求让犹太人返回巴勒斯坦。伦敦《泰晤士报》曾专门为此撰写了一篇充满同情的社论。[10]

　　劳合·乔治后来写道，巴勒斯坦问题在战争开始时根本没有被讨论过，只是在战争结束时才被提上了日程。事实上，早在 1915 年，他本人就提出了征服巴勒斯坦的建议。当时，他用塞缪尔备忘录中一个不太中肯的论点来支持他的提议，即巴勒斯坦将为大英帝国的皇冠增添光彩。[11]战争大臣霍雷肖·赫伯特·基奇纳（Horatio Herbert Kitchener）勋爵对这一提议以及劳合·乔治所提供的理由感到气愤，他说："巴勒斯坦对我们没有任何价值。"基奇纳勋爵是出了名的不能容忍任何人挑战他说的话，他的失态可能更多的是与此有关。[12]无论如何，到第二年的时候，由于基奇纳在海上溺水身亡，他的战略方针——将战争限制在欧洲的西线——也随之沉没。6 个月后，即 1916 年 12 月，劳合·乔治当选首相，英国的政策也因此发生了变化：德国人现在还须面对盟军针对奥斯曼帝国从南部和东部战线发起的进攻。

　　按照新的作战计划，驻埃及的英军准备侵入奥斯曼帝国境内，但军队前两次试图攻克加沙的行动都失败了。劳合·乔治决定给部队派遣一个更强有力的指挥官。他首先想到了南非的扬·斯穆特（Jan Smuts）将军，但斯穆特更愿意在帝国的战争内阁中任职。艾伦比是他的第二选择。[13]

　　根据爱德华·格雷的说法，劳合·乔治对犹太人没有任何兴趣，无论是他们的过去还是未来。他真正想要的是防止巴勒斯坦圣地落入法国人之手。但这并不是故事的全部。劳合·乔治的确鄙视法国人，也无意让他们控制巴勒斯坦。但从他自己的角度来说，他也鄙视犹太人，或者换个角度来说，他害怕犹太人。[14]

　　到劳合·乔治撰写回忆录的时候，也就是 20 世纪 30 年代末，英国人的普遍看法是，英国支持犹太复国主义者是错误的选择。而劳合·乔治想让公众相信，他当年这么做是对的。回忆录写于纳粹上台六年后，那时，他本可以简单地指出欧洲对犹太人的迫害是他支持犹太复国主义者的理由，而英国在巴勒斯坦的行动是帮助犹太人实现某种正义的方式。相反，他把对犹太复国主义运动的支持解释为与一个拥有巨大影响力的政治势力的结盟，而为了获得这一势力的支持是值得为之付出代价的。战争使这种联盟变得不可避免。劳合·乔治声称，犹太复国主义者们当年实际上是逼着他的政府支持他们。这是一个明显充满反犹主义色彩的主张。

劳合·乔治在他的回忆录中解释说，"犹太种族"具有世界性的影响力和能力。若按照他们的金融本能行事，犹太人完全有能力决定第一次世界大战的结果。他们可以影响美国加强参战力度，而作为俄国革命的真正推动者，他们也控制着俄国对德国的态度。英国人担心俄国会与德国签订单独的和平协议，这将使德国人能够将他们所有的兵力都放在西线。犹太人当然是出价最高的人，如果英国人不尽快取得他们的好感，德国人就会收买他们。劳合·乔治认为，犹太人的友谊对英国有利，而犹太人的敌意则会损害英国的利益。因此，英国人事实上别无选择——他们不得不"与犹太人签订契约"。[15]

劳合·乔治的观点在当时很普遍。第一次世界大战最后几年担任外交部副大臣的罗伯特·塞西尔（Robert Cecil）勋爵曾说："我认为夸大犹太人的国际力量并不容易。"全世界各地的英国外交官中有不少人也持有类似的看法。驻土耳其大使报告说，犹太人、共济会和犹太复国主义者的国际阴谋是阿塔图尔克（Attatürk）领导的青年土耳其党革命运动背后的真正力量。"犹太人的影响力非常大，"英国驻华盛顿大使指出，"他们组织严密，尤其是在新闻界、金融界和政界，他们有着相当大的影响力。"根据这位大使的说法，"大多数人"都认为美国犹太人一般都同情德国人。[16]

约翰·巴肯（John Buchan）在他的经典间谍小说《三十九级台阶》（Thirty-nine Steps）中写道："在所有政府和军队的背后，有一个巨大的地下运动正蠢蠢欲动，该运动由非常危险的人掌控着。"作为劳合·乔治政府时期英国政府情报机关的首脑，巴肯说的是犹太人。犹太人根据自己的利益拉动着战争之弦，他让他小说中的一个角色说："在巴尔干战争中所发生的事情，比如说某个国家突然取得了胜利，联盟被建立又被破坏，某些人的消失……这整个阴谋的目的就是为了让俄国和德国对立……而犹太人就是这一切的幕后黑手，犹太人对俄国恨之入骨……犹太人无处不在……他们的眼睛像响尾蛇一样。他们是统治世界的人,他们的刀插进了沙皇的帝国里。"[17] 对于英国人所持的这种阴谋论观点,哈伊姆·魏茨曼(Chaim Weizmann)是背后的鼓吹者。

3

1904 年,三十岁的魏茨曼在赫茨尔(Herzl)去世后不久移居英国。他出生于俄国,并曾在瑞士生活过几年。作为一名化学家,他已经是犹太复国主义运动中的重要人物,并因为自己极强的公共演说能力而声名大噪。

作为一名重要的政治活动家,魏茨曼在犹太复国主义运动中并不担任任何职务,但他却迅速掌控了该运动在英国的局势。在几个星期之内,他成功地与当时的外交部副大臣尤斯塔斯·珀西(Eustace Percy)勋爵进行了会晤。会面结束的几天后,魏茨曼给珀西寄去了一份有关他们讨论摘要的草稿。外交部对此皱起了眉头,珀西并不知道魏茨曼在进行一次正式的"采访"。但他对魏茨曼很重视,要求对文件的措辞进行一些修改,仿佛这的确是一份两国代表之间的会议摘要。[18]

哈伊姆·魏茨曼能轻易接触到英国的决策者并给他们留下深刻印象,他这方面的卓越才能是犹太复国主义运动在那个时期的主要资产:他基本上随时都能见到英国的决策者们。当他到达英国时,他的英语还不太流利;他与珀西的对话是用法语进行的,而他仍然用意第绪语进行思考。为了融入英国社会,他略显拙劣地取了一个英文名字,叫查尔斯。作为曼彻斯特大学的一名化学讲师,他一直生活在经济压力之下。在很多方面,魏茨曼都是一个典型的犹太移民,他来自东欧的一个犹太小镇,并在广阔的天地间奔波闯荡。

即便他在帝国权力的走廊里像一片树叶一样颤抖,魏茨曼也会确保那些伟大的强者不会注意到他。他拥有胆识、眼光、勇气、狡猾和巨大的个人魅力。耶路撒冷总督罗纳德·斯托尔斯(Ronald Storrs)写道,他有"近乎女性的魅力"。随着时间的推移，他学会了如何着装，如何表达自己，甚至如何像英国人一样思考。他成为了一个地地道道的英国人。人们之所以相信他，更多的是因为他相信他自己。斯托尔斯说："他在午餐会上跟我和我姐姐解释爱因斯坦的相对论，有那么一刻我甚至出现了一种错觉，即连我自己都能搞懂这一理论了。"[19] 有时他则以乞丐的身份出现，恳求人们的施舍：他把情感勒索当成了一种艺术，几乎到处都能找到想要帮助他的善良的基督徒。而在另一些时候，当他与政治家们相处时，他也能表现得像一名政客。他直视他们的眼睛，并以犹太民族的名义说话。有时，他甚至可以用威胁的口吻说话。但这一切都是虚张声势：犹太人民没有派他来，他也没有权力。

到战争开始时，魏茨曼已经认识了不少英国政府体制中的人，其中包括温斯顿·丘吉尔。他的大部分人脉都要归功于《曼彻斯特卫报》(*Manchester Guardian*) 的编辑 C. P. 斯科特（C. R. Scott）。正是斯科特替他安排了其中最重要的一次会面，把他引荐给了阿瑟·詹姆斯·贝尔福（Arthur James Balfour）。贝尔福是前自由党首相和戴维·劳合·乔治内阁的外交大臣。

贝尔福对"犹太问题"并不陌生。当"乌干达"方案（通常被称为"第一次贝尔福宣言"）于 1903 年被提出时，他是当时的英国首相。[20] 犹太复国主义大会拒绝了这一提议，他们把目光坚定地投向了巴勒斯坦。但当魏茨曼和贝尔福在 1906 年第一次见面时，他们再次谈到了这一问题。在这次交流中发生了犹太复国主义运动历史上最著名的轶事之一。魏茨曼说，如果拿乌干达来换巴勒斯坦，摩西肯定会打碎石板。难道贝尔福会同意用伦敦来换巴黎吗？"但是魏茨曼博士，"贝尔福回答说，"我们占据着伦敦。"没错，魏茨曼接着说："但当我们占有耶路撒冷时，伦敦还是一片沼泽。"贝尔福很惊讶，他问魏茨曼，是否有许多犹太人持有与之类似的想法。魏茨曼告诉他，持有这一想法的人有数百万之多。"这很奇怪，"贝尔福说，"我遇到的犹太人可不这样想。"魏茨曼的回答是："贝尔福先生，您没遇到对的犹太人。"[21]

两人仍旧时常见面。有一次，贝尔福向魏茨曼转述了他与作曲家瓦格纳的遗孀科西玛·瓦格纳（Cosima Wagner）的一次谈话，并表示他与她的一些反犹主义思想不谋而合。这并不是什么秘密。1905 年，贝尔福是限制英国移民法律的提案人之一，这项法律在很大程度上是针对犹太人的措施，这导致他被诬蔑为反犹主义者。[22] 但魏茨曼是一个自我克制方面的大师，他知道如何温和地应对对话中如此尴尬的时刻。魏茨曼向他保证，犹太复国主义者也赞同"文化上的反犹主义"。他们还认为，那些自认为是"信仰摩西的德国人"的德国犹太人是"一种不可取的、令人丧气的现象"。他说，瓦格纳的反犹太主义世界观并没有考虑到犹太人对德国的伟大贡献，就像他们对法国和英国的伟大贡献一样。他向贝尔福讲述了当时正在巴勒斯坦发生的事情——有关使希伯来语成为犹太社群官方语言的斗争，有关他创办犹太大学的梦想，有关鲍里斯·沙茨（Boris Schatz）的贝扎莱勒艺术学校。魏茨曼写道，贝尔福被他的话感动得泪流满面。

1916 年的一天晚上，魏茨曼作为客人与贝尔福共享晚餐，而此时的贝尔福已是英国的外交大臣。魏茨曼离开时已经过了午夜。贝尔福陪他走了几分钟，一直走到约克公爵柱（the Duke of York's Column）前。他们刚走到柱前，贝尔福就劝魏茨曼和他一起往回走。等走回屋子后，两人又重新走到柱子跟前。他们这样来回走了两个小时，大部分时间都是魏茨曼在说话。他阐述了他反复强调的论点——即犹太复国主义者和英国人的利益是一致的。魏茨曼说，犹太复国主义运动使用的是一套现代政治家的语言，但却同时被一种深刻的宗教意识所推动。贝尔福本人也是一位现代政治家，他同样认为犹太复国主义是其基督教信仰的内在组成部分。那是一个美丽的夜晚，月亮出来了。[23]不久，贝尔福在一次内阁会议上宣布："我是一个犹太复国主义者。"[24]

魏茨曼深知自己作为"犹太人之王"的形象。每隔一段时间，他就会发出一些看起来像是来自世界权力中心的信件："美国朋友必须竭尽全力影响我们的俄国朋友，支持英国和协约国的政策，抵制那里的一切敌对势力，"他在给华盛顿的一位犹太复国主义活动家的电报中写道，"我们这里也在做同样的事，将你们正在采取的措施用电报发送出去。"[25]魏茨曼在给美国最高法院大法官路易斯·布兰代斯（Louis Brandeis）的电报中写道："我们必须尽最大努力防止德国人在南俄获得立足之地。"他说他收到消息，德国人打算在南俄购买商品和燃料，并警告说，这有可能破坏"我们禁运措施"的效力，危及"盟国和巴勒斯坦的事业"。他还说："我们认为，控制贸易的南俄犹太人可以对德国和布尔什维克与乌克兰结盟的密谋予以有效回击。"他同时指出："我们已

经给我们的朋友彼得格勒·罗斯托夫·基辅·敖德萨（Petrograd Rostov Kiev
Odessa）发了电报，请你们也这样做，请你们代表盟国和巴勒斯坦的事业向他
们发出呼声……现在必须利用一切影响……犹太人现在有绝好的机会向英国和
美国表示感谢。"这无疑是写给英国审查员看的。魏茨曼表现得好像他和布兰
代斯是在密谋着什么一样。他警告美国大法官对此事严格保密，这么做或许是
为了给审查员使个眼色。同时，他还写信给他在俄国的熟人，敦促他们迅速行
动，并特别提醒他们用英语给彼得格勒发电报。英国情报部门对魏茨曼的活动
很感兴趣，而他则很乐意向外交部的一位高级官员汇报情况。[26] *

1917 年的局势让魏茨曼感到有必要制造出犹太人拥有权力和影响力的神
话，他令人钦佩地站了出来。一年前的 5 月，英国和法国在俄国的同意下，就
肢解奥斯曼帝国达成了一项秘密协议。赛克斯－皮科协定（Sykes-Picot）以其
两位主要作者马克·赛克斯（Mark Sykes）爵士和法国的乔治·皮科（Georges
Picot）命名。该协定把叙利亚和黎巴嫩划给法国，并把巴勒斯坦划分为英国控
制区和英法共治区。魏茨曼从 C. P. 斯科特那里得知此事，并对此深感不安，因
为巴勒斯坦的分裂将威胁到在那里建立犹太国家的机会。正如一位犹太复国主
义领袖所警告的那样，法国人有可能在巴勒斯坦强行推行他们的语言，而希伯
来语则将成为牺牲品。魏茨曼跑去外交部提出抗议，据一份记录描述，他抵
达外交部时"十分愤怒"。到 1917 年时，英国外交部对这份协议已经有所动
摇——阿拉伯人因为该协议而感到震怒，俄国则已经脱离了战争，意大利也
想分一杯羹。犹太复国主义者的抗议则进一步增强了英国撕毁该协议的意愿。
在魏茨曼的影响下，赛克斯更加执着于自己的偏见。他认为犹太人无处不在，
在每一个决定性事件的背后都有他们的影子。劳合·乔治也认为最好把魏茨
曼的反对意见考虑进去。[28]

魏茨曼的主要成就在于，他成功地让英国领导人把"犹太复国主义运
动"和"全世界犹太人"两者等同起来——劳合·乔治把"犹太民族""全世
界犹太人"和"犹太复国主义者"这些词当作同义词来使用。他还成功地说

---

* 如同他的许多同僚一样，贝尔福也注意到了犹太人参与俄国共产主义革命的情况。在与路易斯·布
 兰代斯大法官的谈话中，贝尔福提到了几天前他从一个"消息灵通人士"那里打听到的一条消息，
 即列宁的母亲是犹太人。[27]

服他们，英国和犹太复国主义的利益是一致的。然而这一切都不是真的。没有哪项国家利益要求英国对犹太复国主义运动予以支持。此外，这个被认为是世界权势中心的犹太复国主义运动实际上仅仅占据了伦敦皮卡迪利广场（Picadilly Circus）上的四间小而暗的房间。其全部档案被保存在一家旅馆小房间内的某个箱子里，就在世界犹太复国主义组织领导人纳胡姆·索科洛夫（Nachum Sokolow）的床下。[29] 魏茨曼根本没有办法影响战争的结果，但英国对"犹太人"神秘力量的信念凌驾在了现实之上。正是基于这种虚假的考量，英国做出了两项重大决定：建立犹太军团和发表《贝尔福宣言》。

从犹太人的角度来看，他们之所以在英国对巴勒斯坦的战争中单独成团，是为了促进外界对他们民族身份的认可，并保证他们能在战争中分得一杯羹。犹太人对此的认知是，他们的士兵们将为自己的国家而战。然而，英国军方和外交部都认为犹太军团是一个不必要的麻烦，并对首相强加的军团表示不满。成立犹太军团不论是在战争层面还是法律层面都存在相当大的困难，战争大臣也看不出这一建制到底有何必要。但正如劳合·乔治的一位助手所解释的那样，首相担心世界上有影响力的犹太人正在鼓动结束战争。这位助手指出，"他们"需要和平，以便恢复"他们的"商业。首相希望通过建立一支参加征服巴勒斯坦的犹太军队，以鼓励犹太人让战争继续下去。

从军事的角度来看，犹太军团没有任何意义——耶路撒冷在其士兵到达巴勒斯坦之前就已经被征服了。然而，该军团却的确给犹太复国主义运动提供了一定的军事经验以及英雄主义神话。更重要的是，该军团成立的过程揭示出了犹太人在外人眼里的可怖形象，也显示出了源自《圣经》的浪漫主义情节对劳合·乔治和贝尔福的影响。[30]

4

许多年后，劳合·乔治把《贝尔福宣言》描述为一个慷慨仁慈的统治者

对其宫廷中的犹太人所行的赏赐。魏茨曼发明了一种用玉米生产丙酮的方法，
而制造炮弹需要用到丙酮。按照劳合·乔治的说法，他希望对魏茨曼的勤勉
予以奖励，但魏茨曼却回答说，他只希望首相大人能支持他的人民。其结果
是外交大臣贝尔福写了一封信，并在信中表达了英国政府对犹太复国主义事
业的支持。魏茨曼恨透了整个事件的过程。"我多么希望事情就这么简单，"
他写道，"我从没想到宣言发表之前会有那么多的心碎时刻、单调乏味的工作
和不确定因素。"这种说法并非完全站不住脚。

从 1915 年开始，魏茨曼在伦敦附近的一个海军部实验室从事他的研发
工作，后来又在军需部供职。这是一段令人痛苦的经历。魏茨曼对他的工
作头衔和薪水都不满意。等他成功地完善了自己的发明后，又出现了专利的
所有权问题。在确立其权利主张的过程中，出现了各种官僚主义层面的拖
延。面对官员们制造的难题，魏茨曼用他最擅长的方式——即动用他的关系
网络——来予以解决。他一次又一次地寻求 C. P. 斯科特的帮助，后者则尽可
能地帮助他。斯科特找到了自己的党内同僚——海军大臣和军需大臣——并
通过他们来替魏茨曼说话。战争初期，第一任海军大臣正好是阿瑟·詹姆
斯·贝尔福，而此时的军需大臣则是戴维·劳合·乔治。

魏茨曼走出了他人生的这一章，看起来就像一个不屈不挠的讨厌鬼。当
他请求 C. P. 斯科特代表他与帝国的大臣们交涉的时候，这些人正管理着四亿
多臣民，并掌控着前线超过八百万的士兵。[31] 如果没有斯科特的帮助，魏茨
曼能不能找到劳合·乔治和贝尔福都是个问题。但令斯科特感到庆幸的是，
他的门徒并没有让他失望，魏茨曼的研究对战争有一定的重要性。因此斯科
特得以在 1916 年之后继续代表魏茨曼与劳合·乔治和贝尔福交涉，而此时的
二人已贵为首相和外交大臣。[32]

在战争期间，魏茨曼至少与劳合·乔治交谈过七次。其中的一次，他们
在阿斯特夫人（Lady Astor）家中共进晚餐。鉴于他已为帝国作出重大贡献，
魏茨曼觉得有理由要求英国政府正式支持犹太复国主义运动。此前，他已经
花了好几年的时间向英国领导人介绍犹太复国主义事业，因此，当他要求对
方为其写一封支持信时，他不必从头开始。"鉴于首相、贝尔福先生……以及
其他政治家已经对犹太复国主义运动表示了同情，我们承诺对它予以支持，"

与魏茨曼保持接触的某位外交部官员说道。[33]

然而，贝尔福却十分小心，他并没有被激情冲昏头脑。当他说"我是一个犹太复国主义者"时，他脑袋里所想的并不是让英国长期停留在巴勒斯坦，并以此来推动犹太人的独立事业。在他看来，英国也不应该独自承担这一重任。他从未想过要把巴勒斯坦并入大英帝国。尽管如此，他还是在这个问题上投入了相当多的时间，而且他显然也很乐意这么做。巴勒斯坦让他从战争的恐惧中得到了精神上的解脱。他把它描述为一个伟大的理想：让犹太人重返家园是一个历史性的工程，他希望自己的名字能和这项事业挂上钩。他也被这场实验和挑战所吸引。他在上议院不客气地质问他的同僚们："难道我们永远都不能采取冒险的行动吗？"对他来说，一个没有壮举的世界，就是一个没有想象力的世界。耶路撒冷著名的阿拉伯基督徒乔治·安东尼乌斯（George Antonius）认为，贝尔福将巴勒斯坦视为一种"历史学知识的练习和消遣"，而他更以一种相当自命不凡的方式将其付诸实践。[34]贝尔福写道："犹太复国主义，不管是对是错，是好是坏，都比现在居住于这片古老土地上的70万阿拉伯人的欲望和偏见远更重要。"[35]

英国政府仍未确定其在中东地区的目标，它想要"摸着石头过河"，并满足所有人的要求。[36]因此，它凭直觉在犹太复国主义者和阿拉伯人相互冲突的利益之间摸索，在成堆的政策报告和官员的自负之间摸索。不论是在国防部，还是在外交部，不论是在英国驻开罗高级专员的官邸中，还是在印度事务部里，人们都在拟定自己的外交政策。有些人反对魏茨曼所提出的要求，他们认为英国不应发表一份支持犹太复国主义的宣言。

反对上述宣言的最全面的备忘录与赫伯特·塞缪尔三年前的备忘录的标题相同，都叫"巴勒斯坦的未来"。这份备忘录的作者是乔治·纳撒尼尔·寇仁（George Nathaniel Curzon）勋爵，他是当时战争内阁中的一员。有人说，他反对宣言是出于对贝尔福勋爵的嫉妒。不管是出于何种动机，他在这份备忘录中提供了充分的论证。寇仁承认，之后可能会在巴勒斯坦建立某种由欧洲人主导的管理机构，以保卫圣地，并确保该国所有公民的平等权利——犹太人也包括在内，但却不仅限于他们。他并没有断然拒绝上述行政管理机构向犹太人开放移民，也没有排除允许犹太人购买土地的可能性。"如果这就是犹太复国主义，那我们都成为犹太复国主义者也没问题。"寇仁写道。但这份宣言的草案却不只承诺了这么多的内容，他是针对这一情况才表示了反对。寇仁警告他的同僚们，他们将会因此陷入困境。而在这一点上，他是对的。他指出的困难将一直压在英国驻巴勒斯坦行政当局身上，直到最后一天。

宣言中并没有提到要建立一个犹太"国家"，而是用了另一个词——"民族家园"。这个术语是犹太复国主义者的发明，并在第一次犹太复国主义大会上得到公布。它意在伪装犹太复国主义的真实意图，并弱化反对的声音。在寇仁看来，"民族家园"是一个模糊的实体。有些人将其理解为一个在各方面都独立的国家；另一些人谈论的则是犹太人的"精神中心"。寇仁认为英国政府所承担的义务，其实质内容并不明确，这纯属自找麻烦。

其次，这个国家面积小、贫穷，而且被战争弄得支离破碎。世界上有一千两百万犹太人，而其中的大部分人都不可能在那里定居。整个定居行动需要投入巨大的资金。此外，这个国家并不是无主之地，阿拉伯人正居于其间。他们不会同意自己的土地被人剥夺，也不愿成为犹太人的樵夫和挑水工。耶路撒冷无论如何也不能成为这个民族家园的首都，毕竟太多宗教都对该地有着深厚的感情。

此外，为了组织阿拉伯人反抗奥斯曼帝国，英国驻开罗的代表们已经为此耗费了巨大的心力。这项计划由托马斯·爱德华·劳伦斯（即著名的阿拉伯的劳伦斯）带头推动。为了换取阿拉伯人的支持，英国人曾答应让阿拉伯人独立。驻埃及高级专员亨利·麦克马洪（Henry MacMahon）爵士在 1915 年 10 月写给麦加谢里夫的信中作出了这样的承诺。但后来出现的争议是，这一承诺是否包含巴勒斯坦。按道理说，当时的承诺显然包括巴勒斯坦，但信中的措辞却很模糊。英国人也许是有意为之，要么是为了误导阿拉伯人，要么是因为粗心大意。对阿拉伯人的承诺问题一直困扰着英国政府——在 20 世纪 20 年代，这个问题在议会中至少被讨论了 20 次。阿拉伯人表示，英国人违背了他们的承诺。麦克马洪则声称，他并不打算把巴勒斯坦给阿拉伯人。[37]

在《贝尔福宣言》发表前大约六周的时候，艾伦比的首席政治官吉尔伯特·克莱顿（Gilbert Clayton）准将警告说，亲犹太复国主义的宣言会激怒阿拉伯人，并建议不要发表该声明。[38]但政府并没有采纳一线人员的建议，事实上，在接下来的三十年里，英国政府经常无视驻巴勒斯坦军事人员的专业评价。*

军需大臣埃德温·蒙塔古（Edwin Montagu）是赫伯特·塞缪尔的表弟，曾任主管印度事务的国务卿。他认为犹太复国主义是一种威胁，并提出了另一种反对意见。他的观点很重要，因为在犹太社群内部的公共讨论中，这一观点总会引发冲突。蒙塔古不认为犹太人是一个民族。在他看来，如果承认犹太人是一个独立的民族，这么做会不利于他们在所居住的国家成为具有平等权利的公民。每一个承认巴勒斯坦是犹太人"民族家园"的国家都会想要摆脱掉犹太人。†

蒙塔古认为，英国的基督教犹太复国主义实际上反映了一种愿望，即把英国犹太人驱逐到巴勒斯坦，让他们生活在一个大型的犹太隔都。他在给首相劳合·乔治的信中写道，如果宣布巴勒斯坦为犹太民族的家园，那么每个反犹组织和报纸都会质问，一个犹太人凭什么在英国政府中任职。蒙塔古写道："我离开大学后一直为之工作的国家——英国——我的家人为之奋斗的国家，告诉我，我的民族家园，如果我想去那里的话……就是巴勒斯坦。"[41] 蒙塔古的判断是对的。英国即将宣布犹太复国主义运动代表着整个犹太民族。

当内阁还在斟酌时，魏茨曼在复国主义运动中的一些同僚指责他像一个独裁者一样工作——他没有征求他们的意见，也没有让他们了解情况，有些人还恨他的妻子薇拉。他的传记作者耶胡达·莱因哈兹（Jehuda Reinharz）将这位被人称为"酋长"的人所做的许多举动描述为一个人遵循直觉的即兴创作。这些批评给魏茨曼造成了伤害——或者说，他也许只是表现得让人感觉他很受伤，毕竟他时不时便会这样。无论如何，到 1917 年 9 月时，他抱怨说，周围的气氛对他缺乏信心，满是嫉妒，这使他无法做出任何有成效的工

---

* 在那些对犹太复国主义持支持态度的英国人当中，有一部分人（包括那些鄙视犹太人的人）之所以持这种态度是因为他们更讨厌阿拉伯人。劳合·乔治在他的战争回忆录中写道，巴勒斯坦的阿拉伯人毕竟曾为土耳其人的统治而战。事实上，他对阿拉伯人的了解并不比对犹太人的了解更多。他的阿拉伯政策，如果还能称得上是一种政策的话，充满了误解、内部矛盾和无知。而这一政策源自他对新兴的阿拉伯民族主义的否定。[39]

† 西奥多·赫茨尔（Theodor Herzl）也想到了这种可能性，但与蒙塔古不同，他认为这是一项积极的因素。他在日记中指出："反犹主义者将成为我们最忠实的朋友，反犹国家也将成为我们的盟友。"[40]

作。他为身边满是阴谋的恶毒气氛感到惋惜。在写给 C. P. 斯科特的信中，他说他的同僚们已经开始把"苏联人的手段"引入犹太复国主义运动中了。[42] 他迫切需要一项实实在在的成就来战胜对手。作为复国主义运动内部斗争的一部分，他加倍努力深化外界对犹太人的这种印象：犹太人拥有巨大的影响力。

与此同时，纳胡姆·索科洛夫花了几个月的时间，从一个首都奔赴另一个首都，争取各国支持犹太复国主义的声明——类似某种初级版本的贝尔福宣言。每到一处，他都被当作一个大国的使者来接待。他去了巴黎和罗马，并受到了教皇的接见。以索科洛夫的行程为例证，哈伊姆·魏茨曼告诉英国外交部，德国政府也在考虑发表一份支持犹太复国主义者愿望的声明。这一点倒是真的。[43]

10 月，埃德温·蒙塔古此时已成功地说服了他的同僚们：英国在没有征求美国总统伍德罗·威尔逊的意见之前，不应颁布宣言。正如他所猜想的那样，白宫不建议把宣言公布出来，白宫也几乎没有安排与此事相关的任何议程。但魏茨曼成功地说服了他的朋友布兰代斯大法官，后者又与威尔逊幕僚中的某个高官搭上了话。于是，白宫便改变了立场。此事在威尔逊总统心中的边缘地位，可以从他写给助手的一张纸条中得到印证。这张纸条的大意是这样的：他刚从口袋里发现了犹太复国主义运动要求英国发表的声明，而他对此不存在反对意见。总统立场的变化不过是犹太复国主义者在华盛顿的公关成果，但这一转变在伦敦却引起了人们的注意。对于劳合·乔治来说，理解这件事情的方式只有一种：犹太人控制了白宫。

与此同时，赫伯特·塞缪尔承诺，征服巴勒斯坦会让英国收获全世界犹太人的感激之情。[44] 几年后，位于查塔姆大楼（Chatham House）的皇家国际事务研究所发表了一份报告，这份报告也回溯性地支持了塞缪尔的观点。该报告证实，《贝尔福宣言》是以对圣地的深厚感情为基础的，但战争内阁不可能仅仅为了替犹太人伸张正义而作出这样的决定。根据战后戴维·劳合·乔治在议会中发表的演讲，该研究所认定，伦敦方面曾收到了来自全世界各地的报告，这些报告均声称获取犹太人的同情对赢得战争至关重要。研究所的结论是，《贝尔福宣言》确实是通向胜利的一种手段。这份报告还指出，事实上其他国家也在争取犹太人的支持。[45]

宣言的最终草案并没有给予犹太复国主义者他们想要的一切,英国政府并没有将巴勒斯坦定义为一个犹太国家。宣言的措辞纳入了辩论期间提出的各种反对意见,并反映了全方位的谨慎态度。因此,它并没有说巴勒斯坦将成为犹太人的民族家园,而是说民族家园将建立在巴勒斯坦——换句话说,只建立在巴勒斯坦的部分地区。宣言中没有明确提到阿拉伯人——并没有体现出巴勒斯坦是阿拉伯人的土地——他们被描述为"非犹太人社群"。同时,犹太民族家园的建立是以不损害阿拉伯人的公民权利和宗教权利为条件的。为了让蒙塔古和其他反犹太复国主义的犹太人放心,保障其他国家犹太人的权利和地位不受损害也成为了建立民族家园的前提。犹太复国主义者几乎是在最后一刻才设法对文本进行了一项修正:英国人之前使用的是"犹太种族"一词,并没打算把它改成"犹太人民"。[46]*

1917 年 10 月 31 日下午,魏茨曼一直坐在战争内阁开会的房间外等待着。最后,马克·赛克斯出来了,他对魏茨曼说:"魏茨曼博士,是个男孩!"但这并不是他所期待的那个男孩,魏茨曼后来写道。犹太复国主义运动者们曾一次又一次地接受着不如意的结果,但在那天晚上,魏茨曼夫妇有充分的理由庆祝。他们请朋友们来共进晚餐,所有人都跳起了哈西德舞。[48]

为了不影响艾伦比的作战计划,贝尔福勋爵的宣言被推迟发布。当时,艾伦比正在通往贝尔谢巴的路上,伦敦方面打算在他进城后再发表宣言。但等到贝尔谢巴沦陷的消息传来时,那一周的《犹太纪事报》已经没有版面了——该报每周五定期出版。考虑到《犹太纪事报》的利益,大家都同意推迟一周出版。11 月 9 日,发布于 11 月 2 日的宣言终于在报上公开了。但这一时机再糟糕不过了——列宁在俄国的胜利完全掩盖住了这一消息。[49]

这是一个国家向另一个国家许诺的第三国的土地,阿瑟·凯斯特勒(Arthur Koestler)写道。他认为这份宣言代表着一个不可能实现的观念,一种不自然的嫁接,并称其为"白皮肤的黑人"。[50]但犹太复国主义运动知道如何赋予这一事件以《圣经》般的威严。魏茨曼在给贝尔福的信中写道:"自居鲁

---

* 罗伯特·格雷夫斯(Robert Graves)在一本作家手册中写道:"一个作家如果希望被完全理解,就必须设立并遵守某些文学原则。"然而,他指出:"当然,他可能并不总是希望被理解:在英语中,很多戏剧都是故意放宽措辞的。"他把《贝尔福宣言》当作其中的一个典型例子。[47]

士大帝以来，在过去的一切记录中，从来没有任何东西，比这一值得纪念的宣言更具有政治智慧、深谋远虑的政治家精神和对犹太人的民族正义。"[51] 全世界各地都举行了表示感恩的集会。在巴勒斯坦，人们通过口耳相传的方式听到了这个消息。艺术家兼作家纳胡姆·古特曼（Nachum Gutman）讲述了这样一个故事：某位热爱音乐的澳大利亚军官带着手下的士兵们进入了特拉维夫，这时，从一栋房子的窗口飘来了小提琴声。他停下脚步，欣赏了一会音乐，然后走进房子向音乐家致谢，并顺便向他提到了《贝尔福宣言》。消息很快就在各家各户传开了。有人怀疑这一消息的真实性，但小提琴家回应说，热爱音乐的人是不会说谎的。[52]

5

1917 年 12 月 9 日，这是一个星期日，耶路撒冷的太阳出来了。安东尼奥·德·巴洛巴在他的日记中写道，这是一个"美丽的日子"，令人叹为观止。毕竟，它标志着一段全新的生活的开始，也是新生活到来后的第一个星期日。[53] 侯赛因·萨利姆·侯赛尼（Hussein Salim al-Husseini）市长出身于耶路撒冷最有权势的阿拉伯家族之一。他的英语说得很好，并从父亲那里继承来了市长的职位。他骑着马，准备向英国人递交土耳其总督留下来的投降书；他还带了几个人与他同行，其中包括该市的警察局长。

他们此行的第一站是美国殖民区。在那里，他们向当地居民介绍了最新的情况。附近的居民们唱起了"哈利路亚"，从殖民区学校毕业的市长也加入其中。贝尔萨·斯帕佛德·维斯特（Bertha Spafford Vester）回忆说："母亲警告他（侯赛尼），没有白旗不要进城。"于是他们拿了一张床单，把它绑在扫帚柄上，然后向市长送上了祝福。殖民区的居民之一，瑞典摄影师霍尔·拉尔斯·拉尔森（Hol Lars Larsson）也加入了随行人员的行列。至于之后所发生的事情，有无数的版本流传下来。[54] 在此后的许多年里，这个故事呈现出传奇色彩，但通过拉尔森所拍摄的照片，我们可以清楚地看到，至少有些事情是真实发生过的。事实上，这个故事的模糊性反倒增加了它的魅力。流传下来的故事是这样的：耶路撒冷城投降了不下七次。

当耶路撒冷市长敲开美国殖民区的大门时，在城北边界宿营的一名英军军官正急着找鸡蛋做早餐。他派了部队里的厨师和一名二等兵去附近的一个村庄寻找鸡舍。厨师和他的战友出发了，但很快他们就迷路了。他们走啊走，突然发现迎面走来一队打着白旗的平民。他们是第一批遇到耶路撒冷市长的英国士兵。市长介绍了自己的情况，并郑重地宣布：耶路撒冷欢迎国王陛下的军队，该城愿意投降。然而，这两名英国士兵却不太清楚这个人到底想要干什么。他们在执行另一项任务——他们的少校还在等他的英国早餐。于是，两伙人分道扬镳，侯赛尼继续向西行进，向安东尼奥·德·巴洛巴家的方向走去。

巴洛巴那天早晨醒来时，听到门口有一群人的声音。他从窗口窥视出去，发现门口站着几十个歇斯底里的女人。在过去的几天里，她们的丈夫被土耳其人抓走，之后便下落不明。妇女们恳求领事出面干预。苏丹娜·萨卡基尼（Sultana al-Sakakini）和吉特尔·莱文（Gittel Levine）也在这群妇女之中。在她们丈夫被捕后的几天里，两人曾到军事监狱的门口给丈夫送衣服、食物和钱。士兵们收了她们的钱，却把她们赶走了。[55] 尽管在土耳其人当政期间，巴洛巴几乎在每件事情上都要插上一脚，但在那天早晨，这位领事很清楚地意识到，他已经没法再如此行事了。他向哭泣的妇女们表示，在这个关头，他的影响力太小，发挥不了作用。

就在几个小时前，哈利勒·萨卡基尼和阿尔特·莱文被人从牢房中带走。土耳其士兵带着他们穿过老城来到狮子门，然后从那里步行到杰里科。这是一段痛苦的旅程，其终点是大马士革的一所监狱。他们俩被一根绳子捆着。"我的双手和我的同胞阿尔特·莱文绑在一起，"萨卡基尼后来写道，"绳子系得太紧了，我害怕手上的血管会崩裂。当我要求他们把结放松一点时，他们却说：'我们不在乎你的死活。'"四周都是大批撤退的士兵，他们在逃命。与此同时，一架英国飞机正在天空中盘旋。[56]

巴洛巴对此二人的命运一无所知。在他们的妻子离开后，德国豪华酒店"法斯特酒店"（Fast）的某个黑人服务员跑来找巴洛巴汇报：耶路撒冷市长准备找英国人投降。领事赶往酒店，在那里，他遇到了德国殖民区的居民。这些居民大多是圣殿骑士团的成员，作为敌国国民，他们害怕英国人的到来。从酒店出来，巴洛巴开始在城里游走。他沿着雅法大街走，目睹了劫掠的过程：到处都能看到人们在抢东西。他们抢走了能拿走的任何东西，从家具到电报线，从盆栽植物到破马车的轮子。儿科医生海伦娜·卡根（Helena Kagan）也见证了这一切：人们不仅抢劫房屋、办公室和被人遗弃的财产，还抢夺意大利传染病医院的毛毯和床单。大约九点一刻，第一批英国士兵到达了老城南侧的锡安门。[57]

这一消息席卷了整个耶路撒冷。加德·弗鲁姆金（Gad Frumkin）律师焦急地跑到大街上，他的阿拉伯邻居马哈茂德·侯赛尼（Mahmud al-Husseini）则叫他不要担心——英国人已经到了，他的表弟、耶路撒冷市长正在去找他们的路上。[58]梅纳什·埃利亚沙尔（Menashe Elyashar）出身于城中最受人尊敬的犹太家庭之一，听到这一消息后，他也准备回家。土耳其人之前在他家的院子里放了一挺机枪，埃利亚沙尔一家不得不搬去亲戚家住，现在他准备回去探查情况。在路上，他碰到了经常到他家做客的市长。侯赛尼邀请埃利亚沙尔加入他的随行队伍。市长说："去见证一个你永远不会忘记的历史事件吧。"他们往上利夫塔（Upper Lifta）方向行进，后来耶路撒冷的罗梅马（Romema）街区就建在那里。

突然，他们听到了一声大叫。"停！"两名英国军士从一堵坍塌了一半的石墙后面跳了出来，随时准备开火。市长举起了双手，并再次挥舞起白布。他转过身来，郑重地告诉两位士兵，耶路撒冷城欢迎国王陛下的军队，并希望向他们递交土耳其总督的投降书。塞奇威克（Sedgewick）中士和赫尔科姆（Hurcombe）中士都穿着短裤，其所属的部队尚未进入城中，而他们则是部队里的侦察兵。两人都不同意接受投降，但他们同意与市长及其随行人员合影，并向他们索要了香烟。同时，他们答应向上级汇报。耶路撒冷市长则在上利夫塔等着。

市长接下来见到的英国人是两名炮兵军官，贝克和巴里。市长第三次准备投降，但这两个军官同样拒绝扮演这一历史性的角色。他们答应向自己所

在的部队汇报，市长则继续等待着。又过了一会儿，贝利（Bailey）中校出现
了，市长再次宣布耶路撒冷城欢迎国王陛下的军队。当中校正在用无线电通
知谢伊（Shea）少将时，C. E. 沃森（C. E. Watson）旅长出现了。市长第五次
试图投降。沃森同意接收投降书，并问哪里可以喝到茶。于是整支随行队伍
又回到了雅法街，来到了摩西·瓦拉赫（Moshe Wallachs）医生的沙埃莱·泽
德克（Sha'arei Zedek）医院。

瓦拉赫是从德国移民过来的。他属于那些在巴勒斯坦做了别人没有做过
的事情的人之一。他和护士长塞勒玛·梅厄（Selma Meir）一起奠定了这所医
院的基础——最新的医学创新与犹太教法的奇妙融合。在沙埃莱·泽德克医
院，瓦拉赫按照犹太传统接见了市长和英国将军——他拿着面包和盐出来迎
接他们。随后不久，领事巴洛巴也来了。大家喝着茶，吃着饼干，而英国军官
则问起了有关他们敌人的一切：冯法尔肯海恩（von Falkenhayn）将军什么时
候离开的这座城市，有多少德国士兵在和土耳其人并肩作战，土耳其军队的状
况如何。巴洛巴为了保持他的中立地位，非常谨慎，而且有点傲慢，这也是他
的特点。他说他没有军事情报，他关心的完全是耶路撒冷的平民。他向沃森强
调，必须尽快向饥饿的居民提供食物，并要求立即组织一支警察部队。他还要
求保护德国殖民区的居民。沃森匆匆上路，领事则继续在城里巡视。

人群开始涌上街头。巴洛巴一生中从未见过如此自发的民众热情。犹太人
和阿拉伯人都加入了进来。每一个走上街上的英国士兵都受到了英雄般的欢迎。
满怀憧憬之情的平民们把士兵们团团围住，抚摸着他们的军装，拍他们的头，
并用东方的各种语言向他们表示祝福。人们对英军表现出了无限的钦佩之情，
巴洛巴写道。由于担心被征召入伍或被赶出城市，这座城市的居民们在过去的
几个月中一直躲躲藏藏；如今，他们纷纷涌上街头。他们早就在等待这支解放
军。巴洛巴很理解他们，但他同时也提醒自己不要流露出自己的感情——他应
该保持中立。当他在日记中总结当天发生的事情时，他依然时刻提醒自己不
要犯傻。但他最后实在没忍住，他写道："再见，可恶的土耳其人！"[59]

当天，侯赛尼市长还得再投降一次。他的第六次尝试是在下午，在老城大
卫塔的台阶上，其投降的对象是谢伊少将。谢伊以艾伦比将军的名义出现，而艾
伦比将军当时正坐在雅法附近的指挥帐中。艾伦比与 T. E. 劳伦斯（阿拉伯的劳

伦斯）少校一起收到了耶路撒冷被征服的消息，并邀请他两天后一起正式入城。

艾伦比的入城，标志着侯赛尼市长第七次也是最后一次投降。这一次，是一个完整的仪式，也是经过精心策划的。艾伦比在雅法门拴好马，徒步进入圣城。城中各族与各教的长老们都在等待着他，他们身着绚丽的长袍，戴着装饰复杂的帽子。艾伦比带来了法国、意大利和美国的代表。他宣读了一份在伦敦精心起草的宣言，这份宣言后来被翻译成了阿拉伯语、希伯来语、法语、意大利语、希腊语和俄语。宣言的核心内容是承诺保护城中的圣地。在参加仪式的客人中，有领事巴洛巴，艾伦比感谢了他在战争期间所付出的努力。领事表示："艾伦比非常亲切。"他还注意到有一台摄像机。他心想，要是杰马勒帕夏能看到就好了。[60]

城里的枪声仍未停止。有几名土耳其士兵躲到了橄榄山上，要想击溃他们，英军必须手对手、刺刀对刺刀地战斗。为此，英国人后来在橄榄山的山坡上建立了一个军人公墓。在耶路撒冷战役中，英军共出动了 2.6 万名士兵，其中包括 8 000 名骑兵。这场战役共造成 1 667 人阵亡，英军还损失了 5 000 匹战马。自从从贝尔谢巴出发以来，英军的伤亡人数约为 18 000 人，土耳其方面则死伤 25 000 余人，另有数千名士兵被俘。[61]

一两天后，耶路撒冷又发生了一场"小型战争"，只不过这场战争是在谢伊少将和沃森准将之间发生的。当谢伊得知霍尔·拉尔森拍摄了纪念侯赛尼向沃森投降的照片时，他立即下令销毁底片。耶路撒冷的投降要作为他的故事来纪念。拉尔森试图绕过这个命令，但谢伊却对其予以威胁，摄影师被迫服从，只保存了两位中士的照片。英国人还小心翼翼地保存了投降旗——这面具有历史性意义的旗帜被送到了伦敦的帝国战争博物馆。[62]

耶路撒冷就是耶路撒冷，这次征服被披上了神话的外衣。犹太人将其视为光明节的奇迹。在征服的当晚，他们点燃了节日的第一根蜡烛。当时在伦敦的大拉比亚伯拉罕·伊扎克·哈科亨·库克（Avraham Yitzhak Hacohen Kook）后来专门为此写了一篇感恩祷文。整座城市的人们都在谈论着阿拉伯人曾用来赞美奥斯曼帝国的一个预言：只有当上帝的先知把尼罗河的水带到巴勒斯坦时，土耳其人才会离开巴勒斯坦。英国人在沙漠中铺设了为军队供水的管道，所以艾伦比被人们称为"安拉安纳比"（Allah an-nabi），即上帝的先知。

英国军报在该报的希伯来文版上刊登了这样一则故事：有一位名叫史姆埃尔·施密尔基斯拉比（Shmuel Schmilkis）的老人，每逢安息日前夕，都会挥舞着红手帕离开家门，迎接弥赛亚的到来。随着岁月的流逝，他走路越来越困难，但他还是周而复始地执行这项任务。在艾伦比到来的三天前，施密尔基斯回到了造物主的身边。"他活在弥赛亚将降临的信仰中，"该报写道，"也死在弥赛亚将降临的信仰中，谁知道……也许在他最后的时刻，他有幸听到了救赎者的声音……谁知道呢？"[63] 维维安·吉尔伯特（Vivian Gilbert）少校写道，只有两位背负着十字架的人成功地解放了圣城：十字军将领布永的戈弗雷（Godfrey of Bouillon）和埃德蒙·艾伦比。[64]

为了参加征服耶路撒冷的战斗，英国士兵詹姆斯·波洛克（James Pollock）愿意付出一切代价。几个月后，当他到达该城时，他有了一次改变他一生的宗教经历。有一天，他独自坐在橄榄山上，凝视着眼前的这座城市，他的心则向拿撒勒的耶稣走去——耶稣曾为他和全人类受苦。他好想为耶稣做点什么，就在此时，仿佛有一个来自天堂的声音向他发出了呼唤：最伟大、最困难的战争还在进行中——去战斗吧。在接下来的几个月里，英军还要完成对该国北部地区的征服。"我当时觉得他（耶稣）真的明白，我们所经历的战斗是值得的。我几乎感觉到他就站在我的身边，一种巨大的安宁感进入了我的灵魂，我感谢上帝。"波洛克写道。按照波洛克的说法，这是一种普遍存在的感受：一位牧师曾告诉他，士兵们都想手里有本《圣经》，但却供不应求。"耶路撒冷让我们所有人都觉得基督可以成为我们的朋友。"[65]

在伦敦，威斯敏斯特大教堂的钟声三年来第一次被敲响。征服的消息传到了议会，国王乔治五世给艾伦比发了一封个人电报以表示祝贺。

艾伦比本人并不善于表达自己的感情。到达耶路撒冷后，他给妻子写过信，但在信中却并没有流露出任何感情。即使是当夫妻二人失去了心爱的独生子的时候（迈克尔于六个月前在法国前线阵亡），艾伦比的反应也是非常克制的。艾伦比在给妻子的信中表示，如果上天不让他认识迈克尔，他的悲痛会比暂时分离的哀伤更深。同时，艾伦比还向妻子表示了感谢，感谢她在这二十一年来给他带来的幸福。圣诞节时，他在寄给妻子的信中放了一朵鲜红的银莲花。[66]

注　释

1. Herbert Samuel, *Memoirs* (London: Crescent Press, 1945), p. 3ff.
2. Mayir Verete, "Kitchener, Grey and the Question of Palestine in 1915–1916: A Note," *Middle Eastern Studies*, vol. IX, no. 2 (May 1973), p. 226.
3. Jehuda Reinharz, *Chaim Weizmann: The Making of a Statesman* (New York: Oxford University Press, 1993), p. 131.
4. Samuel in a discussion on the Balfour Declaration, 7 Feb. 1917, ISA P1/650/99. See also: Weizmann to his wife, 31 Jan. 1919. *The Letters and Papers of Chaim Weizmann*, ed. Jehuda Reinharz (New Brunswick, NJ and Jerusalem: Transaction Books, Rutgers University, and Israel Universities Press, 1977), vol. IX, p. 107ff.
   Samuel to Weizmann, 29 Nov. 1920, CZA Z4/16/15445.
   David Ben-Gurion to his wife, 25 Oct. 1938 (in Hebrew), in David Ben-Gurion, *Memoirs* (Tel Aviv: Am Oved, 1982), vol. V, p. 360.
5. Bernard Wasserstein, *Herbert Samuel: A Political Life* (Oxford: Clarendon Press, 1992), p. 210.
6. Herbert Samuel, *The Future of Palestine* (Jan. 1915), ISA 649/1.
   Weizmann to Ahad Ha'am, 14–15 Dec. 1914, in *The Letters and Papers of Chaim Weizmann*, ed. Leonard Stein (Jerusalem: Israel Universities Press, 1975), vol. VII, p. 82.
   Wasserstein, *Herbert Samuel*, p. 206ff.
   Devorah Barzilai, ed., *The Letters of Chaim Weizmann* (Jerusalem: Bialik Institute, 1977), vol. VII, p. 16.
7. Samuel, *The Future of Palestine*, ISA P/649/1.
   David Fromkin, *The Last Peace: Creating the Modern Middle East, 1914–1922* (New York: Henry Holt, 1989), p. 146.
   Elisabeth Monroe, *Britain's Moment in the Middle East, 1914–1971* (Baltimore: Johns Hopkins University Press, 1981), p. 11.
8. Regina Sharif, *Non-Jewish Zionism* (London: Zed Books, 1983), p. 79.
9. David Lloyd George, *Memoirs of the Peace Conference* (New Haven: Yale University Press, 1939), vol. II, p. 720.
   David Ben-Gurion, *Memoirs* (in Hebrew) (Tel Aviv: Am Oved, 1973), vol. III, p. 261.
   Sharif, *Non-Jewish Zionism*, p. 79.
10. Barbara Tuchman, *Bible and Sword* (New York: Macmillan, 1956), p. 223.
    Barouh Mevorah, *The Love of Israel and the Return to Zion Among the British in Modern Times* (Jerusalem: Hebrew University, 1987).
    Wasserstein, *Herbert Samuel*, p. 211.
11. Lloyd George, *Memoirs of the Peace Conference*, vol. II, p. 720.
    Verete, "Kitchener, Grey," p. 223.
12. Verete, "Kitchener, Grey," p. 223.
13. Wasserstein, *Herbert Samuel*, p. 136.
14. Wasserstein, *Herbert Samuel*, pp. 8, 211.
15. Lloyd George, *Memoirs of the Peace Conference*, p. 721ff.
16. Mayir Verete, "The Balfour Declaration and Its Makers," *Middle Eastern Studies*, vol. VI, no. 1 (Jan. 1970), p. 69. See also: Mayir Verete, "On the Balfour Declaration and Its Makers" (in Hebrew), *Ha-Uma*, vol. 6 (Nov. 1967), p. 306.
    Fromkin, *The Last Peace*.
    Reinharz, *The Making of a Statesman*, p. 92ff.
17. Fromkin, *The Last Peace*, p. 247.
18. Reinharz, *The Making of a Statesman*, p. 219ff.
19. Ronald Storrs, *Orientations* (London: Ivor Nicholson and Watson, 1939), p. 432.
    Fromkin, *The Last Peace*.
20. Fromkin, *The Last Peace*, p. 274.
21. Chaim Weizmann, *Trial and Error* (London: Hamish Hamilton, 1949), p. 144.
22. Sharif, *Non-Jewish Zionism*, p. 76.

Stenographisches Protokol der Verhandlungen des VII Zionisten-Kongress (Berlin: Juedischer Verlag, 1905), p. 85.

23. Weizmann, *Trial and Error*, p. 144.
    L. S. Amery, *My Political Life* (London: Hutchinson, 1953), p. 114.
24. Weizmann to Ahad Ha'am, 14–15 Dec. 1914.
    Leonard Stein, ed., *The Letters and Papers of Chaim Weizmann* (Jerusalem: Israel Universities Press, 1975), vol. VII, p. 81ff.
    Reinharz, *The Making of a Statesman*, vol. II, p. 145.
25. Weizmann to Aaron Aaronsohn, 3 Dec. 1917, in *The Letters and Papers of Chaim Weizmann*, Meyer W. Weisgal, general ed. (Jerusalem: Transaction Books, Israel Universities Press, 1977), vol. VIII, p. 16.
26. Weizmann to Brandeis, 21 Dec. 1917; Weizmann to Rosov, 21 Dec. 1917; Weizmann to Sir Ronald Graham, 23 Dec. 1917; *The Letters and Papers of Chaim Weizmann*, Meyer W. Weisgal, general ed., vol. VIII, pp. 30–34.
27. Balfour to Louis Brandeis, 24 June, no year, CZA Z4/16009.
28. Howard Sacher, *A Jewish Palestine* (London: Zionist Organization, 1919), p. 16.
    Reinharz, *The Making of a Statesman*, p. 137.
    Fromkin, *The Last Peace*, pp. 41, 79, 247, 317ff.
29. Reinharz, *The Making of a Statesman*, p. 137.
30. Kerr to Derby, 22 Aug. 1917, PRO 20/4452. With the kind permission of the Jabotinsky Archive.
    Shmuel Katz, *Jabo* (in Hebrew) (Tel Aviv: Dvir, 1993), p. 200.
    Yigal Elam, *The Jewish Legion in the First World War* (in Hebrew) (Ma'arahot, 1984).
31. Lawrence James, *The Rise and Fall of the British Empire* (New York: St. Martin's Press, 1994), p. 353ff.
32. David Lloyd George, *War Memoirs* (London: Odham Press, 1938), p. 586.
    Chaim Weizmann, *Trial and Error*, pp. 191–92.
33. Reinharz, *The Making of a Statesman*, p. 151.
34. George Antonius to Jeffries, 17 Nov. 1936, ISA P/330, no. 866.
35. *Parliamentary Debates House of Lords*, 21 June 1922 vol. 50 H.L. Deb. 55 col. 1118.
    E. L. Woodward, ed., *Documents on British Foreign Policy, 1919–1939* (London: HMSO, 1952), 1st series, vol. IV, p. 345.
36. *The Interests of the Commonwealth in the Middle East* (Three papers by a study group of the Cairo Group at Chatham House, 1945), CZA S25/7573.
37. Antonius files, ISA P/382 file 2731. See also: Yeshayau Friedman, *The Palestine Question Between the Years 1914–1918* (in Hebrew) (Jerusalem: Magnes, 1987), p. 83ff.
    George Antonius, *The Arab Awakening* (London: Hamish Hamilton, 1938).
    Fromkin, *The Last Peace*, p. 173.
38. Reinharz, *The Making of a Statesman*, p. 219.
39. *The Interests of the Commonwealth in the Middle East*, CZA S25/7573.
    Lloyd George, *Memoirs of the Peace Conference*, vol. II, p. 724ff.
    Edward Keith-Roach, *Pasha of Jerusalem* (London: Radcliffe Press, 1994), p. 67.
40. Theodor Herzl, *Diary* (in Hebrew) (Tel Aviv: Neumann, 1930), vol. I, p. 12.
41. Ronald Sanders, *The High Walls of Jerusalem* (New York: Holt, Rinehart and Winston, 1983), p. 564ff.
    Reinharz, *The Making of a Statesman*, vol. II, p. 198.
42. Reinharz, *The Making of a Statesman*, p. 172.
    Weizmann to C. P. Scott, 13 Sept. 1917, in Leonard Stein, ed., *The Letters and Papers of Chaim Weizmann* (Jerusalem: Israel Universities Press, 1975), vol. VII, p. 510.
43. Yeshayahu Friedman, "The Question of Palestine in the Period of the First World War" (in Hebrew), in Moshe Lissak and Gabriel Cohen, eds., *The History of the Jewish Yishuv in Palestine from the Period of the First Aliya and the British Mandate* (Jerusalem: Bialik Institute, 1993), part I, p. 16ff.
44. Herbert Samuel on Zionism, 15 Oct. 1917, PRO CAB 21/58.

Reinharz, *The Making of a Statesman*, vol. II, p. 199.
45. The Royal Institute of International Affairs, *Great Britain and Palestine, 1915–1936* (London: Royal Institute of International Affairs, 1946), p. 15.
46. Samuel Archive, ISA P/1 649/4.
    L. S. Amery, *My Political Life* (London: Hutchinson, 1953), vol. II, p. 117.
47. Robert Graves and Alan Hodge, *The Reader Over Your Shoulder* (London: Jonathan Cape, 1943), p. 21.
48. Reinharz, *The Making of a Statesman*, vol. II, p. 205.
49. Sanders, *The High Walls of Jerusalem*, p. 615.
50. Arthur Koestler, *Promise and Fulfilment: Palestine 1917–49* (London: Macmillan, 1949), p. 7.
51. Weizmann to Balfour, 19 Nov. 1917. Dvorah Barzilay and Barnet Litvinoff, eds., *The Letters and Papers of Chaim Weizmann* (New Brunswick, NJ, and Jerusalem: Transaction Books, Rutgers University, and Israel Universities Press, 1977), p. 9.
52. Nachum Gutman, *A Small City of Few People* (in Hebrew) (Tel Aviv: Am Oved, Dvir, 1959). See also: Tsiona Rabau, *In Tel Aviv on the Sands* (in Hebrew) (Tel Aviv: Masada, 1973), p. 76ff.
    Eliahu Elishar, *To Live with Jews* (in Hebrew) (Tel Aviv: Marcus, 1980), p. 101ff.
    Moshe Smilansky, *Memoirs* (in Hebrew) (Tel Aviv: Hitahdut Ha-Ikarim, 1935), vol. X, p. 229.
    Mordechai Ben-Hillel Hacohen, *The Wars of the Nations* (in Hebrew) (Jerusalem: Yad Ben-Zvi, 1985), vol. II, p. 796.
53. Ballobar diary, 9 Dec. 1917. With the kind permission of his daughter.
54. Bertha Spafford Vester, *Our Jerusalem: An American Family in the Holy City* (Beirut: n.p., 1950), p. 273.
    Ya'akov Gross, ed., *Jerusalem, 1917–1918: Destruction, Miracle, Redemption* (in Hebrew) (Tel Aviv: Koresh, 1992), p. 148ff.
    Dov Gavish, "On the History of the American Colony and Its Photographers" (in Hebrew), in *The Ze'ev Vilnai Book*, ed. Eli Schild (Jerusalem: Ariel, 1984), p. 127ff.
55. Gisele Levine to Count de Ballobar, 14 Dec. 1917, Levine bequest. With the kind permission of the Munin family.
56. Khalil al-Sakakini, *Such Am I, O World* (in Hebrew) (Jerusalem: Keter, 1990), p. 76. See also: Feigenbaum to Ruppin, 11 Jan. 1918, CZA Z3/74.
57. Ballobar diary, 9 Dec. 1917. With the kind permission of his daughter.
    Helena Kagan, *My Start in Jerusalem* (in Hebrew) (Jerusalem: WIZO, 1983), p. 74.
    C. H. Dudley Ward, *History of the 53rd (Welsh) Division* (Cardiff: Western Mail, 1927), p. 158.
58. Gad Frumkin, *The Way of a Judge in Jerusalem* (in Hebrew) (Tel Aviv: Dvir, 1954), p. 195.
59. Ballobar diary, 9 Dec. 1917. With the kind permission of his daughter.
60. Gross, *Jerusalem 1917–1918*, p. 180.
    Ballobar diary, 11 Dec. 1917. With the kind permission of his daughter.
61. Ron Fuchs, "The History of the Planning of British Cemeteries in Palestine" (in Hebrew), *Kathedra* 79 (Mar. 1996), p. 114ff.
    A. Wavel, *Allenby: Soldier and Statesman* (London: George G. Harrap, 1945), p. 233.
    Brian Gardner, *Allenby* (London: Cassell 1965), p. 161.
62. Gavish, "On the History of the American Colony," p. 139.
63. Gross, *Jerusalem, 1917–1918*, p. 235.
    Wavel, *Allenby*, p. 170. *The Palestine News*, 6 Dec. 1918, p. 12.
64. Vivian Gilbert, *The Romance of the Last Crusade* (New York: D. Appelton, 1926), p. 171. See also Lloyd George, *Memoirs of the Peace Conference*, vol. II, p. 720.
65. James Pollock to his father, 16 Dec. 1917, PRONI B 37908.
    James Pollock to his parents, 12 Apr. 1918, PRONI D 1581/2/3. See also: Ilana Bet-El, "A Soldier's Pilgrimage: Jerusalem 1918," *Mediterranean Historical Review*, vol. 8, no. 2 (Dec. 1933), p. 218ff.
66. Gardner, *Allenby*, pp. 145, 161ff.

第3章 自助餐

1

在英军征服雅法几天后，约瑟夫·埃利亚胡·什鲁什（Yosef Eliahu Shlush）找到了英国军事总督。什鲁什是一个承包商和建筑材料商，是雅法城最富有的犹太人之一，也是特拉维夫的创始人之一。在土耳其人对该城居民实施驱逐政策期间，什鲁什一家曾在撒马利亚的一个阿拉伯小村庄凯夫尔·杰马勒（Kafr Jamal）避难，他们在当地受到了热情接待。到达那里之后的某一天，什鲁什的母亲去世了，他想给她买一块墓地。村里的长者们告诉他，他可以随意地把母亲埋在那里，但他们不会把地卖给他。在他的回忆录中，什鲁什描述了整个对话的过程，不禁让人想起亚伯拉罕在购买麦比拉洞（Makhpela，即亚伯拉罕的墓地，位于希伯伦）时与赫梯人以弗仑（Efron）讨价还价的故事。亚伯拉罕说服赫梯人以四百谢克尔银子的价格将山洞卖给了他，而什鲁什则以四十土耳其梅吉迪（mejidi）的价钱买下了他母亲的墓地。

现在，什鲁什想把他母亲的尸体转移到雅法的犹太人墓地，而这需要得到政府的许可。战争仍在进行中，艾伦比和他的士兵正准备前往大马士革，并在途中征服巴勒斯坦北部地区。让整座城市恢复和平时期的正常生活并不容易，什鲁什所提出的要求是对军政府维持市政服务正常运转的考验。

军队顺利批准了什鲁什的请求。他被叫到卫生部接受政府医生的指示。第二天，他获准与两名医生（一名普通医生和一名军医）一起前往凯夫尔·杰马勒。他带了两口棺材，一个木制的，另一个锌制的。随行的还有一名金属工和十名劳工。他们全都住在村里。当他们打开坟墓时，发现尸体虽然已经安葬了十个月，但却保存得很好。劳工们先将尸体转移到锌棺中，然后将锌棺放入木棺中。金属工匠封好棺材，医生填写了必要的表格，尸体便被重新安葬在雅法，这一切都符合奥斯曼帝国的法律规定。当地的法律和行政制度均没有改变，一切都是按照战争法的规定进行的。[1]

英国人给安东尼奥·德·巴洛巴留下的印象是，他们在一片简单的营地里统治着整个国家——说起来只有几个大帐篷，并配有供电设备和电话。艾伦比邀请他共进午餐，并向他解释英国人的管理体系。这是一套成熟的英国殖民体系：除了最高指挥官艾伦比，另有一名首席政治官员和一名财务顾问。向艾伦比汇报工作的还有一名参谋长，参谋长之下设有一名首席行政官（Chief Administrative Officer）。后者管理各个部门：总务、财政、贸易、卫生、法律、警察和公共工程。英国人还任命了区长和助理区长。起初，军队保留了奥斯曼帝国现有的行政区划，各地方政府也保持不变。中央行政总部仍设在埃及，但后来，在巴勒斯坦也成立了一个总指挥部，位于雅法东南部拉姆拉附近的比尔·萨利姆（Bir Salim）。[2]艾伦比和他的两名高级军官乘坐劳斯莱斯在全国各地巡视，准将们配有沃克斯豪尔（Vauxhalls），上校们的坐骑是桑比姆（Sunbeams），其余的行政官员则共用一支由14辆福特棚车（Boxcars）组成的车队。

艾伦比给客人提供了大量的香肠，甜点有各式各样叫不上名字的布丁。可席间却没有侍者——用餐者得站起来，自己从帐篷一端的一张大桌子上取食。巴洛巴伯爵惊讶之余又有些不满，他注意到英国人把这种用餐方式称为"自助餐"（self-service）。[3]

与此同时，伦敦的犹太复国主义运动成员正幻想着建立一个由犹太总统领导的临时政府，其权力将类似于英国殖民地的高级专员。他们准备了一份关于该提案的工作文件，虽然文件是用英文撰写的，但作者却给他们的犹太总统起了一个犹太名——"纳西"（Nasi），这是一个能追溯到《圣经》和《塔木德》的希伯来语单词。他们设想在"纳西"的领导下成立一个行政委员会，管理国库，另设通信、公共工程、移民与定居、贸易与工业、司法等部门。此外，还有一个内政办公室，它负责监督警察部队——一支由犹太人组成的警察部队。

该文件涉及了相当多的细节，但完全忽略了《贝尔福宣言》中精心加入的有关巴勒斯坦非犹太人社群的限定条件。犹太总统将治理整个巴勒斯坦，英国军队则要告诉当地居民，这个国家从此以后将是犹太人的民族家园。为了实施这一计划，犹太复国主义者提议，由哈伊姆·魏茨曼率领一个特别代表团前往巴勒斯坦，以辅助英军的工作。[4]

2

随着圣诞节的临近，巴洛巴领事向新任军事总督罗纳德·斯托尔斯介绍了耶路撒冷的情况。战争前夕，该城有 80 000—85 000 名居民，而到 1917 年底，只剩 50 000—55 000 名居民。其中大约有 27 000 名犹太人，是战前人口的一半。劫掠已经停止，面包店也已开张，但仍有人死于饥饿。过去，食物是从约旦河以东的地区运来的，但上述地区尚处于土耳其人的控制下，他们切断了供应路线。大量的难民开始涌入城市，这使得情况变得更加糟糕。疟疾、沙眼和其他疾病在城中肆虐，医院里人满为患，药品和医疗设备严重短缺。"几乎到处都是一片混乱，"埃德温·塞缪尔在给父亲的信中写道，"从摩西五经的意义上来说——海与天还没有分开，土地也没有分开。"[5]

三千名无家可归的犹太儿童在街上游荡，还有成千上万的阿拉伯孤儿。当地男孩向英国士兵出售违禁的酒精饮料，当地女孩则沦为妓女。性病很快在城市中蔓延。"当人们看到这一切的时候，心痛不已。"哈伊姆·魏茨曼在给妻子的信中写道。冬天非常寒冷，到处都缺少燃料和取暖用的木材。只有收藏家才会对土耳其纸币表现出兴趣，而被英国人宣布为法定货币的埃及纸币还没有赢得公众的信任。[*]学校和银行都关门了，也没有邮政服务，英国人

---

[*] 埃及里拉，或埃及镑，内含 100 皮阿斯特尔（piastre），或称格鲁什（grush），其价值接近于英镑。1921 年，英镑也成为巴勒斯坦的法定货币。当地的本土货币直到 1927 年才开始发行，其价值也接近于英镑。[6]

很快宣布进入紧急状态。

罗纳德·斯托尔斯刚到城里，就在法斯特酒店的大厅里碰到了一个熟人，并从他那里听说"耶路撒冷唯一可以忍受的地方就是澡堂和床"。然而，实际上，在整个大英帝国的统辖范围内，没有比耶路撒冷总督更诱人的职位了，斯托尔斯带着"狂热的欣喜"接受了这个任命，并给这座城市带来了"深深的热情"。耶路撒冷是"一场伟大的冒险"，他在给赫伯特·塞缪尔的信中写道。斯托尔斯喜欢用红色或绿色的笔来书写信件。[7] 他仅仅用了很短的时间便解决了这座城市最紧迫的一些问题。[8]

领事巴洛巴向斯托尔斯讲述了前土耳其政府高层人士的八卦新闻，并允许斯托尔斯阅读他的日记。两人发现了一个为双方所共同怀念的事物，那就是在开罗施普赫尔德酒店（Shepheard's Hotel）的牡蛎。这两人的天性也都很容易被耶路撒冷城内的政治所吸引，它是如此的微不足道，包含在两三条城市街道内，却又如此国际化、强烈、不受控制、激动人心。斯托尔斯是个很有政治头脑的人，他对城里的人、信仰及其风气都很感兴趣。他在耶路撒冷发现了犹太教、伊斯兰教和基督教的几十个分支。这些人都穿着精致的长袍和华丽的头巾，共同出演了一台由一连串的誓约与背叛、虔诚与腐败构成的大戏。斯托尔斯好奇心极强，善于交际，他沉醉于在当地的政治中，并把它当作一盘私人棋局。他还在耶路撒冷组织了一个国际象棋俱乐部，并很精明地让莫迪凯·本-希勒尔·哈科亨在他们的第一盘棋中击败了自己。[9]

斯托尔斯毕业于剑桥大学彭布罗克学院（Pembroke College）。他聪明、机智、傲慢、狡猾、愤世嫉俗，还很势利。他是阿谀奉承和阴谋诡计的高手，对于讽刺和怪诞的事物有着很强的鉴赏力。他是一个狂热的读者，随时都能引经据典，并能流利地说几种语言，其中包括阿拉伯语。此外，他还懂一些希伯来语。他听古典音乐，对建筑感兴趣。斯托尔斯常让人感觉很遥远，甚至是高高在上，他倾向于把人们当作罕见的昆虫一般来观察，同时考虑他们是否值得关注，以便将其做成标本并添加到他的收藏之中。他为人十分自我，甚至到了荒唐的地步。他把自己和耶路撒冷联系在一起，仿佛他就是这座城市的皇帝，而耶路撒冷则是世界的中心。作为总督，他安排了对美国总统沃伦·哈丁（Warren Harding）的采访，访问了意大利国王，并两次受到教皇的接见。在其中的一次会面中，教皇穿着金鞋，斯托尔斯立马便流露出了鄙夷的眼神。教皇关切地问起了有关耶路撒冷的妓女的情况。斯托尔斯详细地解释了这个问题，可能还相当享受这一过程。他说，国王陛下的政府正在尽力净化圣城。*但该怎么办呢？他问教皇。即使是一座圣城也有它的需要，不可能完全被清理干净。

在他的任期之初，斯托尔斯几乎拥有无限的权力，并以一种开明专制者的身份进行统治，不受任何公共机构的监督——当时没有法院，也没有报纸。他后来将自己最初的几个月描述为"一种纯真的状态。"[11]就像一千九百年前统治了该地的希律大帝一样，斯托尔斯将他的审美品味强加于耶路撒冷。他倾向于用精神的、浪漫的和极其保守的方式来看待这座城市。老城受到了保护，被绿化带包围着，仿佛它是一件罕见的博物馆藏品。[12]为了维护城市的外观，他禁止使用各种建筑材料，限制人们只能用当地的石灰石。

斯托尔斯永远不会原谅土耳其人允许耶路撒冷的商人沿着老城城墙摆摊。要除掉这些摊位很困难，但他一定要拆掉奥斯曼帝国建在城墙上的花哨的钟楼。他成立的"亲耶路撒冷协会"出资修缮了城墙和圆顶清真寺，并在城里安装了路灯。这个协会是他的骄傲，也是他快乐的来源，他时常会到海外为其筹款。该协会请来了许多工匠，其中包括地毯编织者、玻璃吹制者和陶艺家，这使老城有了一种丰富多彩的民俗魅力。该协会还向亚美尼亚的陶艺家订购了路标。[13]

斯托尔斯凭借着自己的想象力和历史推测，积极地为街道命名。不管是萨拉赫丁街、唐克雷德街、苏莱曼大帝街、圣弗朗西斯街还是艾伦比广场，这些都是他的杰作。街道命名是一个敏感的话题，具有国际影响，斯托尔斯觉得全世界都在看着他。当他为自己建立的音乐学校命名的时候，这一事件在政治上的影响是显而易见的。这所学校的名誉司库是巴洛巴领事，而斯托

---

* 在这次谈话后撰写的一份备忘录中，斯托尔斯写道，教皇"带着接近微笑的表情"同意了。斯托尔斯在他后来写的书中省略了这句话。到战争结束时，耶路撒冷城内据估计有五百名妓女，其中许多是犹太人。就像其他城市一样，斯托尔斯将卖淫活动限制在耶路撒冷的特定区域，比如奈哈拉特·希瓦（Nahalat Shiva）和梅阿谢阿里姆（Mea She'arim）街区。在那些明确允许卖淫的地区之外，奥斯曼帝国的法律仍然有效，甚至禁止妇女在公共场合向陌生男子眨眼。一段时间后，卖淫在全国范围内被完全禁止。[10]

尔斯本人则是校长。他仔细记录了这个项目在外交方面的情况。犹太人似乎想把它命名为"盎格鲁—犹太学校",并反对斯托尔斯的建议,即在董事会中囊括穆斯林代表。斯托尔斯校长下令将学校简单地称为耶路撒冷学校,并确保董事会中有一名穆斯林成员。同样,他对其他文化事业也很感兴趣。他成立了一家俄罗斯修女合唱团,还亲自指挥该团表演了瓦格纳作品《纽伦堡的名歌手》(Die Meistersinger)中的选段。他还在当地组织了一支男子足球队。副总督哈里·卢克(Harry Luke)称他为"文化罗宾汉"。[14]

斯托尔斯手下的军政府官员大多都参加过战争,这些人要么是不想回家,要么是无家可回。战争塑造了他们,并成为了他们的家,别无其他。普通平民生活的循规蹈矩让他们感到反感。宪兵成员、后来担任耶路撒冷警察局局长的道格拉斯·达夫(Douglas Duff)写道,许多人经过前线的经历后根本就坐不住了。他把这些士兵形容为"失落的军团",而他就是其中之一。战争期间,他曾当过水手,之后曾考虑过加入修道院,但他又无法适应修道院的生活,于是便加入了爱尔兰皇家警察部队。在爱尔兰,他了解到了内战的真实情况。他写道:"没有比这更可怕的事了。"[15]但这是他唯一的职业经历,他不想浪费掉这段履历。他指出:"达夫家一代又一代的子孙几乎在世界各地的所有陆军和海军中都服役过。"他的父亲是一名海军司令,他鼓励达夫追随祖先们的脚步,所以他来到了巴勒斯坦。

当罗纳德·斯托尔斯调查手下工作人员的背景时,他发现他们有着丰富的军事经验,但在行政管理方面的知识却参差不齐。他手下有"一位仰光某银行的出纳员、一位演员经纪人、两名来自托马斯·库克(Thos. Cook)旅行社的助手、一位画商、一位军队教练、一位小丑、一位土地估价师、一位来自尼日尔的水手长(bo'sun)、一位格拉斯哥的蒸馏师、一位风琴师、一位亚历山大的棉花经纪人、一位建筑师、一位伦敦邮政的低级官员、一位来自埃及的出租车司机、两位校长和一位传教士。"*他们都没有接受过公共管理方面的培训。

尽管如此,在军政府的指挥官中,有几个人有着多年的处理殖民事务的经验,他们大部分的经验都源自埃及。首席行政官阿瑟·威格拉姆·莫尼

---

* 这是一段被大量引用的文字。斯托尔斯当然是那种会胡编乱造的人,但保存在其档案中的一份文件显示,他确实是花了一些心思来确定与他一起工作的人的职业的。[16]

（Arthur Wigram Money）在帝国的殖民体系中工作了三十年，其中有二十多年在中东，后来来到巴勒斯坦。斯托尔斯本人三十九岁，曾在开罗工作。他的副手哈里·卢克三十六岁，曾在塞拉利昂、巴巴多斯和塞浦路斯任职。

后来接替斯托尔斯的爱德华·基思–罗奇（Edward Keith-Roach）也给军政府带来了殖民经验。17 岁时，他就开始在伦敦当银行职员，银行把他派到孟买的一家分行。三年后，他回到了英国。他先后结婚、生子，并在曼彻斯特当会计。战争爆发后，他自愿参军，并参加了失败的加利波利战役。之后，他被任命为苏丹一个偏远地区的总督。那里每天都没什么事，基思–罗奇感到很无聊。有一次，他判处一个杀人犯死刑，但要等几个月后才能获准执行判决。在此期间，他与犯人建立了友好关系，然而，当死刑许可到达时，基思–罗奇却亲自将他绞死。他在当地感到十分孤独。为了应对孤独，他会阅读《圣经》，但他仍然非常想念自己的妻子和孩子——他已经有四年没有见到他们了。当他听说巴勒斯坦被征服时，他要求调职。当时他三十五岁，正在寻找事业和发展的机会。[17]

第一次世界大战开始时，21 岁的詹姆斯·H. H. 波洛克（James H. H. Pollock）是利兹大学的学生，他加入了爱尔兰皇家步枪团伦敦分团。在步枪团服役期间他曾受过伤，之后被调往埃及。当时他的军衔是上尉。他在巴勒斯坦的第一份工作是在军事管理部门临时任职，负责签发出境签证。此时，波洛克尚未决定到底是留在巴勒斯坦，还是回爱尔兰管理家族企业。最后，他"接手了一个区"，并选择留下：他看好在殖民地管理体系内的职业发展前景，这里升迁很快，薪水也很高。在给父亲的信中，波洛克谈到了士兵难以适应和平世界的困境。他想知道国内的政治家对巴勒斯坦有什么打算。他发现他们的政策"完全不可理解"，不知道他们会把世界引向何方。[18]

相互冲突的利益和相互矛盾的命令有时会令军政府的人感到为难，这其中便包括伦敦的文官在不了解实地状况的情况下所突然下达的指示。因此，军方很讨厌文官。"士兵们在 6 个月内创造了一个国家，文官却能在两年内毁了它，"他们引用一位将军的话说道。[19] 大多数人只在他们的工作岗位上停留很短的时间，而大量的人员流动使其很难建立一个运行良好且高效的行政管理体系。士兵们发现彼此之间很难相处，而且从未就清晰的权限划分达成一致。

3

　　犹太复国主义者曾提出要向巴勒斯坦派遣一个犹太代表团，这一建议最终被英国政府所接受，但任命一名犹太"纳西"的建议却没有被接受。英国人只同意该代表团作为一个咨询机构，在犹太社群和英国代表之间进行联络。犹太复国主义者对此感到失望。这种互动反映了犹太复国主义者和英国人的关系——犹太复国主义者从来没有得到他们想要的所有东西，也总是觉得他们被许诺的东西不能兑现。有时，犹太复国主义者这么做只是为了作秀，因为总的来说，他们的许多要求都得到了满足：军队、对民族家园的支持，以及上面提到的代表团。由哈伊姆·魏茨曼领导的犹太复国主义委员会在巴勒斯坦停留了三年半。按照魏茨曼的说法，这个委员会的性质本应类似于大使馆，但犹太复国主义者很快就把它当作政府来运作。该委员会经常与英国军方行政部门展开合作，但事情的性质决定了这两个机构将陷入经常性的权力斗争。

　　犹太复国主义委员会成立的过程与犹太军团和《贝尔福宣言》的命运相似：伦敦政府与犹太复国主义者合作的意愿再次遭到反对。反对意见来自军方和那些警告委员会的成立可能会引起阿拉伯人动乱的人。政府的摇摆不定相当于是让哈伊姆·魏茨曼手中拿着一顶崭新的高顶礼帽，却无处可戴。

　　魏茨曼用一种吸引人的方式讲述了这个故事。委员会出发前，魏茨曼获准觐见英王乔治五世——这是英国对犹太复国主义领袖给予承诺、善意和尊重的又一表现。魏茨曼特意为这次会面购买了一顶礼帽。按照之前的安排，他先到外交部报到。在那里，魏茨曼发现了一脸慌张的马克·赛克斯爵士，他的脸上写满了歉意。赛克斯刚刚收到来自开罗的电报，英国官员在电报中报告说，阿拉伯人开始提出一些令人不快的问题了。赛克斯认为双方最好取消这次会面。

　　魏茨曼坚持要按照约定与国王见面。他后来把这场争论描述为"激烈的，有时是痛苦的"，但他认为坚持会见是原则和礼节问题。就像在许多场合一样，魏茨曼威胁说，制造丑闻是他唯一的武器。如果不接受采访，委员会就不会启程前往巴勒斯坦。马克爵士已经尽力了。争论持续了很久，两人站在外交部的走廊里。不知什么时候，他们看到了楼梯上的贝尔福勋爵，于是同意将此事交由他来定夺。赛克斯建议由魏茨曼向外交大臣提出争议，魏茨曼一如既往地精明，他反过来要求由赛克斯提出争议。赛克斯照做了。时间过去了半个小时，魏茨曼在威廉·奥姆斯比-戈尔（William Ormsby-Gore）少校的陪同下，手持礼帽，等待裁决。奥姆斯比-戈尔是保守党议员，后来担任殖民部大臣，他曾帮助起草了《贝尔福宣言》。如今，他受命陪同犹太复国主义委员会前往巴勒斯坦，并担任巴勒斯坦军政府的联络官。

贝尔福决定会面照常进行，但与此同时，约定的时间已经过去。贝尔福打电话给白金汉宫，为让国王陛下久等而道歉。他说，迟到是他的错，因为他到办公室晚了。国王并没有生气，他又一次批准了会面。贝尔福总是迟到，国王对魏茨曼说道。

当英国政府还没有决定是否要继续留在巴勒斯坦，还没有决定是否要接受国际联盟的委托统治这个国家的时候，犹太复国主义委员会便成立了，而且是在英国前线军人的反对声中成立的。这再一次反映了犹太复国主义运动的力量和哈伊姆·魏茨曼在伦敦的影响力。

魏茨曼组织了一个很奇怪的团队。委员会最初的六名成员代表了英国犹太人、犹太复国主义者、非犹太复国主义者，以及法国和意大利的犹太人。随着时间的推移，美国、俄国和荷兰犹太人的代表也加入了进来。到巴勒斯坦之后，泽维·贾博廷斯基（Ze'ev Jabotinsky）也加入了他们的行列之中，他的角色介于委员会的官方发言人和联络官之间。[20] 贾博廷斯基是犹太军团成立的幕后推手之一，他是俄罗斯著名的犹太复国主义记者、作家、翻译家和演说家。当他还在俄国的时候，他就组织了民兵来保卫敖德萨的犹太人。1903 年，基希讷乌（Kishinev）发生了"屠犹"事件，贾博廷斯基立即赶到了基希讷乌，并报道了这一臭名昭著的事件。他在那里遇到了希伯来诗人哈伊姆·纳赫曼·比亚利克（Chaim Nachman Bialik）。他后来将比亚利克关于屠犹事件的伟大希伯来诗歌《屠杀之城》翻译成了俄文。*

---

* 贾博廷斯基在基希讷乌没有见到哈伊姆·魏茨曼。这一点值得注意，因为魏茨曼喜欢声称，当他听说了屠犹事件后，他便立刻赶到了基希讷乌。按照他的说法，他组织了一帮犹太人，拿着手枪，"保护了妇女和女孩"。他的传记作者耶胡达·莱因哈兹发现，这个故事毫无根据。魏茨曼对历史撒了谎，也许是幻想了这一英雄主义行为。[21]

作为委员会的负责人，魏茨曼确保他的手下，即英国犹太复国主义者，将保持对委员会控制。其中的一员，蒙塔古·戴维·埃德（Montague David Eder），最终将独自管理该委员会。埃德是一个稚气未脱的冒险家，他先后受到了二十世纪最著名的三种意识形态运动的吸引：社会主义、精神分析和犹太复国主义。在他多姿多彩的人生中，他曾被一个食人部落俘虏。西格蒙德·弗洛伊德称他是一个拥有"很强的爱的能力"的人。没有多少人记得他的名字，但他应该作为犹太复国主义者的第一任总理而被载入史册。

4

戴维·埃德的额头上有一道疤痕。这道伤疤是在1887年11月著名的特拉法尔加广场暴动中留下的。特拉法尔加广场暴动俗称"血腥周日"，在这场暴动中，失业劳工与伦敦警察发生了剧烈冲突。埃德当时是伦敦大学的医科学生。他是一位成功的犹太钻石商之子，同时也是英国最早成立的几个社会主义组织（包括费边社）的成员。埃德是一个相当固执的人，有一次他收到了一封怒火中烧的信，信件出自著名的费边社成员萧伯纳（George Bernard Shaw）之手："我无法向你解释我的政治立场，"萧伯纳写道，"你的胚胎中有某种内在的东西，使你先天地不能理解我所说的任何东西。我已经以书面形式一遍又一遍，一遍又一遍，一遍又一遍，一遍又一遍，一遍又一遍，一遍又一遍，一遍又一遍，一遍又一遍，一遍又一遍，一遍又一遍，用最清晰的方式解释过了。"

在大学期间，埃德和他的表弟、著名作家以色列·赞格威尔（Israel Zangwill）一起住在单身宿舍。作为犹太复国主义者，赞格威尔曾在伦敦接待过西奥多·赫茨尔。和赫茨尔一样，他也没有赋予巴勒斯坦排他的重要性——他认为，任何可用的、安全的、肥沃的领土都可以作为犹太人的栖身之地。为此，他成立了犹太领土组织（JTO）。一段时间后，他的表弟蒙塔古完成了学业，赞格威尔把他派去巴西评估该地可供犹太人定居的潜力。

　　埃德对南美洲并不陌生。他曾去哥伦比亚探望过一位拥有橡胶和咖啡种植园的叔叔；作为某个医疗代表团的团长，他还去过玻利维亚。这段旅程把他带到了安第斯山脉的偏远地区。在那里，他发现自己正处于内战之中，并被指控为间谍。有一次，他病倒了，没法继续再往前走了，差点死掉。当地人对他照顾有加，并用所谓"婴儿的脑袋"来给他补身子。埃德后来才知道，原来他吃的是一只小猴子的脑袋。他发现当地人真的吃人肉，但他们并不会为此而杀人。生病期间，埃德甚至产生了这样的幻想：在他死后，当地人会把他做成美味佳肴。

　　本着对精神分析的热情，埃德来到了维也纳。他找到了西格蒙德·弗洛伊德。两人见面后，弗洛伊德在埃德身上发现了一些他能在自己身上看到的东西。弗洛伊德写道："我们都是犹太人，我们彼此都很清楚，我们身上都带有那个神奇的共同点，而这个共同点使犹太人成为犹太人。迄今为止，还没有人能把它研究明白。"当埃德试图在英国传播精神分析时，他遇到了巨大的敌意。尽管如此，他还是成功地将这门学科付诸实践：他把自己所学的知识应用到伦敦贫困街区儿童的身上，之后又建立起了第一个治疗战斗疲劳（battle fatigue）的诊所。他的病人大多来自达达尼尔海峡前线——英军在该地惨败，犹太军团的成员也参加了那里的战斗。

　　埃德支持犹太军团，他的儿时好友和姐夫约瑟夫·考恩（Joseph Cowen）也同样如此。正是考恩这个犹太复国主义者将埃德和哈伊姆·魏茨曼拉到了一起，尽管此时的埃德还不认同犹太复国主义。他将自己定义为犹太人和无神论者。他还要求在他死后对他实施火葬——这是犹太教法所禁止的行为。此外，犹太复国主义与他的社会主义理想相冲突。他认为，在这个世界上，人们终将克服宗教、国籍和种族的差异。作为一个愤世嫉俗者和人道主义者，他将自己的人生经历总结如下："我们生来疯狂，获得道德，然后变得愚蠢和不快乐。"魏茨曼最终会赢得他对犹太复国主义的支持，并称他是自己最好的朋友。

　　埃德是以医务官和犹太领土组织代表的身份进入犹太复国主义委员会的。但他的朋友 D. H. 劳伦斯却发现了他性格中的冒险主义因素，在他看来，正是这一因素把埃德吸引到了巴勒斯坦。劳伦斯写道："我想，人总是有必须要去的地方，在虚无中保持静止是可恶的。"但劳伦斯却拒不接受犹太复国主义："你为什么要跟犹太人走？他们只会成为你脖子上的一块磨石。最好不再是犹太人，让犹太人消失——最好如此。"不过劳伦斯后来又写道，为了和埃德在一起，他甚至准备跟着他去巴勒斯坦。[22]

5

犹太复国主义委员会的成员们从伦敦来到了罗马，途中他们经过了巴黎，而就在他们刚离开巴黎火车站 20 分钟后，德国人从空中轰炸了巴黎。"这是我的兵役，为了我们祖国的利益而服的兵役，"魏茨曼在给妻子薇拉的信中写道。薇拉当时在法国，和她的姐姐住在一起。为了鼓励妻子，他引用了约书亚在以色列子民进入迦南地时对他们说的话："要坚强，要有勇气。"[23] 当委员会的成员们尚在旅行途中时，魏茨曼便已召开了犹太复国主义委员会最初的几次会议：不管是在罗马的怡东酒店（Excelsior Hotel）还是在开往埃及的"堪培拉"号（SS Canberra）的甲板上。[24] 委员会从一开始就记录了正式的会议纪要。事实上，在委员会的工作过程中产生了大量的文件。这其中包括数以万计的往来信件，而每封信件都被编号和归档，仿佛其成员天生就是行政人员。事实上，他们一开始是在黑暗中摸索：面对眼前的挑战，他们都没有接受过相应的培训。保存下来的大量文件显示，委员会所面对的问题十分繁杂，融合了慈善、福利、个人问题和政治家精神等各个方面。

委员会的办公室位于耶路撒冷的雅法街。办公室刚一开张便收到了当地犹太人——尤其是城市犹太人——所提出的无数请求。为了回应这些请求，委员会的成员们投入了大量的精力。许多请求是以书面形式提交的，总共有数千张的小纸条。它们用各种语言书写而成，有些甚至用的是准《圣经》风格的文学语言，同时还配上了古希伯来书法。当地犹太人希望得到资金方面的援助，他们需要买面包、药品、过冬的衣服，支付房租和资助孩子们上课。"我是一个身处绝境的女人，一个寡妇，我的儿子还在和他的母亲相依为命，"雷海勒·比舍科夫（Rachel Bitshekov）写道，"我以一切仁慈和怜悯的名义向你们申请……因为我在困境中无处可去……如果上帝让你们远离我，我和我的孤子将面临饥饿。"

一位名叫金奇（Kimche）的妇女成功说服巴洛巴领事为她出面说情——她的丈夫已经抛弃了她，而她身无分文。战争期间，有许多人被迫离开了城市，其亲属们请求复国主义委员会为他们找到这些人。委员会收到了海量的类似请求，它不得不在从悉尼到墨西哥城之间的广阔空间内四处寻找他们的下落。"如果你能看到向我们提出的那些请求，你一定会大吃一惊，"哈伊姆·魏茨曼在给妻子的信中写道，"从长期贷款到批准离婚，从建造一座犹太会堂到让一个小偷出狱。"他对此失去了耐性。"令人厌烦的人！"他总结道。巴勒斯坦是一个有着千百种悲剧的社会，它唯一的希望就是有组织的乞讨。莫迪凯·本-希勒尔·哈科亨写道："世界上再没有其他城市像这里一样。在这里，几乎百分之八十的居民都得到了各种援助，而且在获得援助的过程中，他们没有看到灵魂的不光彩、卑贱和无力。"[25]

耶路撒冷的大多数犹太人一直靠从欧洲犹太人团体那里得到的捐款过活，这就是所谓"分配制度"（Chalukkah）。他们存在的意义是代表欧洲的犹太社群，并以他们的名义在耶路撒冷从事《圣经》研究和礼拜。他们中的大多数人没有独立的收入，而自战争以来，他们连一点收入都没有了。犹太复国主义委员会的任务是直接继承分配制度所担负的职能，为1 000多名老年犹太人、7 000名学生、800名残疾人和1 500名孤儿提供每日的面包配给。它每月向448个家庭和1 684名寡妇发放津贴，并支持宗教小学和犹太学校（Yeshivas）。委员会每月约有65%的资金，即约1万埃及镑或4万美元，用于耶路撒冷，这些钱大部分是直接用在穷人身上的。[26]

在委员会出发之前，哈伊姆·魏茨曼曾要求犹太复国主义运动在美国的代表为该委员会筹集100万美元的资金。在委员会存在的三年半时间里，其可支配资金超过了100万英镑（当时相当于约400万美元），这一数字接近于同时期巴勒斯坦犹太人所获得的公共资金总额的40%。[27]此外，犹太复国主义妇女组织哈达萨（Hadassah）派遣了一个医疗代表团前往巴勒斯坦提供帮助，而"联合分配委员会"也在当地开设了施粥所（soup kitchens），并为孤儿院和养老院提供帮助。

委员会很快就意识到，巴勒斯坦境内的"伊舒夫"（Yishuv），即巴勒斯坦犹太社群，其对于外界的依赖状态是不健康的。委员会成员并没有把他们的工作当成慈善事业。他们知道，与那些靠分配制度过活的犹太人打交道并不容易，但他们曾期望大部分外部援助能用来帮助贫困者自立。巴勒斯坦的犹太复国主义运动成员提交了在城市创造就业机会和援助农民的计划，[28] 委员会发起了各种准生产性项目：印刷店、纺织店和由耶路撒冷妇女们组织的菜园。它试图鼓励工业和投资，向农业定居点提供信贷，并资助建立了几个基布兹。它还帮助提高教师的工资。委员会考虑了增加国家人口的计划，协助第一批从海外抵达的犹太人，并安排购买土地和建立定居点。接受委员会资助的慈善机构被要求合理地使用这些资金，并表现出效率。该委员会还试图把对个人的援助定义为贷款。

尽管如此，委员会在很大程度上被认为是一个浪费资源和致人羸弱的慈善机构。《国土报》（Ha'aretz）指责该委员会"犯下了滔天大罪"，因为它助长了羞辱性的羸弱与腐烂，鼓励人们以乞讨代替工作。埃德温·塞缪尔作为军队的联络官隶属于该委员会，他向议会中的父亲报告说，援助制度在耶路撒冷产生了不良影响。魏茨曼很清楚，这个制度正在滋生"完全的道德败坏"，90%的受助者会一直无所事事。他写道，他"感到羞愧和害怕"。莫迪凯·本-希勒尔·哈科亨认为，耶路撒冷的居民是在利用欠缺经验的复国主义委员会。[29]

不久，一个由美国犹太复国主义者组织的调查委员会要求犹太复国主义委员会为其管理工作奠定更合理、更坚实的经济基础。外界的批评给戴维·埃德造成了深深的伤害，他表示，当地的情况很糟糕，人们需要帮助。魏茨曼试图安抚他。"让那片地狱恢复秩序需要长时间的工作，需要巨人的力量和天使的耐心！"他在给妻子的信中写道。

然而，魏茨曼培养耶路撒冷对外界的依赖性是有政治动机的——如果极端正统派居民愿意接受犹太复国主义委员会的钱财，那就等于承认后者的权威。极端正统派社群长期以来对犹太复国主义运动嗤之以鼻，而当社群中的许多人都依赖于外来援助时，这无疑将提升犹太复国主义的地位。魏茨曼在给极端正统派提供财政支持的同时甚至试图施加相应的条件——极端正统派犹太学校用希伯来语而不是意第绪语来进行教学——尽管这一政策并没有取得多大的成功。他还试图干预当地的内政，但他的努力失败了——他并没有为涉足这一领域做好准备。[30]

魏茨曼厌恶耶路撒冷。对他来说，这座城市象征着犹太复国主义梦想的反面：传统犹太人。他给妻子写信说："我在耶路撒冷待了近一周，试图给此处混乱的局面带来一些秩序。"他说："没有什么比'我们的'耶路撒冷更屈辱的了。任何可以亵渎和玷污神圣的事情都已经做了。无法想象有这么多的虚假、亵渎、贪婪和这么多的谎言。"他对这座城市的憎恨也很具体，他写道："这是一个被诅咒的城市，那里什么都没有，没有生物应有的舒适感。"他抱怨说，耶路撒冷有大城市的所有缺点，却没有任何优点。它"没有一间干净舒适的公寓"，只有肮脏、丑陋和乞丐。魏茨曼试图说服军政府的一位高官认同这种观点，即巴勒斯坦犹太人的"素质"比"本地人的素质"要高，但他却很难把耶路撒冷的极端正统派犹太人包括在内。[31]

极端正统派犹太教徒和犹太复国主义者之间的冲突已经成为了一个核心的政治问题。根据拉比犹太教的严格规定，上帝命令犹太人不要"破墙"，即不要用武力夺取以色列的土地，也不要"反抗统治犹太人的国家"。犹太人要等待而不是"向末日推进"。末日即弥赛亚降临的时代，在这个时代里，犹太人将重拾自己的土地。莫迪凯·本-希勒尔·哈科亨认为，极端正统派需要接受很多年的"再教育"。[32] *

为了提高犹太复国主义在极端正统派心目中的地位，**魏茨曼决定从穆斯林"瓦克夫"（Waqf，伊斯兰教的信托机构）那里购买西墙。"宣礼塔、钟楼和高耸的穹顶都在发出呼喊，即耶路撒冷不是一座犹太城市，"魏茨曼在给妻**

---

* 极端正统派社区的一些成员向英国当局抱怨说，犹太复国主义者歧视他们。"试想一下，"魏茨曼对他的妻子说，"一些正统派的代表正在向政府告发我们，称我们是危险的人，我们打算推翻国王，等等。告发者被当作疯子对待，但即便如此，这也是耶路撒冷那帮人的特点。"事实上，是戴维·埃德告发了极端正统派犹太教徒。他对雅法的军事长官说，正统派的忠诚不值得相信，"意第绪语意味着那些说意第绪语的人倾向于从德国汲取文化灵感"。[33]

子的信中写道。在他看来，这些建筑"具有压迫性，具有威胁性！"[34] 魏茨曼认为，拥有这块最神圣的犹太遗址也会提高犹太复国主义者相对于耶路撒冷穆斯林和基督徒的地位。就这样，西墙从一个犹太人礼拜的地方转变为了犹太人的民族象征。

在 19 世纪，人们曾多次试图购买这堵墙和正对它的房屋。莫迪凯·本-希勒尔·哈科亨一直在跟进此事，他认为犹太人错过了机会，因为他们没有明智地处理好谈判环节。他们没有与奥斯曼政府直接达成协议，而是让太多的中间人参与到这项计划中来，就好像是普通的房地产交易一样，直到机会从指间溜走。犹太复国主义委员会还在"堪培拉"号上的时候就讨论过购买西墙的想法，到了巴勒斯坦之后，他们还在继续讨论这个问题。他们认为，钱不应该成为购买西墙的障碍。无论需要多少钱，都必须找到。

魏茨曼以他最熟悉的方式来促成这项事业——游说和找关系。他去找艾伦比说情，给联络官威廉·奥姆斯比-戈尔写信，给贝尔福写信。他把西墙描述为"圣殿原有墙体的一部分"，声称西墙周围的建筑被人忽视了，而且破败不堪，整个地方"从卫生的角度看，是致使全世界犹太人不断受辱的根源"。他写道，这些房子"属于一些可疑的宗教团体"，墙前的空地是"阿拉伯游手好闲者和流浪汉的栖息地，他们的存在和举止不利于犹太信徒内心的安宁"。事实上，西墙给海外犹太人留下的印象"是无法形容的痛苦"。他坚持认为，这个地方必须得到净化。

魏茨曼写道，军政府已经同意把西墙转移到犹太人手中，但政府同时也担心会引发穆斯林的抗议。罗纳德·斯托尔斯证实了这一点，甚至试图帮助犹太复国主义者。魏茨曼把西墙的转让与复兴"犹太人"的民族生活联系了起来。他承诺对穆斯林给予慷慨的补偿，对贝尔福则承诺给予政治利益："我只想说，这一点的圆满解决对我们来说意味着获得巨大的声望。它将使犹太世界充分认识到英国在巴勒斯坦的政权意味着什么。它将有助于把所有的犹太人，特别是俄国、加利西亚和罗马尼亚，以及英国、德国和美国的广大正统犹太教群众团结在我们所提出的纲领周围——即在英国人的帮助下建立犹太人的巴勒斯坦。"贝尔福十分谨慎地回答说，这件事应该"逐步"推进，无论如何都应该通过与穆斯林领导人的直接接触来进行。他说："政府对此事的干预很可能会加剧而不是减少你们所面临的困难。"

西墙仍然归穆斯林所有，后者是否真的会把西墙卖给犹太复国主义者，这一点值得怀疑。这件事也符合犹太人和阿拉伯人之间的既定动态：犹太人认为他们可以用金钱收买阿拉伯人，让他们接受犹太复国主义者的统治，但实际上却只能零星地贿赂到一些通敌者。[35] 对莫迪凯·本-希勒尔·哈科亨来说，最近这次购买西墙的努力只是又一次错误，他们错过了真正的机会。但他和魏茨曼相互尊重。有时两人在哈科亨位于雅法的家中相见，魏茨曼躺在沙发上，用意第绪语谈论犹太复国主义者的梦想、关切和外交接触。[36] 哈科亨则投入魏茨曼的另一个激情中——建立一所犹太人的大学。

魏茨曼认为，一个没有大学的犹太国家就像没有赌场的摩纳哥。他还把大学比作第三圣殿，奠基仪式上的发言者也使用了类似的比喻。和圣殿一样，大学也被定义为一个精神上的国家中心，但与圣殿不同的是，它应该培养世俗的民族主义。出于这个原因，一些拉比威胁要抵制这个仪式。[37]

6

在 1897 年第一届犹太复国主义大会提出建立大学的想法之前，至少有三个人——其中两个是耶路撒冷的拉比——就已经梦想在耶路撒冷建立一所大学。然而，在大会之后，这个想法才成为犹太复国主义梦想不可分割的一部分。这所大学的主要作用是在巴勒斯坦推动犹太民族主义。魏茨曼是个务实的人，他知道大学和国家一样，必须逐步发展。犹太人在斯科普斯山（Mount Scopus）上已经获得了一块地皮。魏茨曼打算等捐款筹集到位，逐一建立大学的各个学院。与此同时，他集中精力准备奠基仪式，并通过仪式来吸引人们的注意力。奠基仪式展示了犹太复国主义运动最擅长的东西：公共关系。从象征意义上说，希伯来大学的基石代表了犹太国家的基石。

驻巴勒斯坦的英军指挥官一开始反对这个仪式。艾伦比认为魏茨曼选择了最糟糕的时机,因为战争还没有结束:土耳其人随时可能重新进攻耶路撒冷,而该国部分地区仍在他们的控制之下。在欧洲,战争也远未结束:德国人已接近巴黎的大门。魏茨曼的回应则是向艾伦比保证,"我们"会赢得战争。他用他惯用的方式克服了军队的反对声——即越过军队直接找到贝尔福。

组织这场仪式并不容易。承担这项工程的是本-希勒尔·哈科亨,他想拿十二块石头来奠基,并以此来代表以色列的十二个部落。有许多组织、职业团体和重要人物都要求为大学奠基,他希望这个数量足以满足上述所有人的需求。但魏茨曼后来想"以犹太复国主义的名义"奠基,哈科亨于是在原来的十二块石头上又增加了第十三块石头。哈科亨还必须处理奠基石的费用问题,他天真地以为石匠们会把自己的工作和石料当成一种爱国责任。然而,他们却给他提交了一张让他瞠目结舌的账单。"当我告诉他们我对他们态度的看法时,"他在日记中写道,"他们看着我,好像我很奇怪,甚至觉得受到了侮辱。"

1918 年 7 月 24 日下午晚些时候,近六千名客人聚集在斯科普斯山上。一顶大帐篷被搭建起来,帐篷里铺上了鲜花。艾伦比将军开着他的劳斯莱斯把魏茨曼带到了现场,贝尔福也发来电报表示问候。穆夫提、英国圣公会主教和耶路撒冷城拉比,"以耶路撒冷的名义"共同垫下了一块基石。领事巴洛巴认为主教是个反犹主义者,因此嘲笑他来参加这次活动。他还在日记中写道,穆夫提没能掩饰他对整件事的真实感受——他的脸黄得像一颗烂瓜。在巴洛巴看来,这场仪式是一个不必要且有害的政治场面——他不喜欢魏茨曼。

艾伦比曾拒绝让犹太军团的士兵参加仪式,但魏茨曼"以希伯来军队的名义"立了一块基石。其余的基石代表了罗斯柴尔德男爵、Y. L. 戈德堡(Y. L. Goldberg)——一位来自俄国的犹太百万富翁,他出钱买下了这块地——雅法市、农业定居点、大学的教育委员会、未来的教师、学者、作家、艺术家、工人和下一代犹太人。几十个孩子也被带到了仪式现场。他们得到了糖果,并被告知大学的大楼是"圣殿"。

魏茨曼的夜晚还没有结束。他非常疲惫,但大批观众(比受邀的宾客人数多得多)从奠基仪式转移到了阿姆杜尔斯基酒店(Amdursky Hotel)。他们在等待魏茨曼来参加这里举行的另一个庆典。魏茨曼是在接近午夜时分才赶到的——他一直在和莫迪凯·本-希勒尔·哈科亨共进晚餐。当他到达酒店时，人们已经失去了耐心，有些人还喝醉了。拥挤的气氛让人无法忍受，人们要求魏茨曼发表演讲，魏茨曼很生气。第二天，哈科亨设法安抚了他，他把用来奠基的铲子送给了魏茨曼。

魏茨曼后来用充满诗意的怀念描述了这场仪式："衰落的太阳用金光淹没了犹太和摩押的山丘，在我看来，被装点了的高地也在注视着，思考着，并朦朦胧胧地意识到，也许这是自己的子民在许久之后回归的开始。在我们下面坐落着耶路撒冷，像一颗宝石一样闪闪发光。"人们围着奠基石站了很久，但即使是在唱完《哈提克瓦》（Hatikva）和《上帝拯救国王》之后，他们还是不肯走。"我们默默地站着，低着头，围着那一小排基石，而暮色渐渐地沉入了夜里。"魏茨曼写道。远方传来了爆炸声，那是巴勒斯坦战争的回声，而战争还没有结束。[38]

7

艾伦比需要一些时间来重新部署军队，以便继续他的军事行动；同时，他不得不将部分部队转移到欧洲。为了夺回耶路撒冷，土耳其人和德国人在1918年初进行了最后一次尝试，但被英军击退。艾伦比的士兵越境进入了约旦，但从安曼被赶了回来。英国人花了几个月的时间才得以向北方发起进攻。主要的战役发生在米吉多（Megiddo），也就是《圣经》中世界末日大决战的所在地——艾伦比后来把这个名字加到了自己的头衔上。米吉多是骑兵在历史上所取得的最后一场胜利，土生土长的犹太人和阿拉伯人都参与了这场战役。

犹太社群的领袖们在是否加入英军的问题上十分纠结。莫迪凯·本-希勒尔·哈科亨和雅法的犹太人收到了军方的提议，军方建议让应征入伍者加入犹太军团（其成员来自英国和美国）。军队还承诺，当完成对巴勒斯坦的征服后，这些应征者可以转入警察部队，因为这个国家到时候要移交给犹太人。

　　哈科亨和他的同事们对这个想法持怀疑态度，战争让他们感到害怕。他们对北部犹太居民的命运感到担忧，毕竟加利利地区仍在土耳其人手中。哈科亨也担心那些被带到大马士革的囚犯，其中包括特拉维夫议会主席梅厄·迪岑戈夫（Meir Dizengoff）。而且谁知道这些士兵能不能留在巴勒斯坦？如果战争需要，他们可能被转移到另一条战线上去。哈科亨写道："我们不应该鼓励我们的年轻人加入任何军队，我们也不能让我们的任何部队越过巴勒斯坦的边界。"犹太复国主义的"重生"急需年轻人。他还担心分别在英国和土耳其军队中服役的犹太士兵之间会爆发冲突，而这将意味着一场兄弟与兄弟之间的战争。他觉得，几百个虚弱、饥饿、紧张的年轻人对英国的战争事业不会有任何贡献。在他看来，少数巴勒斯坦犹太人在如此庞大的军队中服役对整个民族而言也没什么意义。

　　但很快，这个小社群就发现自己陷入一场动荡的争论中，这是未来将多次引燃社群内部公共辩论的根本性争议之一。泽维·贾博廷斯基曾在英国帮助建立了犹太军团。如今在巴勒斯坦，他开始鼓励人们加入艾伦比的军队。莫迪凯·本-希勒尔·哈科亨把他请到家里，贾博廷斯基要求他支持征兵。他们喝了一杯茶，并友好地交换了意见。哈科亨和他的同僚们不想惹贾博廷斯基生气。

　　到某一刻，谈话的内容转变到了相当抽象的话题上，触及了犹太教和军国主义。贾博廷斯基认为，所有的人都是军国主义者。哈科亨则说，贾博廷斯基是在要求年轻人做毫无意义的牺牲，这是一个与犹太教精神相悖的概念。惊讶的哈科亨在日记中写道："这个外来的军国主义思想从贾博廷斯基那里夺走了多少心血、精力和才能。他把多少勇气和力量——多么大的勇气！多么大的力量！——奉献给了这个奇怪的狂热信仰。"[39] 此前，贾博廷斯基曾告诉哈科亨，他已接近绝望，并在考虑要不要自杀。哈科亨被吓了一跳，但后来贾博廷斯基又解释说，他并没有真正要自杀的意思。也许对他来说，最好的办法就是停止处理犹太军团的事务，专心写作和赚钱。哈科亨虽然不敢说，但他认为这是一个极好的主意。[40]

那些支持本地犹太人在军团中服役的社群领袖们认为，这将使年轻人围绕着国家理念而凝聚在一起，为他们成为未来国家军队的核心力量做准备。"我们要把我们的血洒在这个国家，"作家摩西·斯米兰斯基（Moshe Smilansky）写道，"因为没有血，我们未来构筑的石头可能会化为沙子。"某份由犹太复国主义委员会所撰写的报告这样写道："实际上，整个犹太适龄青年男子都想加入犹太军团。"这一说法并不准确：只有几百人应征入伍，他们参与实战的时间最多只有两到三个小时。他们的敌人主要是疟疾和当时已经在欧洲肆虐的西班牙流感。这造成数百人生病，数十人死亡。[41] *

在艾伦比的军队进入拿撒勒的几天后，安东尼奥·德·巴洛巴开始了对北方的巡视。这位领事在日记中写道：拿撒勒的耶稣之地已经清除了异教的征服者。十月的天空万里无云，巴洛巴精神抖擞，但旅途中，他看到了一片伤痕累累、动荡不安的景象，沿途遇到了令他终生难忘的恐怖场景。他描述了生锈的钢铁残骸、罐头、空瓶子、弹药箱、马车的碎片、飞机的碎片、士兵们中途扔掉的步枪、废弃的大炮，以及令人难以忍受的死马和死骆驼的臭味。领事和他的同伴们停下车来收集战争纪念品，并拍了照。在纳布卢斯（Nablus）以北，他们看到了整整一车队被烧毁的汽车。紧接着，他们突然看到了士兵们的遗体，处于不同的腐烂阶段。他们看到一堆又一堆的尸体，有的被烧焦了，有的则只剩骨头——野兽吞噬了他们的肉。与此同时，飞机还在空中盘旋。这就像一部电影，巴洛巴写道。

海法（Haifa）已被解放，他在那里待了一晚，并爱上了从迦密山（Mount Carmel）和松树丛中看过去的景色。在迦密山酒店，领事遇到了罗纳德·斯托尔斯，他听说英国人已经挺进到了大马士革。[43] 在酒店的其他客人中，还有刚刚从监狱中获释的梅厄·迪岑戈夫。巴洛巴开始工作了，他准备把其他俘虏也救回来，其中大部分是耶路撒冷的居民，包括哈利勒·萨卡基尼和阿尔特·莱文。

---

* 当艾伦比完成对巴勒斯坦的征服时，他手下有超过 35 万名士兵，其中有 10 多万埃及人和数万印度人——相当于巴勒斯坦每两个居民中就有一名士兵。英军带来了约 160 000 匹马和骆驼，并俘虏了约 90 000 名土耳其和德国俘虏。此外，他们还留下了 12 000 多个英国人的坟墓。[42]

8

在土耳其统治耶路撒冷的最后一天，萨卡基尼被捕，他和阿尔特·莱文被土耳其人用同一根绳子捆绑着，并被拖出了城外。如今，距离萨卡基尼被捕已经过去了九个月。起初，他们被牵着走了四天，途中经过了杰里科和安曼。此后，他们又被火车拉到了大马士革的监狱里。在狱中，他们睡在同一张床垫上。在审讯过程中，两人给出的口供相吻合。按口供的说法，他们两人互不相识，而莱文也没有藏在萨卡基尼的家中——他们在同一个地方被捕只是出于巧合。他们没有被带去进行审判，但土耳其当局却一直囚禁着他们。

两人在狱中都写了日记，也都因为对家人的思念而饱受折磨。"把我的家人还给我，然后判我永久流放。"萨卡基尼写道。[44]"我的心像暴风雨夜里的海洋声一样响亮，"莱文写道，"我听到了我心爱的女儿们的声音，就像老鹰扑动的翅膀一样在我耳边产生回响，她们对我来说比我的生命还要珍贵。"他们在一起非常孤独。"我忍不住流下了痛苦的眼泪……1917 年的最后一个夜晚，在大马士革的监狱里，远离我的亲人……命运！命运！命运！"萨卡基尼在除夕夜里写道。逾越节前夜，莱文写道："在不洁的狱中度过本应献给逾越节家宴的夜晚，就像在两百个不洁灵魂中出现的沙漠刺柏（juniper）。"

莱文把萨卡基尼描述为他的朋友，但萨卡基尼却写道："我不理解他，他也不理解我。"在他看来，莱文认为犹太人是被选中的民族，比其他所有的民族都要优越，他怀疑莱文是不是也以这种傲慢的观点来评价他。[45]但事实上，莱文对萨卡基尼的世界很着迷：从圣经希伯来人的过往到巴勒斯坦的阿拉伯文化，他从中找出了一条连续的线索。他崇拜太阳和沙漠，并用骆驼和新月来装饰他的诗。他还要求在他的坟头种上一棵棕榈树。在他的许多诗中，他用感性和暴力的词汇幻想着阿拉伯人的爱情传说。他还在写作中融入了许多阿拉伯语术语，这些术语都是从他的阿拉伯语老师哈利勒·萨卡基尼那里学来的。他在一封信中写道："在雅利安文化的世界里，我是一个外国人，我属于东方，我的道路通向太阳。"他被一种刻板印象所吸引——在他的想象中，

"阿拉伯人"是高贵的野蛮人，他们浪漫、色情，而且残忍。*

　　有一次，莱文曾给自己拍了一张照片，照片中的他就像一位身穿长袍、头戴头饰的阿拉伯酋长。这张照片保存在他的文件中，并与另一张照片贴在一起。在这张照片中，他摆着相同的姿势，但穿着量身定做的西装，打着昂贵的领带。这两张照片一张被标为"东方"，另一张被标为"西方"。他试图将两种文化结合起来。作为这一思想的产物，他创作了一首长篇民谣。其中，白雪公主的故事变成了一个沙漠传说。"以真主和穆罕默德的名义！从天而降的白雪公主，我认识，她叫塔勒吉娅（Taljia）。"莱文写道，民谣中的叙述者是一位阿拉伯王子，一位山区的酋长。[46] 莱文还惊叹于阿拉伯人的宗教虔诚。他描述了穆斯林囚犯的虔诚，他们脚镣的叮当声与他们礼拜的呼喊声融为一体。"任何没看过这出戏的人都不敢说自己看到过任何虔诚的东西，"他在日记中写道。萨卡基尼则认为应该废除所有的监狱。各国应解决犯罪的根源问题，而不是把注意力集中在罪犯身上。

　　保存在莱文文件中的手写笔记反映了他对美国文化的极大钦佩，这是他与萨卡基尼的另一个共同点，他们两人都视美国为民族独立和个人自由的象征。莱文还将美国梦与犹太复国主义的愿景联系到了一起。他希望看到纽约的犹太人将他们的资本和精力投入巴勒斯坦，这样犹太国家就会诞生，成为全球美国化进程的一部分。在莱文眼中，纽约的地位仅次于耶路撒冷。"这是一种令人敬畏和崇高的景象，"他曾这样描述曼哈顿的天际线。"凡人的光荣努力，人类艺术家的作品，完美……崇高，是人类对天堂的永恒向往，是一曲上升的歌……自由的光芒射向陌生人和居民，呼唤各民族和种族在这个新生的民族——美利坚民族中得到祝福。"在他的笔记中，华尔街被称为"西墙街"（Western Wall Street）。[47]

　　和莱文一样，萨卡基尼也曾在美国待过一段时间。战争爆发前几年，当

---

* 莱文的文件中有数百首未发表的诗歌，其中的许多诗颂扬了耶路撒冷的威严——石头和光、魅力和舍希纳（Shekhina），即上帝的神圣存在。他对这座城市产生了近乎色情的爱。他的诗遵循着中世纪甚至是《圣经》里的传统，读起来就像对心爱女人的渴望之诗。"你那丝绸般的柔软……脖子，卷发，母鹿的脚，你的胸，你的手，你的身体……你的声音，你的容貌……它们被流放，而我的激情亦被征服。"他起了一个笔名：耶路撒冷的阿萨夫·哈莱维。然而，莱文并不被认为是一位伟大的诗人。试图赞美他的评论家们似乎难以找到合适的词语。诗人雷海勒写道，莱文少年般的简单表达方式触动人心。但她似乎更喜欢称赞莱文诗集的装帧设计。她指出，他的诗集是用精美的纸张印刷的。

萨卡基尼还很年轻的时候，他曾去那里闯荡。如果事情顺利的话，他很可能会留下来。沉思自己的这段经历时，他写道："无论我在哪里，我都会把自己看成是一个爱国者，并将以行动来推动我所在社会的发展，无论是美国社会还是英国社会，奥斯曼社会还是非洲社会，基督教社会还是穆斯林社会，甚至是异教社会；我的行动只为科学服务，而科学是没有祖国的。如果爱国主义是指做一个身体健康、强壮、精力充沛、开明、品格良好、亲切而有礼貌的人——我就是一个爱国者。但是，如果它意味着偏好某一宗教而贬低另一种宗教，或者一个人因为某人不属于自己的国家或宗教而对他进行攻击——那我就不是爱国者。"

在美国，萨卡基尼参加了哥伦比亚大学的讲座，并参与编辑了一份阿拉伯语期刊。为了谋生，他给人上阿拉伯语私教课，在露天市场上叫卖货物，并在一家工厂上班。他发现自己很难离开耶路撒冷。"我想像鸟儿一样飞回耶路撒冷，"他当时在日记中写道，"把我的烦恼和忧愁丢到苏丹娜的脚下。我写信给她说：'再给我一年时间，如果我还没能取得成功——那就随你怎么评价我。'"[48] 他没能坚持下来，不到一年他就回家了。

在监狱里，他又回到了对美国的思考中。"如果我还活着，"他写道，"我将强行把自己从耶路撒冷流放到美国，在那里我将把我的儿子送进美国最好的学校。在那里，他将学习他们的风俗习惯，接受他们的文化教育……我的儿子将身披运动服，光着胳膊和小腿，头顶也无遮盖，风吹起他金色的头发；他从纽约哥伦比亚大学的楼梯上跳下来，然后跑向运动场。他将参与那些能锻炼身体的运动，这些运动需要速度、优雅、精力、胆量、纪律和警觉性。如果能看到这一切该多好啊，这世上没有能比这更让我感到开心的事了。"

两人都为自己的孩子考虑了很多。萨卡基尼希望他的萨里能成为一名教师。如果做不到，当医生也行。"我不希望他结婚，但如果他结婚，让他娶一个能提升他而不是羞辱他的人。"莱文希望他的女儿里夫卡（Rivka）、什洛米特（Shlomit）和雷海勒（Rachel）能低调地成长，"谦虚并隐没于人们的视线中"。两人都坚持让孩子们弹钢琴。

萨卡基尼试图帮助莱文。"从我们离开耶路撒冷开始，我就没有停止过对他的同情，就像一个兄弟对另一个兄弟的同情一样，我让他平静下来，并把落在我们俩身上的不幸归咎于命运和糟糕的运气。"[49]但莱文却把萨卡基尼的遭遇归咎于自己。他给他的爱妻吉特尔写信说："他是环境的悲惨牺牲品，我对创造出这种环境是有罪的。"他还嘱咐妻子与萨卡基尼·苏丹娜保持联系。

当萨卡基尼仍在坚持他所谓"幸福哲学"时——"笑声代表了一个慷慨的灵魂，而悲伤和痛苦则是一种严重的罪过"——莱文却和他的造物主吵了起来。"我的上帝，我的上帝，你就是这样虐待这块土地上的希伯来人的吗？你就是这样把他们扔进深渊，扔进没有光明、没有自由的深渊吗？"莱文欣赏海涅，萨卡基尼则欣赏尼采的"权力哲学"。他们都认同塞万提斯，认同奥斯卡·王尔德，这两位作家也曾在监狱里待过。

两人都想回家，并利用他们的关系做到了这一点。莱文给自己认识的各个犹太复国主义运动领导人写信。他给伊斯坦布尔、巴塞尔、阿姆斯特丹和华盛顿方面都发过信。莱文在纽约有一个名叫塞缪尔·哈尔卡比（Samuel Harkabi）的亲戚，身为记者的哈尔卡比用意第绪语发表了一篇带有强烈情感的文章，并在文章中要求释放莱文。犹太分配委员会则要求新任美国驻耶路撒冷领事进行干预。[50]不管怎么说，莱文最后成功弄到了一点钱。

萨卡基尼的人脉并不像保险代理人莱文那样遍布全世界，但他在巴勒斯坦的年轻知识分子中找到了自己的支持者。事实上，他比莱文先出狱，时间是 1918 年 1 月。在等待返回耶路撒冷的过程中，他在大马士革租了一间房子，以教英语为生。他身边聚集了一小群教育家和记者，他们每天早上会坐在咖啡馆里，展望着阿拉伯民族主义运动的未来。"我不是政治家，"萨卡基尼此时写道，"但我首先是一个阿拉伯人。"有一天，一个来自耶路撒冷的年轻人加入了这个小群体，他叫穆萨·阿拉米（Musa Alami），是萨卡基尼以前的学生。两人在一起生活了几个月。阿拉米当时 21 岁，他后来成为了巴勒斯坦阿拉伯民族主义运动的杰出领袖。萨卡基尼为这场运动写了一首名为《拯救家园》的国歌。他说，这就是阿拉伯人的"马赛曲"。

萨卡基尼经常去监狱看望阿尔特·莱文，并不时从他那里借钱。莱文最终于 1918 年 4 月底获释，似乎主要是由于巴洛巴领事的努力。[51]他被允许留在叙利亚。在萨卡基尼及其朋友们的陪伴下，莱文在大马士革度过了最初的几个星期。萨卡基尼想知道为什么莱文仍友好地和他待在一起，但他却找不到答案。显然，两人都觉得彼此很难分开。8月，萨卡基尼离开大马士革，加入了费萨尔王子领导的阿拉伯起义军。"我们大约有三百多人骑着骆驼，我在先锋队中，骑着一匹高贵的马，就像一个著名的指挥官。"萨卡基尼写道。部队唱起了他为同胞们写的国歌，沙漠里回荡着他们的歌声。[52] 不到两三个月，萨卡基尼就回到了耶路撒冷的家中。莱文在叙利亚又待了一段时间，为一家德国保险公司工作。在他设法以各种间接的方式偷运到耶路撒冷的信件中，他一再写道，他不缺钱。但他也没在叙利亚待多久，几个月内耶路撒冷便传来了消息：保险大王回来了。[53]

<h1 style="text-align:center">9</h1>

詹姆斯·哈米尔·波洛克上尉在担任拉马拉地区助理区长的新职务之前，结束了他在军政府的临时工作——发放出境许可证。为了进口耶路撒冷所需的食品和其他商品，前往埃及的需求很大，但火车上总是坐满了士兵。拉马拉离耶路撒冷不远，所以波洛克在城里租了一栋迷人的石屋。屋子四周都是松树，有塔楼和台阶，屋顶上的木瓦以任意的角度摆放着。石屋紧挨着巴洛巴伯爵的房子，坐落在一条名为"领事街"的街道上。这条街后来被罗纳德·斯托尔斯改名为"先知街"。建筑师康拉德·希克以加利利的塔博尔山（Tabor）为这座石屋命名。詹姆斯·波洛克和他的妻子玛格丽特把这个名字印在他们的信笺上，就好像这栋房子是他们的家族产业一样。他们在信中经常提到这栋房子，并把房间里布置得很温馨。

玛格丽特·波洛克（Margaret Pollock）向母亲报告说："詹姆斯送给我的生日礼物是一扇最美妙的手工窗帘，真是一件了不起的作品。我们的墙壁是白色的，所以它在上面看起来非常漂亮。它的颜色是红、黑、白、绿、蓝，不过分鲜艳，搭配得很好。我把沙发用暗蓝色的布盖住，并做了色彩艳丽的丝绸垫子。这样看起来非常好。地板是黑白相间的大理石，墙面是白色的，木制品也是白色的，而暗淡的蓝色和明亮的靠垫则给房间带来了美丽的色调。我们的地毯是真正的老地毯，颜色很漂亮。我们还有可爱的黄铜制品和一个华丽的老铜烛台。"她给母亲寄去了一张画有烛台的图片。当天晚上，她就举行了第一次晚宴，并向母亲描述了宴会上由七道菜构成的整个菜单。

英国官员们喜欢互相请客吃饭。通常，他们喜欢把这些活动称为"聚会"（do），并把它印在邀请函上，由仆人亲自送达。在詹姆斯·波洛克的文件中保存着一张硬纸板卡片，上面写着：

军事总督

家中

2 月 23 日星期一

4 时至 6 时 30 分

巴勒斯坦的英国社群是一个由陌生人组成的紧密小团体，并由此形成了一套强大的社会传统。每个人都认识其他人，每个人都八卦其他人的生活，每个人也都受到蚊虫和无聊的困扰。他们喜欢假装各自分散在遥远的庄园中，相隔几个小时的车程；或是假装住在想象中的国际大都市中，而不是困在一个落后的小城市里。殖民体制中的工作待遇很好，他们在耶路撒冷的生活往往比在老家的生活要好得多。

海伦·本特威奇（Helen Bentwich）是某位英国官员的妻子，她回忆说，他们在德国殖民区"发现"了一栋有九个房间的屋子，并去敌国的财产保管员那里挑选了一些家具，这些家具也是德国人留下的。* 把家具运到本特威奇家的搬家工人是当地的囚犯。她说，军官可以命令囚犯到他们家或花园里提供无偿劳动。阿拉伯警察会把他们从监狱里带出来，而那些被判处死刑的人则会穿着红衣服来。但当局后来又出台了一项规定，要求给囚犯的腰部和腿部戴上铁链。本特威奇无法忍受这种景象，于是便不再动用囚犯。

---

* 英国人将大部分德国居民驱逐出境——巴洛巴陪着他们去了火车站，过了好几年他们才被允许回来。第一批到达巴勒斯坦的英国军官和官员征用了德国人的房屋和财产。爱德华·基思–罗奇负责处理被遗弃的财产，他要求提供详细的清单，但许多同胞倾向于不理会他的要求。[54]

有一天，本特威奇夫妇邀请了首席行政官和他的妻子一起吃饭。不幸的是，他们的厨师此前刚刚被捕，这让本特威奇感到"惊慌失措"。尽管如此，警方最后还是慷慨地释放了犯人，但条件是在饭后立即把厨师带回监狱。[55]

玛格丽特·波洛克也有一个厨师，他是她生活的中心。她写道："我感到很孤独，没法和厨师竞争。"她给母亲写了许多封有关这名厨师的信，其中大部分是抱怨。厨师不懂她的厨艺，但有一次却学会了做英格兰"漂亮的烤饼"，继而成为了耶路撒冷唯一会做烤饼的厨师。烤饼给波洛克太太带来了极大的成功，她邀请来喝下午茶的客人们都很喜欢。后来她甚至夸口说她的厨师被认为是城里最好的厨师。

尽管如此，佣人们还是不停地惹恼她。除了厨师，波洛克家还有一个男仆，一个女仆，以及一个照顾他家小儿子帕特里克的护士。她抱怨说，佣人们不知道该怎么干活。他们声称自己的工作太辛苦了，而他们的劳力却又非常昂贵。波洛克太太也会为物价上涨而大惊小怪。她抱怨说，住在家里不会少花钱。她的一个基本假设是，在遥远的国家生活不仅会更舒适，生活成本也会更低。她的丈夫现在需要一套昂贵的晚礼服。"我不知道这里的穷人是怎么过日子的，"她说道。她不可能知道，因为她没有接触过穷人。[56]

玛格丽特·波洛克每周都要去看望一次助理行政官 E. L. 波帕姆（E. L. Popham）上校的夫人，她们两人会一起做发声练习。有一次，波帕姆夫人邀请她去礼节性地拜访一位前来访问的红衣主教。玛格丽特·波洛克盯上了主教身上的那件"可爱的红绸披风"。她向主教要了那件披风，想把它当作演出歌剧时穿的斗篷来用，她写道。[57]

当波洛克夫妇在新房子里安顿下来后，詹姆斯·波洛克上尉心满意得地给母亲写了一封信，他说这所房子"和任何一个英国家庭都非常相似"。下午，他们会出去骑马。他们时常会碰到一个讨人喜欢的伙伴，那就是他们的邻居——西班牙领事巴洛巴。有一次詹姆斯·波洛克给父亲写信说，他可能很快就会见到著名的阿拉伯的劳伦斯。[58]

劳伦斯有时会出现在耶路撒冷，每当他出现时，当地的英国小社群便会予以特别关注，但之后他又会突然消失，就像来时一样。斯托尔斯描述了其中的一次经历。1919 年 1 月初的某一天，他正坐在自己的屋子里，外面下着暴风雪。突然，斯托尔斯的管家走进了屋子。他对主人说，有一个赤脚的贝都因人正站在门口，他想要进来。这个贝都因人便是劳伦斯。他一直待到了傍晚，离开时还带走了弗吉尔（Virgil）的一卷作品。[59]

波洛克开始学习阿拉伯语。他也戴上阿拉伯头饰给自己照了张相，就像劳伦斯那样。詹姆斯和玛格丽特现在几乎每天都会给家里写信。玛格丽特在给母亲的信中写道："生活开始忙碌起来了。"[60]

注　释

1. Yosef Eliahu Shlush, *The Story of My Life, 1870–1930* (in Hebrew) (published by the author, 1931), p. 365.
2. Rachela Makover, *Government and Administration in Palestine, 1917–1925* (in Hebrew) (Jerusalem: Yad Ben-Zvi, 1988), p. 73ff.
   Gideon Biger, "The Administrative Organization of Palestine During the Period of the Military Rule, 1917–1920" (in Hebrew) in Mordechai Eliav, ed., *Siege and Distress: Palestine During the First World War* (in Hebrew) (Jerusalem: Yad Ben-Zvi, 1991), p. 17ff.
3. Ronald Storrs, *Orientations* (London: Ivor Nicholson and Watson, 1939), p. 303.
   Ballobar diary, 8 Apr. and 8 July 1918. With the kind permission of his daughter.
4. "Memorandum on the Provisional Administration of Palestine," 22 Jan. 1917, CZA A16/32.
5. Gideon Biger, *Crown Colony or National Home* (in Hebrew) (Jerusalem: Yad Ben-Zvi, 1983), p. 5.
   Storrs, *Orientations*, p. 297ff.
   Edwin Samuel to his father, 5 May 1918, ISA P/653/76.
6. Makover, *Government and Administration in Palestine*, pp. 36ff., 142.
   Storrs, *Orientations*, pp. 287, 296, 329.
7. Storrs to Herbert Samuel, 6 July 1920, ISA P/649/7.
8. Ya'akov Gross, ed., *Jerusalem, 1917–1918: Destruction, Miracle, Redemption* (in Hebrew) (Jerusalem: Koresh, 1992), p. 289ff. See also: Anita Shapira, *Berl Katznelson* (in Hebrew) (Tel Aviv: Am Oved, 1980), vol. I, p. 112ff.
9. Mordechai Ben-Hillel Hacohen, *The Wars of the Nations* (in Hebrew) (Jerusalem: Yad Ben-Zvi, 1985), vol. II, p. 962.
10. Undated memorandum, PCL, Storrs Papers, III/2, 1918 folder.
    Storrs, *Orientations*, p. 451.
    Prostitution regulations, *Ha'aretz*, 1 Aug. 1918, p.2.
    Herbert Samuel to Mugras, 1 May 1925, ISA P/649/12.
11. Storrs, *Orientations*, p. 329.
12. David Kroyanker, *Architecture in Jerusalem: Construction in the Period of the British Mandate* (in Hebrew) (Jerusalem: Keter, 1991), p. 28ff.
13. Storrs, *Orientations*, p. 456.
    C. R. Ashbee, *A Palestine Notebook* (New York: Doubleday, 1923), p. 156ff. See also: C. R. Ashbee, ed., *Jerusalem, 1918–1920* (London: John Murray, 1921).
    Harry Luke, *Cities and Men* (London: Geoffrey Bles, 1953), vol. II, p. 216.
14. Storrs, *Orientations*, p. 336.
    Luke, *Cities and Men*, vol. II, p. 216.
15. Douglas V. Duff, *Bailing with a Teaspoon* (London: John Long, 1953), pp. 18ff., 35.

16. Storrs, *Orientations*, p. 375.
    See also: PCL, Storrs Papers, III/2, 1918 folder.
17. Edward Keith-Roach, *Pasha of Jerusalem* (London: Radcliffe Press, 1994), pp. 1ff., 47.
18. Pollock to his mother, 23 Jan. 1919, PRONI B 37908.
    PRO CO 733/175/64711, part I.
    Pollock to his father, 5 June 1920, PRONI D/1581/2/5.
19. Horace Samuel, *Unholy Memories of the Holy Land* (London: Hogarth Press, 1930), p. 38.
20. Eviatar Friezel, *Zionist Policy After the Balfour Declaration, 1917–1922* (in Hebrew) (Tel Aviv: Tel Aviv University, 1977), pp. 36ff., 419.
    Chaim Weizmann, *Trial and Error* (London: Hamish Hamilton, 1949), p. 269.
    Chaim Weizmann, 8 July 1920, Weizmann Archive.
21. Jehuda Reinharz, *Chaim Weizmann: The Making of a Zionist Leader* (London and New York: Oxford University Press, 1985), p. 151.
    Shmuel Katz, *Jabo* (in Hebrew) (Tel Aviv: Dvir, 1993), vol. I, p. 148.
22. J. B. Hobman, ed., *David Eder: Memories of a Modern Pioneer* (London: Victor Gollancz, 1945), pp. 9, 21, 81, 119ff. See also: Friends tell about Eder, 19 Nov. 1936, CZA K11/354/1.
    James T. Boulton and Andrew Robertson, eds., *The Letters of D. H. Lawrence* (Cambridge: Cambridge University Press, 1984), vol. III, p. 353.
    John Carswell, *The Exile: A Life of Ivy Litvinov* (London: Faber and Faber, 1983), p. 37ff.
23. Weizmann to his wife, in *The Letters and Papers of Chaim Weizmann*, ed. Dvora Barzilay and Barnett Litvinoff (New Brunswick, NJ, and Jerusalem: Transaction Books, Rutgers University, and Israel Universities Press, 1977), vol. VIII, p. 99.
24. Minutes of the first meeting of the Zionist Commission, 11 Mar. 1918; minutes of the second meeting of the Zionist Commission, 14 Mar. 1918, CZA L3/285.
25. CZA L3/629; L3/26 II; III.
    CZA L3/33–37.
    Weizmann to his wife, 9 Aug. 1918, in Barzilay and Litvinoff, *The Letters and Papers of Chaim Weizmann*, vol. VIII, p. 252.
    Hacohen, *The Wars of the Nations*, vol. II, p. 903.
26. Minutes of the Zionist Commission, 2 June 1918, CZA L3/285. See also: Hagit Lavsky, *Elements of the Budget for the Zionist Enterprise: The Zionist Commission, 1918–1921* (in Hebrew) (Jerusalem: Yad Ben-Zvi, 1981), p. 173.
    Report on the Zionist Commission to Palestine (undated), CZA L3/657, p. 40.
27. Weizmann to de Haas, 18 Apr. 1918, in Barzilay and Litvinoff, *The Letters and Papers of Chaim Weizmann*, vol. VIII, p. 132.
    Lavsky, *Elements of the Budget*, p. 54.
28. The Center of Zionist Organizations in Jerusalem to the Zionist Commission (undated), CZA L4/966.
    The Zionist Palestine Office to the Zionist Commission, 24 Jan. 1919, CZA L3/411. See also: Minutes of the Zionist Commission, 11 Mar. 1918, CZA L3/385; 5 Nov. 1919, CZA L4/966.
29. *Impressions on the Jerusalem Situation*, 1 Apr. 1919, CZA A18L/86/I. See also: CZA L3/655, L3/285.
    Lavsky, *Elements of the Budget*, p. 167ff.
    Y. L., "The Public and the Management" (in Hebrew), *Ha-aretz*, 25 June 1919, p. 1. See also: "Zionist Commission or Executive Committee" (in Hebrew), *Ha'aretz*, 6 Aug. 1919, p. 1.
    Y. L., "Support," *Ha'aretz*, 28 Aug. 1919, p. 1.
    Edwin Samuel to his father, 16 Feb. 1918, ISA P/653/76.
    Weizmann to his wife, 1 July 1918, in Barzilay and Litvinoff, *The Letters and Papers of Chaim Weizmann*, vol. VIII, p. 218.

Hacohen, *The Wars of the Nations*, vol. II, p. 927.

30. Minutes of the Zionist Commission, 2 June 1918, CZA L3/285.

    Weizmann to his wife, 18 Apr. 1918, in Barzilay and Litvinoff, *The Letters and Papers of Chaim Weizmann*, vol. VIII, p. 132.

    Weizmann at the Zionist Commission, 23 Sept. 1918, CZA L4/434. See also: Weizmann at the Zionist Commission, 16 May 1918, CZA L4/28.

    Weizmann to Sokolow, 22 May 1918, in Barzilay and Litvinoff, *The Letters and Papers of Chaim Weizmann*, vol. VIII, p. 193ff.

    The Zionist Commission to the press, 13 May 1918, CZA L3/385. See also: Ussishkin to Yitzhak Ashkenazi, Frankfurt, 19 May 1920, CZA L3/5.

    Hacohen, *The Wars of the Nations*, vol. II, p. 938.

31. Weizmann to Brandeis, 25 Apr. 1918; Weizmann to his wife, 30 May, 1 July, 1 and 9 Aug. 1918, in Barzilay and Litvinoff, *The Letters and Papers of Chaim Weizmann*, vol. VIII, pp. 158ff., 197ff., 218ff., 245ff., 252ff.

    Weizmann to Money, 26 Jan. 1919, in Jehuda Reinharz, *Chaim Weizmann: The Making of a Statesman* (New York: Oxford University Press, 1993), p. 105.

32. Menachem Friedman, *Society and Religion* (in Hebrew) (Yad Ben-Zvi, 1977), p. 33.

    Hacohen, *The Wars of the Nations*, vol. II, p. 927.

33. Weizmann to his wife, 9 Aug. 1918, in Barzilay and Litvinoff, *The Letters and Papers of Chaim Weizmann*, vol. VIII, p. 252.

    Ruth Walichtenstein to the military governor, 12 Feb. 1919, CZA L3/91. See also: Eder to General Weston, 14 Aug. 1919, CZA L4/297.

    Zionist Commission with the chief administrator, 25 Aug. 1919, CZA L4/947.

    Eder to the governor of Jaffa, 31 Aug. 1918, CZA L4/25.

34. Weizmann to his wife, 18 Apr. 1918, in Barzilay and Litvinoff, *The Letters and Papers of Chaim Weizmann*, vol. VIII, p. 132.

35. Hacohen, *The Wars of the Nations*, vol. II, pp. 916, 941. See also: Shoshana Halevi, *Affairs in the History of the Yishuv* (in Hebrew) (n.p., 1989), p. 193ff.

    Minutes of the second meeting of the Zionist Commission, 14 Mar. 1918; minutes of the 13th meeting of the Zionist Commission, 29 Apr. 1918, CZA L3/285; minutes of the 19th meeting of the Zionist Commission, 1 Sept. 1918, CZA L4/293.

    Ronald Storrs, *Orientations*, p. 360.

    B. Z. Kedar, "The Cornerstone-Laying Ceremony for the Hebrew University," in *The History of the Hebrew University in Jerusalem* (in Hebrew), ed. Shaul Katz and Michael Hed (Jerusalem: Magnes, 1997), p. 93.

    Bernard Wasserstein, *The British in Palestine* (Oxford: Basil Blackwell, 1991), p. 227.

    Weizmann to Ormsby-Gore, 1 May 1918.

    Weizmann to his wife, 9 Aug. 1918, in Barzilay and Litvinoff, *The Letters and Papers of Chaim Weizmann*, vol. VIII, p. 176ff.

    Weizmann to Balfour, 30 May 1918; Balfour to Weizmann, 26 July 1918, CZA L3/310. See also: *Report on the Zionist Commission to Palestine* (undated), p. 11.

    Hacohen, *The Wars of the Nations*, vol. II, p. 941. See also: Edward Keith-Roach, *Pasha of Jerusalem*, p. 70.

36. Hacohen, *The Wars of the Nations*, vol. II, p. 918.

37. Reinharz, *Chaim Weizmann: The Making of a Statesman*, p. 22.

    Weizmann to his wife, 13 Mar., 16 Mar., 23 Mar. 1913, in *The Letters and Papers of Chaim Weizmann*, ed. Gedalia Yogev, Shifra Kolatt, Evyatar Friesel, and Barnett Litvinoff, vol. VI, pp. 12ff., 15ff., 20ff.

    Our Festive Day: The Details of the Cornerstone Laying for the Hebrew University Building, Hebrew University, central archive. See also: Ya'akov Gross, ed., *Jerusalem 1917–1918: Destruction, Miracle, and Redemption* (in Hebrew) (Koresh, 1993), p. 338ff.

    Hacohen, *The Wars of the Nations*, vol. II, p. 951.

38. Hacohen, *The Wars of the Nations*, vol. II, pp. 940, 952ff. See also: *The Day of Our Rejoicing: The Details of the Celebration for the Laying of the Cornerstone of the Hebrew University Building*. See also: Gross, *Jerusalem, 1917–1918*, p. 338ff.
    Ballobar diary, 29 July 1918, with the kind permission of his daughter.
    Weizmann, *Trial and Error*, p. 295.
39. Hacohen, *The Wars of the Nations*, vol. II, pp. 804, 846, 864.
40. Weizmann to Bella Berlin, 20 June 1920, in *The Letters and Papers of Chaim Weizmann*, ed. Jehuda Reinharz (New Brunswick, NJ, and Jerusalem: Transaction Books, Rutgers University, and Israel Universities Press, 1977), vol. IX, p. 375.
    Hacohen, *The Wars of the Nations*, vol. II, p. 863.
41. Yigal Elam, *The Jewish Legion in the First World War* (in Hebrew) (Tel Aviv: Ma'archot, 1984), pp. 174, 245ff.
    Report on the Zionist Commissioner to Palestine (undated), p. 38, CZA L3/657. See also: J. H. Patterson, *With the Judeans in the Palestine Campaign* (London: Hutchinson, 1922).
42. *A Brief Record of the Advance of the Egyptian Expeditionary Force Under the Command of General Sir Edmund H. H. Allenby* (London: HMSO, 1919), p. 101.
    Ron Fuchs, "The History of the Planning of British Cemeteries in Palestine" (in Hebrew), *Kathedra* 79 (Mar. 1996), p. 114ff.
43. Ballobar diary, 5 Oct. 1918. With the kind permission of his daughter.
44. Khalil al-Sakakini, *Such Am I, O World* (in Hebrew) (Jerusalem: Keter, 1990), pp. 70, 89.
45. Levine to Kurt Silman, 28 Feb. 1918, and to an unidentified friend, undated, Levine papers. With the kind permission of the Munin family.
    Sakakini, *Such Am I, O World*, p. 87
    Sakakini diary, 30 Dec. 1917, with the kind permission of his daughters.
46. Hanoch Bartov, *I Am Not the Mythological Sabra* (in Hebrew) (Tel Aviv: Am Oved 1995), p. 88ff. See also Yehoshua Porat, *A Dagger and Pen in His Hand: The Life of Yonatan Ratush* (in Hebrew) (Tel Aviv: Mahbarot Le-Sifrut, Zemora, 1989); Ya'akov Shavit, *From Hebrew to Canaanite* (in Hebrew) (Jerusalem: Domino, 1984).
    Untitled poem, Levine papers, with the kind permission of the Munin family. See also: Asaf Halevy ish Yerushalmi, *Scroll of the East (Megilat Kedem)* (in Hebrew) (Dekel, 1915), pp. 287ff., 183.
    Rachel, "Megilat Kedem," *Hashelah*, vol. 37, books 217–22 (Summer 1920), p. 595. For other reviews, including those by R. Benyamin, Ezra Hamenahem, Moshe Smilansky, A. A. Kabak, Dov Kimche, Y. Rabinowitz, D. Shimonowitz, see Levine papers, with the kind permission of the Munin family. See also: "A Soul for Asaf Halevy ish Yerushalmi (Alter Levine)," *Ha'aretz*, 28 Sept. 1934, p. 9.
47. Notes from New York, Levine papers, with the kind permission of the Munin family.
48. Sakakini, *Such Am I, O World*, pp. 27, 72, 81, 89, 162. See also: Khalil al-Sakakini to his son, 12 Dec. 1932, 7 Jan. 1933, and 12 Jan. 1933, ISA 378/2646/P.
49. Sakakini, *Such Am I, O World*, pp. 81, 84.
    Levine to Kurt Silman, 18 Feb. 1918, Levine papers. With the kind permission of the Munin family.
50. Levine to his wife, 15 Aug. 1918; Levine to an unidentified friend, undated; Levine to Kurt Silman, 28 Feb. 1918; Levine to Chaim Kalvarisky, undated. CZA J15/6484; Levine to Ruppin, 8 May 1918; Secretary of the Joint Distribution Committee to Samuel Harkabi, 18 June 1918, Levine papers. With the kind permission of the Munin family. See also: Memorandum on the situation of the refugees in Damascus, 17 Jan. 1919, CZA L4966.
51. Sakakini diary, 13 Feb., 17 Mar. 1918, quoted from the original with the kind permission of his daughters.
    Sakakini, *Such Am I, O World*, pp. 101, 107, 129, 220. See also: Geoffrey Furlonge, *Palestine Is My Country: The Story of Musa Alami* (New York: Praeger, 1969), p. 46.

Spanish consul in Jerusalem, CZA L/33–37. See also: Memorandum on the situation of the refugees in Damascus, 17 Jan. 1919, CZA L4/966.

52. Khalil al-Sakakini, *Such Am I, O World*, pp. 106, 220.

53. *Ha'aretz*, 28 Dec. 1919, p. 1 (advertisement).

54. Ballobar diary, 6 Aug. 1918, with the kind permission of his daughter. Keith-Roach, *Pasha of Jerusalem*, p. 59.

55. Helen Bentwich, *If I Forget Thee* (London: Elek, 1973), pp. 159, 164. See also: Beatrice L. Magnes, *Episodes* (Berkeley: Judah L. Magnes Memorial Museum, 1977), p. 94.

56. Margaret Pollock to her mother, 6 Oct. 1919, 19 Apr., 7 May, 4 Sept. 1920, PRONI D/1581/2/4.

57. Margaret Pollock to her mother, 24 Sept. 1919, PRONI B/37908.

58. Pollock to his father, 17 Apr. 1921, PRONI D/1581/4/10.

59. Ronald Storrs, *Orientations*, p. 460.

60. Pollock to his parents, 1 Mar. 1919, and Pollock to his mother, 8 June 1919, PRONI B/37908. Margaret Pollock to her mother, 6 Oct. 1919, PRONI D/1581/2/4.

第4章 自尊与自尊的较量

1

当魏茨曼作为犹太复国主义委员会主席第一次到达巴勒斯坦时，他住在拉姆拉附近艾伦比的营地里。一天早上，当艾伦比开车经过时，他看到魏茨曼正站在他的帐篷附近。他让司机停车，并邀请魏茨曼陪他同去耶路撒冷。魏茨曼很想接受，但"内心的某种东西"阻止了他。他说，当艾伦比进入耶路撒冷城时，如果有人看到他和犹太复国主义领袖在一起，也许会有些不妥。艾伦比下了车，站到魏茨曼身旁，考虑了一会儿，然后笑了起来，他伸出手说："你说得很对——我想我们会成为很好的朋友。"[1]

"我不能说他对（犹太复国主义）运动的道德和政治意义有很深的体会或理解，"魏茨曼在给妻子薇拉的信中写道，"但他绝对表现出了理解和帮助的意愿。"在艾伦比营地附近会面后的几个星期里，魏茨曼给妻子写信说，艾伦比表示了"热烈的同情和殷切的赞赏"。即使这位将军对在该国建立犹太复国主义国家的可能性心存疑虑，但在魏茨曼看来，"艾伦比与我们同在，并为我们服务"。艾伦比告诉魏茨曼，他会在夜里读《圣经》。[2]*

征服巴勒斯坦后不久，艾伦比对耶路撒冷和特拉维夫进行了正式访问，在他所到之处都受到了热情接待。特拉维夫人民以他的名字命名了一条街道，这是一条从犹太复国主义委员会总部通向海边的主干道，以前叫"新社会路"。[4]犹太复国主义委员会将艾伦比的访问视为承认犹太复国主义运动的一种姿态。

---

* 艾伦比似乎被魏茨曼的个人魅力所吸引。魏茨曼早些时候给艾伦比夫人留下了很好的印象，他认为艾伦比将军之所以对他很好，其中的部分原因就在于将军曾收到过一封夫人发来的"非常好"的信。[3]

这位将军经常强调，他的工作是暂时守住巴勒斯坦，直到建立起一个文官政府。与此同时，他承诺以"仁慈的中立"为原则来治理该地。军人出身的艾伦比主要把犹太复国主义运动当成一种麻烦，这也是军政府中的普遍看法。尽管有少数军官同情犹太复国主义运动，但其他的军官都支持阿拉伯人。总的来说，对于作为一种思想而存在的犹太复国主义，军方并没有出于道德或政治原因而拒绝接受，但军方同时认为英国对该运动的支持有可能使巴勒斯坦的问题复杂化。为此，军方还向伦敦方面提出了警告。[5] 尽管如此，通常情况下，在军方看来，政府的犹太民族家园政策是其有义务执行的命令。

军政府持续了两年半的时间，在此期间，国家恢复了生机。卫生部门成功地抗击了霍乱和斑疹伤寒的疫情。而随着供应线的恢复，饥荒也结束了，大部分救济粮来自埃及。政府为阿拉伯和犹太农民提供了种子、幼苗和相应的技术指导。水的供应——尤其是耶路撒冷的供水系统——得到了显著改善。这个城市以前依靠收集雨水，并将其储存在蓄水池中，现在有了自来水，从伯利恒南部的所罗门池中抽出。犹太复国主义委员会认为这是军政府最重要的成就。此外，街道的清洁度同样得到了改善，市政府也进行了改组。耶路撒冷市长费萨尔·侯赛尼（Feisal al-Husseini）在英国征服巴勒斯坦几个月后去世，罗纳德·斯托尔斯（Ronald Storrs）任命已故市长的弟弟穆萨·卡齐姆·侯赛尼（Musa Kazim al-Husseini）为继任者。

学校和银行都开门了，法院系统也恢复了工作。法官——不论是阿拉伯人还是犹太人——都得到了更高的工资，这减少了腐败。此外，税收系统得到了完善，埃及镑也赢得了民众的信任。在战争中被毁坏的道路得到了修复，新的道路也铺设好了，这些工程为成千上万的失业者提供了就业机会。到处都能看到私家车在道路上行驶。新的铁路线被铺设出来，很快，客运服务在国家的各个城市之间运行开来。领事巴洛巴曾乘夜车从利达（Lydda）抵达坎塔拉（Kantara），他的车厢里不光有床，还有吃饭的地方，这给领事留下了非常深刻的印象。政府竖起了新的电报线路，并安装了一些私人电话。邮政服务的效率也提高了，人们开始相信信件不仅能顺利寄出，还能到达目的地，这种现象在历史上还是头一回出现。[6]

所有这些改革都相当简单，所需的只是权力、组织和金钱。然而，当莫迪凯·本-希勒尔·哈科亨找到雅法总督 W. F. 斯特林（W. F. Stirling）时，总督发现自己陷入了困境。哈科亨要求总督同时用三种语言（希伯来语、英语和阿拉伯语）来发布所有的政府公告。斯特林不懂希伯来语，但他知道这是一个明显的政治诉求。

从一开始，犹太复国主义者就把英国政府对希伯来语的态度当作其对犹太复国主义的态度。复活民族语言是犹太复国主义梦想的核心。无数人曾就此事向当局提出过申请，这些申请都试图表明一个观点，即如果不给予希伯来语与阿拉伯语平等的地位，建立民族家园的政策就毫无意义。斯特林和罗纳德·斯托尔斯觉得这一请求很有趣。斯特林指出，大多数犹太定居者事实上并不懂希伯来语。"他们不得不坐下来学习所谓母语，"他说道。对于斯托尔斯来说，犹太人是在打一场毫无意义的符号战，而这正是"萨摩瓦（samovar）犹太复国主义"的特点——所谓"萨摩瓦（samovar）犹太复国主义"是斯托尔斯对魏茨曼和其他俄罗斯犹太人所拥抱的意识形态的称呼。[7]

犹太复国主义领导人对车牌上不使用希伯来字母提出了抗议。斯特林回忆说，在某个定居点，犹太人把当地邮局的牌子摘掉了，因为牌子上除了英文和希伯来文外，还有阿拉伯文。斯特林认为这种行为很"愚蠢"，这让他很生气。"我给了（他们）三天时间更换招牌，并告诉他们，如果不在这段时间内把牌子放回原处，他们就得一路走到耶路撒冷的总办事处去取信。招牌立马便被贴好了。"这段插曲加深了他对犹太人的印象，即犹太人个体上是聪明勤奋的，但集体上却愚蠢得令人发指。

巴勒斯坦本土的政治斗争或许是最不招军政府喜欢的事物。与罗纳德·斯托尔斯不同，大多数英国人对此并不感兴趣，理不清头绪，也尽力避免掺和。斯特林对犹太复国主义运动的代表们说，他们来此的目的是为了打仗、征服和统治，而不是搞政治斗争。[8]但军政府很快发现，在巴勒斯坦，政治才是一切的核心。犹太复国主义委员会几乎把每一起事件和每一项决定都变成了政治问题。当军事当局计划在耶路撒冷的几个犹太社区修建新的污水处理系统时，戴维·埃德同意帮助提供资金，但有一个条件，即工程必须交给一个犹太承包商。犹太复国主义委员会的一名成员声称，犹太人应该购买耶路撒冷的水源，哪怕是亏损也在所不惜。[9]复国主义委员会很明显地采取了一种部族主义的立场，犹太个体的商业利益也被视作整个民族的利益。因此，犹太复国主义委员会对干预耶路撒冷法斯特酒店的未来毫不顾忌，仿佛它是一个在整个民族层面都具有重要性的项目。

这个故事包含在两大包文件中。法斯特酒店归耶路撒冷的亚美尼亚宗主教区所有，1918 年，一些犹太投资者表示出了租赁该酒店的兴趣。对此，犹太复国主义委员会试图予以帮助。委员们认为，一家豪华酒店将为犹太复国主义运动带来声誉。其中主要的投资人是来自开罗的犹太商人巴尔斯基（Barsky），他要求把酒店连同里面的家具和内部设施一并交付给他，但这些东西当时都处于敌国财产保管人的控制之下，因为酒店的经营者（法斯特兄弟）是隶属于圣殿骑士团的德国人。在巴洛巴领事的居间协调下，兄弟俩本已同意把巴尔斯基想要的东西卖给他，但敌产保管人却阻止了这笔交易。没有家具和设施，巴尔斯基是不会进行交易的。

犹太复国主义委员会花了相当大的精力来解决这场纠纷。文件中提到了"胜利"和"失败"。然而，当所有障碍都被克服后，巴尔斯基又增加了一个新条件：只有当委员会以极其优惠的条件安排贷款时，他才会完成这笔交易。委员会给犹太复国主义运动的附属机构"盎格鲁—巴勒斯坦银行"施加压力，该银行建议由委员会承担其中的部分贷款费用。现在轮到委员会提条件了：首先，旅馆厨房的运作必须合乎犹太教法（kosher）。巴尔斯基拒绝了。银行又提出了一个折中方案：旅馆分设两个厨房，一个按教法要求运作，另一个不作要求，同时开设两个服务水平和价格都相当的餐厅。其次，委员会要求用希伯来语来印刷菜单，但最后同意用双语印刷（希伯来语和英语）。然而，犹太复国主义委员会和银行之间冗长的通信过程仍在继续，因为巴尔斯基坚持他的贷款利率不能高于 6%。在这整个过程中，大家都认为，在耶路撒冷建立一家豪华酒店对犹太人来说是一笔极其重要的政治资产。*

---

* 斯托尔斯对这个故事的贡献是提议将酒店的名字改为"艾伦比"。他写信给将军以求得他的许可。他指出，这间酒店当然可以被唤作"大陆酒店"（The Continental）、"布里斯托酒店"（The Bristol），或"萨沃伊酒店"（The Savoy），但这些名字"都会引起令人不快或不合适的联想"。不幸的是，"耶路撒冷酒店"这个名字已经被一个叫卡米涅茨的犹太人名下的某个"不知名的旅馆"所占用。而如果称之为"锡安旅馆"，那就是在政治上站队。于是艾伦比同意了，旅馆也因此得名。在同一封信中，斯托尔斯报告说，"我们与犹太复国主义者的关系有了明显而愉快的改善" 10。

犹太复国主义委员会以同样的民族主义热情推行了各种项目，包括将太巴列（Tiberias）温泉转移到犹太人手中，获得电话和发电业务的特许权，以及推动一项开发死海资源的计划。事实上，复国主义委员会几乎在每个方面都发挥着政府的职能，它有一百名员工。遵照伦敦规定的政策，军方勉强承认委员会是整个犹太社群的代表。仿佛犹太复国主义运动是犹太民族主义的唯一代理人似的。因此，委员会被授权向犹太农业定居点征税。这是一项重要的政治成就。[11]

该委员会还获准控制犹太世俗学校，在此之前，这些学校一直使用德语作为教学语言。现在，学生们将用希伯来语授课。耶路撒冷的眼科医生亚利耶·费根鲍姆（Arieh Feigenbaum）因为收据没有使用希伯来语而拒绝缴税，作为回应，罗纳德·斯托尔斯宣布将改变这一状况。火车公司最终同意了在车票和时刻表上印上希伯来文的要求，军政府也同意在所有的政府公告中加入希伯来文——英文印在中间，阿拉伯文印在右边，希伯来文印在左边。雅法总督斯特林则答应聘请戴维·埃德派给他的希伯来秘书。这位秘书叫埃胡德·本-耶胡达（Ehud Ben-Yehuda），是伟大的词典编纂家埃利泽·本-耶胡达之子。他带来了一台希伯来文打字机。[12]

2

艾伦比手下有一位名叫温德姆·迪兹（Wyndham Deedes）的情报官员，他是军政府的二号人物，也是一个虔诚的基督徒和犹太复国主义者。迪兹曾对一位同事说，他越是能帮助犹太人返回圣地，就越能加快救世主的第二次降临。他认为大英帝国和全世界犹太人之间有一个不成文的契约，他还认为建立犹太人的民族家园是实现世界和平这一共同事业的一部分。他的同事诺曼·本特威奇（Norman Bentwich）称他为"现代圣人"。[13] 本特威奇本人是一位英国法学家、犹太复国主义者，同时也是一个犹太人。他当上了司法部长，这是军政府中最有权力的职位之一。

犹太复国主义者还有另一个盟友——埃德温·塞缪尔，他是犹太复国主义委员会的联络官，也是艾伦比幕僚中的犹太事务专家。他特别热衷于在耶路撒冷任职——他给父亲写信说，哪怕给他一万英镑的薪酬，他也不会同意更换自己的岗位。[14] 从他寄回家的信中可以看出，在某种程度上他实际上充当了双重间谍。在为艾伦比工作的同时，他还给在伦敦的父亲发送详细的报告，而这些报告又反过来影响了英国政府的政策。"我知道你对这里的 PI（Political Intelligence，政治情报）方面很感兴趣——这就是我来的原因，"他写道。赫伯特·塞缪尔很好地利用了从儿子那里得到的信息。那段时间里，在谋划犹太复国主义运动的战略方面，他为魏茨曼提供了相当大的帮助。

艾伦比的首席政治官兼首席行政官吉尔伯特·福金汉姆·克莱顿（Gilbert Falkingham Clayton）准将曾反对《贝尔福宣言》，并反对立即将巴勒斯坦移交给犹太复国主义者。他认为这样做是不公正的，因为这个国家 90% 的居民都不是犹太人，犹太复国主义者也没有治国理政的经验。尽管如此，克莱顿却并不反对让犹太复国主义者逐步成为该国的统治者，他也支持让希伯来语成为官方语言。他还曾访问过特拉维夫，尽管略显正式但却没有敌意。马卡比体育组织的体操运动员们为他组织了表演，当地的音乐学校还举办了一场简短的音乐会。他在迪岑戈夫家吃了饭。莫迪凯·本-希勒尔·哈科亨指出，这次访问很明显具有政治性——克莱顿在军政府中所在的部门不会无缘无故地组织这样的访问。魏茨曼与他建立起了恰当的工作关系，而包括贾博廷斯基在内的其他人也表示，克莱顿对他们持同情的立场。罗纳德·斯托尔斯则声称，他和克莱顿两人观点相同。要知道，斯托尔斯可是个犹太复国主义者。[15]

尽管斯托尔斯本人经常与犹太复国主义委员会发生冲突，但他认为让犹太人返回故土是一种救赎，也是某种历史正义的实现。他甚至将犹太复国主义描述为神之典范——在回忆录中，他用的是希伯来语"舍希纳"（Shekhina）* 一词。他认为，犹太人世世代代为世界贡献了他们的天才，而每个国家都对他们造成了不可估量的不公。如今，人类文明已经认识到了自己在道德和政治层面对犹太人所欠下的债务，而他，斯托尔斯，则被选中来清

---

* 本意为"居所"，代指神，也指神停驻在人间之显现。——译者注

偿这笔债务。这种历史观对自命不凡的斯托尔斯来说很有吸引力。[16]

斯托尔斯对希伯来文化表现出浓厚而真诚的兴趣，他与阿哈德·哈阿姆（Ahad Ha'am）和杰出的诗人哈伊姆·纳赫曼·比亚利克（Chaim Nachman Bialik）都有过对话。他认为巴勒斯坦相当于某种犹太版的阿尔斯特（Ulster）*，是潜在的阿拉伯联邦中的一部分，因此他努力促进犹太复国主义者与阿拉伯人之间的合作。他的"亲耶路撒冷协会"（Pro-Jerusalem Society）是为了促进耶路撒冷的建设而成立的，该协会的标志将阿拉伯新月、大卫之星和基督教的十字架结合在了一起。他觉得自己可以在犹太复国主义者和阿拉伯人的要求之间找到契合点，这种预设反映了他对自己的定位，即他认为自己已经拥有了一个大舞台，他可以根据自己的喜好来任意指挥舞台上的演员。

在《贝尔福宣言》发表一周年之际，犹太复国主义委员会组织了一次游行。斯托尔斯总督批准了这次游行，但条件是不能展示旗帜，且游行队伍要在距老城的雅法门一段距离的地方散开。他亲自到场向游行队伍致敬，并发表了讲话。然而，游行队伍中有一群中学生违反了总督的禁令，他们举着旗帜向雅法门进发。两个穿着破烂的年轻流浪汉——一个是穆斯林，另一个是基督徒——抢走了横幅，折断了横幅上的棍子，并殴打了游行队伍中的一名教师。两人当场被捕，并被带到了警察局。当天晚些时候，戴维·埃德向总督提出了申诉。斯托尔斯在法庭上叫来了本特威奇少校，结果这两个"衣衫褴褛的脏孩子"被判处4个月的监禁。判决很严厉，他们提出了上诉。

依照斯托尔斯的判断，这起事件不是有预谋的，但不可否认的是，该市有非常强烈的反犹太复国主义情绪。第二天，总督在办公室外听到了一阵骚动，市长穆萨·卡齐姆·侯赛尼带着一支游行队伍找到了他。他们抗议英国打算把巴勒斯坦送给犹太人。斯托尔斯接受了他们的请愿书。在与本特威奇协商后，他找到了戴维·耶林（David Yellin）——犹太社群的领导人之一——并建议安排一场阿犹双方的和解仪式。耶林要求侯赛尼家族的首领来找他，侯赛尼表示拒绝。他们达成的妥协是在斯托尔斯的办公室会面，双方握手言和，

---

* 爱尔兰岛的东北部地区，爱尔兰独立战争之后，阿尔斯特地区的其中六个郡组成了联合王国的一部分，即北爱尔兰；该地区的另外三个郡则成为了独立的爱尔兰共和国的一部分。北爱尔兰的联合主义者通常用阿尔斯特来指代北爱尔兰。——译者注

而耶林则同意撤回犹太复国主义者对上述两个青年的起诉。随后，法院将他们的刑期减为 6 天，也就是他们被捕后已经过去的时间，两人当即被释放出狱。

按照斯托尔斯和耶林之间所达成的协议，这两名阿拉伯青年向被打的教师道了歉，并答应赔偿断棍。然而，他们却没有钱。"这两个孩子绝对是身无分文，看来这面旗帜的账单完全有可能要由我来支付。"斯托尔斯写道。他的话语中带着嘲讽的语气，这种傲慢的态度会让他在未来付出代价。然而，对于这件小事的历史意义，他并不是毫无感知。这件事反映了巴勒斯坦新生的冲突中的许多因素：民族、社会和符号层面的紧张关系；名誉的重要性；法院系统的无足轻重；以及英国官员认为仅凭自身权威便足以使当地人和解的幻想。同样重要的是，它表明了英国人自己得要为此买单。[17]

"我不支持二者中的任何一个，二者我同样支持，"斯托尔斯写道，"两小时阿拉伯人的不满便会把我赶进犹太会堂，而在经过高强度的犹太复国主义宣传课之后，我又准备接受伊斯兰教。"[18] *

一些英国军官明确而坚决地反对其政府所推行的犹太复国主义政策。沃尔特·康格里夫中将在埃及和巴勒斯坦都带过兵，他认为犹太民族家园的理念尽管有其局限性，但仍认同这一观念，他甚至对犹太复国主义表示"诚挚的同情"。[20] 哈伊姆·魏茨曼称他是一位对犹太复国主义知之甚少的友好绅士，他认为自己可以教好这位将军。然而，康格里夫却担心英国对犹太复国主义的支持会导致整个阿拉伯世界陷入战火，并倾向于将这一切都归咎于犹太人。他后来写道，如果犹太人明智地、安静地、缓慢地行动，可能一切都会成功，但犹太人"咄咄逼人、争强好胜、肆无忌惮"。他希望《贝尔福宣言》能被撤销。他写道："我们同样能宣布英格兰属于意大利，因为这里曾经被罗马人占领过。"他声称军政府的许多军官都赞同他的观点。[21] 他们深信犹太复国主义者想用犹太人，尤其是来自俄国、波兰和罗马尼亚的下层犹太人来填满这个国家，以便形成犹太人在巴勒斯坦的多数地位。康格里夫认为，当犹太人的实力足够强大时，他们就会击垮阿拉伯人，把他们从自己的土地上驱逐出去，

---

* 魏茨曼曾抱怨说，斯托尔斯出席了一次反犹太复国主义的演讲，但他却并没有提出抗议。所谓"演讲"其实发生在某所学校里组织的一出名为《谢赫·哈姆雷克》（Sheikh Hamlik）的话剧表演中。斯托尔斯说，这部作品改编自《哈姆雷特》，是个"无聊至极"的版本。[19]

同时也把英国人赶走。[22]

英国官员经常使用"犹太人"这一用语，但其实他们指的是犹太复国主义者。军政府中的有些人明显是反犹主义者。情报官员温德姆·迪兹向哈伊姆·魏茨曼展示了他在埃及军队中发现的反尤读物，例如《锡安长老会纪要》（The Protocols of the Elders of Zion），军官们对该书的评注中也渗透着对犹太阴谋论的信服。[23] 据康格里夫说，"魏茨曼和其他犹太复国主义者指责我们这里所有人都是反犹太复国主义者。在我们的内心深处，我们确实如此。对此，我并不表示怀疑"。他解释说，那些与巴勒斯坦犹太人生活在一起的人很难将犹太复国主义理论与将其付诸实践的人区分开来，这些人并不善良。他紧接着说，人们应该牢记犹太人与布尔什维克之间的联系，以及英国对犹太人长达数百年的敌意——他们不亲近犹太人是很自然的。驻巴勒斯坦的第三位首席行政官阿瑟·威格拉姆·莫尼（Arthur Wigram Money）将军在日记中也发表了不少反犹主义言论。[24] 这些言论在他发出的电报中同样有所体现。[25] *

不过，大多数英国官员并没有使用反犹主义的表达方式。康格里夫断言，他们的个人观点并没有影响到政府的政策制定。在他看来，每个官员都是按照政府的犹太复国主义政策行事的。他们并不反对犹太复国主义，而是严格公平地对待所有信仰和所有利益团体。他认为，正是因为这个原因，犹太复国主义者才不喜欢他们。这些复国主义者希望得到优待。[27]

仅就当时的情况而言，犹太复国主义者对某些容易引起争议的要求还是持保留态度的。奥斯曼帝国禁止出售土地的规定仍然有效，犹太复国主义委员会并没有要求立即废除这一规定。此时的犹太复国主义运动并没有资金购买大量土地，禁令实际上阻止了投机者抬高土地价格。[28] 犹太复国主义运动也没有要求政府向任何想来的犹太人开放移民，但此前遭到土耳其人驱逐的数千人则被允许返回故土。只要犹太复国主义者还没有做好大规模吸纳犹太人的准备，限制犹太人入境就符合他们的利益。这使他们与英国人的关系变得更为融洽。

---

* 犹太法学家霍勒斯·塞缪尔（Horace Samuel）提醒我们，英国军官和官员在谈到犹太人时所使用的贬义词汇并无实际意义。"不论是该死的（damned）犹太人，还是他妈的（bloody）犹太人——我觉得纠结于这些用语实际上都是在小题大做，它们实际上早已变成了某类军官日常用语中的连词。"事实上，他们也用同样粗鲁的词汇来指称阿拉伯人。道格拉斯·达夫警官曾写道："我们几乎不把这些人当人看。"[26]

　　还是那句话，犹太复国主义者并没有得到他们想要的一切。英国人不允许他们发行自己的货币，也剥夺了犹太复国主义委员会控制外部资金流入的专属权，这一权力本可以让他们阻止外部捐助流入极端正统派犹太人之手。魏茨曼想从军队手中购买奥古斯塔·维多利亚城堡，其目的是把它改造成希伯来大学的图书馆，但遭到了军方的拒绝。他还提议建设连通雅法到耶路撒冷的铁路线，但这一请求也未获批准。同样遭到拒绝的还有一长串其他的请求。[29]魏茨曼不止一次地抗议军政府所做出的决定，但抛开这一切不谈，犹太复国主义委员会仍认为它与军政府之间的关系只能用"最友好一词来形容"。委员会写道，军政府的官员们表现出了"公平的精神"和"同情的理解"，并尽其所能提供帮助。[30]反过来，犹太复国主义委员会也向英军提供了情报和形势评估报告，甚至承担了相关的费用。[31]这种合作关系使任何关于军政府反对犹太复国主义利益的说法都显得相形见绌。相反，双方共同的情报工作是不利于阿拉伯人的民族利益的。

　　犹太复国主义委员会与军方冲突的主要根源既不是政治分歧，也不是因为一些军官的反犹（或反犹太复国主义）立场，而是一个关于自尊的问题。康格里夫将军写道："以其目前的形式存在的犹太复国主义委员会，是对英国行政当局的一种长期侮辱。"他指出，该委员会的官僚机构与军政府的结构完全一致。[32]爱德华·基思-罗奇观察到，"他们穿着卡其色的衣服，系着萨姆·布朗（Sam Browne）的腰带……提出了许多问题"。用他的话说，"他们常常是激情多于技巧和谨慎"。他抱怨说，复国主义委员会的政策"侵略性太强了"。犹太复国主义者以平等的身份与英国军官交谈，就像魏茨曼与伦敦的政治家交谈时那样。但英国军官并不习惯平视本地人。基思-罗奇发现在他的士兵中存在一种倾向，即他们更喜欢阿拉伯人，而不是"来自东欧的大批犹太人"。詹姆斯·波洛克在给他父亲的信中表示："犹太人是世界上最不宽容和最傲慢的民族。"[33]*

---

* 然而，戴维·埃德却为众人所钦佩。"他的奇怪之处就在于，"温德姆·迪兹说，"他是一个如此地道的英国人，同时又是一个如此地道的犹太人。在他与英国行政当局的交往过程中，他是以一名英国人的身份代表犹太人与当局对峙的；另一方面，他的犹太人身份属性又使他所提出的论点有一种不容争辩的力量，这是任何英国人都无法做到的。"在这一点上，埃德和哈伊姆·魏茨曼有些类似。尽管如此，魏茨曼却坚持认为，犹太复国主义委员会中的其他成员都不懂得如何同时理解英国人和犹太人。在他看来，这种特点只有他才具备。[34]

犹太复国主义委员会非常重视英国官员的言论。詹姆斯·波洛克在给他父亲的信中写道："又发生了一起有趣的事件，尽管这一事件的性质相当严重。犹太复国主义者已经认定我反犹，我相信他们正试图让我迅速离开。"[35]波洛克解释说，犹太人之所以想除掉他，仅仅是因为他平等地对待犹太人和阿拉伯人。"我只想问——我的这种做法到底哪里有问题？"[36]这一问题的答案很简单：犹太复国主义委员会对公平不感兴趣，正如康格里夫所指出的那样——谁不支持犹太复国主义，谁就反犹。波洛克并没有弄错：犹太复国主义运动的确不时会迫使对其有敌意的军官被调离该国。

"不能让加布里埃尔上校回到巴勒斯坦。"魏茨曼在犹太复国主义委员会的一次会议上裁定。埃德蒙·维维安·加布里埃尔（Edmund Vivian Gabriel）负责军政预算，而犹太复国主义者认为他是敌人。魏茨曼指控他支持天主教教会和阿拉伯人的利益。魏茨曼派赫伯特·塞缪尔与温斯顿·丘吉尔商议此事，并亲自找到了贝尔福。[37]外交大臣寇仁勋爵对此非常生气。"这是在纵容犹太人恣意妄为……允许魏茨曼博士批评国王陛下政府雇用的'人选'，这是不能容忍的，"寇仁写道。[38]

魏茨曼确实表现得很无礼，仿佛雇用加布里埃尔的是犹太复国主义委员会，而不是大英帝国。他不仅成功地赶走了他不喜欢的人，而且还给他所中意的人选安排好了岗位。这其中就包括理查德·迈纳茨哈根（Richard Meinertzhagen）。他既是一个伟大的反犹主义者，同时又是一个伟大的犹太复国主义者。"我心中满是反犹主义情感，"迈纳茨哈根在日记中写道。"这的确是一个被诅咒的日子，它让犹太人而不是基督徒来向全世界介绍犹太复国主义原则，还让犹太人的大脑和金钱来践行这一理想。除了英国的少数热心人士之外，基督徒几乎没有为之做出贡献。"理查德·迈纳茨哈根对魏茨曼的喜爱已然到了这样一种程度，以至于他很难调和自己对魏茨曼的钦佩之情和对犹太人的鄙视。当吉尔伯特·克莱顿离开首席政治官的职位后，理查德·迈纳茨哈根被任命为其继任者，魏茨曼在这一人事任命过程中起到了重要作用。[39]

巴勒斯坦第五任行政长官路易斯·约翰·博尔斯（Louis John Bols）将犹太复国主义委员会描述为政府中的政府——犹太人服从他们自己的人民，而不是我的人民，他写道。[40]1919年12月，在到达该国一个月后，他说话的口气就像是一个刚收到新玩具的孩子——内心满腔热火，并且充满了对成功的渴望。在给艾伦比的信中，他认为犹太复国主义运动能取得成功。魏茨曼的活动有助于缓解紧张局势。在博尔斯到达巴勒斯坦的头几个星期里，他确信没什么能阻止大批犹太人来这个国家定居。在他看来，尽管阿拉伯人在进行反方向的政治宣传，但只要犹太人悄悄地、不事张扬地展开活动，移民活动就不会有问题。他希望赫伯特·塞缪尔能来协助他。他需要一个"金融大佬"的帮助。

如果能得到 1 000 万或 2 000 万英镑的贷款，用于国家的发展，他就有可能把居民人数从 90 万增加到 250 万。这个国家有足够的空间，仅仅是约旦河谷就可以安置 100 万人，"我觉得我能好好开发这个国家并让它产生回报，"他写道。他向艾伦比承诺，十年内，巴勒斯坦将成为一片流淌着奶与蜜的土地，再也没有反犹太复国主义的骚动。[41]

然而，五个月过后，博尔斯却要求解散犹太复国主义委员会。他并没有成为犹太复国主义的敌人，他只是一个英国将军，并不比任何人聪明。那些本应服从于他的人却不断向他发出命令，他已厌倦了这一切。他这么做不是出于政治方面的考量，而是因为愤慨。在他的书面要求中，他引用了从复国主义委员会那里收到的几封信。这些信几乎没有表现出任何顺从的意思，事实上，它们非常无礼。

在其中的一封信中，犹太复国主义委员会抗议说，警察部队在没有经过委员会审查候选人的情况下就征召了犹太人。委员会秘书写道："只有通过这种方法，犹太复国主义委员会才能进行间接的控制，并以某种方式对犹太警察的效率负责。"这句话仿佛可以这样理解，即复国主义委员会要为巴勒斯坦的每一个犹太人负责，包括在警察部队中服役的犹太人。英国当局同意在没有委员会推荐的情况下不接受犹太候选人，但博尔斯感觉到犹太复国主义者正试图把自己的人强加给警察部队。[42]

警察系统是犹太复国主义的一个重要目标。该国的警察中很少有犹太人，大多数是阿拉伯人，他们通常十分残暴，也十分腐败。而据芒尼将军观察，耶路撒冷的警察又被认为是"巴勒斯坦最腐败的"机构。但要找到愿意当警察的犹太人却并不容易。作为一种激励，复国主义委员会会补贴他们的工资。博尔斯反对这样做，他认为这是一种贿赂。"你必须同意，从原则上来讲，乔治国王的仆人由外部机构来支付其工资，这么做是不妥当的，"他对埃德说道。"的确如此，"埃德回答说，"但乔治国王向其仆人支付的工资得要足够体面才行。"直到最后，这支部队始终是英国当局最薄弱的环节，其中的部分原因便在于，政府支付给警察的工资太低了。[43]

博尔斯还抱怨说，那些把自家孩子送去英国学校学习的犹太家长竟然受到了犹太团体内部的威胁。他引用了希伯来报刊上有关这方面的文章。《每日邮报》（*Do'ar Ha-Yom*）呼吁抵制所有将孩子送到外国学校上学的犹太人，并将这些人描述为叛国者，甚至威胁要刊登他们的名字。该报编辑伊塔马尔·本-阿维（Itamar Ben-Avi）是语言学家埃利泽·本-耶胡达的儿子，他攻击了一系列公众人物，因为他们没有将自己的名字转换成希伯来语。在这些受攻击的人中，其中包括诗人哈伊姆·纳赫曼·比亚利克、肖尔·切尔尼科夫斯基（Shaul Tchernikovsky），以及犹太复国主义领袖梅纳赫姆·乌西什金（Menachem Ussishkin）和梅厄·迪岑戈夫。博尔斯将这些文章归咎于犹太复国主义委员会，他声称该委员会是一个暴虐的布尔什维克组织。[44]

3

与此同时，巴勒斯坦正见证着民族意识的觉醒，这是摆脱压迫之后的必然结果。土耳其人刚一离开，当地小规模的犹太社群便开始涌现出各种各样的组织、理事会、协会和学会、文化和体育俱乐部、消费者俱乐部、工会、民族委员会和政党。所有这些组织都召开了大会，组织了选举，而且它们都争相表现出比其他组织更为强烈的爱国主义热情。衡量民族忠诚度的其中一个标准便是评估各组织对英国政府的怀疑和敌意的程度。对不公正的做法表示不满和抗议就是爱国。[45]

1919 年夏末，一群耶路撒冷的中学生前往黑门山（Mount Hermon）旅行，带队老师是一位著名的教育家，他的名字叫哈伊姆·艾利耶·祖塔（Chaim

Arieh Zuta）。当学生们到达山上时，他们在一张纸上写下了自己的名字，把它放到瓶子里，然后把瓶子埋了起来。他们就地插上国旗，然后回到了山谷中一处名叫梅图拉（Metulla）的农庄。看到国旗的阿拉伯人报了警，警察把国旗取了下来，然后把瓶子也拿走了。大马士革的报纸将此事件解读为犹太人企图占领整个国家的证据。祖塔事后解释说，插旗只是为了表明犹太人曾到过那里，但他后来又改变了说法，可能是因为收到了犹太复国主义委员会的指示。他声称，这面旗子只是为了标明学生的位置，没有任何政治意图。梅图拉农场的一位干事表示，那只是一块破布，是为了显示远足者安全到达的标志。

事件发生几天后，当局禁止各方展示国旗；在此之前，当局还颁布过另一项禁令，即不允许播放除《上帝保佑国王》之外的国歌。该法令引起了戴维·埃德和斯托尔斯的助手波帕姆（Popham）上校之间的详细通信，其中包括对犹太复国主义运动歌曲《哈提克瓦》（Hatikva）之含义的辩论。为此，这首歌的歌词还被专门翻译成了英文，这么做的目的是为了证明歌词中并不包含反阿拉伯元素。[46]

巴勒斯坦的犹太社群要求复国主义委员会在国旗问题上捍卫民族荣誉。但委员会对此却并不热心："对我和犹太复国主义委员会的大多数人来说，这种事情似乎完全是无谓之争，"莫迪凯·本-希勒尔·哈科亨评论说。一些委员认为，争夺国家象征的斗争是极端沙文主义的表现。尽管如此，委员会却又担心会失去对公众的影响力，于是便围绕上述旗帜事件做起了文章，但最终无功而返。[47]

委员会收到了愤怒的犹太定居者的无数投诉，但有两个主题占据了上风：希伯来语和犹太军团。某些著名的耶路撒冷犹太复国主义者在给委员会的信中写道："希伯来语的权利是希伯来民族在我们土地上权利的象征。"[48] 这群人中的主要推手是贾博廷斯基。在英国征服后的几天内，一群犹太积极分子组成了一个临时议会，他们自封为犹太领导层，并在英国当局面前代表巴勒斯坦的犹太人团体。临时议会当时作出了一项决议：犹太人获得选举权和被选举权的条件是懂希伯来语。[49]

在犹太复国主义委员会收到的第一批请愿中，其中有一份书籍清单，上面列满了雅法的犹太复国主义者希望被翻译成希伯来语的外文书籍，包括屠格涅夫的《父与子》、斯威夫特的《格列佛游记》和埃迪蒙托·德·亚米契斯

（Edmondo De Amicis）的《爱的教育》。[50] * 在某次公开会议上，为了更精确地表达自己的思想，哈伊姆·魏茨曼想用德语或意第绪语来发言。摩西·谢托克（Moshe Shertok）后来回忆说，每当魏茨曼想要营造出一种同志气氛的时候，他就会改用上述其中一种语言。与会者为此展开了讨论，但拒绝了他的请求，并强迫他用希伯来语发言。戴维·本-古里安经常攻击犹太复国主义委员会成员的外国属性。他抱怨说，人们在这个国家走来走去，但却不懂它的语言。委员会的大部分成员都不懂希伯来语，成员们通常用英语开会。但也有例外，梅纳赫姆·乌西什金是争取希伯来语地位的主要斗士，他来自俄罗斯，不懂英语，而且并非所有委员都懂意第绪语。当乌西什金参加会议时，每个人都使用他们唯一共同的语言——德语。[52] †

犹太军团也引起了类似的热烈反响。指挥官约翰·亨利·帕特森（John Henry Patterson）是一位来自爱尔兰的工程师，是世界上著名的猎狮人。在他那本关于他在东非察沃河（Tsavo River）一带探险的畅销书中，他描述了营地中所出现的一个问题。他说，每天晚上都会有一头狮子闯入他的营地，并吃掉一个受雇于建造桥梁的斯瓦希里工人。帕特森杀了一头又一头狮子，一共杀了八头。他也是伴随着《圣经》长大的。"当我还是个孩子的时候，"他后来写道，"我急切地阅读着有关约书亚（Joshua）、约押（Joab）、基甸（Gideon）和犹大·马卡比（Judas Maccabaeus）等犹太军事将领的光荣事迹，我做梦都没有想到，有一天自己竟也能在某种程度上成为一群以色列子民的首领。"他认为犹大·马卡比在他的营中会有家的感觉。"他将听到四面八方都在说希伯来语，看到犹大子民中的一小群人正在钻研他曾对手下发出过的同样的号令。依循这些号令，那些英勇的士兵们曾在他的旗帜下……如此高尚地战斗过。"[54]

---

* 贾博廷斯基编写了一本包含一百个词的希伯来语-英语词典，供英国士兵使用。"不管你对犹太复国主义有什么看法，"他在序言中写道，"有一件事是每一个文明人，不管是外邦人还是犹太人，都应该支持的：那就是让作为口语的希伯来得到复兴。"贾博廷斯基希望教给英国士兵的第一个词是"shalom"（其意义为"你好"和"和平"）。——译者注[51]

† 西奥多·赫茨尔不懂希伯来语，他也不认为希伯来语能够成为日常交流的语言。他在《犹太国家》一书中写道："我们中有谁熟悉希伯来语，能够用这种语言买到火车票？"他认为犹太国家将实行瑞士式的语言联邦制——"每个人都将坚持自己的语言，这将是他思想上亲爱的故乡。"[53] 德语一般是犹太复国主义大会上所使用的语言。

帕特森曾希望得到一支规模更大的部队。他抱怨说，他得不到足够的补给，其部下被排除在征服加利利的任务之外，而且他们在医院里也没有得到合适的治疗。贾博廷斯基在给魏茨曼、埃德和艾伦比的一系列信件中详细描述了帕特森的不满。他还提出了这样一种论调，即艾伦比想要隐藏犹太人在征服巴勒斯坦过程中所起到的作用。但这种说法是站不住脚的。事实上，艾伦比赞扬了犹太军团，他的话传遍了全国各地。[55]

当英军征服巴勒斯坦之后，犹太军团里的许多士兵都想回家，其中的一些人想一直留在巴勒斯坦，不被征调出国。魏茨曼则希望扩大军团的规模，将他们编入剩余的英国军队中。一些军团士兵驻扎在海法，但随后便被撤走了。原因是犹太士兵与该市的阿拉伯青年之间发生了一系列的冲突，这引起了当地阿拉伯领导人的抱怨。[56]贾博廷斯基认为这是一次流放。此后不久，英国人决定将军团的一些人转移到埃及，于是军团中爆发了兵变。

当戴维·埃德得知军团叛乱的消息后，他迅速赶到南方，在士兵和他们的指挥官之间进行调解。他试图说服叛军，并与开罗的军队指挥官也进行了交谈。他后来写道："尽管外表表现得很平静，但我的内心却在颤抖。"他成功地解决了问题：士兵们同意去埃及，英国人也同意于几天后再把他们拉回来。埃德回到了特拉维夫，他指出，那 48 个小时的外交工作是他在该国工作的所有年头中最艰难的一次经历。[57]

针对犹太军团的遭遇，贾博廷斯基想要向乔治国王提出抗议，并要求埃德也加入他的行列。[58]埃德表示，叛军的动机并不是出于对巴勒斯坦的爱国忠诚。士兵们叛变的原因有两个，首先是某个营的士兵们没有分到盐，其次是另一个营中的一名犹太士兵因为没有看管好自己的驴而受到了严厉惩罚，大伙都为此而感到愤怒。戴维·本-古里安声称埃德说出了"可怕且耸人听闻的事情"，并威胁要起诉。埃德则冷冷地回绝了他。*

埃德还拒绝承诺让退伍的军团士兵在巴勒斯坦获得就业机会。然而，如果没有这样的承诺，军事当局就不会同意让这些士兵留在巴勒斯坦。本-古里

---

* 本-古里安的传记作者沙卜泰·特维思（Shabtai Teveth）写道："埃德本就对本-古里安有看法，他认为后者只不过是一个招摇过市、喜欢小打小闹的派系打手，一个热衷于通过具有轰动效应的诉讼来显摆并露脸的浮躁的年轻人，一个会被怂恿采取接近不负责任的行动的野心家。如果这件事加深了埃德对他的看法，那就怪不得埃德了。其他人也开始对本-古里安有了类似的印象。"[59]

安要求埃德出具虚假承诺。从小遵纪守法的埃德简直不敢相信自己的耳朵。本-古里安从小就认为政府——不管是哪个政府——天生敌视犹太人，因此，误导政府也就是天经地义的了。这是两种文化之间的对抗，同时也是以色列本土犹太人和所谓"流散地犹太人"（the Exile）之间的对抗——巴勒斯坦本土犹太领导人对于如何处事有自己的想法，他们将犹太复国主义委员会视为舶来品。这种冲突会随着时间的推移而加深。

数年后，戴维·本-古里安问哈伊姆·魏茨曼，为什么他仅仅是接受了在巴勒斯坦建立民族家园的承诺，而不坚持要建国。魏茨曼回答说，他之所以没要求建国，是因为这一要求难以实现。他说："这是一个战术问题。"[60] 本-古里安是一个没有责任感的年轻政治家，而魏茨曼则认为自己是一个塑造人民未来的政治家。他相信谨慎、循序渐进的行动，相信分阶段的理论。

作为犹太政治中的一只老狐狸，魏茨曼倾向于将巴勒斯坦的公共生活视为侏儒们的乡村舞蹈。地方领导层要求参与犹太复国主义委员会的决策过程，但他拒绝了他们的要求。他的做法十分傲慢，甚至带有殖民主义色彩。魏茨曼来自伦敦，并声称代表整个犹太民族。国族建构的过程是按照既定的优先事项和"国族"设定的速度进行的，"国族"是巴勒斯坦重建资金的提供者。或者说，犹太复国主义运动就是他哈伊姆·魏茨曼本人。"我们要求你们遵守纪律！"魏茨曼曾对本土的犹太复国主义者们这样说道。

在伦敦，魏茨曼向他的人民汇报了犹太复国主义委员会与巴勒斯坦当局的关系。在汇报过程中，他指责巴勒斯坦本土的犹太人做事没有策略。他认为他们对当局提出的一些要求十分偏激，构成了不必要的挑衅。在他看来，巴勒斯坦的犹太社群"太把自己当回事了"。

注　释

1. Chaim Weizmann, *Trial and Error* (London: Hamish Hamilton, 1949), p. 275.
2. Weizmann to his wife, 6 Apr., 19 May, and 20 May, 1918, in *The Letters and Papers of Chaim Weizmann*, ed. Dvora Barzilay and Barnett Litvinoff (New Brunswick, NJ, and Jerusalem: Transaction Books, Rutgers University, and Israel Universities Press, 1977), vol. VIII, pp. 118ff., 187ff.
   Weizmann, *Trial and Error*, p. 289.
3. Weizmann, *Trial and Error*, p. 322.
   Weizmann to his wife, 6 Apr. 1918, in Barzilay and Litvinoff, *The Letters and Papers of*

Chaim Weizmann, vol. VIII, p. 118.

4. Weizmann to his wife, 26 May 1918, in Barzilay and Litvinoff, *The Letters and Papers of Chaim Weizmann*, vol. VIII, p. 196.

   Report on the Work of the Zionist Commission to Palestine (undated), CZA L3/657, p. 35.

   Eder to Sokolow, 27 Nov. 1918, CZA Z4/538. See also: "Allenby in Rishon l'Zion," *Palestine News*, 11 April 1918, p. 7.

5. Allenby to Rosov, 16 June 1919, CZA L3/427.

   Weizmann to Samuel, 22–23 Nov. 1919, in *The Letters and Papers of Chaim Weizmann*, ed. Jehuda Reinharz (New Brunswick, NJ, and Jerusalem: Transaction Books, Rutgers University, and Israel Universities Press, 1977), vol. IX, p. 255.

   Memorandum to Clayton, 31 Dec. 1918, PRO FO 371 4170/105.

   Officers to their superiors, 12, 16 Aug. 1919, CZA Z4/16044.

6. Ballobar diary, 18–29 July 1918. With the kind permission of his daughter.

   Report on the Work of the Zionist Commission to Palestine (n.d.), p. 51, CZA L3/657.

   Norman Bentwich, "The Legal System of Palestine Under the Mandate," *Middle East Journal*, Jan. 1948, p. 33ff.

   Gad Frumkin, *The Way of a Judge in Jerusalem* (in Hebrew) (Tel Aviv: Dvir, 1954), p. 210ff.

7. Mordechai Ben-Hillel Hacohen, *The Wars of the Nations* (in Hebrew) (Jerusalem: Yad Ben-Zvi, 1985), vol. II, p. 763.

   CZA L4/25; L3/5.

   W. F. Stirling, *Safety Last* (London: Hollis and Carter, 1953), pp. 112, 228.

   Ronald Storrs, *Orientations* (London: Ivor Nicholson and Watson, 1939), pp. 354, 358, 382.

8. The Jewish Legion to the Jewish Agency, 14 June 1931, CZA S 25/6733.

   Stirling, *Safety Last*, p. 115ff.

   Lt. Col. A. C. Parker to Jacob Thon, 29 Dec. 1917, CZA L2/183 II.

9. Eder to Muni, 22 June 1918, CZA L3/9V-VA. See also: *Report on the Work of the Zionist Commission to Palestine* (undated), CZA L3/657, p. 50. Ussishkin in the Zionist Commission, 4 Dec. 1919, CZA L4/297.

10. Fast Hotel, CZA L3/300; L3/286.

    Storrs to Allenby, 25 Feb. 1920, ISA P/649/16.

11. Weizmann to Sir Louis Mallet, 18 June 1919, ISA M/1/37.

    Vriesland to Zionist Organization, 7 Mar. 1921, CZA Z4/13631.

    Report on the Work of the Zionist Commission to Palestine (undated), CZA L3/657, pp. 36ff., 59.

12. *Report on the Work of the Zionist Commission to Palestine* (undated), CZA L3/657. CZA L3/9/VA. See also: CZA L4/966.

    CZA L4/297.

    Eder, Bianchini, and Jabotinsky with Deedes, 18 Nov. 1918, CZA L4/294.

    Eder to Sokolow, 18 Feb. 1919, CZA L4/966.

13. Stirling, *Safety Last*, p. 118.

    Kisch diary, 25 Mar. 1925, CZA S 25/564. See also: F. H. Kisch, *Palestine Diary* (London: Victor Gollancz, 1938), p. 44.

    Bernard Wasserstein, *Wyndham Deedes in Palestine* (London: Anglo-Israel Association, 1973), p. 5.

14. Edwin Samuel to his father, 25 Dec. 1917, ISA P/653/75.

    Edwin Samuel to his father, undated, ISA P/653/76.

15. Clayton to Ormsby-Gore, 20 Apr. 1918, CZA L3/285.

    Clayton to Rosov, 16 June 1919, CZA L4/947.

    Hacohen, *The Wars of the Nations*, vol. II, p. 918.

    Chaim Weizmann, *Trial and Error*, p. 276. See also: Bernard Wasserstein, *The British in Palestine* (Oxford: Basil Blackwell, 1991), p. 49.

Weizmann to his wife, 24 Mar. 1918, in Barzilay and Litvinoff, *The Letters and Papers of Chaim Weizmann*, vol. VIII, p. 148.

Minutes of the Zionist Commission, 30 Oct. 1918, CZA L4/294.

Weizmann to Clayton, 5, 27 Nov. 1918, in Reinharz, ed., *The Letters and Papers of Chaim Weizmann*, vol. IX, pp. 9ff., 40ff.

Weizmann to Clayton, 7 July 1919, CZA L3/310.

Jabotinsky to Weizmann, 12 Nov. 1920, CZA Z4/16135.

Kisch diary, 12 Sept. 1929, CZA S25/838.

Arthur Ruppin, *Chapters of My Life in the Building of the Land and the Nation, 1920–1942* (in Hebrew) (Tel Aviv: Am Oved, 1968), p. 176.

16. Ronald Storrs, *Orientations* (London: Ivor Nicholson and Watson, 1939), p. 441ff.

17. Storrs report, 4 Nov. 1918, ISA M/4/1401.

18. Storrs, *Orientations*, p. 352.

19. Weizmann to Ormsby-Gore, 16 Apr. 1918, in Barzilay and Litvinoff, *The Letters and Papers of Chaim Weizmann*, vol. VIII, p. 128ff. See also: Storrs, *Orientations*, p. 374.

20. Congreve report (undated), IWM, HHW 2/52A/21.

Weizmann at the Zionist Commission, 21 Oct. 1919, CZA L4/297.

Congreve to the War Office, 21, 28 Apr. 1920, ISA government secretariat M/1/38.

21. Congreve to Wilson, 18 May 1920, IWM HHW 2/52B/17.

22. *Notes on Palestine and Syria*, IWM HHW 2/52A/21.

23. Minutes of the Zionist Commission, 13 Apr. 1918, CZA L3/285.

Report on the Present Political and Economic Attitude of the British Administration in Palestine, 30 Apr. 1919.

Report on the Work of the Zionist Commission to Palestine (undated), CZA L3/657.

Weizmann, *Trial and Error*, p. 273.

Wasserstein, *The British in Palestine*, p. 67.

24. Wasserstein, *The British in Palestine*, p. 19ff. See also: Money to Ormsby-Gore, 16 June 1918, CZA L3/285.

Hacohen, *The Wars of the Nations*, vol. II, p. 912.

Weizmann to Money, 26 Jan. 1919, in Reinharz, ed., *The Letters and Papers of Chaim Weizmann*, vol. IX, p. 104ff.

25. Money memorandum (1919), ISA M/10/239.

26. Horace B. Samuel, *Unholy Memories of the Holy Land* (London: Hogarth Press, 1930), p. 60.

Douglas V. Duff, *Bailing with a Teaspoon* (London: John Long, 1953), pp. 36, 46.

27. Congreve to Wilson, undated, IWM HHW 2/52A/16.

28. *Report on the Work of the Zionist Commission to Palestine* (undated), CZA L3/657.

29. *Report on the Work of the Zionist Commission to Palestine* (undated), CZA L3/657.

Meeting of the commissioners, 5 Dec. 1918, CZA L3/285.

Weizmann to Sir Louis Mallet, 18 June 1919; Mallet to Weizmann, 7 June 1919, ISA, Government Secretariat, M 1/37.

30. *Report on the Work of the Zionist Commission to Palestine* (undated), CZA L3/657.

31. Zionist Commission to the Zionist Organization, 11 Aug. 1920, CZA L3/353.

32. *Notes on Palestine and Syria*, IWM HHW 2/52A/21.

Organization of the Zionist Commission (undated), CZA L3/285.

Chief Administrator to G.H.Q., 21 Apr. 1920, ISA Government Secretariat, 1/38/M.

33. Edward Keith-Roach, *Pasha of Jerusalem* (London: Radcliffe Press, 1994), pp. 70, 81.

Pollock to his father, 15 May 1920, PRONI D/1581/5.

34. J. B. Hobman, ed., *David Eder: Memories of a Modern Pioneer* (London: Victor Gollancz, 1945), p. 197.

Chaim Weizmann, 8 July 1920, Weizmann Archives.

35. Pollock to his father, 21 Dec. 1919, PRONI D 1581/5. See also: *Report of the Present Politi-*

cal and Economic Attitude of the British Administration in Palestine, 30 Apr. 1919, CZA L4/977.

36. Pollock to his father, 21 Dec. 1919, PRONI D/1581/5.
37. Richard R. Meinertzhagen, *Army Diary, 1889–1926* (Edinburgh: Olivier and Boyd, 1960), p. 67.
    Weizmann to Balfour, 23 July 1919, in Reinharz, ed., *The Letters and Papers of Chaim Weizmann*, vol. IX, p. 188. See also: Weizmann to Sokolow, 11 July 1919, in Reinharz, ed., *The Letters and Papers of Chaim Weizmann*, vol. IX, p. 175.
    Weizmann to the Zionist Commission, 21 Oct. 1919, CZA L4/297.
    Weizmann to the Zionist Bureau, 7 Nov. 1919, in Reinharz, ed., *The Letters and Papers of Chaim Weizmann*, vol. IX, p. 235ff.
38. Weizmann in the Zionist Commission, 4 Dec. 1919, CZA L4/297.
    Weizmann in the Zionist Commission, 21 Oct. 1919, CZA L4/297. See also; Kenneth W. Stein, *The Land Question in Palestine, 1917–1939* (Chapel Hill: University of North Carolina Press, 1984), p. 42.
    The Political Committee of the Zionist Commission, 6 Nov. 1919, CZA L3/310.
    Weizmann to Julius Simon, 22 July 1919, in Reinharz, ed., *The Letters and Papers of Chaim Weizmann*, vol. IX, p. 185.
39. Curzon to Balfour, 2 Aug. 1919, PRO FO 371/4233.
40. Congreve to the War Office, 21 and 28 Apr. 1920, ISA, Government Secretariat, M/1/38.
41. Bols to Allenby, 21 Dec. 1919, ISA P/650/102.
42. Bols report, 21 Apr. 1920, ISA, Government Secretariat, M/1/38.
43. Money to Eder, 26 June 1919, CZA L4/947.
    Report on the Work of the Zionist Commission to Palestine (undated), CZA L3/657, p. 38.
    Eder to Bols, 28 Jan. 1920, CZA L3/292.
    Tom Bowden, "Policing Palestine 1920–1936: Some Problems of Public Security Under the Mandate," in *Police Forces in History*, ed. George L. Mosse (London: Sage Publications, 1975), p. 115ff.
44. A. Almaliah, "Malignant Leprosy" (in Hebrew), *Do'ar HaYom*, 13 Nov. 1919, p. 1.
    Itamar Ben-Avi, *Dreams and Wars* (in Hebrew) (Public Committee for the Publication of the Writings of Itamar Ben-Avi, 1978), p. 36ff.
    Wasserstein, *The British in Palestine*, p. 58ff.
45. Proceedings of the Palestinian Council, 18 to 22 Jan. 1919, CZA J1/8766 I.
    Galilee settlers to the Zionist Commission, 5 June 1919, CZA L3/70.
46. Intelligence report, 1 Sept. 1919, CZA L4/761. See also: Minutes of the Zionist Commission, 20 Sept. 1919, CZA L4/297; CZA L3/9I.
47. Hacohen, *The Wars of the Nations*, vol. II, p. 979.
48. Center of the Zionist Organizations in Jerusalem to the members of the Zionist Commission from London (undated), CZA L4/966.
    Jabotinsky to Weizmann, 12 Nov. 1918, CZA Z4/16135.
49. Knesset Israel, National Council, *Book of Documents* (in Hebrew) (Jerusalem: n.p., 1949), p. 3.
50. List of books for translation, etc., CZA L3/411.
51. Jabotinsky dictionary, undated, CZA L4/697. See also: *Palestine News* (first year), no. 44 (2 Jan. 1919), p. 11.
52. Weizmann in the temporary commission, 22 Oct. 1919, CZA J1/8782. See also: Moshe Sharett, *Political Diary* (in Hebrew) (Tel Aviv: Am Oved, 1974), vol. IV, p. 157.
    Ben-Gurion in the assembly of the temporary commission in Jaffa, *Hadashot Ha-Aretz*, 21 Sept. 1919, p. 2. See also: David Ben-Gurion, *Memoirs* (Tel Aviv: Am Oved, 1971), vol. I, p. 198.
    Ussishkin versus the American members of the Zionist Commission, CZA L3/655.
53. Theodor Herzl, *The Jewish State* (in Hebrew) (Tel Aviv: Yediot Aharonot, 1978), p. 62.
54. J. H. Patterson, *The Man-Eaters of Tsavo* (London: Macmillan, 1914).

J. H. Patterson, *With the Zionists in Gallipoli* (London: Hutchinson, 1916), p. 35ff.

55. Shmuel Katz, *Jabo* (in Hebrew) (Tel Aviv: Dvir, 1993), vol. I, p. 262ff. See also: *Hadashot Mi-Ha-Aretz*, 6 Dec. 1918, p. 3.

56. Report on the Zionist Commission to Palestine (undated), CZA L3/657, p. 60.
    Jacob Thon to General Allenby (undated), Knesset Israel, National Council, *Book of Documents* (publisher not noted), 1949, p. 9.

57. Hobman, *David Eder*, p. 156.
    Yigal Ilam, *The Jewish Legion in the First World War* (in Hebrew) (Ma'arahot, 1984), p. 290ff.

58. Shabtai Teveth, *The Burning Ground* (Tel Aviv: Schocken, 1997), vol. II, p. 22ff.

59. Tevet, *The Burning Ground*, vol. II, p. 26.

60. Minutes of the eighth assembly of the temporary commission, 22–23 Oct. 1919, CZA J1/8782.

第5章　在穆罕默德与科亨先生之间

1

1919年1月23日这一天，哈利勒·萨卡基尼庆祝了自己的生日。他写道："在41年前的今天，我出生了，名字叫哈利勒，是以我哥哥的名字命名的，他在童年时就去世了。我最早的童年记忆是，我们住在老城的房子里。我的头发是红色的，就像今天萨里和苏丹娜头发的颜色一样。我的头发很飘逸，所以他们有时会像给女孩编辫子一样给我编辫子。我很胖，又因为长得矮，所以看起来就像个圆球。"[1]

和阿尔特·莱文一样，萨卡基尼也为自己的身份而感到苦恼。"我既不是基督徒，也不是佛教徒，"他写道，"既不是穆斯林，也不是犹太人。这就好比我不是阿拉伯人或英国人，也不是法国人、德国人或土耳其人。我只是人类中的一员。"他的名片上印有"哈利勒·萨卡基尼——人类，若神允许"的字样。

尽管如此，萨卡基尼有时更倾向于优先把自己定义为一个阿拉伯人，他认为他有责任为这个"悲惨的民族"的重生而努力。阿拉伯人的利益"就是成为一个单一的民族，接受单一文化和单一的教育，并寄予单一的希望，"他写道。在他看来，对于一个真正的爱国者来说，这不是一个不可能完成的任务。"我们拥有一片土地，有自己的语言，共享同一种文化，"他解释说。"独立！独立！"他在日记中写道。他是推动巴勒斯坦阿拉伯民族意识的奠基人之一，也是"穆斯林—基督教联合文学俱乐部"（阿拉伯民族运动的核心组织）的首批活动家之一。

从大马士革回来后，萨卡基尼以教授阿拉伯语为生。一天晚上，他在讲课回来的路上碰到了一个熟识的年轻人——阿明·侯赛尼。他们谈到了巴勒斯坦的整体局势。"我讨厌政治，"侯赛尼表示，"但我现在别无选择，只能参与其中。"萨卡基尼回答说："如果政治意味着为国家的自由而奋斗，那我们都必须成为政治家。"

这次会面发生时，阿明·侯赛尼才20多岁。战前，他曾在开罗留过学，以便继承父亲的职位——耶路撒冷穆夫提。他曾与母亲一起去麦加朝觐，这使他有权在自己的名字前面加上"哈吉"的称号。当战争爆发时，他应征参加了土耳其军队。1917年，他回到了耶路撒冷，随后因病退伍。但显然他恢复的速度很快，因为英国人一到达该城，他就帮助招募了两千多名志愿者为他们提供服务。这意味着一个虔诚的穆斯林在协助基督教军队对抗敌对的穆斯林。尽管哈利勒·萨卡基尼是基督徒，但他对侯赛尼这种人嗤之以鼻，并谴责他们的虚伪。他在日记中写道："昨天他们刚向奥斯曼帝国献完殷勤，用赞美和感激的小夜曲称颂它，今天他们却立马反过来巴结英国政府。"[2]

和犹太军团一样，阿拉伯军团成立的目的也是为了培植民族主义。阿拉伯人同样希望只在巴勒斯坦服役，并要求有自己的国旗。他们在阿拉伯沙漠中与犹太军团的士兵们并肩作战，一支军队，一条战线，一个敌人，以及一个相似的愿望——巴勒斯坦的独立。[3]

英国人到来后，阿拉伯人此前被压抑的政治活动需求也得到了释放。阿拉伯人的内部政治主要是城市政治，具有家族斗争的特点。"耶路撒冷的每一个穆斯林家庭都有一个浓缩在血液中的传统，从父辈传给儿子。"萨卡基尼写道。"家族利益优先于其他任何利益，家族的影响力也优先于其他任何影响力。如果你指派一个人去推选众议院、市议会、教育委员会或全国性协会的代表，他就会把票投给他家族中的长辈，不管这个人是否适合这份工作。若问他谁是最忠诚的爱国者，谁的品质最优越，知识最渊博，或想法最好，他就会推选他的父亲，兄弟，或堂表兄弟。"[4]

1920年，全巴勒斯坦约有40个活跃的阿拉伯民族主义协会，3 000名左右的穆斯林和基督徒会员。[5]人们不时在萨卡基尼的家中聚会，哈吉·阿明·侯赛尼也是其中的一分子。在日记中，萨卡基尼记录了自己在这些会议上的发言。"现在是这个国家历史上最重要的时刻……我们有责任培养民族主义情绪，也许在它日薄西山之后，还会重新复活……我们必须动员起本族的青年们，为民族主义注入希望……我们必须使自己的声音无处不在——在家庭和街道上，在所有的俱乐部和大会上。民族问题必须成为每一次对话的一部分……我们必须吸引世界的注意力。总之，我们必须表现出生命的迹象。"他一直想要远离公共事务，但周遭的环境使他无法将自己孤立起来，"我几乎成了民族主义运动的领袖，"他写道。[6]

早在 19 世纪，犹太复国主义定居者便与阿拉伯农民发生了冲突，在这一过程的早期阶段，巴勒斯坦阿拉伯民族意识的萌芽已经有所显现。犹太人购买土地并在其上修建农业定居点，而在许多情况下，这些土地上仍居住着阿拉伯佃农。新的定居者在奥斯曼当局的帮助下把租户们赶走了，有时甚至动用了武力。在这一过程中发生了一些暴力事件，有些甚至造成了死伤。[7]早在 19 世纪 80 年代，冲突就变成了两个民族之间的斗争，是巴勒斯坦日常生活中不可避免的一部分。

阿哈德·哈阿姆在 1891 年出版的小册子《来自巴勒斯坦的真相》中谈到了这个问题。他写道，犹太定居者"敌视和残忍地对待阿拉伯人，非法侵入他们的土地，毫无理由且无耻地殴打他们，他们甚至以此为荣"。他为这一现象提供了心理学上的解释："犹太人在流散地是奴隶，但突然发现自己拥有了无限的自由——只有在土耳其这样的土地上才有的野性自由。这种突如其来的变化使他们心里产生了一种暴政倾向，就像奴隶统治时总会发生的那样。"阿哈德·哈阿姆警告说："我们习惯于把阿拉伯人看作沙漠中的原始人，看作一个驴一样的民族，这些人对眼前的事物视而不见，也搞不懂周遭究竟发生了什么。然而，这是一个巨大的错误。阿拉伯人和所有的闪族儿女一样，有着敏锐而精明的头脑……如果有一天，生活在巴勒斯坦的我族人民把生活或多或少地强加给当地人，他们是不会轻易屈服的。"[8]

有一次，耶路撒冷的一位阿拉伯名流曾恳求西奥多·赫茨尔说："世界那么大，还有其他无人居住的土地，那里可以安置数百万贫困的犹太人……以主的名义，放过巴勒斯坦吧！"这件事发生在 1899 年。两年后，阿拉伯社群的几位领导人向土耳其统治者递交了请愿书，要求限制犹太人进入巴勒斯坦，并禁止他们购买土地。[9] 这两个问题成为了阿拉伯人反犹太复国主义斗争的核心。1905 年，阿拉伯民族主义先驱纳吉布·阿祖里（Najib Azuri）在巴黎出版了一本书，此书标志着阿拉伯民族的觉醒，但在阿拉伯人觉醒的同时，犹太人正试图重建古老的以色列王国。阿祖里预言，这两个民族主义运动注定要进行战争，直到一方打败另一方，而整个世界的命运都取决于这场斗争的结果。[10]

阿拉伯民族主义活动分子密切关注着犹太复国主义运动的发展。穆罕默德·伊扎特·达尔瓦扎（Mohammed Izzat Darwazza）便是其中一员，他后来回忆说，他曾在一份阿拉伯报纸上读到了赫茨尔所写的《犹太国家》一书的译本。一些阿拉伯人表示，他们的民族应该向犹太复国主义者学习如何管理本民族的事务，包括如何促进教育和筹集资金。萨卡基尼曾在耶路撒冷见证了表彰罗斯柴尔德男爵的欢迎仪式。他在日记中写道："阿拉伯民族需要一个像罗斯柴尔德这样的人，他将为阿拉伯民族的复兴提供资金。"[11]

但当他把自己说成是阿拉伯民族运动的领袖时，萨卡基尼实在是有些夸大其词。巴勒斯坦的阿拉伯人中并不存在能与犹太复国主义者相提并论的有组织的民族运动，也不存在公认的领袖。当时，阿拉伯民族主义最著名的代言人是耶路撒冷市长穆萨·卡齐姆·侯赛尼。尽管如此，民族主义的情绪还是很普遍的，人群中的骚动也逐渐显现出来。耶路撒冷的咖啡馆里挤满了谈论民族政治的人，而在每个村庄里，人们都把老师团团围住，听他读报纸上的新闻。[12]

1919 年 5 月，在雅法的佐哈尔（Zohar）电影院，穆斯林—基督徒协会的地方分会举行了一次公开集会。印好的请柬已经发出，说是要共商民族大事。会议于星期日上午 10 点开始，持续了两个多小时。500 多名来自雅法和附近村庄的居民参加了会议。会上，发表主旨演讲的是一名基督教徒，他还兼任大会主席。其他三名发言人是穆斯林，其中一位是个盲人谢赫，他来自拉姆拉。所有人都异口同声地说：巴勒斯坦居民在土耳其人统治时期遭到了残酷镇压，而现在，他们的自由时刻已经到来。发言者们称颂了英国政府，并指出阿拉伯民族有伟大的未来，正如它有伟大的过去一样——阿拉伯人毕竟给欧洲带来了启蒙。因此，他们也应该获得民族独立。穆斯林和基督教徒团结在一个宗教中，即祖国的宗教，它赋予所有人平等的权利。

　　大会承诺平等对待该国既有的犹太居民，但不同意增加新的犹太移民。"我们根本不反对犹太人，"一位发言者说，"我们只反对犹太复国主义。这是两回事。犹太复国主义在摩西的律法中找不到依据。它是赫茨尔的发明。"他很高兴地指出，许多犹太人也反对犹太复国主义。他说，这些人不会被拒绝入境。另一位发言者说，只要犹太人不拥护分离主义，阿拉伯人就应该对犹太人尽地主之谊。

　　舞台上的背景由四块布屏组成——红、绿、黑、白。每块布上都有一个说明，解释颜色的意义。红色象征着血。"以阿拉伯人的名义，我们活着，以阿拉伯人的名义，我们死去，"说明上这样写道。绿色象征着自由，说明上解释说："阿拉伯之地不会被分裂。"白色的布屏是向阿拉伯大起义的领袖费萨尔王子致敬，黑色的布屏则代表犹太复国主义移民。

　　会议结束时，大家达成了一项决议：巴勒斯坦属于叙利亚的一部分；在费萨尔亲王的统治下，在大叙利亚的框架下，巴勒斯坦将获得自治权，当地不存在所谓犹太人的民族家园。有人提议就上述大致内容发布一份宣言，并在宣言上署名，会场顿时一片哗然。人们不愿意签上自己的名字，因为没人事先通知他们。人们大喊大叫，相互推搡着，到处都有人厮打。一个愤怒的年轻人跳上台，对着人群大喊道："你们没有民族意识！你们是一群牲畜！你们不明白今天对于我们的民族来说意味着什么！此时此刻，其命运正被世世代代地封存起来！我们不会允许自己像羔羊一样被牵去宰杀！"气氛总算是缓和了下来，但随后军事总督来了，并下令解散会议。[13]

　　从雅法还传来了一份报告，涉及某个阿拉伯俱乐部的一场演出，这是一场揭露奥斯曼帝国总督杰马勒帕夏暴政的五幕剧。在最后一幕中，帕夏发现自己正面对着曾被他下令绞死的阿拉伯地下党成员。他们被包裹在床单里，每个人身上都刻着"阿拉伯人的觉醒"几个字。最后，全体演员唱起了费萨尔王子的部下所采用的国歌，或许正是萨卡基尼在大马士革写的那首。观众们也加入其中，演员们挥舞着阿拉伯国旗。[14]

　　阿拉伯人提出了三项基本要求：独立、禁止犹太人移民和禁止犹太人购买土地。这些要求在历次全国代表大会上不时被改写，但原则并没有改变。

在其启发下，无数请愿书被寄给英国政府，许多请愿书抗议当局对犹太复国主义的支持和对阿拉伯人的歧视。[15] 他们反复引用民族自决权和战后世界所采取的民主原则。犹太人以历史正义为基础，要求在巴勒斯坦建立民族家园，阿拉伯人也以历史为依据提出了自己的主张。一份请愿书指出，阿拉伯人曾统治西班牙长达七百多年。阿拉伯人将西班牙视为他们的家园，并在西班牙文化中留下了他们的印记，但有人敢说现在应该允许他们返回那里吗？[16]

与犹太复国主义运动一样，阿拉伯民族主义运动也因不同的派别和方法而分裂。他们对英国政府的态度在很大程度上是由他们自己的内部政治决定的。"人们为什么讨厌斯托尔斯将军？"萨卡基尼写道，"我相信这是因为侯赛尼家族是他唯一认识的人。他只听他们的意见。"阿拉伯人之间争论了一长串战术问题，包括对犹太人的态度，是否使用暴力，甚至是独立的意愿。有一次，在萨卡基尼家里，其客人们讨论了阿拉伯人是否准备好了独立的问题。"在我们的人民中，有谁适合当总干事、财政局长、教育局长、邮政局长、警察局长？"萨卡基尼对此心存疑虑。[17]

萨卡基尼回忆起他与本雅明·伊夫里·贝尔斯坦因（Benyamin Ivri Berstein）的一次讨论，这位来自俄罗斯的犹太复国主义活动家曾参与购买希伯来大学在斯科普斯山上的土地。为了学习阿拉伯语，伊夫里曾把萨卡基尼带到法斯特酒店，两人还谈到了犹太复国主义。萨卡基尼说，这个国家是属于阿拉伯人的。伊夫里则认为，阿拉伯人忽视了这个国家。恰恰相反，萨卡基尼表示，他们把自己的文化和语言传播到了整个巴勒斯坦。他不能否认，在遥远的过去，犹太人曾经拥有对这个国家的权利，但他说，这种权利已经过期。他坚持认为，阿拉伯人的权利"是一种活的权利"。伊夫里则回答说，犹太人对这块土地的永恒渴望使他们有资格回到这块土地。萨卡基尼不反对犹太人独立，但他不同意犹太人"为了生存而杀死一整族人民"。伊夫里反驳说，犹太人并不想赶走阿拉伯人，他们想和阿拉伯人一起生活。他声称，"这块土地很宽敞，土壤也很肥沃"。

萨卡基尼并没有被说服。"你们是一颗已经熄灭的星星，"他告诉伊夫里，"不要指望整个宇宙，每一个太阳和月亮都围绕着你们转。"他深信，犹太人在巴勒斯坦的定居点威胁到了整个阿拉伯世界。"如果你想杀死一个民族，那就征服它的土地，消灭它的语言。这正是犹太复国主义者想对阿拉伯民族做的事情。"他说道。[18] "犹太人需要你，"伊夫里对萨卡基尼说道，他想以此来赢得后者的同情。

犹太复国主义运动试图证明犹太人和阿拉伯人能够共存。"他们想和你们打成一片，他们需要你们的血脉，"伊夫里对萨卡基尼说，"毫无疑问，将来他们会接受你们的习俗，说你们的语言。如果有大量的犹太人来到巴勒斯坦，那当地将成为一个不止说一种语言的国家，就像瑞士一样。"*伊夫里和大作家阿哈德·哈阿姆一样，是犹太人中的少数派，他们认为巴勒斯坦将主要作为犹太人的精神中心，而不会在那里建立犹太国家。因此，他才敢对萨卡基尼说，阿拉伯人没什么好怕的：巴勒斯坦不可能接纳所有的犹太人。犹太移民无论如何都不会超过 20 万—30 万人。†但总的来说，犹太复国主义运动却并不这么认为：它正努力在巴勒斯坦形成犹太人口的多数地位，并建立一个基于欧洲文化的国家。

为了缓解当前的紧张局势，犹太复国主义者倾向于把两个民族共同的过去理想化。"迄今为止，巴勒斯坦的犹太人和阿拉伯人之间的关系很好，令人感到满意。"提交给犹太复国主义委员会的一份文件这样写道。雅各布·约书亚（Ya'akov Yehoshua）是一位长期居住在耶路撒冷的塞法迪犹太人（Sephardic）‡，当谈到其社群与阿拉伯人之间的关系时，他写道，"我们就像一个大家庭。"

然而，塞法迪犹太人中的公众人物却指责犹太复国主义活动家们（几乎都

---

* 教师伊扎克·艾普斯坦（Yitzhak Epstein）在 1907 年发表的一篇文章引起了关于两个问题的争论，即犹太人在巴勒斯坦建立家园的权利问题和犹太人对待阿拉伯人的正确态度问题。这两个问题从一开始到现在一直是犹太复国主义运动内部冲突的根源。[19]

† 优素福·迪亚·哈拉迪（Yussuf Dia al-Khaladi）是耶路撒冷市长和奥斯曼议会成员，西奥多·赫茨尔曾试图向他传递过类似信息。赫茨尔声称，犹太人将有助于提高巴勒斯坦土地的价值。纳胡姆·索科洛夫在接受埃及一家报纸采访时也谈到了同样的意思。犹太移民能给阿拉伯人带来的好处是犹太复国主义的一个核心论点。[20]

‡ 塞法迪犹太人（Sephardi）是犹太民族的一个分支，源自伊比利亚半岛，大致对应现代西班牙和葡萄牙两国涵盖的领土。基督教再征服运动（Reconquista）收回西班牙后，这支犹太人又被驱散到北非、南欧、中东，甚至美洲。这一概念主要与犹太民族的另一个分支相对应，即阿什肯纳兹犹太人（Ashkenazi）。这一支犹太人主要源自中东欧，说意第绪语。——译者注

是欧洲人）没有让他们成为决策层中的一员。总督罗纳德·斯托尔斯认为，由于文化上的亲和力，塞法迪犹太人更善于同阿拉伯人打交道。阿拉伯领导人也倾向于认为，在犹太复国主义者到来之前，他们与犹太人的关系非常好。穆萨·阿拉米（Musa Alami）喜欢说他有一个犹太"兄弟"——一个在他父母家附近出生的男孩，他的母亲曾给这个男孩喂奶。约书亚也谈到了类似的故事，诸如阿拉伯妇女给犹太儿童喂奶，以及犹太割礼师给阿拉伯儿童行割礼。[21]双方都有自己的理由来美化这段所谓犹太—阿拉伯关系的黄金时代。*

犹太复国主义运动密切关注着阿拉伯民族主义的发展，耶路撒冷的犹太复国主义档案中保存着几十，甚至是数百个阿拉伯线人的报告，这些线人分布在每个城市和大量的村庄中。希伯来报刊经常刊登阿拉伯人谴责犹太复国主义文章的译文。戴维·本-古里安知道纳吉布·阿祖里的书，并说该书中包含"仇恨的种子"。

2

英国征服后不久，魏茨曼在随犹太复国主义委员会前往巴勒斯坦的途中曾在开罗停留，并会见了一些阿拉伯领导人。他试图让后者相信，他们不用害怕犹太复国主义。为了表示诚意，他还给开罗大学送去了 100 英镑的捐款。魏茨曼宣称，阿拉伯人和犹太人之间不存在民族冲突，最多只是经济上的差距，而且这种差距不难弥补。同时，他否认巴勒斯坦存在阿拉伯民族。"可怜且无知的农民并不关心政治，"他在给伦敦同僚们的信中写道，"但他所信任的人一再告诉他，当这些人有被我们夺走生计的危险时，他就成为了我们的

---

* 塞法迪犹太人与阿拉伯人之间的关系比阿什肯纳兹犹太人与阿拉伯人之间关系好的假设，多年来已发展成为一种成熟的政治和文化立场。[22]事实上，最早致力于改善犹太—阿拉伯关系的一些人出生在东欧和中欧。阿什肯纳兹犹太人中也有突出的东方学者，其中一个叫约瑟夫·尤埃勒·里夫林（Yosef Yoel Rivlin）的人在第一次世界大战期间将《古兰经》翻译成了希伯来语，他还翻译了《一千零一夜》。

死敌。"他倾向于否定阿拉伯人的立场，并认为这是犹太人不得不忍受的政治宣传，就像他们不得不与蚊子共处一样。"阿拉伯人很原始，别人告诉他的东西他都信，"魏茨曼说道。[23] 至于犹太复国主义者建立独立国家的野心，魏茨曼则指示犹太复国主义委员会的成员们回避这个问题。他对他们说，犹太复国主义者确实渴望建立一个独立的犹太巴勒斯坦，但他们越少谈论这个问题越好。[24]

在与阿拉伯和英国的高级官员交谈时，魏茨曼严格遵循自己所作出的指示。"我们不希望为了让科亨先生当上大地主而把穆罕默德赶走，"他在给芒尼将军的信中写道。这句话值得仔细品味，事实上，在看似表示和解的语气下，其背后隐藏着一种高人一等的态度。同样值得注意的还有这句话背后所反映出的观念。阿拉伯人只是"穆罕默德"，但犹太人却是"科亨先生"。魏茨曼所显露的感情十分直白，不存在过度解读的余地。他说："犹太人和本地人在质量上有根本性的区别。"[25] 他坚信，与巴勒斯坦的阿拉伯人谈判，既不可能，也不值得。他向军政府解释说，他自己不打算这样做，因为巴勒斯坦的阿拉伯人是"一个道德败坏的种族"。在给贝尔福的信中，魏茨曼建议他小心翼翼地盯着那些背信弃义的阿拉伯人，以免他们在军队背后捅刀子。[26] 他在给妻子的信中写道："我觉得我不必再关心阿拉伯人了。"他说，他已经做了一切必要的工作，向他们解释了自己的立场，接不接受都是他们的事。[27] 魏茨曼相信，阿拉伯人只欣赏武力，但也可能被收买，他更打算以此种方式来获得费萨尔王子的好感。

英国人曾敦促犹太和阿拉伯民族主义运动的两位首脑举行一次会议。这两位领袖分别是魏茨曼和费萨尔王子，后者是麦加统治者侯赛因的儿子，也是阿拉伯人反抗土耳其人斗争中的领袖。1918 年 6 月，魏茨曼准备前往红海对面的亚喀巴，这里离费萨尔在沙漠中的营地很近。"我打算告诉他，"魏茨曼写道，"如果他想建立一个强大而繁荣的阿拉伯王国，那么能够帮助他的就是我们犹太人，也只有我们。我们可以在金钱和组织上给他提供必要的援助。我们将成为他的邻居，对他不构成任何危险，因为我们不是也永远不会成为大国。"他把犹太人说成是英国和阿拉伯人之间天然的中间人。[28]

英国鼓励阿拉伯人反抗土耳其人，向他们提供军事和财政援助，并承诺让他们独立。在包括巴勒斯坦在内的整个阿拉伯世界里，费萨尔王子都极受欢迎。阿拉伯人"把他的名字写进了每一首歌里，"萨卡基尼写道。[29] 他代表了阿拉伯人民族统一的愿望。在他看来，巴勒斯坦或"叙利亚南部"是其王国的一部分。

马克·赛克斯爵士一定要让费萨尔为他与魏茨曼的会面做好准备。"我知道阿拉伯人鄙视、谴责和憎恨犹太人，"他在给王子的信中写道，但同时又警告说，王子最好从那些曾迫害过犹太人的人身上汲取一些经验教训，毕竟西班牙和沙俄帝国都已不复存在。"相信我，"赛克斯写道，"这个被鄙视和弱小的种族无处不在，太过强大，且桀骜不驯。我说的都是实话。"他说："在每个国家的议会里，在每家银行里，在每个企业中，都能找到犹太人。"他向费萨尔保证，犹太人并不怀有把阿拉伯人赶出巴勒斯坦的阴谋，并建议王子像劳合·乔治首相那样，将他们视为强大的盟友。[30]

到亚喀巴的旅程花了魏茨曼几天时间。他后来写道："在炎热的六月，这可不是什么愉快的旅行。"他先是坐火车到苏伊士。在那里，他又上了一艘船，这艘船带他穿越了红海。"那是一艘小船，里面全是灰，而且很不起眼，"他回忆说。船员都是希腊人，炎热的天气让人难以忍受，食物很糟糕，浴室也无法使用。"我们穷尽了我们能想到的一切替代品，"魏茨曼写道。犹太复国主义委员会的联络官威廉·奥姆斯比-戈尔少校也在队伍中，但他得了痢疾，无法继续前进。

在亚喀巴，魏茨曼坐上了一辆汽车，并在护卫队和一个阿拉伯向导的陪同下出发前往费萨尔的营地。然而，汽车却在三小时后抛锚了。这群人继续骑着骆驼前行，之后又步行了一段。"没有任何植被的痕迹，没有树荫，没有水，没有可以休息的村庄，"魏茨曼回忆说。"只有地平线上的西奈山，以及一片由灼烧的岩石和沙子组成的荒野。"他们终于抵达了一座英国空军营地，在那里，他们换了一辆新车和一名新司机。这辆车也无法承受旅途的艰辛，所以他们重又继续徒步行进。不久，他们就遇到了王子派来的人，他们骑着骆驼，带来了水和水果。当旅行者到达瓦迪·瓦哈迪亚（Wadi Wahadia）的营地时，夜幕已经降临。

魏茨曼后来写到了月夜的美丽。就像他以前经常做的那样，他产生了一个将《圣经》糅杂于其中的幻想："我可能因为气候的突然变化而有些头晕，"他写道，"但当我站在那里的时候，我突然产生了这样一种感觉：三千年过去了，以往的一切均化为乌有，我现在正和祖先们一样，站在同一片土地上，并为同样的差事而奔走。在本民族历史的黎明时期，他们来到这里，与这里的统治者谈判，以获得他们得以返回家园的权利……梦境也好，幻觉也罢，一个英国哨兵粗犷的声音突然把我从梦境唤回到今天的现实中：'对不起，先生，恐怕您已经跨出边界了。'"

第二天，依当地习俗，魏茨曼受到了隆重的接待。王子们围着他跳起了阿拉伯舞蹈。魏茨曼注意到，阿拉伯的劳伦斯也在现场。他似乎在准备一次突袭，其目标显然是庞大的希贾兹铁路线，并试图破坏其中的某段铁轨。魏茨曼看到劳伦斯向他的部下分发金币。他在船上曾看到一些沉重的箱子，他认为金币就是从那些箱子里拿出来的。[31] 他还看到一架挂着白旗的德国飞机来到营地。乘客是一位土耳其使者，他用成堆的黄金来诱使费萨尔倒向土耳其人一边。

费萨尔和魏茨曼的谈话持续了大约一个小时。一个名叫乔伊斯的英国上校担任翻译——魏茨曼不懂阿拉伯语，而费萨尔的英语也不流利，他们时不时地说着法语。两人用了许多时间来互相寒暄和问候。魏茨曼说，犹太人希望在英国的保护下开发巴勒斯坦，这是为了所有居民的利益。他提议向对方提供财政和政治上的支持。他说，他很快将前往美国，在那里，犹太复国主义者有很大的影响力。费萨尔问了很多问题，魏茨曼感觉王子对犹太复国主义运动有所了解。王子表示希望与犹太人合作，但小心翼翼地没有给出任何承诺。他说，关于巴勒斯坦的未来，费萨尔什么也没说，表现得慎之又慎。谈话快结束时，费萨尔建议和客人合影留念。

"他是一位领袖！"魏茨曼在给妻子的信中写道，还说王子"帅得像一幅画"。这是他见到的第一位真正的阿拉伯统治者。魏茨曼告诉妻子，王子对巴勒斯坦不感兴趣，王子想控制大马士革和叙利亚北部。他继续说："他蔑视巴勒斯坦的阿拉伯人，甚至不把他们当作阿拉伯人看。"他称赞王子"相当聪明"，是个"非常诚实的人"。

英国人也很满意。他们确信这次会面在两人之间建立了"极好的个人关系"。在魏茨曼看来，这次谈话"为一生的友谊奠定了基础"[32]。但这次会面没能达成任何历史性的协议。这次旅行充其量只是一次公共关系上的成功。

然而，这次旅行似乎激励魏茨曼给贝尔福寄去了一封大胆的信，这封信使他获得了作为一个具有世界影响力的政治家所应有的声誉，还把巴勒斯坦放置在了从华盛顿到德里之间的全球背景中。魏茨曼解释说，犹太复国主义与英国在东方的权势密切相关。在伦敦—开罗—耶路撒冷—印度的轴线上不应该存在任何薄弱环节。他宣布支持费萨尔。魏茨曼说，只要阿拉伯民族运动在他的领导下得到发展并取得成功，阿拉伯人和犹太复国主义之间的紧张关系就会降到最低。他断言，"巴勒斯坦的阿拉伯问题"将始终是一个纯粹的地方性问题，并补充说，专家们都不认为应该把这个问题太当回事。然后，他就如何简化国王陛下政府的决策过程向贝尔福提出了几条建议。他以极其礼貌，甚至有些谄媚的用语，向贝尔福透露了开罗和巴勒斯坦军队总指挥部之间的一些不和谐的情况——他们的行动相互矛盾，克莱顿将军在这种情况下无法正常工作。借此机会，魏茨曼还要求任命犹太复国主义的好朋友奥姆斯比-戈尔少校为新的首席政治官。[33]

魏茨曼以几乎不经意的方式抛出了"我们在美国的朋友"这句话，以提醒贝尔福别忘了犹太人的国际影响力。他指的是美国最高法院大法官路易斯·布兰代斯和后来接替布兰代斯在最高法院任职的费利克斯·法兰克福特（Felix Frankfurter）教授。魏茨曼打算派一名使者去华盛顿向威尔逊总统和"朋友们"通报最新情况。当然，他有礼貌地补充说，这首先要经过贝尔福的同意。

1918年秋天，魏茨曼又来到了伦敦。首相戴维·劳合·乔治邀请他共进午餐。双方约定的日子是11月11日，那天，停战协议公布，第一次世界大战结束了。尽管爆出了如此重大的新闻，首相府还是通知魏茨曼，双方约定的午餐将不受影响。接近下午1点半时，魏茨曼抵达绿色公园，通往唐宁街的铁门周围聚集了欢呼的人群。一名警察阻止他继续前进。魏茨曼谈到了他受邀与首相共进午餐的事由。警察干脆地说，他从任何一个想进去的人那里都听到了同样的话。当魏茨曼最终被允许进入时，他发现总理"正在读'诗篇'（Psalms），其所受到的感动触及了灵魂深处，近乎流泪"[34]。

3

虽然魏茨曼在世界各地的外交活动中淡化了阿拉伯人与犹太人之间的紧张关系，但巴勒斯坦的犹太社群对未来与阿拉伯人的关系却不那么乐观。代表巴勒斯坦犹太社群的临时议会成员举行了一次议事会议，会上的讨论揭示了他们的忧虑。事实上，这次会议的记录值得一读，因为它表明，有关两族关系问题的一切言论在当时实际上已经都说过了。哈伊姆·玛尔加丽特·卡尔瓦里斯基（Chaim Margalit Kalvarisky）是一位波兰出生的农学家，自 19 世纪 90 年代以来一直生活在加利利地区，他在讨论中首先发言。他是"犹太殖民协会"的一员，该协会的使命是购买土地并鼓励犹太人在巴勒斯坦定居。作为协会管理工作的一部分，他与包括费萨尔王子在内的阿拉伯领导人频繁接触。他认为可以简单地收买阿拉伯人。同时，他坚持认为犹太复国主义运动可以与阿拉伯人进行"对话"，他一生都认为犹太复国主义错失了和平的机会。

卡尔瓦里斯基在发言的开头讲了一个故事，讲的是他第一次剥夺阿拉伯人土地时的经历。与许多犹太复国主义者的描述一样，卡尔瓦里斯基的故事充满了自怜。

> 当我第一次在这里购买土地之后，我便立马感受到了阿拉伯人问题的严重性。我为了安置我们的兄弟，不得不剥夺阿拉伯居民的土地。那天晚上，贝都因男女在离开亚马（Yama）村——也就是亚夫尼埃尔（Yavniel）村——旁边的沙姆辛村（Shamsin）之前，聚集在酋长的帐篷外。贝都因人的凄厉哀号，在此后很长一段时间内都一直萦绕在我耳边。我坐在帐篷里，结束了与谢赫法杜勒·马达利卡（Fadul Madalika）的谈判。贝都因男女们围着火堆，为我和其他客人准备了咖啡。与此同时，他们为自己的厄运唱起了哀歌，因为厄运迫使他们离开了自己出生的摇篮。这些歌声划破了我的心扉，我意识到贝都因人与他们土地的联系有多么的紧密。

卡尔瓦里斯基说，剥夺阿拉伯人的土地，这一行他已经干了二十五年。这不是一件轻松的工作，尤其是对于他这样的人来说。他并没有把阿拉伯人看作羊群，而是把他们当作有灵魂的人。卡尔瓦里斯基说，他不得不把他们从土地上赶走，因为犹太公众要求他这样做。但他总是试图确保对方不会空手而归，确保与他有生意往来的土地投机商不会抢走普通人的钱。

这篇开场白引出了他的核心论点：犹太复国主义者应该努力与阿拉伯人达成协议，而复国主义运动却忽略了这一点。犹太复国主义运动不能继续否认问题的存在，并坚持认为阿拉伯人"只是一群无知者和马屁精，愿意为了一锅粥而出卖一切"。最终，卡尔瓦里斯基似乎设想在阿拉伯王国的框架内（或许是在费萨尔王子的领导下），实行某种形式的犹太人自治。此前，卡尔瓦里斯基已经与阿拉伯领导人进行了会谈，其中包括费萨尔王子。在此基础上，他提出了一项政治协议。"我们不必对我们的基本方案作出任何让步，"他承诺，"巴勒斯坦应该是我们的民族家园，希伯来语应该和阿拉伯语一起被承认为民族语言。犹太人将获得移民和定居方面完全的自由，上述事项也将交给犹太人自己管理。"

卡尔瓦里斯基抱怨犹太复国主义者发布了太多的宣言，这让阿拉伯人感到惊恐。他警告说，阿拉伯人认为犹太人想把他们赶出这个国家，但他努力说服他们根本没这回事。他声称，各地的阿拉伯人都热情地接待了他，并补充说："我必须向你们承认，我发现他们中有许多聪明的年轻人。如果耶路撒冷的阿拉伯人把他们的年轻人与犹太人相提并论，他们没什么可羞愧的。"他认为，犹太人要做的事情很简单，只需要"表现得像一个进步且有文化的民族，不要在一种宗教和另一种宗教之间作任何区别对待"。他建议犹太人学习阿拉伯语，并指出，他在太巴列（Tiberias）建立了一所学校，在这所学校里，犹太儿童和阿拉伯儿童一起用希伯来语、阿拉伯语和英语学习。[35] 只要犹太人不对阿拉伯人做他们不希望流散地的外邦人对自己做的事，只要他们不把自己的家园"建立在破坏别人的家园基础之上"，就有机会缓和双方的关系，卡尔瓦里斯基最后说道。

会议随后进入了讨论环节。埃夫莱姆·基辛（Efraim Gissin）是来自佩塔提克瓦的农民，也是犹太军团的一名志愿者，他说："我们不要自欺欺人了。

我们了解阿拉伯人……与阿拉伯'人民'的'友谊'是不可能的！""青年工人党"（HaPoel HaTzair）不是一个拥护社会主义的政党，该党成员约瑟夫·斯普林扎克（Yosef Sprinzak）嘲笑说："也许我们应该戴上塔布什帽或阿拉伯人的头饰？不，我们是不会这么做的！在我们大多数人还不懂希伯来语的情况下，叫我们犹太人学阿拉伯语是很可笑的。"戴维·雷米兹（David Remez）也是劳工运动的成员，他说，有必要与阿拉伯人建立尽可能好的关系，但也要"尽可能地把接触保持在最低限度"，他所说的也就是后来所谓分离政策。"雷米兹是对的，"一个叫布鲁门菲尔德（Blumenfeld）的人说道，"我们必须尽量减少接触。我们需要促成一种局面，即只有犹太人留在巴勒斯坦，并由我们来管理生活中的方方面面。"一位名叫肖哈特（Shochat）的发言者则认为整个讨论都是多余的："我们的其他问题都解决了吗？"

在另一个场合，戴维·本-古里安说："每个人都看得出犹太人与阿拉伯人之间的问题在哪。但并不是每个人都看得出这个问题根本没有解决办法。没有解决办法！……在巴勒斯坦，犹太人和阿拉伯人的利益冲突是不能用诡辩来解决的。我不知道有哪个阿拉伯人会同意巴勒斯坦归我们所有——即使我们去学阿拉伯语……我也没有必要学习阿拉伯语。如果我们必须用阿拉伯语来生活，那我们就麻烦了。另一方面，我不明白为什么'穆斯塔法'要学习希伯来语……这里有一个民族问题。我们希望这个国家是我们的。阿拉伯人希望这个国家是他们的。"本-古里安最后表示，两国人民都应该等待大国在凡尔赛和会上做出的决定。[36]

4

1919 年 1 月在凡尔赛召开的和平会议是魏茨曼外交成就的巅峰。他成功让英国人继续留在巴勒斯坦。会议的目的之一是决定奥斯曼帝国的命运。魏茨曼作为犹太复国主义代表团的团长，请求国际社会批准《贝尔福宣言》。

结果是，国际联盟同意委任英国人管理巴勒斯坦，其中包括一项明确的责任，即帮助犹太人在该国建立一个民族家园。此项委任授权是魏茨曼个人的成就。

首相劳合·乔治和外交大臣贝尔福仍旧认为魏茨曼是一个拥有神秘、巨大权力的领袖，他可以控制历史的发展。英国和欧洲其他国家刚经历了其历史上最具戏剧性的时期之一。近100万英国士兵在战争中丧生，200万士兵受伤，西班牙流感疫情席卷欧洲，还有数百万人失业。英国正陷于战争疲劳症之中，它被迫面对一个新的世界、新的价值观和新的生活方式。这给英国带来了很多痛苦。尽管如此，英国人的大门却一直向魏茨曼敞开着：只要他提出要求，首相和所有其他官员就会抽出时间来见他，并听他倾诉。

为了准备他将在和平会议上提出的方案，魏茨曼召集了一个以赫伯特·塞缪尔为首的咨询小组，该小组就向犹太人开放移民和购买土地的问题进行了讨论。魏茨曼对犹太复国主义运动的定位非常明确：让巴勒斯坦成为一个犹太国家。也许这一过程需要经历十到二十年，甚至二十五到三十年时间，但它终究会变成现实。他把争夺巴勒斯坦的斗争比作一场击剑比赛。几位英国军官和政府官员出席了咨询小组的会议，其中一位抱怨说，向一个本质上是外国代理人的人提供建议是不合适的。塞缪尔承诺，不会有其他人知道会上讨论的内容。[37] 其假设是，英国和犹太复国主义者的利益是一致的。这些会议和其他类似的会议使魏茨曼在很大程度上能够准确地评估他能在和平会议上取得的成果。

犹太复国主义代表团在最终提交给凡尔赛会议的文件中作出了一些妥协，特别是在复国主义运动的最终目标方面。巴勒斯坦的犹太社群曾围绕文件的措辞产生过争论。有关"犹太人民之主张"的最初表述是："巴勒斯坦应成为犹太人民的民族家园。"泽维·贾博廷斯基亲手修改了案文，将其改为"巴勒斯坦应再次成为一个犹太自治邦（commonwealth）"。提交给和会的最后文本试图满足所有阵营的要求，它推迟了建立"自治邦"的要求，但没有去掉这一要求。"应将巴勒斯坦置于这样的政治、行政和经济条件下，以确保在那里建立犹太民族家园，并最终有可能建立起一个自治邦。"[38] 在凡尔赛，有人要求魏茨曼说出他所谓"民族家园"的含义，他回答说，这个国家应该是属于犹太人的，就像法国是法国人的，英国是英国人的一样。他说，这是我"一生中最得意的时刻"[39]。

到 1922 年 7 月，当有关委任统治的最终措辞被敲定时，犹太复国主义者经历了一系列的失望，其主要挫折集中在领土方面。对于以色列土地的范围，犹太复国主义者们有其自己的定义，但他们如今不得不放弃一大片领土主张。犹太复国主义者们在和会上提交了一幅他们理想中的地图，其民族家园包括黎巴嫩南部、戈兰高地和约旦河以东的大片地区。最后，英国人为犹太民族家园指定的区域只有地图上土地面积的一半。[40]

犹太复国主义者所提出的要求和他们实际得到的东西存在差距，这构成了其怨恨的根源。但是，同过去一样，犹太复国主义者可以为自己取得了最重要的成就而感到安慰。这场斗争并不容易。魏茨曼是一位自学成才的外交家，他必须克服无数的障碍，包括巴勒斯坦犹太社群的焦躁情绪，以及一部分犹太人的反对——这些不支持复国主义理念的犹太人试图阻止凡尔赛和会批准犹太复国主义者们所提出的方案。[41] 然而，最困难的工作是与伦敦的反犹太复国主义者们的斗争。有一段时间，曾出现了这样一种可能性，即由美国而不是英国来控制巴勒斯坦。这段插曲最终的历史意义可以忽略不计，但它的确能激发人们对于历史的想象。

委任统治制度被设计出来的目的是为了让殖民主义看起来更干净、更现代。协约国没有像过去那样瓜分征服者的战利品，而是邀请自己担任落后民族的"托管人"，其表面上的目的是帮助他们为独立做准备。这种新形式的殖民主义号称把国际法以及民主和正义的原则纳入进来，并将尊重每个国家居民的意愿。由国际联盟委托的任务，理论上可以由国际联盟撤销。[42] 但实际上，战后的制度只是对殖民统治的改造。

伦敦方面的多数意见是，帝国不应该扩张。《圆桌》(Round Table) 杂志由一个对英国外交政策有重大影响的圈子出版，该杂志敦促美国为新的世界秩序承担部分责任。在此背景下，它建议美国接受对巴勒斯坦的委任统治。杂志的作者认为，美国"有庞大的犹太人口，因此非常适合由它来保护巴勒斯坦"。贝尔福勋爵和其他大臣也曾经表达过类似的观念，巴勒斯坦军政府中的几位成员也是如此。罗纳德·斯托尔斯曾对巴洛巴领事说，他认为这个计划很好，但巴洛巴认为，英国人即使被枪射中了脚也不会离开巴勒斯坦。[43] * 劳合·乔治与威尔逊总统的首席助手爱德华·M. 豪斯（Edward M. House）上校讨论了这项提议，但对方并不热心。他说，美国人不知道该怎么管理殖民地。殖民统治需要一些特殊技能，而这正是美国的短板。他指出，美国对菲律宾的统治经验并不是一个成功的故事。[45]

一些美国人承认，的确存在一项由美国人来治理巴勒斯坦的理由——如果犹太人有了自己的国家，作为交换，他们也许就会阻止有可能蔓延到其他国家的布尔什维克革命。豪斯上校在日记中总结了他与贝尔福就这一问题的谈话。"贝尔福倾向于认为，几乎所有的布尔什维克主义和类似的无序状态都可以直接追溯到犹太人身上。我建议把他们或他们中最优秀的人放到巴勒斯坦，让他们对犹太人在全世界的有序行为负责。贝尔福认为这项计划很有潜力。"豪斯写道。豪斯后来与威尔逊本人讨论了这一想法。[46]

犹太复国主义者们反对由美国来控制巴勒斯坦，其理由是美国的民主制度与民族家园计划背道而驰。犹太复国主义组织在伦敦发行的一份刊物如此解释道："美国的民主，"

> 意味着多数人统治，而不考虑文明类型或其所处阶段的多样性，也不考虑文明质量的差异。在这个意义上，民主被称为大熔炉，在这个熔炉里，数量上较少的人被同化为数量上较多的人。这在美国无疑是自然而然的，而且总的来说效果很好。但是，如果把美国人的想法应用到巴勒斯坦——美国政府也的确可能这么做——会造成什么样的后果呢？今天，巴勒斯坦在数量上占多数的是阿拉伯人，而不是犹太人。从质量上讲，一个简单的事实是，犹太人目前在巴勒斯坦占主导地位。而如果条件适宜的话，在一两代人的时间内，他们也会在数量上占据主导地位。但是，如果现在或在未来的某个早期阶段把民主粗鄙的算术概念应用于巴勒斯坦，那么统治的多数将是阿拉伯人，而建立和发展一个伟大的犹

---

* 巴洛巴本人即将回国。作为他最后的活动之一，他与艾伦比将军共进了晚餐。这位将军让他感到无聊，他写道。在他离开之前，耶路撒冷的犹太人为他举行了几次欢送会，还送给他一幅荣誉卷轴，称其为救世主。[44]

太巴勒斯坦的任务将变得无比困难。[47]

　　犹太复国主义所主张的核心问题很少被如此明确地表达出来：犹太复国主义的梦想与民主原则背道而驰。但犹太复国主义者有时会争辩说，他们是以 1 500 万犹太人的名义来对 50 万阿拉伯人说话。这些犹太人尚未"返回家园"的事实并不能削减他们决定自己国家命运的权利。[48]

　　贝尔福看到了解决这个问题的另一个办法。毕竟，这个问题只是暂时的。犹太人很快就会成为这个国家的大多数。此外，依贝尔福的判断，阿拉伯人无论如何也没法建立起一个民主政府。按照魏茨曼的说法："只有那些对阿拉伯人生活结构有一定概念的人才会明白，以民主的名义把政治权力交到阿拉伯少数上层人士手中的建议是多么的可笑。"但当有人建议调查该国阿拉伯居民的想法时，贝尔福却表示反对。他知道居民们会给出什么样的答案，而表达意见的权利会给建立犹太民族家园的计划带来困难。[49]

　　提出咨询巴勒斯坦阿拉伯人意见的人是霍华德·布利斯（Howard Bliss），他是贝鲁特美国大学创始人的儿子，也是威尔逊总统的老熟人。布利斯希望这个国家能交给美国管理，他带着肺结核的病痛在临死前赶到了巴黎和会，并与威尔逊总统见了面。他对总统说，他死前还有最后一个的要求，那就是询问巴勒斯坦阿拉伯人的意愿。费萨尔亲王也在巴黎，他对法国在该地区的影响力感到担忧。他决心不让法国进入巴勒斯坦，因此也建议派一个委员会去了解该国阿拉伯人的感受。

　　于是，"金—柯兰委员会"（King-Crane Commission）应运而生。俄亥俄州欧柏林学院（Oberlin College）院长亨利·丘吉尔·金（Henry Churchill King）是一名教会人士和传教活动家，也是基督教青年会的领导人。查尔斯·柯兰（Charles Crane）是芝加哥的实业家和商人，也是威尔逊总统的支持者之一。委员会走遍了整个巴勒斯坦，他们从各地的阿拉伯人那里都听到了同样的呼声，即希望由美国人来统治当地。柯兰后来写道，即使是沙漠中的贝都因人也希望美国人前来为他们做其曾为菲律宾人做过的事。犹太复国主义者们以极其严肃态度来对待"金—柯兰委员会"的调查，并向其提交了大量材料，意在证明只有英国人可以统治巴勒斯坦。他们甚至买通了几十名阿拉伯人，用他们的签名来支持犹太复国主义者的立场。[50]

哈利勒·萨卡基尼对罗纳德·斯托尔斯说："我不会向你隐瞒，几乎所有的公众都希望把委任统治权交给美国，因为他们看到英国答应把巴勒斯坦给犹太人当作他们的民族家园。他们也看到了英国人在国内的行为——鼓励犹太复国主义运动。"他进一步解释说，巴勒斯坦的阿拉伯人不希望由英国来继续统治，因为那意味着法国将得到叙利亚，他们不希望整个地区被两个国家瓜分。"我们希望国家处于一股力量的荫庇下，所以我们将维护我们的统一……把我们从犹太复国主义和分治中拯救出来的国家——那个国家将成为我们的首选。"

但萨卡基尼很肯定，外部势力无论如何都不会让阿拉伯人选择他们希望的政权。巴勒斯坦不可能获得独立，因为列强已经认定它无法自治。他也不相信美国统治的可能性。美国太远了，在这个国家没有利益。归根结底，只有英国人这一个选项。[51]

"金—柯兰委员会"得出了最后的结论，即该国大多数居民希望由美国人来统治，并据此提出了建议。委员会的报告在霍华德·布利斯去世前几天及时完成，这给他带来了欢乐，但威尔逊却一直没有看到这份报告。他已经病倒了，很快便会停止自己的工作。这份报告被归档并尘封了起来，直到几年后，该报告才作为一条巨大的独家新闻，首次被一家美国报纸刊登出来。[52]

5

费萨尔亲王在亚喀巴附近与魏茨曼会晤后不久便代表阿拉伯人前往了巴黎。美国犹太社群的领导人之一费利克斯·法兰克福特为他安排了一次与威尔逊总统的会面。又过了一段时间，费萨尔再次与魏茨曼会面，他们共同签署了一份文件，费萨尔同意在巴勒斯坦促成犹太人的多数地位，条件是他得到一个庞大而独立的阿拉伯王国。

巴勒斯坦首席政治官员的副手 J. N. 坎普（J. N. Camp）少校认为，该协议既不值得被写在纸上，也不值得为了获得两人的签名而付出努力。如果这份文件被公开，它将变成套在费萨尔脖子上的绞索。阿拉伯人会认为他是个叛徒。"最大的错误莫过于把费萨尔视为巴勒斯坦阿拉伯人的代表，"坎普写道，"只要他体现了阿拉伯民族主义，代表了他们的观点，他就会得到他们的支持，但如果他们认为他与犹太复国主义者达成了任何形式的协议，并有遵守协议的意愿，他就不再对他们有任何影响力。"坎普的评价部分源自他与萨卡基尼的对话，在对话中，萨卡基尼表达了民族主义的"三不原则"：对犹太复国主义说不，对分裂费萨尔的阿拉伯帝国说不，对犹太移民说不。[53]

从巴黎和会回来后，费萨尔进入了大马士革，并于 1920 年 3 月为自己加冕。他成为了大叙利亚地区的国王，而大叙利亚在理论上也包括巴勒斯坦。魏茨曼认为这一事件是英国驻巴勒斯坦军官策划的阴谋，这些人反对在巴勒斯坦建立犹太人的民族家园。[54] 然而，当法国人控制了叙利亚之后，费萨尔就被赶走了。英国人允许他在巴勒斯坦短暂停留，和他一起的还有十几个助手、二十五个妻妾、一百七十五名保镖、两辆汽车、二十五匹马和四吨行李。这位流亡的国王住在英国妇女弗朗西斯·牛顿（Frances Newton）位于海法的家里。他在那里接见仰慕者，并接受新闻采访。[55] 一段时间之后，他转移到了欧洲，最终成为了伊拉克国王。

魏茨曼和费萨尔之间的协议被多次引用，用于证明在犹太复国主义和阿拉伯温和派之间存在相互包容的可能性。[56] 然而，莫迪凯·本-希勒尔·哈科亨却从不相信犹太人与阿拉伯人之间达成的协议。当魏茨曼告诉他前往亚喀巴的计划时，他在日记中写道："阿拉伯人——其承诺不是承诺，其协议不是协议。"他真诚地希望犹太复国主义事业不依赖于阿拉伯人的同意。[57] 在魏茨曼与费萨尔会晤后的三年里，巴勒斯坦阿拉伯人和犹太人之间的对抗在加利利、耶路撒冷和雅法变得血腥起来，犹太人遭受了严重的损失。这些创伤性和具有形塑性的经历将在随后的几十年里决定犹太人和阿拉伯人之间的关系。它们同时也发出了一个明确的信号：犹太人与阿拉伯人的冲突将不是通过语言而是通过武力来决定。

6

1920 年 3 月 1 日星期一上午，几百名阿拉伯人聚集在上加利利一个孤立的犹太农场的门口，农场的名字叫泰勒海（Tel Hai）。当时该地区正处于悬而未决的状态——土耳其人已被打败，英国和法国则同意把上加利利地区纳入法国的势力范围之内。但这种安排只是暂时性的，因为没有人真正知道最后谁会控制这片地区。一群群武装人员在周围游荡——士兵、自由战士、冒险家、暴徒、公路强盗，很难弄清楚谁是谁。聚集在泰勒海农场大院外的阿拉伯人一直在追捕一些法国士兵，他们认为法国士兵藏匿在犹太人之中。阿拉伯人要求搜查院子。

当时有一百多名犹太人住在上加利利，其中大部分是青年男子，少数是妇女，这些人不是工人就是牧民或农民。他们先是在黑门山（Mount Hermon）附近的梅图拉定居，然后分布到附近的三个地方，其中之一便是泰勒海。定居者把自己视作犹太民族的先驱和使者。在他们看来，他们定居在这片土地上是一种民族使命，是实现梦想的其中一步。尽管与阿拉伯邻居关系紧张，但他们还是尽可能地留在了这里。有些人出生在巴勒斯坦，有些人来自东欧，也有些人是随犹太军团从美国来的。他们都配有武器。

他们倾向于尽可能避免在当地惹麻烦，但这是不可能的。他们不时地给阿拉伯人提供庇护，或者允许法国士兵在他们的土地上停留。当该地区的紧张局势加剧时，巴勒斯坦犹太社群的领导人在一个问题上产生了分歧，即到底是该向加利利派遣防卫部队，还是指示定居者离开。这是定期折磨犹太社群的根本问题之一。泽维·贾博廷斯基代表了比较激进的声音，他认为无法保护上加利利的定居者。他要求向他们传达他的意见，并让他们南迁。他写道："自从世界大战以来，殉道式的行为已经被严重地贬低了。"

戴维·本-古里安不赞同贾博廷斯基的意见：如果犹太人逃离上加利利，他们将很快被迫离开整个巴勒斯坦。这场争论很快就发展成了一场关于政治和基本存在价值的争论——谁"支持"加利利，谁就是爱国者，谁"反对"加利利，谁就是失败者。[58] 最后，包括戴维·埃德在内的犹太复国主义代表团决定前往加利利。但当代表团到达时，为时已晚。

1920 年 3 月 1 日上午在泰勒海到底发生了什么，一直没有人能弄清楚。那天，农场里并没有躲藏法国士兵，而泰勒海的犹太人也没有对阿拉伯人的搜查进行抵抗。其中一个定居者向空中开了一枪，这是向两公里外的克法尔·吉拉迪（Kfar Giladi）发出的求援信号。听到枪声后，约有 10 人出发前去协助泰勒海的定居者们。领头的是约瑟夫·特朗佩尔多（Yosef Trumpeldor）。

特朗佩尔多在整个巴勒斯坦都很有名，他被奉为英雄，是一名牙科医生。他曾在俄罗斯军队中担任军官，并在日俄战争中失去了左臂。[59] 残疾迫使他改行，于是他开始在圣彼得堡大学学习法律。同时，他身边聚集了一群年轻的犹太复国主义者。1912 年，他们来到巴勒斯坦。起初，特朗佩尔多加入了加利利湖畔的一个农场，后来他在代加尼亚（Deganya）集体农场当劳工。世界大战期间，他离开巴勒斯坦为盟军作战，并在建立犹太军团方面发挥了重要作用。

退伍后，特朗佩尔多回到了家乡圣彼得堡，或彼得格勒——名字是在他不在的这些年里改变的。他组织犹太人进行自卫，并创立了一个拥护社会主义的犹太复国主义政党——先锋党（Hehalutz）。以先锋党为平台，他开始涉足犹太人内部政治的领域。该党的几十名成员计划在巴勒斯坦定居，特朗佩尔多提前来到巴勒斯坦，以便为同僚们的到来做准备。泰勒海遇袭时，他正在访问梅图拉，并计划于不久后返回俄国。

当到达泰勒海时，特朗佩尔多挑起了指挥的重担。他可能开了火，也可能开得太快了，或许根本就没有必要开枪。在来自泰勒海的第一批报告中，其中的一份报告指出："双方都存在误解。"[60] 不论如何，在某一刻，每个人都在向其他人开枪。特朗佩尔多受伤了，先是手部受伤，然后是腹部受伤，但直到傍晚时分才有医生赶到。他们试图把特朗佩尔多转移到吉拉迪村，但他死在了路上。另有五名犹太人也被杀害。所有的人都被埋在克法尔·吉拉迪的两个集体坟墓里：四个男人被埋在一座坟墓里，两个女人被埋在另一座坟墓里。此外，五名阿拉伯人也在战斗中丧生。泰勒海和克法尔·吉拉迪的定居者们离开了他们的家园。

在随后的日子里，特朗佩尔多生前最后的话为人们所传唱，尽管这句话存在几个不同的版本。"不管怎样，为国而死是值得的"；"为以色列地而死是值得的"；"为国捐躯是好事"。一年后，一家报纸写道："一年过去了，一个民族神话的奇迹正在克法尔·吉拉迪的坟墓上绽放。"在胡尔达（Kibbutz Hulda）基布兹幼儿园的墙上挂着一块用绿色树枝编织的牌子，上面写着："为国捐躯是好事。"这句话的下面贴着特朗佩尔多的照片。报纸上写道，"泰勒海"所传递的信息是，坚守祖国土地的重要性，而这仰仗于数千名青年男女的力量。[61] 因此，"泰勒海"成了一个传奇。就像许多民族传奇一样，其影响力远远超过了英雄本身的力量。*

犹太复国主义运动需要它的英雄和烈士，而此时此刻，就在犹太人独立的梦想正在实现的时候，它需要他们。如果泰勒海一类的事件没有发生，犹太复国主义者就需要发明这些事件。就像希伯来语一样，定居点，尤其是在农业地区的定居点，是民族身份的一个基本要素。因此，对定居点的攻击就是对犹太复国主义集体基础的攻击。作为一个口号，"为国捐躯是好事"将国家和土地拔高到了个人生命之上。

泰勒海还象征着任何定居点都不应被抛弃的原则。然而，袭击发生后两个定居点被迫撤离的事实却一般不被提及。战败变成了胜利。[63] 特朗佩尔多，一个生活中的英雄，一个现代的犹大·马卡比，是一个合适的神话人物。同样重要的是，他曾属于劳工运动，而劳工运动将很快控制犹太人的公共生活，并垄断其价值与象征的制定权。作家约瑟夫·哈伊姆·布伦纳用《圣经》语言讴歌了巴勒斯坦犹太社群的第一个神话英雄。"约瑟夫·特朗佩尔多——心爱的，英俊的，勇敢的，被选中的，纯粹英雄主义的象征，在您的高处被杀。他的血被邪恶之子们抛洒……为国捐躯是好事吗？是好的！知道这一点而死的人是幸福的——他在泰勒海安息了。"[64] 过了一段时间，一座巨大的石像被安放在遗址上——是一只狮子。

工人领袖贝尔·卡茨奈尔森（Berl Katznelson）为死去的战士们写了一篇悼词，这篇悼词体现了巴勒斯坦犹太社群的民族意识。"愿以色列民族铭记其

---

* 随着泰勒海事件一周年的临近，《青年工人》周刊（*HaPoel HaTzair*）发表了对特朗佩尔多遗言的不同解释："为祖国而死比为异国而死要好，但为祖国而活更好。" [62]

忠诚和勇敢的儿女们的纯洁灵魂，铭记热爱劳动与和平的人民，他们为了以色列的荣誉和以色列的爱，追随着他们的犁，献出了自己的生命。愿以色列人民的子孙们铭记这一切并得到祝福，愿他们哀悼逝者们的光辉、英雄主义的喜悦、欲望的神圣和激战中的献身。但愿这哀悼不会静止，不被宽慰，不会逝去，直到以色列归来赎回其被掠夺的土地的那一天。"＊

　　泰勒海的神话不仅为巴勒斯坦的犹太社群提供了一个英雄主义的故事，还起到了转移注意力的作用——人们不再把视线集中在失职的犹太领导层身上，这些领导人未能保护好加利利的定居者。埃德在给魏茨曼的信中警告说，不应把这一事件当作犹太人和阿拉伯人之间敌对关系的证据。[66] 他警告说，犹太复国主义者们要十分小心，不要去伤害阿拉伯人，因为他们也在鼓动人们争当烈士。《国土报》驻大马士革的记者描述了一场集体追悼会，这场追悼会是为了纪念被土耳其政权处决的七名阿拉伯民族主义者。所有发言者都声称，死者命令生者与犹太复国主义运动进行殊死斗争。其中一人宣称："没有什么死亡能比为祖国献身更美丽。"[67]

注　释

1. Khalil al-Sakakini, *Such Am I, O World* (in Hebrew) (Jerusalem: Keter, 1990), p. 111.
2. Sakakini, *Such Am I, O World*, pp. 65, 242, 220, 107ff., 110, 128ff., 167, 242, 88.
3. The Arab Legion, ISA, Antonius Archive, P/384, no. 3831.
   George Antonius, *The Arab Awakening: The Story of the Arab National Movement* (London: Hamish Hamilton, 1938), p. 230.
   Philip Mattar, *The Mufti of Jerusalem* (New York: Columbia University Press, 1988), p. 12.
4. Sakakini, *Such Am I, O World*, p. 115.
5. Police report, 19 Dec. 1920, ISA M/5/155.
   Charter of the Christian-Muslim Association, CZA A/199/45.
   Yehoshua Porat, *The Growth of the Palestinian Arab National Movement, 1918–1929* (in Hebrew) (Tel Aviv: Am Oved, 1976), vol. I.
   Baruch Kimmerling and Joel S. Migdal, *Palestinians: The Making of a People* (New York: Free Press, 1993).
6. Sakakini, *Such Am I, O World*, p. 115.
7. Arieh L. Avneri, *Jewish Settlement and the Claim of Expropriation (1878–1948)* (in Hebrew) (Tel Aviv: Hakibbutz Hame'uhad, 1980), p. 64ff.
8. Ahad Ha'am, "Truth from Palestine," in *The Complete Works of Ahad Ha'am* (in

----

＊　尽管卡茨奈尔森的悼词以宗教仪式中的追悼祷文为蓝本，但它显然是世俗性的：文中并没有提到上帝。后来，这篇悼词又被改为全国性的宗教祈祷文。原文提到劳工运动的内容被删除，"愿以色列人民记住"也被改为"愿上帝记住"。[65]

Hebrew) (Tel Aviv: Dvir, 1949), p. 24.

9. Herzl–Al-Khalidi correspondence, Mar. 1899, CZA H III D. 13/H 197.
    Yosef Lamdan, "The Arabs and Zionism, 1882–1914" (in Hebrew), in *The History of the Jewish Yishuv in Palestine from the Time of the First Aliya, The British Mandate* (in Hebrew), ed. Moshe Lissak (Jerusalem: Bialik Institute), p. 219. On this matter, see also reports from British representatives in Jerusalem, Cairo, and Istanbul Apr.–May 1911, PRO FO 371/1245.

10. Rashid Khalidi, *Palestinian Identity* (New York: Columbia University Press, 1997), pp. 28ff.

11. Mohammed Izzat Darwazza, *Ninety-Five Years of Life: Memoirs and Meditations* (in Arabic) (Jerusalem: Arab Thought Forum, 1993), p. 199.
    Sakakini, *Such Am I, O World*, p. 47.
    Khalidi, *Palestinian Identity*, pp. 158, 168.

12. Pesi, "From Imagination to Reality," *Ha-Olam* (second year), nos. 34, 38 (28 Aug., 25 Sept. 1908).
    David Ben-Gurion, *Early Writings* (in Hebrew) (Tel Aviv: Ha'ahdut, 1962), p. 25. See also: the report of the Palestine Office on the Syrian Press, 24 June 1912, CZA Z3/1448 4. Report no. 17, 9 Dec. 1912, CZA L2/24 IV; Report no. 19, 28 Jan. 1913, CZA L2/24 V.

13. Minutes of the fifth assembly of the temporary commission, 9 June 1919, p. 112ff., CZA J1/8777. See also: CZA L4/769.

14. "A Show in Jaffa" (in Hebrew), *Hadashot Ha-Aretz*, 6 Mar. 1919, p. 12.

15. The Palestine Conference, 15 Feb. 1919, ISA M/5/155; CZA Z4/16078; CZA L4/767.

16. Arab protest, 1918, ISA M/4/1401-II.
    Arab protest, Mar.–Apr. 1920, CZA M/1/30 I-II.

17. Sakakini, *Such Am I, O World*, p. 121.

18. Sakakini diary, 15 Apr. 1919. With the kind permission of his daughters.
    Sakakini, *Such Am I, O World*, pp. 49–51ff.

19. Yaacov Ro'i, "The Zionist Attitude to the Arabs, 1908–1914," *Middle Eastern Studies*, vol. IV, no. 3 (Apr. 1968), p. 198ff.
    Sokolow interview translated into German and the response of the Egyptian press Apr.–May 1914, CZA L2/24 VI.

20. Yitzhak Epstein, "A Question Has Been Lost" (in Hebrew), *Ha-Shiloah*, 1907, p. 193ff.

21. "Our Relations with the Arabs" (undated, apparently 1920), CZA L/353.
    Ya'akov Yehoshua, *Childhood in Old Jerusalem* (Jerusalem: Re'uven Mass, 1966), pp. 215ff, 240.
    Ronald Storrs, *Orientations* (London: Ivor Nicholson and Watson, 1939), p. 381.
    Geoffrey Furlonge, *Palestine Is My Country* (New York: Praeger, 1969), p. 6.

22. Chaim Kalvarisky, "The Relations Between Jews and Arabs before World War I" (in Hebrew), *She'ifateinu*, vol. II, no. 2 (1931), p. 51.
    Yosef Eliyau Shlush, *The Story of My Life, 1870–1930* (published by the author, 1931), p. 424ff.
    Eliahu Elyashar, *Living with Palestinians* (in Hebrew) (Sepharadi Community Committee, 1975); Eliahu Elyashar, *Living with Jews* (in Hebrew) (Marcus, 1980).

23. Preparation Fund Account, 30 June 1918, CZA L3/285. See also: Jehuda Reinharz, *Chaim Weizmann: The Making of a Statesman* (New York: Oxford University Press, 1993), pp. 245, 287ff.
    Weizmann to Bella Berlin, 8 Nov. 1919, in *The Letters and Papers of Chaim Weizmann*, ed. Jehuda Reinharz (New Brunswick, NJ, and Jerusalem: Transaction Books, Rutgers University, and Israel Universities Press, 1977), vol. IX, p. 251ff.

24. Weizmann to his wife, 24 Mar. 1918; Weizmann to Sokolow, 18 Apr. 1918; Weizmann to Ormsby-Gore, 21 Apr. 1918, in *The Letters and Papers of Chaim Weizmann*, ed. Dvora Barzilay and Barnett Litvinoff (New Brunswick, NJ, and Jerusalem: Transaction Books,

Rutgers University, and Israel Universities Press, 1977), vol. VIII, pp. 107, 138ff., 151ff.
Minutes of the Zionist Commission, 25 Mar. 1918, CZA L3/285.
Report on the Zionist Commission to Palestine (undated), CZA L3/657, pp. 3, 13.
Weizmann in the Zionist Commission, 14 Mar. 1918, CZA L4/293.

25. Weizmann to Money, 26 Jan. 1919, in Reinharz, ed., *The Letters and Papers of Chaim Weizmann*, vol. IX, p. 150ff.

26. Reinharz, *Chaim Weizmann: The Making of a Statesman*, p. 257.
Weizmann to Ahad Ha'am, 3 Aug. 1918; Weizmann to Balfour, 30 May 1918, in Barzilay and Litvinoff, *The Letters and Papers of Chaim Weizmann*, vol. VIII, pp. 198ff; 257ff.

27. Weizmann to his wife, 30 Apr. 1918, in Barzilay and Litvinoff, *The Letters and Papers of Chaim Weizmann*, vol. VIII, p. 171.

28. Barzilay and Litvinoff, *The Letters and Papers of Chaim Weizmann*, vol. VIII, p. 198ff.

29. Sakakini, *Such Am I, O World*, p. 126.

30. Reinharz, *Chaim Weizmann: The Making of a Statesman*, p. 255.

31. Chaim Weizmann, *Trial and Error* (London: Hamish Hamilton, 1949), p. 290ff.

32. Weizmann to his wife, 17 June 1918, in Barzilay and Litvinoff, *The Letters and Papers of Chaim Weizmann*, vol. VIII, p. 210ff.
Clayton memorandum, 12 June 1918, PRO FO 371/3398/105824/F 27647. See also: Aaron Klieman, "The Weizman-Feisal Negotiations," *Chicago Jewish Forum*, vol. 24, no. 4 (Summer 1966), p. 297ff.
Weizmann, *Trial and Error*, p. 294.

33. Weizmann to Balfour, 17 July 1918, CZA L3/310.

34. Chaim Weizmann, *Trial and Error*, p. 298.

35. Kalvarisky to the Advisory Council, 7 Dec. 1920, CZA L3/9 II. See also: CZA L4/766 and L4/881.

36. Minutes of the fifth assembly of the temporary commission, 9–11 June 1919, CZA J1/8777.

37. Heads of Scheme for the Provisional Government in Palestine, Jan. 1919, CZA J1/8766 I.
Memorandum of the Zionist Organization on the matter of Palestine, 3 Feb. 1919, in Reinharz, ed., *The Letters and Papers of Chaim Weizmann*, vol. IX, p. 391ff.

38. Foreign Relations of United States, *The Paris Peace Conference 1919* (Washington: United States Printing office, 1943), vol. IV, p. 169. See also: Reinharz, *Chaim Weizmann: The Making of a Statesman*, p. 299.
Weizmann to his wife, 28 Feb. 1919, in Reinharz, ed., *The Letters and Papers of Chaim Weizmann*, vol. IX, p. 118.

39. The Fifth Meeting of the Advisory Committee, 10 May 1919, CZA Z4/16009.

40. Martin Gilbert, *Atlas of the Arab-Israeli Conflict* (Tel Aviv: Ministry of Defense, 1980), p. 11. See also: Yigal Elam, "Political History, 1918–1922," in *The History of the Jewish Yishuv in Palestine from the Time of the Aliya (The British Mandate)* (in Hebrew), ed. Moshe Lissak (Jerusalem: Israel Academy of Sciences, Bialik Institute, 1993), part I, p. 158ff.

41. Chaim Weizmann, *Trial and Error*, p. 300.

42. Foreign Relations of the United States, *The Paris Peace Conference, 1919* (Washington: United States Printing office, 1943), vol. III, pp. 795–96.

43. "America's Place in World Government" (no author), *Round Table*, no. 33 (Dec. 1918), p. 34. See also: Yeshayahu Friedman, *The Palestine Question in the Years 1914–1918* (Jerusalem, Tel Aviv: Magnes and the Ministry of Defense, 1987), p. 70. Frank E. Manuel, *The Realities of American-Palestine Relations* (Westport: Greenwood Press, 1975), p. 273.
CAMP report, 15 Feb. 1919, ISA M/5/155.
Ballobar diary, 30 July 1918. With the kind permission of his daughter.

44. Ballobar diary, 27 May 1919. With the kind permission of his daughter.
Ha'aretz, 25 July 1919, p. 3.

45. Zaha Bustami, "American Foreign Policy and the Question of Palestine" (diss. submit-

ted to Georgetown University, Washington, DC, 1989), vol. I, p. 237.
Weizmann, *Trial and Error*, p. 241.

46. Bustami, "American Foreign Policy," vol. I, p. 237.
    Weizmann, *Trial and Error*, p. 241.

47. H. Sacher, *A Jewish Palestine: The Jewish Case for a British Trusteeship* (London: Zionist Organization, 1919), p. 17.

48. "Our Relations with the Arabs" (unsigned; apparently 15 Jan. 1920), CZA L3/353.
    Edwin Samuel at the Palin conference (Apr. 1920), PRO WO 329616, p. 5.

49. Balfour memorandum, 11 Aug. 1919, in *Documents on British Foreign Police, 1919–1939*, ed. E. L. Woodward and Rohan Butler (London: HMSO, 1952), 1st ser., vol. IV, 1919, p. 343.
    Weizmann, *Trial and Error*, p. 300.
    Bustami, "American Foreign Policy," vol. I, p. 99.
    CZA A 182/86/3.
    CZA L3/340.

50. Charles Crane to Donald M. Brodie, 30 Nov. 1934, ISA (Antonius collection), P/381/2727.
    Harry N. Howard, *The King Crane Commission* (Beirut: Khayats, 1963), p. 99.
    CZA A 182/86/3.
    CZA L3/340.

51. Sakakini, *Such Am I, O World*, pp. 121, 125.

52. *Editor and Publisher*, vol. 55, no. 27 (Dec. 22,), p. 1ff., ISA (Antonius collection), P/381/2727.

53. ISA P/1 650/103.
    J. N. Camp, 12 Aug. 1919, in Woodward and Butler, vol. IV, p. 364.
    Herbert Samuel with Emir Faisal, 15 Oct. 1919, CZA L3/27–29.
    Jewish representatives with Faisal, 19 Oct. 1919, CZA Z4/1392 I.
    Elam, "Political History, 1918–1922," p. 162.
    Sakakini diary, 39 Mar. 1919, 15 Apr. 1919. Quoted with the kind permission of his daughters.

54. Weizmann to the Zionist Executive, 25 Mar. 1920, in Reinharz, ed., *The Letters and Papers of Chaim Weizmann*, vol. IX, p. 328ff.
    Nakdimon Rogel, "Weizmann's Man in Damascus" (in Hebrew), *Ha-Tsionut*, VIII (1983), p. 292.

55. Samuel to his wife, 8 Aug. 1920, ISA, P/1 651/41.
    Herbert Samuel, *Memoirs* (London: Cresset Press, 1945), p. 158.
    Francis Emily Newton, *Fifty Years in Palestine* (Wrotham: Coldharbour Press, 1948), p. 143.
    Weizmann to Eder, 8 Dec. 1921, in *The Letters and Papers of Chaim Weizmann*, ed. Bernard Wasserstein (New Brunswick, NJ, and Jerusalem: Transaction Books, Rutgers University, and Israel Universities Press, 1977), vol. X, p. 317.
    Newton to *Ha'aretz*, 1 July 1921, p. 3. See also: Interview with Faisal, *Ha'aretz*, 18 Aug. 1920, p. 2.

56. Weizmann, *Trial and Error*, p. 294.

57. Mordechai Ben-Hillel Hacohen, *The Wars of the Nations* (in Hebrew) (Jerusalem: Yad Ben-Zvi, 1985), vol. II, p. 918.

58. Nakdimon Rogel, *A Front Without a Rear* (in Hebrew) (Yariv, 1979), p. 154.
    Nakdimon Rogel, *The Tel-Hai Affair: Documents on the Defense of the Galilee, 1919–1920* (in Hebrew) (Tel Aviv: HaSifriya HaTzionit, 1994), p. 238.

59. Shulamit Laskov, *Trumpeldor* (in Hebrew) (Jerusalem: Keter, 1995).

60. Minutes of the Zionist Commission, 7 Mar. 1920, CZA L3/300.

61. Rogel, *A Front Without a Rear*, p. 190.
    M. Glickson, "Memorial Day" (in Hebrew), *HaPoel HaTzair*, 22, 28 Mar. 1921, p. 5.

Ha'aretz, 28 Mar. 1921, p. 3.

62. Y.L-N, "Tel Hai Day," *HaPoel HaTzair*, 22, 28 Mar. 1921, p. 3.

63. Yael Zerubavel, *Recovered Roots: Collective Memory and the Making of Israeli National Tradition* (Chicago: University of Chicago Press, 1995).

Arieh Pialakov, ed., *The Lesson of Tel Hai* (in Hebrew) (Tel Aviv: Hakibbutz Hame'uhad, 1980).

64. Yosef Chaim Brenner, "Tel Hai," in *The Collected Works of Y. Ch. Brenner* (in Hebrew) (Tel Aviv: Dvir, 1960), vol. II, p. 176.

65. Nahum Barnea, "The War over *Yitzkor:* From Berl Katznelson to Rabbi Goren," in *A Speech for Every Occasion*, ed. Tamar Brosh (Tel Aviv: Open University, 1993), p. 140.

66. Eder to Weizmann, 14 Mar. 1920, CZA Z4/16033.

67. *Ha'aretz*, 19 May 1920, p. 3.

第 6 章　内比·穆萨，1920

1

1920 年 4 月 4 日星期日清晨，哈利勒·萨卡基尼来到耶路撒冷老城雅法门外的市政大楼。他每年都会来到这里观看内比·穆萨（Nebi Musa）节的游行。内比·穆萨是阿拉伯人对摩西的称呼，按照传统，穆斯林会在内比·穆萨节这一天前往与摩西有关的一处圣地朝拜。那一年，逾越节、希腊东正教的复活节，以及内比·穆萨节全都恰好落在"最残忍的月份"*里的同一个星期之内。在"记忆和欲望"†共同的驱使之下，暴力事件最终爆发，节日的庆祝活动也遭到了破坏。这实质上构成了阿犹土地战争的开端。1

"耶路撒冷的内比·穆萨节是政治性的，而不是宗教性的，"萨卡基尼写道。他解释说，每年的这个时候，世界各国的基督徒都会涌向耶路撒冷，因此穆斯林也必须在耶路撒冷聚集起来，以防止基督徒占领该城。他们从全国各地以及邻国赶来，一个部落接一个部落，一个车队接一个车队，他们带着旗帜和武器，好像要去打仗一样，萨卡基尼写道。土耳其当局曾经在老城的狮子门旁架起大炮，并派出大批士兵和警察护送游行队伍。节日的宗教因素只是为了吸引群众，否则他们就不会来了。分发食物也是出于同样的原因，他写道。

萨卡基尼喜欢观察庆典中的人群，喜欢他们吟唱的诗歌。他认为诗歌有

---

* 源自 T. S. 艾略特《荒原》（The Waste Land）中的诗句，"四月是最残忍的月份"（April is the cruellest month）。——译者注

† 同上，源自《荒原》。——译者注

利于培养民族认同感，并建议每个村子都成立"诗人委员会"。委员会负责创作新作品，同时教导村里的年轻人学习传统舞蹈。他写道："我们将教他们使用武器，教他们舞剑和其他东西，以确保他们的心被重新唤醒。骑士时代将焕发出新的活力，民族将被锻造一新。"*

当他到达城市广场的时候，那里已聚集起了六七万人。有些人来自希伯伦，有些人来自纳布卢斯。他们举着横幅，挥舞着旗帜。贵宾们站在耶路撒冷阿拉伯俱乐部的阳台上，但由于骚动和喧闹，并不是所有人都有机会发表讲话。其中一人愤怒地撕毁了他的演讲稿。

现在的时间是 10 点半左右。在老城，阿拉伯暴徒已经在街头闹腾了一个多小时。小混混们在犹太区的人行道上涌动，无论谁经过都要动粗，还打伤了一个小男孩的脑袋。他们闯入犹太人的商店，并实施抢劫。犹太人都躲了起来。[2]

与此同时，阿拉伯俱乐部阳台上的演讲还在继续。有人挥舞起一张费萨尔的照片，他刚刚加冕为大叙利亚国王。群众高呼"独立！独立！"演讲者谴责犹太复国主义，其中一位只是个 13 岁的小男孩。市长穆萨·卡齐姆·侯赛尼在市政大楼的阳台上发表了讲话，《南叙利亚》(Suriya al-Janubia) 报社编辑阿里夫·阿里夫（Aref al-Aref）则骑在马上演讲。群众们怒吼道："巴勒斯坦是我们的土地，犹太人是我们的狗！"在阿拉伯语中，这句话是押韵的。

没有人知道到底是什么引发了骚乱。在向英国调查法庭提供的证词中，人们表示，一个犹太人推了一个拿着国旗的阿拉伯人，抑或他向国旗吐了口水，要不就是他试图抢夺国旗。在另一个版本的故事中，暴力事件是由一个阿拉伯人挑起的，他指着一个路过的犹太人说："这是一个犹太复国主义者，狗娘养的。"另有许多人作证说，阿拉伯人在阿姆杜尔斯基酒店入口处袭击了一名犹太老人，并用棍子击打了他的头部。这名男子倒下了，满头是血。有人试图营救他，但被人刺伤。还有人说他们听到了枪声。"愤怒几乎变成了疯狂，"萨卡基尼写道。每个人都在喊："穆罕默德的宗教是通过剑建立起来

---

* 内比·穆萨节的庆祝活动让萨卡基尼开始沉思阿拉伯人和犹太人节日的区别。他指出，犹太人经常哭泣，因为他们的大多数节日都是为了纪念他们所遭遇的灾难；穆斯林的庆祝活动则充满了热情，有诗歌、旗帜和丰富多彩的游行。萨卡基尼从中得出了一个结论："一个把节日仅用于哭泣的民族，是没有未来的。"

的。"他们同时挥舞着棍棒和匕首。萨卡基尼设法从人群中逃了出来，没有受伤。他写道："我去了市政花园，我的灵魂对人类的疯狂感到厌恶和沮丧。"[3]

2

　　在过去的一年里，该市的阿拉伯人与犹太人之间的关系严重恶化。侯赛尼市长和梅纳赫姆·乌西什金也发生了冲突，后者在哈伊姆·魏茨曼返回伦敦后被任命为犹太复国主义委员会的主席。戴维·埃德此前在魏茨曼不在的时候一直管理着委员会的事务，他不喜欢新来的上司。两人几乎没有什么共同点：埃德很英国，乌西什金很俄国。埃德经常沉默寡言，乌西什金则滔滔不绝。埃德脾气温和，十分低调，而乌西什金则喜欢夸夸其谈，坚持要得到他认为应该得到的尊重。埃德认为，犹太复国主义的成功取决于克制地工作，避免大张旗鼓的公开活动，以免激怒阿拉伯民众。乌西什金则坚信应该举行大规模的示威行动，以显示民族尊严。他与耶路撒冷市长的第一次会面就充满了敌意，并很快就恶化为明确的战争威胁。

　　两人之间的对话需要一名翻译——乌西什金讲希伯来语，侯赛尼讲阿拉伯语。乌西什金率先向市长发难：为什么耶路撒冷的街道上到处坑坑洼洼，满是灰尘？他质问道。市长解释说，市政工程师没法用沥青铺设街道，因为街道不平整；此外，沥青很危险，人和动物都可能在上面滑倒。乌西什金不依不饶，他说，路基是肯定能被铺平的。市长解释说，市里没有钱。

　　之后，侯赛尼问起巴黎和会的情况。乌西什金表示，尽管条约尚未达成一致，但一切基本都已尘埃落定：叙利亚将被置于法国的保护之下，而巴勒斯坦则继续归英国统治。"阿拉伯人是不会同意的。"侯赛尼回答说。乌西什金打断了他的话："听着，我说一切都已尘埃落定。"紧接着，他又重复了一遍原话，并提到费萨尔王子已经同意在巴勒斯坦建立犹太人的民族家园。对侯赛尼而言，巴勒斯坦的阿拉伯人并没有授权费萨尔以他们的名义作出让步。

他说，他并不反对犹太人，阿拉伯人欢迎目前已经住在这个国家的犹太人，但反对更多的犹太移民。他试图让乌西什金明白一个道理，即为人的作风很重要。他说，犹太复国主义者们不了解阿拉伯文化，他们总是以一种蔑视和居高临下的态度对阿拉伯人说话。

市长紧接着举了一个例子：当地本来要举行一个纪念英国征服一周年的仪式，犹太人却突然要求用希伯来语印刷请柬。乌西什金争辩说，希伯来语是大多数耶路撒冷居民的语言，但侯赛尼却不以为然。他指出，首先，大多数犹太人都懂阿拉伯语。第二，他们中的大多数人不懂希伯来语。第三，用希伯来语印刷请柬的要求完全是为了迫使市政府屈服于犹太复国主义的要求。对此，市政府不会让步。

乌西什金并不否认犹太人伤害了阿拉伯人的感情。他说，这些事情是可以解决的，但犹太人绝不会在他们的民族主张上让步，没有妥协的余地。他接着说，我们不希望发生战争，事实上，我们正尽一切努力避免战争。然而，如果有必要发生战争的话，犹太人并不害怕打仗。乌西什金对市长说，如阁下所知，犹太人目前已经具备了战争所需的一切条件。战争会使双方都受到伤害，但阿拉伯人将遭受更大的伤害，他最后说道。

双方可说的不多了。乌西什金提醒市长，犹太人在到达应许之地之前，曾在旷野中流浪了 40 年。穆萨·卡齐姆·侯赛尼笑了。他说，犹太人之所以等了四十年时间，是因为他们没有老老实实听穆萨（摩西）的话。他建议他们现在就听从穆萨的教导，以免再花四十年时间才能到达他们想去的地方。乌西什金向犹太复国主义委员会汇报时，对这次会面做出了如下总结：侯赛尼是犹太人民的敌人。[4]

在整个 1919 年，犹太社群的领袖们都在警告政府注意阿拉伯人对犹太人的阴谋。在雅法，犹太人注意到一个名为"黑手"的阿拉伯恐怖组织，并向政府报告了该组织的活动。犹太复国主义委员会声称，其成员计划袭击犹太人，以阻止其他犹太人在巴勒斯坦定居。而在当年的内比·穆萨节之前，复国主义委员会曾警告英国当局，游行有可能演化为暴力事件。[5] 然后在 1920 年冬天，阿拉伯领导人组织了示威游行，呼吁独立，谴责犹太复国主义，并反对英国人的统治。当局许可了示威活动，最终有数千人参加。示威活动总体来说是和平的，尽管不时有一些示威者对路过的犹太人拳脚相加。

随着 1920 年内比·穆萨节庆的临近，犹太复国主义委员会再次警告当局，要他们准备好应对骚乱。首席行政官路易斯·博尔斯将军承诺，他手下的部队已为一切可能发生的情况做好了准备。耶路撒冷的犹太居民派了一名代表去找总督斯托尔斯商谈游行的事，总督向犹太代表保证，他将尽一切努力防止节日庆祝活动演变成暴乱。[6]

犹太人还是很谨慎。"现在随时都有可能爆发一场屠杀。"泽维·贾博廷斯基曾在给哈伊姆·魏茨曼的信中写道。魏茨曼当时正从埃及赶往巴勒斯坦。当他到达耶路撒冷时，他来到奥古斯塔·维多利亚城堡与艾伦比将军会面。到城堡后，他碰到了另一位客人——赫伯特·塞缪尔，他是代表英国政府来评估巴勒斯坦的局势的。当时博尔斯将军也在现场。魏茨曼就城内的紧张局势发出了警告。他说，一场针对犹太人的屠杀正在酝酿之中。博尔斯和艾伦比向他保证，军队已经控制了局势，并祝他逾越节快乐。魏茨曼随后来到了海法，与刚在巴勒斯坦定居的母亲一起庆祝逾越节家宴（Seder）。他的儿子班吉（Benjy）也和他在一起，班吉即将行"受戒礼"（Bar Mitzvah）。家宴结束后，他们回到了耶路撒冷。

在圣墓教堂发生的一起事故给了他们一个暗示。理查德·亚当森（Richard Adamson）是一名士兵，他发现自己正处于一种奇怪的境地。他被派去维持圣墓教堂的秩序，这座教堂被认为建在耶稣的坟墓上。一大群基督徒聚集在教堂里，参加传统的圣火仪式。每年，圣火都会出现在靠近墓穴的一个小房间里。据说火是从天而降的，是一年一度的奇迹。这是"一个绝妙的谜团，"罗纳德·斯托尔斯写道，"一半是政治性的，另一半具有异教属性，有时被醉酒、野蛮和谋杀所破坏。"当理查德·亚当森在值守的时候，教堂的门突然被打开，一群阿拉伯人涌了进来。亚当森看到其中一人正准备给主教致命一击，但还没等他动手，圣火突然出现。歹徒惊慌失措地退了出去，主教的性命得以保全。[7]

第二天是个星期天，斯托尔斯在父亲和母亲的陪伴下，来到圣乔治大教堂做主日礼拜。礼拜结束时，有人告诉他在雅法门附近发生了骚乱。"就好像他把一把剑插进了我的心脏。"斯托尔斯后来写道。他赶到了英军总部，总部位于纳布卢斯门附近的奥地利安养院（Austrian Hospice）内。博尔斯将军已经召集属下召开了紧急会议。在没打招呼的情况下，哈伊姆·魏茨曼冲进了会议室。刚刚听到市内发生动乱消息的他要求英国政府采取一致行动恢复秩序。[8] 魏茨曼十分生气和愤怒，毕竟他已经提前向英国人发出了暴动的警告。斯托尔斯则提醒他，犹太复国主义委员会在前一年也曾向他发出过暴动的警告，但当年一切都很平静。

事实上，斯托尔斯的确有过错。几天前，他曾向阿拉伯社群的领导人发出警告，但并没有采取其他行动。他后来会辩解说，其批评者并不了解当时的困难情况：老城的街道陡峭、狭窄、曲折，还有许多楼梯，这导致汽车和马匹都无法通行。有可能一整家人正在某个警察看不见也听不到的角落被杀害，即便警察就驻守在离这不到一百码的地方。在斯托尔斯看来，除此之外，还有心理方面的因素。在耶路撒冷，即便是一个空汽油罐子突然在石头上碰出的响声也会引发恐慌。最后，他手下可用的警察缺乏经验，没有经过必要的训练。他们不是英国人，其中许多是印度人。斯托尔斯手下总共有 188 人，其中只有 8 名警官。[9]

斯托尔斯实际上本可以学习土耳其人的经验，为了维持秩序，他们通常会在内比·穆萨节游行期间部署数千名士兵。头一年的和平庆祝活动不应该误导他。作为一个政治家，他应该意识到，前几周发生的事件，包括泰勒海事件、费萨尔加冕，特别是民族主义的热情高涨，这一切都有可能引起麻烦。犹太代表早就发出了警告，而他本人所能看到的评估报告也证实了这一点。[10] 其失职不仅体现在没能防止暴乱发生，也体现在他压制暴乱的不力：暴乱直到三天后才停止。

在过去的一个月里，数百名犹太人被组织起来进行自卫。他们中的许多人属于马卡比体育俱乐部，有些人还曾在犹太军团服役。他们的训练主要包括健身操和用棍棒进行徒手格斗。内比·穆萨节骚乱爆发几小时后，哈利勒·萨卡基尼看到了这些犹太人，他们拿着警棍，唱着歌，四人一排，列队行进。萨卡基尼忍不住笑他们，说他们让他想起了一位诗人的话："当战场清空时，懦夫独自出征。"[11]

指挥官是泽维·贾博廷斯基，在早些时候，他被英国军队除名，因为他是一个"不检点的政治演说者"和"火药桶"。贾博廷斯基发表了太多的演讲，还给高级军官们写了许多盛气凌人的信，指责他们敌视犹太复国主义运动。[12] 退伍后，他和妻子约翰娜（Johanna）以及儿子埃里（Eri）在耶路撒冷定居，在那里，贾博廷斯基翻译诗歌，并在《国土报》上发表文章。

贾博廷斯基经常有客人来访。他住在市中心，离哈伊姆·魏茨曼的住所范戈尔德宅邸（Feingold House）不远，离犹太复国主义委员会办公室和中央邮局也很近。他家成为了犹太军团指挥官、犹太复国主义委员会成员以及哈达萨医疗团成员的热门聚会场所。一些客人住在底层，把那里当单间公寓使用。贾博廷斯基接待了许多作家和记者，其中包括阿哈德·哈阿姆（Ahad Ha'am）和词典编纂者埃利泽·本-耶胡达的儿子伊塔马尔·本-阿维。本-阿维是世俗犹太身份的倡导者，他认为希伯来语应该用拉丁字母书写，贾博廷斯基同意他的意见。另一位客人是平哈斯·鲁滕贝格（Pinhas Rutenberg），他为建立犹太军团出过力，并曾在俄国革命政府中担任过部长。罗纳德·斯托尔斯把鲁滕贝格比作埃及的狮身人面像——他的头像花岗岩一样坚硬，他写道。斯托尔斯还相信，在危机时刻，犹太人和阿拉伯人都会愿意服从他。鲁滕贝格参与了在耶路撒冷建立犹太人自卫组织的倡议。

贾博廷斯基特意在公开场合训练他的志愿者。他认为自由与可见性是原则问题，他要捍卫自己的观点，并反对那些主张建立地下防卫组织的劳工运动成员。训练和检查是在学校操场上进行的，贾博廷斯基还带着他的人至少在城市里游行过一次。自卫组织的总部设在犹太复国主义委员会办公室的两个房间里，这一场所也是委员会提供的。犹太复国主义委员会向当局通报了这项计划，并要求为自卫队配备武器。英国人拒绝了这一要求。[13]

骚乱爆发后，贾博廷斯基和鲁滕贝格跑去找斯托尔斯，但却没能找到他。显然，总督当时还在教堂里。临近中午时，他们在街上相遇。斯托尔斯是贾博廷斯基家的常客，也是其家人的朋友，他特别喜欢埃里。斯托尔斯在回忆录中写道："没有比弗拉基米尔·贾博廷斯基更英勇的军官，也不存在比他更有魅力、更有修养的伙伴了。"他用贾博廷斯基的俄文名字写道。他还引用了哈伊姆·纳赫曼·比亚利克所写的一首诗的英译本——《把我带到你的翅膀下》（Take Me Under Your Wing），其译文是贾博廷斯基提供的。但斯托尔斯同

时也认为，贾博廷斯基有可能使巴勒斯坦陷入战争。[14] *

贾博廷斯基建议出动他的自卫队，斯托尔斯则询问他把自卫队的武器放在了哪里。他命令贾博廷斯基和鲁滕贝格交出他们随身携带的手枪。斯托尔斯说，他其实应该以携带武器的罪名把他们关进监狱。之后，他要求两人在当天下午晚些时候到他的办公室，以便探讨建立一支非武装犹太警卫队的可能性。斯托尔斯的一个助手赞成这个想法，斯托尔斯本人则反对。

随后，他改变了主意。他指示贾博廷斯基带着两百名部下到俄国大院的警察总部报到，让他们宣誓成为警察。志愿者们来到了大院，斯托尔斯的助手波帕姆上校开始主持宣誓仪式。突然，他接到了停止的命令。波帕姆被告知，没有必要成立警卫队，这些人都被送回了家。当局本来还打算邀请阿拉伯志愿者加入警察部队，但这些人最后也打道回府了。[16]

工人领袖和教育家雷海勒·亚奈特（Rachel Yanait）从邻居那里听说了暴乱的消息。那天，戴维·本-古里安来拜访她和她的丈夫伊扎克·本-茨维（Yitzhak Ben-Zvi）。三人谈论政治一直聊到中午。那几个星期见证了一场相当激烈的政治运动的高潮，巴勒斯坦的犹太人正在选举第一届国民议会的代表。当得知骚乱的消息后，本-古里安和本-茨维迅速向耶路撒冷市中心赶去。阿拉伯房东锁上了所有的门，关上了百叶窗。亚内特决定去老城看看到底发生了什么。她的理由是，只要她穿着优雅，就不会遭到逮捕。她从一个旧皮箱里拿出了一件她在海外才穿的衣服和一顶小帽子，那是她母亲在乌克兰时的东西。随后她就出发了，在这之前，她把一把手枪塞进了口袋里。

她获准进入老城，并在老城里转悠了几个小时，没有任何明确的目的地。集市的小巷空无一人，她不时听到暴徒的声音。她迷路了，一位俄罗斯修女从她身边路过，亚内特向她打听去雅法门的路。惊恐的修女没有给予回应便匆匆离开。在圣墓教堂附近，她瞥见两个士兵在用担架抬着一名伤员。她以为自己认出了这两名士兵——是本-古里安和本-茨维，但那无疑是错觉。事实上，本-古里安当天大部分时间都在老城外的犹太复国主义委员会办公室里。亚内特走了，远远地看到了斯托尔斯，然后碰到了在巴勒斯坦访

---

* 在他的书稿中，斯托尔斯把贾博廷斯基描述为一个"聪明而迷人"的人。在印刷版中，他把上述形容词改成了"多才多艺和暴力"。[15]

问的社会主义犹太复国主义思想家、在俄罗斯出生的美国人纳赫曼·瑟尔金（Nachman Syrkin）。他们一起走到老城的犹太区，突然发现自己身处一片乌云之中。阿拉伯人撕碎了受害者的被子和枕头。对亚内特和瑟尔金来说，这是发生种族屠杀的普遍迹象。[17]

骚乱第一天结束时，英国人实行了宵禁。鉴于警察和军队的软弱无力，宵禁本应日夜不间断执行。可等第二天天亮时，骚乱又开始了，而且越来越严重。几十名暴徒在前一天晚上被逮捕，但获准参加晨礼，之后被释放。阿拉伯暴徒继续袭击过往的犹太人，并闯入犹太人的住宅，特别是那些分散在阿拉伯聚居区内的住宅。

佐拉赫·爱泼斯坦（Zorach Epstein）拉比回忆说，暴徒闯入了他的房子，带着所有的东西仓皇而逃。他们拿走了床垫、毯子、枕头、被子、银烛台和他妻子的首饰。之后他们又突袭了托拉斯·哈伊姆犹太学校（Toras Chaim Yeshiva），撕毁了妥拉卷轴，把它们扔在地上，并放火烧楼。此外，还有两名行人被刺死。老城被封，即使是试图逃跑的犹太人也不允许离开。当天下午，政府宣布戒严。列兵理查德·亚当森后来回忆说，他和他的战友们重点搜查了阿拉伯妇女，他们发现，大部分非法武器都藏在她们身上。[18]

抢劫和盗窃仍在继续。一些房屋被人放火烧毁，一些墓碑也被人毁坏。傍晚，士兵们从老城撤离。一个调查法庭后来声称，撤离士兵是"一个错误的决定"。住在老城的犹太人没有接受过保护自己的训练，他们手上也没有武器，而贾博廷斯基的志愿者则把人手都集中到老城外去了。[19]事实表明，这也是个错误的决定。

周二上午，暴徒冲进了汉娜·亚菲（Hannah Yafeh）的院子，这里离宽恕之门（Gate of Forgiveness）不远，而宽恕之门可以通往坐落在穆斯林区的圣殿山。院子旁边有三座犹太人的房子。自暴乱开始以来，这些房子的住户几乎被团团围住。当袭击者砸开大门时，住户们逃到了楼上。他们砸碎了家具，抢走了贵重物品，然后上到楼上，开始殴打犹太人。摩西·利夫希茨（Moshe Lifschitz）被铁棍击中头部，伤势严重。他的孩子也遭到了殴打。此后，袭击者轮流强奸了利夫希茨的两个姐妹，一个25岁，已婚，另一个才15岁。

与此同时，贾博廷斯基的两名手下，别着枪，穿着白大褂，乘坐哈达萨的救护车进入了老城。其中一人名叫尼赫米亚·鲁比佐夫（Nehemia Rubitzov）。他曾在犹太军团服役，是在美国入的伍。他来自乌克兰，后来移民到美国。在那里，他卖过报纸，当过裁缝，在犹太裁缝工会中也很活跃，还在芝加哥大学学习过。多年后，本-古里安声称，是他亲自把鲁比佐夫招入了军团。当鲁比佐夫第一次申请加入军团时，他因为腿部的小毛病被拒绝了。他跑去另一个征兵办公室试试运气，并把自己的名字改为拉宾，最后被录取。

进入老城后，他和战友茨维·纳达夫（Zvi Nadav）试图组织居民保护自己，并指示他们在屋顶上准备好石块并摆好开水，用它们来对付暴徒。在他们的帮助下，一些犹太人被带出老城。其中有一个叫罗莎·科恩（Rosa Cohen）的，她是莫迪凯·本-希勒尔·哈科亨（Mordechai Ben-Hillel Hacohen）的侄女。三个月前她才从俄国来到这里。她被称为"红罗莎"，是个布尔什维克分子，曾在俄国管理一家军用炸药厂。她不是犹太复国主义者，其本意是去美国定居，但她加入了一群年轻的移民，并乘坐"鲁斯兰"号（Ruslan）来到巴勒斯坦。* 她与尼赫米亚·拉宾（Nehemia Rabin）相爱、结婚，并在两年内生下了儿子伊扎克·拉宾。[21]

在老城外，贾博廷斯基的几名自卫队成员与一些吉卜赛人发生了枪战，这些吉卜赛人把营地设在了犹太区梅阿谢阿里姆（Mea She'arim）和阿拉伯区谢赫贾拉（Sheikh Jarrah）之间。哈利勒·萨卡基尼目击了这一切。他写道："当犹太人攻击阿拉伯人时，我恨他；当阿拉伯人攻击犹太人时，我恨他；当人类充满仇恨和敌意时，我恨所有人类。"在某一刻，穆斯林-基督徒协会提出了让斯托尔斯辞职的要求，同时要求解除犹太人的武装。[22]

英军派了几个人去搜查犹太人的武器。他们搜查的其中一处地方是哈伊姆·魏茨曼的公寓，但他们什么也没找到。然而，在贾博廷斯基的家中，他们发现了三支步枪、两把手枪和 250 发子弹。一共有 19 个人被捕入狱，但不包括贾博廷斯基。他愤愤不平，在律师莫迪凯·埃利亚什（Mordechai Eliash）的陪同下，来到了雅法门旁的基什拉（Kishla）监狱，他要求警方逮捕他。警

---

* 战争期间，巴勒斯坦和俄罗斯之间的联系被切断，"鲁斯兰"号重新建立起了二者之间的联系，并象征着渴望增强犹太社群的愿望。在某种程度上，这就是犹太人的五月花号——船上的几位乘客后来都成了名人，其中包括诗人雷海勒（Rachel）和历史学家约瑟夫·克劳斯纳（Joseph Klausner）。[20]

察答应了，但一名军事法官又放了他，因为发现步枪时他并不在家。几小时后，他再次被捕入狱。

斯托尔斯来到监狱，查看贾博廷斯基是否被合理对待。他亲自把他的朋友领到了一间比较舒适的牢房。他尽量表现得很有礼貌，贾博廷斯基后来写道，"就像宫殿的主人把客人领进他的前厅一样"。斯托尔斯命令给他的犯人配一张有床垫和洗脸盆的床。贾博廷斯基的食物是从邻近的阿姆杜尔斯基酒店送来的，监狱还为他提供了酒。

之后，斯托尔斯来到了贾博廷斯基的公寓，并在其妻子约翰娜的帮助下，收拾出了两个行李箱，里面装着衣服和其他物品，包括纸张和一支钢笔。他把这些东西都带到了监狱，典狱长打开行李箱，进行了安全检查，然后才把它交给了贾博廷斯基，这一切都符合规定。贾博廷斯基后来写道："你必须像我一样，和英国人连续生活 7 年，才能熟悉这种混乱。就像沼泽里的植物一样，秩序会从这种混乱中一点一点地生发出来，漫无章法，也不按照任何预定的程序，有时还会来得很迟。"在这一事件中，贾博廷斯基经历了被捕、获释、二次被捕、再受到优待，上述整个混乱的过程体现了英国统治者从一开始就不得不面对的冲突、矛盾、犹豫和无助。

几天后，贾博廷斯基被送上了法庭，他被控持有武器和扰乱治安。控方的主要证人是罗纳德·斯托尔斯。审讯过程混乱而又相当滑稽：斯托尔斯声称他"不记得"贾博廷斯基曾告诉过他关于自卫组织的事情。[23]

骚乱结束后，斯托尔斯给犹太复国主义委员会主席梅纳赫姆·乌西什金打了一个正式的慰问电话。"我是代表陛下来为我们所遭遇的悲剧来表示遗憾，"他首先说道。"什么悲剧？"乌西什金问道。"我是说最近几天在这里发生的不幸事件，"斯托尔斯回应道。"阁下是指对犹太人的种族屠杀（pogrom），"乌西什金的话里充满了影射的意味。斯托尔斯情绪很激动，他表示并不存在什么种族屠杀。他很清楚什么是种族屠杀——即在政府支持下对犹太人发动的攻击。

乌西什金并没有放弃。"您，上校，是管理问题的专家，而我是掌控种族屠杀规则的专家。"他断言，耶路撒冷的暴动和基希讷乌的大屠杀没什么区别。乌西什金说，他这话不是对身为总督的斯托尔斯说的，而是对作为一名英国绅士的斯托尔斯说的。使他沮丧的不是几个犹太人的死亡——毕竟在俄国死了更多的人，他是因为背叛而感到绝望。历史会记录下这一切——种族屠杀发生在罗纳德·斯托尔斯任内。如果总督大人自己的妹妹或儿媳被强奸了，他会作何感想？他的遗憾是没有用的，他的解释也没有用。他，乌西什金，不能接受这些解释，就像世人不接受犹太人对耶稣受难的解释一样。

斯托尔斯问对方自己是否应该辞职。乌西什金却说，一切都太晚了。如果他是个正直的人，在暴动刚发生的时候就会选择辞职。对此，斯托尔斯没有作出回应。他说，他希望下次他们能在更愉快的环境下见面，然后就走了。[24] *

与此同时，贾博廷斯基已被定罪。除开一些其他的罪行外，法院判了他的非法持枪罪，也就是他在暴动第一天交给斯托尔斯的手枪。他被判处 15 年监禁。火车把他送到了埃及的一所监狱，警卫把他安置在头等舱。到达埃及的第二天，贾博廷斯基就被送回了巴勒斯坦，他被关在阿克里堡垒的监狱里。没有人知道他为什么被送到了埃及，也没有人知道他为什么又被带了回来。回程时，他又坐上了头等舱。他的审判和判刑引起了轩然大波。包括《泰晤士报》在内的伦敦报纸都提出了抗议，议会中也有人提出质疑。驻巴勒斯坦和埃及的英军司令康格里夫将军在《泰晤士报》的社论面世之前就给亨利·威尔逊（Henry Wilson）元帅写了一封信，抗议针对犹太人持有武器的判决。"与那些犯下……更严重罪行的判决相比，这些刑罚太重了，我将不得不大大减少他们的刑期。贾博廷斯基将被判处一年而不是十五年，其他 19 人将被判处六个月而不是三年。"[26]

骚乱事件最后的伤亡人数如下：5 名犹太人死亡，216 人受伤，18 人重伤；4 名阿拉伯人死亡，23 人受伤，1 人重伤；7 名士兵受伤，显然都是被阿拉伯暴徒殴打的结果。在死去的阿拉伯人中，其中有一个是小女孩。她是在爱德华·基思-罗奇的眼前被枪杀的。做完礼拜后，他离开了圣墓教堂，这时，他突然遭遇了枪击事件。这名女孩从她家的窗户上掉了下来——流弹击中了她的太阳穴。[27]

---

* 到写回忆录的时候，斯托尔斯已经恢复了他风趣的语气。他与"沙皇梅纳赫姆"的会面是他工作中最困难的部分之一。他写道："每当和他一起接受采访时，我都准备像个男人一样接受惩罚。"[25]

在内比·穆萨节事件发生后，有 200 多人受到审判，其中有 39 名犹太人。袭击利夫希茨姐妹的一名强奸犯被判处 15 年有期徒刑。哈吉·阿明·侯赛尼（Haj Amin al-Husseini）和阿里夫·阿里夫因煽动暴乱罪各被判处 10 年有期徒刑，但他们已经不在城里了——两人都已逃走。[28] * 侯赛尼市长被撤职，由拉吉卜·纳沙希比（Ragheb al-Nashashibi）接任。他出身于耶路撒冷一个有权势的家族。长期以来，其家族与侯赛尼家族一直存在激烈斗争。

摩西·斯米兰斯基在《国土报》上写道："一百年来，从没发生过这么大规模的冲突。"他断言，这场冲突是两个民族之间的冲突。同一份报纸刊登了历史学家约瑟夫·克劳斯纳的一篇文章，作者在文中警告说："如果阿拉伯人认为他们可以通过挑衅而触发战争，且因为我们人数少，他们便会轻易获胜，那他们就犯了一个巨大的错误。我们的战争将包括分散在全世界各国的 1 300 万犹太人。大家都知道，我们在欧美有多少政治家，有多少舆论家，有多少拥有伟大的智慧、财富和影响力的人。"

克劳斯纳的发言不仅再次利用了犹太人主宰世界的形象，而且也是犹太复国主义运动之目标最终发生逆转的最早表现之一。犹太复国主义者不再把建立犹太国家视为拯救全世界犹太人的手段，他们反而要求全世界犹太人来保卫巴勒斯坦的犹太人。[31]

犹太复国主义者将暴乱归咎于英国人。"这个政权已经向巴勒斯坦的犹太人宣战了，"一位劳工运动领袖写道。[32] † 还有人提出了一项更为严重的指控，这使得艾伦比将军不得不站出来为他的部下辩护。首席政治官员理查德·迈纳茨哈根声称，暴动是由军政府的几名军官发起的，他们这么做是为了证明建立犹太民族家园的政策没法推行。迈纳茨哈根认为，艾伦比的参谋长伯蒂·哈

---

* 阿里夫·阿里夫在离开之前似乎得出了这样的结论，即攻击犹太人会对阿拉伯人的民族事业不利。犹太复国主义委员会的一份情报显示，他曾这样说道："让我们按照我们对手的方式工作：秩序、纪律和勇气。"[29] 阿里夫和侯赛尼现在都倾向于把巴勒斯坦的阿拉伯人说成是一个独立的实体，而不再是"南叙利亚"居民。不久之后，当他们在谈到"首都"时，他们指的是耶路撒冷，而不是大马士革。[30]

† 这一指控发表在一份有关劳工运动的期刊上。期刊编辑贝尔·卡茨奈尔森被要求道歉。卡茨奈尔森表示拒绝。这引发了希伯来新闻界内一场关于言论自由和批评尺度的辩论。

里·沃特斯–泰勒（Bertie Harry Waters-Taylor）上校对哈吉·阿明·侯赛尼作出了明确的指示，告诉他如何"向世界展示"巴勒斯坦的阿拉伯人不会支持犹太人的统治。他指责参与行动的相关官员是反犹主义者和反犹太复国主义者，他们受到了阿拉伯浪漫主义的影响。迈纳茨哈根还声称这次骚乱是针对犹太人的种族屠杀。十年前，他曾访问过敖德萨。在那里，他碰上了一场反犹太人的大屠杀，并一直没有摆脱此事给他造成的冲击。他直接找到了外交大臣寇仁，并提出了他的控诉。艾伦比威胁要辞职，此后迈纳茨哈根被命令离开巴勒斯坦。[33]

迈纳茨哈根把暴动归咎于其同僚是有他自己的理由的。就在内比·穆萨节事件发生前四天，他给外交部写信说一切都很平静："我预计巴勒斯坦不会立即出现任何麻烦。"[34] 因此，他把这些事件归咎于英国军官策划的阴谋。在他的日记中，迈纳茨哈根表现得就像个疯子。因此，针对如此严重的指控，他的说法值得怀疑。然而，他所提出的指控的确代表了一种普遍的感觉。*

犹太复国主义委员会试图用一系列间接证据来支持这一阴谋论。他们指出，周日上午来到梅阿谢阿里姆的阿拉伯送奶员要求当场付款，这一举动十分反常。送奶员们向当地的居民们解释说，他们不会再来这附近了。基督徒店主们则事先在他们的门面上画上了十字架的标志，这样他们就不会被误伤了。[36] 犹太复国委员会在此前发布的一份报告中指责斯托尔斯故意在阿以关系上煽风点火，其所依据的正是英国人屡试不爽的策略——分而治之。报告称，斯托尔斯之所以支持阿拉伯人，是因为他担心犹太人会接管这个国家并取代他。该报告还补充说，斯托尔斯的一名阿拉伯助手曾破坏魏茨曼购买西墙的计划。[37]

受命调查骚乱的法院则得出了一个更符合逻辑的结论。法庭认为，斯托尔斯总督失败的原因是过于自信。他认为当地警方有能力在内比·穆萨节游行期间维持秩序，就像它在以前的示威活动中所做到的那样。"过于自信"是一种轻描淡写的说法，"傲慢"则可能是更为准确的用词。最重要的是，斯托尔斯存在刑事上的过失。[38] 内比·穆萨节骚乱揭示了一个缺乏中央协调和统一政策的政府：不同的人按照相互矛盾的命令、不同的世界观和不可靠的直觉行事。"斯托尔斯的问题在于，他既没有得到阿拉伯人和犹太人的信任，也

---

* 保险代理人阿尔特·莱文拉来了一帮熟人——这些熟人都是和他一样的美国公民——他们联名给美国领事奥蒂斯·格莱兹布鲁克（Otis Glazebrook）写了一封信，抗议英国人阻止犹太人自卫。[35]

没有得到本地英国官员的信任，"戴维·埃德写道。[39]

调查法院所得出的结论对于暴乱发生时的耶路撒冷人来说并不出人意料：安全部队没有做好准备，而主要受害者是犹太人。除了这项评估之外，由两名将军、一名上校和一名法律顾问组成的法庭还整理了一份巴勒斯坦的历史调查报告。报告首先谈到了古犹太人对巴勒斯坦的主权问题，尽管这一主权仅仅存续了三百年。紧接着，报告指出，贝尔福宣言"无疑是整个问题的起点"。毫无疑问，犹太复国主义者的意图是建立一个犹太国家。根据法官们的判断，温和派的哈伊姆·魏茨曼已经失去了对犹太复国主义运动的控制，而犹太复国主义运动现在已经被极端分子所左右。这一运动既具有民族主义的性质又存在专断独裁的倾向。同时，这一运动也有着自己明确的计划，即将阿拉伯人赶出巴勒斯坦。因此，他们的结论是，阿拉伯人的恐惧并非毫无根据。

法院指出，犹太复国主义者的内心深处隐藏着布尔什维克主义。许多来巴勒斯坦定居的犹太人同时带来了布尔什维克的思想。在这群人当中，法院指名道姓地提到了一个人：贾博廷斯基中尉。法院认定他是锡安工人党（Poalei Zion Party）的成员，并称该党是"一个明确的布尔什维克主义机构"。贾博廷斯基是社会主义的激烈反对者，但法院却把他和马克思主义政党联系在一起。事实上，这并不是报告中唯一一处胡说八道的地方。法官们曾自豪地宣称，他们听取了152名证人用八门语言提供的证词："英语，法语，阿拉伯语，希伯来语，意第绪语，雅尔贡语（Jargon），俄语和印度斯坦语。"但法官们却并不知道"雅尔贡语"一词是对意第绪语的蔑称。此外，历史调查的部分竟然占据了法院报告一半以上的篇幅。这份报告不是一份机密文件，但却从未对外公开。到1920年7月该文件签署的时候，军政府已被解散，取而代之的是一个文官政府。而这又是哈伊姆·魏茨曼的另一项杰作。[40]

4

逾越节后，魏茨曼立即前往意大利的圣雷莫（San Remo），英国和法国正在那里就巴勒斯坦的委任统治权进行最后的讨论。他顺道去开罗看望了艾伦比，当谈到耶路撒冷的事件时，他泪流满面。他给妻子写信说："我累了，累坏了，被压垮了，厌倦了整个世界。"他告诉妻子，在暴动期间，为了确保小班吉的安全，他不知道费了多少心思。"我们就像在捕鼠夹里一样，与整个世界隔绝，不知道在噩梦般的夜晚过后能否活着醒来。"他需要她，因此写信给她，想向她倾诉自己的心声。"整个外面的世界是如此可怕，"他写道。不，说英国人策划了这场屠杀也许并不准确，但他们无疑在其中扮演了被动的角色。他写道："除了温德姆·迪兹和理查德·迈纳茨哈根之外，其他所有人都是豺狼。"

是的，他曾在耶路撒冷的集市上查过她让他买的地毯的价格，但那是在这段恐怖时期之前的事。他只买到了一张楼梯的地毯，并没有买到她想要的大地毯。他在给妻子的信中写道："我不在乎，也不去想。"[41]

但在圣雷莫，他做了自己知道该怎么做的事。英国人想把《贝尔福宣言》中的表述纳入《委任统治宣言》(Mandate Declaration)中去，但法国人却提出了许多保留意见。犹太复国主义者对英国人施加压力，英国人又说服了法国人，这样，会议才最终决定将建立犹太民族家园的承诺纳入英国委任统治的条款中。此外，巴勒斯坦政府的性质也尚未确定。内比·穆萨节暴动的冲击，以及魏茨曼作为第一手目击证人的出现，使人们得出了这样的结论，即文官政府的管理要比军队更有效，也更不容易激怒人。英国人做出这一切安排的原因与他们发表《贝尔福宣言》的原因一样：他们不希望把巴勒斯坦交给法国人，同时又屈服于犹太复国主义者所施加的压力之下。[42]

戴维·埃德也在圣雷莫。此前，他在伦敦度过了逾越节的假期，在返回耶路撒冷的途中，他在皇家酒店过夜。下午的时候，他与魏茨曼、纳胡姆·索科洛夫以及赫伯特·塞缪尔在酒店的大堂喝茶。劳合·乔治首相突然出现。塞缪尔起身相迎，劳合·乔治让塞缪尔跟着他走。二十分钟后，塞缪尔回来了。他对犹太复国主义者们说，总理已授权他秘密地告诉他们：他，塞缪尔，已经得到了巴勒斯坦文官政府高级专员的职位。"好了，亲爱的，"魏茨曼在给妻子的信中写道，"我们所经受的试炼已经结束了。"[43]

5

回到伦敦后，魏茨曼一直在为贾博廷斯基出狱的事宜四处奔走。他请愿的对象包括殖民部大臣温斯顿·丘吉尔。几周后，塞缪尔就要到巴勒斯坦了，魏茨曼以为，到那时，贾博廷斯基就会获释。但在巴勒斯坦的犹太复国主义者中，一场风暴突然袭来。贾博廷斯基已经成为了英国政府不公正的象征，其持续监禁助长了反英情绪。在特拉维夫的一次抗议活动中，人们取下了印有艾伦比名字的路牌，并把它换成了贾博廷斯基的名字。即将被任命为巴勒斯坦首席拉比的亚伯拉罕·伊扎克·哈科亨·库克（Avraham Yitzhak Hacohen Kook）以一种大胆且罕见的姿态破坏了逾越节第七天的神圣戒律。在犹太会堂里，他在抗议逮捕贾博廷斯基及其同伙的请愿书上署上了自己的名字，在场的上百名礼拜者也竞相效仿。44 *

贾博廷斯基在狱中靠翻译来消磨时间，他翻译了奥马尔·哈亚姆（Omar Khayyam）的诗歌和阿瑟·柯南-道尔（Arthur Conan-Doyle）所写的《福尔摩斯》中的一些故事。但他的心态却一点都不冷静。他觉得自己被抛弃了。"他现在处于病态，我真有些担心他的精神状态。他非常兴奋，并且努力让自己变得更加兴奋。"在给魏茨曼的信中，戴维·埃德以精神病学家的身份写道。他还汇报了一起传到他耳朵里的阴谋——有人准备袭击阿卡（Acre）监狱，用武力救出贾博廷斯基。魏茨曼为此大为光火。越狱很可能标志着贾博廷斯基独裁统治的开始，他写道。"从西奈的高地上，他将号召犹太人进行斗争，反对背信弃义的阿尔比恩（Perfidious Albion）†，反对塞缪尔，反对出卖犹太人的犹太复国主义组织，等等……所有这些声势浩大、冒险主义、伪英雄式的廉价煽动都令人感到厌恶，不值一提，在其背后无疑隐藏着原始的野心。"46

魏茨曼从未对犹太复国主义领导层如此愤怒。在他写给本-古里安和贝尔·卡茨奈尔森的信中，他使用的是俄语，因为唯有使用这种语言，他才能

---

* 斯托尔斯在回忆录中谴责库克拉比虚伪，说他把"大英帝国的十字勋章"藏在长袍的褶皱里。45

† 国际关系专业术语，贬义词，指英国（或 1707 年以前的英国）的君主或政府为追求自身利益而采取的外交诡计、欺诈或背信弃义的行为。——译者注

完全表达出自己的愤怒。部分犹太人显然已经陷入了"歇斯底里的状态"，他写道。"痛苦和报复的精神""压力""严重的夸张""不断地像'狼'一样嚎叫""廉价的英雄主义"和"虚假的殉难精神"——所有这些都使他比以往任何时候都更同情英国政府。最重要的是，他被激怒了，因为巴勒斯坦的政客们正试图干涉伦敦犹太复国主义领导层的工作。[47]

　　犹太人的内讧并不能使魏茨曼的成就黯然失色。一个篇章已经结束。魏茨曼在给妻子的信中写道：现在要开始建设这片土地了。在圣雷莫，劳合·乔治在与他分手时说：你已经有了一个好的开始，剩下的就靠你自己了。"酒店总是一个让人感到乐观的地方。"魏茨曼写道，并感谢了薇拉的支持。同时，他把班吉送到巴黎，并把地毯交给了一位上校，上校表示他不用缴纳关税就能把地毯运过边境。魏茨曼则将亲自把琥珀项链和哈勒瓦（Halwa）*带给妻子薇拉。[48]罗纳德·斯托尔斯即将离开耶路撒冷，他很快给赫伯特·塞缪尔发来了一封贺信。一场"伟大的冒险"在等着你，斯托尔斯用红色的墨水写道。但事实上，斯托尔斯认为任命一位亲犹太复国主义的犹太高级专员是一项"疯狂的"决定。[49]

注　释

1. T. S. Eliot, "The Waste Land," *The Complete Poems and Plays of T. S. Eliot* (London: Faber and Faber, 1969), p. 61.
2. Khalil al-Sakakini, *Such Am I, O World* (in Hebrew) (Jerusalem: Keter, 1990), p. 137.
   Intelligence report, 2 Apr. 1920, CZA L4/738.
   Kamel Afandi at the court of inquiry, *Ha'aretz*, 9 May 1920, p. 4.
   Statement on the Disorders in Jerusalem, Apr. 1920, p. 14, CZA A 145/102.
3. Sakakini, *Such Am I, O World*, p. 137.
4. Friends tell about Eder, 19 Nov. 1936, CZA K11/354/1.
   Ussishkin with Husseini, 21 Oct. 1919, CZA I Z4/1392.
5. Intelligence report, 20 Mar. 1919, CZA Z4/16604; see also undated intelligence report, CZA L4/769.
   Storrs to the court of inquiry, *Ha'aretz*, 1 June 1920, p. 4.
6. Petitions from the Arab population, ISA M2 I 1/30.
   Zionist Commission to Ussishkin, 27 Feb. 1920, CZA L3/20 II.
   Popham to the Zionist Commission, 8 Mar. 1920, ISA M/I 1/30/I.
   Report on demonstrations in Jerusalem, 8 Mar. 1920; report on the events linked to the demonstration in Haifa, 8 Mar. 1920, ISA M/I 1/30.
   Intelligence report, 9 Mar. 1920, CZA L4/738.

---

* 中东地区的一种甜品。——译者注

Press survey, 12 Mar. 1920, CZA Z4/16078.

City committee of the Jews of Jerusalem to Storrs, 10 Mar. 1920, ISA M/4/140 I.

Statement on the Disorders in Jerusalem, Apr. 1920, CZA A/145/102, p. 7ff.

Statement on the Disorders in Jerusalem, ISA M/2 1/30 II.

7. Jabotinsky to Weizmann, 12 Mar. 1920, in *The Haganah History Book* (in Hebrew), ed. Ben-Zion Dinur (Tel Aviv: HaSifriya HaTzionit, Ma'archot, 1954), vol. I, p. 913.

Ronald Storrs, *Orientations* (London: Ivor Nicholson and Watson, 1939), p. 316.

"The Holy Riots in Jerusalem," MEC, Adamson Papers.

8. Storrs, *Orientations*, p. 342.

Y. Schneurson, with Dr. Weizmann in Jerusalem in 1920, Weizmann Archive.

Chaim Weizmann, *Trial and Error* (London: Hamish Hamilton, 1949), p. 318.

9. Storrs, *Orientations*, p. 342.

Report of the Court of Inquiry, Apr. 1920, p. 27, Pro WO 32/9616, p. 5.

10. "Jerusalem Defense Scheme, 1919–1920," ISA M/1/43.

11. Ben-Zion Dinur, ed., *Haganah History Book* (in Hebrew) (Tel Aviv: HaSifriya HaTzionit, Ma'archot, 1954), vol. I, part 2, p. 626ff.

Sakakini, *Such Am I, O World*, p. 137.

12. General Money wrote of him. Jabotinsky had inundated top officers with imperious letters. He claimed that they were hostile to the Zionist movement: Money, 23 Mar. 1919, ISA, M/10/239.

Shmuel Katz, *Jabo* (in Hebrew) (Tel Aviv: Dvir, 1993), vol. I, p. 285ff.

13. Storrs, *Orientations*, p. 433.

Katz, *Jabo*, vol. I, p. 377.

14. Katz, *Jabo*, vol. I, p. 345.

Storrs, *Orientations*, pp. 441, 433.

15. Storrs, *Orientations*, p. 372.

Orientations drafts, PCL, Storrs papers, VI/II.

16. Sakakini diary, 7 Apr. 1920. With the kind permission of his daughters.

17. Migdal farm to Zionist Commission, 2 Apr. 1920, CZA L3/237.

Jaffa Jewish Committee to chief administrative officer, 8 Apr. 1920, CZA L3/278.

Rachel Yanait, Yitzhak Avrahami, and Yerah Etzion, eds., *The Haganah in Jerusalem* (in Hebrew) (Organization of Haganah Veterans, 1973), p. 10.

18. The Holy Riots in Jerusalem, 1920. MEC, Adamson Papers.

19. Report of the Court of Inquiry, Apr. 1920, p. 40, PRO WO 32/9616, p. 5.

Yanait, Avrahami, and Etzion, *The Haganah in Jerusalem*, p. 4.

20. List of immigrants on the *Ruslan*, 18 Dec. 1919, CZA 14/1000.

21. Yanait, Avrahami, and Etzion, *The Haganah in Jerusalem*, p. 10.

Yitzhak Rabin, *The Rabin Memoirs* (Boston: Little, Brown and Co., 1979), p. 4ff.

22. Statement on the Disorders in Jerusalem, Apr. 1920, p. 15, CZA A/145/102.

Sakakini diary, 6, 7 Apr. 1920. Quoted from the original with the kind permission of his daughters.

23. Yehuda Banari, "Field Marshall Allenby and the Riots in Jerusalem" (in Hebrew), *Ha-Uma*, vol. 7, no. 1 (25) (July 1968), p. 430.

24. De Sola-Pool report, 7 Apr. 1920, CZA Z4/16084.

Storrs to Ussishkin, 12 Apr. 1920, CZA L3/256.

25. Storrs, *Orientations*, p. 433.

26. Katz, *Jabo*, vol. I, p. 392ff.

Congreve to Wilson, 26 Apr. 1920, IWM, HHW/52a/18. See also: Report of the Court of Inquiry, Apr. 1920, p. 34, PRO WO 32/9616.

Times, 27 Apr. 1920, p. 17.

27. Report of the Court of Inquiry, Apr. 1920, p. 5, PRO WO 32/9616.

Edward Keith-Roach, *Pasha of Jerusalem* (London: Radcliffe Press, 1994), p. 71.

28. Testimony of an officer before the court of inquiry, *Ha'aretz*, 9 May 1920, p. 4.
Katz, *Jabo*, vol. I, p. 396.
Intelligence report, 20 Apr. 1920, CZA L4/738.

29. Report, 19 Apr. 1920, CZA L4/738.

30. Rashid Khalidi, *Palestinian Identity* (New York: Columbia University Press, 1997), p. 168ff.
"The Riots in Jerusalem" (in Hebrew), *Ha'aretz*, 6 Apr. 1920.

31. Joseph Klausner, "After the Riots" (in Hebrew), *Ha'aretz*, 8 Apr. 1920, p. 3.

32. Y.B.M., "Time for Action" (in Hebrew), *Igeret* (*Kuntress*) 39, 21 Feb. 1920, p. 19ff.

33. Richard Meinertzhagen, *Middle East Diary, 1917–1956* (New York: Thomas Yosellof, 1960), pp 3ff., 81.
Bernard Wasserstein, *The British in Palestine* (Oxford: Basil Blackwell, 1991), p. 71.

34. Meinertzhagen to the Foreign Office, 31 Mar. 1920.
Wasserstein, *The British in Palestine*, p. 71.

35. Citizens to Glazebrook, undated, Levin Papers, with the kind permission of the Munin family.

36. Statement on the disorders in Jerusalem, Apr. 1920, p. 10ff., CZA A/145/102.

37. Report on the Attitude of British officials, 30 Apr. 1919, CZA L4/977.

38. Report of the Court of Inquiry, Apr. 1920, p. 46, PRO WO 32/9616.

39. Eder to Weizmann, 21 June 1920, CZA Z4/16033.

40. Weizmann to his wife, 21 and 29 Mar. 1920, in *The Letters and Papers of Chaim Weizmann*, ed. Jehuda Reinharz (New Brunswick, NJ, and Jerusalem: Transaction Books, Rutgers University, and Israel Universities Press, 1977), vol. IX, pp. 324, 330.

41. Wasserstein, *The British in Palestine*, p. 65.
Weizmann to his wife, 19 Apr. 1920, in Reinharz, *The Letters and Papers of Chaim Weizmann*, vol. IX, p. 3.

42. Jehuda Reinharz, *Chaim Weizmann: The Making of a Statesman* (New York: Oxford University Press, 1993), p. 317.

43. J. B. Hobman, ed., *David Eder: Memories of a Modern Pioneer* (London: Victor Gollancz, 1945), p. 159.
Herbert Samuel, *Memoirs* (London: Cresset Press, 1945), p. 150.
Weizmann to his wife, 26 and 29 Apr. 1920, in Reinharz, *The Letters and Papers of Chaim Weizmann*, vol. IX, pp. 340ff., 343.

44. Weizmann to Eder, 8 June 1920, in Reinharz, *The Letters and Papers of Chaim Weizmann*, vol. IX, p. 356.
Demand for the Release of Jabotinsky—Knesset Yisrael, National Council, *Book of Documents* (in Hebrew) (n.p., 1949), p. 12.
L. Yafe, "Through the Grating" (in Hebrew), *Ha'aretz*, 22 Apr. 1920, p. 1.
Katz, *Jabo*, vol. I, pp. 387, 409.

45. Storrs, *Orientations*, p. 431.

46. Katz, *Jabo*, vol. I, p. 419.
Weizmann to Katznelson and Ben-Gurion, 8 June 1920; Weizmann to Eder, 8 June 1920, in Reinharz, *The Letters and Papers of Chaim Weizmann*, vol. IX, p. 364ff.

47. Weizmann to Eder, 8 June 1920, in Reinharz, *The Letters and Papers of Chaim Weizmann*, vol. IX, p. 354ff.

48. Weizmann to his wife, 26 and 29 Apr. 1920, in Reinharz, *The Letters and Papers of Chaim Weizmann*, vol. IX, pp. 341ff., 343.

49. Storrs to Samuel, 7 May 1920, ISA P/1 649/7.
Storrs, *Orientations*, p. 346.

第 7 章　沉稳的目光和结实的下巴

1

军队即将向文官政府移交权力，沃特斯-泰勒将军与博尔斯将军同阿拉伯社群的领导人举办了一场告别会。哈利勒·萨卡基尼作为阿拉伯社群的代表在会上做了发言。他对两位将军说，作为个体，他们的为人十分令人钦佩，但同时他们也给阿拉伯人留下了伤疤。其中一道伤疤便是任命赫伯特·塞缪尔为高级专员。他请求这两位英国军官帮个忙："请转告欧洲，我们不信任欧洲，我们不尊重欧洲，我们也不爱欧洲。"[1]

自从从大马士革回来以后，萨卡基尼与军政府的高层人物建立起了极好的关系，其中一些人跟他学习阿拉伯语。教育部主任曾向他咨询阿拉伯人教育体系的问题，并任命他和他的妻子苏丹娜为教育委员会委员。没过多久，他就成了一所师范学院的院长。萨卡基尼在新工作中所投入的精力和他在政治领域所投入的一样多，他认为这两个领域是相辅相成的。"我们需要建立学校，向学生灌输自由、骄傲、独立、勇气、诚恳等原则，这些原则能把国家从堕落的深渊中拉出来，使他们摆脱世世代代近似奴役的状态，"他对教育厅厅长说道。他为学生们建立了一座图书馆，并要求他们像他一样每天洗冷水澡。[2]

1919 年的某个时候，他搬到了城市的西边，离拉蒂斯邦修道院（Ratisbonne Monastery）不远。城里一些经济条件较好的犹太人开始在这一带盖房子，这里很快就变成了一个叫雷哈维亚（Rehavia）的时尚街区。当地有一座老式的风车，萨卡基尼一家就租住在那里。萨卡基尼时常会碰到阿尔特·莱文，莱文尽力表现得很友好。莱文在英巴银行为萨卡基尼安排了一笔联名贷款，并给年轻的萨里·萨卡基尼买了糖果和睡衣。萨卡基尼把这一切都记录在日记中。[3] 对于塞缪尔被任命为高级专员这件事，他和莱文的态度截然不同。莱文在《国土报》上发表了一首诗，并将自己署名为"耶路撒冷人阿萨夫·哈莱维"。这是一首新时代的赞歌。"黎明让人着迷，它投下光芒 / 我们说过它会到来……我们反抗迷雾 / 因为我们的内心渴望着 / 太阳。"[4] 而在萨卡基尼这一边，他准备从师范学院辞职。

辞职是一种抗议行为，因此并不受欢迎。罗纳德·斯托尔斯召见了萨卡基尼，并对他发出了警告。他听说有一些阿拉伯公众人物在怂恿英国殖民政府中的阿拉伯雇员辞职，而萨卡基尼正是这些公众人物中的一员。在斯托尔斯看来，这是一个错误。政府是不会挽留他们的，它会雇用英国人或犹太人来取代他们。斯托尔斯试图劝阻萨卡基尼，叫他不要离职。他声称，在英国，没有人会去问别人的信仰是什么。他，斯托尔斯，从来都不知道他学校里的小伙伴们是天主教徒、新教徒，还是异教徒。英国政府只是把塞缪尔当成一个普通的英国人，并依据其资历任命了他。

斯托尔斯对萨卡基尼说，他知道阿拉伯人很在意塞缪尔的犹太人身份。但如果政府任命了一个基督徒，犹太人就会指控高级专员反对他们，并声称他是一个反犹主义者。政府倾向于任命一个犹太人，正是为了避免这种可能性的发生。塞缪尔能够推行英国的政策，而不会有人说他反犹太人。事实上，许多犹太人都知道政府的意图，并反对这一任命。斯托尔斯称，一些犹太人曾告诉塞缪尔，在他上任的头几个星期里，他需要英国警察的保护，以免受到阿拉伯人的伤害。但在那之后，他则需要阿拉伯警察的保护，以免受到犹太人的伤害。萨卡基尼没有被说服。他坚持让每个人都知道他辞职的原因——他不会在一个犹太高级专员手下工作。与此同时，流亡中的阿里夫·阿里夫也发出了警告，他说这项任命将导致流血事件。[5]

塞缪尔即将到任，作为对这一人事变动的回应，詹姆斯·波洛克上尉考虑回家。"没有一个真正有自尊心的英国人能留在这里，"他在给父亲的信中写道，"英国可能会造成现代以来任何国家都不曾造成过的最大的不公。"他觉得自己好像站在火山的边缘，他写道。后来，他平静了一些，但他仍然预计到了灾难。他写道："近东的阿拉伯人已经完全丧失了对英国坚守诚实与正义原则的信心。"这个国家将被移交给犹太人，尽管阿拉伯人的愿望与此相反。欧洲东南部的犹太人将来到这里——而富有的、受过教育的犹太人则不会离开英国和纽约。英国需要上帝的怜悯，波洛克写道。艾伦比也反对任命塞缪尔。他警告外交大臣寇仁说，这是个非常危险的选择。[6]

英国在中东地区最高级别的军官亨利·威尔逊元帅重申，英国人在巴勒斯坦没有利益，他们越早离开越好。多年来，威尔逊一直警告政府，帝国不能奢侈地把自己摊得太薄。他坚持认为，英国应该从所有不属于它自己的土地上撤出，并将其力量集中在英国、爱尔兰、埃及和印度。"巴勒斯坦问题与爱尔兰问题……完全一样，"威尔逊写道，"即两个民族生活在一个小国中，两边互相恨之入骨。"唯有强权才能将其意志凌驾于两者之上。"要么我们管理别人，要么他们管理我们，"他说道。英国必须控制爱尔兰，因为它不能失去它；英国不能控制巴勒斯坦，因为它没有力量这样做。

威尔逊一次又一次地责备政府里的文官们——他称他们为"花花公子"——因为他们不明白，把英国的力量分散在这样一个庞大的帝国上，会导致帝国的衰落。他一次又一次地要求政府放弃巴勒斯坦，也就是他口里所说的"犹太地"（Jewland）。"我们最好的选择就是尽快从犹太地打包走人，并让犹太人尽可能快地管理那个国家。"在威尔逊的军事生涯中，他曾到过帝国的各个角落。在他看来，巴勒斯坦没有任何战略价值。[7]康格里夫将军也有同样的感受。"这是一个野兽般的国家，最不受士兵们的欢迎，"康格里夫在给威尔逊的信中写道。这其实并不奇怪，因为政府希望军队能强行在犹太人和阿拉伯人之间维持和平，结果是军队不得不与他们双方为敌。[8]塞缪尔就是在这种氛围下打包前往巴勒斯坦的。

2

塞缪尔于 1920 年 7 月在雅法上岸，身穿白色制服，头戴同样是白色的钢钉头盔。他的胸前有一条紫色的腰带，上面挂着出发时国王授予他的勋章。他的硬领和大袖口上都绣着金子；他的左大腿上挂着一把细长的礼剑。塞缪尔看上去就像一个戏曲人物——优雅、英俊，看起来完全没有 50 岁，很有殖民者的派头。英国政府专门派了一艘船把他从意大利接过来。当下，一架战斗机正在天空中盘旋，一门大炮鸣放了十七响礼炮，这全是为了向他致敬。突然发生了一起事故。梅厄·迪岑戈夫是特拉维夫市议会的主席，他用希伯来语发表了欢迎致辞。然而，各方事先已经商量好了要用英语发言，而且雅法的阿拉伯市长也已经照做了。"他这么做是不对的，"塞缪尔评论说。英国政府为塞缪尔安排了罕见的安全防范措施，这是因为犹太复国主义委员会曾警告英国政府，阿拉伯人正密谋在塞缪尔前往耶路撒冷的过程中炸毁他所搭乘的火车。[9]

既然劳合·乔治政府决定支持犹太人在巴勒斯坦的事业，它便找不到比塞缪尔更适合担任高级专员一职的人了。赫伯特·塞缪尔之所以被选中担任这一职务，并不是因为（或鄙视）他的犹太身份，也不是因为他的能力和经验，他被派往巴勒斯坦是因为他是一个犹太复国主义者。

塞缪尔出生于一个条件优渥的银行世家。他和家人扎根于利物浦，且严守犹太教有关饮食和安息日方面的戒律。这个家庭不论是在犹太社群内部和还是在政界都很活跃，家里的另一个儿子是议会成员。塞缪尔毕业于牛津大学，他自己也投身政治，并加入了劳合·乔治的自由党。他当过邮政局长，也担任过内政大臣。在此期间，他在英国推行了夏令时，提出了允许妇女加入议会的法案，并参与镇压了爱尔兰的暴动。萧伯纳认为他会成为首相。[10]

1915 年，塞缪尔提出了在巴勒斯坦建立犹太国家的建议，自那以后，犹太复国主义者每一次阶段性的成功中都有他的贡献：犹太军团、《贝尔福宣言》、凡尔赛和会、英国委任统治的确立。他曾多次出面解决魏茨曼摆在他面前的难题，贝尔福也经常请他劝说犹太复国主义者缓和他们的主张。从塞缪尔写给儿子的信中，我们能读出他对政治犹太复国主义的信念，也能看出他在精神和文化层面对犹太复国主义运动所寄托的深厚感情。他把在巴勒斯坦发生的事件比作一具木乃伊，它从石棺中站起，脱去裹尸布，重获新生。他还和他的妻子一起上过希伯来语课。[11]

尽管如此，在接受这个职位之前，塞缪尔也曾有过疑虑，并为之所困扰。

也许让一个犹太专员来治理巴勒斯坦是一项不明智的选择——他的任命可能会使犹太复国主义者和英国人的处境更加艰难。[12] 他向首相倾诉了自己的顾虑。劳合·乔治认为这些困难并不是没有办法克服的。塞缪尔受到了鼓舞，他那乐观、自由和理性的本性很快便再次流露出来。他拥有深刻的历史意识，并对未来有很多思考。他相信，只要保持谨慎和克制，就有可能和平地在巴勒斯坦建立一个犹太国家。他在给侄女的信中写道，巴勒斯坦暂时不会成为一个犹太国家，只会出现有限的移民和定居点，而且这一切都会以十分谨慎的方式进行。五年后，英国人或许会提高移民的比例，并逐步增加。五十年后，犹太人也许就会成为多数，也可能实现犹太人的统治。也许再过一代人的时间，就真有可能建立一个犹太国家了。一想到他有机会把这一切变为现实，他便感受到"一种美好的热情"。在给妻子的信中，他提到了"创造的喜悦"。他年迈的母亲也建议他接受这一任命。一年半以前，他丢掉了议会的席位，之后也一直没有找到有报酬的工作。[13]

哈伊姆·魏茨曼对待这位新任高级专员就像对待自己的员工一样。在塞缪尔到达巴勒斯坦之前，魏茨曼判定他"虚弱、惊恐和颤抖"，为人太过于谨慎。魏茨曼写道："他得要先振作起来才能了解真实情况。"但犹太公众却把塞缪尔当作弥赛亚，即以色列的救赎者。他们给他送来了羊皮卷，上面刻着用古希伯来书法写的颂词与诗歌；他们还把他的画像织成了挂毯，上一个得到这种待遇的犹太人是西奥多·赫茨尔。[14] 他是一个犹太人，一个犹太复国主义者，同时又是一个英国人，这三重身份使其备受称颂。对于犹太复国主义者们来说，不管是他们自身还是他们的政治愿景都与欧洲文化紧密相连。他们一直试图把自己的命运与某个强大的欧洲殖民国家捆绑在一起。

3

犹太复国主义运动产生于欧洲，从欧洲获得灵感，同时也是欧洲历史的一部分，其民族主义、浪漫主义、自由主义和社会主义都是欧洲的产物。该运动的创始人从一开始就赋予它以某种文化使命。西奥多·赫茨尔写道，巴勒斯坦的犹太国家将成为欧洲抵御亚洲的屏障："在文明与野蛮的斗争中，我们可以成为文明的先锋。"[15] 作家马克斯·诺尔道（Max Nordau）认为，犹太人不会在巴勒斯坦丢掉他们的欧洲文化，更不会接受亚洲的低等文化。这就如同英国人没有变成美洲的印第安人、非洲的霍屯督人（Hottentots），或澳大利亚的巴布亚人（Papuans）。"我们将努力在近东复刻英国人在印度的所作所为，"他在早期的犹太复国主义大会上说道，"我们打算作为文明的代表来到巴勒斯坦，并把欧洲的道德边界带到幼发拉底河。"[16] 巴勒斯坦犹太人通过与他者的对比确立了自己的欧洲形象。阿拉伯人以及来自阿拉伯国家的犹太人（如定居在耶路撒冷的也门犹太人）便是他们眼中的他者。

"我们在巴勒斯坦是属于文化程度较高的那一部分人，在巴勒斯坦不存在任何可以在文化上与我们竞争的人，"莫迪凯·本-希勒尔·哈科亨（Mordechai Ben-Hillel Hacohen）写道。"这个国家的绝大多数居民都是农民和贝都因人，他们都是野人，他们仍旧与文明世界绝缘。"据哈科亨预测，这种情况未来也不会发生很大的变化。"他们距离学会过上一种文明的生活还有很长的路要走：这是一种没有抢劫和偷窃的生活；一种半裸着身子和赤脚行走会感到羞耻和尴尬的生活；一种存在占有、财产权和既定边界等概念的生活；一种有需求的生活：平坦的人行道和铺好的道路，有组织的学校和慈善机构，没有贿赂的法庭；等等。"许多作家、记者和政治家都赞同哈科亨的观点，他们经常把阿拉伯人描述成"野蛮人"或"半野蛮人"。这些阿拉伯人构成了"有教养"的犹太人的对立面。哈科亨还喜欢把阿拉伯人和塞法迪犹太人相提并论——两者都是黎凡特人，不值得效仿，应与之保持一定距离。[17]

阿哈隆·亚伯拉罕·卡巴克（Aharon Avraham Kabak）是一名教师，也是一名作家。他写道，俄罗斯及加利西亚犹太人的后代与也门犹太人的后代之间存在着差异，前者是"精神力量和智力的宝库"。对于后者，他则说："也门人的孩子，在也门那烈日的照射下，经过这么多代人闲散、贫困、低贱和奴役的生活，他们带来了东方人的机智和狡猾，同时也带来了妄想、疏忽、行动迟缓的倾向，并伴有身体上的乏力和神经上的虚弱。"教育家什穆埃尔·亚夫涅利（Shmuel Yavnieli）在谈到也门犹太人时说："他们是需要教育的人。在文化意义上来说，他们没法采取任何行动。而这种行动对于我们的重生又极其必要，因此就只能交给阿什肯纳兹年轻人来完成了。"[18]

按照泽维·贾博廷斯基的说法，"感谢上帝，我们犹太人与所谓'东方'没有任何共同之处。只要我们未受教育的群众仍遵循着东方古老的精神传统和法律，就必须斩断他们与这些传统的联系。我们在每一所好学校中都正在做这件事情，生活本身也在发生类似的变革，并且取得了巨大的成功。我们去巴勒斯坦首先是为了我们民族的利益，"他写道，其次是"为了彻底扫除'东方灵魂'的一切痕迹。至于巴勒斯坦的阿拉伯人，他们想干什么是他们自己的事；但如果我们能为他们做什么，那一定是帮他们从'东方'文化中解放出来。"[19]

犹太人时不时地尝试融入东方文化。他们戴上阿拉伯头饰，用阿拉伯咖啡壶煮土耳其咖啡，并学习阿拉伯语。一些希伯来作家和艺术家试图融合古代希伯来文化和当代阿拉伯文化。出现在新希伯来文学、艺术和民间传说中的犹太农民，他们正直、独立，其灵感来自阿拉伯人的理想人设：谢赫（部落酋长）的儿子。[20]但这种借鉴绝不是对西方价值观和传统的扬弃。阿尔特·莱文属于这一学派的第一批先行者，他非常推崇自己的文化世界。他给在维也纳休养的妻女写了一系列信件，这些信读起来就像一本关于十九世纪欧洲女性的礼仪书。莱文得用意第绪语给妻子吉特尔写信。她的希伯来语说得不好，令他懊恼的是，她看不懂他写的诗。在一封信中，他让妻子穿上皮草大衣拍照——大衣要敞开穿，领子要下垂，衣襟上要别一朵花。她应该戴上珍珠项链和帽子——一顶漂亮的帽子。他要求他的吉特尔一只手戴上丝手套，另一只手裸露出来。同样，他还坚持要她穿上丝袜和小巧玲珑的鞋子。这张照片本应是一幅冬天的肖像照，但莱文却打算用油画来临摹。

他用希伯来语给女儿们写信，但在信中插入了德语关键词。他希望她们学习语言（法语、德语和英语），上舞蹈和钢琴课，听大量的音乐，特别是贝多芬和梅耶贝尔（Meyerbeer）的音乐。他指示她们多读书，并把读书报告寄给他。他还敦促她们学习刺绣和网球。在遥远的耶路撒冷，他告诉她们应该吃什么——大量的鹅脂——并建议她们注意个人卫生。"一个女人的美丽和精致体现在两个方面：对自己纤细的手的关注和清洁指甲的方式。"他命令她们使用奥多尔（Odol）——一种当时在维也纳很流行的漱口水，还要求她们去按摩。

　　他在给女儿们的信中还谈到了内衣，并嘱咐她们不要穿紧身束腹带。他提醒她们，她们是来自耶路撒冷的女孩，她们应该提防一种放任的"伪文化"。莱文向女儿们解释说，真正的欧洲，战前的欧洲，是理性的，讲究和谐与清洁，勤劳与美丽，秩序与宽容。这是他希望灌输给她们的文化。就像莫迪凯·本-希勒尔·哈科亨一样，他把欧洲与犹太复国主义相提并论。阿拉伯文化则恰恰相反，是"原始的"，缺乏"和谐"。[21] *

　　哈利勒·萨卡基尼也沉浸在欧洲文化中。和莱文一样，萨卡基尼同样阅读范围广泛，从威廉·莎士比亚到弗里德里希·尼采，不一而足。他也按照小资产阶级的方式培养着自己的孩子，不放过每一个细节。他写道："要是我吃完晚饭，走进客厅，看到萨里坐在钢琴前弹唱，或吹长笛、拉小提琴，我会多么高兴啊。"他聘请了一位犹太钢琴老师。苏丹娜·萨卡基尼也喜欢贝多芬。[23] 莱文与巴勒斯坦的犹太社群有着相同的文化偏好，但萨卡基尼对欧洲文化的仰慕在阿拉伯人中却很特殊。事实上，萨卡基尼对自己的这种倾向感到很不舒服。"我不想丢掉我的东方属性，"他写道。"我只能是东方之子。"[24] †

　　就犹太复国主义者对欧洲的崇拜而言，英国占据着特殊的地位。"青年工人出版社"（HaPoel HaTzair）在 1921 年出版了一本小册子，其中包含一篇赞许英国的集体文章。作者的署名为"P"。因为"他们的勇气和强大的意志，英国人无论在哪里都会取得胜利和成功，"作者写道。"在建立殖民地的能力上，他们几乎比欧洲所有国家都要强，"P 接着说："令人费解的是，大多数英国男孩都喜欢把自己置于危险之中。你总能找到几十个志愿者愿意参加危险的狩猎，爬上一棵高大的树，游过一条湍急的河流，等等。"他们就是这样建立起一个帝国的："英国人正是凭借着这些特点，成功地在遥远的土地上建立起了他们的统治，使许多民族臣服，这些民族都对他们深表敬意，哪怕是在那些因为他

---

* 莱文在写信的时候，耶路撒冷一家百货公司在《国土报》上刊登了一则广告，这则广告描绘了理想的顾客：一男一女，女的穿着高跟鞋，戴着帽子，而男的则穿着剪裁得体的西装，戴着洪堡毡帽。一个黑人小男孩为他们提包裹。[22]

† 萨卡基尼的情况特别复杂：他的外祖母是伊斯坦布尔的希腊人。在人生的某一个阶段，萨卡基尼让自己皈依了希腊传统，学会了如何用现代希腊语骂人，并爱上了希腊音乐。他对古希腊哲学有无限的崇拜，因此他自称"苏格拉底"。莫迪凯·本-希勒尔·哈科亨谈过像萨卡基尼这样的人，他们是"闻到了欧洲文化气息"的阿拉伯基督徒。他们接受了欧洲文化的"精致外表"，但"他们的灵魂仍然充满了野蛮的污秽，"哈科亨写道，并补充说："他们的灵魂不纯洁。"[25]

们的铁腕统治而不被人爱戴的地方也是如此。"[26]犹太读者可以放心了：犹太复国主义运动选择了世界上最好的政府分包商。

莫迪凯·本-希勒尔·哈科亨认为英国人是文化上的盟友。他在日记中写道："英国将在巴勒斯坦建立政府，并把我们与欧洲联系起来。"在哈伊姆·魏茨曼看来，土耳其政权是"低劣的文化"，而英国人则采用的是"真诚的欧洲方法"。[27]几年后，戴维·本-古里安又扩展了这一观点："我们作为欧洲人来到这里。虽然我们的原籍在东方，我们正在返回东方，但我们带来了欧洲文明，我们不希望切断我们与欧洲文明的联系。我们在大不列颠看到了世界上这种文明的主要标兵，而巴勒斯坦应该成为东西方之间的桥梁。我们找不到比英国更好的西方文明代表。"[28]

文化认同影响了政治观点，反之亦然。"我们与欧洲站在一起，"《国土报》在塞缪尔到来前6个月的时候断言。"在东方，有一样东西比其他任何东西都更为人所需要：欧洲的秩序和欧洲的政府。这个条件比其他一切条件——甚至是民族权利——都更重要。"该报称赞了英国人和法国人，声称被殖民民族在英法两国的教导下过上了"法律和秩序"的生活。泽维·贾博廷斯基也写下过类似的话。[29]

作为欧洲人，巴勒斯坦的犹太人会因为一件事情而备感屈辱：即当英国人称他们为"本地人"的时候。英国当局倾向于一视同仁地看待巴勒斯坦的两个本土民族，而犹太人却对此感到不满。犹太复国主义运动的高级官员弗雷德里克·基希（Frederick Kisch）认为，英国人对待这两个民族的态度让人想起英国人对待其殖民地上有色人种的态度。他引用了一些英国官员的话，这些官员把发生在巴勒斯坦的事件与塞拉利昂或斐济的情况相提并论。基希坚持认为，如果英国一视同仁地对待犹太人和阿拉伯人，那么犹太人就被拉低到阿拉伯人的水平线上。他要求英国人了解欧洲犹太人和阿拉伯人之间的区别：阿拉伯人把他们的妻子当作一头驮兽来对待，丈夫骑着驴子，而妻子则负重前行。[30] *

英国政府中的某些人将犹太复国主义视为某种具有欧洲使命的文化运

---

* 一段时间后，基希就这两类"本地人"给罗斯柴尔德勋爵写了一封信。"犹太人中有许多人至少和普通英国官员同等聪明，而大量的阿拉伯人则完全是文盲。这些温和的人们习惯性地用生锈的钉子赶着他们的驴子，而他们的智力则与驴子相差无几。"[31]

动。"他们喜欢来我们家里做客，"哈科亨写道，"我们是这个国家唯一的欧洲人。"[32] 然而，其他英国人却并没有表现出这种亲近感。"总的来说，比起犹太人，英国的行政官员——尤其是低级别的行政官员——更喜欢本地人。这不是出于任何不公或反犹主义的原因，而只是因为本地人比巴勒斯坦的犹太人更简单，"哈伊姆·魏茨曼写道。教育部门负责人汉弗莱·鲍曼（Humphrey Bowman）认为，英国官员发现阿拉伯人比犹太人更容易理解。这是由于英国人和阿拉伯人具有自由、大胆和爱冒险的共性。鲍曼表示，并不是说英国官员都普遍反犹，恰恰相反，他们几乎都把犹太人当作自己的朋友。按照鲍曼的说法，"精神犹太复国主义"、复兴希伯来语、建立大学这些东西都给英国官员留下了深刻印象。不过他们不喜欢政治犹太复国主义，因为它威胁到了阿拉伯人的地位。威廉·奥姆斯比-戈尔写道："人们没法不注意到，在印度或苏丹生活过的英国人有一种不可避免的倾向，就是不自觉地向着穆斯林，而不是基督徒和犹太人。"一位犹太复国主义活动家在自己的回忆录中说，英国人在提到阿拉伯人时常把他们称为"我们的小朋友"。[33]

　　犹太复国主义者在社会中的地位是一个情感和文化的问题，由于它涉及犹太人希望在巴勒斯坦创造的新身份，所以它也有政治影响。犹太复国主义者声称，他们返回祖先的土地是一种自然权利，而不是一种恩赐。因此，他们本应该很高兴称为"本地人"，然而，他们的外国性却削弱了他们的主张。"即使我在遥远的北方出生和长大，我在这个国家也不是一个陌生人。"魏茨曼在耶路撒冷举行的一次会议上说道，这次会议的与会对象是阿拉伯人。在起草委任统治文件的最后阶段，魏茨曼曾写信给塞缪尔，要求他不要在文件中把犹太人称为"本地人"。在他看来，阿拉伯人才是本地人。[34]

4

　　在塞缪尔接替军政府之前，首席行政官要求他签署一份文件，这份文件后来成为了犹太复国主义历史上被引用次数最多的文件之一："从路易斯·J. 博尔斯爵士少将（Sir Louis J. Bols，K. C. B.）那里接收了一个完整的巴勒斯坦，"塞缪尔在文件上签上了自己的大名。[35] *

塞缪尔在巴勒斯坦待了五年，按加德·弗鲁姆金法官的说法，这是一段光荣的时期："一段精神上欢欣鼓舞的时期，民族成熟的时期，犹太人自尊心增强的时期，以色列的名字在外邦人眼中，尤其是在阿拉伯人眼中被神圣化的时期。"弗鲁姆金虽然有些夸大其词，但实质上他说的没错。塞缪尔带领这个国家迈出了进入二十世纪的第一步。当他回国时，他留下了一个相当高效的政府，总体稳定的经济，一定程度的法律和秩序，以及相对安宁的生活。然而，其成就的主要效果是促进了犹太复国主义者的利益。阿拉伯人把他视为敌人，他们还声称，塞缪尔离开的时候，这个国家变得比他来的时候更糟。[37]

塞缪尔的黑胡子总是修剪得整整齐齐的，散发出一种军人的活力和冷漠的气息。地区专员爱德华·基思-罗奇写道："他有一张相当木讷的脸，他的表情好像是在探究着什么，近乎鬼鬼祟祟的。"从克伦威尔的雕像上挤出一滴眼泪都比撼动塞缪尔的立场更容易一些，当提到塞缪尔在议会中的表现时，人们说道。弗雷德里克·基希娶了塞缪尔的侄女，他把他与高级专员的例行会面描述为一场冷水澡。玛格丽·本特威奇（Margery Bentwich）是总检察长诺曼·本特威奇的妹妹，她曾请塞缪尔喝过茶，在她看来，塞缪尔是个很自负的人。"H. S. 是个僵硬的人，总让人感到非常不舒服，因为和人在一起的时候，他似乎不论如何都没法忘记，也无法舍弃其职务。他看起来更像个官员，而不是普普通通的人。"[38] 甚至在他写给儿子的信中，读者也能感受到一种严厉的、近乎正式的准确性。

他住在橄榄山上，其住所位于奥古斯塔·维多利亚城堡北翼，现在被称为"政府大楼"。这所房子有一百个房间，夏天很舒适，冬天却很难取暖。起初，塞缪尔花了相当多的时间来整顿家务。他的妻子留在英国收拾房子，同时负责房子的租赁事宜。她和两个小孩在塞缪尔到任六个月后加入了他的行

---

* 多年后，这张奇怪的"收据"被人放到纽约的一次拍卖会上出售。报社记者联系了当时年近九旬的塞缪尔。这位老爷子很生气。他在回忆录中写道，这张收据不是历史文献，只是个玩笑。它作为古玩的价值，在美国可能值几先令，或许一美元，这就到顶了。然而，事实上这张纸卖了 5 000 美元。塞缪尔冷淡地评论道："成交的价格十分惊人，但价格和价值之间往往是有差别的。"[36]

列，那时他已经准备好了家具、书籍、一个汤碗、银器以及窗帘。接待大厅的家具将由政府出资，但他告诫妻子不能太奢侈——巴勒斯坦的生活方式要比英国简单。[39]

房子里配备了一位法国厨师，但他很快就因为妻子生病而回国了。艾伦比将军从开罗请来了自己的厨师，并把他借给塞缪尔夫妇，作为临时的权宜之计。"政府大楼"的园丁准备了一份他希望从英国带来的种子清单。当地的俄国妇女负责照顾被褥，但塞缪尔建议他的妻子最好从英国带两个自家的仆人过来。他已经给他们准备好了一所房子。塞缪尔的妻子运来了一个又一个箱子，第一个箱子里装着一个托拉卷轴，但她没有把他的高顶礼帽寄过来。"我很想阻止在这个国家戴高顶礼帽，"塞缪尔曾写道。比阿特丽斯·塞缪尔（Beatrice Samuel）思考着她应该履行什么职责，因为这个国家从来没有过第一夫人。她最后决定，她的工作就是做个好人。[40]

高级专员也试图让每个人都感到愉快。他参观了犹太复国主义者们的农业定居点，并认为那里的居民都是很快乐的人。安息日，他带着手下的高级官员，徒步走下橄榄山，来到老城的胡尔瓦（Hurva）犹太会堂礼拜。人们围在一起看他，为他欢呼。在会堂里，他有幸吟诵了本周应读的《圣经》篇章：以赛亚书，第 40 章，其中预言了锡安的救赎。塞缪尔满意地表示，他那糟糕的发音让人无法确定他说的希伯来语到底是阿什肯纳兹口音还是塞法迪口音，因此不会冒犯到任何人。他写道，这是他一生中最受感动的仪式。[*]

他下令立即释放泽维·贾博廷斯基，还赦免了两名在内比·穆萨节骚乱中被捕的阿拉伯高级人物。此外，他还访问了同在英国控制下的外约旦王国。在其访问期间，当地的阿拉伯人要求他撤销阿里夫·阿里夫和哈吉·阿明·侯赛尼的罪名，并允许他们返回耶路撒冷。他立马便同意了。他经常访问阿拉伯人的村庄，并定期与基督教社群的领导人商谈。他对该国的安宁既感到高兴又感到吃惊。相比之下，他担任英国邮政局局长时的状况则混乱不堪，他写道。[42]

在他抵达后不久便出现了两个出乎其意料的情况。尽管犹太复国主义者

---

[*] 但是，塞缪尔并不守戒。他有时在安息日工作，而当他在赎罪日禁食时，他向妻子解释说，他这样做只是因为该国的居民相信他禁食，他不想欺骗他们。他说，原则上，他拒绝禁食。[41]

表现出了不耐烦的态度，但由于其内部严重的财政危机，他们还没做好执行其计划的准备。[43] 塞缪尔向该运动提供了 16 500 个移民许可证，但犹太复国主义者们却只愿意用满 1 000 个指标。在写给全世界各分支机构的信中，犹太复国主义领导层指示其官员向人们发出警告，叫他们不要为了急着去巴勒斯坦而清算自己的生意。伦敦的犹太复国主义组织宣布，现在还没有到时候，目前，需要耐心和纪律。塞缪尔很失望。魏茨曼认为有必要向他道歉，他解释说，这都是美国犹太人的错，因为他们没有照顾到复国主义运动的资金需求。但钱总会来的，他承诺道。最终，当年共有 8 000 名犹太人移民，而离开巴勒斯坦的犹太人则只有 1 000 多人。[44]

令塞缪尔感到意外的第二件事是，并非所有人都认为巴勒斯坦是值得投资的战略资产。英国财政部在他抵达后不久便通知他，该国不会为这项冒险提供资金：巴勒斯坦当地的税收、关税及其他收入将用来支付行政当局的所有支出和开发费用。财政部甚至给他寄来了英军在征服这个国家时所铺设的铁轨的账单。由于铁路现在已经变为民用，财政部便认为巴勒斯坦没有理由把它当作礼物收下。或许当时塞缪尔最好应该建议让军队拆除铁轨，并把它们带回伦敦，但他却试图与财政部争论，结果以失败告终。从拉菲亚（Rafiah）到海法的铁轨让巴勒斯坦行政当局支出了一百万英镑。塞缪尔在给儿子的信中写道，他在巴勒斯坦唯一碰到的麻烦其实来自伦敦。"有一股非常强大的潮流，这股潮流很有利于经济，但普遍的问题却是'我们为什么要把这些钱花在巴勒斯坦？'"[45]

在这种氛围下，塞缪尔发现很难为国家获得发展贷款，也很难说服政府为建造海法港注资：价格太高。"有人一再指出，"陆军部坚持认为，"从帝国的角度来看，巴勒斯坦没有任何军事价值。应该把它看作一个完全独立的政府，在该国的军队应该……听从文官的支配。"殖民部大臣丘吉尔本人则警告政府，在 1922—1923 财政年度内，巴勒斯坦的 8 000 名士兵将使英国纳税人损失 330 多万英镑。[46]

英国的委任统治正式推行后，丘吉尔就继承了对巴勒斯坦的责任。在战争期间和战争结束后，他曾怀疑英国是否应该担负起推行犹太复国主义计划的责任——他支持由美国来做这件事。他曾一度建议让英国干脆放弃巴勒斯坦。丘吉尔不仅担心财政成本，也担心政治成本：犹太人和阿拉伯人之间的对抗只会给英国带来麻烦。

在哈伊姆·魏茨曼抵达英国后不久，丘吉尔曾是最早与之会面的公众人物之一。丘吉尔并没有像戴维·劳合·乔治和贝尔福那样陷入犹太复国主义的狂热之中，但有一点他却和他们一样，即他们都认为犹太人具有很大的影响力，因此其善意是值得获取的。他认为，"国际犹太人"使沙俄帝国垮台，俄国革命是犹太人针对西方文化所策划的"险恶阴谋"。他把布尔什维克称为"病菌"，这个词在反犹出版物中经常被用来指称犹太人。他认为，犹太复国主义者将"为这一邪恶的阴谋提供解药，它将给西方世界带来的是稳定而不是混乱"。*

1921 年春，丘吉尔带着阿拉伯的劳伦斯去了耶路撒冷。在该城逗留期间，他用油彩画了该城的风景。塞缪尔礼貌地称这些画作很"有效"。然后，"一个星期天的下午，"正如丘吉尔所轻蔑地评论的那样，他把外约旦的阿卜杜拉王子加冕为国王。这样，英国人便可以说他们已向各方履行了他们应尽的所有义务。†耶路撒冷前市长穆萨·卡齐姆·侯赛尼要求丘吉尔撤销《贝尔福宣言》，禁止犹太人移民该国，并结束巴勒斯坦与叙利亚之间的分治状态。丘吉尔的回答十分坚定，近乎不尊重人。他声称，即使他可以撤销《贝尔福宣言》，他也不会这样做，因为民族家园政策是"明显正确的"，它将使巴勒斯坦的所有居民受益。他向阿拉伯人保证，这项政策不会立即全面推行。他让他们放心，在犹太人的民族家园实现之前，他们这一代人，还有他们的子孙后代都将从地球上消失。与此同时，英国的统治将继续下去。当然，丘吉尔的这番话也暗示了阿拉伯人在有生之年不会看到巴勒斯坦的独立。

---

* 当殖民部接过了对巴勒斯坦的责任时，英国报纸曾大肆报道《锡安长老会纪要》。伦敦《泰晤士报》怀疑这份文件是否可能是伪造的，但并没有给出答案。[47]

† 凡尔赛和会上，各方决定从奥斯曼帝国的领土上划出一个国家——外约旦，并将巴勒斯坦东部的大片地区纳入其中。这个国家将交给麦加的谢里夫家族，以满足其领土要求。费萨尔的弟弟、麦加谢里夫的儿子阿卜杜拉王子同意了这一安排，以换取 5 000 英镑。于是，阿拉伯人得到了独立，法国人得到了叙利亚，犹太人得到了巴勒斯坦。[48] 然而在巴勒斯坦，没有人感到高兴：阿拉伯人认为他们的国家被人从叙利亚分裂了出去，犹太复国主义者同样感到痛苦，因为外约旦也被人从巴勒斯坦分割了出去，而且巴勒斯坦的北部边界与犹太复国主义者所绘制的地图有很大差别。[49] 因此，阿拉伯人和犹太人在多年后都会声称各自受到了不公正对待。但如果法国当时丢掉了叙利亚，它很可能不会同意把巴勒斯坦留给英国人，那么民族家园可能永远都建立不起来。[50]

　　至于犹太复国主义者，丘吉尔则告诉他们，其社群的发展速度仅仅取决于一个因素，即他们筹集资金的能力。巴勒斯坦的犹太复国主义运动领导层非常高兴。当丘吉尔去访问犹太人定居点时，他也就自然而然地被当作犹太人的伟大朋友而被接待。在他访问特拉维夫的前一天晚上，市议会的雇员们砍倒了几棵树，并把它们插在梅厄·迪岑戈夫家旁边的沙子里，以便给客人留下好印象。聚集在房子里迎接丘吉尔的人群非常密集，其中一棵树被撞倒了，骗局也就暴露了。"迪岑戈夫先生，没有根是行不通的，"丘吉尔评价道。《国土报》编辑摩西·格利克森（Moshe Glickson）一年半前才乘"鲁斯兰"号抵达巴勒斯坦，他宣称丘吉尔表现出了"道德上的勇气"。[51]

　　在丘吉尔回国前几天，耶路撒冷的穆夫提去世了。穆斯林团体需要一位新的宗教领袖，塞缪尔同意任命哈吉·阿明·侯赛尼。侯赛尼年仅 26 岁，是个新锐人物，他野心勃勃，孔武有力。塞缪尔的传记作者伯纳德·瓦瑟斯坦（Bernard Wasserstein）一向对塞缪尔抱有同情心，而且常常对他表示钦佩，但他把这项人事任命描述为"个人和政治判断上的一个深刻错误"。许多人都赞同这种看法，认为侯赛尼具有阿拉伯民族主义的好战倾向。但事实上，这一任命是完全合理的。

　　侯赛尼出身名门：其祖父、父亲和哥哥都曾担任过穆夫提。他没能在第一轮投票中让自己当选，但却表现出了动员公众支持自己的能力。侯赛尼已故的哥哥为当局提供了很多帮助，作为回报，英国人决定给他的遗孀和五个孩子发放"政治抚恤金"，其金额比他们依法应得的抚恤金高出近十倍。一份内部备忘录指出，对于前任穆夫提为政府所提供的服务来说，很难夸大其价值。侯赛尼家族已经失去了市长一职，新任市长是其竞争对手纳沙希比家族的成员，这也是把穆夫提一职留给侯赛尼家族的另一个充分理由。在这件事上，塞缪尔是按照罗纳德·斯托尔斯的建议在行事，他比他更有经验，对耶路撒冷的政治非常熟悉，对侯赛尼也很了解。

　　1921 年 4 月初，斯托尔斯带着侯赛尼去拜见新到任的高级专员，他给塞缪尔留下了良好的印象。侯赛尼在会面中表示，他相信英国对阿拉伯人的善意，并承诺利用其家族的影响力来维护耶路撒冷的和平。[52] 他信守了自己的诺言。当年的内比·穆萨节庆典没有发生任何事件。几个月后，当该国其他地区处于动荡之中时，耶路撒冷也始终处于和平状态。事实上，耶路撒冷多年来一直十分安宁。

侯赛尼后来领导阿拉伯人发动了将英国人逐出巴勒斯坦的斗争，这是塞缪尔没能预料到的，正如他无法想象犹太人有一天也会采取行动驱逐英国人一样。[53]

在他到任几个月后，高级专员成立了一个由 20 名成员组成的咨询委员会。委员会里一半是英国官员，其余由当地的公众人物组成——四名穆斯林、三名基督徒和三名犹太人。委员会每月在政府大楼举行一次会议，讨论教育、交通、供水、卫生，以及其他的一些问题，这些问题虽然重要，但不明确具有政治性。塞缪尔试图表现出开放的心态和合作的精神。他在给外交大臣寇仁勋爵的信中写道，他不希望把英国的意志专制地强加于人，去治理一个"流着有许可证的牛奶和注册过的蜂蜜"的国家。咨询委员会成员没有实权，他们只是倾听和表达意见。委员会内的气氛很友好，但却不必要投票，因为他们总能达成共识，塞缪尔多年后写道。仿佛他仍然相信自己刚到任时所流露出的乐观情绪。

尽管咨询委员会对立法没有任何影响力，但多年来，政府却颁布了范围相当广泛的法律。1922 年制定了某种程度上的宪法，这是一份国王在枢密院发布的文件。立法提案由高级专员的法律顾问们起草，公众有权对其发表意见，但实际的立法过程既不民主，也不自由。这份文件还规定了死刑和连坐制度。[54]

5

高级专员代表着大不列颠的国王。当塞缪尔身着官服，召集精心挑选的知名人士到橄榄山，以便发表政府公告时，他似乎是在以大英帝国本身的权威说话。高级专员有权颁布法律，没有民选出来的议会来制约他的权力。然而，司法系统在形式上是独立的，法官不时做出与政府立场相悖的判决；但从根本上说，法院认为自己是政权的一部分，而不是一个以限制政府权力为目的的独立机构。"第四权力"只能在高级专员允许的范围内自由地批评政府。从表面上看，高级专员是一个无所不能的统治者。

实际上，这只是一种假象。如果没有伦敦殖民部的批准，高级专员根本难以做任何事情。而且表面上还存在国际监督，英国通过国际联盟的委任来统治巴勒斯坦，国际联盟所指派的委员会将负责确保行政当局按照委任书来行事。从这个意义上说，巴勒斯坦不是一个正规的王室殖民地，不属于大英帝国，其居民是巴勒斯坦公民。*

然而，国际联盟的委员会却没有任何威慑力。真正的影响力集中在伦敦。殖民部大臣有权确认或废除高级专员所提出的法律、他所提出的开支以及他希望做出的人事任命。除了殖民部外，其他政府部门的利益和意见也制约着高级专员。但殖民部大臣一职都做不长。到英国结束其在巴勒斯坦的三十年统治时，殖民部大臣一职更换了不下十七次。而在同一时期，巴勒斯坦历任高级专员加起来一共也只有七位。这使得大部分权力都掌握在殖民部的高级官员手中，可能每一千份文件中只有一份能实际到达殖民部大臣的办公桌上，爱德华·基思–罗奇写道。[56]

在驻耶路撒冷的高级专员和伦敦殖民部的往来通信过程中，产生了数量庞大的文件，这些文件反映了殖民地工作人员和一个或另一个"汉弗莱爵士"†之间持续的斗争——汉弗莱爵士是一种典型的无所不能的官僚，他认为自己比高级专员更清楚应该做什么。高级专员常常很无奈，他只能咬紧牙根为上级找借口，并以此来掩饰自己的无能。事实上，高级专员经常表现得好像自己的工作只是负责游说伦敦的官员，而不是代表一个拥有强大权力的政权。‡

---

* 这个国家没有自己的国旗，塞缪尔本想设计出一个能代表全国所有居民的旗子，但他的努力全都白费了。他意识到，国旗的标志不能是大卫之星、十字架或新月，三者的组合也不能接受。他想，也许最好是选择该国的一种本土动物。然后他想到了一个方案：圆圈和圈内的火炬——火炬象征着启蒙，圆圈象征永恒。最后，行政当局干脆用上了英国国旗。[55]

† 即英剧《是，大臣》(Yes, Minister) 中的经典角色，汉弗莱·阿普尔比 (Humphrey Appleby)。——译者注

‡ "公文成了一种癖好，每个人都必须在它面前低头，"教育部门负责人汉弗莱·鲍曼抱怨说。文件成倍地增加和膨胀，电报、备忘录和报告成了政府的主要关注点，与实地情况的联系也越来越脆弱。[57]

　　塞缪尔利用丘吉尔 1921 年访问巴勒斯坦的机会，让丘吉尔替自己就若干问题做出了决定，塞缪尔在与殖民部打交道的过程中始终解决不了这些问题。一段时间以来，他一直试图说服殖民部开始建设海法港。一切外部环境都有利于这个项目，但官僚们却在阻挠。他还试图扩大铁路网，因为这是增加政府收入的一个好渠道。他只要求提供 200 埃及镑的微薄款项来进行一项先期调查。高级专员为此提交了一份编号为 675 的备忘录，但官员们拒绝了他的请求。他不得不又发了许多封邮件，官员们才最终批准了这笔费用。

　　塞缪尔补充说，几个月来，他一直在争取政府的授权，批准他修复耶路撒冷—雅法公路的西段（雅法和拉姆拉之间）部分。专家们建议用石块填平这些坑洞，耶路撒冷有一个采石场可以提供石材。殖民部也拒绝了这一提案。塞缪尔与丘吉尔一样感到沮丧。这条路上交通繁忙，坑坑洼洼的路面对汽车造成了损害，而这些汽车的车主已经支付了高昂的牌照税。当地媒体已经报道了这一丑闻，更要命的是，来自世界各地的游客只能走这条路。[58] 塞缪尔就修复耶路撒冷—雅法公路（雅法—拉姆拉段）一事写了一份忧心忡忡的备忘录，这份备忘录是写给殖民部大臣看的，可殖民大臣需要考虑的是一个对数亿人有影响力的世界性帝国。从塞缪尔的信中可以看出，高级专员在这一体系中的地位就像一个最低级的村长。

　　然而，这样一个"村长"却领导着一个由各部委、准部委组成的政府，每个部门负责一个确定的领域：财政、司法、教育、移民、卫生、农业和渔业、文物、工商业、公共工程、火车、邮电、海关、调查，以及统计。高级专员署下设一个秘书处，秘书处辅助专员协调上述系统的工作。首席政务官是殖民政府的二号人物，他不止一次地临时代替塞缪尔掌管政务。在他们看来，殖民政府的任务是发展托管国并为其提供服务。高级专员把日常生活中大部分的职权都委托给了地方官员，或者说地区专员。虽然这些地方官员的头衔、工作性质和权力范围因时因地而变，但有一点是不变的：在大多数民众所能够接触到的行政官员中，他们是最高级别的代表。他们代表了文官政府的脸面，其职责包括征税、安保、审判和定罪。

　　对于一个处于殖民生涯初级阶段的人来说，这是一个极好的职位。"对于一个初级的殖民地行政长官来说，没有什么能和第一个由自己独立管辖的领地相比。我很幸运地得到了拉马拉。"埃德温·塞缪尔后来写道。[59] 能成为拉马拉的地区专员显然不仅仅只是因为运气好，尽管小塞缪尔的父亲此时已不再是高级专员，但他的姓氏本身就有足够的影响力。拉马拉当时不过是一个规模较大的村庄，村子里约有三千居民。塞缪尔的管辖范围还包括周围的几个村庄。通常情况下，当地的酋长，即穆赫塔尔（mukhtar），是地区专员和各村庄之间的联络人。有些穆赫塔尔的任命需要经过村民们的同意，而有些则是政府强加的。作为村里大家族的成员，有些人能够继承穆赫塔尔的职位；其他人则必须通过竞争才能得到这一职位。在较大的村庄，可能有几个穆赫塔尔。他们记录村里的生死，有时还担任法官。他们负责村里的安全和税收，征税的时候还会为自己提留几个百分点。[60]

在奔赴拉马拉就任前，埃德温·塞缪尔找到了自己的一位老熟人——耶路撒冷市长拉吉卜·纳沙希比，并向他征求意见。"如果我召见某个穆赫塔尔，但他拒绝前来见我，我该怎么办？"塞缪尔问道。"如果是土耳其人的话，他们会拿鞭子抽他，"纳沙希比指出，"尽管你不会这么做，但他也没有足够的把握去冒这个险……所以只要你叫他，他就会来。"

他们的确来了，埃德温·塞缪尔也经常去找他们。作为地区专员，他大部分时间都在走访他所管辖的村庄，一天两三个。他开着自己的车，挂着政府的旗帜，有时也会骑着马去。他一般都会提前通知，穆赫塔尔也都会隆重地接待他，比如说，为他宰一只羊。有时他也会在村子里过夜。穆赫塔尔向他提出了各种各样的要求——这个人想要一间教室，那个人想修一条新路，这里需要种子，那里需要医生。有时他们会抱怨有强盗出没，要求塞缪尔介入当地的冲突或举行和解仪式。他们会吃吃喝喝，谈谈这谈谈那，绕了一圈之后才谈回此行的主要目的：收税。

埃德温·塞缪尔不喜欢拿村民的钱。他见过许多可怜的农民，有时他们还背负着沉重的债务。和同样在拉马拉任职的詹姆斯·波洛克一样，他偶尔也会把一个村庄的欠款列为无法收回的"失债"。英国人征收的税款是一种什一税，土耳其人以前也征收过这一税款。按理说，这笔税收应该根据农民的收成来确定，但事实上，其金额是在地区专员和穆赫塔尔讨价还价的过程中确定的。

　　塞缪尔不止一次地用自己蹩脚的阿拉伯语进行威胁。如果用英语的话，他会用准圣经式的语言对村民们说话："我的孩子们，如果你们按照我的要求现在付款，我就会像露水一样洒在你们的田地上，像蜜糖一样沾在你们的嘴唇上。但是，如果你们不照做，那我就会像狼一样在夜间来到你们的羊圈里，你们就会像被点燃的打谷场那样被烧毁。"然后，当他看到他们睁圆了的眼睛时，他便会叫他们赶快跑回家去，带些东西来交差。在他身边坐着一个税吏，负责记录。塞缪尔手下有一支协助他的警察部队，由十四名警察组成。他们的主要任务是提供保护，当收税员带着钱在路上旅行时，警察负责保障他们的安全。

　　他试图强推铁犁等各种现代化的耕作方法，但最后却认为最好还是让村庄保持落后的状态。这种形态的村庄具有某种浪漫的魅力，同时也能映衬出他作为一个进步人士的自我形象。"我是一个从二十世纪回到十一世纪的人，拥有封建男爵的一切权力，"他写道，"农民也许是可怜的穷人和文盲，但他们是我的。我保护他们免受自己领主的暴政，我也希望他们能相应地向我表示敬意。"[61]

　　在城市，地区专员负责监督市政工作。由于所有的市政事务都需要文官政府的批准，因此监督工作几乎包括一切事务：从编制预算到防止人们在墙上张贴告示，从控制流行病到分区规划。市政当局也很高兴政府插手这些事务，因为政府承担了解决紧急需求的责任，比如说为耶路撒冷的供水系统、为特拉维夫的医院等设施提供资金。与村里的穆赫塔尔一样，市长在某种程度上也是民众与政府之间的联络人，真正的权力掌握在地区专员手中。[62] * 事实上，当局倾向于将市长视为高级穆赫塔尔。在实施委任统治的头几年里，市长是任命的，而不是选举产生的。赫伯特·塞缪尔认为："其结果是人民在政府中的参与度远远低于土耳其时代。"[64] †

　　殖民政府的行政机构逐年扩张。赫伯特·塞缪尔在任期间共有二十个部

---

*　在雅法，W. F. 斯特林（W. F. Stirling）抱怨说，他的工作需要大量的公务开支，他不得不一次又一次地接待各种重要人物，其中有些是当地人，有些是政府的客人。但他说，没有人给他补偿。[63]

†　地方议会的选举被推迟，其主要原因是为了在法律上做出调整，从而使该国的犹太人能够参加选举。大多数犹太人拥有外国公民身份，而当时仍然有效的土耳其法律只允许当地公民参加投票。1926 年举行了第一次市政选举。

门，而到最后一位高级专员任职时，政府共有四十多个部门。在人口急剧增加的同时，公务员的数量也在增加。塞缪尔上任之初只有不到 2 500 名雇员，而到委任统治结束时，雇员人数超过了 3 万人。[65] 政府是全国最大的雇主，工资占其预算的 75%。[66] "圣地的行政机构庞大，而土地面积却很狭小，就像婴儿穿上了父亲的衣服，"某位评论家写道。阿拉伯本地人抱怨行政机构充满了矛盾、重复和不明确。他们说："我们在巴勒斯坦看到了一座巴比伦塔。"巴勒斯坦的每位专员都"随心所欲地统治"。此外，他们还补充说，政府非常业余，事实上，海关和关税局长"是一个职业演员"。[67]

罗纳德·斯托尔斯在任期间，其手下的第一批工作人员来自各行各业，如担任税务官员的演员，管风琴师以及酿酒师。但随着岁月的流逝，人们越来越不可能在政府工作人员中找到类似这样的人物。就像帝国的其他地区一样，巴勒斯坦的英国官僚中，也有越来越多的人出身于伦敦的殖民管理层，不管是从政治层面还是从专业层面来说，这些人都受过高标准的训练。

6

在英国政府看来，行政官员应该是"英国绅士"，比如说是复员军官或大学毕业生。如果一个人上过私立学校，是个活跃的运动员，而且长相也不错，他就很可能能在殖民地政府中找到一份工作。政府对于应聘者外貌要求的说明几乎形成了一种血统主义。标准不仅限于一个人的衣着风格和言谈举止，还包括他的体格、头发、眼睛的颜色、嘴形以及指甲的状态。"松弛的嘴唇或躲闪的眼睛里可能潜伏着各种弱点，"一位退休的殖民地官员对他的同事说，"正如一个人的专注与毅力通常体现在沉稳的目光和结实的嘴和下巴上一样。"

年轻人经常跟随着父辈们一起加入殖民政府，他们在去海外的过程中，延续了家族的传统。然而，他们做出这样的选择往往是因为在国内找不到合适的工作，同时也是因为殖民管理机构的扩张。殖民地工作的需求量很大，在某个阶段，需求甚至超过了供给。殖民地的工作总是临时性的，先在马耳他工作几年，然后在坦噶尼喀（Tanganyika）服务几年，之后去塞拉利昂待几年，最后在耶路撒冷待几年。

殖民地官员应具备男子气概，有骑士精神，有道德使命感，他们应该把英国的管理原则——适当、公平、非政治化的管理——带到海外去。[68] 然而，这种自我形象实际上只是一种想象：很难说他们保持中立，他们也并非出身于英国官僚体系中的精英阶层。殖民地政府官员的工资低于英国国内同等级别的官员，因此殖民政府并不能吸引到最优秀的年轻人。

英国人自己占据的工作岗位不超过 10%，大部分雇员实际上都是当地人。在 20 世纪 20 年代初，犹太人和阿拉伯基督徒在政府中的占比明显偏高，远远超过他们在总人口数中的比例。阿拉伯穆斯林官员所占的比例则严重不足。随着时间的流逝，他们的占比有所增长，而犹太人在政府机构中的比例则有所下降，直到低于他们在总人口数中的比例。尽管如此，犹太人仍占据了政府中不成比例的高级职位。阿拉伯基督徒的比例仍然较高。英国人不厌其烦地记录官员的民族和宗教身份，并对其进行统计。这与他们对外宣称的政策正好相反：即建立了一个专业的、去政治化的行政机构。官僚机构中的英国犹太人也被算作犹太人。[69]

由巴勒斯坦犹太人出任政府中的高级职务，这一现象主要在塞缪尔的任期内表现得十分突出。巴勒斯坦公共安全事务主任珀西·布拉姆利（Percy Bramley）中校抱怨说，这些犹太人与英国的犹太复国主义者们一起，共同占据了塞缪尔政府中的重要职位。事实上，布拉姆利写道，塞缪尔政府是一个"犹太复国主义者控制的政府"。在雅法执政的斯特林上校写道，高级专员、首席政务官和总检察长都是好人，但英国人不该选择这些特定的人担任这些职务。这种做法"玷污了英国在中东的好名声，导致我们在公平竞争方面的声誉下降"[70]。

英国人认为，他们的主要工作是确保每个人和平共处。但很多时候，他们却发现自己陷进了犹太人与阿拉伯人的矛盾当中。斯托尔斯的助手哈里·卢克（Harry Luke）把矛头指向了《贝尔福宣言》，声称它造成了一个死结。卢克评论说，宣言将不可避免地导致分治，而在所罗门王的土地上，这并不是一件新鲜事。[71] 英国人本应将文明带到巴勒斯坦，但与法国的文化帝国主义不同，他们并不试图将自己的价值观或身份认同强加给殖民地民众。他们倾向于与当地居民保持距离，最多只是对当地的文化遗产及其保护表现出民俗学上的兴趣。[72]

这种不情愿的态度不仅仅是出于政治上的考量，还反映了一种浪漫主义倾向，即把巴勒斯坦当作《圣经》中的土地，把它当成一座巨大的蜡像馆。建筑师查尔斯·罗伯特·阿什比（Charles Robert Ashbee）是斯托尔斯的顾问，他为拯救希伯伦的玻璃吹制工艺免于灭绝付出了巨大的努力。他理想中的巴勒斯坦固然落后，但却是如此和谐、温馨。在他看来，阿拉伯村民是美丽与尊严的化身。而来到这个国家的犹太人则带来了美国和东南欧城市中的肮脏丑陋与不和谐。阿什比想象不到还有什么更糟糕的组合。[73] *

为了与其立场保持一致，英国殖民政府拒绝禁止童婚，因为阿拉伯人和来自阿拉伯国家的犹太人都接受这一习惯。一个犹太妇女组织发起了一场禁止童婚的运动，但政府试图回避这一问题。国会议员埃莉诺·拉思伯恩（Eleanor Rathbone）对这一问题进行了干预，但收效甚微。20 世纪 30 年代初，拉思伯恩仍在抗议巴勒斯坦政府容忍 13 岁的女孩结婚。直到 20 世纪 30 年代中期，女性的法定结婚年龄才提高到 15 岁。[75] 英国政府的一些主要人物，其中包括戴维·劳合·乔治，都为替阿拉伯童婚辩护的组织站台。他们警告拉思伯恩说，其抗议活动是犹太复国主义运动接管巴勒斯坦阴谋的一部分。在剥夺了阿拉伯人自由和经济发展的机会之后，犹太复国主义者现在希望把他们的道德规范强加给巴勒斯坦。英国政府还抵制给予妇女投票权。"鉴于不只穆斯林，甚至某些犹太人都强烈反对妇女参与公共事务，我相信你会同意，在巴勒斯坦制定一项普遍规则是不切实际的，"殖民部的一名官员在给拉思伯恩的信中写道。[76]

英国人在巴勒斯坦发现了五彩缤纷的人类马赛克，他们为其魅力所倾倒。卢克列举了家中的仆人：他们从英国带来了保姆；管家弗拉基米尔是从苏联

---

* 塞缪尔的私人秘书托马斯·霍奇金（Thomas Hodgkin）后来把"某种灿烂永恒的东西"归结于阿拉伯村民。他预言，即使所有的帝国、官员、士兵和警察都回家了，这种品质仍会被保存下来。"当所有的铜管乐队都被废除时，牧羊人将继续吹奏笛子，当所有的燕尾服都被飞蛾撕碎时，牧羊人将继续穿着巴勒斯坦的衣服。"[74]

来的"白色"俄罗斯难民，他曾当过反革命军官。但耶路撒冷也有忠于革命政权的红色俄罗斯人。卢克带来了以前在塞浦路斯任职时的贴身侍从，这是一个叫哈利勒·阿里（Halil Ali）的土耳其人。厨师艾哈迈德是来自埃及的黑皮肤柏柏尔人（Berber）。厨房的伙计则是一个亚美尼亚人，这个打扮成男人的伙计有一天突然"变成了"女人。此外，他家的女佣来自橄榄山的俄罗斯女修道院。当埃德温·塞缪尔描述其家庭成员时，除了保姆和家丁，他还提到了"我们的两个也门人"[77]。

英国人有时以傲慢、嘲讽的口吻描写巴勒斯坦人民。爱德华·基思-罗奇将阿拉伯人描述为"天生懒惰的民族"。他写道："阿拉伯人是一个令人愉快的民族，他们那长长的、宽松的衣服掩盖了许多罪恶。"耶路撒冷市长要求基思-罗奇为市政府在离锡安广场不远处新建的公厕举行落成典礼。据基思-罗奇说，他不得不"诱导"市政府建造这座建筑，在今后的许多年内这座建筑都将持续运营。他声称自己还"诱导"市长不举行落成典礼。基思-罗奇以胜利的姿态写道："有一次，一座公共建筑在没有演讲的情况下便开门了。"他的机智是进步和智慧的象征，与落后的民众截然不同。而他们的领袖则无知、腐败、贪恋权力、追求荣誉，最重要的是，他们的领袖不如他聪明。[78]

在巴勒斯坦，公交车及其他公共场所中都挂有英文标志，汉弗莱·鲍曼在回忆录中嘲笑了阿拉伯人在这些标志上所犯的语言错误。事实上，身为教育部门的负责人，他应该对这些错误负有责任。但在他看来，他的工作并不包括确保阿拉伯人能讲一口流利的英语。[79] 类似的优越感也体现在第一批到达巴勒斯坦的英国法官身上。

7

在一个阳光明媚的早晨，有七个人来到耶路撒冷法院的屋顶上照相。其中六人是上诉法院的法官，另外一人显然是个法警。法院位于俄罗斯大院

（the Russian Compound）内，这是一座十九世纪的建筑，是沙皇为朝圣者建造的招待所。照片上能看到用石头铺成的圆顶，后面的背景是另一个风景如画的圆顶，远处还有一些柏树。六位法官坐在石栏杆上，他们身后的法警穿着靴子、马裤以及有大口袋和金属纽扣的军装外套，一条皮带斜穿胸前。他手里拿着一根礼杖，鼻子下面留着胡子，头上戴着塔布什帽。法警腰杆挺得笔直，表现出一副一丝不苟的样子，他的外表显得并不年轻，看上去就像土耳其人逃离该城时忘了把他带走一样。

在他脚下的法官们散发着一种有长者风范且近乎亲切的气息。所有人都穿着黑色的长袍，袍子上立着白色上了浆的衣领。六位法官中，有两位是穆斯林，一位是阿拉伯基督徒，还有一位是犹太人加德·弗鲁姆金。照片中的三位阿拉伯法官也戴着塔布什帽，而弗鲁姆金则光着头。中间坐着的是首席大法官托马斯·海克拉夫特（Thomas Haycraft）爵士和另一位英国法官。两人都戴着白色假发，这是他们从国内带来的职业传统和身份象征。他们看起来并不觉得可笑，相反，他们表现出了一种优越感。头上的假发将他们与当地的法官们区分开来——只有英国法官才有资格戴上一堆马鬃。

英国的司法制度已取代了奥斯曼帝国的司法制度，英国人认为他们的司法制度远比奥斯曼人的优越。然而，当局却认为没有必要让当地居民感受英国司法制度的优势。多年来，他们断定，"英国人的风俗习惯、生活方式、思维模式以及性格都与巴勒斯坦居民截然不同"。因此，把人民不熟悉的英国普通法强加给巴勒斯坦是"严重的不公"。* 因此，与英国的法院不同，巴勒斯坦的法院没有陪审团。人们认为陪审团过于腐败和政治化。一位律师写道，在土耳其时代，法官的地位类似于"酒店的服务员，而酒店的管理层正式禁止服务员接受小费"[80]。贿赂是常见的现象，人们通过这种方式来影响能决定自己命运的判决。过了许多年，民众才开始相信英国政府确实是公正廉洁的。减少司法系统的腐败是英国的主要成就之一。法官们还认为，必须教育当地人尊重法院的独立性。[81]

---

* 在不到十年的时间里，其他英国法官得出了不同的结论，他们认为生活在巴勒斯坦的 60 万犹太人和 150 万阿拉伯人已充分受到西方文化和思想的熏陶，因此可以享受普通法所带来的好处。与此同时，英国也更换了在巴勒斯坦的法官，他们现在不再那么保守，也不再那么傲慢。随着时间的推移，他们还允许当地法官戴上假发。

　　原则上，法院系统确实在很大程度上独立于政府。但是，当法官必须处理政治问题时，他们往往倾向于根据政府的需要调整其判决，而且他们个人的政治立场也影响了他们的判决。尽管如此，法院仍然维持了一种假象，即在法庭墙外如此显著的民族冲突，在法袍下显得不足为道，仿佛它只是无数其他争议中的一个普通问题，法院也可以不偏不倚地予以解决。这一制度之所以能蓬勃发展，是因为每一个参与其中的人都倾向于相信法院公正的假象，倾向于接受法院的惯例。法院中的人们争论不休，其背景也十分多元，但同时又有一种家庭的气息，仿佛每个人都认识其他人——法官、律师、原告和被告、强奸犯、小偷和杀人犯、骗子和恐怖分子、妓女、书记员和法警、记者、围观者、来自全世界各个角落的犹太人、阿拉伯公民、各种教派的基督徒，以及英国官僚。法庭上的人们用他们不同的语言和特殊的幽默感，演绎着他们之间的冲突与妥协，忠诚与背叛，而所有这些都带有政治色彩。

　　法官们活在自己虚构的世界里。耶路撒冷最高法院的首席法官表现得好像自己就是大英帝国的首席法官一样。爱德华·基思–罗奇写道，进入殖民地司法部门的人都是些没能通过英国或爱尔兰律师协会执业资格考试的人。不过，巴勒斯坦的法院系统仍被认为是帝国中较有效的司法部门之一，可以与锡兰（Ceylon）和塞浦路斯的法院系统相媲美。[82]

8

　　赫伯特·塞缪尔对其在任五年期间的施政成就感到自豪：他修建了近1 000公里的公路，在防治疟疾方面取得了进展，新建了200间教室，建立了准时有效的铁路和邮政系统，还采取了保护文物的措施。塞缪尔还列举了其他方面的成就，但最令他感到满意的似乎是他留下的约25万镑[*]的预算盈余。

---

* 托管国时期的巴勒斯坦当地货币和英国货币均以"镑"（Pound/Lira）为计量单位，译文中的"镑"专指巴勒斯坦当地货币，"英镑"（Pound sterling/Lira sterling）则专指英国法定货币。——译者注

塞缪尔宣称，除了维持军队的费用外，他并没有要求英国纳税人为巴勒斯坦提供资金，甚至军队的开支也减少了 80%。[83]

政府不时地贷款以弥补赤字，但只要局势相对安宁，政府就会谨慎而保守地管理财政。在第二次世界大战前，巴勒斯坦的英国政府仅将其预算的 12% 用于卫生和教育，其他殖民地也是如此。而在英国本土，近 50% 的预算都用于福利支出。[*]

阿拉伯人和犹太人都经常声称，政府的预算分配很不公平。犹太复国主义运动认为，犹太人在政府收入中所贡献的比例大于其获得的服务，这意味着犹太人在为阿拉伯人的福利买单。[85] 阿拉伯人则反驳说，政府的关税政策有利于犹太人的产业，却损害了阿拉伯人的利益。高额的税收被用来资助臃肿的行政管理部门，而这些行政管理部门的主要任务则是满足不断增长的犹太人口的需求。他们认为，大部分新道路都是为犹太人铺设的。[86]

英国人不仅允许犹太复国主义运动引入资本和购买土地，他们还给予了犹太人重要的经济特权，包括生产电力的特许权和开采死海资源的特许权等。关税的目的是为了给公共财政带来收入，但它们基本上是在帮助犹太人的产业，同时给阿拉伯人，尤其是农民带来压力。此外，在政府部门工作的犹太工人要求拿到比阿拉伯工人更高的工资，实际上他们也确实拿到了更高的工资。然而，犹太人和阿拉伯人经济上的巨大差距，在很大程度上并不是英国经济政策的一种反映，而是犹太复国主义企业家精神所造成的结果。[87] 政府鼓励犹太人和阿拉伯人在经济上的隔离。[88] 对犹太复国主义者而言，经济独立是实现政治独立愿望的组成部分。

赫伯特·塞缪尔认为，犹太人和阿拉伯人之间的紧张关系可以通过有效的卫生和教育系统来化解。他倾向于从社会和经济的角度来看待冲突，但这是一种错觉。巴勒斯坦犹太人和阿拉伯人之间的冲突主要不是经济层面的，而是民族层面的。塞缪尔是其观念的俘虏，他一次又一次地重复这个观念，仿佛这样就能使它成为现实。在写给国王的报告中，他对当前的局势依然感

---

[*] 政府的其他开支比例分别是：行政管理（29%）、国内安全（包括法院）（29%）、公路建设和通信等服务（30%）。政府收入几乎全部来自地方税收，主要是农产品税收和关税，直到 1941 年才开始征收所得税。巴勒斯坦行政当局从伦敦得到的拨款不超过其预算的 10%，主要用于安全支出。[84]

到十分乐观。[*]

　　到达巴勒斯坦不久后，塞缪尔骑马去拜访了耶路撒冷郊外的一个阿拉伯村庄——马勒哈（Malha）。村里最重要的家族在家中招待了他。在迎接他的人当中，包括内比·穆萨节暴动中的一位主要煽动者，此前，塞缪尔下令把他从监狱中释放出来了。塞缪尔很高兴能够见到他。他在给妻子的信中写道："所有的骚动都已烟消云散，就好像已经过去了一百年一样。"他惊讶地表示，流血事件已经"被人遗忘了"[91]。在给魏茨曼的信中，塞缪尔表现出了同样乐观的情绪，他写道，这里十分平静，"安静到你能听到一根针掉落的声音"。然而不到一年，这个国家就起火了。

注　释

1. Sakakini to Waters-Taylor and Bols, 21 June 1920, ISA P/354/1899.
2. Khalil al-Sakakini, *Such Am I, O World* (in Hebrew) (Jerusalem: Keter, 1990), p. 108.
3. Sakakini diary, 27 Apr., 26 May, 6 June 1919. Quoted from the original with the kind permission of his daughters.
4. *Ha'aretz*, 26 June 1920, p. 2.
5. Sakakini, *Such Am I, O World*, p. 138.
   Bernard Wasserstein, *The British in Palestine* (Oxford: Basil Blackwell, 1991), p. 83.
   Aref al-Aref, 25 June 1920, ISA M/1/32.
6. Pollock to his father, 6 May and 15 May 1920; Pollock to his mother, 30 May 1920, PRONI D/1581/5.
7. Wilson to Congreve, 12 July 1921, IWM HHW 2/52B/20.
   Wilson to Congreve, 11 Oct. 1921, IWM HHW 2/52B/34.
   Wilson to Congreve, 1 Apr. 1921, IMW HHW 2/52B/12.
8. Congreve to Wilson, 24 Apr. 1920, IWM HHW 2/52a/18.
9. Samuel to his wife, 3 July 1920, ISA P/1 651/41.
   Elisabeth L. McQueen: "A Historic Event in Palestine," *Current History*, vol. 14, no. 4 (1921), p. 583ff.
   Samuel to his wife, 3 July 1920, ISA P/1 651/41.
   Intelligence report, 7 June 1920, CZA L4/739.
   Eder to Weizmann, 21 June 1920, CZA Z4/16033.
10. Wasserstein, *The British in Palestine*, p. 231.
11. Balfour to Samuel, 31 Mar. 1919. ISA P/1 649/5.
    Samuel to his son, 27 Jan., 17 Mar., 9 June, 4 Aug., 18 Dec. 1919. Beatrice Samuel to her son, 25 Dec. 1919, ISA P/1 651/41.
12. Samuel to his son, 22 Feb. 1919. ISA P/1 651/41.
    Samuel to Curzon, 14 May 1920, ISA P/1 649/6.
13. Wasserstein, *The British in Palestine*, p. 88.
    Samuel to his wife, 4 Aug. 1920, ISA P/1 651/41.
    Samuel to his son, 16 Apr. 1920, ISA P/1 651/41.
    Bernard Wasserstein, *Herbert Samuel: A Political Life* (Oxford: Clarendon Press, 1992), p. 236ff.
14. Weizmann to his wife, 21, 29 Mar. 1920, in *The Letters and Papers of Chaim Weizmann*,

ed. Jehuda Reinharz (New Brunswick, NJ, and Jerusalem: Transaction Books, Rutgers University, and Israel Universities Press, 1977), vol. IX, pp. 324, 330.
Yitzhak Shirion, *Memoirs* (self-published, 1943), p. 203.
ISA P/1 654.

15. Theodor Herzl, *The Jewish State* (in Hebrew) (Tel Aviv: Yediot Aharonot, 1978), p. 28.

16. Max Nordau, *Zionist Writings* (in Hebrew) (Tel Aviv: HaSifriya HaTzionit, 1960), book III, p. 44.

17. Mordechai Ben-Hillel Hacohen, *The Wars of the Nations* (in Hebrew) (Jerusalem: Yad Ben-Zvi, 1985), vol. II, p. 689.
Yosef Gorny, *The Arab Question and the Jewish Problem* (in Hebrew) (Tel Aviv: Am Oved, 1985), p. 56ff.
Hacohen diary, 9 Av 5695–8 Aug. 1935 (in Hebrew), National Library, manuscript division, C 514.

18. A. A. Kabak, "For the Repair of the Palestinian School," *Ha'aretz*, 2 Sept. 1920, p. 3.
Baruch Ben-Avram and Henry Nir, *Studies in the Third Aliya: Image and Reality* (in Hebrew) (Jerusalem: Yad Ben-Zvi, 1995), p. 176.

19. Rafaela Bilsky Ben-Hur, *Every Individual a King: Ze'ev Jabotinsky's Social and Political Thought* (in Hebrew) (Tel Aviv: Dvir, 1988), p. 173.

20. Nurit Reichel, " 'Roots' or 'Horizons': A Portrait of the Desired Palestinian Pupil in the Years 1889–1933" (in Hebrew), *Katedra* 83 (Apr. 1997), p. 55ff.

21. Letters to Gittel, Rivka, Shlomit, and Rachel, Levine Papers. With the kind permission of the Munin family.

22. Advertisement, *Ha'aretz*, 7 Nov. 1923, p. 1.

23. Sakakini, *Such Am I, O World*, pp. 39, 129, 89, 81, 162, 201.
Khalil al-Sakakini to Sari Sakakini, 12 Dec. 1932, 7 Jan. 1933, and 21 Jan. 1933, P/378/2646.
Hala Sakakini, *Jerusalem and I O World*, (Amman: n.p., 1990), p. 73.

24. Sakakini, *Such Am I, O World*, p. 130.

25. Sakakini, *Such Am I, O World*, p. 162.
Mordechai Ben-Hillel Hacohen, *The Wars of the Nations* (in Hebrew) (Jerusalem: Yad Ben-Zvi, 1985), vol. II, p. 689.

26. *England and the English* (in Hebrew), trans. M. Ezrahi Krishevsky (Tel Aviv: Sifria Amamit, HaPoel HaTzair, 1921), p. 3ff.

27. Hacohen, *The Wars of the Nations*, vol. II, p. 616.
Weizmann to Balfour, 30 May 1918, in *The Letters and Papers of Chaim Weizmann*, ed. Dvora Barzilay and Barnett Litvinoff (New Brunswick, NJ, and Jerusalem: Transaction Books, Rutgers University, and Israel Universities Press, 1977), vol. VIII, p. 210.

28. Ben-Gurion to Wauchope, 29 to 30 July 1934, CZA S/25/16/1.

29. A. T., "Metullah and Deschanel" (in Hebrew), *Ha'aretz*, 22 Jan. 1920, p. 1.
Z. Jabotinsky, "The Crisis in Palestine (Don't Exaggerate)" (in Hebrew), *Ha'aretz*, 28 Mar. 1920, p. 2.

30. Kisch to Brodetzsky, 3 Dec. 1928, CZA S25/1.

31. Kisch to Rothschild, 28 Aug. 1929, CZA S25/1.

32. L. S. Amery, *My Political Life* (London: Hutchinson, 1955), p. 116.
Hacohen, *The Wars of the Nations*, vol. II, p. 881.

33. Humphrey Bowman, *Middle-East Window* (London: Longrams, Green and Co., 1942), p. 328ff.
Shmuel Katz, *Jabo* (in Hebrew) (Tel Aviv: Dvir, 1993), vol. I, p. 275.
Weizmann to Money, 26 Jan. 1919, in *The Letters and Papers of Chaim Weizmann*, ed. Jehuda Reinharz (New Brunswick, NJ, and Jerusalem: Transaction Books, Rutgers University, and Israel Universities Press, 1977), vol. IX, p. 106.
Bernard Wasserstein, "British Officials and the Arab-Jewish Conflict in Palestine, 1917–1929" (thesis submitted to the Faculty of Modern History in the University of Oxford,

1974), p. 31.

Chaim Arlosoroff, *Jerusalem Diary* (in Hebrew) (Tel Aviv: Mifleget Poalei Eretz Yisrael, 1949), p. 59.

34. *Hadashot Mi-Ha-Aretz Ha-Kedoshah*, 16 May 1918, p. 1.

Weizmann to Samuel, 29 July 1920, in *The Letters and Papers of Chaim Weizmann*, ed. Bernard Wasserstein (New Brunswick, NJ, and Jerusalem: Transaction Books, Rutgers University, and Israel Universities Press, 1977), vol. X, p. 3.

Wasserstein, "British Officials," p. 31ff.

35. Herbert Samuel, *Memoirs* (London: Cresset Press, 1945), p. 154.

36. Samuel to Turner, 5 Dec. 1959 and 16 Mar. 1960. ISA P/1 650/35.

37. Gad Frumkin, *The Way of a Judge in Jerusalem* (in Hebrew) (Tel Aviv: Dvir, 1954), p. 265.

The Seventh Arab Congress to the Higher Commissioner (undated), CZA S/25 6651.

38. F. H. Kisch, *Palestine Diary* (London: Victor Gollancz, 1938), p. 121. See also: Arthur Ruppin, *Chapters of My Life in the Building of the Land and the Nation, 1920–1942* (in Hebrew) (Tel Aviv: Am Oved, 1968), p. 96.

Ezriel Karlebach, *Book of Figures* (in Hebrew) (Tel Aviv: Ma'ariv, 1959), p. 349.

Margery Bentwich to her sister, 7 June 1920. With the kind permission of Ari Shavit.

39. Samuel, *Memoirs*, p. 165.

Samuel to his wife, June–Nov. 1920, ISA P/1 651/41.

40. Beatrice Samuel to her son, 2 May 1920, ISA P/1 651/46.

41. Samuel to his wife, 20 Aug. and 26 Sept. 1920, ISA P/1 651/41.

42. Samuel to his son, 14 July and 20 Aug. 1920, ISA P/1 651/41.

43. Ruppin, *Chapters of My Life in the Building of the Land and the Nation*, p. 14.

44. Zionist Organization to all Zionist federations, 18 Apr. 1919, CZA I L3/31.

Samuel to Weizmann, 29 Nov. 1920, CZA Z4/15445. See also: M. Mossek, *Palestine Immigration Policy Under Sir Herbert Samuel* (London: Frank Cass, 1978).

Weizmann to Samuel, 27 June 1921, in *The Letters and Papers of Chaim Weizmann*, vol. X, p. 209ff.

Moshe Lissak, "Immigration, Absorption, and the Building of Society in Palestine: Israel in the 1920s, 1918–1930" (in Hebrew), in *The History of the Jewish Yishuv in Palestine from the Time of the First Aliya (The British Mandate)* (in Hebrew), ed. Moshe Lissak and Gabriel Cohen (Jerusalem: Israel Academy of Sciences, Bialik Institute, 1994), part II, p. 215.

45. Samuel to his son, 4 Aug. 1920, ISA P/1 651/41.

Samuel to his son, 21 May 1922, ISA P1/651/47.

46. Samuel to Colonial Secretary, 4 Mar. 1925, ISA P/649/12.

Churchill memorandum, Aug. 1921, PRO CO733 14.

Sheila Hattis-Roleff, "Sir Herbert Samuel's Economic Development Policy: Rule and Implementation in the First Year of His Term as High Commissioner 1920–1921" (in Hebrew), *Katedra* 12 (1970), p. 70ff.

Norman Rose, *Churchill: An Unruly Life* (New York: Simon and Schuster, 1995), p. 156.

47. Norman Cohn, *Warrant for Genocide: The Myth of the Jewish World-Conspiracy and the Protocols of the Learned Elders of Zion* (New York: Harper and Row, 1966), p. 149ff.

48. Samuel, *Memoirs*, p. 169.

Bernard Wasserstein, *Herbert Samuel: A Political Life* (Oxford: Clarendon Press, 1992), p. 252.

49. Katz, *Jabo*, vol. I, p. 442ff.

50. Martin Gilbert, *Winston S. Churchill* (London: Heinemann, 1977), vol. IV, Companion part 2, pp. 860, 912, 1,010–12; part 3, pp. 1,110, 1,028–9.

Norman Rose, "Churchill and Zionism," in *Churchill*, ed. Robert Blake and Wm. Roger Louis (Oxford: Oxford University Press, 1993), p. 147ff. See also: Michael J. Cohen, *Churchill and the Jews* (London: Frank Cass, 1985).

51. Wasserstein, *The British in Palestine*, p. 97.
Presidium of the Va'ad Le'umi to Churchill, 21 Mar. 1921, Knesset Yisrael, Ha-Va'ad Ha-Le'umi, *Book of Documents* (in Hebrew) (n.p., 1949), p. 28ff.
To Ussishkin (unsigned), 5 Apr. 1921, CZA L3/413.
To Eder (unsigned), 21 Apr. 1921, CZA L3/413.
Ilan Shchori, *A Dream That Became a City* (in Hebrew) (Tel Aviv: Avivim, 1990), p. 380.
M. Glickson, "Churchill's Speeches" (in Hebrew), *Ha'aretz*, 5 Apr. 1921, p. 2.
52. Wasserstein, *The British in Palestine*, p. 266.
Samuel memorandum, 11 Apr. 1921, ISA M/10/245.
53. Frumkin, *The Way of a Judge in Jerusalem*, p. 285.
54. Samuel, *Memoirs*, pp. 161, 168.
See also the discussions of the Advisory Council, CZA II L 3/9.
Frumkin, *The Way of a Judge in Jerusalem*, p. 252.
55. Samuel to Curzon, 16 Dec. 1920, ISA P/1 649/7.
56. Ya'akov Reuveni, *The Mandatory Administration in Palestine, 1920–1948: A Historical Political Analysis* (in Hebrew) (Ramat Gan: Bar-Ilan University, 1993), p. 26.
Edward Keith-Roach, *Pasha of Jerusalem* (London: Radcliffe Press, 1994), p. 91.
57. Humphrey Bowman, *Middle-East Window* (London: Longrams, Green and Co., 1942), p. 236.
58. Samuel to Churchill, 4 Mar. 1925, ISA P/649/12.
59. Edwin Samuel, *A Lifetime in Jerusalem* (Jerusalem: Israel Universities Press, 1970), p. 64.
60. Baruch Kimmerling and Joel S. Migdal, *Palestinians: The Making of a People* (New York: Free Press, 1993), p. 18. See also: Ylana Miller, *Government and Society in Rural Palestine, 1920–1948* (Austin: University of Texas Press, 1985), p. 48ff.
61. Edwin Samuel, *A Lifetime in Jerusalem* (Jerusalem: Israel Universities Press, 1970), pp. 64ff., 74ff.
Harry Luke and Edward Keith-Roach, eds., *The Handbook of Palestine and Trans-Jordan* (London: Macmillan, 1930), p. 226.
62. Gideon Biger, *Crown Colony or National Home: The Influence of British Rule on Palestine, 1917–1930: A Geographical-Historical Examination* (in Hebrew) (Jerusalem: Yad Ben-Zvi, 1983), p. 160.
63. W. F. Stirling, *Safety Last* (London: Hollis and Carter, 1953), p. 114.
64. Samuel to Churchill, 4 Mar. 1925, ISA P/649/12.
65. Reuveni, *The Mandatory Administration in Palestine*, p. 111ff.
66. Reuveni, *The Mandatory Administration in Palestine*, p. 109.
67. Seventh Arab Congress to the High Commissioner, undated, CZA S25/665.
68. Robert Heussler, *Yesterday's Rulers: The Making of the British Colonial Service* (Syracuse: Syracuse University Press, 1963), pp. 74, 85, 216.
69. Reuveni, *The Mandatory Administration in Palestine*, p. 109ff.
70. Bramley memorandum, 14 Jan. 1925, RCS, Bramley papers.
Stirling, *Safety Last*, p. 118.
71. Harry Luke, *Cities and Men* (London: Geoffrey Bles, 1953), p. 213.
72. Heussler, *Yesterday's Rulers*, pp. 4, 205.
73. C. R. Ashbee, *A Palestine Notebook* (New York: Doubleday, 1923), pp. 156, 270.
74. E. C. Hodgkin, *Thomas Hodgkin: Letters from Palestine, 1932–1936* (London: Quartet Books, 1986), p. 127.
75. Sarah Ezriahu, *Chapters of My Life* (in Hebrew) (Neuman, 1957), p. 206ff. See also: Chaim Arlosoroff, *Jerusalem Diary* (in Hebrew) (Tel Aviv: Mifleget Poalei Eretz Yisrael, 1949), p. 283ff.
76. League of Nations Union to Rathbone, 6 July 1933.
ULL. RP XIV, Eleanor Rathbone Papers, 2.5.(33).
Colonial Office to Rathbone, 21 Feb. 1933.

ULL. RP XIV, Eleanor Rathbone Papers, 2.5.(8).
77. Luke, *Cities and Men*, p. 213.
Samuel, *A Lifetime in Jerusalem*, p. 85.
78. Keith-Roach, *Pasha of Jerusalem*, pp. 45, 110ff, 148.
79. Bowman, *Middle-East Window*, p. 296.
80. Reuveni, *The Mandatory Administration in Palestine*, p. 118ff. See also: Norman Bentwich, "The Legal System of Palestine Under the Mandate," *Middle East Journal* (Jan. 1948), p. 33ff.
Horace B. Samuel, *Unholy Memoirs of the Holy Land* (London: Hogarth Press, 1930), p. 177.
81. Frumkin, *The Way of a Judge*, p. 238ff.
Mordecai Sherman and the Palestine Electric Corporation Ltd. V. Feivel Danovitz, Civil Appeal No. 113 of 1940, *The Law Reports of Palestine*, vol. VII (1940), p. 303ff.
London Society for Promoting Christianity Among the Jews and Others v. Lionel Alexander William Orr and Others, Civil Appeal No. 29 of 1947, *The Law Reports of Palestine*, vol. XIV (1947), p. 218ff.
Asaf Lahovsky, "Colonial Images and English Justice in the Palestine Supreme Court of the Mandate" (in Hebrew), *Zmanim* 56 (Summer 1996), p. 87ff.
"No Confidence" (in Hebrew), *Davar*, 7 Feb. 1930, p. 1.
The Attorney General v. Zalman Rubashoff (H.C. No. 11/33), *Collection of Judgments of the Courts of Palestine, 1919–1933* (Tel Aviv: L. M. Rotenberg, 1935), p. 369ff.
82. Keith-Roach, *Pasha of Jerusalem*, p. 91.
Reuveni, *The Mandatory Administration in Palestine*, pp. 121, 133.
83. Samuel in his farewell message, 30 Apr. 1925, ISA P/649/12. See also: Speech by Samuel, 28 Nov. 1925, ISA P/649/12.
Palestine. Report of the High Commissioner on the Administration of Palestine, Colonial No. 15 (London: HMSO, 1925).
84. Nahum Gross, "The Economic Policy of the Mandatory British Administration in Palestine" (in Hebrew), *Katedra* 24 (June 1982), p. 153ff, and *Katedra* 25 (Sept. 1982), p. 135ff.
85. Weizmann and others to Samuel, 3 July 1920, CZA Z4/3766. See also: Barbara J. Smith, *The Roots of Separatism in Palestine: British Economic Policy, 1920–1929* (Syracuse: Syracuse University Press, 1993), p. 57ff.
86. Unsigned memorandum (Feb. 1923), ISA M/5/158II. See also: The Seventh Arab Congress to the High Commissioner (undated), CZA S/25 665.
M. F. Abcarius, *Palestine Through the Fog of Propaganda* (London: Hutchinson and Co., 1946), p. 105ff.
87. Ya'akov Metzer and Oded Kaplan, *Jewish Economy and Arab Economy in Palestine: Product, Employment, and Growth in the Mandatory Period* (in Hebrew) (Falk Center, 1990).
88. Smith, *The Roots of Separatism in Palestine*, p. 156ff.
89. Buckingham Palace to Samuel, 10 Aug. 1920, ISA P/649/7 1.
90. Samuel to his wife, 31 July 1920, ISA P/1.
91. Samuel to his wife, 26 Aug. 1920; Samuel to his wife, 7 Sept. 1920, CZA P/1 651/41.

第8章 雅法，1921

1

在雅法东南方的橙树林后面，在一个叫阿布-卡比儿（Abu Kabir）的阿拉伯街区里有一座红房子，这所房子因其上层的颜色而得名。房子的周围有一堵高墙，里面有一口井和一个谷仓。1921年春天，亚茨凯尔（Yatzker）一家租住在这里，附近没有其他犹太人居住。耶胡达·亚茨凯尔（Yehuda Yatzker）五十五岁，大约六个月前，他从俄罗斯来到这里，在俄罗斯的时候他从事的是牲畜饲料贸易。在巴勒斯坦，他变身成为一个奶农，并养了几头奶牛。房子本身相当宽敞：典型的阿拉伯风格，屋前的台阶通向一个宽敞的中央庭院，其他房间从这里分出。亚茨凯尔夫妇将其中的一些房间租给寄宿者，这些人都是犹太人。亚茨凯尔的女儿里夫卡·亚茨凯尔-沙茨（Rivka Yatzker-Schatz）后来写道："这所房子吸引了那些寻找隐蔽、安静和廉价住处的人。"

其中一位租客是一位化学发明家，他想生产廉价的建筑用砖。租客中还有一两位诗人在等待灵感和出版商。此外，约瑟夫·哈伊姆·布伦纳也住在这所房子里，他是一位作家、编辑、翻译家和记者。此人颇有名气，有许多崇拜者。他的房间里有一张简单的桌子和一个箱子，人可以坐在上面。他睡在一张小折叠床上。[1] 当时，他正在编辑约瑟夫·特朗佩尔多的信件。前不久，特朗佩尔多在泰勒海被人杀害。

这是他生命中不太顺利的一段时光。年近四十岁的他刚和妻子分居，妻子带着他们的儿子乌里去了柏林。布伦纳出生在乌克兰。他曾在一所犹太学校学习，但随后放弃了正统的宗教信仰，开始用希伯来语写文章和故事。他在俄国军队中服役了一段时间，直到 1904 年日俄战争爆发。与特朗佩尔多不同的是，布伦纳并没有参战，而是逃到了伦敦。在那里，他创办了一本很有影响力的希伯来文学杂志《觉醒者》（*HaMeorer*）。1909 年，他移居耶路撒冷，并成为了一名工人，但他的这段经历只持续了很短的一段时间。之后，他加入了《青年工人》周刊——一本拥抱社会主义和犹太复国主义意识形态的杂志。第一次世界大战期间，他在雅法的希伯来文理高中（the Hebrew Gymnasium high school）任教。当土耳其人驱逐该城居民时，他与学生们一起去了北方。经过多次流浪后，他最后在特拉维夫定居，并再次以教师和编辑的职业为生。他在自己编辑的期刊上发表了第一篇小说。

布伦纳身上散发出一种稚嫩的气息，他脑子里充满了幻想，为人浪漫、忧郁，很有俄罗斯人的气质。当他来到巴勒斯坦时，他蓄起了浓密的胡须，这更增加了他的个人魅力。他的一位追随者写道："我们都爱他。"他被誉为是希伯来世俗主义的先知。他面容消瘦，颧骨突出，明显一副斯拉夫人的长相，但他的崇拜者在他身上却看到了希伯来人的阳刚之气，以及对这片土地近乎色情的激情。一天晚上，在一次演讲之后，布伦纳的弟子们陪他走在回家的路上。"突然，布伦纳卧倒在耕地上，"一位追随者写道，"他捧起一把土，亲吻它，哭着喊道：以色列之地，你愿意成为我们的土地吗？"[2]

布伦纳的文章激烈而好斗，有时充满了怨恨和敌意。在哲学上，他试图从犹太人"流散"的生活状态中解脱出来。在他所写的故事中，处于流散状态的犹太人可鄙、堕落、狡猾且肮脏。他对犹太人的刻画几乎带有反犹主义的色彩。他经常发现自己处于争议的中心，而且这些争议异常激烈。其批评者指责他自怨自艾。但事实上，新的希伯来文化从未取代他的犹太身份。布伦纳所属的犹太文学传统大多以希伯来语和意第绪语从事写作，这一传统在巴勒斯坦以外的地方更为兴盛。伟大的希伯来文学家比亚利克、阿哈德·哈阿姆、切尔尼科夫斯基等人此时尚未在巴勒斯坦定居，什穆埃尔·约瑟夫·阿格农也刚刚离开，并在欧洲长期停留。事实上，当他搬到巴勒斯坦后，布伦纳发现他其实更喜欢和处于流散状态的犹太人生活在一起，而不是与阿拉伯人为邻。[3]

《昆特雷斯》（*Kuntress*）是犹太劳工运动的众多出版物之一。在为这份期刊所写的一篇文章中，布伦纳描述了他与阿拉伯邻居之间发生的一件小事。

一次，布伦纳回到家里，而邻居们正坐在门口，他向邻居们打招呼，但他们没有任何反应，他感到很受伤。他写道："（他们）是故意不理我的，充满了恶意。"他认为他在阿拉伯人的脸上看到了胜利的表情，仿佛在说："我们克制住了自己，没有对犹太人的问候予以回应。"布伦纳在愤怒之余，怀疑巴勒斯坦的阿拉伯人是否真的像有些人所说的那样，是古希伯来人的后代。他们几乎不配拥有这样的血统，布伦纳这样想到。*布伦纳写道，他无论如何都必须从他们身边走过，不管他们是否愿意，但他更愿意和立陶宛科夫诺（Kovno）的邻居们打交道。

当他继续走在回家的路上时，一个"体型庞大的阿拉伯人"跳了出来。令他惊讶的是，这个所谓巨人原来只是个 13 岁左右的男孩。布伦纳试图和他搭讪，但只听懂了几个字，他为自己没学过阿拉伯语而苦恼。在他的想象里，男孩正在向他诉说自己的苦难，他觉得自己对男孩的未来有一种父爱般的责任。他写道："的确，是我给你的眼睛带来了光明，把你带入了人类的行列。"此前，布伦纳对阿拉伯人的描述是："我们是宿敌。"他明白，阿拉伯人和犹太人的冲突是两个民族主义运动之间的冲突。"在小小的巴勒斯坦，"他写道，"住着不下六七十万阿拉伯人，他们尽管堕落和野蛮，但不论是在现实层面，还是情感层面，他们都是这块土地的主人。我们来到这里，插上一脚，生活在他们中间，因为我们不得不这么做。我们之间已经有了仇恨——一定会有，以后也会有。"红房子对面有一个穆斯林墓地，布伦纳看着周围的柑橘林然后写道：一切都属于他们。[5] 他对阿拉伯人的描述中充满了疏远和傲慢，焦虑与敌意。

逾越节所在的那一周平静地度过了。但在 1921 年 4 月 30 日星期六，红房子的住户们开始担心起来。第二天是五一劳动节，支持社会主义的犹太人将会上街游行。他们担心城里的犹太人和阿拉伯人届时会发生冲突。布伦纳建议大家一起守夜——茨维·沙茨（Zvi Schatz）是里夫卡·亚茨凯尔的丈夫，他手里有一支步枪。结果，那天晚上什么事情也没有发生。第二天早上，里夫卡和她的丈夫骑着驴子赶去了特拉维夫，他们带走了小女儿德沃

---

* 戴维·本-古里安和伊扎克·本-茨维在流亡美国期间，用意第绪语写了一本关于巴勒斯坦问题的书，其中宣扬了这样一种观点，即阿拉伯农民就是古犹太人的后裔。这是为了证明犹太人即使失去了独立状态也仍旧继续在以色列土地上从事着农业活动。[4]

拉（Devorah）和里夫卡的母亲。耶胡达·亚茨凯尔和他的儿子阿夫拉姆奇克（Avramchik）把他们护送到特拉维夫，然后返回家中。红房子里的三位寄宿者，其中包括布伦纳，则留在家里。

里夫卡和茨维·沙茨想去特拉维夫看五一节的游行。他们发现工人俱乐部有一大群人挥舞着红旗和卡尔·马克思的照片。突然，他们听到了枪声。里夫卡·沙茨派茨维去了解情况，但他回来时只提供了一些模糊的信息。[6]沙茨没有进一步问下去，因为他正忙得焦头烂额，他想搞到一辆车，以便能把红房子里的人都撤出来。雅法当时正发生着自世界大战以来该国从未发生过的暴力事件。

2

第一声枪响显然是为了驱散一支未经许可的游行队伍，它正从雅法向特拉维夫进发。游行队伍是由犹太共产党组织的，该党的正式名称是"社会主义工人党"。然而，其反对者则用该党希伯来语名称的缩写给它起了个绰号，叫"Mops"，这个词在德语中是"哈巴狗"的意思。前一天晚上，该党派人到外面分发阿拉伯语和意第绪语的传单，上面印有口号，呼吁工人们推翻英国政权并在巴勒斯坦建立苏维埃联盟。当天上午，赛义德警官在该党位于雅法的总部现身。他对在场的 60 名成员发出了警告，要求他们不要参加示威活动。但他们还是设法溜走了，经梅纳希亚（Menashia）前往特拉维夫。梅纳希亚是一个靠近交界处的街区，犹太人和阿拉伯人混居其中。

与此同时，在特拉维夫，当时主要的犹太劳工政党——"统一工人党"（Achdut HaAvoda）——组织了一次规模庞大的五一节游行。此次游行得到了当局的批准。敌对党派之间的关系非常紧张。不知何时，共产党人和统一工人党的人撞到了一起，随后厮打在一起。警察追着共产党的成员往雅法方向跑。在那里，共产党的游行队伍又与阿拉伯人发生了冲突，阿拉伯人同样对巴勒斯坦的苏维埃联盟没好感。

后来为调查骚乱而成立的委员会发现，共产党和统一工人党之间的暴力冲突是引燃一切的导火索。而美国驻耶路撒冷领事馆则得出了完全相反的结论。美国人认为，犹太人和阿拉伯人之间的暴力冲突是无论如何都必然会爆发的。[7]不管引发冲突的原因是什么，总之，当时的几十个目击者——包括犹太人、阿拉伯人和英国人——都讲述了同样的故事：阿拉伯男子闯入犹太人的建筑物内，谋杀了里面的人。阿拉伯妇女们随后赶来，把建筑物洗劫一空。阿拉伯人拿着棍棒、刀、剑（有些情况下甚至还拿着手枪）袭击路过的犹太人，毁坏犹太人的房屋和商店。他们殴打并杀害犹太人，包括家里的儿童。有些阿拉伯人甚至把受害者的头骨剖开。

许多目击者的证词让人联想到了一年之前的内比·穆萨节暴乱，他们描述了暴徒如何撕碎被子和枕头，并把里面的羽绒撒到巷子里，跟俄罗斯暴徒在迫害犹太人时的所作所为一样。调查委员会后来将骚乱描述为"一场洗劫的狂欢"。许多目击者在袭击者和凶手中指认出了他们的邻居。但在一些地方，也出现了阿拉伯人保护犹太人的情况，他们把犹太人接进了自己的家里，并为他们提供庇护。一些目击者声称，某些阿拉伯警察也参与了暴乱。[8]当时约有4.5万人住在雅法，其中大约一半是穆斯林，三分之一是犹太人，其余是基督徒。

3

大约中午时分，两名英国军官在阿杰米（Ajami）街区的集市小巷中行走，该街区是雅法市的一处穆斯林聚居区。他们正处于休假状态，于是便带着妻子们一起来到这座城市旅游。买完东西后，他们突然发现自己被一群愤怒的人群包围，人们歇斯底里地围着他们跑，挑衅地挥舞着木板和铁棍。雷金纳德·塞缪尔·福斯特（Reginald Samuel Foster）不确定当时自己看到的场景意味着什么——有一个人从人群中拿过刀，然后放在石头上磨。这些刀很长，他后来在作证的时候说道。他感觉将会有可怕的事情发生。福斯特和他的同伴们溜进了附近的法国医院，其目的是为了保护这些妇女。他爬上了楼顶，并从楼顶听到了枪声。他的朋友，欧几里德·布鲁克斯·韦杰（Euclid Brooks Wager）军士长留在一楼，其妻子因受刺激而晕了过去。韦杰随后自己也上了楼顶，但什么都没看到，于是很快又下来查看妻子的情况。与此同时，福斯特看到一群人试图冲开附近一栋楼的大门。

这群人的目标是犹太复国主义委员会经营的一间移民宿舍，当天约有一百多人住在那里。大多数都是几周或几天前才到的。有时，住在宿舍里的年轻男女会互相搂着走到海边，当地人说他们玷污了阿拉伯人的道德。像英国这样一个坚守着基督教道德标准的国家，怎么会允许这样的人接管这个国家呢？⁹＊因此，这座宿舍既是犹太复国主义的据点又是罪恶的巢穴，它很自然地便成为了一个象征性的目标。另一方面，也许这所房子实际上不具有任何象征性的意义，它只是一处缺乏保护的场所，里面住满了手无寸铁的人；它刚好位于阿拉伯聚居区，而里面全是群情激奋的阿拉伯人。

袭击发生时，宿舍里的大多数居民都在餐厅里，他们刚吃完午饭。25 岁的雷海勒·鲁登伯格（Rachel Rudenberg）是一位来自乌克兰的新移民。六周后，她提供了一份证词。按照她的说法，在接近下午 1 点的时候，他们听到了街上的叫喊声。一些移民跑到院子里，他们锁上了大门，并用背抵着它，以防止暴徒冲进宿舍。院子里开始有石块掉下来，之后突然发生了爆炸。紧接着，他们又听到了枪声。几分钟后，又一枚炸弹爆炸了。大部分居民都逃到了楼房的二楼，鲁登伯格和其他几个人则躲在阅览室里。院子里的大门被撞开了，暴徒们涌了进来。透过阅览室的窗户，鲁登伯格看到了一名警察。她对其他人说，已经没事了，警察到了。但枪声并没有停止。起初她以为警察是为了驱散人群而向空中开枪，但她很快意识到，警察的目标是宿舍楼。鲁登伯格和同伴们退到了一间密室里，用桌子和椅子堵住了门。有人在拍门，想破门而入，门上的铰链开始松动。

在院子里，暴徒们失去了控制。一名犹太移民被警察近距离射出的子弹打死。其他人遭棍棒殴打或被刺伤。在楼内，暴徒们继续砸门，试图把门撞

＊　雅法总督后来回忆说，他曾收到阿拉伯社群领导人的投诉，大意是年轻的犹太人公然"裸体混浴"。¹⁰

开。5个月前，19岁的舒莎娜·桑达克（Shoshana Sandak）从立陶宛来到巴勒斯坦，她讲述了当时的情景：门开始碎裂，抵着门的书架也在向前移动。五名妇女从另一扇门逃到了院子里，一名警察跟在她们后面，用手枪朝她们射击。[11] 三人最终成功逃走。

宿舍的女管家德沃拉·梅耶（Devorah Meier）和一个女孩被困在角落里，女孩躲在她身后。一名警察想对这个女孩下手。梅耶护住她，警察打了梅耶的头。她想用金项链收买他，但警察却不满意。梅耶表示，她已经没有什么可以给他的了。他示意她身上确实有他想要的东西，并开始脱裤子。梅耶想逃跑，警察朝地面开了一枪，想吓唬她，然后便开始掀她的裙子。梅耶又想逃跑，他又朝地面开了第二枪。最后，她成功挣脱并逃跑，警察用手枪向她逃跑的方向射击，但没能打中。[12]

一些犹太移民逃到了街上。雷金纳德·塞缪尔·福斯特此时还在法国医院的屋顶上，他听到了一个女人的尖叫声，并看到几个男人在追赶一个14岁左右的女孩。女孩摔倒了，福斯特看到一个男人用铁棍打她的头。韦杰军士长还在跑上跑下，一会儿来到屋顶，一会儿到楼下照顾妻子。他看到有一个人在街上跑，其他人则追着他跑，他们抓住他的衣服，把他拖到地上。他躺在路上，众人用铁棍打他，跳到他身上，然后用铁棍戳他。几分钟后，韦杰看到另一个人倒下了，他被人用木板活活打死。

韦杰后来向调查委员会报告了这一切。有人问他是否考虑过到街上去看看能不能做点什么。他的回答概括了英国在巴勒斯坦的困境："当我们发现这是犹太人和阿拉伯人之间的问题时，我们认为我们不应该干涉……我们究竟应该阻止哪一方？"[13]

4

赫伯特·塞缪尔竭尽全力制止暴乱。他和他的妻子都惊呆了。一位政府官员回忆说，当高级专员在与手下的工作人员进行磋商时，塞缪尔夫人在奥古斯塔·维多利亚城堡长长的走廊里来回踱步，不停地喃喃自语："他们在杀害我们的人民，他们在杀害我们的人民。"塞缪尔把温德姆·迪兹和诺曼·本特威奇派去了雅法，他们是塞缪尔手下最高级别的官员，也是狂热的犹太复国主义者。同时，他要求埃及方面提供增援，艾伦比派出了三艘驱逐舰，两艘前往雅法，另一艘前往海法。政府宣布进入紧急状态，并启动新闻审查制度。在随后的几天里，报纸上出现了用于遮盖文字的白点。[14]

　　塞缪尔会见了阿拉伯人的代表，并试图安抚他们。前耶路撒冷市长穆萨·卡齐姆·侯赛尼要求他暂停犹太移民。当时有两三艘载有约三百名移民的小船正在接近巴勒斯坦海岸，塞缪尔请求艾伦比允许他们改道塞得港或亚历山大。艾伦比拒绝了。塞缪尔于是让拉姆拉的地区专员宣布暂停移民，而这些不允许登陆的小船只能被迫返回伊斯坦布尔。[15]同时，塞缪尔对哈吉·阿明·侯赛尼说，他已作出最后决定，侯赛尼将成为耶路撒冷的穆夫提。

　　魏茨曼、乌希什金、贾博廷斯基和本-古里安恰好都不在国内。于是，犹太社群将由戴维·埃德、伊扎克·本-茨维和阿瑟·鲁宾来领导。正在巴勒斯坦访问的纳胡姆·索科洛夫也加入了他们的行列。他们的会议记录透露出一种恐怖、愤慨和无奈之感。他们思考着巴勒斯坦犹太人的未来，但最关心的是眼前的问题，比如如何向高级专员解释刚刚发生的骚乱。犹太复国主义运动一直以来的立场是，阿拉伯人和犹太人可以在巴勒斯坦和平共处。但现在，本-茨维认为："如果整个阿拉伯世界都在反对我们，我们就必须承认这一事实。"一位同僚不同意这一观点。他说，如果犹太人发表一项声明，并在声明中确认犹太人在巴勒斯坦的存在将不可避免地导致暴力，那只会为阿拉伯人的宣传服务。犹太复国主义者应该继续争辩说，这些冲突是有心人蓄意煽动的结果，而不是阿拉伯人民族情绪的真实表达。[16]*

　　索科洛夫要求塞缪尔撤销暂停移民的决定。索科洛夫说，他这么做只是在奖励恐怖。他建议悄悄地停止移民，但不发表任何声明。他承诺，犹太复国主义运动将予以配合。当然，这种偷偷摸摸的行动不会起到任何作用。为

---

* 几天后，埃德在英国调查委员会面前提出了这一立场。他说："我不认为存在真正的阿拉伯民族主义运动。"[17]

了安抚阿拉伯人的情绪，如今正需要公开宣布暂停移民的政策。塞缪尔向索科洛夫展示了声明的草稿。之后，两人便开始就声明的措辞讨价还价，并继续讨论骚乱问题。塞缪尔警告说，巴勒斯坦有可能成为另一个爱尔兰。索科洛夫则说，不用担心——一小帮阿拉伯民族主义者把事情搅乱了，但要说整个阿拉伯世界都反对犹太复国主义，那就站不住脚了。"你错了，"塞缪尔纠正他，"这是一场阿拉伯民族对希伯来民族的战争。"犹太复国主义委员会的成员把这些事件描述为一场种族屠杀。"我曾亲历基希讷乌的种族屠杀，"拉比 Y. L. 费希曼（Y. L. Fishman）对他的同僚们说道。[18] 费希曼提起基希讷乌的原因和塞缪尔援用爱尔兰的例子一样，都是试图用一种创伤压倒另一种创伤，用一种主张压倒另一种主张。*

5

在此期间，茨维·沙茨一直在四处奔走。他找到了最近刚成立的特拉维夫防卫委员会，并向委员会里的成员们求情，试图说服他们派车去把红房子里的住户们接出来。他的女儿德沃拉·亚茨凯尔-沙茨后来说，在他提到布伦纳之前，根本没人搭理他。等找到车的时候，时间已经接近下午五点。沙茨把妻子和女儿留在特拉维夫，并在一名阿拉伯警察的陪同下驱车前往雅法。与此同时，三名犹太养蜂人来到红房子。他们是来自内斯齐奥纳（Nes Tziona）农业定居点的勒雷兄弟（the Lerer brothers），他们此行的目的是来检查留在附近柑橘园里的蜂箱。所以现在有九个人待疏散，但车上只有三个位置。勒雷兄弟三人走了。茨维·沙茨留在了红房子里。勒雷兄弟后来说，布伦纳坚持要他们三个走。[20]

---

* 雅法事件与基希讷乌屠犹事件（pogrom）之间的比较后来出现在《哈加纳历史书》（*Haganah History Book*）中，这是犹太社区自卫运动的官方历史书。但犹太复国主义领袖哈伊姆·阿尔洛索罗夫（Chaim Arlosoroff）在给母亲的信中说："在我看来，这绝对不是一场种族屠杀。"一位参加讨论的人用另一个词来形容在雅法发生的事：大屠杀（holocaust）。[19]

傍晚时分，雅法发生的事件已经传到了大约 12 英里外的萨拉凡德（Sarafand）军营。犹太军团虽已不存在，但还没有正式解散，他们就驻扎在萨拉凡德军营。数名犹太士兵离开了营地，往暴动的方向进发。温德姆·迪兹一直在了解情况，他同意给这些人配发步枪。平哈斯·鲁滕贝格是贾博廷斯基在耶路撒冷自卫项目中的伙伴，他已经抵达特拉维夫，正在组织犹太人展开行动。[21] 第二天早上，武装的犹太人便走上雅法街头进行报复。阿拉伯人对犹太人暴力行径的描述与犹太人为阿拉伯暴乱提供的证词非常相似。犹太人洗劫房屋和商店，闯入阿拉伯人的家园，殴打和杀害其中的住户。在一所房子里，一名妇女和儿童被杀害。一名驼背的阿拉伯人和他的孩子在橙子林里被杀，他们的尸体遭人毁坏，一名犹太警察也参与了这一事件。[22]

仍然没有人回来接走留在红房子里的人。星期一上午 11 点左右，显然，剩下的 6 名住户最后决定自行前往特拉维夫。锁上门后，他们便出发，但只走了一小段路。在红房子附近的穆斯林墓地旁，他们碰上了一名阿拉伯男孩的葬礼。小男孩儿于一天前被杀，他是警察马哈茂德·扎伊特（Mahmoud Zeit）的儿子。如果他们待在家里，或许能活下来。面对葬礼的人群，这六个人根本没有活下来的机会。布伦纳和沙茨被枪杀，其他人被人用棍棒和斧头杀害。傍晚时分，尸体被一支搜索队发现，劳工运动领袖贝尔·卡茨奈尔森当时也在这支搜索队中。当警方同意移动尸体时，其中一具尸体已经失踪，之后再也找不到了。凶手损毁了被害者的尸体。布伦纳被发现趴在地上，腰部以下一丝不挂。一名目击者说，他手里拿着一张沾满血迹的纸，上面写了几行字。[23]

尸体最后被带到希伯来文理高中（the Hebrew Gymnasium high school）的门厅进行辨认，然后被埋在一座集体坟墓里。通往墓地的道路以约瑟夫·特朗佩尔多的名字命名。"多么和谐的结局！"布伦纳的朋友本杰明拉比写道。"多么美丽的死亡！"他说，布伦纳并没有急着逃跑，也没有害怕死亡。S. Y. 阿格农写道，布伦纳"在死中使生命得到圣化，在生中使死亡得到圣化"。

布伦纳本人或许也会这样评价特朗佩尔多。事实上，这两个人构成了一个共同神话中的一部分。他们特别适合成为被神话的对象。和特朗佩尔多一样，布伦纳在活着的时候也曾被人崇拜，几乎是爱国主义的象征；和特朗佩尔多一样，他也是被阿拉伯人枪杀的。因此，人们说，杀死他的那一枪，实际上是为了杀死犹太复国主义。集体坟墓上方的墓碑上写着："一座献给圣洁灵魂的兄弟之坟……以色列人民将在他们的鲜血中生存下去，并在他们的神圣中得到圣化。"* 此外，围绕布伦纳之死所创造的民族神话也起到了赎罪的作用：布伦纳和特朗佩尔多一样，本来是可以获救的。[25] †

雅法的紧张局势又持续了几天，蔓延到附近的佩塔提克瓦、哈德拉（Hadera）、雷霍沃特和克法尔·萨巴（Kfar Saba）等定居点。塞缪尔下令从空中轰炸阿拉伯暴动者。这次骚乱共造成 47 名犹太人和 48 名阿拉伯人死亡，另有 146 名犹太人和 73 名阿拉伯人受伤。[27] 正如塞缪尔告诉索科洛夫的那样，巴勒斯坦正处于战争状态，而面对战争，他们需要一种新思维。

6

在雅法事件发生几天后，特拉维夫市议会讨论了一名工人的未来，会议记录只显示该名工人叫穆罕默德。有人破坏了市议会的发电机，人们怀疑肇事者是穆罕默德。其中一名议会成员提议解雇穆罕默德，但其他成员倾向于推迟一两个星期再做决定。同时，他们决定，尽管穆罕默德将被停职，但他的工资仍旧照拿不误。10 天后，议会再次讨论了这个问题。他们本来很乐意让穆罕默德回到他在雅法的家里并一直待在那儿，但同时又担心这会给"公众留下不好的印象"。他们决定让他换一份工作，远离发电机。[28]

---

* "为国捐躯是好事"被认为是特朗佩尔多生前的最后一句话，这句话背后的精神已经在不断生发的国家哀悼文化中扎根。佩塔提克瓦居民摩西·基辛（Moshe Gissin）的儿子也在骚乱中死去，他用这样的话来悼念他的孩子："我很高兴我活着见证了发生在佩塔提克瓦的这样一起历史事件。"[24]

† 纳胡姆·克雷默（Nahum Kramer）——即后来的沙德米（Shadmi）——在他的家乡俄罗斯经历过一场种族屠杀。刚到海法的他为布伦纳被杀的消息所震惊。种族屠杀会不会在这里继续纠缠他自己？他来到海法的移民宿舍，那里正在组织移民们自卫。一个叫罗莎的女人递给他一把手枪，她就是"红罗莎"拉宾。突然，一名英国警察跑了进来，克雷默大惊失色。但令他吃惊的是，这名警察原来是"我们中的一员"——即一个犹太人。他是来为自卫者们提供咨询的。[26]

在市议会两次讨论的间隙，特拉维夫已不再是雅法的一部分，高级专员赋予该镇独立地位。特拉维夫方面在五月骚乱之前就开始为城市的独立进行游说，雅法的暴力事件则促使英国给予该镇自治地位。这与一年前耶路撒冷的内比·穆萨节骚乱如出一辙，那场骚乱促使英国政府将《贝尔福宣言》纳入委任统治声明。[29] 事实上，自英国获得委任统治权以来，特拉维夫的自治地位是犹太复国主义最重要的成就，也是巴勒斯坦犹太人自治的基石。特拉维夫与雅法的分离也正式确立了一项原则：即犹太人与阿拉伯人的种族隔离。正是这项原则促使犹太人离开了雅法。

特拉维夫是由一群犹太人建立起来的，这群犹太人厌倦了同阿拉伯人混居的生活。这不是一种政治行为，也不是出于安全的需要。特拉维夫的创建者们只是想获得欧洲人的生活品质。"1888 年我结婚后，"犹太居民雷海勒·达宁（Rachel Danin）写道，"我父亲在雅法给我们租了一套公寓，靠近通往港口的道路，紧邻阿拉伯市场。那个地方很肮脏，我们的公寓里全是烟味，烟从阿拉伯人的房子里冒出来，尤其是他们的澡堂。阿拉伯人的房子离我们特别近，这种近距离的环境令人十分痛苦，尤其是当我们的儿子摩西出生后。阿拉伯儿童污秽、咒骂、下流的习惯造成了一种不利于培养孩子的环境……

"我们这些成年人在这个陌生的环境中也感到孤立无援，这里没有文化生活，犹太人都散居在城里的不同地方。生活的严酷让我的丈夫埃兹拉萌生了一个想法，那就是在离阿拉伯人有一定距离的地方建立一个完全不同的、现代化的社区。在这里，房子不会垒在别的房子上面，也不会像军营一样连在一起……在他的设想中，这个社区中的每个居民都会拥有一座有花有鸡的花园——一座花园城市。"

埃兹拉·达宁（Ezra Danin）在特拉维夫的新家有五个明亮而通风的房间。"难得见到像这样宽敞的大浴室，"他写道，"你无法想象孩子们看到水龙头时有多高兴，因为他们习惯了等阿布·哈利勒（Abu Halil）或阿布·哈桑（Abu Hassan）用臭烘烘的皮囊把水送来。为了让阿布·哈利勒帮我们把珍贵的水送来，有时我们会等上一整天。但在特拉维夫，孩子们可以随时跑到水龙头前，打开水龙头，奇迹就出现了，不需要阿布·哈利勒，也能有水

了……"³⁰

在"五一"骚乱之后，数千名犹太居民逃离雅法前往特拉维夫，他们被安置在海滩上的帐篷营地里。但犹太人还是需要保持谨慎。特拉维夫仍然依赖着雅法，其大多数居民都在那里工作，食品和其他服务也由这座阿拉伯城市提供。一个阿拉伯蔬果小贩得到了一张纸条，这张纸条表明他在暴乱中曾救助过犹太人，特拉维夫的居民因此有义务"友好地对待他"。凡是伤害他的人将受到严厉的惩罚。另一个阿拉伯人曾经给犹太人提供过庇护，他的家因此被邻居们破坏了。犹太复国主义领导人为他设立了一项特别基金，并号召特拉维夫居民向基金捐款，"这样一来，他就不会认为那些以种种方式对犹太人行善的人得不到支持"。迪岑戈夫尝试与雅法的阿拉伯领导人继续保持工作关系。五月骚乱一年后，在特拉维夫的塞加勒餐厅（Segal Restaurant）举行了一场节日庆祝会，迪岑戈夫以一种百分之百犹太复国主义者的做派欢迎了作为其同僚的雅法市长，他承诺说："雅法和特拉维夫很快就会成为美丽的欧洲城市"³¹。

然而，在现实面前，这些善意的姿态显得十分无力。布伦纳曾协助编辑的《昆特雷斯》（Kuntress）杂志以一篇题为《固守》（Entrenchment）的文章对雅法事件作出了回应。这篇文章想要传达的信息很明确：我们渴望和平，而你，邪恶的兄弟，拒绝了我们伸出的手。我们别无选择，只能待在这里。我们已经烧毁了所有的桥梁——巴勒斯坦是我们最后的阵地。所以我们不会被迫离开，恰恰相反，我们将更加努力地建设我们的家园。我们不会忘记你们对我们所做的一切。这篇文章的语言似乎受到了《哈加达》（Haggadah）的影响，犹太人通常会在逾越节的第一个夜晚阅读这部宗教经典，而这一年读经的日子正好是暴动发生的几天前。"他们越是折磨他们，"文章写道，"以色列的孩子们就越是兴旺发达。"《昆特雷斯》把巴勒斯坦的犹太社群称为"以色列的孩子"和"我们"——用的是第一人称复数，与之相对的是"阿拉伯人"——用的是第三人称单数。《昆特雷斯》宣布，在 5 月 1 日这一天，纯真的时代结束了。从今以后，犹太人只能相信他们自己，相信布伦纳的精神："只要我们还有一口气，我们便会为犹太人的家园而流血，并为此而感到高兴，不管流的是我们自己的血还是其他人的血。"³²

　　就在几个月前，乌克兰发生了可怕的屠犹事件，消息很快便传到了巴勒斯坦。据各种统计，有 75 000 至 200 000 名犹太人被杀害。犹太复国主义者主办的报纸对这一悲剧深表同情，并将受害者描述为"被引向屠宰场的羊"。拉比们呼吁人们停下手里的工作，专门空出一天来为遇害者默哀。犹太社群还组织了一场募捐活动。以色列·贝尔坎德（Yisrael Belkind）是一名教育家，他曾于 19 世纪 80 年代初带领一批移民来到巴勒斯坦，这些人属于最早的那波移民之一。贝尔坎德发起了一项行动，他计划将大约 150 名乌克兰孤儿带到巴勒斯坦。早在 1903 年，他便为父母在基希讷乌屠犹事件中丧生的儿童建立了一所农业学校。与当时的情况一样，贝尔坎德这次的计划也引起了许多争议。地方领导人想知道由谁来支付照顾这些孩子的费用，他们又将接受什么样的教育。

　　与这场灾难的规模相比，向孤儿伸出的援手基本上只是一种象征性姿态。但正如阿哈德·哈阿姆在谈到营救基希讷乌儿童时曾写到的那样："这是一个多么美好的想法！"此外，这也是犹太复国主义运动最初的使命：让巴勒斯坦的犹太国家成为其他土地上受迫害犹太人的避难所。犹太复国主义的创始人马克斯·诺尔道（Max Nordau）提议在几个月的时间里将 60 万移民带到巴勒斯坦，不论巴勒斯坦在经济上是否能够负担得起。[33]

　　然而，在耶路撒冷和雅法发生的冲突使当地犹太人深刻地认识到了他们对世界犹太人共同体的依赖。《国土报》发出了深情的呼吁："不要把我们单独留在前线。不要轻视民族先驱者们的鲜血，他们是你们派出来的！成群结队地到我们这里来吧，成群结队地到我们这里来吧，巩固希伯来人的地位，给我们带来更多双劳动之手，更多双防御之手！"这是一个处于困境中的犹太社群所发出的声音。犹太复国主义运动的代表们号召全世界的犹太人向巴勒斯坦捐款。犹太复国主义思想已经进入到了一个新的阶段。巴勒斯坦不再是拯救犹太民族的手段，它本身便成为了一种待实现的民族目标。"我们所有的希望都在移民身上，如果人力和资源不能不间断地流向这个国家，我们所有的力量都会化为乌有，"《国土报》写道。与此同时，巴勒斯坦本土的犹太政治家们——其中包括戴维·本-古里安和贝尔·卡茨奈尔森——继续对犹太人的流散状态大加挞伐，并指责哈伊姆·魏茨曼犯下的各种错误。[34]

没有证据表明雅法骚乱是有预谋的。以穆萨·卡齐姆·侯赛尼为首的阿拉伯领袖和发言人都谴责了这场暴乱。哈吉·阿明·侯赛尼因暴力事件而改变了立场。他曾公开鼓吹针对犹太复国主义运动的恐怖活动。尽管英国人对他的人事任命并没有软化其立场，但他还是改变了策略，主要是通过合法的政治手段来推动阿拉伯人的事业，并努力防止暴乱再次发生。[35] 阿拉伯人向国际联盟提交了一份请愿书，表达了他们的不满。他们所提出的核心要求——独立和民主——直到委任统治结束时也一直没能实现。请愿书指出，巴勒斯坦的阿拉伯人包括数百名青年、大学毕业生，其中有建筑师和工程师、医生、律师和教师，而且许多阿拉伯人在其他国家的政府中担任高级职务。他们写道，根据战后为国际社会普遍接受的民族自决原则，阿拉伯人有足够的人才和经验在巴勒斯坦建立一个稳定且有代表性的议会制政府。[36]

骚乱发生时，哈利勒·萨卡基尼正在开罗出任一所学校的校长。白天，他会在咖啡馆里坐很久，一边抽烟，一边思考阿拉伯世界正在经历的转变——从传统社会向现代社会的转变。他还会思考黎凡特社会的特点。"东方男人比东方女人要先接触到欧洲城市。所以，男人被夹在两个要素之间——外面的欧洲城市和家里的东方女人。看来，女人要比城市的影响力更强，"他写道。[37]

7

赫伯特·塞缪尔迅速采取行动，他任命了一个委员会来负责调查雅法事件。该委员会的人员设置比内比·穆萨调查法庭更加精明。它由巴勒斯坦最高法院首席法官托马斯·海克拉夫特爵士领导，罗纳德·斯托尔斯的助手哈里·卢克也是委员之一。调查的重点也放在类似的问题上：骚乱是有预谋的吗？将骚乱视为反犹主义种族屠杀是否公平？当局是否已尽其所能制止骚乱？委员会裁定，骚乱是自发的，肇事者并不仇视犹太人，他们只是反对犹

太复国主义运动。此外，尽管委员会以轻描淡写的语言表明的确有警察参与
了骚乱和抢劫，但它还是认定政府所采取的行动是可取的。委员会认为，警
察的腐败和软弱是其低工资水平的一种反映。他们大多数是阿拉伯人，而若
按政府所给的待遇，很少有犹太人愿意从事这一职业。

与内比·穆萨调查法庭不同的是，海克拉夫特委员会没有把问题追溯到
历史的起点。它把责任完全归结到了阿拉伯人身上，但对他们的动机却表示
了极大的理解。委员会表示，犹太复国主义让阿拉伯人感到害怕，而犹太复
国主义者在减轻阿拉伯人忧虑的方面做得不够。在调查过程中，委员会从人
类学的视角提出了自己的观察：阿拉伯人比较听话，但有爆发暴力的倾向；
犹太人虽不那么听话，但却不那么容易诉诸暴力。

调查委员会的报告激怒了英国的犹太人。《犹太纪事报》发表了一篇很有
犹太复国主义特色的回应文章："想象一下，动物园里的野生动物从笼子里跳
出来并杀死了许多观众，而一个被任命来调查灾难原因的委员会却首先表明，
这些动物对前来观看它们的游客不满并对他们充满了敌意！饲养员应该看管
好动物、了解动物的习性和性情，并确保笼子的安全！但在委员会眼里，这
些仿佛却不是饲养员的首要责任。"

巴勒斯坦犹太社群的代表们也被激怒了。在报告发表的几天前，即 1921
年 11 月 2 日，《贝尔福宣言》纪念日那天，阿拉伯暴徒再次在耶路撒冷老城
的犹太区大肆破坏，造成五名犹太人和三名阿拉伯人死亡。[38] 阿拉伯人是被
犹太人投掷的炸药炸死的。

犹太领导人要求解除耶路撒冷专员罗纳德·斯托尔斯的职务。"离开！"
《国土报》大肆宣扬，接连几个星期每天都重复这一要求。该报坚持认为，斯
托尔斯的执政方式十分业余，有浪漫主义倾向。《国土报》质问道："是否应
该像罗马人那样，把犹太人抛洒的热血当成是一种娱乐呢？"[39] 愤怒是有道理
的，不过这不是因为斯托尔斯煽动阿拉伯人反对犹太人，而是因为他傲慢地
认为，其个人威望足以震慑住阿拉伯人。他曾多次警告阿拉伯领袖，要他们
控制好他们的人，然而，当骚乱爆发时，他却表现得好像暴力是对他个人的
蔑视似的。他把犹太领导层对他的愤怒批评当成是一种侮辱。戴维·本-古里
安将斯托尔斯描述为"不义之举中沾满鲜血的最高官员之一"，并坚持认为他

留在这个国家对犹太社群来说是一种危险。本-古里安解释说，阿拉伯人杀害犹太人是因为这是他们的本性，但屠犹事件——即在国家的支持下谋杀犹太人——却并不是现实的必然组成部分。事实上，土耳其人更清楚该如何压制住阿拉伯人。[40]

斯托尔斯用高傲且讽刺的话语为自己筑起了一堵墙，而他自己则躲在墙背后。他写道："我始终无法理解，面对犹太复国主义者的批评，为什么我竟没被指控为一名终身反犹主义者。"他接着又补了一句话："从来没有一个非犹太人被人这么无情地迫害过。"[41] 但他并没有把这句话收录进自己的回忆录中。他继续把巴勒斯坦当作殖民主义的宠物——提起它很有趣，但不值得与邻居们发生冲突。

一些有居民参与暴动的村庄遭到了重罚。少数暴动者被送上了法庭，其中一人被判处十五年监禁，还有一个男孩被当众施以鞭刑。三名犹太人（其中包括一名警察）因参与谋杀阿拉伯人而被判刑，这在犹太社群中掀起了轩然大波。"在英国，有一些法官，"历史学家约瑟夫·克劳斯纳写道，"他们只关心正义和真理。但在巴勒斯坦，在这片先知的土地上，面对代表真理与正义的先知，真理在哪里，正义又在哪里？"法院的判决，克劳斯纳写道，将带来严重的后果："当正义屈服的那一刻，世界的基础就会崩塌。"最高法院后来宣判犹太被告无罪，因为他们是出于自卫才杀人。但犹太人与政府之间的信任危机却仍在继续。骚乱发生几个月后，三名阿拉伯男子因谋杀布伦纳而受审，但他们因存在"合理怀疑"（reasonable doubt）而被无罪释放。[42]

陶菲克贝·赛义德（Toufiq Bey al-Said）警官从雅法的警察部队辞职。一天，他走在街上，一名男子从后面对他说话。当赛义德转身时，该男子向他开了枪。子弹打穿了他的头骨，赛义德当场死亡。一家阿拉伯报纸声称，赛义德此前参与了雅法移民宿舍的袭击事件，犹太人为了报复而谋杀了他。一家希伯来报纸回应说，这一指控是恶意诽谤——犹太人不从事报复行动。然而，这种说法并不完全正确。"哈舒迈尔"（HaShomer）是战前在加利利地区活动的犹太自卫组织，其成员遭到袭击后，该组织的确进行了报复。

一个名叫戴维·巴尔（David Bar）的人被控谋杀赛义德，但被无罪释放。[43] 真凶从未落网——他叫耶拉米埃勒·"卢卡"·卢卡谢尔（Yerahmiel

"Luka" Lukacher），一个来自加利利的传奇人物。显然，他是被"哈舒迈尔"的老兵们派来为布伦纳的死亡报仇的。卢卡谢尔来自俄罗斯，熟人们都记得他是一个相貌英俊的男人，很有个人魅力。他是一个先驱者，也是一个冒险家，是一个浪漫的土匪，也是共产主义运动的间谍。戴维·本-古里安曾暗示说，因为两人意识形态上的分歧，卢卡谢尔曾打算谋杀他。赛义德过世一段时间后，卢卡谢尔回到了苏联，然后就消失了。[44]

8

1921年6月初，塞缪尔于国王生日之际在政府大楼发表了演讲，他强调了英国对《贝尔福宣言》第二部分的承诺——即在不伤害阿拉伯人的前提下建立犹太人的民族家园。他说，只有在不给国家经济带来负担的情况下，才允许移民进入巴勒斯坦。塞缪尔的演讲严格符合政府所宣布的政策，但听众们得到的印象却是：他试图牺牲犹太人的利益来安抚阿拉伯人。戴维·埃德十分愤怒。他给他的同僚们写道："'叛徒'一词从我嘴里蹦出来了。"[45]

埃德一直属于温和派，他认为与阿拉伯人进行接触是很重要的：他反对把阿拉伯人和犹太人隔离开来，其中包括特拉维夫与雅法的分离，他也不排除犹太国家与阿拉伯国家组成地区性联邦的可能性。但在雅法事件后，埃德再也温和不起来了。恐怖主义付出了沉重的代价，尤其是它损害了人们理性思考问题的意愿与能力。作为对雅法骚乱的回应，埃德提议结束英国的委任统治。他说，最好让犹太人自己处理阿拉伯人问题。据他估计，巴勒斯坦有1万名能够携带武器的犹太人，其中至少有3 000人已经在军队中服役过。埃德在向调查委员会提供证言时表示，巴勒斯坦的阿拉伯领导人教导他们的民众只需要信仰武力。在埃德看来，只要阿拉伯人认为犹太人空有正义而没有武器，他们就会继续将犹太人视为杀戮和掠夺的合法目标。[46]

从塞缪尔的演讲回来后，埃德仍然怒气冲冲，他决心给魏茨曼发电报，要求他立刻着手把塞缪尔赶下台。冷静下来后，埃德给塞缪尔打了一通电话，两人的谈话让埃德相信，赶走这位高级专员并不能解决问题，反而会带来更多问题。埃德选择抵制有高级专员出席的官方仪式。[47] 这两个英国犹太人之间划清了界限，虽然他们都是犹太复国主义者。塞缪尔一直担心阿拉伯人会认为他是犹太复国主义者的代理人。现在他发现，犹太人却把他当成了阿拉伯人的代理人。"直到昨天，他还像上帝一样，现在却被斥为叛徒。"阿瑟·鲁宾在日记中写道。

鲁宾出生于普鲁士，他是一位干练的法学家和经济学家，也是特拉维夫的创始人。他站在塞缪尔这边。他写道，解决问题最好的办法可能是用武力镇压阿拉伯人，但作为一个自由主义者，"欧洲人，而且是一个相当纯粹的人"，塞缪尔却无能为力。鲁宾表示："在这个意义上，我对他有一种精神上的认同感。"他决定，如果犹太复国主义运动计划动用武力，他将辞去自己在运动中的职务。他估计塞缪尔可能会离开。他写道："对一个犹太人来说，这份工作太繁重了。"塞缪尔在巴勒斯坦的存在也让犹太社群感到为难。"他是一个犹太复国主义者，"鲁宾指出，"所以我们不能抱怨他。"但当塞缪尔因犹太人尖锐的批评而威胁要辞职时，犹太复国主义者又有些退缩了。尽管他们十分痛恨塞缪尔，但却不想让他离开。[48]

伊扎克·本-茨维和其他国民议会的成员给塞缪尔写了一封感情极其强烈的信，表达了一种部落主义的愤慨。作为一个犹太人，塞缪尔应该首先成为"我们中的一员"，这是高于其他一切的义务。但事实上，他代表的是大英帝国，因此也要担负起对阿拉伯人的责任，而且他也不打算否认这一责任。因此，犹太复国主义者感觉被人背叛了，或者说他们至少表现得像是被人背叛了。[49] 很难说什么时候他们是真的感觉自己是受害者，什么时候又只是作为一种策略而假装痛苦。

哈伊姆·魏茨曼谨慎、精明，如今，他已具有丰富的人生经验，作为一种外交艺术，他把上述策略发挥到了极致。他所展现出来的悲观主义是经过深思熟虑了的，而且他表现得小心翼翼，也很有节制。[50] 当着同僚们的面，魏茨曼谴责塞缪尔是个懦夫："他在那里，战战兢兢地恳求大家与阿拉伯人'和平相处'，好像我们是在跟他们吵架一样，"魏茨曼说道。塞缪尔最近做出的一项决定让魏茨曼尤其感到愤怒——他把贝特谢安谷地（Beit She'an Valley）几十万"杜纳姆"（dunams）（一杜纳姆相当于四英亩）的政府土地交给了一个贝都因部落。[51] 魏茨曼的一位助手从巴勒斯坦回来后，"对我们这个籍籍无名的英雄有很多话要说，"他在给阿哈德·哈阿姆（Ahad Ha'am）的信中写道。[52]这位助手便是弗雷德里克·基希，他声称塞缪尔表现得太公平了。"他在犹太人和阿拉伯人之间持一种'五五开'的态度"，而不是偏袒自己的人民。基希认为，他倾向于把巴勒斯坦打造成一个由单一民族构成的殖民地，而这一单一民族是由当地的犹太人和阿拉伯人融合而成的。[53]另一方面，骚乱发生后，魏茨曼也给塞缪尔写了一封信，他在信中表达的不是愤怒，而是极大的赞赏，近乎同情。此外，他用一种略显低贱的口吻向塞缪尔传达了自己的帮助意愿。"我们应该理解他所遭遇的艰难处境，并竭尽全力支持他，"他在给戴维·埃德的信中写道。"如果我们让他难堪，那我们便会落入国内外敌人的圈套。我们正在经受考验。我们必须表现出宽容和耐心。"[54]

魏茨曼所谓"国内敌人"不是指阿拉伯人，而是戴维·本-古里安和泽维·贾博廷斯基，他认为这两个人太过急躁，也太过鲁莽。本-古里安对"犹太专员"发起了抨击，批评他的懦弱。[55]贾博廷斯基则继续向殖民部发表反英狂言，丘吉尔的一位助手不得不对丘吉尔说，贾博廷斯基先生"有点疯了"。[56]对英国人的"背叛"进行谴责甚至成为了忠于爱国主义事业的一种证明。魏茨曼总在努力调和各种极端的立场，他要求犹太复国主义者对塞缪尔表现出更多的理解。[57]他显然考虑过逼迫塞缪尔离职的可能性，但最后还是觉得最好让他继续留任。魏茨曼引用希伯来谚语说："要尊重他，但也要怀疑他。"[58]

事实上，赫伯特·塞缪尔并没有背叛犹太复国主义运动。不管是在情感层面还是政治层面，他对民族家园政策的投入都没有减少。他在国王生日庆典上的演讲常常被人描述为政治观点层面公开的"重大转变"。有一种说法认为，雅法事件促使他改变了立场。他的英国—犹太背景也被人拿来说事：他能处理好阿拉伯民族主义，但他对自己作为英国犹太人的定义却容不下犹太民族主义。[59]这些说法都有问题，不论是过去还是现在，塞缪尔都是个犹太复国主义者。

直到生命的最后一刻，塞缪尔都相信犹太复国主义会逐步实现其目标。

他的儿子埃德温比他先到达巴勒斯坦，他简明扼要地表达了这一观点。早在1917年，他便在给父亲的信中写道："犹太复国主义应该慢慢来。耐心等待并慢慢地殖民，然后小心翼翼地推动社会发展，这么做不会有什么损失，反倒是急于求成才会带来许多损害。"这正是塞缪尔在前往巴勒斯坦之前向劳合·乔治所阐述的立场，这与哈伊姆·魏茨曼本人的信念相呼应。

塞缪尔对犹太复国主义事业的投入并不亚于魏茨曼，然而，他意识到犹太人和阿拉伯人之间存在着不断加深的恐惧感，而这种恐惧感支配着双方关系的发展。他知道，双方都有一些人在故意煽动这种恐惧。因此，他认为犹太复国主义者应该保持克制，避免采取可能会激怒阿拉伯人的象征性举动。他逐渐把阿拉伯人视为需要保护的少数民族。作为一个犹太人和一个信奉自由的英国人，如果建立一个犹太国家会导致对阿拉伯人的不公，他将感到羞愧。他写道："最糟糕的事情莫过于犹太人从几个世纪的压迫中只学会了压迫他人。"但是，当他捍卫该国阿拉伯人的权利时，他关心的只是他们的经济、宗教和文化权利。他并没有把他们当作一个独立的民族来看待。他真心相信，一个由犹太复国主义者主导的巴勒斯坦符合英国的利益。[60] 由于这也是其政府所持的立场，所以对他来说，并不存在忠诚冲突的问题。

雅法暴动让塞缪尔意识到，他的工作会比想象中的更困难。刚到巴勒斯坦时，他感受到的是平静，然而，他却被这种平静所误导。骚乱让他意识到，他面对的是两个民族之间的战争。塞缪尔绝不像鲁宾所描述的那样，太过"纯洁"。他之所以反对严厉镇压阿拉伯人，是出于一种冷静的计算。他向纳胡姆·索科洛夫解释说，镇压只会引来更多的暴力，而暴力首先损害的就是犹太复国主义运动的利益。[61]

塞缪尔警告说，英国公众不会同意用英国军队的刺刀来推动犹太复国主义者们的计划。他断言，巴勒斯坦犹太人和阿拉伯人之间的紧张关系很可能在议会中引起有敌意的质疑，而英国犹太复国主义政策的基础还不够稳固，经不起议会中的这种攻击。一些英国报纸越来越同情阿拉伯人。还有传言说，英国在巴勒斯坦有可能耗费过多的资金。[62] 陆军元帅威尔逊将军继续反对英国在巴勒斯坦所扮演的角色。在谈到丘吉尔时，他说：温斯顿似乎认为他可以用大话、飞机和犹太人来治理巴勒斯坦。威尔逊本人对此却持怀疑态度，真有人会同意用大话和飞机来治理国家吗？他也讨厌政治家们逃避责任的倾向，这些人不愿把自治权交还给没有自治经验的小国。这些国家会不可避免地落入极端分子之手。他写道："总之，他根本无法理解英国人在巴勒斯坦的所作所为。"[63]

有一次，魏茨曼成功地拿到了一份文件，这份文件出自康格里夫将军设在伦敦的总部。文件上说，就像在爱尔兰一样，军队可能无法避免选边站队，总会采取有利于某一方的立场。在巴勒斯坦，军队很明显会同情阿拉伯人。英国政府决不会支持这样一种政策，即让巴勒斯坦对犹太人来说就像英国对英国人一样。魏茨曼把文件的副本寄给了贝尔福和劳合·乔治首相。"这份通告传到了我手里，殖民部对此相当不高兴，"魏茨曼写道，"我已经告诉他们，我会一直抓着这件事不放，直到政府下定决心撤换这些官员（或毁掉委任统治国政府）。"[64]

丘吉尔和塞缪尔都向魏茨曼承认，大多数英国官员都算不上犹太复国主义运动的同情者。查尔斯·罗伯特·阿什比（Charles Robert Ashbee）便是其中一员，他引用乔治·亚当·斯密的《圣地历史地理》（*Historical Geography of the Holly Land*）一书说："《贝尔福宣言》是一项不公正的政策。巴勒斯坦显然是一片部落化的土地。有关它永远只能属于一个民族的想法，与自然和《圣经》不符。即便是犹太民族，也是如此。"[65]犹太复国主义者与英国人之间的合作看似即将破裂。但事实上，二者间的关系正在不断增强。1921 年 7 月 22 日，星期二，魏茨曼来到贝尔福家中讨论局势。应魏茨曼的要求，贝尔福还邀请了劳合·乔治首相和殖民部大臣丘吉尔。[66]同时出席的还有内阁秘书和殖民部的另一位官员。在帝国全境范围内恐怕都难以找到第二位能够安排如此高规格会议的民族领袖了。会上，魏茨曼领导了讨论，劳合·乔治和贝尔福都尽力讨好他。丘吉尔提出了一些意见，但最终也变得很配合，近乎顺从。从各方面来看，这次会晤都是不同寻常的。

魏茨曼首先报告了他与美国犹太社群领导人的一次争执，这次争执最后以他的胜利告终。劳合·乔治夸奖了他。随后，贝尔福建议魏茨曼向首相概述犹太复国主义运动的状况。魏茨曼抱怨了巴勒斯坦的局势，说紧张的局势让他难以有效管理复国主义运动。他抱怨了塞缪尔在国王生日庆典上的演说，并认为演说内容与《贝尔福宣言》相抵触。如果没有移民，犹太人永远无法在巴勒斯坦成为多数。丘吉尔不同意魏茨曼的解读。劳合·乔治和贝尔福则承认，这是一次令人感到不幸的演说。他们表示，《贝尔福宣言》的意思一直是最终在巴勒斯坦建立一个犹太国家。

此二人向魏茨曼许诺了英国政府此前从未承诺过的东西，丘吉尔对此感到惊讶。他坚持认为，在巴勒斯坦的英国官员中，十个人有九个人都反对《贝尔福宣言》，甚至许多犹太人也反对这项宣言。他主张在巴勒斯坦建立一个代议制政府。魏茨曼表示反对，因为犹太人是少数。劳合·乔治也不同意丘吉尔的观点："你不能让巴勒斯坦建立起代议制政府。"丘吉尔提议将此事交由内阁讨论。

魏茨曼接着争辩说，暂停移民会鼓励阿拉伯人的暴力。他说，犹太人受到的威胁是如此之严重，以至于现在有人向巴勒斯坦走私步枪。当然，他谨慎地补充说，这一切都没有经过他的授权。丘吉尔回答说："我们不会介意的，但不要让人知道。"魏茨曼简直不相信自己的耳朵，他问自己对殖民部大臣的理解是否正确：英国首相是否批准了犹太复国主义者向巴勒斯坦走私步枪？显然，首相是这个意思。魏茨曼此后很快就会划拨资金，用于购买武器。[67]在场的每个人都同意，停止移民只是一项临时措施。丘吉尔问魏茨曼，犹太复国主义者希望把多少移民带到巴勒斯坦，魏茨曼没有回答。丘吉尔评论说，巴勒斯坦不能被毫无生计的移民所淹没。与会者也都同意这一点。没过几个月，移民活动便恢复了。

与会者们继续交谈，塞缪尔此前在一份报告中声称，巴勒斯坦是强加给英国纳税者的一笔税收。魏茨曼把这份报告斥为无稽之谈。劳合·乔治和贝尔福表示同意，丘吉尔却不这么认为。紧接着，面对犹太人窃取阿拉伯人生计的指控，魏茨曼表示，这种说法十分"荒谬"。劳合·乔治大笑了起来。据魏茨曼后来回忆，首相问犹太复国主义者在巴勒斯坦投入了多少钱，他的回答让首相"大为震惊"。丘吉尔提到了穆萨·卡齐姆·侯赛尼：作为阿拉伯代表团的团长，他正在来伦敦的路上。丘吉尔衷心希望犹太复国主义者能与阿拉伯人达成某种和解。魏茨曼表示，除非他能确认英国政府的立场，否则他无法与阿拉伯人达成和解。"坦率地说，"劳合·乔治说，"你想知道我们是否会遵守我们的承诺。""是的，"魏茨曼回答说。贝尔福点头表示认可。"你们还要做大量的宣传工作，"劳合·乔治说道。他紧接着说，萨缪尔这个人"非常软弱。"

首相起身准备离开，他表示贝尔福也许应该找个机会再发表一次支持犹太复国主义的演说。到了门口，他突然说："贿赂阿拉伯人吧。"魏茨曼谨慎地说，那样做不道德。多年来，魏茨曼付出了不少努力才学会了英国人说话时的冷幽默。他用这种冷幽默补充说：贿赂已不再那么有效，因为英国的政策抬高了阿拉伯人的要价。放在两年前，他可以轻而易举地买通阿拉伯人并成为一名阿拉伯民族领袖。

贝尔福送首相上了车。回来的时候，贝尔福告诉魏茨曼，他得到了劳合·乔治的支持和高度评价。他还能做些什么吗？贝尔福问道。魏茨曼要求从康格里夫手中接过保卫巴勒斯坦的责任，按照魏茨曼的描述，康格里夫是一个敌人。丘吉尔同意了。[68] 为了增强巴勒斯坦犹太社群的力量，魏茨曼建议政府考虑采取一系列行动：撤换反对设立犹太警察部队的行政官员；当阿拉伯村庄里的居民对犹太定居点造成破坏时，对其进行连带处罚；加强定居点的建设；给予犹太人经济上的特许权；提高犹太人在筛选移民过程中的参与度。

威尔逊元帅颇有道理地写道，英国领导人之所以会对魏茨曼这般唯命是从，只有一种原因能够说得通："那些'身穿长礼服的人'似乎认为，只要把犹太地交给犹太人，他们就能结交到另一群犹太朋友，这些人来自芝加哥、华盛顿、伦敦、巴黎、柏林、莫斯科等地，而且他们控制着当地的金融业。但我完全不同意他们的看法。"[69]

9

巴勒斯坦的犹太复国主义运动在骚乱发生之前便已建立了一个新的行政机构。犹太复国主义委员会一直都只是一个临时机构，如今，它转变成了"犹太复国主义执行委员会"（Zionist Executive）。这是一个常设机构，在某种程度上就是一个内阁。该机构将领导新成立的"犹太事务局"（Jewish Agency）。按照官方说法，犹太事务局负责与英国行政当局合作，但实际上该机构就是一个非正式的犹太政府。戴维·埃德不再执掌复国主义委员会，他回国了；接替他的是英国犹太人、伟大的爱国者弗雷德里克·基希。

如果基希当初是以殖民政府工作人员的身份被派往巴勒斯坦的，他也许能更好地为国家服务。他曾是一名英国军官，一名上校，出生在印度；他的父亲出身于一个祖籍布拉格的家庭，并曾任孟加拉邮政部门的主管。基希曾在皇家工兵部队服役，在弗兰德斯（Flanders）受过伤，后来被调到伦敦的一个情报总部，负责处理各种外交事务。1917年6月的一天，长官把他叫来，让他去见哈伊姆·魏茨曼。魏茨曼安排他负责组织一个外交使团。

在寻找接替埃德的人选时，魏茨曼自然而然地求助于英国政府。他咨询了情报部门的乔治·麦克多诺（George Macdonogh）中将。按照魏茨曼的说法，麦克多诺是"犹太复国主义运动忠实的朋友"。麦克多诺则把基希介绍给了他。这位年轻的上校本来想继续留在军队里，但他没有得到晋升的机会，并因此充满了挫折感和失败感。在魏茨曼看来，基希是一个理想的人选。他的父亲是位犹太复国主义者，而他本人也是一名复员军官，有外交和政治经验，并曾作为英国代表团的一员参加了凡尔赛和会。他为人一丝不苟，做事严谨，头脑冷静。这正是魏茨曼所欣赏的英国人的特质。此外，他对自己的定义是一名英国军官，这将使他与殖民政府的接触变得更加容易。基希穿得像个英国人，说话像个英国人，思维方式也像个英国人。他邀请其他英国人喝茶，和他们一起打板球。当他到达耶路撒冷时，他不懂希伯来语。

魏茨曼警告他，犹太人可能不会接受他，因为他太像英国人了，而另一方面，英国人则可能会把他当成一个已经"本土化"了的英国人。魏茨曼说得没错。基希通常能得到殖民当局的理解，但并不总能得到他们的同意。他通常能得到犹太领袖的同意，但并不总是能获得他们的理解。[70] 他面对的是相互矛盾的期望和忠诚，也正因为此，塞缪尔本人及其手下的犹太官员才会觉得举步维艰。"不是说这些犹太人都是坏人，"基希说，"而是每个人都太像犹太人了。"据其记载，塞缪尔出于对穆斯林客人的尊重，禁止把狗带进他的房子；他还禁止侍者戴塔布什帽，以免激怒犹太客人。殖民政府中的一名官员以自己独特的方式向这种谨慎态度表示抗议：他买了一条狗，并给它起名叫"塔布什"。[71]

和哈伊姆·魏茨曼一样，基希也认为英国人可以而且应该做更多的事情来推动犹太复国主义事业的发展。他也从没感到过满足，总觉得自己受到了不公正的待遇。然而，尽管他很沮丧，但他和魏茨曼同样认为，归根结底，英国殖民主义需要犹太复国主义，犹太复国主义也需要英国政府。

基希写道，即使巴勒斯坦的土地上不存在阿拉伯人，犹太复国主义者也需要英国人，因为犹太复国主义者不了解治理一个国家的基本原理。他们很可能需要再花五十年的时间才能获得足够的经验来管理一个独立的国家。他解释说："我们不仅要向（英国人）学习公共管理的技术方法，而且还要学习公共管理的标准，而我们的人民很少有这方面的经验，对这方面也缺乏理解。"他对英国人在巴勒斯坦的重要性毫不怀疑。就像他所说的那样："委任统治政府，一切全靠委任统治政府，除了委任统治政府之外，什么都干不成。"[72] 然而，在伦敦，殖民部的两位官员（一位高级官员和一位初级官员）正在评估一项政策：英国到底从《贝尔福宣言》中得到了什么？

10

《贝尔福宣言》五周年纪念日刚过，殖民部助理副大臣兼中东司司长约翰·E. 舒克伯勒（John E. Shuckburgh）爵士正在办公室里给一次例行晨会收尾。舒克伯勒请其中一位名叫悉尼·穆迪（Sydney Moody）的与会者留下来私聊。舒克伯勒毕业于伊顿公学和剑桥的国王学院，并曾在印度服役过。穆迪比他小 12 岁，曾在牛津大学学习，并在采法特（Safed）担任了几年的地区专员。他曾被派回伦敦学习，后来又回到了巴勒斯坦，并为耶路撒冷的英国当局工作。穆迪记得，讨论巴勒斯坦问题时，他们两人都接近绝望。他们谈到了英国人在巴勒斯坦的幻想、制约、怀疑、失望和陷阱。两人对话的过程中，穆迪做了笔记。笔记的内容反映出一种无奈、困惑、羞愧和焦虑的感觉。穆迪很完美地把巴勒斯坦的挫折感展现了出来，在随后的二十五年里，没有人能做得比他更好。

舒克伯勒表示，他既看不到托管国的目的，也看不到出路。他所在的部门曾试图促成阿拉伯人和犹太人的和解，但似乎已经失败了。阿拉伯人很愤怒，犹太人也很不满，并不断指责英国政府官员持反犹态度。"我们不适合我们的客户，"舒克伯勒用一种自以为是，几乎是自怨自艾的语气说道。

他觉得英国是在黑暗中行走，它并不知道自己在做什么，也不知道自己要往哪里去。摆在它面前的只有两种选择：用武力来推行犹太复国主义政策或予以放弃。在舒克伯勒看来，长期和稀泥是不可能的。英国不能一而再再而三地妥协，第一次妥协只是令人感到尴尬，第二次就有失尊严了。这种两面派的政策对英国政府来说很不合适，也让他本人觉得很没面子。现在的问题特别复杂，因为巴勒斯坦不再被视为一种战略资产。上议院已经得出结论，该地区不是力量的来源，而是软弱的来源。[73] 舒克伯勒在军界也听到了类似的话。

不久之后，舒克伯勒参加了一个军事专家小组，该小组是为了研究巴勒斯坦的战略价值而被召集起来的。大家没有达成明确的一致意见。一些与会者从上一场战争的角度来考虑问题：如果土耳其人重返巴勒斯坦，他们将危及英国在埃及的地位，因此需要巴勒斯坦来保卫苏伊士运河。舒克伯勒贡献了他的"帝国利益"说，这体现在他很喜欢说的一句话中："失去巴勒斯坦就等于失去了整个阿拉伯世界。"空军认为，守住巴勒斯坦有利于埃及、伊拉克和印度之间的联系——也使敌人远离埃及。海军大臣抱怨了巴勒斯坦的港口。在他看来，如果是为了保护苏伊士运河，塞浦路斯能提供更好的基地。在总参谋部看来，没有必要通过巴勒斯坦来保卫运河，驻扎在埃及的部队就已经足够了。事实上，如果发生了需要巴勒斯坦的情况，这反而可能给埃及的军队带来负担。有人认为巴勒斯坦能成为埃及和印度之间的重要纽带。对于这种观点，总参谋长付之一笑。"如果为了把海外机场与本土之间的距离控制在安全范围以内，我们就必须不断扩大所控制的地表面积，那么随着飞机行动范围的扩大，我们很快就将不得不控制住世界上的大部分地区。"他说，占领巴勒斯坦的道义价值高于其战略价值。战争大臣对讨论进行了总结：虽然在目前的情况下，巴勒斯坦没有真正的战略价值，但留下它还是可取的。谁知道呢，也许有一天那里会发现石油。舒克伯勒评论说，人们不能依赖军事专家，因为他们之间总存在争议，而且每六个月就会改变立场。[74]

在同一时期，新闻界和议会呼吁单方面撤离巴勒斯坦：阿拉伯人和犹太人之间的困境没有出路，而且整个事情的代价太高。在这一背景下，《泰晤士报》记者菲利普·格雷夫斯（Philip Graves）于 1923 年出版了一本书，该书不论是在政治还是军事层面上都为英国继续统治巴勒斯坦提供了充分的理由。格雷夫斯的基本假设是，如果英国离开巴勒斯坦，这个国家就会陷入战争和无政府状态，不久之后便会引来另一个国家的入侵。无论是土耳其、法国还是意大利，任何一个国家都会危及英国对埃及的控制。格雷夫斯提到了苏伊士运河以及埃及与印度之间的空中航线。他还认为，统治圣地，守卫西方世界最神圣的地方，将会增添英国的荣誉和威望，因此值得为之付出代价。他还补充说，即使是那些愿意放弃巴勒斯坦情感价值的人也应该记住，撕毁《贝尔福宣言》将意味着失去美国犹太人的支持。格雷夫斯认为，不应该轻视这种可能性，尤其是考虑到爱尔兰人已经在美国拥有了巨大的影响力。背弃对犹太人的承诺将把他们中的许多人推向共产主义的怀抱。[75]

舒克伯勒曾经和戴维·埃德谈过阿犹关系问题。埃德说："你为什么不把我们的脑袋磕到一起，然后让我们达成一致呢？"[76]舒克伯勒很喜欢这个想法。穆迪回忆了自己与舒克伯勒私底下的对话，他记得自己的上司的确提出过类似的建议。他说，他们应该召集起阿拉伯人和犹太人，并对他们这样说："听着，我们向你们双方都做出过某些承诺。我们答应犹太人在巴勒斯坦建立一个民族家园。我们答应让阿拉伯人实现民族独立。现在你们必须一起同意。我们会让你们独立，但前提是你们得同意就建立民族家园达成某种基础性协议。现在你们必须坐下来，做出一些共同的安排。我们给你们 6 个月的时间来做决定。如果你们在这段时间内没有达成协议，我们将恢复行动的自由，我们也不再承认对巴勒斯坦的阿拉伯人和犹太人许下过任何承诺，然后按我们认为最好的方式来治理这个国家，不受先前政策的影响。"阿拉伯人不能独立，犹太人就没有民族家园。当然，舒克伯勒谨慎地补充说，应该明确的是，即便他们达成了协议，英国人也不会第二天就起身离开。首先，他们会确保协议奏效。

舒克伯勒似乎一直都在考虑一种方案，即建立一个阿拉伯国家，并在此框架内实现犹太人的自治。他试图说服自己，只要阿拉伯人考虑这一方案，他们就会得出这样的结论：他的建议会使他们更接近于实现独立。犹太人也会同意，因为他们会害怕失去英国的支持而不得不单面对阿拉伯人。他对这个想法颇为着迷：他将不必再忍受国家违背承诺的感觉，英国的统治将使双方达成妥协，巴勒斯坦将成为一片宁静的帝国殖民地。他问穆迪怎么想，穆迪当然表示同意。英国所做出的相互矛盾的承诺让他们感到痛苦，而舒克伯勒所提出的妥协方案则将把他们从痛苦中解脱出来。

穆迪有很多想法和疑虑，但他并没有把他们拿出来与助理副大臣分享。在他们的谈话记录中，他把这些想法放在了括号里。巴勒斯坦是一个不发达且人口不足的国家，只有犹太人能为了全体公民的利益而开发这片土地，因为只有他们才拥有这一过程所必需的资金、热情和人力。不，他们显然并不打算为了阿拉伯人的利益而开发这个国家。但穆迪想到了他办公室里的那位犹太同事，这位同事总是告诉他英国人为什么一定要帮犹太人——犹太人统治的巴勒斯坦会像一根骨头一样卡在阿拉伯帝国的气管里。穆迪认为这是一个好主意。他反对阿拉伯世界的统一。

穆迪对他的上司说，巴勒斯坦问题需要耐心。解决办法总会出现的：只要坚持下去就可以了。谁坚持得最久，谁就赢了。在此期间，英国纳税人将继续支付军队的开支，但这些开支正在逐步减少。他支持舒克伯勒的犹太自治方案，但他同时也非常犹豫。他的良心困扰着他：是的，犹太人将得到一定程度的自治，但他知道犹太人会盯着《贝尔福宣言》不放，并把舒克伯勒的倡议视为一种背叛。

穆迪回忆起当时的情景。他坐在一张皮椅上，舒克伯勒面对着他，背对着壁炉。穆迪注意到，他的裤子在膝盖处很宽松。他问上司，英国在给犹太复国主义者提供《贝尔福宣言》时，是否获得了相应的回报。约翰爵士的回答就像一位落难的绅士。他倾向于认为《贝尔福宣言》是一桩赔本买卖。然而，交易已经完成，即使英国感到失望，也不会影响到交易的约束力。

注　释

1. Yitzhak Kafkafi and Uri Brenner, eds., *On Y. Ch. Brenner: More Memories* (in Hebrew) (Tel Aviv: Ha-Kibbutz Ha-Me'uhad, 1991), pp. 209, 213.
2. Mordecai Kushnir, ed., *Yosef Chaim Brenner: Selected Memories* (in Hebrew) (Tel Aviv: Ha-Kibbutz Ha-Me'uhad, 1944), pp. 151, 192.
3. "Yosef Chaim Brenner" (in Hebrew), *Ha'aretz*, 4 May 1921, p. 3.
4. David Ben-Gurion and Yitzhak Ben-Zvi, *Palestine in the Past and Present* (in Hebrew) (Jerusalem: Yad Ben-Zvi, 1979), p. 198.
5. *The Collected Works of Brenner* (in Hebrew) (Tel Aviv: Dvir, Ha-Kibbutz Ha-Me'uhad, 1960), vol. II, p. 323.
   Y. Ch. Brenner, "From a Notebook" (in Hebrew), *Kontrass* 77, 28 Apr. 1921, p. 12ff.
6. Kafkafi and Brenner, *On Y. Ch. Brenner*, p. 215.
7. Testimonies of Wainright and Mohammed Abu Riali to the Haycraft Commission, CZA L3/483. See also: *Palestine. Disturbances in May 1921. Reports of the Commission of Inquiry with Correspondence Relating Thereto*, Cmd. 1540. (London: HMSO, 1921), p. 23. *Records of the United States Consulate in Jerusalem, Palestine*, Confidential Correspondence, 1920–1935 [Record group 84, USNAM].
8. *Palestine. Disturbances in May 1921. Reports of the Commission of Inquiry with Correspondence Relating Thereto*, Cmd. 1540 (London: HMSO, 1921), pp. 43, 44. Survivor testimony, *Kontrass*, 11 May 1921, p. 6 ff. See also: Tsiona Rabau, *In Tel Aviv on the Sands* (in Hebrew) (Tel Aviv: Masada, 1973), p. 95.
9. W. F. Stirling, *Safety Last* (London: Hollis and Carter, 1953), p. 114.
   Letter to *Do'ar HaYom*, 1 Sept. 1921, CZA J1/78.
10. Stirling, *Safety Last*, p. 114.
11. Testimony of Rudenberg and Sandak before the Haycraft Commission, CZA L3/483.
12. Testimony of Meler before the Haycraft Commission, CZA L3/483.
13. Testimony of Wager before the Haycraft Commission, CZA L3/483.
14. Edward Keith-Roach, *Pasha of Jerusalem* (London: Radcliffe Press, 1994), p. 87.
    Ha'aretz, 4 May 1921, p. 2.
15. M. Mossek, *Palestine Immigration Policy Under Sir Herbert Samuel* (London: Frank Cass, 1978), p. 20.
16. Yitzhak Ben-Zvi and David Yellin at the National Council, 5 May 1921, CZA J1/138.
17. Testimony of Eder before the Haycraft Commission, CZA L3/483.
18. Sokolow in the National Council, 8 May 1921, CZA J1/139. See also: Eder's notes, May 1921, CZA AK 41/2.
    Y. L. Fishman in the National Council, 3 May 1921, CZA J1/7224.
19. Ben-Zion Dinur, ed. in chief, *Haganah History Book* (in Hebrew) (Tel Aviv: HaSifriya HaTzionit and Ma'archot, 1965), vol. II, part 1, p. 81.
    Yehuda Erez, ed., *Book of the Third Aliya* (Tel Aviv: Am Oved, 1964), vol. I, p. 236.
    Kalvarisky in the National Council, 3 May 1921, CZA J1/7224.
20. Kafkafi and Brenner, *On Y. Ch. Brenner*, p. 218.
21. Eder to the Zionist Organization in London, 15 May 1921, CZA L3/413.
    Margolin testimony before the Haycraft Commission, *Ha'aretz*, 7 and 8 June 1921, p. 3.
    Palestine. Disturbances in May 1921. Reports of the Commission of Inquiry with Correspondence Relating Thereto, Cmd. 1540. (London: HMSO, 1921), p. 30.
    See also: Ben-Zion Dinur, ed., *Haganah History Book* (in Hebrew) (Tel Aviv: HaSifriya HaTzionit, Ma'archot, 1954), vol. II, part 1, p. 98.
22. Al-Asmar and Abu-Riali testimony to the Haycraft Commission, CZA L/483. Stirling, *Safety Last*, p. 115.
    Dinur, *Haganah History Book*, vol. II, part 1, p. 103. See also: *Palestine: Disturbances in May 1921. Reports of the Commission of Inquiry with Correspondence Relating Thereto*,

Cmd. 1540 (London: HMSO, 1921), p. 30.

23. Anita Shapira, *Berl* (in Hebrew) (Tel Aviv: Am Oved, 1980), part I, p. 169.
    Mordecai Kushnir, "In the House of Brenner and the Yatzkers" (in Hebrew), *Kontrass*, 11
    May 1921, p. 16.
    Kafkafi and Brenner, *On Y. Ch. Brenner*, p. 221.

24. Avraham Ya'ari, *Memories of the Land of Israel* (in Hebrew) (Tel Aviv: Masada, 1974),
    pp. 1, 170.

25. Rabbi Benjamin, *Families, Writers, Faces* (in Hebrew) (The Public Committee for the
    Publication of the Writings of Rabbi Benjamin, 1960), p. 210ff.
    S. Y. Agnon, *From Myself to Myself* (in Hebrew) (Tel Aviv: Schocken, 1976), p. 111.
    Ze'ev Vilnai, *Tel Aviv-Jaffa: The Largest of Israel's Cities* (in Hebrew) (Ahiever, 1965),
    p. 276.
    Shapira, *Berl*, part I, p. 169.

26. Nahum Shadmi, *A Straight Line in the Cycle of Life* (in Hebrew) (Tel Aviv: Ministry of
    Defense, 1995), p. 58.

27. *Palestine. Disturbances in May 1921. Reports of the Commission of Inquiry with Corre-
    spondence Relating Thereto*, Cmd. 1540 (London: HMSO, 1921), p. 60.

28. Ilan Shchori, *A Dream That Became a City* (in Hebrew) (Tel Aviv: Avivim, 1990), p. 324.

29. Shchori, *Dream*, p. 324.

30. Ezra Danin, *Zionist Under Any Condition* (in Hebrew) (Kidum, 1987), p. 42.

31. Shchori, *Dream*, pp. 388, 145.

32. Y.-Y., "Entrenchment" (in Hebrew), *Kontrass*, 20 May 1921, p. 7.
    A.M.K., "In These Days," *Kontrass*, 21 May 1921, p. 11.
    M. Glickson, "The Method," *Kontrass*, 20 May 1921, p. 3; M.S.-B., "On the Situation,"
    Kontrass, 21 May 1921, p. 1.
    The Collected Works of Brenner (in Hebrew) (Tel Aviv: Dvir, Ha-Kibbutz Ha-Me'uhad,
    1960), vol. II, p. 323.

33. *Hadashot Mi-Ha-Aretz Ha-Kedosha*, first year, no. 11 (21 June 1918), p. 2.
    Baruch Ben-Anat, "The Great Moment Found a Small Generation: The Nordau Plan,
    1919–1920," *Ha-Tzionut* 19 (1995), p. 89ff.
    S. Schwartz, "The Carlsbad Conference" (in Hebrew), *Ha'aretz*, 7 Sept. 1920, p. 1.
    S. Schwartz, "Help for Ukrainian Jewry," *Ha'aretz*, 7 May 1920, p. 1.
    Hadashot Mi-Ha-Aretz Ha-Kedosha, 19 June 1919, pp. 3, 4.
    Ben-Zvi and others in the Zionist Executive, 22 Oct. 1922, CZA.
    Conversation with Yisrael Belkind, *Do'ar HaYom*, 21 Mar. 1923, p. 4; Yisrael Belkind on
    the Ukrainian orphans, *Do'ar HaYom*, 28 Dec. 1923, p. 4.
    "Arrangements for the Orphans" (in Hebrew), *Ha'aretz*, 22 Sept. 1922, p. 3; "Letter from
    Jaffa" (in Hebrew), *Ha'aretz*, 4 Oct. 1922, p. 2.
    Ahad Ha'am, "Building," *The Complete Works of Ahad Ha'am* (Tel Aviv: Dvir, 1947),
    p. 334.

34. "To Inside and to Outside" (in Hebrew), *Ha'aretz*, 9 May 1921, p. 2.
    "To all the House of Israel" (in Hebrew), May 1921, Knesset Yisrael, Ha-Va'ad Ha-
    Le'umi, *Book of Documents* (Jerusalem: n.p., 1949), p. 45.
    S. Schwartz, "National Catastrophe and Insult" (in Hebrew), *Ha'aretz*, 13 May 1921, p. 2.
    Shapira, *Berl*, part I, p. 172ff.
    Shabtai Teveth, *The Burning Ground* (Tel Aviv: Schocken, 1997), vol. II, p. 81ff.

35. Yehoshua Porat, *The Growth of the Palestinian Arab National Movement, 1918–1929* (in
    Hebrew) (Tel Aviv: Am Oved, 1976), vol. I, p. 104ff.

36. Tewfiq Hammed and Shibly Jamel to the President of the League of Nations.

37. Khalil al-Sakakini, *Such Am I, O World* (in Hebrew) (Jerusalem: Keter, 1990), p. 140.

38. *Palestine. Disturbances in May 1921. Reports of the Commission of Inquiry with Corre-
    spondence Relating Thereto*, Cmd. 1540 (London: HMSO, 1921), p. 24.
    "In Blunderland," *Jewish Chronicle*, 11 Nov. 1921, p. 7.

Bernard Wasserstein, *The British in Palestine* (Oxford: Basil Blackwell, 1991), p. 117. See also: Yerah Etzion, ed., *The Haganah in Jerusalem* (Tel Aviv: Haganah Veterans Organization, 1973), p. 21ff.

39. "Questions to the Government" (in Hebrew), *Ha'aretz*, 4 Nov. 1921, p. 1; Brutus, "Mr. Storrs and His Work in Jerusalem," *Ha'aretz*, 8 Nov. 1921.
40. Shabtai Teveth, *Ben-Gurion and the Arabs of Palestine* (in Hebrew) (Tel Aviv: Schocken, 1985), p. 86.
41. Ronald Storrs, *Orientations* (London: Ivor Nicholson and Watson, 1939), p. 378. Storrs papers, PCL, File VI/II.
42. Joseph Klausner, "On the Judgment" (in Hebrew), *Ha'aretz*, 27 Nov. 1921, p. 1. "Trial of the Defendants in the Murder of Y. Ch. Brenner and His Companions" (in Hebrew), *Ha'aretz*, 25 Jan. 1922.
43. S. A. Pen, "And for the Informers" (in Hebrew), *Ha'aretz*, 22 Jan. 1923, p. 2. See also: S. A. Pen, "And to All the Evildoers" (in Hebrew), *Ha'aretz*, 28 Jan. 1923, p. 3. David Tidhar, *In the Service of the Homeland, 1912–1960* (Hotza' at Yedidim, 1960), p. 99. "On the Trial of David Bar" (in Hebrew), *Ha'aretz*, 20 Mar. 1923, p. 3.
44. Ben-Gurion diary, 7 July 1926, BGHA. Avi Katzman, "The Life and Death of the First Hebrew Terrorist" (in Hebrew), *Koteret Rashit*, no. 136 (10 July 1985), p. 24.
45. Log of the events, 15 May 1921, ISA M/4/144. "Speech of the High Commissioner" (in Hebrew), *Ha'aretz*, 5 June 1921, p. 3; CZA Z4/16055. See also: Wasserstein, *The British in Palestine*, p. 89ff. Eder to the Zionist Executive in London, 4 June 1921, CZA A226/31/1.
46. Eder to the Haycraft Commission, CZA L3/488. See also: J. B. Hobman, ed., *David Eder: Memories of a Modern Pioneer* (London: Victor Gollancz, 1945), p. 162. Eder to Cohen, 9 May 1921, CZA Z4/16151.
47. Eder to the Zionist Executive in London, 4 June 1921, CZA A226/31/1. See also: Sofia Berger-Mohel memo, ISA P/649/25.
48. Arthur Ruppin, *Chapters of My Life in the Building of the Land and the Nation, 1920–1942* (in Hebrew) (Tel Aviv: Am Oved, 1968), pp. 17, 20ff. Ruppin and Sokolow in the National Council, 8 May 1921, CZA J1/139. See also: Correspondence between Grindle and Landman, 10–17 May 1921, CZA I L3/31.
49. The National Council to the High Commissioner, 10 and 20 May 1921; Yitzhak Ben-Zvi to the High Commissioner, 11 May 1921. Open letter by the National Council, 7 June 1921, Knesset Yisrael, National Council, *Book of Documents* (in Hebrew) (n.p., 1949), p. 39ff.
50. Weizmann to Deedes, 31 July 1921, in *The Letters and Papers of Chaim Weizmann*, ed. Bernard Wasserstein (New Brunswick, NJ, and Jerusalem: Transaction Books, Rutgers University, and Israel Universities Press, 1977), vol. X, p. 238. Evyatar Friesel, "Herbert Samuel's Reassessment of Zionism in 1921," *Studies in Zionism*, vol. 5, no. 2 (1984), p. 213ff.
51. Weizmann to his wife, 10 Aug. 1921, in Wasserstein, *The Letters and Papers of Chaim Weizmann*, vol. X, p. 250. Chaim Weizmann, *Trial and Error* (London: Hamish Hamilton, 1949), p. 343.
52. Weizmann to Ahad Ha'am, 30 July 1921, in Wasserstein, *The Letters and Papers of Chaim Weizmann*, vol. X, p. 234.
53. Kisch to Brodetsky, 3 Dec. 1928, CZA S25/1. Norman Bentwich and Michael Kisch, *Brigadier Kisch, Soldier and Zionist* (in Hebrew) (Tel Aviv: Ma'archot, 1978), p. 18.
54. Weizmann to Samuel, 12 and 27 June, in Wasserstein, *The Letters and Papers of Chaim Weizmann*, vol. X, pp. 202ff., 209ff. Weizmann to Eder, 13 June 1921, in Wasserstein, *The Letters and Papers of Chaim Weizmann*, vol. X, p. 203.

55. Shabtai Teveth, *Ben-Gurion and the Arabs of Palestine* (in Hebrew) (Tel Aviv: Schocken, 1985), p. 86.
56. Minute by HWG, 7 May 1921, PRO CO 733/17a24068.
57. Bernard Wasserstein, ed., *The Letters and Papers of Chaim Weizmann* (New Brunswick, NJ, and Jerusalem: Transaction Books, Rutgers University, and Israel Universities Press, 1977), vol. X, p. 254, editor's note.
58. Weizmann to Shmarya Levin, 15 July 1921, in Wasserstein, *The Letters and Papers of Chaim Weizmann*, vol. X, p. 217.
59. Jehuda Reinharz, *Chaim Weizmann: The Making of a Statesman* (New York: Oxford University Press, 1993), p. 355.
Evyatar Friesel, "Herbert Samuel's Reassessment of Zionism in 1921," *Studies in Zionism*, vol. V, no. 2 (1984), p. 235.
60. Herbert Samuel, *Memoirs* (London: Cresset Press, 1945), pp. 225, 168.
Samuel to his son, 25 Dec. 1919, ISA P1/651/45.
61. Sokolow with Samuel, 8 May 1921, CZA J1/139.
62. Friesel, "Herbert Samuel's Reassessment of Zionism," p. 224. See also: Elisabeth Monroe, *Britain's Moment in the Middle East, 1914–1971* (Baltimore: Johns Hopkins University Press, 1981), p. 142.
63. Wilson to Congreve, 1 Apr. 1921, IWM HHW 2/52B/12.
Wilson to Congreve, 11 Oct. 1921, IWM HHW 2/52B/34.
64. Attachment, Wilson to Congreve, 16 Dec. 1921, IWM HHW/2/52B/42.
Weizmann to Joseph Cowan, 13 Dec. 1921, in Wasserstein, *The Letters and Papers of Chaim Weizmann*, vol. X, p. 325.
65. Weizmann to Churchill, 22 July 1921, CZA Z4/16055.
Friesel, "Herbert Samuel's Reassessment of Zionism," p. 224.
C. R. Ashbee, *A Palestine Notebook* (New York: Doubleday, 1923), pp. 267, 277.
66. Weizmann to Balfour, 8 July 1921, in Wasserstein, *The Letters and Papers of Chaim Weizmann*, vol. X, p. 213.
67. Weizmann to Peter Schweizer and others, 8 Sept. 1921, in Wasserstein, *The Letters and Papers of Chaim Weizmann*, vol. X, p. 255.
68. Weizmann with Lloyd George and others, 22 July 1921, CZA Z4/16055.
Weizmann to Ahad Ha'am, 30 July 1921; Weizmann to Deedes, 31 July 1921, in Wasserstein, *The Letters and Papers of Chaim Weizmann*, vol. X, pp. 233ff., 237.
Wasserstein, *The British in Palestine*, p. 107.
69. Wilson to Congreve, 11 Oct. 1921, IWM HHW 2/52B/34.
Wilson to Congreve, 1 Apr. 1921, IMW HHW 2/52B/12.
70. Bentwich and Kisch, *Brigadier Kisch, Soldier and Zionist*, pp. 89, 122.
Weizmann, *Trial and Error*, p. 367.
71. Kisch diary, 14 Sept. 1925, CZA S25/3272.
F. H. Kisch, *Palestine Diary* (London: Victor Gollancz, 1938), p. 213.
72. Kisch to Brodetsky, 3 Dec. 1928, CZA S25/1.
Yigal Ilam, *The Jewish Agency: First Years* (Hebrew) (Tel Aviv: HaSifriya HaTzionit, 1990), p. 459.
73. Moody Papers, RHL, Mss. Brit. Emp. s382 3:3.
Evyatar Friesel, "British Officials and the Situation in Palestine, 1923," *Middle Eastern Studies*, vol. 23, no. 2 (Apr. 1987), p. 194ff.
74. Minutes, Standing Defence Sub-Committee, 12 July 1923, PRO CO 537/809.
75. Stirling, *Safety Last*, p. 122ff.
Philip Graves, *Palestine, the Land of Three Faiths* (London: Jonathan Cape, 1923), p. 233ff.
Humphrey Bowman, *Middle-East Window* (London: Longrams Green and Co., 1942), p. 325ff.
76. Friends tell about Eder, 19 Nov. 1936, CZA K11/354/1.

第9章　文化战争

1

《国土报》写道，1923年初，耶路撒冷一片欢腾，这是因为全世界最有名的人物阿尔伯特·爱因斯坦来到了城里。[1] 作为犹太复国主义者公关活动的一部分，这次访问是为了推动希伯来大学的建设。爱因斯坦此前已经陪魏茨曼到过一次美国，他们在那里展开了一次巡回筹款活动。让这位著名的物理学家和诺贝尔奖得主抽出时间用自己的名字为这个项目站台，这对魏茨曼本人来说是一项相当伟大的成就，同时也是政治上的一次胜利，因为建立希伯来大学是犹太复国主义者所提出的倡议。基希写道，对于犹太复国主义运动的敌人们来说，爱因斯坦的合作无疑是对他们沉重的一击。[2]

从到达耶路撒冷的那一刻起，爱因斯坦便被人拽着参加了各种各样的招待会、晚宴和仪式。他是高级专员的客人，因此住在"政府大楼"里，但他也是犹太复国主义运动的人质。每到一处，他都不得不聆听人们用希伯来语发表长篇演说，但问题是他根本听不懂希伯来语。犹太复国主义者想向他展示一切，只要能获得他的青睐，他们什么都愿意做。他们还试图说服爱因斯坦在耶路撒冷定居，并带他参观了拜特·哈凯雷姆（Beit Hakerem）的赫哈卢茨（Hehalutz）街——一个全新的花园街区。* "内心告诉我说好，"爱因斯坦

---

* 规划拜特·哈凯雷姆的理查德·考夫曼（Richard Kaufmann）也规划了雷哈维亚（Rehavia）和塔勒皮奥特（Talpiot）街区，其灵感源于欧洲的郊区花园。塔勒皮奥特旨在成为"耶路撒冷的格吕内瓦尔德"，格吕内瓦尔德（Grünewald）是柏林的著名郊区花园。考夫曼把塔勒皮奥特的规划方案提交给当局审批，查尔斯·罗伯特·阿什比（斯托尔斯的顾问和"亲耶路撒冷协会"的秘书）发现规划方案中包括一座未标明用途的大型建筑。当他询问该建筑的用途时，考夫曼说："那是我们议会的所在地。"阿什比嘲笑了考夫曼的幻想，他说这是狂热民族主义的一种表现。有许多地方都可能成为犹太人议会的选址地，但考夫曼却希望把议会建立在耶路撒冷的城市边缘，建立在他所规划的花园社区里。他的这些想法里面的确存在一些天真和迷人的东西，也存在一些大胆的东西，敢于做以前从未做过的事情。但不管怎样，阿什比最终要求考夫曼忘掉这一梦想。计划被修改了，预留给犹太议会未来的家最终被标记为艺术馆。[3]

在他的旅行日记中写道，"但理智却告诉我不好。"

当时的希伯来大学仅有一栋大楼，位于斯科普斯山（Mount Scopus）上。爱因斯坦在那栋大楼里的某个房间内作了一次关于相对论的报告。由于组织者分发了过多的门票，导致房间里拥挤不堪。赫伯特·塞缪尔和罗纳德·斯托尔斯在演讲现场，外国领事和他们的妻子也在。总检察长夫人海伦·本特威奇（Helen Bentwich）写道，在场的人没有一个是冲着爱因斯坦的理论来的，但每个人都希望能对外宣称自己见过这位伟人。六十七岁的阿哈德·哈阿姆不得不站着听完讲座。

爱因斯坦不懂英语，所以他用法语发言。他对听众们说，这么做对大家都有好处，因为每一位听众都可以对外宣称，如果授课者的法语不那么差的话，他就能理解相对论了。爱因斯坦表示，鉴于自己智力上的缺陷，他根本没可能学会希伯来语。基希上校写道："在用希伯来语进行介绍的过程中，这位可怜的教授非常痛苦，为了把那段用拉丁字母拼写的希伯来文读出来，他费劲了力气。"他补充说："这让他看起来非常可笑，但可能会有一些很好的宣传价值，尽管我对此表示怀疑。"据《国土报》报道，尽管授课者努力借助图表来进行解释，尽管听众们都听得很认真，但能够领会这一"奇妙理论"的人肯定很少。自然界不仅有三个维度，还有第四个维度——时间，这一概念"很难消化"，《国土报》哀叹道，仿佛这是当时唯一的困难。该报还指出，爱因斯坦的讲座没有阿拉伯人出席。"那些人显然离科学的世界还很远，"《国土报》评论道。[4]

爱因斯坦非常享受这一旅程。为他举办的所有招待会都令他感动。唯一让他感到不快的是在西墙祈祷的犹太人。对他来说，他们是停留在过去的人，对现在视而不见。他写道：在耶路撒冷布哈兰（Bukharan）街区的一个犹太教堂里，他看到了"肮脏的犹太人"。[5]他对德加尼亚基布兹（Kibbutz Degania）——一个"共产主义的殖民地"感到惊叹不已。他预言说，这些人的共产主义持续不了太久，但与此同时，他们正培养着一代新人。一天晚上，他来到诺曼·本特威奇的家中，担任莫扎特五重奏中的小提琴手。总检察长的妹妹玛格丽（Margery）也会拉小提琴，另一个妹妹，特尔玛·耶林（Thelma Yellin），则是一位著名的大提琴家。[6]斯托尔斯是五重奏中的钢琴手，这次聚会给他的感觉是，耶路撒冷配得上他的才华。

　　建立一所犹太大学的最初目的是为了接收因反犹歧视而被其他大学，特别是东欧大学排斥在外的犹太学生。正如魏茨曼早期愿意考虑在巴勒斯坦之外建立一个犹太国家一样，他也没有排除在英国或瑞士建立大学的可能性，至少在第一阶段是这样。[7]不过在犹太复国主义运动内部，也有人反对这一计划，其中包括马克斯·诺尔道和阿瑟·鲁宾。他们认为，这项计划的野心太大，费用太高。其他人则担心，建立这样一个机构可能会导致欧洲的大学驱逐犹太学生。类似的担忧曾促使一些犹太人反对《贝尔福宣言》。这是犹太人和犹太复国主义者之间的冲突。[8]

　　这一想法在巴勒斯坦的犹太人当中也有相应的批评者。除了反对大学过于世俗化的极端正统派犹太教徒外，一些劳工运动人士也表示反对。约瑟夫·哈伊姆·布伦纳曾嘲讽地否定了这一想法。"那些试图整顿我们民族的人，除了大学之外，难道真的没有其他可以关心的事情吗？"[9]在犹太复国主义大会的年度会议上，社会主义政党"锡安工人党"（Poalei Zion）的成员们一直争辩说，在巴勒斯坦，"实实在在的需求"应该优先于其他事务，而建立一所大学就像"先盖屋顶再盖房子"。贝尔·卡茨奈尔森是一位有感召力的劳工领袖，他对学者们发起了攻击，指责他们只知道琢磨怎样发表"论文"以获得国际声誉，而不为国家的需要提供服务。不过，他还是愿意给大学一个机会，但前提是大学能证明它对建设国家有用。科学"是为了民族而生的"，他写道。卡茨奈尔森表示，那些不直接为社会和国家服务的知识领域，其本身可能很重要，但对我们来说并不重要。

　　劳工运动的其他领导人也表达了类似的反智主义立场："每年从大学毕业的几百名博士该干嘛？"一位反对建立大学的犹太人问道。A. D. 戈登（A. D. Gordon）是一位有影响力的思想家，他宣扬犹太人回到故土工作的重要性。他担心这个国家会充斥着医生、工程师、农学家和教师，而这些人所能做的只不过是再培养出一代学者出来。"那谁来做我们的农民和工人呢？"他问道，"又要靠另一个民族的人？"在一次犹太复国主义代表大会上，一位锡安工人党的成员抱怨说，该党"带着一个沉重的问题来了，即如何解决犹太工人和农民的短缺问题。而大会的答案却是：'希伯来大学万岁！'"他指出："在大会上，人们对文凭的热情比对大地的芬芳还要强烈。"这些犹太复国主义领导人也是在提出文化和情感上的抗议，抗议与耶路撒冷及其居民相关联的一切——分配制度（Chalukkah）、依赖性以及软弱。他们是如此地厌恶和蔑视这一切。即使在大学成立之后，这种政治和意识形态层面的辩论仍然存在：一位工运成员后来警告希伯来大学的学生说，他们最好不要认为自己的地位比工人高。[10]

自 1918 年奠定了大学的 13 块基石以来，计划并没有什么进展。魏茨曼试图筹集资金，但进展缓慢。[11] 在耶路撒冷，人们感觉这个项目已经走到了尽头。埃利泽·本-耶胡达、阿哈德·哈阿姆、约瑟夫·克劳斯纳、梅纳赫姆·乌西什金、戴维·耶林等人并没有将失败归咎于魏茨曼，他们知道，要筹集起足够的资金很困难。然而，到了 1922 年，他们也开始把建立大学看成是建设民族家园的核心政策，并认为任何进一步的拖延都有可能损害他们的最终目标。一份关于这一问题的长篇备忘录把这一点体现得很明白：希伯来大学已经成为了一项民族事业，在内比·穆萨节和雅法暴动之后显得极为迫切。"过去两年发生的事件让我们在政治和精神层面严重动摇，我们的荣誉在所有人眼中都黯然失色，"他们写道。"其他国家过去对我们的尊重，在我们敌人和朋友的眼中都已变成了一种轻视的态度。我们宣称我们已经取得了许多成就，但实际上我们连其中的很小一部分都无法完成。这就是为什么每个人都在嘲笑我们的损失，这就是为什么每个人都在鄙视我们。"这份备忘录指出，他人的蔑视已经对犹太人构成了真正的威胁，因为有些政府官员对犹太复国主义的支持是有条件的，犹太复国主义者必须一直取得胜利。但如今这些政府官员已经收回了他们的支持，而这只会导致更多阿拉伯人的暴力。

与此同时，"外国势力"已经启动了建立一所英国大学的计划——事实上，这是罗纳德·斯托尔斯的主意——并正在为大学的开放做准备。而阿拉伯领导人也已经开始谈论建立一所阿拉伯大学的可能性。[12] 按照备忘录的说法，年轻的犹太人正离开该国到海外学习，并因此在"精神上基督教化"。大多数海外教授要么是完全的反犹主义者，要么是部分的反犹主义者。"由于他们确实很伟大，各有所长，我们的年轻人不得不尊重他们，于是他们喝下了恶水，在吸收真正的智慧的同时，他们还一起吞下了有关其民族及其遗产的错误思想。由于他们对外国学者十分尊重，他们事后也很难摆脱这些思想。"

更糟糕的是，无力承担海外学习费用的犹太人可能会进入阿拉伯人的大学，他们在那里学到的东西也显然对巴勒斯坦犹太人的生活没什么益处。此外，希伯来语也受到了威胁。整整一代人曾为希伯来语的地位而奋斗。他们所取得的胜利"为我们打下了最坚实的基础，使我们能够在祖先的土地上声索民族家园的权利"。备忘录认为，如果学童们不知道有一所希伯来语大学在等着他们，那么这一胜利便毫无意义。

乌西什金、本-耶胡达以及他们的同僚们都明白，要建立一所希伯来大学并不容易，所以他们建议同时成立一所人文研究院——他们显然是指的是一所专门从事犹太研究的科系。大家都认为，只有在《圣经》的土地上，才有可能实现对《圣经》和先知的全面理解。这所人文研究院将拥有优秀的学者和丰富的图书馆馆藏，它将吸引到海外的学生，因此也会成为耶路撒冷城的重要收入来源。国内的其他城市将发展工商业，但若想让耶路撒冷成为一座"伟大而富有的城市"，其唯一的希望在于"精神的富足以及发展提供智慧与科学的产业"。[13]

因此，大学的愿景发生了改变。对它的定位不再是为困境中的犹太人提供一处教育领域的避难所，其主要目的将转变为促进巴勒斯坦的希伯来民族主义。魏茨曼主张将科学纳入这所大学的教育体系中，在他看来，科学研究将发展出新的农业方法，如此一来，这所大学便能促进民族家园的发展。[14]虽然这个新增的维度能让工运人士感到满意，但人文学者却提出了反对意见。曾将《圣经》翻译成德文的著名拉比西蒙·伯恩菲尔德（Simon Bernfeld）写道："有用的科学不属于某个民族。"他认为，化学家或生物学家不管是在耶路撒冷、柏林还是巴黎工作都没有什么区别，应用科学也不会使世界上的犹太人将耶路撒冷视为他们的精神中心。他们只会把耶路撒冷当作一个"历史上的希伯来中心"来对待，他写道。犹太研究将"把前代人所保留下来的东西给保持下去，并为后世充实犹太教的内容做准备"。犹太遗产"是我们民族的既定基础，也是我们历史性存在的支柱"，伯恩菲尔德总结道。

犹太研究所于1924年12月开放，和英国征服巴勒斯坦一样，它被视为"光明节奇迹"。研究所是作为一所世俗研究机构发展起来的，其教师都出生于欧洲，代表了各种不同的学术和政治进路，但他们的目标是一致的，即为犹太复国主义意识形态提供更牢固的基础。这所大学的另一个目的是为了加强民族家园的欧洲属性。其创始人的意图是去吸引"我们在西方、欧洲和美洲土地上的兄弟"[15]。

第一位受聘的教授是来自匈牙利的翁多尔·福多尔（Andor Fodor），他在化学研究所任教。大学的发展方向仍然是一个存在争议的问题。现在的问题是，从这所大学以及巴勒斯坦犹太人的利益出发，这所科研机构到底是应该偏重研究还是教学。魏茨曼认为，专注于科研是更为明智的选择。与推动高层次的教学项目相比，把一流学者请到耶路撒冷会更容易也更便宜。而且，这些学者能够提升大学的声誉。要找到懂希伯来语且同意离开自己国家的优秀学者，这是一项艰巨的挑战。因此，第一批学生毕业时将拿不到学位，他们的身份是旁听生，他们也不需要支付学费。[16]

大学的大部分资金都是从美国筹集来的。朱利叶斯·罗森瓦尔德（Julius Rosenwald）是一位芝加哥商人，他为促进美国黑人的教育提供了许多支持。来自耶路撒冷的学者和教育家耶林找到了罗森瓦尔德，他想利用这位商人的慷慨来换取一些资金支持。耶林还带来了《阿摩司书》中的一首诗："以色列人哪，我岂不看你们如古实人吗？"*在罗森瓦尔德办公室的墙上，耶林发现了一张巨大的地图，上面标有全美各地获得其赞助的学校。罗森瓦尔德在"黑鬼"的教育上花费了 200 多万美元，耶林在给妻子的信中写道。如果他能把其中的一小部分捐出来用于巴勒斯坦犹太人的教育事业，那该有多好。耶林写道："我们很难接受我们自己的人把钱捐给落后的民族。"但他很快就纠正了自己的想法。"当我们看到一个犹太人对受教育程度最低的人群做出正义之举时，我们有权利感到不满吗？"罗森瓦尔德之所以这么做完全是出于商业利益的考量，耶林总结说。罗森瓦尔德旗下的商店——西尔斯（Sears）以及罗巴克公司（Roebuck & Co.）——每年从黑人手上获取巨额的商业利润，因此他有义务给他们一些回报。[17]

犹太复国主义者们筹集到了足够的资金来规划一座永久性的校园。帕特里克·格迪斯（Patrick Geddes）是一位生物学家和社会学家，也是城市规划的先驱之一，他应邀来设计新校园。在他的设计中有一座核心建筑，这座建筑将要

---

* 译文引自中国基督教三自爱国运动委员会，中国基督教协会：《圣经》，爱德印刷有限公司 1989 年版，第 903 页。——译者注

撑起世界上最大的圆顶。它位于斯科普斯山的山顶，从那里放眼望去，能看到令人叹为观止的沙漠景观。格迪斯仿佛把它当成一座上帝的房子来看待。但他的设计一直没能变为现实，人们因为各种各样的原因拒绝接受这一计划。有的人认为这座建筑太过宏伟，另一些人则认为该计划太过昂贵，还有人说，把这样的项目交给一个非犹太建筑师是不合适的。[18]

2

在 20 世纪 20 年代初，犹太人生活在这样的一种生活状态中，即他们觉得自己正在创造历史，创造一个新的国家，创造一个新的社会。巴勒斯坦当地的犹太领导人一直认为，犹太社群将按照欧洲犹太复国主义运动的运作方式建立准议会制度，其中包括大选。如今，伊舒夫已经成立了一个民选机构，即 "民选大会"（Elected Assembly）。"民选大会" 又任命了一个 "民族委员会"（National Council），该委员会成为了犹太社群的官方管理机构。"民族委员会" 得到了英国政府的承认，该委员会也获得了监督地方民事事务的授权。

巴勒斯坦犹太社群分裂成几十个党派。最大的政治集团由劳工运动政党组成，但这些政党从未在 "民选大会" 中获得过绝对多数。[19] 一些活跃于海外犹太社群中的政治运动势力也在巴勒斯坦成立了政党。事实上，各党派的力量在很大程度上来源于它们与海外母党的联系。所有的党派都参与了事关犹太复国主义运动资源分配的权力斗争。

劳工运动主要从巴勒斯坦犹太劳工联合会（the Jewish Labor Federation of Palestine）中汲取组织力量。该联合会成立于 1920 年，人们更熟悉它的另一个名字："希斯塔德鲁特"（Histadrut）。尽管希斯塔德鲁特的宣传口径是 "工人" 和 "无产阶级"，但该组织却努力把所有的工薪阶层都吸纳进来，其中包括教师和办公室职员等中产阶级雇员。希斯塔德鲁特的吸引力来自它在改善工作条件方面所取得的成功，更来自它为会员提供工作和服务的能力，包括医疗服务。

为此，该联合会成立了一家大型建筑公司"索莱勒·博内"（Solel Boneh），还成立了其他各种工业企业和一家银行。除此之外，联合会建立了一些犹太人定居点，其中以基布兹为主；成立了一个名为哈加纳（Haganah）的军事组织；还组织起了各种从事教育、文化和体育活动的青年运动。

左派政党在意识形态上把自己看成是社会主义世界的一部分，但很少有人会主张以无产阶级夺权为目的的阶级斗争。大多数党派采取的立场与西欧社会民主主义一致。希斯塔德鲁特认为其目标与犹太复国主义运动的目标是一致的。多年来，该联合会从一个工会发展成为一个有巨大影响力的全国性组织，这主要是戴维·本-古里安的功劳。该组织的主要目标是推动犹太人自治并走向独立。当劳工运动遇到社会主义和民族身份之间的矛盾时，在任何情况下它都会站在犹太复国主义一边。[20]

由于存在共同的目标，左派政党得以避免与"市民集团"（Civil Block）——对中、右翼各党派的统称——产生真正的冲突。"市民集团"的成员倾向于让自由市场不受阻碍地运作，并尽量少用公共财产。但他们也是犹太复国主义者。有时，左派和右派相互之间的怨恨似乎已经到达了濒临内战的程度，但回过头来看，只要阿拉伯人的威胁一直存在，这种情况肯定是不会发生的。面对阿拉伯人的威胁，犹太社群内部各派别必须团结一致，并为建立犹太国家而奋斗。[21]

因为同样的原因，民族目标的同一性保证了公共生活的民主性，这是犹太复国主义大会业已确立的传统，并受到了英国政府制度的影响。选民大会也许是一个喧闹的论坛，参会者大喊大叫，吹着口哨。但整体上，它从未逾越议会辩论规则的界限，游戏的规则也或多或少是经过了大家的同意的。尽管各党派给人留下了这样的印象，尽管其成员内心也都有各自的信念，但左派和右派并不是在演绎一场布尔什维克与法西斯分子之间的斗争。他们之间争斗的核心议题是犹太复国主义，其次才是辐射范围相当广泛的边缘议题。[22]

核心议题的稳定性在1923年表现得很明显，当时泽维·贾博廷斯基退出了犹太复国主义运动的体制，组建了一个反对党——修正运动（Revisionist Movement）。贾博廷斯基是个英国人和自由主义者，他与同为英国人和自由主义者的哈伊姆·魏茨曼（Chaim Weizmann）决裂了，他看不惯魏茨曼对英国人谨慎又温和的态度。但他们的争执是战术层面的，而不是原则层面的。贾博廷斯基希望看到更快更激进的进展。他要求增加移民并建立一支犹太军队。*除此之外，贾博廷斯基还提出过其他的一些要求。由于贾博廷斯基建立了一个具有侵略性的反对组织，这迫使劳工运动采取更"积极的"爱国主义立场——与英国人、阿拉伯人以及极端正统派犹太人对抗。犹太复国主义者雅各布·以色列·德哈恩（Jacob Israel de Hann）加入了极端正统派犹太人的阵营，而他付出了生命的代价。

德哈恩是那些怪人、冒险家和狂热者之一，他们被吸引到巴勒斯坦来，仿佛来到了一处开放的边境，在这里，所有的行为规范都被悬置起来，一切似乎都有可能。尤其是耶路撒冷，它能激起人们原始的激情。作为一名律师和记者，德哈恩来自荷兰。在耶路撒冷，他与阿拉伯男孩交往，并写下了有同性恋倾向的诗歌。

起初，他是一位受人尊敬的犹太复国主义知识分子；哈伊姆·魏茨曼为他写过一封推荐信，泽维·贾博廷斯基则对德哈恩关于照顾被遗弃儿童的演讲予以引介。他为荷兰一家大报社撰稿，并教授法律。他认识每个人，每个人也都认识他。他被很有魅力的极端正统派反犹太复国主义领袖约瑟夫·哈伊姆·索南费尔德（Yosef Chaim Sonnenfeld）拉比吸引了过去，并开始拥护宗教事业，犹太复国主义者因此谴责了他。戴维·本-古里安指责他叛国，《国土报》称他是拥抱反犹主义的败类。德哈恩否认了别人归到他头上的那些话：他说，他曾告诉英国媒体大亨诺思克利夫勋爵（Lord Northcliffe），他并没有说过应该废除《贝尔福宣言》，这一传闻不是真的。他只是说应该修改宣言，并在宣言中承认极端正统教团体的权利。[24]

没有人相信他。学生们抵制他在新成立的法学院里所开设的课程。《国土报》暗示他是个疯子。"摆在我们面前的是一个心理学上的谜题，"本杰明拉比写道。本杰明是一名作家，他自己也是一个不小的怪人。"这个人的心理真的健康吗？我们眼前所看到的难道不是一个精神病人的幻觉吗？他的大脑是

---

* "贾博廷斯基，这位热情的犹太复国主义者，"魏茨曼写道，"他长得相当丑陋，但却无比迷人，言谈得体，热心肠，慷慨大方，随时准备帮助有困难的同志。然而，所有这些品质都被某种颇具戏剧性的骑士气质所掩盖……某种无关紧要的骑士气质，但这种气质不属于犹太人。"[23] 很少有人比他更了解贾博廷斯基：在伦敦，贾博廷斯基曾与薇拉和哈伊姆·魏茨曼住在同一间公寓里。

不是出了什么问题？"基希上校把德哈恩描述为"犹太人中的耶稣会士"。他写道，这个人患有"被害妄想症"。[25]

不管德哈恩是否真的患有被害妄想症，但他真的有敌人。他收到了死亡威胁，并预感到自己会被谋杀。"就像一只温柔的小鸟在空中飞翔／放飞我的歌声／直到手枪的子弹射中我的心脏，"他写道。德哈恩这个人长得圆圆鼓鼓的，鼻子上戴着一副金色的夹鼻眼镜，头顶礼帽。一天晚上，当他离开耶路撒冷雅法街的沙埃莱·泽德克犹太教堂（Sha'arei Zedek Synagogue）时，他被人谋杀了。三颗子弹击中了他，其中一颗子弹直接打穿了他的心脏。那一天是 1924 年 6 月 30 日，他当时 43 岁。凶手是一个来自敖德萨的二十一岁移民，名叫亚伯拉罕·西尔贝格（Avraham Silberg），后来改名为特霍米（Tehomi）。他和伊扎克·本-茨维都是哈加纳的活跃分子，伊扎克·本-茨维也曾参与除掉德哈恩的决策过程。[26]

当局对本-茨维进行了严密监视，认为他可能是一个布尔什维克分子。尽管英国人似乎并不认为他会参与政治谋杀活动，但他们还是警告本-茨维要克制自己。本-茨维和他的同伙们对约瑟夫·特朗佩尔多有多爱，就对德哈恩有多恨，这两个人物一个是正面象征，一个是反面象征。前者是军官、俄国战争英雄、犹太复国主义爱国者、社会主义者、阳刚之士和充满爱心的朋友；后者则是肥胖的、秃顶的流散地犹太人，一个喜欢男孩的怪人。在极端正统派犹太人所塑造的神话中，德哈恩被奉为烈士。罗纳德·斯托尔斯写道："他在孤独中绝望地死去，极度迷茫。"[27]

德哈恩是世俗犹太复国主义者与极端正统派犹太教徒之间极端冲突的受害者，后者是犹太复国主义运动的敌人。在妇女选举权问题上，也曾发生过类似这样的斗争。

3

1921 年春，在里雄莱锡安（Rishon Le Tzion）的埃德蒙·德·罗思柴尔德（Edmond de Rothschild）男爵家中召开了一次特别会议，这次会议是为了向来自伦敦的米莉森特·福西特（Millicent Fawcett）女士致敬。福西特后来写道，这次会议涉及"完全出乎意料的经历"，她指的是犹太定居点的妇女们努力向她解释给予所有妇女投票权的重要性。福西特当时已经 74 岁了，过去的 50 年以来，她一直在争取妇女参加议会选举的权利。现在，即战后的岁月里，她见证了自己奋斗出来的第一批果实。

在她正式访问之前，哈伊姆·魏茨曼曾给戴维·埃德写过一封信。魏茨曼提醒埃德说，巴勒斯坦能给外国客人留下什么样的印象，取决于他们在这里见过的人。"因此，不能让我们的敌人吸引到福西特，不管他们是犹太人还是非犹太人，这一点非常重要。"[28] 显然，魏茨曼弄错了福西特的身份，他以为她是阿斯特夫人的妹妹。阿斯特夫人是第一位被选入英国议会的女性，也是一位争取妇女选举权的著名女性。尽管如此，福西特夫人本身就有许多崇拜者，因此犹太复国主义者们认为此人值得花大力气去关注。犹太复国主义运动为培养其自由主义形象付出了巨大努力。作为欧洲自由主义的一个分支，它从一开始就承认妇女的平等地位，从 1899 年第三次犹太复国主义大会开始，犹太妇女就有了投票权。[29] 在这一点上，犹太复国主义运动甚至走在了几个欧洲国家的前面，这其中便包括英国。*

米莉森特夫人回国后写了一本关于巴勒斯坦之旅的书。她虽然不支持犹太复国主义运动的政治目标（犹太人获得独立），但对犹太复国主义运动的成就印象深刻。里雄莱锡安地方委员会共有七名成员，其中四名成员是妇女，她对此惊叹不已。† 相反，她对阿拉伯妇女的状况感到震惊：在一个村子里，她到一位 16 岁的女孩家中做客。这个女孩共经历了四次生产，但每次孩子出生不久后便死去。[31]

---

* 1903 年，在齐克隆·亚科夫（Zichron Ya'akov）定居点发生了第一场围绕巴勒斯坦犹太妇女选举权的斗争。妇女们斗争的目标是获得一个委员会的参选权，该委员会能代表这个小型的犹太社区与土耳其当局对话，但她们失败了。犹太复国主义运动领袖雅各布·塔洪（Ya'akov Thon）的妻子萨拉·塔洪（Sarah Thon）在 1910 年写了一篇具有分水岭意义的文章，她要求给予妇女投票权。这一原则最终被所有犹太复国主义政党所接受。犹太复国主义委员会新闻办公室于 1919 年发表了一份通知，这份文件表明，约翰·斯图亚特·密尔的著作是犹太复国主义者们平等主义思想的基础。[30]

† 然而，并不是每一个犹太人定居点都像里雄·莱锡安那样平等。在其他地方，争取妇女选票的斗争持续了一段时间，尤其是在犹太复国主义国家机构选举的层面。

土耳其人被赶走之后，曾经激活了整个犹太社群的政治活力同时也导致了女性组织数量的激增。起初，这些女性团体都把力量集中到恢复被破坏的社会上。他们为女童们建立了孤儿院、施粥舍和缝纫车间，同时还开办了夜校，所有这些项目都是与犹太复国主义委员会和军政府协同进行的。萨拉·阿扎里亚胡（Sarah Azariahu）是妇女运动的首批活动家之一，她说："我们的领袖赫茨尔带领我们走向政治独立，他教导我们要忠于民主精神。"在巴勒斯坦，有组织地争取妇女地位的斗争从一开始就被认为是民族斗争的一部分。"妇女的权利是犹太复国主义的权利，"历史学家约瑟夫·克劳斯纳说道。[32]

围绕妇女选举权的辩论有时使用的是伦理学和哲学的术语，有时则像是亚当和夏娃之间争论的翻版。在一个定居点，妇女对地方选举章程的第一节提出抗议，该节将投票权授予"每个人（男性）"。该定居点的妇女们认为，这意味着女性不是人类的一部分。在海法举行的一次妇女集会被人打断，因为有几名男子抢占了舞台，开始痛骂妇女在人生和历史中的有害作用。作为证据，他们列举了克利奥帕特拉的恶行。大厅里的妇女们用猫叫声和口哨声淹没了男人们的声音，聚会也就跟着散去了。伊塔马尔·本-阿维则通过梳理历史，向女性表达了歉意。他指出，男人对女人的压迫已经有五千年的历史了。"我们对她所做过的事情狗都没有经历过，当我们称赞她是神的女儿时，那是一个谎言。我们说了谎，我们说了谎，我们说了谎，"他写道。"最多，"他补充说，"我们会称赞她是母亲和管家。"[33]

汉娜·塔洪是雅各布·塔洪的第二任妻子，也是一名女性运动活动家。她在一本妇女杂志上发表了一篇文章，谴责妇女作为"丈夫奴隶"的命运，并呼吁解放妇女，包括摆脱家务劳动。但总的来说，女性组织小心翼翼地将其斗争限制在政治领域。同一份月刊警告说，解放后的妇女有一种"挣脱枷锁"和切断婚姻关系的倾向。她们应该抵制这种危险，并为了家庭的利益而克制自己的"个人私欲"。当时的妇女仍被禁止从事特定行业的工作，因此的确有一些妇女为获得从事这些行业的工作权奋斗过。罗莎·吉诺萨尔（Rosa Ginossar）是莫迪凯·本-希勒尔·哈科亨的女儿，同时也是阿哈德·哈阿姆的儿媳，她克服了许多障碍，最终成为了巴勒斯坦的第一位女律师。但女性组织在大多数情况下并不关心实现妇女在个人自由和性自由方面的平等。她们接受了自己作为母亲、妻子和管家的角色。这些角色要求她们照顾好丈夫的需要，并负责打扫卫生、洗菜做饭、缝缝补补和抚养孩子。妇女们提出的要求十分有限，这也解释了为什么由男性主导的体制会支持她们获得投票权。因为这些要求并没有威胁到传统的家庭分工。为了避免任何误解，妇女协会宣称，其目标不是模仿某种新世界的时尚，妇女们所采取的行动不是出于无聊，而是出于"参与国土建设"的愿望，换句话说，她们的行动属于犹太复国主义运动爱国主义事业的一部分。[34]这使得所有犹太复国主义运动的政党都可能去支持妇女们的斗争。*

大多数犹太复国主义运动的政治家（几乎都是男性）更关心的是如何把犹太复国主义强加给极端正统派教徒，而不是妇女们的自由。戴维·本-古里安的立场是，许多国家都不允许妇女参加大选，巴勒斯坦没有理由成为第一个。但另一方面，由于极端正统派犹太教徒反对给妇女选举权，犹太复国主义者便决不能向他们投降。否则，"在我们的生活中，将没有任何东西是他们不想埋没在这样或那样深奥的教法之下的"[36]。犹太复国主义者认为，极端正统派妇女不会参加全国投票，因此，如果给自己阵营的妇女以选举权，几乎能使复国主义运动的相对力量增加一倍。

但与此同时，犹太复国主义者又希望确保尽可能多的人参加选举——包括极端正统派教徒——并以此来向阿拉伯人和英国人展示犹太民族的力量和团结。犹太复国主义运动中的主要宗教党派"米兹拉希党"（Mizrahi）提出了一些妥协方案。其中一项建议被反复提及：区分妇女们的选举权和她们的任职权。米兹拉希党认为，犹太教教法（halacha）并不禁止妇女投票，但男女在一起工作却不符合教规。该党曾一度建议将这一问题付诸全民公决，但后来各方又围绕妇女能否在公决中投票的问题产生了争议。[37]

于是，出于政治上的考量，犹太复国主义者们要求妇女们放弃选举权，或者至少暂不行使这一权利。国家利益排在第一位，因此，面对一再被推迟的议会选举，保障其顺利进行才是最重要的。"别无选择，这次我们必须让

---

* 贝尔·卡茨奈尔森建议妇女们进行自我培训，并以此来为移民巴勒斯坦做准备。抵达巴勒斯坦后，她们应该对厨房和家庭工作有所了解。这是一项艰巨的工作，要求"天赋、品味以及高度的理解力，而且它并不总能带来智力上的回报，"卡茨奈尔森写道。她还补充说，妇女们还应为"家庭生活和新生儿的到来"做准备。[35]

步，"约瑟夫·克劳斯纳写道，"免得他们说巴勒斯坦犹太社群的机构不具有充分的代表性。"为了一个欧洲自己都尚未解决的问题，值得为此破坏民族团结吗?《每日邮报》(*Do'ar HaYom*)问道。该报情绪激动地呼吁妇女们"英勇地行动起来，这次要让步"[38]。

各党派争先恐后地寻求妥协。劳工运动是两性平等原则的倡导者，它曾一度同意这样一种方案:即让妇女参加选举，但耶路撒冷的男性极端正统派成员将在专门的投票点投票，且每位男性成员的票数将被计算两次，就好像他的妻子也参加了投票一样。当然，这其中隐含着一种假设，即妻子们会和丈夫投一样的票。[39]

然而，所有这些妥协方案都没能生效。尽管如此，到 1920 年，妇女最终获得了议会选举的投票权和担任公职的权利。她们成立了自己的政党，在她们所推出的选举名单中，有 5 名妇女代表成功入选了第一届"民选大会"。此外，总共有 14 名妇女胜选，占议员总数的 4.5%。但另一方面，她们在其他议题上却没能取得成功，如成立对婚姻家庭事务有管辖权的世俗民事法庭——根据奥斯曼帝国和托管国法律，结婚和离婚事务仍由宗教法庭全权管辖。1926 年 1 月，"民选大会"通过了一项正式决议，承认妇女"在民事、政治和经济生活的一切领域中"均享有平等权利。只有一个定居点——佩塔提克瓦(Petach Tikva)坚决反对妇女参加地方选举。1930 年，妇女们还组织了一次抗议集会，其口号是"在巴勒斯坦当女人是一场灾难。"[40]又过了十年，佩塔提克瓦的妇女才被允许投票。

在犹太妇女获得了复国主义运动内部机构的投票权之后，英国当局却开始用立法来剥夺全体巴勒斯坦妇女在地方选举中的这一权利。在英国，议员埃莉诺·拉思伯恩(Eleanor Rathbone)提出了抗议。政府回应说，事实上，在巴勒斯坦，除了在社区机构中，妇女从未获得过投票权。但殖民部承认，在某些情况下，例如在特拉维夫，高级专员已经作出特别指示，将给予当地妇女这一权利。新的立法规定只允许男性参加选举，但拉思伯恩不必担心，因为高级专员将有权在他认为合适的地方允许妇女参加选举，而且他也很可能会这么做。"考虑到不仅是穆斯林，某些犹太人也强烈反对妇女参与公共事务，"一位殖民官员解释说，"我相信你们会同意，在巴勒斯坦制定一项普遍性的规则是不切实际的。"[41]

在耶路撒冷举行的一次有关选举权的会议上，米莉森特·福西特呼吁犹太妇女为阿拉伯妇女的权利斗争。她后来写道，考虑到这个问题的敏感性，在演讲的过程中，她小心翼翼地对着稿子念完了这部分内容。"除非犹太人、穆斯林以及基督徒能够强大到足以放下他们之间的对立与纷争，并团结起来使巴勒斯坦成为一个强大的国家，否则圣地便不会真正完成其使命。"她写道，"巴勒斯坦民族"仍然是政府的希望。塞缪尔夫人也参加了此次演讲，她很喜欢自己所听到的内容。[42] * 当然，福西特的呼吁没能激起什么共鸣。犹太妇女不能也不想与阿拉伯人"联合"到一起，光是自己的问题就已经让她们自顾不暇了，更别提去改变阿拉伯社会。†

在其访问期间，福西特对两位女士印象特别深刻。她们分别是安妮·兰多（Annie Landau）和弗朗西斯·牛顿（Frances Newton）。兰多约五十五岁，是极端正统派犹太教徒，同时也是埃维莉娜·德·罗斯柴尔德（Evelina de Rothschild）女子学校的校长。她出生于英国，曾在德国受教育。英国的一个犹太慈善组织为她所在的学校提供资助。她的学生除了接受宗教教育外，还接受普通教育。此外，学生还要接受文秘工作和其他技能的职业培训。

学校占用了一栋大楼，这里曾经是埃塞俄比亚公主的住所，通往学校的街道上坑坑洼洼。在参观这栋建筑时，福西特问为什么不修缮街道，兰多说市政府没有钱。她说，英国人让事情变得很难办，因为他们坚持按照秩序行政的严格管理规则运作。而在土耳其人的统治下，情况就不一样了。有人曾经把一头死骆驼放在这所学校门口。日子一天天过去，臭味越来越浓，尽管兰多提出了抗议，但市政府却不愿意把尸体拖走。于是，她给总督写了一封信，告诉他，如果二十四小时内不把骆驼运走，她就自费把骆驼扔到他家的

---

* 盖尔达·阿尔洛索罗夫（Gerda Arlosoroff）是劳工领袖哈伊姆·阿尔索罗夫的妻子，她对阿拉伯女佣和犹太妇女之间的接触抱有很大希望。在犹太人家中工作将使阿拉伯女佣"开阔视野"。她们会逐渐欣赏欧洲妇女的时尚，并要求丈夫们给她们买类似的衣服。阿尔洛索罗夫写道，向欧洲生活方式的过渡将为"一个女人和另一个女人"之间的相互理解铺平道路。[43]

† 1919 年初，在耶路撒冷成立了两个阿拉伯妇女协会，一个是基督徒组织的，另一个则是穆斯林组织的。她们对外宣称的目标是改善妇女的教育。妇女协会给乔治五世国王的妻子，约克公爵夫人发了一份电报，自此，协会便正式开始活动。1920 年在黎巴嫩，妇女要求获得选举权。阿拉伯民族主义运动经常支持妇女组织向当局请愿。[44]

门口。骆驼于是立刻就被人带走了。兰多说，过去归过去，这样的方法在英国人那里行不通。福西特很喜欢这个故事。

兰多不是犹太复国主义者。"她比英国人更像英国人，"罗纳德·斯托尔斯写道，"一直把英国国旗挂着，""比犹太复国主义者更像犹太人——安息日她不接电话，即使是仆人的电话也不接。"她在她的学校里设置了两种教学语言：希伯来语和英语。学校的文化有很浓厚的宗教性，并打上了极端正统派的烙印，但学校同时也会向女孩们灌输对英国的忠诚。学生们选出了自己的议会，并组建了政府。在福西特来访时，她们重演了一出执政联盟危机，并就适当的惩罚方式进行了辩论。[45] *

弗朗西斯·牛顿在她位于迦密山的家中接待了福西特。牛顿是一位英国传教士的女儿，她在巴勒斯坦生活了25年，还有另一个女人一直陪在她身边，福西特管她叫女主人的秘书。人们形容牛顿是一个"阳刚"的女人，她抽着烟斗。[47] 刚到巴勒斯坦时，她用从英国教会圈子中筹来的捐款在雅法建立了一家医院。她后来在某种程度上成为了穷人的律师，福西特写道。在她家的底楼，一天中不管任何时候都挤满了人，这些人需要"身体、精神或政治"方面的援助。他们都是阿拉伯人，牛顿精通他们的语言。她帮助那些与当局有矛盾的人，并协助那些存在长期纠纷的部落达成和解——这一达成和解的方式也就是阿拉伯人所谓苏勒哈（sulha）。她致力于阿拉伯人的民族斗争，在家的范围之外，她在某种程度上就是一个通信中心。†

魏茨曼曾考虑在伦敦安排一次会面，用于会见牛顿和一个来自巴勒斯坦的阿拉伯代表团。基希上校曾宴请她，并试图向她阐明犹太复国主义事业的正义性。亨里埃塔·索尔德（Henrietta Szold）是美国的哈达萨犹太复国主义妇女组织的领导人，她也参加了基希所组织的晚宴。但晚宴彻底失败了——"索尔德小姐做得太过火了，"基希把牛顿送回家后说道，"她的长篇大论有些乏味。"显然，索尔德和牛顿的确尝试过让犹太人和阿拉伯人的女性运

---

* 兰多每两周会组织一次舞会，并邀请政府成员、年轻的英国军官和其他学校的教师出席。这项活动是耶路撒冷社会生活的焦点。耶路撒冷副总督爱德华·基思-罗奇赞不绝口地评价说："这里有最精彩的派对。"[46]

† 牛顿在解释阿拉伯人的反对意见时，经常提到犹太复国主义者在巴勒斯坦所推行的两性平权政策，这引起了阿拉伯男子的极大焦虑，他们认为这是对他们地位的威胁。[48]

动展开合作，但没能取得什么结果。基希接到报告说，牛顿会给到访的客人们看《锡安长老会纪要》。[49]

基希本人也越来越忙于希伯来大学的开学筹备工作。这次开学仪式将成为犹太复国主义公关团队有史以来最大规模的象征性成果。数千名嘉宾接到了邀请，他们来自许多不同的国家。[50] 主宾是一位有七十七岁高龄的老人，他身体虚弱，名叫阿瑟·詹姆斯·贝尔福。

4

到希伯来大学于 1925 年 4 月 1 日正式开学时，该校已经成立了两个学院，一个是化学学院，另一个是犹太研究学院。此外，该校还有一个微生物学系，一座图书馆，以及由七名教授和三十多名教员组成的教师团队。希伯来大学的校长叫犹大·莱布·马格尼斯（Judah Leib Magnes）。这是一位出生于加州奥克兰的改革派拉比，他讲德语的父母当年从波兰移民到美国。马格尼斯在纽约定居前曾在柏林和海德堡受过教育。

马格尼斯反对美国加入第一次世界大战，他在反战者中名声显赫。他也是纽约犹太社群的领袖，并努力在该市富有的德国裔犹太人和贫困的东欧移民之间架起沟通的桥梁。此外，他还是警察和犹太黑手党头目之间的联络人。他有能力，也喜欢在不同的文化之间流动，寻找他们之间的共同点，因此他尝试把巴勒斯坦的犹太人和阿拉伯人拉到一起。1922 年，他与家人来到耶路撒冷，打算短暂访问后就回国，但美国犹太社群的领导人劝说他接受希伯来大学的校长职位。事实证明，当他与犹太复国主义运动领导人存在意见分歧时，他能坚持自己的立场。在大学的运营问题上，他和爱因斯坦的意见相左，但他最终压倒了爱因斯坦的意见。爱因斯坦也因此不再为该机构工作。[51]

随着盛大仪式的临近，马格尼斯感到不安。当提到"开幕式"时，他给这个词打上了引号，仿佛这项活动就是一个谎言。他对纽约犹太社群的另一位领导人费利克斯·沃伯格（Felix Warburg）说，这是"犹太人的虚张声势"（ein Jüdischer Bluff）。基希上校在通信中也给"开学仪式"一词加上了引号。[52]事实上，希伯来大学根本没多少东西拿得出手，它已沦为犹太复国主义运动的政治宣传工具。马格尼斯对此感到非常不满。巴勒斯坦阿拉伯人宣布在典礼当天进行总罢工，并在各家上空悬挂黑旗。"难道在大学的落成典礼上就非得煽动穆斯林世界反对我们不可吗？"马格尼斯在给阿哈德·哈阿姆的信中写道。他还反对贝尔福出席开学仪式，因为英国政府会加派"100名额外的英国警察"把校园团团围住。他抱怨说，如此一来，大学看起来就像一个大英帝国的据点。

但对魏茨曼来说，这恰恰是问题的关键。贝尔福象征着大英帝国需要向犹太人履行的义务，即帮助他们建立一个犹太国家，而在这一点上，没有人能够取代贝尔福。魏茨曼为这次访问做了一年多的准备工作。尽管贝尔福此行被定性为一次"私人访问"，但在耶路撒冷，他却住在高级专员的官邸里。为了出席仪式，艾伦比将军也来到了耶路撒冷。犹太复国主义者为此次仪式专门建造了一个圆形剧场，各方为了争夺进入圆形剧场的门票不惜破口大骂，其所造成的侮辱让人永远难以释怀。[53]

和奠基仪式一样，开学仪式上的发言者也将希伯来大学比作圣殿。哈伊姆·纳赫曼·比亚利克称大学的开放是"我们的主和我们的人民的节日"，他说"圣火"将在大学建筑内燃烧。他接着说，这所大学是"我们的圣殿"，是犹太复国主义宗教的圣殿。* 至于贝尔福，"他的手举向天空，白发在风中飘动，看起来就像一位先知，"基希上校写道。按照基希的说法，在撒缪尔发表过的所有演讲中，仪式上的这次是其"犹太属性最强的一次"。在演讲的结尾，塞缪尔用希伯来语念诵了感恩祷词"谢海希亚努"（shehechiyanu）†。一向势利的罗纳德·斯托尔斯用拉丁语说了几句话，并祈求听众中极端正统派人士的原谅。马格尼斯替他们回答说：没关系，我们早就原谅了提图斯‡。据基

---

* 哈伊姆·魏茨曼的兄弟希利克（Hilik）有一次参加了一场晚宴，弗朗西斯·牛顿也是晚宴上的客人。她问他犹太人是否打算重建圣殿，据说他是这样回答她的：没有必要，因为他们已经有大学了。[54]

† 犹太人感谢上帝的祈祷用语，意为："赐予我们生命者。"——译者注

‡ 罗马皇帝，于公元70年攻陷耶路撒冷，摧毁了犹太人的第二圣殿，大体上终结了第一次罗马—犹太战争。——译者注

希估计，当天有一万二千人参加了开学典礼。[55]

贝尔福被带去参观农场和基布兹，他在每个地方都受到了热情的接待。他无论走到哪里，都必须听人演讲并亲自发表演讲。在特拉维夫，犹太人修建了一条以他的名字命名的街道，贝尔福出席了该街道的落成典礼。贝尔福差点被人逼着爬上一座当地的水塔，人们希望他能站在水塔上欣赏城市的景色，但基希在最后一刻把他救了出来。作为离去的礼物，他得到了一卷载有《以斯拉记》和《尼希米记》的《圣经》卷轴；接待他的人感觉贝尔福被感动到了灵魂深处。逾越节家宴前几小时，他乘火车出发去了大马士革。在那里，他差点丢掉了自己的小命。

出于对自己安全的考虑，贝尔福提前一站便下了车，之后转乘汽车。火车继续前行，一群愤怒的人正在大马士革车站等着他，但贝尔福此时已乘车抵达了维多利亚酒店。抗议者意识到他们被骗了，于是立即向城里涌去。他们大概有六千人，而骑警则试图驱散暴徒。

伦敦《泰晤士报》的一名记者站在正对酒店的屋顶上。他写道，暴徒一次又一次地向前涌去，"带着不断增强的愤怒"。路上有一堆修路用的鹅卵石，人们拿起石头就往酒店扔。警察开了枪，随即，警察与暴乱者之间爆发了冲突，双方徒手搏斗。一些群众试图把警察从马背上拉下来，并偷走他们的武器。记者把双方之间的对峙描述为一场"巨型冲突"。一名示威者被打死。大约几小时后，即下午 2 点左右，军队开始行动，他们把暴徒逼到了巷子里。3 点，法国高级专员赶到，他进了旅馆，随后立即离开。两架飞机出现在酒店上空，并向地面投掷了烟雾弹。几分钟后，贝尔福被带离了旅馆。汽车带着他向贝鲁特方向驶去。晚上八点左右，贝尔福到达贝鲁特，他立即登上"斯芬克斯"号（Sphinx），船往亚历山大的方向驶去。《泰晤士报》对这一事件进行了报道，按照该报的说法，贝尔福的生命曾一度受到了严重的威胁。

议会中有人就这一事件提出了质询。殖民部大臣回答说，是的，他们此前已经考虑到了这种可能性，即贝尔福的访问可能会引来麻烦。在贝尔福启程前往大马士革的几天前，有人传来消息说，可能会有人谋害他。殖民部已及时将这一消息传递给了法国当局，而且法国人也承诺会采取一切必要措施。贝尔福本人则对这一事件表示遗憾，他本来只想享受"一段愉快的旅程"。如果他知道会发生什么，他就不会去了。[56]

贝尔福访问巴勒斯坦也是对赫伯特·塞缪尔工作的一种认可，对他为民族家园所做的一切的认可。其任期即将结束，他非常想在海法定居，但他的继任者赫伯特·查尔斯·翁斯洛·普卢默（Herbert Charles Onslow Plumer）勋爵却表示反对。塞缪尔不情愿地妥协了。临走前，他做了最后一项工作，以纠正历史书上的一个令人尴尬的错误。他坚定地写道，他并没有许可耶路撒冷的卖淫活动。恰恰相反，为了根除这一现象，他的政府付出了巨大的努力。[57]

5

在此期间，阿尔特·莱文，又名耶路撒冷人阿萨夫·哈莱维，继续努力为他的魅力之城带来更大的荣耀。他再版了自己的诗集，给很多人都寄了一份。对他来说，人们是否认可他的诗人身份比金钱更珍贵。作家们给他寄来了阿谀奉承的信，其中包括亚伯拉罕·什隆斯基（Avraham Shlonsky）。什隆斯基是一位有名的诗人，也是一名编辑。似乎莱文的同僚们对出版他的诗作并不太热心，但作为"朋友和作家"的莱文，肯定会同意在他们的各种文学文摘中刊登广告——"一个大广告，"什隆斯基强调说——以便覆盖掉出版的费用。事情很简单：保险大王会刊登一些广告，而编辑们则会印上几首他的诗。[58]

英国人的统治对莱文来说是件好事，他的生意兴隆。对他来说，犹太复国主义和企业家精神是同义词，他显然真诚地相信，流入该国的犹太复国主义资本改善了全体人民的生活质量，就像该运动的代言人总是声称的那样。和许多其他的实业家和商人一样，莱文也倾向于把自己的私人商业利益与民族理想联系在一起，就好像他卖保险单不是为了赚钱，而是为了人民的未来。在接受一家英国报纸的采访时，他表现出了乐观的态度。他在巴勒斯坦的生活和工作是一次伟大的冒险。他那"迷人的"的个性给采访他的记者们留下了深刻印象——他们写道，如果先知以西结试图向你推销保险单，他也会是这副表情。[59] 不久，他就买了一辆凯迪拉克，并雇了一名司机带着他在耶路撒冷四处乱逛。在莱文办公室的墙上有一个银色的画框，里面装着一封英国女王发来的电报。女王在电报中感谢了莱文的好意——莱文给国王发了一封电报，并以城里犹太人的名义祝国王早日康复。[60] 莱文手上有一份借款人名单，名单上的人都向他借过有息贷款，这份名单整个就是一本名副其实的耶路撒冷名人录，其中包括许多阿拉伯人的名字。

莱文不时参加一个犹太—阿拉伯小团体的会议，该团体试图保持两族之间某种程度的合作。法官加德·弗鲁姆金是该团体的成员之一，阿拉伯人方面则有哈利勒·萨卡基尼参加。弗鲁姆金写道：“这是一群互相帮助的朋友，他们也会分享有关这个国家的知识。”他们谈到要建立一个正式的俱乐部，并组织语言班——犹太人学阿拉伯语，阿拉伯人学希伯来语，双方一起学英语。弗鲁姆金认为，“所有这些都是人为的，并没有产生什么真正的效果”[61]。这些会议可能是犹太复国主义组织资助的活动之一，其目的是打消极端的阿拉伯民族主义。[62] 萨卡基尼不可能知道背后的这些事，也许莱文也不知道。

两人都是方嘴，个子不高，但体格饱满结实。在一张照片中，莱文看起来就像诡计多端的梅菲斯特（Mephisto）*。而在另一些照片中，他的眼睛里却充满了柔和、稚嫩的浪漫主义色彩。“他有一双天鹅绒般的眼睛，闪烁着火焰般的光芒，”《每日邮报》记者乌里·凯萨里（Uri Keisari）写道。“他走路很随意，也很灵活，随时都准备扑过来……他那黑色的小胡子方方正正的，看起来就像一个转世到现代的亚述人……他身上透露出一股东方人的气息，脑子里满是幻想，为人狡诈，拥有狂热的想象力又精于算计。”当莱文说话的时候，其身体会微微前倾，并稍稍把头低下，他是一个“顺从又骄傲，傲慢又克制”的人，凯萨里写道。另一位作家多夫·金奇（Dov Kimche）对他的描述则是：“一个很注重穿着打扮的人。”金奇尤其对莱文白色西装前挂着的单片眼镜赞叹不已。萨卡基尼也和莱文差不多。他写道：“我喜欢好好打扮自己，并维护自己的青春与美貌。”[63]

凯萨里第一次见到莱文是在英巴银行的走廊里。“我是阿尔特·莱文，生

---

* 歌德作品《浮士德》中魔鬼的名字。——译者注

死之王，"自我介绍时，他这样说道。凯萨里笑了，他被莱文的浮夸和感染力所吸引。这位保险代理人从公文包里抽出一叠笔记本和表格，并向对方解释说，没有什么比死亡更可怕的了，人们应该好好保护自己。"我当着他的面就笑了，"凯萨里回忆说，"我问他在头发上撒了什么古龙水。莱文怔了一下，但马上笑着说：'香水是东方的珍品之一。我喜欢香水、诗歌和色彩。'"那次对话中，他们便没有再提人寿保险的事了。

过了一段时间，两人又在牙医的候诊室里相遇了。"我想和他谈谈诗歌和情感，"凯萨里写道，"但莱文很快就问道：'那么，你什么时候打算买人寿保险？'我告诉他'安静点，阿尔特·莱文，让阿萨夫·哈莱维出来说话。'莱文只是笑了笑。当他离开时，候诊室里有人说：'那是阿尔特·莱文……他会活剥你的皮。他愿意为了半便士出卖自己的灵魂。'"

随着生意越做越大，莱文在雅法街以北的一个新街区里为自己盖了一栋房子。这个街区的名字叫罗梅马（Romema），该街区的创始人都是富商，莱文则是其中的一员。街区里的房子都修得很气派，是黎凡特所独有的那种气派感，跟阿拉伯富翁们在塔勒比耶（Talbieh）、卡塔蒙（Katamon）和巴卡（Baka）盖的那种房子一样。这些建筑风格极其多样，既有欧洲特色又有地中海特色，建筑材料中既有石头又有铁，既有彩色玻璃窗又有许多柱子。入口处的柱子尤其多，有些柱子的柱头上还放着插满天竺葵的花瓶。[64]戴维·本-古里安对这个街区大为光火。他抱怨说，负责罗梅马街区建设的建筑公司宣称自己是犹太复国主义的信徒，但却不雇用犹太工人。[65]莱文的房子距离市长侯赛尼向艾伦比将军递交投降书的地方只有几分钟的路程。市长投降的那天也是莱文和萨卡基尼被带到大马士革的那天。英国人在投降地现场建了一座纪念碑。莱文则在他的花园里种了一棵枣树。

莱文和乌里·凯萨里的第三次相遇发生在巴黎。莱文正沉浸在他对大酒店的热情中；莱文遗留下来的文件显示，从贝鲁特到伦敦之间每座城市的怡东酒店（Excelsiors）、萨伏伊酒店（Savoys）和凯悦酒店（Regencys）都留下了莱文的足迹。酒店门卫所穿的制服和莱文鼓鼓囊囊的行李箱给凯萨里留下了深刻印象。他想知道里面装的是什么，莱文便把箱子打开给他看。"我看到了做工精美的西装和昂贵的丝绸睡衣，但也看到了几百本书。有昨天刚面世的新书，也有这位耶路撒冷保险代理人在塞纳河畔书摊上淘到的不知名的旧书。"

接着，莱文从一个特殊的箱子里掏出了他刚从名家那里买来的画作。凯萨里对这种奢侈的东西感到惊奇，莱文好像突然摘下了一副面具。他说，"颜色……颜色……为了颜色，我愿意付出我的一切。"事实上，他是巴勒斯坦最知名的艺术收藏家之一，并为当地的艺术家提供资助。"我是西方与东方之间的桥梁，"他向凯萨里解释道。

两人的下一次会面是由莱文发起的。他打电话给凯萨里，问他是否愿意来大马士革。最后两人同意在莱文耶路撒冷的办公室见面。凯萨里发现自己坐在一个黑暗的房间里，里面有黑色的家具、绿色的墙壁和窗帘。"莱文坐在办公桌前，就像童话故事中的王子一样，"凯萨里写道。但当他开口说话时，他却要求来访的客人购买一份保险。"安静点，阿尔特·莱文，"凯萨里又像之前那样对莱文说道，"让阿萨夫·哈莱维出来说话。"莱文用压扁的嘴唇回应说："如果莱文不说话，阿萨夫·哈莱维就不能唱歌。"[66]

在莱文的文件中，有一封信，寄信人是伟大的希伯来作家什穆埃尔·约瑟夫·阿格农（Shmuel Yosef Agnon）。莱文曾拜托阿格农在一本文学选集的编辑面前为他说好话，并表示要为阿格农提供一份保险。对此，阿格农附上了特拉维夫一位编辑的地址，并表示自己不需要保险。他用细小的蝇头小楷写道："我刚结束了一段旅程，但我现在又要出发了。"阿格农似乎用这句话同时回应了收信人的两个灵魂，即保险推销员阿尔特·莱文和耶路撒冷诗人阿萨夫·哈莱维。[67]

注　释

1. Aharon Tsarnivsky, "Albert Einstein, the Generation's Greatest" (in Hebrew), *Ha'aretz*, 9 Feb. 1921, p. 2.
2. Jehuda Reinharz, *Chaim Weizmann: The Making of a Statesman* (New York: Oxford University Press, 1993), p. 363.
   F. H. Kisch, *Palestine Diary* (London: Victor Gollancz, 1938), p. 166.
3. David Kroyanker, *Jerusalem Architecture: Building in the British Mandate Period* (in Hebrew) (Jerusalem: Keter, 1991), p. 251.
   C. R. Ashbee, *A Palestine Notebook* (New York: Doubleday, 1923), p. 150.
4. Einstein diary, 13 Feb. 1923. National Library, Jerusalem, Manuscript Division, Einstein Archive, 29–129.
   Norman and Helen Bentwich, *Mandate Memoirs, 1918–1948* (London: Hogarth Press, 1965), p. 89.

"Einstein's Lecture on Mt. Scopus" (in Hebrew), *Ha'aretz*, 11 Feb. 1923, p. 3.

Kisch, *Palestine Diary*, p. 29ff.

Kisch diary, 7 Feb. 1923, CZA S25/564.

5. Einstein diary, 3 Feb. 1923. National Library, Jerusalem, Manuscript Division, Einstein Archive, 29–129.

6. Einstein diary, 5 Feb. 1923. National Library, Jerusalem, Manuscript Division, Einstein Archive, 29–129. See also: N. and H. Bentwich, *Mandate Memoirs*, p. 89.

7. Yossi Katz, "The Turning Point in the Attitude of Ussishkin and Hovevei Tzion to the Development of Jerusalem and to the Establishment of the Hebrew University Before the First World War" (in Hebrew), in *Jerusalem in Zionist Consciousness and Practice* (in Hebrew), ed. Hagit Levsky (Jerusalem: Merkaz Zalman Shazar, Hebrew University, 1989), p. 107ff.

8. David N. Myers, *Re-inventing the Jewish Past* (New York: Oxford University Press, 1995), p. 198.

Jehuda Reinharz, "The Founding of the Hebrew University of Jerusalem: Chaim Weizmann's Role (1913–1914)" (in Hebrew), *Kathedra* 46 (Dec. 1987), p. 123ff.

9. Yosef Chaim Brenner, "From the Notebook" (in Hebrew), in *The Writings of Y. Ch. Brenner* (Tel Aviv: Ha-Kibbutz Ha-Me'uhad, 1960), vol. II, p. 143ff.

10. *Berl Katznelson on the Hebrew University* (Jerusalem: n.p., 1944), p. 31ff.

Baruch Ben-Avram and Henry Nir, *Studies in the Third Aliya: Image and Reality* (in Hebrew) (Jerusalem: Yad Ben-Zvi, 1995), p. 128ff.

Ber Borochov, *Writings* (in Hebrew) (Tel Aviv: Sifriat Po'alim, 1966), vol. III, p. 776.

Ze'ev Sternhall, *Building a Nation or Rectifying Society?* (in Hebrew) (Tel Aviv: Am Oved, 1986), p. 330.

11. Weizmann to Ratnoff, in *The Letters and Papers of Chaim Weizmann*, ed. Bernard Wasserstein (New Brunswick, NJ, and Jerusalem: Transaction Books, Rutgers University, and Israel Universities Press, 1977), vol. X, p. 310ff.

12. Kisch diary, 5 Mar. 1924, CZA S25/564. See also: Myers, *Re-inventing the Jewish Past*, p. 50.

ISA P/330 no. 864.

13. Memorandum of the Temporary Committee for the Opening of a Humanities Department of the Hebrew College in Jerusalem (1922), JTS, Ginsberg Papers, box 5.

14. *Day of Our Rejoicing: Details of the Cornerstone Laying Celebration for the Construction of the Hebrew University*, Hebrew University, Central Archive. See also: Ya'akov Gross, ed., *Jerusalem, 1917–1918: Destruction, Miracle, Redemption* (in Hebrew) (Koresh, 1992), p. 338ff.

15. Shimon Branfeld, "What Is Jewish Studies?" (in Hebrew), *Ha-Olam*, 5 June 1925, p. 419ff. Myers, *Re-inventing the Jewish Past*.

16. Bezalel Brashi, "Preparations for the Opening of the University in Jerusalem and Its First Years" (in Hebrew), *Katedra* 25 (Sept. 1982), p. 65ff.; Bezalel Brashi, "The Hebrew University in Jerusalem, 1925–1935" (in Hebrew), *Kathedra* 53 (Sept. 1989), p. 107ff.

17. David Yellin, *Writings* (in Hebrew) (Reuven Mas, 1976), vol. V (Letters II), p. 261. CZA XIII/A153/25.

18. Kroyanker, *Jerusalem Architecture*, p. 100ff. See also: M. D. Eder, *The Hebrew University of Jerusalem* (London: Zionist Organization, 1926), p. 3.

19. Baruch Ben-Avram, *Political Parties and Streams in the National Home Period, 1918–1948* (Merkaz Zalman Shazar, 1978).

20. Ze'ev Sternhall, *Building a Nation or Rectifying Society?*

21. Yosef Gorny, *Policy and Imagination* (in Hebrew) (Jerusalem: Yad Ben-Zvi, 1993), p. 76ff.

22. "The Second Session of the Elected Assembly" (in Hebrew), *Ha'aretz*, 8 Mar. 1922, p. 3. Yigal Drori, *Between Right and Left: The "Civil Circles" in the Twenties* (in Hebrew) (Tel

Aviv: Tel Aviv University, 1990). See also: Hannah Herzog, "Women's Organizations in Civil Circles: A Forgotten Chapter in the Historiography of the Yishuv" (in Hebrew), *Kathedra* 70 (Jan. 1994), p. 11ff.

23. Chaim Weizmann, *Trial and Error* (London: Hamish Hamilton, 1949), p. 86ff.

24. *Ha'aretz*, 2 Jan. 1920, p. 3.
     Ben-Gurion in the Elected Assembly, *Ha'aretz*, 8 Mar. 1922, p. 3.
     Avigdor Hame'iri, "Religious to the Soul" (in Hebrew), *Ha'aretz*, 13 May 1923, p. 2.
     Do'ar HaYom, 16 Feb. 1922, p. 3; 22 Nov. 1922, p. 3.

25. Rabbi Benjamin, "Ya'akov De Han" (in Hebrew), *Ha'aretz*, 28 Nov. 1923, p. 4. See also: *Ha'aretz*, 14 May 1923, p. 4.
     Kisch, *Palestine Diary*, p. 51.
     Kisch diary, 2 July 1924, CZA S25/565.

26. Shlomo Nakdimon and Shaul Meizlish, *De Han: The First Political Murder in Palestine* (in Hebrew) (Tel Aviv: Modan, 1985), p. 11.
     Ronald Storrs, *Orientations* (London: Ivor Nicholson and Watson, 1939), p. 437.

27. The High Commissioner to the Colonial Secretary, 30 June 1922, ISA M/5/2/149/1. See also: Bramley to Foreign Office, 22 Nov. 1924, RCS, Bramley Papers.
     Zvi Meshi Zahav and Yehuda Meshi Zahav, *The Martyr: The First Zionist Murder in Palestine* (in Hebrew) (Jerusalem: Machon Ha-Yahadut Ha-Ultra-Ortodoksit, 1986).

28. Weizmann to Eder, 3 Mar. 1922, in *The Letters and Papers of Chaim Weizmann*, ed. Bernard Wasserstein (New Brunswick, NJ, and Jerusalem: Transaction Books, Rutgers University, and Israel Universities Press, 1977), vol. XI, p. 66ff.

29. Rachel Elboi-Dror, "Women in the Zionist Utopia" (in Hebrew), *Kathedra* 66 (Dec. 1992), p. 111ff.

30. Rafi Thon, *The Struggle for Equal Rights for Women* (in Hebrew) (published by the author, 1996), p. 31.
     "Announcement of the Zionist Commission Press Office," *Hadashot min Ha-Aretz*, 29 Sept. 1919, p. 3. See also: Moshe Smilansky, "Man-Woman" (in Hebrew), *Hadashot min Ha-Aretz*, 19 June 1919, p. 3.

31. Francis Emily Newton, *Fifty Years in Palestine* (Wrotham: Coldharbour Press, 1948), p. 21.
     Millicent Fawcett, *Easter in Palestine, 1921–1922* (London: T. Fisher Unwin Ltd., 1926), p. 80.

32. Sarah Azariahu, *Chapters of My Life* (in Hebrew) (Neuman, 1957), p. 159.
     Klausner at a women's rally (in Hebrew), *Ha'aretz*, 8 Apr. 1924, p. 4.

33. Draft of a notice, 24 June 1929, CZA J75/17, Press Summaries, p. 14, CZA J35/4.
     Itamar Ben-Avi, "Eve's Revenge" (in Hebrew), *Do'ar HaYom*, 11 Sept. 1919, p. 2. See also: Moshe Smilansky, "Man-Woman," p. 3.

34. Hannah Thon, "Thoughts on the Women's Movement" (in Hebrew), *Ha-Isha* 3 (May 1926), p. 12.
     H. Galner, "Our Obligations Towards the Ascent of Woman," *Ha-Isha* 2 (Apr. 1925), p. 3ff.
     Statement, *Hadashot min Ha-Aretz*, 4 July 1919, p. 1.

35. Berl Katznelson, "To the He-Halutz Movement," in *The He-Halutz Book* (in Hebrew), ed. Moshe Basok (Jerusalem: Jewish Agency, 1940), p. 9ff.

36. Ben-Gurion in the executive committee of the Temporary Committee of the Jews of Palestine, 23 June 1919, *Hadashot min Ha-Aretz*, 4 June 1919, p. 2.
     Ben-Gurion at the sixth session of the Temporary Committee, 22–23 Oct. 1920, CZA J1/8782.

37. Ester Yavin to Sara Azariahu, 1 Nov. 1925, CZA J75/25, as well as Women's Union notice, 1926, CZA J75/17.

38. Y.K., "We Must Concede This Time" (in Hebrew), *Do'ar HaYom*, 22 Oct. 1919, p. 1.

"The Right of the Woman in Palestine" (in Hebrew), *Do'ar HaYom*, 26 Feb. 1922, p. 1.

39. Anita Shapira, "The Political History of the Yishuv, 1918–1939" (in Hebrew), in *The History of the Jewish Yishuv in Palestine from the Time of the First Aliya (The British Mandate)* (in Hebrew), ed. Moshe Lissak (Jerusalem: Israel Academy of Sciences, Bialik Institute, 1993), part I, p. 11.

40. Sarah Azariahu, *The Union of Hebrew Women for the Equalization of Rights in Palestine* (in Hebrew) (HaKeren LeEzrat HaIsha, 1977), pp. 19, 51.
Sarah Azariahu, *Chapters of My Life* (in Hebrew) (Neuman, 1957), p. 229ff.
Notice, 15 Feb. 1930, CZA J75/17.

41. Colonial Office, ULL. RP XIV, Eleanor Rathbone Papers 2.5.(8).

42. Fawcett, *Easter in Palestine*, p. 87ff.

43. Gerda Arlosoroff-Goldberg, "Comments to the 'Palestinian' Women's Movement" (in Hebrew), *Ha-Isha* 2 (1929), p. 6ff.

44. Press summaries, p. 10, CZA J35/4 (in Hebrew), *Ha'aretz*, 8 June 1920, p. 2.
Memo from Arab women of Palestine (1929), RHL, Chancellor Papers, Mss. Brit Emp. s284, 15:3 ff.28–29.

45. Storrs, *Orientations*, p. 435.
Fawcett, *Easter in Palestine*, p. 72ff.

46. Dov Genihovsky, *Jerusalem Stories* (in Hebrew) (Jerusalem: Karta 1989), p. 79.

47. Fawcett, *Easter in Palestine*, p. 54ff. See also: CZA S25/1120.
N. and H. Bentwich, *Mandate Memoirs*, p. 65.

48. Unsigned memorandum, 20 July 1936, CZA S25/3234. See also: CZA S 25/1461.

49. Weizmann to Eder, 8 Dec. 1921, in *The Letters and Papers of Chaim Weizmann*, ed. Bernard Wasserstein (New Brunswick, NJ, and Jerusalem: Transaction Books, Rutgers University, and Israel Universities Press, 1977), vol. X, p. 318.
Kisch diary, 7 Feb. 1923, CZA S25/564.
Newton to Szold, 5 Feb. 1937; Szold to Newton, 11 Sept. 1937, CZA S25/1120.
Kisch, *Palestine Diary*, p. 214.

50. Dov Genihovsky, *Jerusalem Stories*, p. 79.

51. Herbert Parzen, "The Magnes-Weizmann-Einstein Controversy," *Jewish Social Studies*, vol. XXXII, no. 3 (July 1970), p. 187ff.

52. Kisch, *Palestine Diary*, p. 170.

53. Arthur A. Goren, ed., *Dissenter in Zion* (Cambridge: Harvard University Press, 1982), p. 233ff.
Weizmann to Kisch, 14–16 Nov. 1923, in *The Letters and Papers of Chaim Weizmann*, ed. Joshua Freundlich (New Brunswick, NJ, and Jerusalem: Transaction Books, Rutgers University, and Israel Universities Press, 1977), vol. XII, p. 22ff.
Kisch, *Palestine Diary*, p. 169. See also: Genihovsky, *Jerusalem Stories*, p. 79.

54. Newton, *Fifty Years in Palestine*, p. 193.

55. Ch. N. Bialik on the Hebrew University, Organization of Friends of the Hebrew University in Palestine, 1935, p. 9.
Kisch diary, 2 Apr. 1925, CZA S 25/3272.

56. "Lord Balfour's Tour," London *Times*, 6 Apr. 1925, p. 13.
Kisch, *Palestine Diary*, p. 166.
"Balfour in Palestine" (in Hebrew), *Ha-Olam*, 3 Apr. 1925, p. 278ff.
"Lord Balfour at Damascus," London *Times*, 11 Apr. 1925, p. 10.
183 H.C. Debs 5.s. col. 564, 4 May 1925.

57. Herbert Samuel to Mugras, 1 May 1915; correspondence regarding Samuel's request to remain in Palestine, ISA P/649/12.

58. Shlonsky to Levine, undated, Levine Papers, with the kind permission of the Munin family.

59. "Insurance in Palestine," *Monthly Pioneer*, Sept. 1928, p. 14.

60. The Palace to Levine, 19 Dec. 1928, Levine Papers. With the kind permission of the Munin family.

61. Gad Frumkin, *The Way of a Judge in Jerusalem* (in Hebrew) (Tel Aviv: Dvir, 1954), p. 221.

62. Neil Caplan, *Palestine Jewry and the Arab Question, 1917–1925* (London: Frank Cass, 1978), p. 141ff.

63. Uri Keisari, "The Fate of Alter Levine" (in Hebrew), *Do'ar HaYom,* 3 Nov. 1933, p. 2; Uri Keisari, "Asaf Halevy and Alter Levine" (in Hebrew), *Ha'aretz,* 28 Sept. 1947, p. 3. Dov Kimche, *Book of Small Essays* (in Hebrew) (Reuven Mas, 1938), p. 80ff.

64. Kroyanker, *Jerusalem Architecture*, p. 388ff.

65. David Ben-Gurion, *Memoirs* (in Hebrew) (Tel Aviv: Am Oved, 1971), vol. I, p. 207.

66. Keisari, "The Fate of Alter Levine," p. 2; Keisari, "Asaf Halevy and Alter Levine," p. 3.

67. Agnon to Levine, 26 Feb. 1928, Levine Papers. With the kind permission of the Munin family.

第 10 章　耶菲姆·戈尔丁来到巴勒斯坦

1

1926 年 6 月，18 岁的青年耶菲姆·戈尔丁（Yefim Gordin）在海法港登陆。他刚从维尔纽斯的希伯来文理中学（Hebrew Gymnasium in Vilna）毕业，老师鼓励他去瑞士或意大利继续学习，但戈尔丁却想去巴勒斯坦。他是一个犹太复国主义者。他从罗马尼亚的康斯坦察港（Constantsa）给父母写了一封信，他在信中写道："这张明信片是我作为欧洲人所写的最后一张明信片，今天，再过几个小时，我将成为一个亚洲人。欧洲是个美好的、代表文化的标签，但我对失去这个标签一点也不后悔。愿上帝赐予的这一切都是最好的，愿我们很快便能在锡安山和耶路撒冷见面。"[1]

在随后的几年里，戈尔丁几乎每天都给家里写信。他的每一封信都至少有四页长，而为了节省纸张和邮资，每张纸都被他写得密密麻麻的。从巴勒斯坦寄往维尔纽斯的信件每周发送两次。戈尔丁用希伯来语写作，从信件内容和笔迹来看，他的希伯来语水平相当不错。他会和父母分享他的一切，不论是他的民族主义梦想还是私生活方面的烦恼，不论是他与阿拉伯人的冲突还是他袜子上的第一个破洞。在他来到巴勒斯坦的头三年，他一直忙着帮父母和妹妹汉娜拿到移民许可。为此，他必须证明他有养活他们的能力。按官方规定，他只需要拿到英国当局颁发的一纸证明，但他很快便发现，这个问题很大程度上还是得要靠关系来解决。

欧洲的 1 000 万犹太人中，大多数人都留在了欧洲，阿拉伯世界的大部分犹太人也选择留在原地。在第一次世界大战之前，有近 250 万犹太人离开了欧洲，他们中的大多数人去了美国。而在 20 世纪 20 年代，有 75 万犹太人移居国外，其中一半以上也去了美国。即使是在犹太人对外移民的高峰期，世界上每 1 000 名犹太人中也只有 4 人来到了巴勒斯坦。[2] 总的来说，在 20 世纪 20 年代，约有 10 万犹太人移民到了巴勒斯坦，其中大部分人来自东欧，巴勒斯坦犹太社群的规模因此翻了一番。[3] 这些人分两波来到巴勒斯坦，俗称第三波和第四波"阿利亚"（aliya）。*

犹太复国主义神话把第三波"阿利亚"移民描述为农业劳工，第四波"阿利亚"移民则被描述为资产阶级城市居民。[5] 事实上，20 世纪 20 年代初来到巴勒斯坦的人中，只有少数人真正从事农业，一些农工是 20 年代后半段才来的，并构成了第四波"阿利亚"的一部分。因此，这两波移民之间所谓质的区别是人为设定的。20 世纪 20 年代来到该国定居的大多数人都只是为了追求更好的生活。1924 年美国关上了大规模移民的大门，这些人也只是在这件事发生之后才选择了巴勒斯坦。每四个新移民中就有一个人最后没有留在巴勒斯坦，每十个人中就有八个人在城市中定居。这些年的核心故事就是特拉维夫的故事。这座地中海上的犹太城市在东西方之间维持着平衡（一边是莫斯科和华沙，另一边是巴黎和纽约），在过去的记忆和未来的梦想之间徘徊。特拉维夫的居民都是抱着天大期望的移民，也正因为此，他们很容易便会陷入可怕的绝望之中。[6]

2

在全国范围内安置犹太人是《贝尔福宣言》所隐含的义务之一。随着英国人将该宣言纳入委任统治国的治国方略，帮助犹太人移民巴勒斯坦便从单方面不具约束力的承诺变成了法律上的国际义务。虽然犹太复国主义者谈的

---

* "阿利亚"，其字面意思是"上升"，这个希伯来文术语专指"移民到巴勒斯坦"，以色列国成立后又专指"移民到以色列"。这一术语也用于识别特定的移民潮。第一波"阿利亚"始于 19 世纪 80 年代，第二波则发生在第一次世界大战之前。这两波移民潮中的移民主要来自也门和俄罗斯。[4]

是"数百万"移民，但他们的直接目标却只是让犹太人在巴勒斯坦占据人口
上的多数地位。这既是为了增强犹太社群的实力，也是为了给人留下一种印
象，即犹太人的民族家园是建立在民主和正义的原则之上的。然而，大多数
阿拉伯人都认为，民族家园政策违背了民主原则和阿拉伯人的民族自决权。
由于阿拉伯人不可能改变他们对民族家园政策的看法，因此，犹太复国主义
者便开始着手改变国家的人口结构。

犹太复国主义运动从一开始就要求自由移民，但赫伯特·塞缪尔却警告说，
这种要求十分危险，因为这很可能意味着也要向阿拉伯人开放移民。作为一种
替代方案，塞缪尔实施了配额制——即在英国政府承诺建立民族家园的框架内，
由犹太复国主义运动和英国政府通过双边谈判来确定移民许可证的数量。如此一
来，犹太移民便能够优先被考虑。[7] 英国人每年都能听到阿拉伯人的抗议声，也
会对此适当予以关注，但他们的政策却始终不变：阿拉伯人不能插手移民谈判。
又一次，犹太复国主义者没能得到他们想要的一切，但还是得到了很多东西。

从表面上看，每张许可证都是由英国政府签发的，但实际上，英国却把
筛选移民的权力交给了犹太复国主义运动。具体接收哪个国家的移民由犹太
复国主义运动说了算，而在每个国家，该运动都有自己的代表，移民候选人
由代表们选出。[8] 因此，大多数想要到巴勒斯坦定居的犹太人并不会去联系英
国领事馆，相反，他们会去找当地的犹太复国主义运动组织。这一过程不仅
确保了新来者的犹太身份，同时还使整个筛选过程成为该运动的主要权力来
源之一。移民能带来哪些亲属，他们又将选择何种路线到达巴勒斯坦，这些
问题也由犹太复国主义运动决定。此外还有移民是否应该为他们随身携带的
物品支付关税的问题。犹太复国主义者要求免征个人物品的关税，其中包括
书籍、科学仪器、原材料以及机器设备。[9]

犹太复国主义者虽然主张自由移民，但没有什么比无控制、无计划的人
口增长更让他们感到害怕的了。"如果我们向超过了需求数量的工人发放入境
许可，我们不仅不会使国家富裕起来，反倒会把它引向经济危机。"该运动的
领导人在一份内部备忘录中解释说。他们补充说："这样一来，我们很可能使
新移民面临饥饿的危险，并给犹太复国主义组织带来难以承受的负担。"他们
警告他们的代表们，即使是有资本的人也要劝阻他们不要成群结队地前来巴

勒斯坦。他们写道："我们的工作人员必须绝对清楚地说明巴勒斯坦目前的状况，"因为失望很可能会导致那些金钱方面受损的人离开该国。[10]

哈伊姆・魏茨曼写信给塞缪尔说，犹太人在巴勒斯坦的胜利并不取决于引进 100 万犹太移民。在他看来，10 万人就足够了。他写道："如果我们能成功引进 10 万名有生产能力的犹太劳动力，那么通往犹太自治邦的道路就铺平了，我们可能在有生之年便能见证这一切。"[11]魏茨曼的立场十分精明，在他的运作之下，犹太复国主义运动和英国政府之间达成了一个心照不宣的协议，他们将移民数量与国家吸收新移民的能力——即为他们提供工作机会的能力——联系了起来。

犹太复国主义执行委员会每半年会和英国人共同确定一次移民配额，他们同时还会决定移民所需要接受的专业培训——要安排多少农工，又要安排多少建筑工人。能为移民创造多少工作机会在很大程度上取决于犹太复国主义者筹集资金的能力，特别是在美国的筹资能力。该运动承诺维持每个移民到巴勒斯坦后第一年内的生计。这一政策也符合犹太复国主义运动的利益，赫伯特・塞缪尔解释说：通过承担起这样的责任，该运动能更从容地拒绝掉那些无法养活自己的移民候选人。*

有钱的移民，即"资本家"，并不在配额之列，他们想来就可以来，不受任何限制。按照英国政府早期的规定，他们需要证明自己至少能带来 500 英镑。这个数额是波动的，犹太复国主义领导层不时会要求减少资本限额。但当局却并不倾向于同意。殖民部的约翰・舒克伯勒（John Shuckburgh）爵士坚称："一切似乎都取决于不断涌入的新移民所带来的资本。"[13]

在整个 20 世纪的二三十年代，人们一直在争论一个问题，即移民的速度是否仅应与犹太经济的"吸收能力"相匹配，还是也应考虑阿拉伯人的状况。有时，即使不能保证就业，犹太复国主义者也会要求增加配额。他们认为移民刺激了经济，因此会创造出工作机会。在另一些时候，犹太复国主义执行委员会抱怨说，英国人的配额政策是对阿拉伯人反对声的一种反应，而不是纯粹以经济状况为参考标准。在这种情况下，巴勒斯坦犹

---

* 有一次，当塞缪尔因为失业率上升而减少移民数量时，他对魏茨曼说，如果他不这么做，就该轮到犹太复国主义执行委员会采取行动，而目前针对政府的批评也会转移到执行委员会身上。塞缪尔写道："我希望你会感激我为你提供的友好服务。"[12]

太社群的代表们便会起草公开抗议书，希伯来报纸也会攻击英国的移民政策。[14] 但总的来说，在移民政策的基本原则及其实施细节上，犹太复国主义者们还是和英国政府步调一致的，他们行动的时候也会先争取英国政府的同意。英国人倾向于信任犹太复国主义执行委员会。

塞缪尔让几位犹太官员负责政府中的移民事务管理部门，其中一位是阿尔伯特·M. 海姆森（Albert M. Hyamson）。和高级专员一样，海姆森也是个犹太复国主义者，有时也会因此成为人们敌视的对象。然而，他也不认为仅仅因为自己身上的犹太血统，他就应该优先考虑犹太复国主义运动的利益而置本国政府利益于不顾。海姆森习惯性地工作到深夜，亲自审查移民申请，并经常做出最终决定。

在之后的某个阶段，埃德温·塞缪尔成为了海姆森的副手。此时，另一个塞缪尔（即埃德温的父亲）已经不在巴勒斯坦了。[15]

3

从伊朗到阿根廷之间的每一个国家都有犹太人想来巴勒斯坦，移民许可证的申请如潮水般涌来。立陶宛的犹太复国主义代表写道："大批大批的人来到我们的办公室要求得到签证。"颁发签证在很大程度上是一个政治事件：复国主义运动将根据每个地区和每个政党在犹太复国主义大会中的相对实力来分配移民指标。各党派不断地争夺权力，其在巴勒斯坦的成员也积极参与其中。每个利益相关人士都很清楚，移民将决定巴勒斯坦的政治权力花落谁家。戴维·本-古里安说："来自流散地的犹太人正在铸就我们。"[16] 英国人除了会把共产党人排除在外，并没有对移民的筛选过程进行干预。*

---

* 赫伯特·塞缪尔担心移民"泛滥"，这其中包括那些"不适合移民的类型"，尤其是共产党人。为了排除这些人，塞缪尔建议让犹太复国主义运动在各国的办事处充当"筛子"。他支持编制一份不允许入境的"黑名单"，也不排除将不受欢迎的人驱逐出境。魏茨曼承诺，犹太复国主义组织的代表们正在仔细检查申请人的政治背景，以防止布尔什维克分子入境。[17]

犹太复国主义执行委员会要求只向那些"不会成为我们负担的人，那些将参与国家建设的人"发放签证。在该委员会看来，犹太移民应该为巴勒斯坦的需要服务，而不是相反。巴勒斯坦及其未来才是主要的、决定性的目标。"我们有义务让自己变得残酷，"一位劳工运动思想家写道，他这句话针对的是乌克兰的屠犹事件和许多需要庇护的犹太人。"我们必须克制住自己，虽然杀戮仍在继续，但我们必须拯救巴勒斯坦犹太社群和它的未来，因为我们所有人民的命运都取决于它。"这也是泽维·贾博廷斯基的立场。[18] *

最理想的移民人选是"勇敢而有理想"的未婚青年男子，他们将承诺在农业定居点工作两年。移民哈伊姆·布拉特施耐德（Chaim Bratschneider）给他的朋友们写道："这里非常需要你们。"他强调说："只有不断大量引入懂得如何挥舞锄头和手持步枪的年轻人，才能保证巴勒斯坦犹太社群不被消灭。"犹太复国主义者认为，个人应该为社会的进步"作出贡献"，就像一位妇女在给朋友们的信中所写的那样："不要派没有职业的人去。在雅法，存在许多没有工作的先驱者（pioneers）。"[20] 妇女也被认为是一种应该限制其数量的"因素"。[21] 为了阻止传染病人、精神病人、罪犯、妓女和酒鬼来到巴勒斯坦，犹太复国主义者可是费了一番功夫。犹太复国主义委员会抱怨有身无分文、身体不健康的人出现在巴勒斯坦的海岸上。移民局抱怨说："有时，全身残疾的人竟能拿到许可证，而许可证上却表明持证人能适合一切工作。"该部门表示，像这样的情况有数百起之多。犹太复国主义运动的高层领导人给海外代表们发送了一份病号名单，并表示，在任何情况下都不许向这些人发放签证，还要求解雇对此事负有责任的医生。[22] †

对于英国人赋予他们的责任，犹太复国主义运动的移民官员有着很清醒的认识，因此他们指示代表们严守规则，如实报告。在新来的移民中，总有人被查出冒用他人的许可证。他们假装自己是持证人的亲属，并谎报自己的

---

* 社会主义期刊《昆特雷斯》（Kuntress）上发表的言论有些过了，它声称对乌克兰犹太人的迫害给巴勒斯坦犹太人的生存造成了威胁。它担心的是，屠杀会导致移民数量的不足。[19]

† 犹太复国主义运动甚至为生病的移民支付费用，把他们遣回原籍。其中一份档案显示，华沙的奈菲尔德（Neifeld）先生患有肺结核。"如果不把他送回去，我们在他身上花的钱要比旅费多得多。"然而，这是一个例外。"哪怕只是一笔很少的费用，我们也不允许把这笔钱用于送人出国。我们可支配的钱是专门给那些留在巴勒斯坦且需要帮助的人用的，"犹太复国主义委员会的一位领导人写道。[23]

职业。一个人可能会以农工的身份获得签证，但最后却发现他是一个裁缝。移民部门警告说，这种人将被遣返。由于存在不少类似的情况，犹太复国主义执行委员会便很担心英国人可能会收回筛选移民的特权。

大多数移民都是自费而来，且自担风险。犹太复国主义运动承诺保证新移民一年的生计，这一举动是做给英国当局看的，而不是为了满足移民的需求。该运动告知其代表们，"拿到一封推荐信"，并不意味着持信人便有了"向犹太复国主义组织提出要求"的权利。给移民提供补贴会把我们不想要的"人材"（human material）也吸引过来。[24] *

在边防部门的一名英国军官看来，新来的移民就像一群乌合之众，但他们却很快乐。道格拉斯·V. 达夫（Douglas Duff）对这些移民进行了描述，其中能看出他的惊讶感。达夫写道，运载移民的船只勉强能用，移民们则在甲板上挤成一团，他们往往得忍受数周之久方能上岸。船上的条件比以前用于奴隶贸易的船只还要糟糕，里面没有厕所，也没有淋浴。移民们把所有的食物都装在袋子里，里面一般是干面包和熏鱼。为了到达岸边，他们不得不转移到接驳船上，阿拉伯水手们会把他们像包裹一样从甲板上扔下来。旅客们身上散发出的恶臭在很远的地方就能闻到。"当我们把医疗官送上船的时候，我经常会吐，"达夫写道。船上到处散落着成堆的垃圾和排泄物。

令人惊奇的是，他发现旅客们的眼中没有痛苦，只有欣喜。他们的眼睛里闪烁着奇异的光芒。当移民们认出迦密山（Mount Carmel）的悬崖峭壁和加利利的蓝色山峰时，人群中会爆发出歌声。达夫有些难以自持，他写道，他们嘴里唱的是"古老的希伯来歌谣"。

港口里总会发生很大的骚动，为了应对这种情况，当局必须采取严厉甚至是无情的措施，达夫写道。成百上千的人会来接刚到的移民，他们歇斯底里地冲破铁丝网，想听到留在欧洲的亲人们的消息。据达夫说，这种时候，阿拉伯警察会很紧张，他们用棍子和骆驼皮鞭来阻挡人群。当他们维持不住秩序的时候，就会把肇事者和移民一起拖到澡堂。通往澡堂的路上，他们必须经过造

---

* 犹太复国主义运动从一开始就对不同类型的"人材"进行区分。西奥多·赫茨尔本人在他的《犹太国家》一书中使用了这个短语。这是一个常见的短语，除贝尔·卡茨奈尔森早期的一篇文章中曾出现过这个短语之外，它在其他地方也出现过。[25]

船厂。那里的阿拉伯劳工会奚落这支奇怪的队伍——他们穿着破破烂烂的欧式服装，浑身臭气熏天；他们疲惫不堪，被沉重的包裹压得摇摇晃晃，嘴里却一直唱着那些古老的希伯来歌谣。"我们中很少有人能完全理解眼前所发生的一切，也不了解这一切的历史意义，"达夫写道。

步行几百米后，移民们便会到达澡堂，他们必须在那里放下自己的行李，并接受搜查。之后，他们必须得脱光身上的衣物，男的在一个房间，女的在另一个房间。这么做是为了检查他们身上是否藏着违禁枪支和爆炸物。接着，他们会被带到不远处的房间内进行消毒。许多人还会在港口睡上一两个晚上。他们睡在帐篷里，没有床单，也没有蚊帐，到处都是传播疟疾的蚊子，居住环境十分可怕。达夫不想描述这些情况，"这些情况很容易想象，"他写道。[26] 新来的移民们演绎着自己的人生大戏，他们见证了跨越大陆的奇幻旅程、命运的逆转和新身份的形成。而这，就是耶菲姆·戈尔丁的故事。

4

戈尔丁到达海法后，先是接受了消毒，然后又接种了天花疫苗、和斑疹伤寒疫苗。经过这一系列程序后，他到邮局给父母发了一封电报。他的包裹因为检疫的需要被扣留了下来，边检机构只让他带走了两个小包。

当时的海法正经历着该城历史上最剧烈的变革。这个小渔港迅速变成了一座城市，一个政府中心，并吸引着来自周围村庄的阿拉伯移民和来自欧洲的犹太人。*

在 20 世纪 20 年代，海法的犹太人开始在不同的街区里定居。哈达

---

* 在 20 世纪 20 年代，海法的阿拉伯居民人数从大约 18 000 人增加到 24 000 人。犹太人的数量几乎增加了三倍，从 6 000 人增加到 16 000 人（这个数字中还包括几千名非阿拉伯外国人）。犹太人口的比例也在上升：在 20 世纪 20 年代初，该市每四个人中就有一个是犹太人，而在 20 世纪 30 年代初，犹太人占据了该城三分之一的人口。[27]

尔·哈卡尔梅勒（Hadar HaCarmel）社区围绕以色列理工学院（Technion）而建，该学院与耶路撒冷的希伯来大学平行发展，也被认为是犹太复国主义文化的基石。哈达尔·哈卡尔梅勒街区的规划者也是理查德·考夫曼（Richard Kaufmann）。这里旨在成为一个安静的住宅区，里面的房子都只有一两层楼高，每一栋房子还附带一个花园。就像特拉维夫和耶路撒冷的花园街区一样，哈达尔·哈卡尔梅勒使犹太人能够远离阿拉伯城市的喧嚣。

自特拉维夫从雅法独立出来后，过了一段时间，哈达尔·哈卡尔梅勒也获得了管理街区居民事务的自主权。街区委员会负责收税、供水和铺设人行道。[28] 街区内有一个幼儿园和一个小学。居民们希望与商业保持距离，因此反对在附近开设商店。当耶菲姆·戈尔丁来到这里与他的舅舅、舅妈团聚时，哈达尔·哈卡尔梅勒一共有三千居民。

戴维舅舅和雷海勒舅妈热情地欢迎了他的到来。戴维·埃廷格（David Ettinger）是一个相当富裕的商人，他于1918年来到巴勒斯坦定居，随后开了一家公司，公司的业务是给轮船卸油。他们有五六个房间，戈尔丁向父母汇报说，还能看到海法湾的景色。那里有漂亮的家具、地毯，还有一个女佣。她早上来，晚上走。戈尔丁睡在客厅的沙发上。和许多移民一样，他很快就发烧了，并在床上躺了三天。

戈尔丁的第一印象是这样的：在巴勒斯坦的每一分钟都让雷海勒舅妈感到讨厌。她称巴勒斯坦是一片受诅咒的土地，说这话时，她用的是意第绪语。她不能原谅自己离开了德国，并把一切都与柏林进行对比。戈尔丁对他的父母说，尽管雷海勒舅妈在巴勒斯坦过着很舒适的日子，但她永远都在生气和烦恼，总是威胁要回德国。而戴维舅舅却走到了另一个极端，他试图证明一切都很好。他们总在吵架，其中有一次是因为戴维舅舅午餐时迟到了。

戈尔丁对巴勒斯坦的评价是，其总体形势并不可怕，但也没有那么好。他写道："有好的东西，也有坏的东西。"他为高昂的物价感到担忧。康复后，他去取他留在检疫站的包裹。戈尔丁在信中略显惊恐地汇报说，马车夫要价10个皮亚斯特尔。在随后的几天里，他去找了一些熟人，并把他从维尔纽斯带来的信交给了他们。路上，他注意到有很多建筑工程，到处都是饮料摊。在给他小妹妹的信中，他写道："这里管苏打水叫加佐兹（gazoz）。"[29]

　　戈尔丁开始考虑找工作的事。当然是在城里找工作，他向父母解释说："傻子才去村里工作，那里只有农活可干，而且需要付出非常辛苦的劳动。"[30]他想，如果能在海关找到一份工作该多好啊。尽管他懂一点英语，但这项计划没能顺利实现。相反，他决定去耶路撒冷看望他的雅各布（Ya'akov）舅舅和阿妮塔（Anita）舅妈。

　　他是坐公共汽车去的，途经耶斯列平原（Jezreel Valley）。一位六年前来到巴勒斯坦的"先驱者"（pioneer）与他同行，此外还有一位看起来像阿拉伯人的老人，因为他穿着东方人的衣服，并戴着塔布什帽。其实他是一个高加索犹太人，在巴勒斯坦生活了三十五年，从事棉毛贸易。他刚从贝鲁特出差回来。汽车离开海法十分钟后，戈尔丁就看到了内谢尔（Nesher）水泥厂。这是全国最大的工厂，看起来就像一整座城市。大巴车经过了纳哈拉勒村（Nahalal），这是一个农业合作社，同样由理查德·考夫曼规划而成。车子还经过了附近的艾因哈罗德（Ein Harod）——一个刚刚庆祝完自己五周岁生日的基布兹。这里的小楼房很漂亮，田地也犁得很好，戈尔丁写道。他从远处看到了刚成立四年的拜特阿尔法（Beit Alfa）基布兹。几个月前，当地的定居者发现了一座古老的犹太会堂，其地板上的马赛克令人叹为观止。"这片山谷已经被征服了。更准确地说，它还处于被征服的过程中，因为还有更多的东西等待救赎，这是一种责任和当务之急，我们绝不能错过这个机会，"他写道。

　　"在这儿或那儿，你会零星地碰到一些阿拉伯村庄——他们的生活简直像牲畜一样，"他写道。阿拉伯人的田里到处都是石头。在一块田地里，他注意到一堆按某种特定顺序排列的石头。那是一片穆斯林的墓地。同行者向他解释说，阿拉伯人不太关心他们的死者，对活人就更不关心了。"如果你看过他们怎么吃东西，具体吃些什么，又睡在哪里，那么当你再摸到他们的时候你会觉得真的很反感，"戈尔丁解释说。是的，犹太劳工对工资的要求比阿拉伯劳工更高，他沉思着。但他又有充分的理由为此感到自豪，因为半块面包打发不了一个犹太工人，他们还需要一份报纸以及肥皂和牙膏。仅仅用水冲洗是不够的。"在我看来，阿拉伯人好像根本就不知道这些东西，"他补充说道。

　　巴士在杰宁停了下来，这是一个完完全全的阿拉伯城市。那里唯一的犹太人是名医生，其他阿拉伯城市也有犹太医生。"我们的邻居仍然很落后，"戈尔丁写道。[31] 在去耶路撒冷的路上，戈尔丁还注意到了一些修道院。它们"真的污染了这个国家……每个地方都有一座寺院，人们给这些地方附会了一些《圣经》中的故事。《圣经》里没有提到特拉维夫，我们应该为此感到庆幸——多亏于此，巴勒斯坦才总算有了一座没有修道院的城市"。同行的老人指出了约瑟的兄弟们把他扔进坑里的地方。"他坚持要给我看，就好像他亲眼见证了这一切似的。"

雅各布舅舅和阿妮塔（Anita Ettinger）舅妈很高兴地接待了他。他们住在贝扎莱勒（Bezalel）街的一套一居室公寓里。雅各布舅舅开着一家制作蓝图的商店。他们把戈尔丁安置在前厅的沙发上，并试图说服他留在耶路撒冷。他们认识一位叫克莱恩（Klein）的教授，克莱恩答应去找希伯来大学的马格尼斯（Magnes）教授谈谈，也许大学能向戈尔丁提供一份每月五镑的生活津贴。这个想法对戈尔丁很有吸引力。他喜欢耶路撒冷——那里的精神生活更有趣，他写道。那里有讲座和图书馆，而海法却没有一座像样的图书馆。

戈尔丁有个远房亲戚，这个人是个很有影响力的律师，他叫莫迪凯·埃利亚什（Mordechai Eliash）。戈尔丁跑去找这位亲戚，他希望埃利亚什能给他写一封推荐信，安排他在哈达萨医疗中心的办公室工作。但埃利亚什却连一根指头都不想动，戈尔丁写道。过了一段时间，这位律师最终答应去找马格尼斯谈津贴的事情。

与此同时，戈尔丁在一位名叫哈利戴（Hallyday）的先生那里找到了一份办公室的文职工作。哈利戴是罗纳德·斯托尔斯所创办的"亲耶路撒冷协会"的主任。戈尔丁的工作时间是上午七点到下午两点，哈利戴答应第一个月给他五镑。他真的很想在希伯来国家图书馆工作，但图书馆馆长雨果·伯格曼（Hugo Bergmann）此时人在欧洲，他不在的时候不接受新员工。在"亲耶路撒冷协会"，戈尔丁大部分时间都在打字。每个移民被问到的第一个问题都是，你会打字吗，有多少个手指？戈尔丁建议每一个计划在巴勒斯坦定居的人都要学会打字。

下午，他会去犹太研究所听课。雅各布舅舅和阿妮塔舅妈即将搬进一间新的公寓，新房子里会有两个房间，一个欧式厕所，还有自来水。戈尔丁将拥有自己的角落，几乎是一整间房间，他写道。但戴维舅舅却希望他回到海法，还会给他安排一份办公室里的工作。哈利戴先生希望戈尔丁能学会使用正式的语言，但他却怎么都学不会。他不知道该怎么办，也不知道该向谁请教。他敏锐地发觉了自己对父母的依赖。他的新袜子在脚趾处已经出现了破洞；他现在穿的是从维尔纽斯带来的新裤子。[32]

到达巴勒斯坦两个月后，戈尔丁又回到了海法，给戴维舅舅干活，每天从早上工作到下午。工作非常轻松，也主要是打字。戴维舅舅答应每个月给他五到六镑，但戈尔丁希望能拿到更多的薪水。上午的时候，他会去餐馆喝杯牛奶，这杯牛奶值一皮亚斯特尔（piastre）。中午的时候，他会和舅舅一起回家吃午饭。工作日里，他们吃的都是素菜，肉食只在安息日里吃。戴维舅舅对侄子就像对所有员工那样严格，他在办公室里直呼戈尔丁的名字。雷海勒舅妈仍旧在抱怨周边的生活条件。戈尔丁从耶路撒冷给她带了两箱非常好的布丁粉，是巴勒斯坦产的，但舅妈只用她从德国收到的东西。[33]

他的脑子里突然冒出了各种各样的计划。他发现了一家不错的酒店，里面秩序井然。这家酒店的老板是拉比·希尔德斯海默（Rabbi Hildesheimer）的女儿，但她不会做生意，而且酒店已经破产了。戴维舅舅认识债权人，如果他愿意花六七百镑买下这家旅馆，耶菲姆的父母便可以从维尔纽斯过来管理这家酒店。但戴维舅舅却反对让戈尔丁夫妇移民，除非他们能带来足够的钱，至少够维持他们半年的生活。

戈尔丁暂时搬到了维尔纽斯旅馆。他的房间里有一张床，一张相当大的桌子，两把椅子，还有一个可以当作衣柜的凸窗。经过一番讨价还价，租金定在每月 160 皮亚斯特尔，其中涵盖早晚的茶水。戈尔丁为房间里的苍蝇和蚊子所困扰，但作为一种临时的安排，整体还算不错。迦密山上出租的屋子都没有家具，还要价两镑半。他很想找个室友跟他作伴，不仅能一起分担房租，还能共同打发无聊的时光。有时他会去迦密山上散步。他和其他五个年轻人开始一起学习《塔木德》；他下定决心要弄一辆自行车；他还推出了一份内部通讯，名叫《在我们的土地上》（BeArtzeinu）。

在通讯的刊头，他打出了一个由三部分组成的口号："在我们的土地上生活是好的，在我们的土地上受苦是好的，在我们的土地上劳作是好的。"[34]在第一期通讯中，他描述了迦密山的景色。他写道："在远方，海的尽头，那里是欧洲；波兰就在那里——太多记忆与之牵连。"对他来说，成为一个"亚洲人"并不容易。孤独感困扰着他，他想念家乡。"泪水从我的脸颊上一滴一滴地滚落下来，"他在给父母的信中写道。他想知道关于那边的一切，从里夫卡（Rivka）姨妈的健康状况，到文理中学的最新八卦。他的父母托一个从维尔纽斯前往巴勒斯坦的人给他带了一个枕头。为此，戈尔丁还专门跑到特拉维夫去取回了枕头。他的叔叔哈伊姆就住在特拉维夫的哈亚尔孔（HaYarkon）街，离梅纳赫姆·乌西什金的家不远，靠近"赌场"（the Casino）。

5

所谓"赌场"并不是一个真正的赌博场所，而是一座咖啡馆。它那浮夸的名字非常适合特拉维夫，这座城市本身就是一个建立在沙子上的幻想，它激发了来自世界各地的幻想家和骗子们的想象力。美国的投资者提供了建造"赌场"的资金，"赌场"的建筑师则是来自乌克兰的耶胡达·马吉多维茨（Yehuda Maggidowitz），他是搭乘鲁斯兰号来到巴勒斯坦的。看过"赌场"的人都会想到敖德萨的富人们在海滩上修建的大别墅，不过它看起来更像一个巨大的马戏团帐篷。其官方名称"加莱·阿维夫"（Galei Aviv）被刻在两个轮状的牌子上，这两个牌子让建筑的外墙看起来像一把巨大的扇子或一个奇妙的风车。这座建筑还配有遮阳篷、彩旗、装饰性的阳台，以及优雅的中国灯笼。"在露台周围，我们安装了喷泉，还配备了灯光效果，"一则广告称，"白天喷出的水柱会让人精神抖擞，晚上的灯光则如同电光火石般耀眼。"

市长梅厄·迪岑戈夫和市政官员把"赌场"当作国家级的重要公共建筑来对待。他们更改了艾伦比街的规划路线，使其终点正好位于"赌场"的入口。一支伴舞乐队演奏了狐步舞曲（fox-trot）和查尔斯顿舞曲（Charleston）。"英国指挥官们在那里吃午饭，"一个酒保后来回忆说，"他们和赌场的犹太姑娘们搭讪，请她们喝酒，有时会以结婚告终。那个地方充满了欢乐，气氛很好。"[35]

一个又一个的奇思妙想铸就了特拉维夫这座城市，这是对庸俗审美、浪费、疯狂的风格并置和咆哮的 20 年代精神的伟大庆祝。从特拉维夫的沙地上冒出了一座看起来像是中国佛塔的住宅，但其实它的灵感来自美国的一家咖啡馆；另一座房子像格林童话中的城堡，其尖锐的金属尖顶看起来像是一顶小丑帽。圆形的阳台架在伪古典主义的柱子上，柱子上装饰着金属浮雕，浮雕的灵感则源自圣殿上的烛台图案；窗框则给人一种阿拉伯哈里发的后宫的感觉；入口处则是石膏狮子和老鹰。建筑物的外墙铺上了五颜六色的瓷砖，这些瓷砖的制作者来自耶路撒冷的贝扎莱勒艺术学校，该校采用了从维也纳引进的技术和风格。瓷砖上描绘了先知、《圣经》中的部落、骆驼队和棕榈树，很多很多的棕榈树。比亚利克在自家屋子的客厅里建造了一个令人印象深刻的壁炉，壁炉用绘有棕榈树的瓷砖装饰，显然他是怕这里的冬天会和俄罗斯一样冷。为了纪念自己，一位屋主在他家的外墙上用泥土做了一个雕塑，雕塑上写着一行文字："塞缪尔·威尔逊（Samuel Wilson），美国承包商。"阿尔特·莱文对这种粗犷的东西方融合感到十分兴奋。"你们建设的不是大道和花园，也不是山上的房子，"他在一首致特拉维夫人民的诗中写道，"你们是向太阳开放了圣殿。有着金色大门的圣殿，一座面向海浪的欢乐之城！你们在东方伊甸园的入口处，为以色列的每家每户升起了一座瞭望台和一座塔楼。"[36]

这是属于建筑承包商的十年。1920 年，特拉维夫约有 2 000 名居民；到 1924 年，该城有 20 000 名居民；次年，这个数字翻了一番，达到 40 000 人。1925 年，该城的建筑投资达到了 150 万镑，占巴勒斯坦总投资的 70% 以上。这一年还打破了一个记录——约有 3.5 万犹太人来到巴勒斯坦。从来没有哪一年出现过这么多的犹太移民。巴勒斯坦的犹太移民人数在历史上第一次超过了包括美国在内的其他任何国家。在这波移民中，几乎有一半人来自波兰，这主要是因为波兰财政部长拉迪斯拉夫·格拉布斯基（Ladislav Grabski）在当年颁布了一项新的经济政策，这项政策对中产阶级的打击最大，许多犹太人也受到牵连。*许多被称为"格拉布斯基移民"的人以"资本家"的身份来到特拉维夫定

---

* 每 10 个移民中至少有 8 个是阿什肯纳兹犹太人，这多少反映了当时犹太人的人口结构。然而，波兰移民在世界犹太人口中的占比是波兰本土犹太人的两倍。[37]

居。[38] 世界上很少有其他城市能够发展得如此迅速。

同年，特拉维夫市政府请城市规划师帕特里克·格迪斯（Patrick Geddes）为城市制定总体规划。格迪斯曾为希伯来大学绘制了该校的校园规划图。此前的建设热潮已经为该城打下了烙印，因此，该城的建成区将保持原貌，但格迪斯为尚未利用的土地规划了一个网格——南北向的宽阔大道与大海平行，东西向的街道则与大海垂直，以保证海风的流动。特拉维夫将是一个绿色城市，城里会有许多公共广场和公园。格迪斯喜欢特拉维夫的生活。他说，这是一个真正的活生生的犹太城市，"不像耶路撒冷一样，到处都是如此悲惨的限制"[39]。

特拉维夫"很小、很安静、很明亮"，一位年长的市民写道。他说，这座城市有三种颜色：天空的蓝色、黄色的沙子和白色的房子，像积木一样散落在地上。"哦，那时候多好啊！"莫迪凯·本-希勒尔·哈科亨回忆说。赫尔兹利亚文理高中（Herzliya Gymnasium High School）是任何欧洲城市都会引以为傲的建筑，特拉维夫宽阔笔直的道路也是如此，与雅法那黑暗曲折的小巷截然不同。这里没有阿拉伯人的影响，没有犹太人隔都（getto）的影子——这个城市完全是希伯来人和欧洲人的城市。在普林节的游行仪式上，市长迪岑戈夫骑着一匹白马，走在队伍的前面，表现出一种天真、好胜、近乎少年的亲昵感。[40]"赫茨尔如果走在特拉维夫的艾伦比大街上，"多夫·金奇（Dov Kimche）宣称，"他会让自己的腰杆挺得更直，他的睫毛上也许会掉下一滴眼泪。"

对于赫茨尔这样一个见多识广的人来说，他对特拉维夫的看法很可能会和魏茨曼相同：这座城市太过乡土。"人们互相攀比，"魏茨曼抱怨道，"他们总是待在一起，在一个屋子里说的一句话，马上就会传到其他所有的屋子里；每个人的话都太多了，都太自我了。那里的每一个犹太人都有自己的'潮流'和'组织'，这既可悲，又有趣。"[41] 一位来自法国的旅行者称特拉维夫是"一座没有历史、没有传奇的城市，它面向着未来……我回到这座城市二十多年的历史中去寻找它的过去，但除了沙子，我什么也没找到。"艺术家纳胡姆·古特曼在他的作品中盛赞了这座城市，但他同时也注意到了该城转瞬即逝的特性。"特拉维夫，我能够写下你的名字，不管是从右写到左，还是从左写到右，就像我们小时候那样——用一根手指在海边湿润的沙滩上写下我们喜欢的人的名字，但海的波浪最终把它们抹去了，冲掉了。"[42]

1923 年，《国土报》将办公室从耶路撒冷搬到了特拉维夫，这既是对特拉维夫商业和政治地位的认可，也是一种文化层面的宣示。特拉维夫是新的世俗希伯来文化的首都。1924 年，当哈伊姆·纳赫曼·比亚利克在特拉维夫定居时，他得到了民族英雄般的接待；这座城市还赠送给阿哈德·哈阿姆一套房子，房子周围的一片区域被人用铁链封锁起来，以防止马车和汽车的噪音打扰到这位伟人的午休。[43] 特拉维夫有用希伯来语演出的剧院，重要的世界文学作品也被翻译成希伯来语。然而，长期以来，特拉维夫人都倾向于用俄语、波兰语、德语、意第绪语来思考、说话、爱以及恨。耶菲姆·戈尔丁在给父母的信中写道，雷海勒舅妈用德语、俄语、意第绪语和丈夫说话，和孩子们说话时则用德语。她丈夫会用希伯来语和孩子们说话，孩子们彼此之间说的也是希伯来语。[44]

许多新移民，也许是大多数新移民，在新国家的生活状态和他们在流散地时的一样。大部分人在该国停留的时间还不到五年。20 世纪 20 年代初，该国犹太人口的中位年龄接近 22 岁。十个人中有六个人没有结婚；单身男性和单身女性的比例是三比一。[45] 当时建立了一家生产棉袜的工厂，该厂被自豪地冠以洛齐亚（Lodzia）之名。波兰一直被认为是以色列文化万花筒中的一个组成部分，这主要归功于 20 年代的移民。"犹太母亲"这一刻板印象——保护欲过强、要求过高、衣着过于讲究，总是受到隐隐约约的指责，伪善道德主义的受害者，且总是让周围的人感到内疚——也被认为是波兰的舶来品。耶菲姆·戈尔丁向父母讲述了与阿妮塔舅妈在一起的生活：她整天哀叹自己的运气不好。她没有女佣，但在做午饭时，她总不忘说自己是专门在为戈尔丁做饭；如果他不在，她就可以免去这些工作。她一遍又一遍地重复这些话。她碗洗得不够干净，而当戈尔丁提出要擦碗时，她会觉得自己受到了侮辱。[46]

戈尔丁是个严肃的年轻人，特拉维夫给他留下的印象不深。"一个从华沙来的人，从欧洲来的人，"他在给家人的信中说道，"不能被一幢四层高的楼房、一块像样的地砖、一条人行道、一盏路灯弄得眼花缭乱。"[47] 他受不了这座城市的生活。"你根本无法想象弥漫在特拉维夫这座城市中的轻浮、冲动、享乐主义和无知，"他在给父母的信中写道，"相比之下，耶路撒冷在我看来是如此的严肃、庄重和慎重，我喜欢这样的感觉。"[48]

这两座城市代表了截然不同的文化和政治世界。耶路撒冷是一座非常宗教化、政治化、不宽容甚至狂热的城市，它有五千年的历史，建在岩石上。特拉维夫则没有历史，建在沙子上，散发着最时髦的、世俗的轻浮感——既没有过去，也没有未来，它把生活本身当作目标。诗人亚伯拉罕·什隆斯基（Avraham Shlonsky）写道："我们不会问这个世界从哪里来，又会到哪里去——世界是酒。"[49]耶菲姆·戈尔丁决定住在耶路撒冷。

6

戈尔丁于1927—1928学年开始时在这座城市安顿下来。他在维尔纽斯念高中的时候成绩优异，因此很容易就被大学录取了，而且还不收学费。雅各布舅舅在他的公寓里给他安排了一个房间，每月三镑，所有费用全包，但戈尔丁在他的房间里感到不自在。他和表哥一起在城西北的阿赫瓦（Achva）街区租了一个单间。该街区的路上种满了槐树，空气也很干净。在某种程度上，那里还有市政公园，但因为缺水，也算不上什么公园。谁想要绿色，就应该去哈达尔·哈卡尔梅勒或采法特（Safed），那是我们的瑞士，戈尔丁写道。[50]尽管如此，这里的街道却是用沥青铺成的，不像耶路撒冷，那里大多数的街道都没怎么好好铺设。在雨天，它们会变成泥沼。

他的房间里设施齐全。水是从自来水龙头里出来的——戈尔丁称之为"泉水"——而不是从井里打出来的。公寓里有一个"上好的欧式厕所"，还有一个带浴缸和淋浴的盥洗室。他和表哥每人每月付一镑半，价格非常合理。找房子并不容易，他们整整找了一个月。他们给自己买了一张小桌子和两把简单的椅子，总共花了四十皮亚斯特尔。不幸的是，他们只有一张床和一个吊床，于是他们决定换着睡：这个月戈尔丁睡床，表哥就睡吊床，下个月两个人就换过来。

但他对这种安排非常满意。房东本-扎卡伊（Ben-Zakkai）先生是犹太事务局的一名官员，也是一名翻译。他和戈尔丁在维尔纽斯有一个双方都认识的熟人。戈尔丁说，本-扎卡伊夫妇都是很善良、很聪明的人。他们没有小孩，只有一个20岁的亲戚住在公寓里。公寓里总是很安静。[51]

　　戈尔丁在家里吃早餐和晚餐。他要么喝茶要么喝咖啡，还会配上罐装牛奶、面包、黄油、橄榄、橘子、枣子、果冻、哈勒瓦和奶酪——"当然不是一次全吃完，"他向母亲保证。显然，母亲要求他把一切都告诉她。而他，一个刚离家的年轻人，也像个好孩子一样听她的话。他总是精确地说出细节，缺乏幽默感。他早晚各吃两个鸡蛋，一打鸡蛋要花十五个皮亚斯特尔，也就是三先令。他在一家素食馆吃午饭，那家素食馆的伙食很好，也很干净。[52] 这里的菜单每天都会换，一顿饭要花三皮亚斯特尔，他写道。周五晚上，他会在宗教劳工运动组织哈波埃勒·哈米兹拉希（HaPoel HaMizrahi）经营的工人餐厅里吃安息日晚餐，晚餐的食物包括：吉菲尔特鱼（gefilte fish）*、肉汤配米饭、肉配豆泥和蜜饯。星期六的午餐他也会在那里吃，他吃了吉菲尔特鱼、绍伦特（cholent）† 配豆泥，以及搭配小面条和葡萄干的肉，他最后还会吃蜜饯。工人食堂还提供了上好的酒，用于祝圣仪式（kiddush）‡。这两顿饭一共花了十皮亚斯特尔。[53]

　　他母亲给他寄来了包裹，戈尔丁会确认是否所有东西都收到了：耶胡达·哈莱维（Yehuda HaLevy）的诗、一罐鹅脂、一根香肠、一盒黄油饼干、梅子酱以及糖果。布拉哈（Bracha）姨妈送来了一些梨罐头，装在一个小圆盒子里，戈尔丁很小心地把这些都记录了下来。[54] 他的母亲还寄来了一个煤油炉、一个水壶和一罐樱桃，还有一本祈祷书。有时他的父母会给他寄一点钱，有时他也会给他们寄一点。对此，双方都表示抗议。他的生活就是一个移民全部的生活：主要吃在波兰吃的东西，用家里寄来的肥皂洗漱，看从维尔纽斯收到的书。有时他会向父母索要特定的书籍，并指示他们到哪里去找。

---

* 阿什肯纳兹犹太人的传统菜肴，其做法是将鱼去骨、碾碎然后加水煮，最后做成鱼饼或鱼丸。——译者注

† 一种犹太人的炖菜，用肉、土豆、豆子、大麦等食材烹饪而成。——译者注

‡ 安息日的仪式之一，对着葡萄酒念诵祝词，使安息日圣化。——译者注

当他开始在大学学习后，他还给父母寄去了讲座的摘要。他希望以此来促进两个耶路撒冷之间的文化和谐——犹太人把维尔纽斯叫作立陶宛的耶路撒冷。他还给父母寄去了棕树枝（Lulav）和香橼果（etrog），这是住棚节仪式中会用到的水果和树叶。[55]

在这样的背景下，戈尔丁在抵达巴勒斯坦一年后向父母发表的这份声明就显得有些可怜了："让我感到自豪的是，在来到巴勒斯坦的这一年里，我已经摆脱了流散地上的污秽，并尽可能地净化了自己……我不愿再流亡……我渴望一个家园，渴望成为一个和所有人都一样的人，成为平等人中的一员，成为勇者中的一员，并为自己是希伯来人、以色列人而骄傲。这是我的愿望，也是已经实现的梦想。这是我们祖先的土地，当我的双脚踏上这片土地的那一刻起，我就斩断了与欧洲和美国的所有联系。"[56]他放弃了波兰国籍，并在同时获得了巴勒斯坦国籍。"虽然这让我花费了半镑，"他写道，"但为了告别一个不属于我，也不属于我孩子的国家，不再做这个国家的公民，花这些钱还是值得的。"[57]他告诉父母，他变了：他觉得自己更年轻了，而且摆脱了流亡犹太人的心理。[58]他还改了个名字，自称哈伊姆·沙洛姆（Chaim Shalom）。"我是希伯来人，我也要用希伯来人的名字，"他宣称，"因为我来自希伯来人的土地。"[59]

但戈尔丁对流散地上的家人仍有深厚的感情。他还穿着流散地上的服饰：巴拿马帽和灰白三件套。他告诉母亲，他把自己的衣服拿去缝补和清洗，他还告诉母亲这到底花了多少钱：睡衣，1.5皮亚斯特尔；内裤，1皮亚斯特尔；毛巾，1皮亚斯特尔；裤子，5皮亚斯特尔；三块手帕，1皮亚斯特尔；两双袜子，1皮亚斯特尔。他让父亲教他用那种半粉半液的东西，宗教犹太人用它来剔除面部的毛发。按照犹太教律法，犹太人不能拿剃刀刮皮肤。但他后来还是用上了剃刀，并专门跟父母汇报了这件事。[60]

戈尔丁每天的生活都是围绕着邮件展开的。事实上，他的整个世界都是如此。如果家里人没给他写信，他就会伤心欲绝。他尝试找份工作，这份工作最好能让他待在办公室里。如果他每月能挣到16镑，他就能把父母和妹妹接过来。在此期间，他在阿姆齐克（AMZIC）办公室里找到了一份临时性的工作。

7

阿姆齐克（AMZIC）是美国犹太复国主义联合会（the American Zionist Commonwealth）的缩写。这是一家总部设在纽约的公司，它在巴勒斯坦购买土地并建立犹太人定居点。该公司是一家追求利润的商业企业，但该公司还有另一项使命：动员美国犹太复国主义者共同开发巴勒斯坦。戈尔丁在耶路撒冷任职期间，正好碰上了阿姆齐克有史以来最大的项目：建立阿富拉城（Afula），该城将成为耶斯列平原的市政中心。

阿尔富拉（Al-Fula）*是一个阿拉伯小村庄，该村第一次的亮相是在拿破仑在巴勒斯坦战役中使用过的地图上。后来，该村成为了大马士革—海法—纳布卢斯铁路线上的枢纽。20 世纪初，犹太民族基金会（the Jewish National Fund）——犹太复国主义运动的主要开发组织——从居住在黎巴嫩的阿拉伯商人埃利亚斯·苏尔苏克（Elias Sursuq）手中买下了阿尔富拉周围的土地。为了出售这块土地，几名阿拉伯佃农被赶出了自己的家园。从那时起，阿尔富拉就成了阿拉伯民族的象征，也是犹太复国主义者意图剥夺阿拉伯人土地的证据。

建立希伯来人的阿富拉是为了实现波兰犹太人的城市梦想。为了销售需要，阿姆齐克（AMZIC）使用了大量有创意的广告。这些广告将阿富拉描绘成了一个现代化的城市，一个比特拉维夫规划地更细致的城市。犹太复国主义者们又找到了理查德·考夫曼，聘请他成为这一项目的规划师。按照他的构想，阿富拉将成为一座终极的花园城市。这个项目非常受欢迎，土地的售价高达特拉维夫的两倍。这一项目也导致了更多的阿拉伯农民流离失所，其中一些人同意接受补偿并搬到了其他地方。

珀西·布拉姆利中校是前巴勒斯坦公共安全部主任，他在一份报告中指出，在该地区居住的 100 个阿拉伯家庭中，只有四分之一的家庭是自愿离开的。根据其家庭规模，他们每人得到了 5—20 镑的补偿。布拉姆利解释说，补偿金并不能保证这些家庭未来的生计。在许多情况下，农民一贫如洗，他

---

* 阿富拉城的阿拉伯文名。——译者注

们要么用这笔钱买了一匹新马，要么用这笔钱讨了一个新老婆。

巴勒斯坦英国政府向阿尔富拉的农民提供了其他地块，但据布拉姆利说，其中的一些土地也属于苏尔苏克家族，因此这些土地也要出售。一些农民被分配到了不愿接收他们的村庄，所以他们拒绝离开自己的土地。耶路撒冷的最高穆斯林委员会（The Supreme Muslim Council）提出了一项替代政策：帮助农民们买下苏尔苏克的土地，犹太复国主义者们出价多少，他们就出多少。最高穆斯林委员会聘请了一名律师，但当他准备好提案时，阿富拉的买卖已经完成。一位跟踪报道此事的美国记者描述了附近犹太定居者们的喜悦——他们整晚都载歌载舞，并有美酒相伴。

第二天，一些犹太人开始前往他们新获得的土地。英国警察按照法律要求在现场保护他们。一些阿尔富拉的农民向他们投掷了石块。其中一名犹太人开了枪，造成一名阿拉伯人中弹身亡。《国土报》对这一事件表示遗憾。犹太复国主义执行委员会的基希上校感到很忧虑，他担心这一事件会增加今后购买土地的难度。他写道："不应该有人携带枪支。"当局逮捕了两名涉事犹太人，他们被控谋杀。定罪后，两人被判处监禁。然而，他们提出了上诉，法庭最终宣告无罪。此二人的审判引起了公众极大的兴趣。[61]

阿富拉在犹太复国主义幻想的万神殿中占有重要地位。波兰和美国的犹太人在"市中心"甚至"靠近歌剧院"的地方买了地皮，投资了大约 50 万美元，但 20 年后，阿富拉仍然是一个"与世隔绝"的地方，其居民不超过两千人，其中许多人从事农业工作。这项计划太过宏伟了，野心太大了，就像特拉维夫的"赌场"咖啡馆一样。理查德·考夫曼为自己辩解说，他从来没有打算为阿富拉建造一座歌剧院（opera house）——他的计划中只提到了"剧院"（theaters）。[62]

戈尔丁很快就丢掉了在阿姆齐克（AMZIC）的工作。与此同时，他仍在四处找关系，并求人推荐，这些人际关系网能决定一切。他想，说不定他父母在巴勒斯坦的一些熟人们能帮上忙呢。在维尔纽斯的时候，他听说其中一个叫戈德堡的人在巴勒斯坦经营着一家"大公司"。戈尔丁在城里到处找他，最后，他在布哈兰区（Bukharan quarter）找到了这个人。原来，戈德堡经营着一家街角的杂货店。不过，戈尔丁还是开了口，他问戈德堡有没有可能把他引荐给某个熟人？戈德堡只是笑了笑。[63]

8

犹太新年那天，雅各布舅舅带着戈尔丁去耶舒伦犹太会堂（Yeshurun Synagogue）做礼拜。戈尔丁告诉父母，那里很有贵族气息——许多礼拜者都用英语交谈。他看到了本市的一些大人物：加德·弗鲁姆金法官和莫迪凯·黎瓦农（Mordechai Levanon），总检察长诺曼·本特威奇，希伯来大学的马格尼斯教授，以及律师莫迪凯·埃利亚什博士。现场有那么多能够帮到戈尔丁的人，只要他们肯为他写一封推荐信，就能解决所有的问题。但他要怎么样才能接近他们呢？埃利亚什向他点头致意。戈尔丁听说犹太复国主义筹款组织"克伦·哈耶索德"（Keren Hayesod）正在招办公室工作人员，他便请埃利亚什出面帮他说话。埃利亚什拒绝了，但允许戈尔丁提及他的姓名。事实证明这还不够。戈尔丁试图联系"克伦·哈耶索德"的一位高级官员莱布·亚菲（Leib Jaffe），但亚菲并不在国内。然而，戈尔丁的父母却认识他的妻子，于是他便跑去拜访她。[64]

亚菲夫人热情地接待了他。她想知道维尔纽斯有什么新鲜事，并问了很多人的情况。亚菲夫人说，他当然可以跟人提她的名字。她给戈尔丁倒了杯咖啡，但他急着要去"克伦·哈耶索德"办公室。他差点就没赶上——其实候选人名单的报名时间已经截止了，但当他提到亚菲夫人时，他的申请被接受了。一个星期后，他在给父母的信中说道："这是我一生的快乐！"他收到了"克伦·哈耶索德"办公室寄来的信。亚菲先生将在回来之后会接见戈尔丁。

他又去找了亚菲夫人，并再次请求她在丈夫面前帮他说说好话。"她是个好人，"他对父母说道。亚菲夫人请他吃了午饭，之后又给了他一张纸条。纸条上写着，戈尔丁是雷海勒·布罗伊德（Rachel Broide）的表弟。她叫戈尔丁把这张纸条带给她丈夫。阿妮塔舅妈说，亚菲太太一定是爱上他了。当莱布·亚菲旅行归来时，他亲切地接待了戈尔丁。毕竟，他是自己的表弟。但遗憾的是，他不能为他提供工作岗位。戈尔丁大惊失色。"我还能怎么办？连推荐都没有用！"他把所有的希望都寄托在这份工作上了。[65]

雅各布舅舅给他提供了一份工作，在他的蓝图商店（blueprint shop）工作，每月工资十二镑。这笔钱至少够把戈尔丁的母亲接过来。问题是雅各布舅舅拒绝让他继续上大学。[66] 戈尔丁试图在耶路撒冷市政当局找到一份工作，但没能成功；他接受了一份家教的工作，辅导儿童的希伯来语和英语。最后，他设法与耶舒伦犹太会堂里的一名成员搭上了话。此人名叫鲁汶·卡茨奈尔森（Reuven Katznelson），他在哈达萨医疗中心的统计部门工作。卡茨奈尔森给戈尔丁安排了一份兼职工作。"他没提工资的事，我也没问。像这样的事情你是不会去问的，"戈尔丁写道。[67]

　　这份工作是一个新的开始，也是希望的基础。戈尔丁想先把他的母亲和妹妹接过来。按照他的设想，凭借他在哈达萨的工资和他做家教的收入，母亲和妹妹便能获得签证。莫迪凯·埃利亚什反对这个主意，并拒绝写信支持他的申请。但戈尔丁还是提交了申请，大学里的一位教授同意帮他在所需的表格上签字。

　　戈尔丁描述了整个申请程序：巴勒斯坦英国政府的移民部门在下午向公众开放。申请人手上都拿着号码，以标明自己在等候队伍中的位置。戈尔丁的号码是 25 号。都到四点差一刻了，队伍才排到 13 号。"贵宾"们不断地插到队伍前面，美女们也是如此。最终，他成功地在号码还没排到他的情况下便进入了面试环节。面试的过程旷日持久又劳神费力，申请表垒在一起厚厚一沓，极其冗长，又非常详细。然后是令人紧张的等待期。耶路撒冷是个小城，人们都相互认识，而戈尔丁恰好和处理申请的官员很熟。每隔一段时间，他就会被告知自己的申请状态。戈尔丁把每一条传闻和进展都报告给了父母。

　　在此期间，他跟父母商量了给自己改姓的事。他想让他们参与决策过程。他父亲提议把名字改为"戈尔丁·伊什·莱维"（Gordin Ish Levi），其意思是"利未人戈尔丁"，但耶菲姆表示反对。"那不相当于没改吗，"他抱怨道。他想斩断自己和流散地的关联。不，不是要把自己和过去割裂开来，他向父母保证，只是和流散地的过去割裂开来。他尝试与父亲达成一项妥协方案：叫伊什·莱维，或者伊什·哈莱维（Ish Halevi），或者莱维（Levi），或者哈莱维（Halevi）。最后一个是最好的，因为有太多叫莱维的了……而且，不管怎么说，起码这个名字念起来更好听。全家人最后决定把他的名字改为哈莱维。[68]

　　改名后的哈莱维失去了一个生源，这使他的收入变少了。他担心这可能会影响他的移民申请。[69] 紧接着，他的申请便被拒了。他感到震惊并提出了复议申请。结果复议也被驳回。他写道："我的心里和喉咙里都有一种可怕的感觉。"[70] 几个月后，他再次提交了申请。埃利亚什现在同意支持他的申请了。1929 年 4 月，哈莱维在哈达萨获得了加薪，但他的收入仍然只有 12 镑。现在一切都取决于英国移民局局长阿尔伯特·亚姆森（Albert Hyamson）。哈莱维评论说，在维尔纽斯，人们说亚姆森是一个反犹的犹太人，是个一流的败类。[71]

9

在大学里，哈莱维对犹太学和人文学进行了深入研究。他的老师是希伯来文学教授约瑟夫·克劳斯纳（Joseph Klausner）。克劳斯纳要他编写一份关于雅各布·什穆埃尔·比克（Ya'akov Shmuel Bik）的书目。这是一位 19 世纪初的剧作家和翻译家，曾住在加利西亚。哈莱维让他的妹妹去打听维尔纽斯中学的校长是否能提供帮助。[72]

来自俄罗斯的克劳斯纳是一位活力十足但却脾气暴躁的百科全书家，一个充满争议的人物。作为第二圣殿时期的专家，他曾想教授历史，但大学不同意。克劳斯纳的问题在于，他太有名了，也太受欢迎，并过多地卷入新希伯来文化的政治中。他的同事们，尤其是那些来自德国的同事，认为他是个骗子。克劳斯纳在 1922 年写了一本关于拿撒勒人耶稣的书，这本书引起了轰动。他在书中把耶稣描述为一个激进的犹太民族主义者。他还坚持认为，尽管犹太人不承认耶稣是上帝之子，但他仍然是一个"有道德的伟人和一位寓言家"。克劳斯纳写道，耶稣的"伦理书"，即《新约》，总有一天会被人们接受为"有史以来犹太文学中最美丽的珍珠之一"。他在报纸上发表的文章透露出一股极端且好战的爱国主义气息。那些来自德国的教授们自然难以容忍这种人物的存在，他们秉持保守的自由主义，并致力于保持克制。[73]

但克劳斯纳同时也代表了两种事物的奇妙融合：他既对世界文化持开放

态度又固守希伯来民族主义。哈伊姆·沙洛姆·哈莱维很尊敬他的老师，他还向父母透露了一个天大的秘密：他在帮助克劳斯纳将所谓"犹太研究所"变成一所综合性的人文学院。他说，这是一场与"正统派黑暗势力"的斗争。[74] 在哈莱维的信中，这项计划听起来像是一场推翻政府的阴谋；事实上，这是宗教与世俗这两种希伯来犹太复国主义文化之间的斗争。偶尔，克劳斯纳会邀请学生们到他位于塔勒皮奥特（Talpiot）的家中作客；在学年结束时，他含泪向他们告别。[75]

　　哈莱维的一天很早便开始了。五点半，他起来晨祷。如今，他在一家餐馆吃早餐，一般是一杯牛奶加蛋糕。七点，他便来到了哈达萨的办公室里。十一点，他会休息一会儿，其间他会喝一杯酸奶，吃一块蛋糕。下午两点，他在一家素食餐厅吃午饭，之后便会去斯科普斯山上的希伯来大学。他七点半回家，并在家里吃晚饭。通常，他会读一会儿书，然后睡觉。[76] 有时他也会去看戏。克劳斯纳说，一个有文化、有教养的人应该去看歌剧。哈莱维看了《戴布克》（The Dybbuk）、《泥人》（The Golem）、《雅各布之梦》（Jacob's Dream）和《永恒的犹太人》（The Eternal Jew）。这些剧目给他带来了极大的震撼，令他印象深刻。"女演员汉娜·鲁比娜哭喊着，"他在给父母的信中写道，"我也和她一起哭了。"[77]

　　他还会和同学们一起散步。他去特拉维夫看普林节游行，但并不怎么喜欢。他还参加了阿哈德·哈阿姆的葬礼。他参加过一两次同学聚会。学生们围坐在长桌旁，讲讽刺性的笑话，取笑老师和自己，他们也会跳舞。晚会结束时，男同学会送女同学回家。[78] 大多数时候，哈莱维还是觉得很孤独。[79]

　　有一天晚上，他从斯科普斯山回来后写道："一轮明月把黑夜照得像白昼一样，它能比波兰的月亮大上一倍，不用费力就能看清小字。我走在路上，产生了幻觉，梦到了梦境，陷入了深思。而你，则永远是我思想、观念和概念中的主题。"[80] 他抱怨抑郁症的发作："像一群蝗虫一样，它突然就来了，在我的灵魂上驻足，并吃掉那里一切美好的东西。"在孤寂之中，他有时会到耶路撒冷黑暗的小巷中徘徊，凝视星空，并为人类在浩瀚宇宙中的渺小而感到苦恼。他想知道，其思想和愿望有什么价值？他开始写日记。翻阅日记时，他惊恐地发现，日记中几乎没有一页不提到死亡。[81] 哈莱维的疑虑折磨着自己，他觉得父母在怪罪他，怪罪他在申请移民许可证方面没有付出足够的努力。父亲也许在生他的气，因为他只考虑到该怎么帮母亲拿到移民许可。他在给父母的信中写道："我的内心经历了一场艰难而可怕的搏斗。我决定推迟申请，直到我可以为你们俩一起申请。"

在哈莱维到达巴勒斯坦近三年后，他终于拿到了父母和妹妹的移民许可证。"现在我可以告诉你们，"他写道，"雅各布舅舅曾经抛出一席话，他说我并不希望你们来。"那一刻，他感到"内心冰火两重天"，并强忍住泪水。经过一夜的沮丧和失眠后，他从床上爬起来，"像石头一样坚定"，发誓要加倍努力把家人接过来。现在，哈莱维的内心反倒产生了疑虑，也许家人们并不是真的想来，也许只是因为他才来。他问自己，如果他去了澳大利亚或古巴，他们会不会也跟着去那里呢？[82] 他们的许可证已经到了，为什么他们不一劳永逸地把房子卖掉呢？他们为什么要推迟离开？

事实上，他们一家人已经开始收拾行李了。哈莱维指示他们什么东西要带上，什么东西要留下：不要带锅碗瓢盆，但要带枕头和床单。带上衣服，不过只能带短的内衣。他的想法非常坚定。"我绝对赞成带摇椅。它的运输成本不会太高，而且很有可能被完好无损地运到这里。在这里，这把椅子会很有用，会让人心情愉悦，而买一把新的椅子则会花很多钱。但我反对把书柜带来。"他劝父母把天鹅绒的东西单独打包，因为它们可能会被熏坏。"每个来到巴勒斯坦的人似乎都迎来了重生，"他写道。"现在，一切都掌握在你们手中。"[83]

注　释

1. Gordin to his parents, 28 May 1928. Letters of Yefim Gordin, later Chaim Shalom Halevi. Quoted with the kind permission of his son.
2. Moshe Lissak, "Immigration, Absorption, and the Building of Society in Palestine: Israel in the 1920s, 1918–1930," in *The History of the Jewish Yishuv in Palestine from the Time of the First Aliya (The British Mandate)* (in Hebrew), ed. Moshe Lissak and Gabriel Cohen (Jerusalem: Israel Academy of Sciences, Bialik Institute, 1994), part II, pp. 199, 214.
   U. Schmeltz, "Migration," *Encyclopedia Judaica*, vol. XVI, p. 1518ff.
3. Gideon Biger, *Crown Colony or National Home: The Influence of British Rule on Palestine, 1917–1930: A Geographical-Historical Examination* (in Hebrew) (Jerusalem: Yad Ben-Zvi, 1983), p. 174.
4. The Zionist Organization in London to all Zionist Federations, 18 Apr. 1919, CZA L3/31 I. Minutes of the eighth session of the Temporary Council of the Jews of Palestine, 22–23 Oct. 1919, p. 11.

Ben Baruch, "Closing the Gates" (in Hebrew), *Ha'aretz*, 23 Dec. 1920, p. 2.

5. David Ben-Gurion, *Memoirs* (in Hebrew) (Tel Aviv: Am Oved, 1971), vol. I, p. 198.
6. Baruch Ben-Avram and Henry Nir, *Studies in the Third Aliya: Image and Reality* (in Hebrew) (Jerusalem: Yad Ben-Zvi, 1995), p. 21.
Biger, *Crown Colony or National Home*, p. 174.
Immigration survey (1925), CZA S6/5208.
7. Weizmann and others with Samuel, 3 July 1920, CZA Z4/3766.
8. Lissak, "Immigration, Absorption, and the Building of Society in Palestine," part II, p. 218.
9. Weizmann and others to Samuel, 3 July 1920, CZA Z4/3766.
10. Directive on immigration no. 2, 17 Dec. 1920, CZA Z4/1287.
11. Weizmann to Samuel, 22 Nov. 1919, *The Letters and Papers of Chaim Weizmann*, ed. Jehuda Reinharz (New Brunswick, NJ, and Jerusalem: Transaction Books, Rutgers University, and Israel Universities Press, 1977), vol. IX, p. 270.
12. Samuel to Weizmann, 20 Jan. 1920, CZA Z4/16146.
13. Eder, Ruppin, and others to Herbert Samuel, 2 July 1920, ISA M/1/33.
Lissak, "Immigration, Absorption, and the Building of Society in Palestine," part II, p. 216ff.
National Council Executive to the Colonial Secretary, 21 Apr. 1925, Knesset Yisrael, National Council, *Book of Documents* (Jerusalem: 1949), p. 84. See also: CZA S25 /2591.
M. Mossek, *Palestine Immigration Policy Under Sir Herbert Samuel* (London: Frank Cass, 1978), p. 127.
Shuckburgh to the Colonial Office, 25 Mar. 1925, PRO CO 733/110.
14. Edwin Samuel, *A Lifetime in Jerusalem* (Jerusalem: Israel Universities Press, 1970), p. 79.
15. Mossek, *Palestine Immigration Policy Under Sir Herbert Samuel*, p. 43.
16. Digest of letters, 14 Mar. 1923, CZA S6/267.
Lissak, "Immigration, Absorption, and the Building of Society in Palestine," part II, p. 219ff.
Ben-Gurion, *Memoirs*, vol. I, p. 279.
17. Samuel to the Advisory Committee, 19 May 1919, CZA Z4/16009.
Ruppin to the High Commissioner, 1 Aug. 1920, ISA M/1/33.
Eder and others to the High Commission, 2 July 1920, CZA M/1/33.
Weizmann to Graham, 11 July 1919, in *The Letters and Papers of Chaim Weizmann*, vol. IX, p. 170ff. See also: E. Samuel, *A Lifetime in Jerusalem*, p. 81.
Kisch diary, 10 June 1930, CZA S25/838.
18. The Zionist Executive in Palestine to the Palestinian Office, 15 Nov. 1922 and 8 May 1922, CZA S6/267.
Immigration directive no. 2, 17 Dec. 1920, CZA Z4/1287.
Ben-Avram and Nir, *Studies in the Third Aliya*, p. 113.
19. "Self-Defense," *Kontrass*, vol. IV, no. 78 (11 May 1921), p. 31.
20. Ettinger to the Zionist Commission, 10 June 1919, CZA L3/31 I.
Yehuda Erez, ed., *Book of the Third Aliya* (Tel Aviv: Am Oved, 1964), vol. I, pp. 219, 411.
Ben-Avram and Nir, *Studies in the Third Aliya*, p. 144.
21. Lissak, "Immigration, Absorption, and the Building of Society in Palestine," part II, p. 237ff.
22. The Palestinian Office Eliash, 6 Mar. 1919, CZA L4/568. See also: Zionist Commission, 22 May 1919, CZA L3/31 I.
Zionist Commission to the Zionist Organization, 13 Aug. 1920, CZA L3/289.
Immigration Department to the Palestinian Offices, 14 Mar. 1923, CZA S6/267.
23. Assistance Center to de Sola Pool, 20 Aug. 1920, and de Sola Pool to Rabbi Kook, 11 Oct. 1920, CZA L3/202.
24. Immigration directive no. 2, 17 Dec. 1920, CZA Z4/1287. See also: Immigration Department to Palestinian Office, 23 Jan. 1923, CZA S6/267 I.

25. Theodor Herzl, *The Jewish State* (in Hebrew) (Tel Aviv: Yediot Aharonot, 1978), p. 54.
Berl Katznelson, *The Writings of Berl Katznelson* (in Hebrew) (Tel Aviv: Mapai, n.d.), vol. I, p. 113.
Ben-Avram and Nir, *Studies in the Third Aliya*, pp. 32, 35.
26. Douglas V. Duff, *Bailing with a Teaspoon* (London: John Long, 1953), pp. 75–77. See also: Y. G. to the Zionist Commission, 9 Oct. 1921, CZA L3/474.
27. Yosi Ben-Artzi, "The Judaization of Haifa and Its Development in the Mandatory Period" (in Hebrew), in *Haifa in Its Development, 1918–1948* (in Hebrew), ed. Mordecai Naor and Yosi Ben-Artzi (Jerusalem: Yad Ben-Zvi, 1989), p. 31. See also: May Seikaly, *Haifa: Transformation of an Arab Society, 1918–1939* (London: Tauris, 1995), p. 49.
28. Shimon Stern, "Hadar Ha-Karmel: The Center of Jewish Life in Haifa" (in Hebrew), in Naor Ben-Artzi, *Haifa in Its Development*, p. 38ff.
29. Gordin to his parents, 8 and 16 June 1926.
30. Gordin to his parents, 6 June 1926.
31. L. and Hannah Majero, *Lod: Memoirs* (in Hebrew); mimeographed edition, self-published, 1965.
32. Gordin to his parents, 6 July 1926.
33. Gordin to his parents, 28 Aug. 1926.
34. Gordin to his parents, 10 Aug. 1926.
35. Ilan Shchori, *A Dream That Became a City* (in Hebrew) (Tel Aviv: Avivim, 1990), p. 368.
36. Natan Herpo, "From Dream Houses to Box Houses" (in Hebrew), in *Tel Aviv at Its Beginnings, 1909–1934* (in Hebrew), ed. Mordecai Naor (Jerusalem: Yad Ben-Zvi, 1984), p. 91ff.
Alter Levine, *Scroll of the East* (in Hebrew) (Dekel, 1915).
37. Lissak, "Immigration, Absorption, and the Building of Society in Palestine," part II, p. 235ff.
38. Lissak, "Immigration, Absorption, and the Building of Society in Palestine," part II, pp. 287ff., 214.
39. Gideon Biger, "Geddes's Plan to Design the Physical Image of Tel Aviv in 1925," in *Proceedings of the Tenth World Congress of Jewish Studies* (Jerusalem: World Union of Jewish Studies, 1990), division B, vol. I, p. 384ff.
Geddes to Eder, 2 May 1925, CZA L12/39. See also: Hellen Meller, *Patrick Geddes, Social Evolutionist and City Planner* (London: Routledge, 1990).
40. Memoirs of Moshe Levy in *Dreaming in the Sands* (in Hebrew), ed. Shimon Halfi; to be published. With the kind permission of Rachel Halfi.
Mordechai Ben-Hillel Hacohen, *My World* (in Hebrew) (Mitzpeh, 1928), book IV, p. 147ff.
41. Ben-Avram and Nir, *Studies in the Third Aliya*, p. 69.
Weizmann to his wife, 18 Apr. 1918, in *The Letters and Papers of Chaim Weizmann*, ed. Dvora Barzilay and Barnett Litvinoff (New Brunswick, NJ, and Jerusalem: Transaction Books, Rutgers University, and Israel Universities Press, 1977), vol. VIII, p. 131ff.
42. Edmond Fleg, *My Israel* (in Hebrew) (Am HaSefer, 1957), p. 83ff.
Nahum Gutman, *A Small City of Few People* (in Hebrew) (Tel Aviv: Am Oved and Dvir, 1959), p. 261.
43. Memoirs of Gabriel Tzifroni, in S. Halfi, *Dreaming in the Sands*. With the kind permission of Rachel Halfi.
44. Gordin to his parents, 14 July 1926.
45. Immigration Department of the Palestine Office in Warsaw, 23 Jan., 8 May, and 4 Sept. 1923, CZA S6/267 I. See also: Lissak, *The History of the Jewish Yishuv*, part II, pp. 227, 192, 235ff.
46. Gordin to his parents, 14 Nov. 1926.
47. Gordin to his parents, 12 Apr. 1927.

48. Gordin to his parents, 2 May 1929.
49. Ilan Shchori, *Dream*, p. 371.
50. Gordin to his parents, 7 June 1927.
51. Gordin to his parents, 28 Dec. 1926; 3 Jan., 1 Feb., and 12 Aug. 1927.
52. Gordin to his parents, 1 Feb. and 17 May 1927.
53. Gordin to his parents, 28 Dec. 1926.
54. Gordin to his parents, 3 Jan. 1927.
55. Gordin to his parents, 9 Jan., 22 Sept. 1927.
56. Gordin to his parents, 19 July 1927.
57. Gordin to his parents, 6 June 1929.
58. Gordin to his parents, 27 Jan. 1928.
59. Gordin to his parents, 19 July 1927.
60. Gordin to his parents, 12 Apr., 17 May, 17 July 1927.
61. Rashid Khalidi, *Palestinian Identity: The Construction of a Modern National Consciousness* (New York: Columbia University Press, 1977), p. 109.
    Bramley report, 30 Nov. 1924, RCS—Bramley Papers.
    Bernard A. Rosenblatt, "Afulah Day," *New Palestine*, 19 Dec. 1924, p. 426.
    Moshe Glickson, "The Afula Matter" (in Hebrew), *Ha'aretz*, 30 Nov. 1924, p. 2ff.
    F. H. Kisch, *Palestine Diary* (London: Victor Gollancz, 1938), p. 154.
    Horace Samuel, *Unholy Memories of the Holy Land* (London: Hogarth Press, 1930), p. 229ff.
62. Dan Giladi, "Afula: 'City of the Valley' or City Against the Valley?" in *Jezreel Valley, 1900–1967* (in Hebrew), ed. Mordecai Naor (Jerusalem: Yad Ben-Zvi, 1993), p. 95ff. See also: Iris Glazer, "The Valley of Jezreel: Social Ideologies and Settlement Landscape, 1920–1929," *Studies in Zionism*, vol. XI, no. 1 (1990), pp. 11ff.
63. Gordin to his parents, 8 Sept. 1926.
64. Gordin to his parents, 28 Sept. 1926.
65. Gordin to his parents, 9 Aug.; 7, 14, 10 Nov.; 1 Dec. 1926.
66. Gordin to his parents, 16 Jan. 1927.
67. Gordin to his parents, 7 Feb. 1927.
68. Gordin to his parents, 19 Aug. 1927.
69. Gordin to his parents, 28 June 1928.
70. Gordin to his parents, 3 Apr. 1928.
71. Gordin to his parents, 14 Sept. 1927.
72. Gordin to his parents, 24 Oct. 1926.
73. Joseph Klausner, *Jesus of Nazareth* (in Hebrew) (Tel Aviv: Masada, 1945), p. 448.
    David N. Myers, *Re-inventing the Jewish Past* (New York: Oxford University Press, 1995), p. 94ff.
74. Gordin to his parents, 8 Mar. 1927.
75. Gordin to his parents, 15 Mar. 1928.
76. Gordin to his parents, 15 Apr. 1928.
77. Gordin to his parents, 1 Feb. 1927.
78. Gordin to his parents, 3 Jan., 5 Apr., 6 June 1927.
79. Gordin to his parents, 11 Dec. 1927.
80. Gordin to his parents, 28 Dec. 1926.
81. Gordin to his parents, 27 Jan., 11 Dec. 1928.
82. Gordin to his parents, 6 June 1929.
83. Gordin to his parents, 11 July, 9 Nov., and 28 Dec. 1926.

第 11 章　一个新人

1

20 世纪 20 年代，约有 10 万犹太移民抵达巴勒斯坦，其中的一些人成为了农民，但他们只占新移民总数的 20%，换言之，不超过 2 万人。[1] 在这些人中，大多数人选择在既有的农业城镇居住。只有几百人组成了公社，他们在基布兹定居。在那儿，包括财产和孩子的教育在内的一切事务都是合作性质的。

基布兹是一种有原创性的社会创造，但始终是犹太社群中的一种边缘现象。到 20 世纪 20 年代末，基布兹总人口不超过 4 000 人（包括儿童），他们分散在约 30 个基布兹中，仅占巴勒斯坦犹太总人口的 2.5%。[2] 基布兹为犹太民族主义事业所作出的最大贡献体现在军事层面，而不是经济或社会层面。对于犹太复国主义者所占据的土地而言，基布兹居民是其守护者，他们聚居的模式将在很大程度上决定这个国家的边界。基布兹还对犹太复国主义者的自我形象产生了巨大的影响。

客观环境的需要和理想主义这两方面因素共同决定了基布兹中合作的生活方式。基布兹的条件非常艰苦，成员们住在帐篷或茅屋里。过了很长时间后，他们才建起石屋。就总体情况而言，基布兹的社员会说希伯来语。他们种植树木，清理石块，铺设道路。男女平等是基布兹社会的基础价值观念之一，但当涉及实际的日常生活时，这个问题就会引起不断的争论。做饭、打扫卫生以及缝缝补补这些工作通常还是由妇女们来完成。[3]

基布兹的成员是为理想而奋斗的先锋士兵，也是神秘信仰的信徒，更是被他们抛在身后的欧洲文化的囚徒，他们贪婪地阅读，并花大量时间去思考"宇宙和道德问题"。[4]他们代表着劳工运动的不同分支，不管是在情感层面还是意识形态层面，他们都热衷于拉帮结派，听起来常常像是在参与一场光明与黑暗的斗争。事实上，不管是成员们所写的日记、回忆录，还是他们寄给欧洲父母的信件，这些材料都表明了一个事实：即早期的基布兹就是一种超高强度青春期幻想的现实表现。其中一本日记是由 B 公社的一名成员所写，该公社后来建立了米什玛尔·哈埃梅克（Mishmar HaEmek）基布兹。

B 公社是一处美丽的营地，由闪闪发光的白色帐篷组成，每顶帐篷中有三四张床，男女一般分开睡。帐篷中央支柱的周围有几块木板，它们被拿来当桌子，床铺被拿来当椅子。B 公社隶属于哈舒迈尔·哈察伊尔（Hashomer HaTzair）青年运动，而内韦·沙阿南（Neve Sha'anan）则是迦密山上新建的一个犹太社区。1922 年初，该公社正在努力铺设一条道路。这条道路将把内韦·沙阿南与海法的低地部分连接起来。日记的作者没有名字，只留下了一个绰号，叫"塔希"（Takhi），仿佛他除了是公社的一员外，便没有任何过去，也不具任何人格特征。这个绰号是塔哈莫尼（Takhamoni）的简称，他写道。公社成员互相督促，提醒彼此要认真工作。所谓认真工作，是指不要在工作中读尼采和弗洛伊德。但有些人对同志们的批评无动于衷，他们认为，最主要的是"以最深刻的方式"过好自己的公社生活。

为了让公社的生活体验变得更丰富也更加深刻，公社成员们设立了共享衣橱。"目前，"塔希解释说，"公社还没有把这个作为强制规定。只要谁愿意，谁就可以把自己的衣服放进共享衣橱。大多数同志都很热情，马上就在院子里排成了一队。大家提着箱子向厨房旁边的储藏室行进。其他成员则反对共享衣橱。他们争辩说，现在还为时过早，我们还没有创造出必要的条件。也就是说，我们还没有创造出密集、广泛且深入的公共生活。等做到了这一点，共享衣橱便会自然而然地出现。"

写完这篇日记的几天后，塔希又写道："恭喜！我们搭起了一个没有地板的小屋，还安装了一个淋浴器。它是这样的：地面上有一个桶，靠近天花板的地方还有另一个桶，两个桶之间用一根管子连接起来。下边的那个桶里边固定着一个手泵，如果你想洗澡，至少要花半个小时才能把水抽到第二个桶里。H. 安装了一个中央加热装置，但有点不靠谱。它烧的是杏仁或坚果壳，但整体上来说，燃料不够用……水也不够。"

公社里组织了无数次讨论，塔希对此也进行了描述。"昨天的谈话很好，很深刻。我们谈了——实际上我们只有一个人发言，其余的人都保持沉默——社会中的性爱，讨论了个人和个人的自由。"讨论是在午夜时分进行的。"杂物帐篷里有一半是黑暗的，在某个角落里，有一盏小灯忽隐忽现。地上，人们靠着墙壁挤坐在一起。某个角落里传出了 Y. B. 的声音，那声音仿佛是从深处传来的，像是幽灵发出的声音，充满了神秘感。无形的话语刺穿了昏暗的空间，说话的人一直低着头。'我叫大家谈一谈（长时间的沉默）……因为我……也就是我们每个人（长时间的沉默）……社会，一个家庭（长时间的沉默）……'所有的同志都低着头坐着，脸都被藏了起来。我把下巴搁在膝盖上听着。"塔希很快就睡着了，但第二天，他听说从没有哪次讨论像这次这般迷人、深刻。

同志们喜欢谈论他们对于公社的想象。"在最后一次谈话中，H. 是这样描述公社的，"塔希写道。"一列行进中的火车。一头骆驼在火车顶上缓缓地迈着步子，骆驼上是一头驴子，驴子上是一只白色的公鸡，它张开了翅膀。"塔希虽然搞不清楚这个故事的寓意，但他写道："每个人对公社都有自己的憧憬，这真的很重要。"

成员们离家太远了，生活又是如此的不确定，他们对公社和自己的个人生活充满了太多期待，但在群体中又是那么的孤独。"有时你躺在床上，想着公社，想着公社的生活和公社里的人，突然便听到了哭泣的声音，"塔希写道。"你起身走到外面，想帮助你的同志解决他的困难。但在你听到哭声的帐篷旁边，有几个姑娘正聚在一起，她们向你打出了手势：'别过来！'她们在观察状况并提供帮助。已经有不少治疗歇斯底里的专家了。"

不过，他也描述了公社里的狂欢和欣喜。公社第一次有组织的舞蹈派对最后几乎变成了一场异教仪式。"我们都用白色的床单把自己包裹了起来，在月光的照耀下，跳起了神奇的舞蹈。其实，这不能算是舞蹈，而是神秘而奇幻的运动。派对始作俑者 H. 的表演很精彩。他裹着白色的床单，双手高举，随着口琴的节奏摇摆。他看上去就像创世六天中的某个神话人物。我们体验到了巨大的文化享受。"在随后的日子里，社员们花了很多时间来分析当晚发生的事情，他们互相告诉对方，在跳舞的那个晚上，"公社的灵魂融为了一体"。那是一种入会仪式，一种成年仪式。与此同时，来自华沙的女孩们与来自加利西亚（Galicia）的男孩们变得越来越亲密起来。"性爱在我们的谈话中占有如此重要的地位，那不是没有原因的，"塔希在日记中写道。"个人在集体面前袒露自己的灵魂，"他补充说，"整个公社在昏暗的饭厅里坐在一起，敞开心扉倾听这个人的困惑。"其他公社（communes）和基布兹也记录了类似的经历。吉诺萨尔（Ginnosar）基布兹的一名成员写道："灵魂互相碰撞。"他解释说，情感上的痛苦在很大程度上是对某种落差的反应，即人们的期望与他们所遇到的困难之间的落差。[5]

6个月后，内韦·沙阿南公路完工，公社便搬到了纳哈拉勒。这是一个集体农场，他们需要在这里帮沼泽排水。锤子和凿子被镐头和铲子所取代——"完全不是什么浪漫的工具"，塔希写道，但他知道这项工作的重要性，因为沼泽会传播疟疾。同志们现在大谈特谈自己的工作，塔希感到很无聊。"我们整天工作难道还不够吗，为什么还要彻夜谈论这个话题呢？"他问道。不幸的是，与公社的社会精神生活相比，有些人更关心工作和生计，他写道。不久，所有成员都得了疟疾。他们吞下奎宁药片，并靠可可粉和糖粉来解馋。晚上，他们互相捉弄——给熟睡的同志画脸，吓唬驴子——在厨房里大声咀嚼鲱鱼、哈勒瓦（Halvah）和葡萄干。

1922年夏天，这个小团体内部发生了几次危机，并给整个公社造成了震动，塔希把这些事情也记录了下来。这几次危机反映了公社内部在个人层面和意识形态层面的紧张关系。一些公社成员闯进了孩子们住的小屋里。这里是公社中头四个婴儿睡觉的地方，孩子们分别叫阿里埃拉（Ariela）、乌里尔（Uriel）、埃坦（Eitan）和阿米拉（Amira）。公社成员们改变了小屋简陋的外观，并把它重新布置成类似于欧洲犹太人家庭的样子。塔希描述了当时的情景。"两张床，铺好了，下面放着拖鞋。丈夫的床上放着一个烟斗和各种小资产阶级家庭的典型配件。"闯入行为是对公社中有子女的夫妇的抗议，因为这些夫妇逐渐在公社中孤立自己，而不是"与更大的家庭——公社——一同生活"。这件事引起了很大的骚动。一个女孩还为此哭了起来。

在随后的讨论中，一位成员建议全公社的人都住在一个小屋里，这样公社成员之间的联系就会成为一种"伟大、团结的精神统一"。其他人则谈到了同志们之间的分裂，有些人已经不再相信公社，并陷入了绝望，塔希写道。"他们总是很生气，而且在他们内部的对话中，他们试图证明我们组只是一群慵懒的知识分子的集合，总是陷于幻想之中。证明我们的眼里容不下老实、健康，且对工作态度直截了当的劳动者。他们说，知识分子把老实人都逼疯了。"

9月底，事情最终还是发生了："离开了！今天有十个同志一下子全离开了公社。十个愤怒的人，老实人和无知的人（他们骄傲地这样称呼自己）。他们离开公社，去了海法。这对我们的生活有什么影响？有人说，那些离开的人并不属于公社，他们只是一个障碍，不适合激烈、广泛、深入的公社生活。"两个星期后，塔希指出，公社的生活还在继续，他们也在克服障碍。"弱者去，强者留，"他断言。

12月，冬天来了。公社里的工作放缓，公社成员们读了很多书。罗曼·罗兰（Romain Rolland）的《约翰·克利斯朵夫》（*Jean Cristophe*）最受欢迎，但奥托·魏宁格（Otto Weininger）的《性与性格》（*Sex and Character*）也吸引了很多人的注意。现在他们在其中的一间小屋里有一个小图书馆。沼泽地的排水工作结束了。同志们转而收集用于建筑或铺路的石头——他们并不完全知道这么做的目的是什么。公社里的伙食很差，而且通常都炒煳了。炉子放在外面，就在杂物间旁边，他们用树枝做燃料。杂物间的顶上盖着油布，但雨水还是漏了进来，把地面变成了一摊烂泥。公社里的帐篷都破了，雨水也跟着漏了进来。

一向乐观的塔希试图把冬天变成一种浪漫的体验。"晚上，风声呼啸着把帐篷吹倒，床铺被置于户外，暴露在风雨中，在这种时候，没有比面包房更好的去处了，他们正在用晚上刚从海法送来的面粉做面包。无家可归，也没有帐篷，大家被风吹得七零八落的，只好来到温暖的面包房。吃一块皮塔饼，喝一杯不加糖的黑咖啡，这便是一种享受。我们整晚都待在这里。天亮后我们又把帐篷重新搭起来。"

但人仍在不断地离开。"他们一个接一个地离开。我们中的一些人认为这是一种自然选择，但同时公社也出现了人员上的空缺。有时候，人们会跟自己谈论这个问题。在内心深处，怀疑在啃噬着我们的信心。我们能坚持下去吗？我们还能继续吗？"1924年3月的日记写着："没有工作，但有饥饿和疟疾。"此外，还有音乐。有一个同志会拉小提琴，另一个会吹笛子。"音乐已经开始在我们的生活中占据重要的位置，"塔希写道。一年半以后，即1925年5月，他在日记中写道："不管你信不信，我们收到了一台钢琴，这是来自布拉格的礼物。我们在图书馆里为它留了一个荣誉宝座，它就摆在那里。我们得把房客弄走。"这群人还收到了两头骡子：齐波拉（Tzipora）和德沃拉（Devorah）。公社通过贷款的方式把它们买了下来。在清理完沼泽并收集完石头之后，公社被派去修迦密山上的另一条道路。然后，在1924年5月，公社又卷入另一个席卷巴勒斯坦的新幻想中去了：烟草。

故事始于英国对进口香烟征收关税。人们立马便开始投资烟草种植业。一些初期的成功吸引了更多的投资者。这一新产业为B公社提供了工作机会，但他们的烟草种植业却惨遭失败。人们带着极大的热情和赌徒心态进入这一领域，但他们对烟草的种植、烘干、加工和销售一无所知。他们倒了大霉：第一年的收成是需求的两倍，烟草的质量最多只能算普通，更达不到出口的标准。卢布林纳（Lubliner）是一位来自柏林的百万富翁，他曾承诺要购买大部分的烟草，但到丰收的时候，他却不知所踪。数以千计的人因此丢掉了工作。[6]

公社的两周年纪念日即将到来，可成员们对自己的未来却没有清晰的认识。公社里的五个小孩给公社带来了各种新问题。哺乳期时，有人不得不敲打汽油罐来吓走老鼠，因为它们吓坏了孩子们的母亲。公社里的女同志打着女权主义的旗号拒绝给婴儿洗尿布。还有一个问题让公社里的成员们争论不休：孩子们到底是应该由他们的父母来照顾，还是应该由公社成员集体照顾？

在德加尼亚（Degania）基布兹，孩子的出生在公社中引起了一阵波澜，社员开始彻底重新审视基布兹的理想，并对人性进行了大量反思。"公社里的第一批孩子在围栏里互殴，玩玩具只想着自己，当看到这些场景时，我们的内心十分焦虑，"一位社员写道。"即使是集体生活的教育也无法根除那些自我主义的倾向，这意味着什么？我们最初所拥抱的那些乌托邦性质的社会观念被慢慢地摧毁了。"[7]

在拜特阿尔法（Beit Alfa）基布兹的一次会议上，塔希在日记中写道："母亲们丢下了年幼的孩子们走了。唯一留下来的是 H.，因为阿姆农（Amnon）刚出生几个星期。考虑到 H. 最近刚生过孩子，母亲们便决定让她来喂所有的孩子。"也许她们的决定有些苛刻，塔希写道，但毕竟她们是母亲，所以很可能她们最了解该怎么做最好。同志们依旧对未来有许多疑惑，并因此而饱受折磨，但他们还是扎下了根，搭起了一座小小的菜园。自家种的萝卜开始出现在他们的餐桌上。[8] 他们还搭起了一间鸽舍。

2

公社成员被称为哈卢齐姆（halutzim），即先锋（pioneers）。这个词在《圣经》中出现过，在《圣经》里，这个词具有军事意义，指走在大军前面打头阵的部队。本-古里安把哈卢齐姆描述为"实现犹太复国主义的军队"[9]。*

先锋是复国主义运动的一个组成部分，它应参与犹太人的集体事业。运动本身是为了一个崇高的道德目标而奋斗。正如约书亚手下的士兵们"在上帝面前全副武装"地越过约旦河一样，犹太复国主义运动中的哈卢齐姆也是在为国家和社会理想而奋斗。劳工运动的一张海报上写着："在神的所有子民中，不管是谁，主都与他同在，让他上去吧！"《圣经》中的这一节经文讲的是波斯王居鲁士呼吁在耶路撒冷建造圣殿。诗人哈伊姆·纳赫曼·比亚利克将先锋运动描述为一种宗教和色情的体验。他写道，开拓者们愿意"把他们所有的青春活力都投入这块被炸穿的土地深处，让它复活"。他们知道如何把简单的劳动提升到"至高无上的神圣程度，提升到宗教的高度"，他写道。贝尔·卡茨奈尔森写道："犹太劳动者走到哪里，神圣的存在就跟到哪里。"[11] 他们信奉的是劳动的宗教。

---

* 犹太复国主义者经常使用军事术语，包括"劳动军""劳动营""语言保卫营""语言的征服""土地的征服""海洋的征服""劳动力的征服"，等等。戴维·本-古里安还提到过"征服的先锋"这一用语。[10]

　　"先锋"这一概念是逐渐确立起来的，主要是在第一次世界大战之后。多年来，犹太复国主义者围绕这一概念的意义进行了深刻的思考，并展开了激烈的争论。哈卢齐姆代表的是先锋理念的先兆还是其实现？他们是在开创一个仅适用于团体内部的社会系统，还是在打造一个全面的"先锋"社会？[12]他们对于以下两个概念也几乎不作区分，即作为一种意识形态价值的先锋精神和赫哈卢茨（HeHalutz）的成员资格。赫哈卢茨是犹太复国主义者支持的政治运动，其使命是将犹太青年安置在巴勒斯坦的农业社区中。

　　在犹太复国主义运动的想象中，农业被视为能治愈犹太人民的良药。在他们看来，犹太人在千年的流亡过程中不光经历了"退化"，还"生病"了。开垦土地将使他们在军事上变得更加强大，这同时也被视为一种道德义务。[13]先锋主义极具革命性，它强烈反对犹太人在流散地上的传统生活方式。事实上，许多先锋运动的成员采纳了布尔什维克社会主义的口号，经常谈论"新人"和"新世界"这些概念。但他们"回归自然"的渴望也植根于欧洲民族主义的浪漫传统。在这重意义上，先锋现象是反现代主义的，甚至具有明显的反动性质，是对犹太复国主义渴望回到圣经时代光辉岁月的一种补充。

　　在歌颂大地的过程中，城市生活在整体上都遭到了复国主义者的诋毁。同时身为作家和农民的摩西·斯米兰斯基把特拉维夫描绘成一个巨大的酒店，并警告说，其"店主所奉行的商业主义"将导致该城居民"被吉卜赛人化、被同化并丢掉自己的身份，而不是民族复兴"。另一位评论家抱怨说，特拉维夫不过是一个源自隔离屯垦带（pale of settlement）*的犹太小镇。"一座又一座商场……一家又一家酒店，还有美容院、冷饮柜台和小卖部。"†Y. Ch. 拉布尼茨基（Y. Ch. Rabnitzky）在《国土报》上抱怨说，几乎没有一栋建筑没有卖软饮料的摊位，他还注意到了放债人"这一可怕祸害"和"其他各种吸血的水蛭"。当劳工运动的代言人们想激起人们对于未来最绝望、最可怕的想象时，他们预言说，未来有一天，特拉维夫将会成立一座股票交易所。他们的目标是"抹去关于这座城市的记忆"[15]。

　　尽管如此，还是能零星地找到几个城市的拥护者。他们以赫茨尔的精神

---

* 沙俄西部的一片区域，沙俄只允许国内的犹太人在这片区域中居住。——译者注

† 软饮料小贩是一种普遍的象征符号，被用来嘲笑轻松的城市生活。[14]

发言，赫茨尔曾梦想建立一个现代化的城市犹太社会。特拉维夫的创始人之一莫迪凯·本-希勒尔·哈科亨早在 1919 年就写道：我们可以假设，分散在世界各地的犹太人一旦到了巴勒斯坦，他们会更愿意住在城市里，因此，我们应该大力发展城市中心。另一位《国土报》的作家称，城市比农村定居点更重要，因为它们赋予了国家的文化特征。特拉维夫市长梅厄·迪岑戈夫也站出来为城市说话，为城市在民族生活和犹太复国主义运动预算中争取合法地位。哈伊姆·魏茨曼说，集体经营农业活动的方式不可取。[16] 不过，这都是些极个别的声音。

在爱国主义的象征方面，农业精神占了上风；劳工运动成功地将其扎根于农村的先锋世界观与整个犹太复国主义运动联系起来。大多数城市人口都属于"公民阵营"，但他们缺乏意识形态方面的狂热，也不善于将自己的利益组织成政治力量。与公社和基布兹的团队精神与浪漫情怀相比，他们显得毫无生气、苍白无力，且十分个人主义。[17] 他们无法提供一套能够取代劳工运动先锋精神的强力替代方案。因此，特拉维夫的人们也逐渐接受了民族复兴的农业热情，他们用类似《圣经》中的场景——收割麦子的人、跳舞的女孩和吹奏芦笛的牧童——来装饰自家的墙壁，这些图像都画在进口自维也纳的彩色瓷砖上。

摩西·格利克森（Moshe Glickson）是《国土报》的编辑，也是特拉维夫的居民。随着越来越多的犹太人来到耶路撒冷和海法的新式花园郊区定居，他试图为这些人在民族精神中找到一席之地。人们选择买房而不是租房，这便是他们"把自己的命运与土地捆绑在一起"的可喜证据，这种乐观的态度在流散地的犹太人中是找不到的。格利克森在市郊新居民身上发现了"某种农民才有的心态"，他惊奇地写道，他指的是那种"坚实的传统文化生活之感，也就是德国人所谓土地上的立足点（Bodenständigkeit）"。格利克森不是唯一一个对主流意识形态表示忠诚的人。梅厄·迪岑戈夫本身很富有，但在他所写的文章中，他却反对人们"追求财富"。莫迪凯·本-希勒尔·哈科亨也是一位成功的商人，他抱怨"国民的懒惰和对工作的冷漠"。[18] *

---

* 有人试图在城市中复制社会主义公有制理想。在"红色的维也纳"，当时修建了一批职工公寓，受此启发，犹太复国主义者也修建了工人街区和工人"旅社"。[19]

3

　　理想先锋的形象与犹太复国主义者在巴勒斯坦创造的"新人"形象基本一致。在当时的海报和照片中，"新人"是一个肌肉发达、浅色头发的快乐青年。这一理想形象从一开始就是犹太复国主义运动的一部分。马克斯·诺道因呼吁复兴"肌肉型犹太教"而闻名。阿瑟·鲁宾则称赞先锋是"一个新的犹太种族"的成员。[20] 泽维·贾博廷斯基说："我们需要创造出一个新的犹太思想框架，我就差说要在心理层面上创造一个新的犹太种族了。"本-古里安则梦想着会出现一种"新型的犹太人，他们将成为游客的典范"。激发这一理想的灵感主要来自苏联，但也来自魏玛德国和法西斯意大利。[21]

　　哈伊姆·沙洛姆·哈莱维，原名耶菲姆·戈尔丁，他把这一形象作为其新身份的一部分。他在给父母的信中写道：父母要做好准备，当他们来到巴勒斯坦时，他们将会发现一个新的世代，"一个骄傲的希伯来人的世代，他们身心健康，对自己的价值有着很清晰的认识，在他们健康的身体里还有一个健康的灵魂"。与之相比，犹太人在流散地过的是"乞丐"和"狗的生活"。[22]

　　希伯来犹太复国主义学校是培养"新人"的地方。从意识形态和政治的角度来看，巴勒斯坦犹太人的教育制度是相当不同的，但所有学校都在努力塑造一种没有流散地特征的新犹太人。一位教育界的领军人物写道，与流散地的同龄人相比，在以色列的土地上成长起来的年轻人具有重要的优势。他把这些优势一一列举出来，全是陈词滥调："他正直、勇敢、英俊，身体发育良好，热爱工作、运动和游戏；他行动自由，忠于其人民及其文化遗产。"《国土报》上的一篇文章赞扬了本-谢门（Ben-Shemen）农业学校的毕业生。"他们将为我们的民族事业带来纯洁的血液，他们将整顿这片土地。"那些选择为"简单、肮脏的工作"献身的年轻人被称赞为"美好的人类材料"（wonderful human material）。哈伊姆·魏茨曼在给妻子的信中这样描述这些孩子："这是多么纯粹的喜悦啊！你会感到难以形容的激动，这些年轻人如此生机勃勃……他们美丽、自然、开朗，他们热爱这片土地。"农村里的孩子们代表着"独立的犹太生活"，这不再只是个童话故事，魏茨曼对薇拉说，"而是一个有力的事实!"[23]

在接近劳工运动组织的学校里,存在一种反智主义的倾向,即否定一般人文教育的价值,甚至否定所有教育的价值。学校建议教师们"尽量减少使用课本,尽量多增加远足和对话"。其理由是:"我们这里要培养的是简单的农民……而不是哲学家。"这一指示显示出了学校的忧虑,它担心宽泛的通识性教育会鼓励学生离开乡村。"在精神上与每一寸泥土、每一块石头、每一株植物、每一棵树以及所有生物都建立起直接且深刻的联系"是为了确保忠诚和爱国主义。因此,"回归自然"被进一步界定为"回归自己的民族"。[24]

在基布兹和其他农业定居点,有一种明显的保守因素在起作用:儿童应该追随父母的脚步。但对于大多数学龄儿童,对这些生活在城市的移民们的子女来说,要想成为一个新人,就必须拒绝父母的价值体系和心态。诗人戴维·希莫尼(David Shimoni)写道:"我的孩子,不要听从你父亲的教导,不要听从你母亲的教诲……每一个人都应该倾听他儿子的歌声。"[25]对于当时在特拉维夫发展起来的希伯来青年文化来说,城市之外的劳动营为其提供了理想的方向。

该营的全称是约瑟夫·特朗佩尔多劳动保卫营。它的大部分成员都是十几岁到二十岁出头的高中毕业生,他们祖籍俄罗斯,几乎都是单身。许多人曾是特朗佩尔多的追随者,他们的领袖梅纳赫姆·埃尔金德(Menachem Elkind)则是特朗佩尔多的朋友。他们工作得非常辛苦,收入却很少,一般都是承担受政府资助的工作,比如说修路等。营里最多只能买到帐篷,但在许多情况下,营员们都睡在露天的工地上。[26]

"我们每天早上在去文理高中的路上都会遇到他们,"家住特拉维夫的齐奥纳·拉巴乌(Tziona Rabau)写道,她的父母在第一次世界大战前便从俄罗斯移民过来。"男孩们的头发很凌乱,穿着俄罗斯衬衫,还有苗条的女孩们,穿着花色的宽上衣,紧紧地系在腰间,卷发顺着脖子搭下来。他们在街道上工作,用锤子把石头砸成碎石,然后铺路。每当我从他们身边经过时,我都会把头垂下来。我觉得很惭愧,因为我这个小康之家的女儿还在读书,住在有淋浴的石屋里,肚子吃得饱饱的,而这些美丽、正直的年轻人却在用自己的双手,履行着建设国家的义务。"拉巴乌十四岁时,她和三个男孩以及另外两个女孩一起成立了一个属于他们自己的秘密"公社"。他们向往着共同从事农业劳动的生活。"每天早上，我们中的某个人都会带来一些银莲花，我们把这些银莲花塞进衣领里，作为博爱和平等的标志，"拉巴乌写道。

一些年轻人告别父母，离开了城市里的家，来到农业定居点生活，他们至少会在这里待上一段时间。这些短暂的经历成为希伯来人的成年仪式。那些为了"履行义务"而去农业定居点的人——他们把在祖国的土地上工作称为"履行义务"——是受到了青年运动意识形态的影响。但更多的人只是停留在幻想阶段。齐奥纳·拉巴乌拿文理中学的花圃来凑合。贝尔·卡茨奈尔森则认为他家在耶路撒冷的菜园也能为犹太复国主义运动创造出价值。[27]

但现实世界与由民族精神所决定的宏大价值观必然会发生碰撞。在欧洲和美国，20世纪20年代是城市高速发展的时期，大多数犹太人都生活在城市里。当他们来到巴勒斯坦后，也自然期望过上城市生活。然而，以劳动为信仰的基布兹成员却是民族意识形态的贵族和牧师。他们称自己为"劳动的伊舒夫"，仿佛他们垄断了劳动力市场，仿佛城市里没有人工作。事实上，如果没有犹太复国主义国家机构的财政支持，这些集体农业定居点根本无法生存下去。[28] 在这个意义上，他们更接近于耶路撒冷的"老伊舒夫"（其存活依赖于分配制度的资金支持），而不是他们声称所要创建的新社会。

即使民族精神中出现了矛盾，其支持者仍用高尚的语言来美化它，并试图把它强加给整个犹太社群中的其他成员。摩西·斯米兰斯基抱怨说，许多移民不愿意努力工作，"污染了空气"。《国土报》写道，人们带着对美好生活的梦想而来，他们希望"找到一份工作"，希望住在舒适的房子里，"像特拉维夫的那样"。该报坚持认为，这种想法是错误的。我们欢迎所有人，但他们应该知道，"巴勒斯坦的空间只能容纳一千个哲学家，不能再多了。不能再多了！其余的人——如果他们想过口了并投身于建设——需要的不是脑子，而是一双双的手"。就连哈伊姆·魏茨曼也认为移民中的知识分子太多，医生和律师也是如此。[29] 戴维·本-古里安在特拉维夫的住所中抱怨说，先锋主义正在遭到人们的贬低。像大多数劳工运动领袖一样，他也更愿意住在城市里。他并不是唯一一个抱怨先锋主义热情减退的城市居民。住在耶路撒冷的教师本-锡安·迪纳伯格（Ben-Zion Dinaburg）抱怨说，有太多的农民在追求资产阶级的享受，而不是在土地上工作。"一个农民买了一架钢琴，"迪纳伯格带着道德上的愤慨感叹道。[30]

理想与现实之间的鸿沟导致了许多人的失望。劳动营陷入了令人心碎的阴谋和纠纷之中，它们慢慢分裂，然后解散。梅纳赫姆·埃尔金德和他的几十名追随者回到了斯大林的苏联，在那里，他们被打散且去向不明。埃尔金德显然设法在《真理报》工作了一段时间，后来他在斯大林的一次大清洗中消失得无影无踪。历史学家阿尼塔·沙皮拉（Anita Shapira）写道："他们被'明天的世界'所吸引，就像飞蛾被火焰所吸引一样。也像飞蛾一样，他们在火焰中燃尽了自己的生命。"[31] 但在离开这个国家的移民中，大多数人的离开都是出于一个更为平淡的原因：他们在巴勒斯坦无法维持生计。

4

哈伊姆·沙洛姆·哈莱维在抵达巴勒斯坦后的几天内就发现了经济危机的苗头，正是出于这个原因他才敦促父母在他们还能拿到移民许可的时候赶快过来。他认为这场危机也有有利的一面：房屋的租金正在下降。[32] 就像令人陶醉的富足幻觉一样，经济萧条所带来的冲击也大部分都落到了特拉维夫身上：在高峰时期，全国每两个失业者中就有一个人住在这座城市里，犹太人的失业率上升到了 17% 以上。[33] 哈莱维向他的父母解释了这种情况是如何发生的："第四波阿利亚在沙地上建起了楼房，但众所周知，沙子里的地基并不牢靠。"[34] 在这封信寄出后不久，"赌场"咖啡馆便破产了。它被拆除，并消失在沙丘之中。

1925 年，整个国家 64% 的投资都在建筑业。投资者认为移民还会持续不断地来，因此建起了大量的出租房屋。[35] 除了能直接解决就业问题外，建筑业还支持着一大批的工厂和企业。建筑业的繁荣有赖于海外资本的流入，外国投资者会先把钱转到犹太复国主义组织的当地办事处或当地银行，然后再通过上述机构把钱转到巴勒斯坦的银行。承包商往往以赊账的方式施工,并用在途资本作为抵押。

1926年,波兰经济陷入衰退,该国的货币也跟着贬值。巴勒斯坦的许多人背负着无力偿还的债务,并因此被迫停止了建设活动。随着建筑公司和相关行业的相继倒闭,工作岗位也没了。英国政府不情愿地扩大了公共工程,但范围十分有限,它倾向于不进行干预。无论是犹太工人联合会还是犹太复国主义运动都没有准备好处理这样一场深刻的危机。

一种绝望的感觉在全国蔓延。许多人离开了。1926年,巴勒斯坦对外移民人数接近对内移民总数的一半。1927年,对外移民人数超过了对内移民人数,1928年,这两个数字持平。总的来说,在这三年里,有一万五千名犹太人离开了巴勒斯坦。

但这场危机并没有持续太久,也没有留下永久性的伤疤。柑橘产业很快开始起飞,主要是因为打开了新的出口市场。小工厂(更像是作坊)被大型工厂所取代,这些工厂使用了更先进的生产、管理和营销手段。海外的犹太复国主义运动很快就重新站了起来,并分发了大量的援助。在一两年内,经济危机便被人们遗忘了。内向移民增加了,外向移民减少了。[36]

在危机中,政客们趁机互相攻击。戴维·本-古里安写道,这是中产阶级的错。资产阶级来了,却不可避免地失败了,因为他们没有向新的价值观低头,而是坚持在巴勒斯坦推行和在流散地一样的职业。本-古里安说,"软饮料商和房地产投机者"的失败使资产阶级充满了绝望,他们的绝望"毒害了犹太复国主义的灵魂"。[37]商人和企业家则指责犹太复国主义运动没有投资足够的资金来发展工业。*

犹太复国主义对经济的态度始终没有改变:它的目的,首先是促进犹太国家的建立,而不管经济逻辑如何。不时有人呼吁犹太社群的领导人以更有效、更合理地方式工作。这种要求主要来自美国的犹太团体。但总的来说,犹太复国主义运动把民族利益置于经济利益之上。"如果我们只以经济上的考量为指导,"梅纳赫姆·乌西什金说,"那么我们应该完全放弃巴勒斯坦。其

---

* 在英国统治的头十年,输入巴勒斯坦的犹太资本总额为4 400万镑,约为政府支出的两倍。其中,1 200万(27%)为机构投资,其余(73%)为私人投资。[38]

他地方有更好的机会。"[39]

哈莱维在给父母的信中说，在巴勒斯坦定居需要牺牲，国家需要更多的牺牲。"每踏出一步，每前进一寸，我们都必须突破自己的极限，牺牲自己，将就着过。"他解释说，这个国家是独一无二的。"它只爱那些全心全意为它服务的人。只有那些来到这里却头也不回的人，在烧毁身后所有通往康斯坦察、的里雅斯特和马赛的桥梁后"——即欧洲移民启程的港口——"只有这样的人才会扎下根来，在这个国家获得立足之地。"这个国家需要士兵，哈莱维写道："在我们面前有一场战争，漫长而艰苦的战争——一场对阿拉伯人和英国人的战争，一场与海洋和河流、高山和山谷、寒冷和炎热、沙地和沙漠、岩石和巨砾的战争，这场战争也许会持续几百年，但愿我的孙辈能有幸看到它的结束。"[40]

哈莱维警告父母说："在海外，巴勒斯坦是浪漫主义……但喜欢浪漫的人应该留在那里……当你到达这个国家的那一刻，所有的浪漫主义都蒸发了，梦想的薄雾都散去了，剩下的是一片粗糙的土地，到处是岩石和巨砾，半野蛮而未被开发。"[41]哈莱维时常批评父母没有做好必要的牺牲准备。他在《申命记》的启发下，得出的结论是："有哪一个人是胆小怕事、心虚的呢？让他去吧，回到自己的家里去。"哈莱维提议把急躁的人，还有爱钱的人也加进去。"我们和那些流散地上的人有什么共同之处呢？他们来到巴勒斯坦的加利福尼亚是为了往口袋里塞满黄色的金属，"他写道。"我们没有贵金属，也没有宝石。"[42]

哈莱维所表达的想法代表了犹太复国主义运动的普遍态度。向外移民被认为是逃跑、抛弃和叛国。"民族之生存正处于危险之中，"作家 A. Z. 拉宾诺维茨（A. Z. Rabinowitz）写道，"所有那些心系民族利益的人都不会停止这场运动。我们将在这里生活，直到我们腐烂为止。我们不会离开我们的国家。这是希伯来劳动军的职责。"随之，人们开始产生了某种围城心理，这在塔希的公社日记中表现得很明显：留下来的人是强者，是好人；离开的人是弱者。"请赶快离开，不要玷污了空气，"《国土报》轻蔑地写道。其中一个政党发表的声明也表现出了同样的情绪。"我们需要的是先锋，而不是逃兵和难民。宁可他们根本不来，也不要来了又回去。"[43]

这些激烈的言论反映了伟大的集体梦想与个人失望情绪之间的落差。这种失望感是一种基本且普遍的感觉，即国外的生活比巴勒斯坦的生活更好、更充实。哈莱维在海法的舅妈家第一次产生了这种感觉。他对此的反应是把自己看成是一名士兵，一个为了民族重生的精神和希伯来人的骄傲而战的士兵。在耶路撒冷，他参加了这场"战争"中的一次伟大战役：犹太民族的两种语言——希伯来语和意第绪语（或"黑话"）之间的斗争。对哈莱维来说，复兴希伯来语，是他践行先锋精神的方式。

5

1927 年 5 月，马丁·布伯（Martin Buber）作为希伯来大学的客人来到耶路撒冷。哈莱维是希伯来大学的学生，也是一个名为"语言保卫营"的组织的成员，他和他的朋友们一起试图劝阻布伯用德语讲课。"你们会认为这是可怕的无礼行为和闻所未闻的不礼貌之举，"他在给父母的信中写道，"但我们是一些拥护着伟大而神圣的理想的人，因此我们做出了这一大胆的举动，而且今天大家都承认我们是对的。"

这群人在布伯下榻的酒店里见到了他。他们说希伯来语，布伯能听懂，但他用德语回答。他解释说，他的希伯来语不够流利，无法用希伯来语授课。他们要求他照着希伯来语译稿念。布伯拒绝了，说他要用德语讲，否则就不讲了。他们不敢当面回应布伯，但事后他们写信给他说，如果他取消演讲，确实会更好。布伯的确考虑过到底要不要这么做，但希伯来大学的校长朱达·马格尼斯（Judah Magnes）却成功安抚了他。布伯还是用德语发言了，保卫语言营只好提出抗议。他们宣称，在犹太复国主义活动进行了三十年之后，任何不能用希伯来语表达自己的人都应该保持沉默。[44]

语言保卫营是由特拉维夫赫兹利亚希伯来文理中学的学生成立的，其中包括齐奥纳·拉巴乌，该组织的口号是："犹太人，说希伯来语"。保卫营努力为新移民组织希伯来语课程，并开展反对使用其他语言的运动。有一次，他们把一张传单递给了一个坐在公园长椅上用意第绪语讲话的人。结果这个人是希伯来语诗人哈伊姆·纳赫曼·比亚利克。[45] 保卫营的特拉维夫支部有几十名积极分子，其中大部分是学生。为了庆祝成立三周年，该营在塔赫卡莫尼（Tahkamoni）学校举办了有史以来规模最大的一次聚会。大概有一百多人来参加了这次聚会，其中近一半是客人。该营的主要支持者包括莫迪凯·本-希勒尔·哈科亨和首席拉比的儿子茨维·耶胡达·库克（Tzvi Yehuda Kook）。[46] *

　　其他地方也成立了类似的"营"。以色列·阿米卡姆（Yisrael Amikam）律师是海法营的负责人，耶路撒冷分支由莫迪凯·莱瓦农（Mordechai Levanon）法官领导。[48] 哈伊姆·沙洛姆·哈莱维到耶路撒冷后不久就加入了耶路撒冷分支。支部的活动是他生活的重要组成部分。他每天都要花两三个小时的时间来参加该组织的活动。他在给父母的信中解释了原因。首先，他是一个理想主义者，他写道；正因为此，他才在巴勒斯坦定居。甚至当他还住在维尔纽斯时，他便曾反对使用"黑话"。但这还不是全部理由。还在海法的时候，他就无聊得发疯，那时他才刚到巴勒斯坦不久，找不到同龄人聊天。他只是想用这种方法来打发时间。他很难交到朋友，对此，父母当然心知肚明。他在大学里找不到的朋友却在保卫营里找到了。他和三四个年轻人变得十分亲近。"保卫营给了我朋友！"他写道。但他还没有女朋友。

　　这个营还给他带来了另一个好处。通过这个营，他找到了一份辅导小学生的工作，每月能赚一镑。他教希伯来语是没有报酬的。他写道："营里的原则是，希伯来语是免费教的。"如果有学生愿意付钱，钱就会进入营里的小金库，哈莱维甚至自愿捐出了十到十五个皮亚斯特尔的辅导费。他喜欢在长时间的学习后为营里工作，并觉得自己在做一些重要的事情。他给人写过信，下过指示。营里的工作帮他赢得了尊重，大家都很钦佩他。每隔一段时间，他就会发表一次简短的演讲，这让他接触到了一些重要的人物，这些人甚至比莱瓦农法官更有影响力，他写道。他提到了犹太复国主义运动的重要官员

---

* 使用希伯来语是"新人"的标志之一。A. D. 戈登曾写道，犹太人是"寄生虫"，不仅是因为他们没有自己的土地，而是因为他们在精神层面上也是如此，他们没有自己的语言，也没有自己的文学作品。[47] 与回归土地一样，回归《圣经》语言是犹太复国主义中保守成分的表现。

利奥·莫茨金（Leo Motzkin）、布伯和比亚利克。

　　这些细节对于说服他的父母来说还是必要的，它们能够证明哈莱维的父母在维尔纽斯听到的关于保卫营的消息是不真实的。当地的犹太报刊大部分用意第绪语出版，它们一般都把保卫营描绘成一帮狂热且无礼的流氓。[49]事实上，保卫营是一只爱国的看门狗，它大声吠叫，龇牙咧嘴，但很少真正咬人。即使有暴力事件发生，最多也不过是些妨害行为而已。

　　该营的信笺上列出了它的主要活动："文化、传播、教学、艺术、宣传、筹款"。保卫营试图招募希伯来语教师，并在四下里筹集捐款，但其工作方法和组织性却不如信纸上的抬头那般令人信服。[50]营部信笺上出现过"保卫中队——招牌巡逻队"这样的字样，这里指的是保卫营成员们所展开的纠察行动：他们挨家挨户地要求店主们用希伯来语写招牌，并将其摆放在显著的位置上。安妮·兰多抱怨说，保卫营给她寄了大量的威胁信，要求她更改学校的校牌——在校牌上，该校的希伯来语名字跟在英文后面。保卫营的成员们在信中表示，学校的希伯来语名字应该放在前面，此外，他们还指出了一处希伯来语的拼写错误。他们威胁要对她的学校发动一场"公共战争"。[51]

　　他们给个人和机构写信，威胁要抵制他们的生意，他们还骚扰路人。有一两次，他们在用其他语言举办的公开讲座上起哄，甚至在一位著名的意第绪语主义者的讲座上扔臭弹。他们两次破坏意第绪语电影的放映活动，向银幕投掷墨水瓶和臭鸡蛋，直到警察最后被叫来。保卫营成员还试图阻止学生进入特拉维夫的法语联盟学校，他们因此被逮捕、审判和罚款。高级专员对此感到震惊，他写道："犹太人彼此之间尚且如此，我们可以想象他们最终会对阿拉伯人做些什么。"[52]

　　犹太复国主义运动中的一些成员对这些沙文主义的表现感到不安。其中一人写信给基希上校说，犹太复国主义事业依赖的是克制和耐心。有一次，梅纳赫姆·乌西什金在一次公开演讲中让听众们举起左臂，并"宣誓"效忠希伯来语。[53]基希认为这是一个阿拉伯狂热分子才会做的事情，犹太领导人不该做这样的事，但他倾向于像一个家长一样以放纵的态度来对待保卫营；他安慰他的同事们说，他们的确犯了一些幼稚的错误，但总的来说，他们都是好孩子，他们的工作还是有益的。他甚至给保卫营送去了少量捐款。

哈伊姆·阿尔洛索罗夫是犹太事务局的政治部主任，由于他用英文写信，哈莱维向他提出了抗议。对此，阿尔洛索罗夫感到非常愤怒。保卫营要求阿尔洛索罗夫停止用英文写信，并威胁说，如果他不屈服于该组织的要求，他们便会组织公开抗议。阿尔洛索罗夫称该营是"语言的秘密警察"，并准备了一封尖锐的回信。同属于犹太事务局的摩西·谢托克修改了信件的内容，使信中的语气有所缓和。[54]

布伯用德语发表演讲对保卫营来说是个挫折。为了为下一次行动做准备，哈莱维和他的同志们在大学的院子里囤积了许多石头。他们威胁说，如果希伯来大学最终决定设立一个意第绪语的教席，他们就会砸碎学校的窗户。设立意第绪语教席这件事起源于一次庆祝晚宴。戴维·沙皮拉（David Shapira）是纽约意第绪语报纸《德尔·托格》（Der Tog）的发行人。他曾为马格尼斯校长和希伯来大学举办一场晚宴。晚宴期间，马格尼斯宣布，沙皮拉要为一个意第绪语的捐赠教席（endowed chair）* 筹集 5 万美元的资金。沙皮拉还给了马格尼斯一万美元的首付款。设置这个教席的目的是推动意第绪语的发展，但对于上述意第绪语报纸和希伯来大学来说，这个项目还能起到良好的宣传效果。这件事立即引起了大量关注。《达瓦尔报》（Davar）报道说，这笔捐款的总额将达到 10 万美元。大学里一片哗然。约瑟夫·克劳斯纳对他的学生们（其中包括哈伊姆·沙洛姆·哈莱维）说，他打算辞职以示抗议。

为了不让争端进入公众视野，马格尼斯为此付出了巨大的努力，但最终还是无济于事。哈莱维找到了《每日邮报》（Do'ar HaYom）的记者，并留下了以下这句可供引用的话："夏洛克为了钱出卖了一磅肉，而我们却在出卖整个灵魂。"保卫营成员在马格尼斯家门前举行了一次示威，并向群众散发了传单。他们在传单上用黑框圈出了两句标语："黑话的教席，大学的末日"和"黑话的教席，圣殿的偶像"。这被认为是极其严厉的语言。[55][†]

15 年前，巴勒斯坦小小的犹太社群便曾因为一场围绕语言展开的斗争而

* 指由专门的基金会出资设立的教席。——译者注

† 类似的事情曾经也发生过。萨拉·塔洪报告了 1919 年发生在耶路撒冷胡尔瓦（Hurva）犹太会堂里的一件事。首席拉比库克开始用意第绪语布道，梅纳赫姆·乌西什金当时碰巧在场。为了表示抗议，他离开了会堂的大厅。几个年轻人也开始跟着起哄，库克拉比于是改用希伯来语布道。结果另一部分听众又提出了抗议，库克拉比因此又改回了意第绪语。[56]

受到震动——在学校里，到底是应该使用德语还是希伯来语？如今，反对教席的运动也是一样，各方好像是在为这个民族的生存而进行一场全面战争。一位反对者写道，由于犹太教的地位已大不如前，希伯来语便成了犹太民族主义所要守护的最后堡垒，拟议中的意第绪语教席会危及犹太民族的团结。[57]

哈莱维给父母写了一封信，他在信中讲述了为讨论设置教席一事而召开的学生大会，在会上，学生们最后拳脚相向。"真丢人，"他写道。这句话针对的是那些支持设置教席的学生。[58]据报道，所有的学生都支持设置教席。不，哈莱维对他的父母说，报道是在胡说。我们必须对数量和质量进行区别——大多数学生来到大学只是因为无聊、为了打发时间，或是为了在学生会食堂吃到便宜的饭菜。支持设置教席的都是这种学生。而那些来大学认真学习的学生，则反对设置教席。这种学生不会因为自己是少数派而退缩，更不会背叛珍贵而神圣的东西。这整个世界就是由谎言、政治和外交构成的。[59]

包括贝尔·卡茨奈尔森在内的一些劳工领袖并不反对设置这一教席。时不时会冒出几个有胆量的人出来，他们提议在学校里使用其他的语言。他们甚至讨论过这样一种可能性，即用英语和阿拉伯语来展开理科的教学。然而，希伯来语思想家们却担心这些语言会和希伯来语产生"竞争"关系。他们想让外语和城市生活一起被人遗忘。[60]在所有这些方案中，还存在另一个争议，即是否要用拉丁字母来书写希伯来语。哈莱维当然认为这个想法"很荒谬"。[61]围绕文字拉丁化的斗争在全世界范围内都引发了激烈的争论，因为彼此之间对立的立场，愤怒的人们用极其难听的话相互骂来骂去，给对方造成了永远无法愈合的伤口。

与他们的反对者相比，在那些支持意第绪语教席的人当中，没有一个人能以同等程度的爱国热情来为自己的立场辩护。在这方面值得注意的是哈伊姆·纳赫曼·比亚利克的怯懦立场。埃利泽·本-耶胡达和阿哈德·哈阿姆这两位支持希伯来语复兴的伟大人物已经不在人世，而民族诗人比亚利克则仍是希伯来大学里的主要人物之一。因此，在这个问题上，各方都很重视他的立场。约瑟夫·克劳斯纳写道："马格尼斯就像信仰上帝一样信仰比亚利克。"[62]比亚利克支持设立意第绪语的捐赠教席，但他不敢说出来。他曾在公开场合大胆地谴责"语言保卫营"，称其成员是"无知而倔强的男孩"，并把他们的运动称为"无耻的口水"。但当听众中有人提出抗议时,他却收回了自己的话。

哈莱维当时也在场,他记录下了比亚利克的演讲。比亚利克开篇就指出,希伯来语能够存活下来要归功于意第绪语,意第绪语曾是希伯来语的某种替代物。如果犹太人在流散地使用希伯来语,那么这种语言会在不同的国家里演化出不同的形态,直至最终消亡。多亏了暂时取代希伯来语的意第绪语,这门民族语言才得以保存其原貌。比亚利克解释说,意第绪语没有未来,它注定要死亡,未来是属于希伯来语的。但哈莱维对此并不满意,他抱怨说,比亚利克是在含糊其辞。比亚利克提议将此教席的重心放到对意第绪语的研究而非教学上。对此,哈莱维回应说,这是在给黑话(Jargon)注射吗啡。比亚利克最终还是妥协了。在大学内部的讨论中,他投票搁置这个问题。[63] 马格尼斯也认为争议有可能会损害大学的利益,因此,尽管他心有不甘,但最终还是让步了。设立意第绪语教席之事宜被搁置了,等到情况有所好转之时再说。

保卫营成员以色列·阿米卡姆则仍在为另一项事业而奋斗:让犹太人获得用希伯来语发电报的权利。英国当局允许用阿拉伯字母发送电报,但希伯来语电报却只能使用拉丁字母。阿米卡姆与巴勒斯坦邮政部门打了15年的交道,其间,他还联系了巴勒斯坦高级专员和国际联盟委任统治委员会。在耶路撒冷邮政部门电报局工作时,他曾发明了一套对应希伯来字母的摩尔斯电码,这套编码系统可用来编写电报,但他的上级却让他不要再涉足政治。阿米卡姆辞职后转而从事法律工作,并在海法定居。他一次又一次地把政府告上法庭,希望通过这一途径把自己的要求强加给政府,但他却一次又一次地败诉,然后重新提出上诉。

阿米卡姆确实设法获得了几位犹太复国主义领导人的支持。"民选议会民族委员会"加入了他的诉讼中,并从政府首席政务官温德姆·迪兹那里得到了一个彻底的技术性答复:不能向外国发送希伯来字母的电报是因为国际邮政条约不允许这样做,而不能在巴勒斯坦境内发送希伯来字母的电报,则是因为对这项服务的需求量不大——用拉丁字母书写的希伯来电报只占所有电报发送量的11%。此外,电报部门的大多数工人都只懂阿拉伯语,只有少数人懂希伯来语。每份电报须要经由 13 名工人和电报员处理，"在这一危机时刻"，不应该为了用希伯来字母发送电报而要求当局雇用相应数量的新员工。[64]

阿米卡姆是个不知疲倦的讨厌鬼，他没有放弃。在他与当局的斗争过程中，出现了数千页纸的文件、无数的备忘录、请愿书、犹太复国主义运动领导人签署的声援信，以及寄给伦敦《泰晤士报》的一封信。最后，他打败了大英帝国，并获准从阿富拉邮局发出"自创世以来的第一封希伯来文电报"。[65] *

正是凭借着阿米卡姆这类人的不懈斗争，犹太复国主义运动才取得了胜利。哈伊姆·沙洛姆·哈莱维也是这场斗争中的一名士兵。哈莱维 20 岁的时候，开始和一个女孩约会。西姆哈（Simcha）很漂亮，也很有趣，他在寄给家人的信中写道。他的母亲想知道这一切是如何发生的，他解释说，巴勒斯坦的生活经历改变了他对女人的看法。在维尔纽斯的时候，他每次和女孩说话都会脸红。他不知道这在维尔纽斯算不算正常，但在巴勒斯坦，这肯定不正常。在巴勒斯坦，他跟女孩说话再也不会脸红了。[67]

注　释

1. Moshe Lissak, "Immigration, Absorption, and the Building of Society in Palestine: Israel in the 1920s, 1918–1930" (in Hebrew), in *The History of the Jewish Yishuv in Palestine from the Time of the First Aliya (The British Mandate)*, ed. Moshe Lissak and Gabriel Cohen (Jerusalem: Israel Academy of Sciences, Bialik Institute, 1994), part II, p. 191.

2. Henry Near, *The Kibbutz Movement* (Oxford: Oxford University Press, 1992), p. 138.
David Canaani, ed., *Encyclopedia of the Social Sciences* (in Hebrew) (Tel Aviv: Sifriat Poalim, 1920), vol. V, p. 343.

3. Near, *The Kibbutz Movement*, p. 7ff.
Yona Oren (Shifmiller), "Kibbutz Upper Bitaniya" (in Hebrew), in *Book of the Third Aliya* (in Hebrew), ed. Yehuda Erez (Tel Aviv: Am Oved, 1964), p. 417.

Yehuda Erez, *Book of the Third Aliya* (in Hebrew) (Tel Aviv: Am Oved, 1964), vol. II, p. 725ff.

Sylvie Fogiel-Bijaoui, "From Revolution to Motherhood: The Case of Women in the Kibbutz, 1910–1948," in *Jewish Women in Pre-State Israel*, ed. Deborah Bernstein (New

---

* 阿米卡姆的这场斗争全是由他自掏腰包。自然，他希望犹太复国主义执行委员会能够报销他的费用。摩西·谢托克写道，执行委员会对他"非常尊敬"，每个公民都有自主行动的权利，但他们不能把费用都强加到公共财政的头上，执行委员会不能对每一个人的行为都予以支持。谢托克的回复只标志着双方漫长通信过程的开始。阿米卡姆说，这场斗争让他花费了 268 镑，而谢托克则只愿意报销 50 镑，最后他们商定，犹太复国主义执行委员会将支付 100 镑，以资助阿米卡姆出版一本记录其斗争全过程的书籍。许多年后，他的儿子在 1948 年独立战争中死去，阿米卡姆因伤心欲绝而自杀。之后，他便被人遗忘了。[66]

York: State University of New York, 1992), p. 211ff.

4. Shlomo Bar-Yosef (Schlomo Horowitz), "Shomriya" (in Hebrew), in *Book of the Third Aliya*, vol. II, p. 419.

5. Erez, *Book of the Third Aliya*, vol. I, p. 472.

6. Dan Giladi, *The Yishuv During the Period of the Fourth Aliya (1924–1929)* (in Hebrew) (Tel Aviv: Am Oved, 1973), p. 71ff.

7. Baruch Ben-Avram and Henry Nir, *Studies in the Third Aliya: Image and Reality* (in Hebrew) (Jerusalem: Yad Ben-Zvi, 1995), p. 100.

8. Takhi, "From the Diary of a Member of Kibbutz B" (in Hebrew), in *Book of the Third Aliya*, vol. I, p. 429ff.

9. Numbers 32:20–21, 31–32; Joshua 6:1–13.
   David Ben-Gurion, *Memoirs* (in Hebrew), (Tel Aviv: Am Oved, 1971), vol. I, p. 336.

10. Ben-Gurion, *Memoirs*, vol. I, p. 263; see also pp. 300, 323, 329, 336, 337.

11. II Chronicles 36:23 *Ch. N. Bialik on the Hebrew University* (in Hebrew) (Jerusalem: Friends of the Hebrew University in Palestine, 1925), p. 9.

12. Henry Nir, "Who Is a Pioneer?" (in Hebrew), in *Tora B* (Tel Aviv: HaKibbutz HaMe'uhad, 1992), p. 228ff. See also: Erez, *Book of the Third Aliya*, vol. I, p. 7ff.

13. Hagit Levsky, *The Jewish National Fund in Theory and Practice in the Period of the British Mandate* (in Hebrew) (Institute for the Study of the History of the Jewish National Fund and the Settlement of the Country, 1993), p. 10.
    Ben-Avram and Nir, *Studies in the Third Aliya*, pp. 47, 114.
    Shmuel Almog, "Redemption in Zionist Rhetoric" (in Hebrew), *Redemption of the Land in Palestine: Idea and Practice* (in Hebrew), ed. Ruth Kark (Jerusalem: Yad Ben-Zvi, 1990), p. 13ff.

14. Gordin to his parents, 8 June 1926. See also: S. Z. Abramov, *On a Party That Disappeared and on Liberalism* (in Hebrew) (Tel Aviv: Dvir, 1995), p. 97ff.

15. Ben-Avram and Nir, *Studies in the Third Aliya*, pp. 36, 54, 80.

16. Mordechai Ben-Hillel Hacohen, "Settlement in the Cities" (in Hebrew), *Hadashot min Ha-Aretz Ha-Kedosha*, 24 Sept. 1919, p. 4. See also: Mordechai Ben-Hillel Hacohen, "Places to Sit" (in Hebrew), *Ha'aretz*, 22 Feb. 1920, p. 1ff.
    Joseph Klausner, "In Praise of Tel Aviv" (in Hebrew), *Ha'aretz*, 15 Apr. 1921, p. 2.
    M. Kleinman, "The Renewal of Zionist Life" (Hebrew), *Ha'aretz*, 3 Nov. 1921, p. 3.
    Dizengoff in the Zionist Executive, May 1927, CZA Z4/273/1.
    Undated memorandum praising urban settlement, CZA L3/70.
    Yigal Drori, *Between Right and Left: The "Civil Circles" in the Twenties* (in Hebrew) (Tel Aviv: Mifalim Universitaim, 1990), p. 107ff.
    Dan Giladi, "The Return to 'The Land of Our Fathers'" (in Hebrew), in *An Entrepreneurial Alternative to Zionist Policy* (in Hebrew), ed. Z. D. Levontin (Israel Center for Economic and Social Advancement, 1994).
    Weizmann to Bella Berligne, 8 Nov. 1919, in *The Letters and Papers of Chaim Weizmann*, ed. Jehuda Reinharz (New Brunswick, NJ, and Jerusalem: Transaction Books, Rutgers University, and Israel Universities Press, 1977), vol. IX, p. 251ff. See also: Yigal Drori, "The Positions of Jabotinsky, Glickson, and Levontin on the Question of Land for Settlement at the Beginning of the 1920s" (in Hebrew), in *Redemption of the Land in Palestine*, p. 199ff.

17. Ben-Gurion, *Memoirs*, vol. I, p. 425.
    Drori, *Between Right and Left*.

18. Moshe Glickson, "On the Economic Situation" (in Hebrew), *Ha'aretz*, 15 Jan. 1925, p. 2.
    Ben-Avram and Nir, *Studies in the Third Aliya*, p. 39.

19. Ilan Troen, "Tel Aviv in the 1920's and 1930's: Competing Ideologies in the Shaping of the Zionist Metropolis," *Proceedings of the Tenth World Congress of Jewish Studies* (Jerusalem: World Union of Jewish Studies, 1990), division B, vol. 1, p. 391ff.

20. *Kathedra* 83 (Apr. 1997) (cover picture). See also: Batia Dunar, ed., *Living with a Dream* (in Hebrew) (Tel Aviv: Dvir, 1989).
    Anita Shapira, *New Jews, Old Jews* (in Hebrew) (Tel Aviv: Am Oved, 1997), p. 155ff.
    Oz Almog, *The Sabra: A Portrait* (in Hebrew) (Tel Aviv: Am Oved, 1997).
    Arthur Ruppin, *Chapters of My Life in the Building of the Land and the Nation, 1920–1942* (in Hebrew) (Tel Aviv: Am Oved, 1968), p. 28.
21. Rafaela Bilsky Ben-Hur, *Every Individual a King: Ze'ev Jabotinsky's Social and Political Thought* (in Hebrew) (Tel Aviv: Dvir, 1988), p. 182ff.
    Ben-Gurion, *Memoirs* (in Hebrew) (Tel Aviv: Am Oved, 1971), vol. I, p. 470.
    Rachel Arbel, *Blue and White in Color: Visual Representations of Zionism, 1897–1947* (Tel Aviv: Diaspora Museum and Am Oved), p. 124.
22. Halevi to his parents, 20 Sept. 1928. With the kind permission of his son.
23. Ben-Avram and Nir, *Studies in the Third Aliya*, pp. 31, 80.
    Y. Luria, "School and Revival" (in Hebrew), *Ha'aretz*, 22 Aug. 1921, p. 3.
    M. Zogorodsky, "Graduates" (in Hebrew), *Ha'aretz*, 7 Sept. 1921, p. 2.
    Weizmann to his wife, 18 Apr. 1918, in *The Letters and Papers of Chaim Weizmann*, ed. Dvora Barzilay and Barnett Litvinoff (New Brunswick, NJ, and Jerusalem: Transaction Books, Rutgers University, and Israel Universities Press, 1977), vol. VIII, p. 132.
24. Nurit Reichel, "'Roots' or 'Horizons': A Portrait of the Desired Israeli Pupil in the Years 1889–1933" (in Hebrew), *Kathedra* 83 (Apr. 1997), p. 55ff.
25. Ben-Avram and Nir, *Studies in the Third Aliya*, p. 96.
26. Yehuda Erez, ed., *Book of the Third Aliya* (in Hebrew) (Tel Aviv: Am Oved, 1964), vol. II. See also: Ben-Avram and Nir, *Studies in the Third Aliya*, p. 84ff.
27. Tsiona Rabau, *In Tel Aviv on the Sands* (in Hebrew) (Tel Aviv: Masada, 1973), p. 103ff.
28. Giladi, *The Yishuv During the Period of the Fourth Aliya*, p. 169.
29. Ben-Avram and Nir, *Studies in the Third Aliya*, pp. 36ff., 39.
    A.T., "People of the Land" (in Hebrew), *Ha'aretz*, 26 Jan. 1920, p. 1.
    Weizmann to Samuel, 22 Nov. 1919, in Reinharz, *The Letters and Papers of Chaim Weizmann*, vol. IX, p. 270.
30. Ben-Avram and Nir, *Studies in the Third Aliya*, p. 27ff.
31. Anita Shapira, "The Dream and Its Shattering: The Political Development of the Trumpeldor Labor Battalion, 1920–1927" (in Hebrew) (diss., Tel Aviv University, 1967), p. 94.
32. Halevi to his parents, 2 June 1926. With the kind permission of his son.
33. Giladi, *The Yishuv During the Period of the Fourth Aliya*, p. 180.
    Nadav Halevy, *The Economic Development of the Jewish Yishuv in Palestine, 1917–1947* (in Hebrew) (Falk Institute, 1979), p. 27.
34. Halevi to his parents, 14 Nov. 1926. With the kind permission of his son.
35. N. Halevy, *The Economic Development of the Jewish Yishuv in Palestine*, p. 21.
36. Moshe Lissak, "Immigration, Absorption, and the Building of Society in Palestine," part II, p. 215.
    Giladi, *The Yishuv During the Period of the Fourth Aliya*, p. 229ff.
37. Ben-Gurion, *Memoirs*, vol. I, pp. 334, 546.
38. Moshe Lissak, "Immigration, Absorption, and the Building of Society in Palestine," part II, p. 282. See also: Nachum Gross, "The Economic Policy of the British Mandatory Administration in Palestine" (in Hebrew), *Kathedra* 24 (July 1982), p. 169.
39. Evyatar Friesel, *Zionist Policy After the Balfour Declaration 1917–1922* (in Hebrew) (Tel Aviv: Tel Aviv University, 1977), p. 176.
    Reports of the Experts Submitted to the Joint Palestine Survey Commission (Boston, 1928).
    Ussishkin's response to the reorganization report, CZA L3/655.
40. Halevi to his parents, 19 July 1927. With the kind permission of his son.
41. Halevi to his parents, 28 May 1929. With the kind permission of his son.
42. Halevi to his parents, 14 Nov. 1926. With the kind permission of his son.

43. Ben-Avram and Nir, *Studies in the Third Aliya*, pp. 131, 134.
44. Halevi to his parents, 24 June 1927. With the kind permission of his son.
45. Tsiona Rabau, *In Tel Aviv on the Sands*, p. 108ff. See also: Ilan Shchori, *Dream*, p. 364ff.
46. Halevi to his parents, 19 July 1927. With the kind permission of his son.
47. Halevi to his parents, 27 July 1927, 11 Dec. 1928. With the kind permission of his son.
48. Halevi to his parents, 23 Nov. 1927. With the kind permission of his son.
49. A. D. Gordon, "A Bit of Observation" (in Hebrew), in *The Writings of A. D. Gordon* (in Hebrew), ed. Sh. H. Bergman and A. L. Shochat (Tel Aviv: HaSifriya HaTzionit, 1952), vol. I, p. 124.
50. CZA S25/6733. See also CZA J1/68.
51. Stein to Kisch, 4 Mar. 1927, CZA S25/6733.
52. Tsiona Rabau, *In Tel Aviv on the Sands*, p. 108ff.; Natan Donewitz, *Tel Aviv: Sands That Became a City* (in Hebrew) (Tel Aviv: Schocken, 1959), p. 71.
    Chancellor to his son, 17 Oct. 1930, RHL, Chancellor Papers, 16:3, f. 113.
53. Kisch diary, 5 Dec. 1923, CZA S25/564.
54. Halevi-Arlosoroff correspondence, 1932, CZA S25/6733.
55. Halevi to his parents, 23 Nov. 1927. With the kind permission of his son.
56. Sarah Thon to Meir Wilkansky, 9 Oct. 1919. Rafi Thon, *The Struggle for Equal Rights for Women: The Story of Sarah Thon* (in Hebrew) (published by the author, 1995), p. 216. See also: Natan Efrati, "The Revival of the Hebrew Language and the Zionist Movement" (in Hebrew), *Leshonenu Le-Am*, vol. 48, no. 3 (Apr.-June 1997), p. 93ff.
57. Arieh L. Pilovsky, "Language, Culture, and Nationalism in the New Yishuv: The Public Debate over the Plan to Establish a Chair in Yiddish in Jerusalem at the End of 1927" (in Hebrew), *Katedra* 21 (Oct. 1982), p. 103ff.
58. Halevi to his parents, 2 Jan. 1928. With the kind permission of his son.
59. Halevi to his parents, 20 Apr. 1928. With the kind permission of his son.
60. Pilovsky, "Language, Culture, and Nationalism in the New Yishuv," p. 122.
    Menachem Brinker, *To the Tiberian Alley* (in Hebrew) (Tel Aviv: Am Oved, 1990), p. 209.
    Mordecai Neuman to the Committee on English Affairs (undated), CZA S25/7470.
    Reichel, " 'Roots' or 'Horizons,' " p. 55ff., CZA S25/6731.
    Reichel, " 'Roots' or 'Horizons,' " Apr. 1997, p. 55ff., CZA S25/6731.
61. Halevi to his parents, 9 May 1927. With the kind permission of his son.
62. Pilovsky, "Language, Culture, and Nationalism in the New Yishuv," p. 107.
63. Halevi to his parents, 25 Dec. 1927. With the kind permission of his son. See also: David N. Myers, *Re-inventing the Jewish Past* (New York: Oxford University Press, 1995), p. 76ff.
64. National Council to the high commissioner, 28 Jan. 1923; Deedes to the National Council, 16 Feb. 1923, Knesset Yisrael, National Council, *Book of Documents*, 1949, p. 64ff.
65. CZA S25/6743 and CZA S25/6742. See also: CZA J36.
66. Yisrael Amikam, *Twenty-two Letters Fighting for their Rights* (in Hebrew) (n.p.,), 1947. David Tidhar, *Encyclopedia of the Pioneers and Builders of the Yishuv* (in Hebrew) (Sifriat Rishonim, 1961), vol. XI, p. 3,799.
67. Halevi to his parents, 2 Jan. 1928. With the kind permission of his son.

第 12 章 与友人的谈判

1

1927 年 7 月 11 日星期一下午三点过几分时，四岁的杜米亚·萨卡基尼（Dumia al-Sakakini）正在玩弄她的洋娃娃，突然，巴勒斯坦发生了地震。数千间房屋倒塌，约 250 人死亡，近 1 000 人受伤。杜米亚的姑姑设法将她从风车中解救了出来，她们家当时住在风车里，位于耶路撒冷雷哈维亚社区的边缘。杜米亚把她的娃娃也救了出来。

一年前，哈利勒·萨卡基尼回到了巴勒斯坦。在此之前，他在埃及待了很长一段时间。当时赫伯特·塞缪尔还在任，因此萨卡基尼拒绝回到政府教育部门工作。他回到耶路撒冷，只是因为开罗的气候不利于他儿子萨里的健康。回来后，他继续以写作和教授阿拉伯语为生。

到萨卡基尼回国时，犹太复国主义革命所取得的第一批成果已经显现出来，整个国家的面貌也发生了巨大的变化。然而对于阿拉伯人来说，他们的生活样貌却变化不大。十个人中至少有七个继续生活在大小不一的村庄里，不是穆斯林就是基督教徒。英国当局也确实做了一些事情：他们为农民提供了新的农业技术，改善了医疗服务，修建了学校，并将村庄与新修的道路连接起来。交通的改善使人们能够接触到从前接触不到的人，并将他们认同的范围扩大到了村庄以外。在某种程度上，村庄现在已经接触到了新的生活方式和新思想，而随着时间的推移，这些新出现的元素将打破传统的权威框架。[1]

但总的来说，英国人并没有做太多能把阿拉伯村庄带入 20 世纪的事情。他们整体上倾向于维持传统的农村生活——英国人在整个殖民帝国范围内都奉行这一指导性原则。他们的立场也有一定的政治逻辑：这一政策旨在促进社会的稳定与安宁，避免发生革命。同样的逻辑也促使政府承认穆赫塔尔（Mukhtar）*的地位，并与他们展开合作。但政府对犹太人的态度则截然不同，它支持犹太复国主义者的革命运动。

阿拉伯村庄仍旧保持着亘古不变的传统，在沉睡中继续着自己的日常生活。孩子们大概率会过上和父母们几乎一样的生活。就像父母们一样，他们也不会上学，不会学习如何阅读和写字。他们也将经历非常短暂的童年，男孩很快就会变成男人，女孩则很快会成为母亲。男人会到田里干活，女人会做饭、洗衣服、照顾孩子。必要时，她也会去田里干活。妻子要服从丈夫，夫妻俩则要服从父亲和村里的穆赫塔尔。自然界的周期和宗教戒律对他们生活的方方面面都有规定：休息、庆祝和哀悼的日子分别是何时，礼拜日和斋戒日是哪几天，何时耕种田地，何时收割庄稼，如何纪念出生、婚礼和死亡。当地人很少进城，有些人甚至从未离开过村庄。对于他们而言，国家政治即便能对他们产生影响，这一过程也十分缓慢。

作为阿拉伯民族运动的成员之一，萨卡基尼已经是一名非常有名的教育家和作家了。他作为代表参加了不定期召开的阿拉伯全国大会。尽管他是基督徒，穆斯林却邀请他登上了耶路撒冷阿克萨清真寺的讲经台，他在那里发表了一场抗议贝尔福勋爵访问巴勒斯坦的演讲。他很快就会参与建设一所"新式国民学校"，这所学校将按照他的教育理念办学。与此同时，他成为一名素食主义者。他经常光顾离雅法门不远的一家咖啡馆。第一次世界大战后，这里便成了阿拉伯记者和作家的热门聚会场所。他们管这里叫"穷人咖啡馆"。萨卡基尼喜欢把这里的顾客称为"穷人党"，甚至还为其撰写了一份党纲。[2] 这里吸引了许多流亡知识分子——费萨尔王子在叙利亚的短暂统治结束后，他们逃离大马士革并来到了这里。阿拉伯人的大叙利亚梦想暂时被搁置了，大马士革现在正处于法国掌控之下，而在巴勒斯坦，由于受到犹太复国主义运动的威胁，当地的阿拉伯人正在形成一种独立的身份认同。他们讨论了许多问题，比如说把自己组织起来的必要性，应该把矛头指向英国

---

* 阿拉伯语的意思是"被选中者"，在巴勒斯坦方言中指"村长"。——译者注

人还是犹太人，以及恐怖活动是否有用。其实这些争论一直存在，只不过他们现在会更为急迫地讨论这些问题。到 1926 年，约有十几份阿拉伯文期刊出版，是五年前的两倍。[3] 但它们的读者相对较少——即使在城市里，大多数阿拉伯人也不识字。

在 20 年代，除了这些热烈的讨论外，阿拉伯人在政治层面整体上处于休眠状态。其政治活动仅囿于部族之间的斗争，各方竞逐的是经济利益、影响力和荣誉，而不是意识形态制高点。尽管第一个代表巴勒斯坦阿拉伯民族主义意识形态的组织便是"穆斯林—基督徒协会"，但还是有一些阿拉伯人围绕穆斯林与基督徒之间的对立做起了文章，而且这种身份政治逐渐以政党的形式表现出来。民族独立是犹太复国主义思想的核心，但在阿拉伯人之中，这一诉求只能排在第二位。在英国当局的撺掇下，阿拉伯部落和家族之间的斗争始终不见停歇。英国人在各部族之间玩弄平衡，并给各方提供金钱、工作和其他补贴。他们还扶植起了耶路撒冷穆夫提哈吉·阿明·侯赛尼。作为穆斯林最高委员会的负责人，侯赛尼对穆斯林的财产享有很大的控制权，对阿拉伯的司法和教育系统也有相当大的影响力。这其中包括任命职员和分配工作的权力。侯赛尼还从阿拉伯执行委员会那里获得了权力。执行委员会成立于 1920 年，是一个世俗性机构，该机构声称自己能代表该国的阿拉伯民众。[4]

当侯赛尼不断积攒权威并成为其社群的领袖时，戴维·本-古里安也同时在犹太社群中崛起。侯赛尼利用伊斯兰教来推动阿拉伯民族主义运动的发展，他组织了一场国际筹款运动，其所筹得的款项将用来修复圣殿山上的清真寺。本-古里安则是劳工联合会的领导人，他利用社会主义来推动犹太复国主义议程。面对各自团体内部敌对的权力中心，他们两人都必须努力捍卫自己的地位：侯赛尼将耶路撒冷的地位拔高到大马士革之上，而本-古里安则努力扩大他在特拉维夫的势力，并以此来对抗位于伦敦的犹太复国主义运动权力中心。随着英国当局承认了他们的合法领导人地位，他们每个人都变得更加强大。尽管两人都鼓噪侵略性的民族主义，但他们仍然为英国人所接受，这是因为他们能够抑制各自团体内部更为极端的声音。侯赛尼和本-古里安被各自的同胞所敬仰，他们很快便会成为本民族的象征。尽管他们素未谋面，但在两人的引导下，这个国家最终将走向战争。

2

在 20 世纪 20 年代，犹太人和阿拉伯人之间的接触主要源自土地交易——犹太人想从阿拉伯人那里购买土地。阿拉伯人也愿意出售土地。整体上来说，市场上的土地供给超出了犹太复国主义运动的购买能力。有些地主并不住在巴勒斯坦国内，因此，有些卖主是地产中介，有些则是农民，他们直接把土地卖给潜在的买家。卖地的人中还包括阿拉伯民族运动的领导人——从表面看，他们是爱国者，但内心却是叛徒。

犹太复国主义运动一直计划用钱来买下巴勒斯坦。在运动初期，赫茨尔曾想从土耳其苏丹那里购买土地。世纪之交，犹太复国主义者成立了犹太民族基金会（JNF），其主要活动便是收购地产。犹太民族基金会从事的是一项民族事业，它不会把所购买的土地再交给"外邦人"，即不会让它再回到阿拉伯人手里。除犹太民族基金会外，其他犹太复国主义组织也出资购买供犹太人定居的土地。此外，私人买家也在这一领域进行了投资。在买地的过程中，犹太复国主义者使用的术语是"救赎"（redemption）一词，即让土地得到救赎。这是另一个充满了情感和意识形态色彩的准宗教词汇。[5]

犹太民族基金会为买地行动制定了一个总体规划。该组织为此编订了预算，定期召开会议，并保存了会议记录。但实际上，这些土地交易并不是靠任何有组织的战略规划而达成的，它凭借的是偶然、运气、即兴发挥、欺诈、贿赂、冒险、暴力和远见。没有人比约书亚·汉金（Joshua Hankin）更能体现出这些特点，也没有人能比他更好地运用这些方法。他是一位在俄罗斯出生的犹太复国主义者，也是一个传奇式的人物，在他手上得到"救赎"的土地可能占犹太人购买土地总量的三分之一。不过，到委任统治时期结束时，犹太复国主义者总共只购买了 200 万"杜纳姆"（dunams）的土地。他们本期望能购买更多的土地。在英国占领之初，犹太复国主义者曾希望在五年内获得 500 万"杜纳姆"的土地。他们最终只占有了该国 10% 的土地，而如果是拿犹太复国主义者提交给巴黎和会的理想地图作参照，他们所拥有的土地则远远低于 10%。然而，如果除去该国那些被认为不适合居住的土地，即内盖夫沙漠，犹太复国主义者所拥有的土地约占巴勒斯坦总面积的 25%。[6]*

在哪里买，又该付多少钱？犹太复国主义运动的决策者们为这些问题争论不休。这一争论反映了那些推崇城居生活与倡导农业生活的人之间的斗争。一种意见认为，城市定居点是更有价值和更谨慎的投资对象，因此应该先从它们入手。其背后的假设是，这么做能消除阿拉伯人中的反对声。然而，最终意识形态方面的考虑胜出了。1923 年，犹太民族基金会向犹太复国主义大会提交了一份报告，这份报告指出："我们的主要目标是让我们的民族回到国土上工作。"农业用地比较便宜，但成本却并不总是影响决策的核心因素。[8]犹太人购买的大部分都是昂贵而肥沃的土地，它们分布在沿海平原、东加利利以及河谷。其目的是建立一个能连成一片的犹太人聚居区。

阿拉伯人从本世纪初就反对犹太人在巴勒斯坦购买土地。20 世纪 20 年代初，纳布卢斯的阿尔马纳西亚（Al-Manashia）剧院上演了一部由穆罕默德·伊扎特·达尔瓦扎创作的戏剧，这部剧的名字《地产中介和地主》（*Land Agent and Landowner*）。剧中的中介有一个女儿，她勾引了某个地主的儿子，以便将他的土地卖给犹太人。[9]阿拉伯报刊经常发表文章谴责出售土地，但市场的力量更强大——需求推高了土地价格，犹太人也提出了很好的报价。

犹太民族基金会购买的一些土地由农民所有者直接出售，但大部分被出售的土地上都有佃农在耕作。很难确定有多少佃农被赶出了家园，也很难确定其中哪些人是被强行赶走的，有多少人得到了补偿，补偿金额是多少，以及他们离开后发生了什么。驱逐和补偿的问题在英国人组织的各个调查委员会中反复出现。20 世纪 30 年代末，当局授予了被驱逐者向政府申请援助的权利，约有3 000 人提出了申请，他们背后代表了约 15 000 人。但这一数字可能并不准确：一些申请被证明是毫无根据的，另一方面，有一些农民明显没有站出来。[10]

有的阿拉伯人因为经济困难而卖掉了土地。有的人则是被诱骗的，就像达尔瓦扎戏剧中的农民一样。还有的人卖掉土地是为了把钱投资到城市的企业中去。农民的困境以各种各样的方式为国家政治这个大磨坊提供着磨料。

---

* 犹太复国主义者在巴勒斯坦所占土地的确切百分比很难确定。巴勒斯坦的土地依法律定义被划分为不同类型——可居住土地和不可居住土地，然而这些定义在不同地区和不同时期经常发生变化。测量方法和计量单位也在变化。土地的持有类型、所有权和登记方法也是如此。此外，登记簿中的信息也不准确。[7]

阿犹双方形成了这样一种动态：阿拉伯人指责犹太复国主义者剥夺了他们的土地，而犹太复国主义者则对此予以否认。然而，犹太复国主义者却一次又一次地承诺，一旦犹太人形成人口上的多数，阿拉伯人便不必再受到苦难。"正如我们的祖先学会了公正和诚实地对待本国公民和外国人，因为他们'是埃及土地上的陌生人'，同样，当我们从流散地迁移到我们自由的土地上时，我们要记住，不要迫害或压迫，因为我们自己也曾受到迫害和压迫，"一位犹太民族基金会的官员写道。[11] 没人强迫阿拉伯地主出卖自己的土地，是他们自己选择与犹太复国主义者合作，并损害了本国人民的民族利益。

阿乌尼·阿卜杜·哈迪（Aouni Abd al-Hadi）律师在阿拉伯人中是一位名人。他帮助约书亚·汉金购买了瓦迪·哈乌拉特（Wadi Hawarat）——其希伯来语名是"海费尔河谷"（Hefer Valley）——上的土地。这笔交易会牵涉到驱逐这块土地上的佃农。当这件事还在进行中时，阿卜杜·哈迪便找到了高级专员，要求他颁布禁令，不允许向犹太人出售一切土地。[12] "人们说的和做的之间有多么大的差异啊！"哈利勒·萨卡基尼写道。"他们卖掉土地并进行投机……之后又大喊大叫，提出抗议，并要求政府通过一项法律，禁止他们卖地。就像一个吸食鸦片上瘾的人一样，他们要求人们阻止他们吸食毒品，但当人们真这样做时，他们却抱怨说：'天哪，他们在侵犯我的自由！'"[13]

犹太复国主义官员仔细记录下了向他们出售土地的阿拉伯民族主义者，当犹太人与阿拉伯人的冲突加剧时，他们便会编制一张特别名单，把涉事相关人员的姓名全都列上去。这么做也许是为了敲诈，也许是出于心理战方面的考虑，或者两者兼而有之。1937 年的一份名单中出现了耶路撒冷前市长穆萨·卡齐姆·侯赛尼的名字，多年来他一直是公认的阿拉伯民族运动领袖。侯赛尼家族的其他几位成员也出现在名单上，其中包括穆夫提哈吉·阿明·侯赛尼的父亲和律师杰马勒·侯赛尼，后者也是一位著名的民族主义者。[14]另有八位阿拉伯市长也出现在了名单上，包括耶路撒冷的拉吉卜·纳沙希比以及雅法和加沙市长。其他名单上则显示，阿拉伯公民领袖、政治活动家、宗教人士、商人和其他知名人士均向犹太人出售过土地，其中既有穆斯林又有基督徒。耶路撒冷的德加尼（Dejanis）家族和加沙的阿-沙瓦（A-Shawa）家族也榜上有名，这些都是极其受人尊敬的家族。穆萨·阿拉米是巴勒斯坦最有影响力的阿拉伯人之一，他向犹太复国主义者出售了一块土地，后者在这块土地上建立了提拉特·兹维（Tirat Zvi）基布兹，该基布兹是以一位正统派犹太复国主义拉比的名字命名的。[15]

3

由于阿拉伯领导人愿意将土地卖给犹太人，这让犹太复国主义者更加瞧不起阿拉伯人的民族运动。在某次与阿拉伯政要的会晤结束后，哈伊姆·魏茨曼得出了这样的结论："他们准备将自己的灵魂卖给出价最高的人。"魏茨曼在 1918 年与费萨尔王子达成的协议也是基于同样的假设：王子之所以答应与犹太复国主义者和平相处是为了从中赚钱。费萨尔的某个助手收到了 1 000 英镑的首付款，然后又向犹太复国主义者要更多的钱。[16] 这一经历促使犹太人得出结论，即巴勒斯坦阿拉伯人的民族认同是可以交易的。事实上，在阿拉伯人当中，不论是政客还是小贼，是政要还是无赖，他们都向犹太复国主义者提供过服务，包括间谍活动、破坏、造谣、诽谤、敲诈和各种恐吓等，而且其供给往往超过了需求。

阿拉伯人所输送的信息有时会帮助犹太人买到土地，但犹太复国主义者还对阿拉伯人的其他事情感兴趣：他们的思想和政治潮流以及阿拉伯民族运动内部的权力斗争。有时，他们会收到极其具体的最新情报：这个人拜访过某某，那个人见过这个人，这个人说过这个，那个人说过那个。这个人卖了一支步枪，那个人买了一匹马。犹太事务局的官员们偶尔会给阿拉伯人一笔钱，然后让他们在犹太人递交给当局的请愿书上签字，这些请愿书中甚至包括支持犹太复国主义运动的声明。该机构还会时不时地资助一些挑衅性事件，其目的是为了让侯赛尼家族难堪。[17]

犹太人与阿拉伯人之间的一些联系是在土耳其人统治时期确立起来的，而在委任统治时期，双方的联系仍在继续发展。这主要归功于一位传奇人物——犹太农学家哈伊姆·玛尔加丽特·卡尔瓦里斯基。他曾代表复国主义运动在上加利利地区购买土地。[18] 卡尔瓦里斯基是一个犹太复国主义者，一个热爱和平的人，一个理想主义者，但他也是一个愤世嫉俗的人。他对阿拉伯人的腐败几乎有一种神秘主义的信仰。在他看来，阿拉伯人的这一特质也是双方和平共处的关键性因素。卡尔瓦里斯基曾提到过一个人，这个人抱怨说他没有收到卡尔瓦里斯基的钱。尽管卡尔瓦里斯基只留下了此人名字的首字母信息，但我们几乎可以肯定的是，这个人就是穆萨·卡齐姆·侯赛尼。这个人说，人们告诉他，犹太复国主义者都不守信用，但他听说卡尔瓦里斯基跟其他人不一样。然而现在的事实证明，卡尔瓦里斯基和其他犹太人没什么区别。这个人声称他已经做到了他所承诺的事情。他保证了和平与安宁，而自从雅法五一节事件发生后，总的来说，一切都很平静。他承诺要稳住己方阵营中的极端分子，就连这一点他都做到了，犹太人还想从他这里得到什么？

卡尔瓦里斯基回答说，犹太复国主义运动希望在《贝尔福宣言》和维持英国统治的基础上与阿拉伯民众达成谅解。"不，"侯赛尼强硬地回答说。"不，我不会为了钱出卖自己的祖国。"卡尔瓦里斯基争辩说，作为一个政治人物，侯赛尼应该承认现实和历史事实。《贝尔福宣言》被列入托管国的施政纲领，而托管国又是国际条约的一部分，光靠政治宣传就想撤销国际条约是不可能的。侯赛尼突然打断了他的话。"在我们开始谈论政治之前，犹太复国主义者必须先遵守他们所许下的承诺，"他说道。

综合以上信息，卡尔瓦里斯基很怀疑侯赛尼是否会有勇气公开站到犹太复国主义这边来。他认为这是不可能的，也没有必要让他这么去做。"更好的是，他应该继续做我们对手的领袖，然后在幕后破坏他们的活动，并以这种方式为两个民族的相互理解奠定基础。"卡尔瓦里斯基在考虑成立一个阿拉伯穆斯林组织，"它将任由我们摆布，听从我们的命令。"但要想干成这桩事还需要钱，他写道。[19] *

* 卡尔瓦里斯基不是个循规蹈矩的人，他是个梦想家，只要是他认为合适的人，他就会去行贿，甚至按月给他们发放工资。这给他带来了麻烦。他时常给出无法兑现的承诺，因为犹太复国主义运动没有给他足够的资金。他便自掏腰包资助自己的活动，甚至为之负债累累。卡尔瓦里斯基觉得自己责任重大，因此，他确信自己的开销会得到补偿。其中的某些开销也确实得到了补偿，但在与犹太复国主义领导人的谈判中，他常常遭到怀疑，给人的感觉就好像是他贪了组织的钱一样。[20]

犹太复国主义运动把那些负责经营与阿拉伯人之间关系的官员叫作"阿拉伯专家",这些"阿拉伯专家"试图成立一些表面上支持阿拉伯民族主义的穆斯林俱乐部,并让它们与各大穆斯林—基督徒协会竞争话语权。后者已逐步整合成一个阿拉伯民族主义运动组织。犹太复国主义运动的"阿拉伯秘书处"报告说,该秘书处已向这些俱乐部的领导人"提供了建议",并"给他们指明了道路"。与此同时,犹太复国主义执行委员会主席基希上校计划成立一个"适度支持犹太复国主义"的阿拉伯政党。他还研究了发行一份阿拉伯报纸的可能性。基希指出,犹太复国主义运动应该好好利用该国主要阿拉伯家族之间的内部矛盾,尤其是纳沙希比和侯赛尼这两个家族之间的斗争。前者相对温和,而后者则旗帜鲜明地支持民族主义。基希对形式的判断很乐观,他认为侯赛尼家族已经走上了下坡路。[21]

一天,基希接到了一个电话,电话里的人要求与他见面。由于该男子拒绝透露自己的身份,基希便挂断了电话。但匿名来电者却一而再再而三地打来,最后基希同意在家中接待他。原来这名男子是塔希尔·侯赛尼(Taher al-Husseini),耶路撒冷穆夫提的侄子。他之所以来找基希,是希望犹太复国主义者和英国人能帮他发动一场政变,废黜叔叔,并由自己接任穆夫提的职位。他还带来了新的情报。他告诉基希,是穆夫提在大马士革组织了反对贝尔福的示威游行,并为此提供了资金支持。这笔钱是由最高穆斯林委员会出的,大约有四百到五百镑,经贝都因人之手送到了大马士革。

塔希尔·侯赛尼声称,耶路撒冷穆夫提还策划了雅法和耶路撒冷的骚乱,其目的是要引发一场革命。按照他的说法,这位穆夫提打算建立一个阿拉伯民族主义政府,并由他本人掌舵。为此,他成立了一个军事部门,其成员在山区接受训练,武器从边境走私过来,并得到了天主教耶路撒冷宗主教区的协助。这位穆夫提指望得到法国的援助,作为交换,他将支持法国在叙利亚的统治。按计划,他很快会派一个代表团到美国去,团长是穆萨·卡齐姆。

基希相信了他的"线人"。这个人没有找基希要钱,他说,从他来找基希的那一刻,他就已经把自己的性命交到了基希的手里。他坚持说,他只需要一个月就能把他的叔叔扳倒——他不打算除掉他,只会流放他。此举不会引发任何骚乱。虽然阿拉伯公众不会容忍由其他家族的成员来担任穆夫提一职,但如果这个职位是从侯赛尼家族中的一员传给另外一员，便没有人会因此而感到不安。基希同意这一判断，并同意去找高级专员商量此事。塔希尔希望得到政府的支持，但同时又要求不要让罗纳德·斯托尔斯知道这件事。不过，他并不反对诺曼·本特威奇的参与。他说自己是犹太人的朋友，他会秉承已故父亲的精神，他的父亲也曾担任过穆夫提。基希承认，前任穆夫提确实是同情犹太人的。之后，基希找到了塞缪尔，本特威奇也在场。高级专员答应查清事情的来龙去脉，但整个事件最终也就到此为止了。侯赛尼仍然掌权，并一度因与犹太人打交道而陷入尴尬境地：他与一个犹太承包商巴鲁克·卡廷卡（Baruch Katinka）签订了一份协议，根据协议，后者将在耶路撒冷修建一座豪华酒店。*

这座酒店将建在马米拉街区（Mamilla）的大型穆斯林公墓对面。卡廷卡觉得犹太人拿不下这份合同，所以他拉上了一个阿拉伯承包商。之后他们两个又拉上了另一位犹太房地产开发商，此人名叫图维亚·杜尼亚（Tuvia Dunia），是哈伊姆·魏茨曼的姐夫。于是三人共同与资助该项目的最高穆斯林委员会达成了协议，然后便开工了。耶路撒冷穆夫提要求优先雇佣阿拉伯工人，并要求把休息日定在周五。但当他被迫在宗教信仰与商业利益之间做出选择时，他选择了后者，并让犹太承包商卡廷卡成为他的亲信。

酒店的水井开挖后不久，施工方便在地下挖出了几具骸骨。原来酒店下面有座坟墓。在耶路撒冷，类似的事情经常出现。卡廷卡问穆夫提该如何处理这个看上去像是穆斯林墓地的地方，后者下令对此事保密。他担心如果这件事让市长纳沙希比知道了，市长会为了让竞争对手侯赛尼名誉扫地而借机停止施工。骸骨被秘密运走了，工程队继续施工。不过，面对自己的主要对手，纳沙希比还是技高一筹，他拒绝将酒店与城市的污水处理系统连接起来。卡廷卡建议穆夫提另行铺设一套水泵和管道系统。酒店的污水经过部分处理后，再经由这套系统导入马米拉公墓。穆夫提同意了，但条件是必须在夜间秘密铺设管道，绝对不能让任何人发现。

为了修建这座建筑，最高穆斯林委员会投资了 7 万镑。这座酒店有四层

---

* 即后来的"大卫王酒店"（King David Hotel）。——译者注

楼，装饰着配有阿拉伯图案的石雕。酒店的门厅里有一个巨大的楼梯和许多
雄伟的巨型大理石柱。每个房间都有一个现代化的浴室，床铺上有精致的罩
棚和床头电话。穆夫提是这家酒店的常客。[22] * 他是一个相当随和的人，聪明、
认真、懂礼貌，卡廷卡写道。穆夫提偶尔会和犹太人中的知名人物进行对话，
他尝试让魏茨曼的姐夫也加入政治对话。穆夫提曾说，任何犹太人能够接受
的妥协方案，如果阿拉伯领导人也接受了，那么他们会被阿拉伯民众视为叛
徒。因此，双方不可能达成协议。两个犹太承包商非常小心，他们尽量不让
自己卷入政治对话。卡廷卡对穆夫提说，有一个犹太人在纽约的一家银行门
口卖椒盐卷饼。这个犹太人和银行之间有一项协议：犹太人不干涉银行的业
务，银行也不卖椒盐卷饼。据两位承包商说，他们为穆夫提盖了一栋房子，
价格很低，分年付款。但他们没有表明穆夫提是否为此付过款。†

除了煽动阿拉伯人之间的斗争外，基希还将大量时间用于促进与"温和
阿拉伯人"之间的关系。"温和阿拉伯人"不一定非要是一个犹太复国主义
者，他只需要让他的同胞们承认犹太复国主义会赢就行。基希的活动最终被
制度化了，他与线人之间的一些通信被写成了书面材料。其中的一名奸细是
来自拉姆拉（Ramle）的易卜拉欣·阿巴丁（Ibrahim Abadin）。他要基希把
需要他在社群内散发的政治纲领给寄过来，同时还询问了另一件事的进展情
况——犹太复国主义者打算寄给他一些文章，并让他用假名把文章发表在
阿拉伯报刊上。此外，他已经为穆斯林俱乐部找好了一个"家"。"这里的
生意很好，"他报告说，并要求基希立即给他寄 10 镑过去。在犹太复国主义
运动的预算中，这些支出会记在"与友人谈判"的费用项下，其中的一部分
由巴黎的罗斯柴尔德男爵所捐赠的资金来承担。据魏茨曼说，这笔费用比较
少——每年约 2 万镑。阿拉伯奸细需要在收据上签字。[25]

---

* 有好几个犹太人同耶路撒冷穆夫提见过面，他们在一起讨论过政治问题。加德·弗鲁姆金法官和穆
夫提很熟；海法的劳工活动家、莫迪凯·本-希勒尔·哈科亨的儿子戴维·哈科亨曾与穆夫提友好地
交谈过；犹太机构的情报人员埃利亚胡·萨森（Eliahu Sasson）也曾与他会晤。但犹太复国主义执行
委员会中的成员则一般都避免与他接触，基希从来没接触过他。哈伊姆·阿尔洛索罗夫曾在高级专
员官邸里看到过穆夫提，对方当时就坐在他的茶桌旁。[23]

† 酒店建成后，穆夫提把它交给了一家属于乔治·巴尔斯基（George Barsky）的公司来管理，巴尔斯
基同时还经营着耶路撒冷的法斯特酒店。然而，法斯特酒店却没能坚持多久。与不久后即将开业的
大卫王酒店相比，该酒店毫无竞争优势。穆夫提的反对者指责他浪费金钱并涉嫌财务欺诈。[24]

基希对这些交易感到不舒服，他在日记中写道。他记录了自己在穆斯林国家俱乐部太巴列分支中所度过的"不愉快的一个小时"。在那里，俱乐部的成员表示，为了获得他们的效忠，基希需要支付560镑。经过"一场伟大的斗争"后，基希成功将金额降低到了200镑。同一天，他还留了一些钱给太巴列市长——一个"极度愚蠢"的人，他写道。[26]据基希说，他还成功地把贝桑（Beisan）*市长的"工资"从30镑降到了10镑。市长很不情愿地接受了这一改变。[27]穆斯林国家俱乐部耶路撒冷分支也发生了一场严重的争执，基希不得不在两派之间进行调解。对立的两方成员都来到了他的家里，他们分坐在不同的房间里，基希不得不两边来回跑以促成双方达成协议。最后，他以50镑的代价撤换了该分支的主席，并任命了其他人来接替他。按照基希日记里的说法，他还成功地将该分支的月预算从250镑削减到了100镑。[28]他的"客户们"经常到他家里来。"下午，来自纳布卢斯的哈立德·贝伊来找我要我答应给他的100镑，"他写道。这个人要求得到一笔400镑的整体酬劳，但基希表示他只会为特定任务支付费用。[29]有时，面对某些来客，他一分钱都不愿付。他曾拒绝了一位来自杰宁的谢赫。在基希看来，此人就是个流氓，他显然只想着怎么让自己的口袋装满钱。[30]一个来自黎巴嫩的阿拉伯人也找到了基希，他要求得到一份薪酬为600镑的"政治工作"。最后，这人带着100镑的预付款离开了。这次会面仅仅持续了十分钟就被基希叫停了。他指出，这是"最不愉快"的一次会面。[31]

一个名叫易卜拉欣·纳贾尔（Ibrahim Najar）的记者，他要求基希把他的月薪从75镑提高到100镑。基希很生气。"厚颜无耻！"他写道。"他颇为强势，对我的态度就像我抢劫了他一样。他没能从我身上拿走一分钱。"过了一段时间，这个人又回来了，给基希提供了一些关于英国和土耳其重启战端的无用信息。基希给了他50镑。"他就是个要钱的老虎，"基希在日记中写道。几个月后，纳贾尔威胁说，除非他收到275镑，否则他将另为别人工作。"我拒绝这样的勒索，"基希写道。两个月后，他还是从下个月的工资中给此人预支了一笔钱。他认为，鉴于当时的政治形势，让纳贾尔空手而归并不是一个

---

* 即如今的以色列城市"贝特谢安"（Bet She'an）。贝桑为该城的阿拉伯文名。——译者注

好主意。[32] *

基希还帮助阿拉伯人获得托管国政府的任命，他认为稳定的工作有助于让阿拉伯人变得温和起来。为此，犹太事务局鼓励政府任命阿里夫·阿里夫为杰宁总督。[34] 此人被犹太复国主义者视为极端分子。基希也基于同样的考虑贿赂了赫伯特·塞缪尔咨询委员会中的阿拉伯人。一旦这些阿拉伯人参加了咨询委员会的会议，那就意味着他们承认了英国的统治和犹太民族家园政策。因此，支持他们对犹太复国主义者有利。这些委员的政治对手们给他们施加了沉重的压力，要求他们辞去委员会中的职务，基希在给魏茨曼的信中写道。要想让他们继续留在委员会中，但犹太人得要出钱。

阿里夫·帕夏·达贾尼（Arif Pasha Dajani）是委员会中的一员，基希给他的报价是每月 100 镑，但对方声称，哪怕是每月 200 镑，他也不会继续留在塞缪尔的委员会中。实际上，他的要价是 500 镑。拉吉卜·纳沙希比市长的要价也差不多。市长还补充说，为了维持自己的影响力，他有时不得不采取极端的反犹太复国主义立场。与耍这种把戏的人合作是很困难的，基希有些苦恼地抱怨道，但他理解他们的逻辑。他相信他只用花 400 镑就可以买通这两个人。"我认为我们应该把这笔钱给他们，"他写道。[35]

1923 年初，基希给首席政务官温德海姆·迪兹写了一封信，并在信中提出了严重的指控：他声称，当局正在鼓励阿拉伯人的民族主义狂热。基希声称，大多数阿拉伯人都明白，犹太复国主义运动给这个国家带来了经济利益，他们都希望与犹太人建立良好的关系。许多人准备与犹太事务局（Jewish Agency）合作，但穆夫提的手下却通过恐吓的方式使他们望而却步，与此同时，当局却没有提供任何保护。一位拒绝与犹太人断绝联系的村长被人告发到了警察那儿，原因是他与两名未成年女孩儿结了婚。这位村长后来被关进了大牢。还有一位卡迪，即穆斯林的宗教法官，被当局以毫无根据的指控废

---

* 纳贾尔是《阿拉伯之舌》日报（Lisan al-Arab）的编辑。该报于 1921 年创刊时，是当时唯一的阿拉伯文日报。犹太复国主义委员会的一份报告对该报的描述是：一份重要而严肃的出版物，采用的是欧洲报纸的形式，拥有许多读者。按照上述报告的说法，《阿拉伯之舌》代表的是现代阿拉伯穆斯林的路线，该报还与阿拉伯人反犹太复国主义运动的斗争保持着距离。纳贾尔一次又一次地来找基希，他曾提议把他的报纸办成"犹太复国主义农民党"的机关报。农民党也是基希的一大创造。许多希伯来文报刊（其中包括《国土报》）也通过基希得到了犹太复国主义运动的援助。[33]

黜，而其他穆斯林教士也因为其与犹太人的友谊而诽谤他。还有一个人被指控偷了一群牛，只是因为他对犹太复国主义运动持积极态度。海法市的前市长哈桑·舒克里（Hassan Shukri）是另一个被英国人抛弃并丢掉工作的阿拉伯人，而这只是因为他是犹太人和犹太复国主义者的朋友。

为了应对这一指控，迪兹让政府行动了起来。警察、区长和总检察长都提供了关于基希所列举之人的详细报告。这些报告共同构成了一份有关阿拉伯通敌者的集体档案。这些人"爱钱"，"善变，没原则"，"人品不好"，"欺骗政府和其他人"，"在每个村庄的阴谋中都有他的身影"，"不可靠"。根据迪兹的资料，被基希点名的其中一人是"一个完完全全的流氓、小偷、骗子、罪犯，因造假而被判刑，一个出尔反尔的无赖。他之所以和他所讨厌的犹太人交朋友，是希望能赚到钱。"另一个被基希点名的人则是"一个公路抢劫团伙的头目"，曾被指控谋杀未遂，并因殴打政府官员而坐牢，是一个"没有诚意的道德变态和暴力反英者"。至于哈桑·舒克里，报告则冷冰冰地说，他曾担任穆斯林全国协会的主席，"据信，该协会得到了犹太复国主义者的资助"。

基于这些材料，迪兹的某位手下建议好好给基希上一课，让他知道何谓正确的管理、政治和道德。而其中最重要的一课是：不要行贿。这位官员在答复基希的文件中写道，基希需要明白，如果他想通过金钱、礼物或暗示（政府给予优待）来引诱阿拉伯人合作，其最终的结果必定是"疏远"阿拉伯人中最积极的那部分人，促使他们把犹太复国主义运动与腐败联系起来。如此一来，犹太复国主义者将只剩下"那些不值得支持之人的支持"。文件中紧接着写道："把通过这些手段招募的政党视为'温和'的政党"是自欺欺人。要求政府支持这样的政党或对其表示任何同情，就是在要求政府"把自己与它不赞同，也不相信其效力的方法联系在一起"。

如果基希真的收到了这份文件，他一定不会把它太当回事。大英帝国对阿拉伯统治者所采取的各种贿赂手段，他全都了如指掌。在担任英国情报官员时，他自己就曾负责每月以黄金的形式向麦加和希贾兹的统治者支付聘金。斯托尔斯和他的手下也贿赂过当地的阿拉伯领导人。为起草迪兹给基希的答复，政府付出了许多努力，但这些努力最终全部付诸东流，因为这份文件从未发出去。迪兹的一位幕僚决定："我不认为有关这些人品行的进一步通信会有任何益处……双方最好还是到此为止。"于是，这件事就这样结束了。[36]

戴维·本-古里安也认为，与可以被收买的阿拉伯人谈判没什么好处。他认为，"每个阿拉伯人"都会收钱。因此，只有与真正爱国的阿拉伯人进行谈判才会有持久的价值。泽维·贾博廷斯基还警告说，贿赂政策最终不会有回报。一份备忘录中这样写道："他们拿了钱，却在背后嘲笑我们。"还有人抱怨说，贿赂买来的只是"柏拉图式的爱情"。美国驻耶路撒冷领事馆一直关注着犹太民族委员会的内部讨论，该馆引述了上述讨论过程中出现的一种观点：贿赂是在浪费钱——英国人撒出去的钱比犹太人还多得多。[37]事实上，这笔钱在政治上是一笔坏账：它既没有平息也没有缓和阿拉伯民族主义。

4

有一天，一家德国报纸报道说，刚刚在香港去世的犹太裔伊拉克百万富翁埃利斯·卡杜里（Ellis Kadoorie）爵士留下了 10 万英镑遗产，这笔钱将用于发展巴勒斯坦的教育事业。犹太复国主义组织内部一片欢腾，自然，大家都认为这笔钱应该用到犹太人身上。赫伯特·塞缪尔成立了一个委员会，该委员会负责规划如何使用这笔钱。一段时间后，人们仔细阅读卡杜里的遗嘱后，才发现受益人并不是英国在巴勒斯坦的行政机构，而是伦敦的英国政府。卡杜里授权由英国政府来决定到底是把钱投资到巴勒斯坦还是伊拉克。遗嘱中并没有表明他打算将这笔钱用于犹太人的教育事业。在随后的骚动中，魏茨曼找来了死者的弟弟，他至少成功让英国政府决定将这笔钱投资于巴勒斯坦。随后，教育部门负责人汉弗莱·鲍曼建议用这笔遗产兴建一所精英学校——相当于在当地建一所英国公立学校——供犹太和阿拉伯男孩就读。

其想法是，低年级学生用希伯来语和阿拉伯语上课，中年级和高年级学生主要用英语学习。学生们将在学校住宿，建立起一个小型的阿犹两族社区，以培养孩子们"真正的巴勒斯坦精神"。犹太复国主义者立即发动了一场激烈的运动，反对这一计划。基希与鲍曼进行了一场准外交谈判，他认为在目前这个阶段，在犹太人的民族家园里，需要推广的是犹太民族教育。鲍曼毫不掩饰自己的失望。他在回忆录中写道："这是一个让犹太人和阿拉伯人走到一起并找到共同基础的机会。"他曾希望这所学校能成为他留给巴勒斯坦的遗产。鲍曼很快便会结束任期并返回自己的家园。

政府最终作出了让步。它将为犹太人建立一所学术性高中，同时为阿拉伯人建立一所单独的农业学校。这一决定背后的假设是，阿拉伯人不需要那种为了培养孩子进大学的教育制度。犹太复国主义组织起初同意了这一方案，但后来又要求同时也建立一所犹太农业学校，以免有人认为他们在祖先的土地上所扎下的根基不如阿拉伯人那么牢靠。基希认为，可以让犹太人和阿拉伯人共同开办一所农业学校，就像政府在耶路撒冷所建立的法律学校一样。但他从没有公开过这一想法。最后，在经过了无数的困难之后，两所农业学校在相距不远的地方纷纷落成，一所在阿拉伯人的图勒卡雷姆（Tulkarem）市，另一所在犹太人的克法尔塔伯村（Kfar Tabor），两所学校的名字都叫卡杜里。两族人民相互隔离的声音最终占据了上风。贾博廷斯基都已经谈到要在犹太人和阿拉伯人之间筑起一道"铁墙"了。[38]

犹太复国主义运动的所有派系都接受了两族隔离的原则，只有极少数例外。偶尔还有人会把巴勒斯坦设想成一个大的阿拉伯联邦中的一部分，但就连阿哈德·哈阿姆都说，如果事情变成这样的话，他便不会留在巴勒斯坦。他写道："宁可死在流散地，也不愿意死在这里，葬在我父辈的土地上，如果那片土地被认为是阿拉伯人的'家园'，而我们只是其中的陌生人。"魏茨曼要基希向高级专员发出明确警告：巴勒斯坦的犹太人将暴力抵制一切旨在实施联邦计划的行动。隔离原则也指导了犹太复国主义者的战略选择：他们所购买的土地需要能连成一片，并由犹太人所独占，而为了实现这一目标，他们甚至不惜放弃该国在其他地区的财产。隔离原则导致了特拉维夫的建立。而在这一原则的指导下，曾有人说要把耶路撒冷分成几个市镇，其中一个市镇归犹太人所独有。[39] 隔离原则也是造成犹太人争夺佩塔提克瓦橘子林的核心原因。

5

　　那是 1927 年 12 月中旬。佩塔提克瓦是一个犹太小镇，许多居民都是柑橘树种植者。他们通常在果实还在树上的时候就把它卖掉。这意味着买家，通常是阿拉伯商人，还要花钱请人来把果实摘下。为了尽量降低劳动力成本，显然他会雇用阿拉伯劳工。但这年刚好碰上了经济危机，因此有数以百计的犹太劳工要求雇用他们。然而，这样一来就会提高采摘的成本。在 20 世纪 20 年代末，被普遍接受的劳动报酬标准分别是：犹太男子每天 1.75 皮亚斯特尔，女子 1.5 皮亚斯特尔；阿拉伯男子只能得到 1 皮亚斯特尔，女子则更少。犹太劳工不仅吵着要到田里干活，还要求到果园里去工作。根据农民们的估算，这将使他们的收入减少 30% 至 40%。[40]

　　实际上，随之而来的是雇主和雇员之间的斗争，而不是犹太人和阿拉伯人之间的斗争。然而，当旺季来到时，犹太劳工在佩塔提克瓦的柑橘园里设置了纠察队，阻止阿拉伯工人跑来工作。犹太农民叫来了英国警察。骑警们手持棍棒，用暴力驱散了纠察队。有人受伤，有人被捕。

　　呼吁犹太人雇用"希伯来劳工"的运动在土耳其时代就已经开始了。因此，犹太村庄里的农民不得不在经济利益和民族忠诚之间做出选择。就像阿拉伯人违背爱国义务将自己的土地卖给犹太人一样，许多犹太农民更愿意雇用阿拉伯人，因为阿拉伯人不仅价格便宜，而且更有经验，也更负责任。犹太先锋队员大多是俄国高中的毕业生，以前没有从事过艰苦的体力劳动，因此他们往往会有所懈怠。在农民们看来，他们身上的鲁莽和社会主义思想是一种威胁。

　　劳工领袖贝尔·卡茨奈尔森点出了犹太老板在雇用犹太工人时心理层面所遇到的困难，因为这些犹太工人同时也是民族斗争中的伙伴。他引用了一句谚语："谁买了希伯来奴隶，谁就给自己买了一个主人。"总的来说，搞定一个阿拉伯劳工比搞定一个犹太劳工要容易。犹太事务局执行官哈伊姆·阿尔洛索罗夫向一位来自英国的客人解释了这一情况，他将阿拉伯劳工与印第安人相提并论：他们听从指挥，不知道怎么跟老板谈合理的工作时间，以及对妇女和儿童的保护等问题。[41]犹太劳工不仅要求更高的工资，而且还要求改善待遇。

农民们不止一次地感到有必要为自己的行为辩护。《国土报》的编辑摩西·格利克森（Moshe Glickson），一个百分之百的资本家，他呼吁农民忽略"蝇头小利"，支持"国家的改变"。农民拒绝了他的请求。格利克森住在城里，住在用个人资金建造的私人"豪宅"中。他有什么权利向他们宣讲国家使命？格利克森回答说，犹太复国主义建立在两大愿望之上：回归希伯来文化和回归土地。《国土报》对于希伯来文化的贡献可以理直气壮地归功于他。农民也应该放弃部分利润，因为没有犹太劳动力，犹太复国主义计划就没有希望。[42] 人们把佩塔提克瓦的农民称为"波阿斯"——即《路得记》中质朴的乡下人波阿斯（Boaz）。"波阿斯们"遭到了谴责，因为他们叫来了英国警察，而这一行为无异于"告密"，可与叛国相提并论。

谈判开始了。农民们支持爱国原则，但拒绝把爱国的成本转嫁到自己身上。而另一方面，犹太工人不愿意把自己的薪水拉低到和阿拉伯人一样的水平线上。除了爱国主义情怀和现实利益这两方面因素，还有其他变量在起作用：农民们担心犹太工人的涌入会威胁他们对村庄的控制。代表工人的犹太劳工联合会关注的是政治，它在乎的是如何增强劳工运动的力量。

犹太劳工联合会陷入了一种尴尬的境地。一方面，它需要帮助犹太工人维持现有的工资待遇，并捍卫他们的政治利益，但另一方面，社会主义意识形态却不允许他们对阿拉伯劳工予以区别对待。此前，劳工联合会的领导人便已被迫陷入了一场艰难的决定，即是否要接受阿拉伯工人加入劳工联合会。他们想，如果联合会向所有人都开放，犹太人很快便会失去对联合会的控制，而这将对犹太人产生不利的影响，因为犹太劳工的斗争与犹太人争取民族独立的斗争是捆绑在一起的。"犹太劳工联合会"已迅速发展成为巴勒斯坦犹太团体中最有实力的组织之一，它不得不把民族利益放在第一位。因此，种族隔离的原则最终战胜了社会主义理念。本-古里安建议阿拉伯劳工建立起自己的组织，但他并不拒绝两个工会之间"结盟"的可能性。[43]

关于民族主义和社会主义之间的矛盾，犹太复国主义者内部从未停止过这方面的辩论，他们也在不断地寻找能够安抚他们社会主义良心的方案。要想在这两方面价值之间取得平衡，意识形态层面便会发生不小的扭曲。犹太劳工领袖们曾一度考虑了以下方案：如果他们按照社会主义价值观的要求帮助阿拉伯工人组织工会，帮助他们争取自己的权利，那么最终阿拉伯人会要求得到与犹太劳工相同的薪酬。当这种情况发生时，犹太农民就没有理由再雇用阿拉伯人了，希伯来劳工便会占据上风。[44]

还有一些人的脑袋里还闪现过另一个想法：引进那些愿意接受阿拉伯劳工工资水平的犹太劳动力。在这一思想的指引下，几百名生活在巴格达的贝都因人引起了犹太复国主义者的兴趣，这些人声称自己有犹太血统。著名的犹太复国主义者伊扎克·本-茨维（Yitzhak Ben-Zvi）在加利利地区发现了一个想改宗犹太教的贝都因部落，他敦促基希上校处理此事。基希便向犹太教的首席拉比提出了申请。此前，犹太劳工是从也门输入的。也门犹太人的工资比阿拉伯人高，但比欧洲犹太人低。雇主们给出的理由是，他们的需求较少。[45]

有些人认为，雇用阿拉伯工人可以拉近巴勒斯坦犹太人和阿拉伯人之间的距离，而杜绝阿犹两族间经济上的往来则会使阿拉伯人愈发敌视犹太复国主义。诺曼·本特威奇后来甚至把雇用希伯来劳工的原则称为"经济种族隔离"。[46]本-古里安回应说，大多数暴力冲突实际上都是在雇用阿拉伯劳动力的地方爆发的。他把这种现象与犹太人的历史联系起来。"犹太人在所有土地上的痛苦经历表明，犹太雇主雇用非犹太工人不仅没能杜绝反犹主义，反倒起了相反的作用，即它助长并放大了对犹太人的仇恨。"对犹太劳动力的需求还与培训犹太农民的必要性关联了起来。他们跟阿拉伯人在一起很难得到训练，本-古里安指出，因为阿拉伯人的经济体系不对犹太人开放。

基于实际方面的考量，犹太复国主义者中有人提出要雇用阿拉伯人，但他们所给出的理由都被本-古里安逐一驳回。本-古里安的主要论点是，希伯来劳动力是"建设国土"——即推动犹太复国主义计划——的重要基础。"没有希伯来劳工，就没有办法吸收犹太大众。没有希伯来劳工，就没有犹太经济；没有希伯来劳工，就没有祖国。而任何违背希伯来劳工原则的人，都会损害我们手中最宝贵的资产，能帮助我们实现犹太复国主义梦想的资产。"[47] *

犹太民众原则上同意本-古里安的观点，但犹太团体内部仍不时为雇用阿

---

* 工业企业也雇用阿拉伯工人。犹太人所生产出来的商品有很大一部分是针对阿拉伯消费者的，除非制造商雇用阿拉伯劳动力，否则阿拉伯人所构成的消费市场不会接受这些企业的产品。[48]犹太复国主义者常常把雇用阿拉伯人称为"阿沃达·扎拉"（avoda zara），其字面意思是"外国劳工"，但这也是拉比犹太教的术语，意思是偶像崇拜。[49]

拉伯劳工的问题发生暴力事件。[50] 犹太复国主义意识形态并没能阻止犹太人雇用阿拉伯人。自由市场是一个决定性的因素，而该国局势的总体紧张程度则是另一个决定性因素：当紧张程度上升时，阿拉伯工人便不再出现，而当紧张程度下降时，他们便会再次回来。

6

"我们遭遇了一场相当大的地震，"哈伊姆·沙洛姆·哈莱维在给父母的信中写道。当巴勒斯坦发生地震的时候，哈莱维正坐在开往斯科普斯山的公共汽车上。他在旅途中没有感到任何异样。"我真的很抱歉，我没有感觉到地震的发生，"他说。"每个人都说这是一种非常有趣的感觉，谁知道一生中还会不会发生第二次？"大学的一栋建筑被毁，其他建筑也严重受损。哈莱维班里的同学们当天在一棵野辣椒树下碰面。犹大·莱布·马格尼斯来到现场给他们拍照。他说，这些照片或许能帮大学筹到一些钱，筹到的钱可以用来弥补学校的损失。哈莱维把这件事告诉了他的父母。[51]

地震还波及了德加尼亚基布兹，其所遭受的损失大约有 5 000 镑。政府为帮助地震受害者设立了一项基金，德加尼亚基布兹也提出了申请，并要求政府援助，但政府拒绝了。政府声称，德加尼亚得到了犹太复国主义运动的资金支持，因此不需要向政府申请贷款。这一事件表明了犹太复国主义运动与托管国政府之间不断演变的关系。基希认为，政府对此事的回应是一种典型的用来羞辱犹太复国主义运动的做法。拒绝援助的幕后推手是政府的首席政务官斯图尔特·西姆斯（Stewart Symes），他是前任军政府中留下来的官员，后来成了英国驻苏丹总督。基希写道："他不喜欢犹太人。"[52]

如果犹太复国主义组织沦落到要在地震后请求援助，那就等于公开承认自己的财政状况已经陷入绝境。非常有英国人做派的基希决定不与政府讨价还价。然而，出生在柏林的阿瑟·汉特克（Arthur Hantke）就不一样了。汉特克是犹太复国主义组织的支柱性基金"克伦·哈耶索德"(Keren Hayesod)的主任,他坚持认为犹太复国主义者有权利获得政府援助。这是一个原则问题。基希把整个问题提交给了伦敦的犹太复国主义中枢机构,该机构同样认为,犹太复国主义运动向大英帝国乞求一笔数额仅为 5 000 镑的贷款实在有失体统。[53]

巴勒斯坦高级专员现在是赫伯特·查尔斯·昂斯洛·普卢默勋爵,一位著名的陆军元帅。在被任命前的五年里,他在马耳他担任总督。地震前几个月,他已年届七十。他个子矮小,身材结实,通常穿着一套藏青色的哔叽西服,头顶黑色礼帽,手持一把卷伞。爱德华·基思-罗奇认为他看起来像一位慈祥的爷爷。总检察长的妻子海伦·本特威奇注意到了他闪闪发光的蓝眼睛。他那白白的、耷拉着的海象胡子很有传奇色彩。警官道格拉斯·达夫写道,普卢默看起来就像美国漫画家们常爱画的那些英国将军一样。[54]在普卢默的任期内,巴勒斯坦很平静,他始终都与当地政治保持着距离。

第二任高级专员不是犹太人,这一事实缓解了塞缪尔执政期间所积攒下来的一些不满情绪。同时,这一时期的犹太移民急剧减少。经济危机对犹太复国主义运动造成了冲击,这也使它不像以前那么有威胁了。阿拉伯领导人,其中包括穆夫提哈吉·阿明·侯赛尼,在这个阶段尚未考虑组织全国性的暴力抵抗运动,他们也暂时不具备这个能力。他们担心,任何叛乱都有可能对他们自身造成伤害。哈吉·侯赛尼被英国人礼貌地称为"大穆夫提"(the grand mufti),他的这个职位是当局给的,但要想坐稳这个位子,他得要维持和平。英国人任命了他,但同样也可以把他撤掉。[55]因此,当穆夫提反对《贝尔福宣言》时,就好像他并不依赖英国人似的,但当他克制自己,与英国人合作时,又仿佛没有《贝尔福宣言》这回事似的。

多年来,一些阿拉伯领导人已经开始意识到英国舆论的重要性。他们来到了伦敦。在那里,英国人把他们当作阿拉伯人所授权的代表来接待。与犹太复国主义者相比,他们在公共关系领域就是一群外行,犹太复国主义运动所能得到的国际支持、基础设施和财政支持,他们都拿不到。但他们却尝试表现得像犹太复国主义者一样。在伦敦,他们住在一家著名酒店的昂贵套房里,努力建立政治联系,创造积极的舆论氛围。弗朗西斯·牛顿小姐随他们一起到了英国。温德海姆·迪兹描述了阿拉伯领导人出席的一次公开集会。这次集会是由几个支持阿拉伯人的议员组织的。一位名叫拉明顿（Lamington）的勋爵担任集会的主持，但听众主要由老太太和退役军官组成。[56]阿拉伯领导人的确找到了几家愿意倾听他们声音的报纸，但良好的舆论氛围也取决于政治上的克制。公众的支持取决于他们在巴勒斯坦的后院不起火。

普卢默高级专员倾向于认为他所享受到的安宁会是永久性的。在抵达巴勒斯坦后不久，他就向伦敦提议不再寄送每月从地区专员那里收到的报告。他还计划重组巴勒斯坦的军队，并解散其中的一些部队。这位年迈的战地元帅备受幕僚们的敬仰，也被犹太人和阿拉伯人所接受，因此，他可以向伦敦报告说，一切都很平静，现有的政策也足以应付当前的局势。伦敦的官员们非常高兴，他们如今仍然很难向自己解释当初为何要进入巴勒斯坦。普卢默任期内的平静使他们得出结论：英国人没有理由离开。[57]

对普卢默来说，统治巴勒斯坦就像统治马耳他一样，是一项行政任务。当他给阿拉伯人分配土地时——他在贝桑（Beisan）地区这么做过——他认为这只是为了农业发展，而当他启动公共工程建设时，他这样做只是为了降低失业率，特别是犹太人的失业率。同样，出于非政治方面的因素，他建议送走那些找不到生计的新移民。而当他与犹太社群的代表机构合作时，也不是基于政治方面的考量。他建立起了地方性的市政选举制度，但在他看来，很大程度上这只是一个具有实用价值的步骤，是在按照委任统治的要求为当地人的自治做准备，而不是为政治斗争提供舞台。阿拉伯人表示，他们愿意重新考虑过去曾拒绝过的一个想法——成立巴勒斯坦立法大会（Palestinian legislative assembly）。听到这一请求时，普卢默干脆直接予以回避。他认为这是一个“政治”问题，不属于他的管辖范围。许多英国官员认为，成立立法大会将意味着阿拉伯人对委任统治政府的认可，但普卢默却对这一想法不抱热情。作为一个开明的总督，他允许新闻界批评他个人，但却禁止媒体损害高级专员这一职位的威信。他还采取了另一项具有实用价值但却不具政治性的措施：推行巴勒斯坦的公民身份制度，并发行能够取代埃及里拉的当地货币。[58]最重要的是，普卢默与伦敦的主要关切一致：巴勒斯坦不应该让英国花钱。

普卢默夫妇邀请本特威奇夫妇一起喝茶。"我们发现他们俩都很迷人，"海伦·本特威奇在一封从耶路撒冷寄出的信中这样描述道。普卢默夫人比本特威奇夫人高大，身材瘦弱，她的穿着往往"很老式，其长裙大部分都拖到了地上。"她出门时戴着一顶巨大的羽毛帽。"他们已经装饰好了自己的房间，他的战利品和她的艺术品也已摆放整齐，这使政府大楼看起来像一间退休公务员的老式乡村别墅，"本特威奇夫人写道。加德·弗鲁姆金法官对普卢默夫人收藏的扇子印象深刻，有些是丝绸做的，有些是象牙、羽毛或贝壳做的。除此之外，她还收藏细密画。

海伦·本特威奇带着普卢默夫人在这座城市敏感的外交网络中缓慢穿行：法国驻叙利亚的高级专员不能与某些阿拉伯人一起接待，因为法国人之前轰炸了大马士革；比利时前首相和意大利领事不能同时邀请，因为比利时人是社会主义者，意大利人是法西斯主义者。

高级专员款待过许多客人。米莉森特·福西特夫人带着她的妹妹对巴勒斯坦进行了第二次访问。当她住在本特威奇夫人家时，她收到了一封来自伦敦的电报：给予妇女投票权的法案在下议院通过了二读。两个女人高兴地在屋子里跳起了华尔兹。普卢默对此却不大感冒。作为一个在 19 世纪的环境中成长起来的军官，他拒绝担任巴勒斯坦童子军运动的名誉主席，因为女孩们也可以加入童子军。[59] 普卢默对教育持有一套严格的观念：他认为教育的目的应该是培养学生坚定的性格。总的来说，他认为犹太人在教育方面投入了太多的资金，不如在农业上多投些钱。

普卢默爱打板球，他的妻子则喜欢打桥牌。他们很喜欢本特威奇夫妇在家里举办的音乐晚会，他们甚至还请来过特拉维夫歌剧团。穆夫提以及天主教耶路撒冷教区的宗主教也收到了邀请。海伦·本特威奇后来写道："我们很喜欢看这些痛苦的反犹太复国主义者在英国高级专员的官邸里听着用希伯来语唱的歌。"斯科普斯山上的"政府大楼"在地震中受损，于是普卢默夫妇搬到了伯利恒路的一所房子里。

采法特市在地震中也遭到了严重的破坏，但受灾最严重的是阿拉伯城镇纳布卢斯，那里有数百栋房屋倒塌。[60] 哈伊姆·沙洛姆·哈莱维在报纸上看到，许多纳布卢斯的居民正准备离开该地。谁知道呢，或许会有一座犹太城市在废墟上拔地而起，哈莱维在给父母的信中写道。他很好奇为什么特拉维夫的犹太人（其中许多人都没有工作）会这么急着把三卡车面包送到纳布卢斯。哈莱维指出，阿拉伯人曾向仇视犹太人的亨利·福特请求过帮助，而一位名叫内森·斯特劳斯（Nathan Straus）的犹太百万富翁却在没人向他求助的情况下给阿拉伯人送去了 5 000 美金。"我们就是这样，"[61] 哈莱维评论道。也不知道这番话到底是一种苦涩的自嘲，还是在沾沾自喜。最后，犹太复国主义运动并没有向托管国政府申请微薄的贷款，反倒是往政府的重建基金里捐了 10 万镑。[62] 对于犹太复国主义者来说，地震提供了一个很好的机会，让他们能够证明犹太复国主义运动对整个国家的贡献。此前，基希曾鼓励罗纳德·斯托尔斯资助耶路撒冷阿拉伯儿童的营养项目。上校在日记中指出了这一举措在公共关系方面的价值。[63]

在地震中遇难的 250 人中没有犹太人。[64] 巴勒斯坦的首席拉比宣布将于随后的安息日进行感恩祈祷。圣殿山上的一座清真寺因地震而受损，但西墙却安然无恙。哈莱维将其归功于"上帝之手"。[65] 相反，霍勒斯·塞缪尔法官却对地震没能毁掉所有的神圣遗迹而表示遗憾，因为几个世纪以来，这些遗迹一直是各民族间仇恨的根源。[66]

注　释

1. Ylana Miller, *Government and Society in Rural Palestine, 1920–1948* (Austin: University of Texas Press, 1985).

   Baruch Kimmerling and Joel S. Migdal, *Palestinians: The Making of a People* (New York: Free Press, 1993).

   Mohammed Yazbek, "Arab Migration to Haifa, 1933–1948: Quantitative Analysis According to Arab Sources" (in Hebrew), *Katedra* 45 (Sept. 1987), p. 131ff.

   Yosef Washitz, "Migration of Villagers to Haifa in the Mandatory Period: A Process of Urbanization?" (in Hebrew), *Katedra* 45 (Sept. 1987), p. 113ff.

   Gad Gelbar, "Trends in the Demographic Development of the Arabs of Palestine, 1870–1948" (in Hebrew), *Katedra* 45 (Sept. 1987), p. 42ff.

   Rachelle Taqqu, "Peasants into Workmen: Internal Labor Migration and the Arab Village Community Under the Mandate," in *Palestinian Society and Politics*, ed. Joel S. Migdal (Princeton: Princeton University Press, 1980), p. 261ff.

2. Gideon Shilo, "The Life and Diaries of a Palestinian Educator of Jerusalem" (in Hebrew) in Khalil al-Sakakini, *Such Am I, O World* (in Hebrew) (Jerusalem: Keter, 1990), pp. 14, 146.

3. Intelligence Report no. 107, 3 July, and Intelligence Report no. 146, 13 Aug. 1920, CZA L4/793.

   Yehoshua Porat, *The Growth of the Palestinian Arab National Movement, 1918–1929* (in

Hebrew) (Tel Aviv: Am Oved, 1976), vol. I, p. 30ff.

Survey of the Arab press, CZA Z4/1250; S25/517. See also: Rashid Khalidi, *Palestinian Identity: The Construction of a Modern National Consciousness* (New York: Columbia University Press, 1977), p. 145ff.

4. Porat, *The Growth of the Palestinian National Movement*, vol. I, p. 102.

5. Shmuel Almog, "Redemption in Zionist Rhetoric," in *Redemption of the Land in Palestine: Idea and Practice*, ed. Ruth Kark (in Hebrew) (Jerusalem: Yad Ben-Zvi, 1990), p. 13ff.

6. Irit Amit and Ruth Kark, *Joshua Chankin: Two Loves* (in Hebrew) (Tel Aviv: Milo, 1996). Kenneth W. Stein, *The Land Question in Palestine, 1917–1939* (Chapel Hill: University of North Carolina Press, 1984), pp. 227, 39, 4, 210.

7. Pazner to Ruppin, 1 June 1939, CZA S25/7448.

Yosef Weitz, *The Question of the Dispossession of the Arabs*, 20 Mar. 1946, CZA S25/10685. *Our Relations with the Arabs* (no author or date, apparently 1920), CZA L/353.

8. Hagi Levsky, *The Jewish National Fund in Theory and Practice in the Period of the British Mandate* (in Hebrew) (Institute for the Study of the History of the Jewish National Fund and the Settlement of the Country, 1993), p. 9ff.

Iris Gracier, "The Valley of Jezreel: Social Ideologies and Settlement Landscape, 1920–1929," *Studies in Zionism*, vol. XI, no. 1 (1990), p. 1ff. See also: F. H. Kisch, *Palestine Diary* (London: Victor Gollancz, 1938), p. 118.

9. Khalidi, *Palestinian Identity*, p. 81.

Mohammed Izzat Darwazza, *Ninety-five Years of Life: Memories and Meditations* (in Arabic) (Jerusalem: Arab Thought Forum, 1993), p. 201.

Adnan abu-Gazaleh, "Arab Cultural Nationalism in Palestine During the British Mandate," *Journal of Palestine Studies*, vol. I, no. 3 (1972), p. 37ff.

10. The Royal Institute of International Affairs, *Great Britain and Palestine, 1915–1936* (London: Royal Institute of International Affairs, 1937), p. 50ff.

11. Stein, *The Land Question in Palestine*.

Walter Lehn with Uri Davis, *The Jewish National Fund* (London: Kegan Paul International, 1988).

12. Arieh L. Avineri, *Jewish Settlement and the Charge of Dispossession, 1878–1948* (in Hebrew) (Tel Aviv: Ha-Kibbutz Ha-Me'uhad, 1980), p. 112ff. See also: Yitzhak Ulshan, *Din U-Devarim* (Memoirs) (in Hebrew) (Tel Aviv: Schocken, 1978), p. 141.

13. Sakakini, *Such Am I, O World*, pp. 158, 163.

14. Sellers of Land to the Jews, 5 Jan. 1937, CZA S25/9783. See also: Eliahu Eilat, "Conversations with Musa Alami" (in Hebrew), *Yahadut Zemananu*, vol. II (1985), p. 27.

15. Stein, *The Land Question in Palestine*, p. 228ff. See also: Rashid Khalidi, "The Land Question in Palestine, 1917–1939," *Journal of Palestine Studies*, vol. XVII, no. 1 (Autumn 1987), p. 146ff.

Letter by Kenneth Stein, *Journal of Palestine Studies*, vol. XVII, no. 4 (Summer 1988), p. 252ff.

16. Weizmann to Samuel, 22 Nov. 1919, in *The Letters and Papers of Chaim Weizmann*, ed. Jehuda Reinharz (New Brunswick, NJ, and Jerusalem: Transaction Books, Rutgers University, and Israel Universities Press, 1977), vol. IX, p. 257.

Weizmann to Sokolow, 21 Aug. 1920, in *The Letters and Papers of Chaim Weizmann*, ed. Bernard Wasserstein (New Brunswick, NJ, and Jerusalem: Transaction Books, Rutgers University, and Israel Universities Press, 1977), vol. X, p. 22.

Weizmann to Cowan, 24 Sept. 1921, in Wasserstein, *The Letters and Papers of Chaim Weizmann*, vol. X, p. 256.

17. Yoav Gelber, *The Roots of the Lily* (in Hebrew) (Tel Aviv: Ministry of Defense, 1992).

18. Thon to the Zionist Executive, 29 Dec. 1925, CZA S25/517.

Kisch to Bodtzky, 6 Oct. 1932, CZA S25/3029.

19. Kalvarisky to the Zionist Executive, 18 July 1923, CZA S25/4380.
    Kalvarisky to the Zionist Executive in London, 2 July 1925, CZA S25/4793.
20. Kisch to the political secretary, 28 Mar. 1923, CZA S25/10320.
    Stein to Kisch, 10 Apr. 1923, CZA S25/10320.
21. Activities of the Arab Secretariat of the National Council (1922), CZA S25/4384.
    Kisch diary, 27 Oct. and 26 Apr. 1923, CZA S25/564.
22. Kisch memorandum, 19 May 1925, CZA S25/517.
    Ze'ev Sternhall, *Building a Nation or Rectifying Society?* (in Hebrew) (Tel Aviv: Am Oved, 1995).
    Gad Frumkin, *The Way of a Judge in Jerusalem* (in Hebrew) (Tel Aviv: Dvir, 1954), p. 288.
23. Baruch Katinka, *From Then to Now* (in Hebrew) (Kiryat Sefer, 1965), p. 257ff.
    Tayasir Jabara, *Palestinian Leader: Hajj Amin Al-Hussayni, Mufti of Jerusalem* (Princeton: Kingston Press, 1985), p. 64ff.
    Nasser Eddin Nashashibi, *Jerusalem's Other Voice* (London: Ithaca Press, 1990), p. 79ff.
    Yehoshua Porat, *From Disturbances to Rebellion* (in Hebrew) (Tel Aviv: Am Oved, 1978), p. 79.
    David Kroyanker, *The Palace Hotel* (in Hebrew) (Jerusalem: Jerusalem Municipality, 1981).
24. David Hacohen, *Time to Tell* (in Hebrew) (Tel Aviv: Am Oved, 1974), p. 45.
    Frumkin, *The Way of a Judge*, p. 288ff.
    Chaim Arlosoroff, *Jerusalem Diary* (in Hebrew) (Tel Aviv: Mifleget Poalei Eretz Yisrael, 1949), pp. 205, 120ff.
25. Abadin to the Jewish Agency, 22 Sept. 1922, CZA J1/289.
    Kisch diary, 1 Aug. 1924, CZA S25/565.
    Weizmann to Wormser, Feb. 1923, in *The Letters and Papers of Chaim Weizmann*, ed. Bernard Wasserstein (New Brunswick, NJ, and Jerusalem: Transaction Books, Rutgers University, and Israel Universities Press, 1977), vol. XI, p. 232ff.
    CZA S25/4384; J1/311 II.
    Club budget and collaborator receipts, CZA S25/10302 and CZA S25/10287.
26. Kisch diary, 24 Jan. 1923, CZA S25/564.
    Kisch memorandum, 13 Dec. 1922, CZA S25/518 I.
    Gilikin to the National Council, 4 Dec. 1922.
    Principal of the Arabic-Hebrew School in Tiberias to the secretary of the National Council, 4 Jan. 1923, CZA J1/289.
27. Kisch diary, 13 June 1923, CZA S25/564.
28. Kisch diary, 24 Jan. 1923 and Annex C, CZA S25/564.
29. Kisch diary, 30 Jan. 1923, CZA S25/564.
30. Kisch diary, 8 July 1924, CZA S25/565.
31. Kisch diary, 9 July 1923, CZA S25/564.
32. Kisch diary, 1 Feb., 5 Feb., 15 Apr., 15 June 1923, CZA S25/564.
33. Survey of the Arab newspapers published in Palestine, 19 Aug. 1921, CZA Z4/1250.
    Kisch diary, 1 Aug. 1924, CZA S25/565.
    Editor of Arab newspaper to the Jewish Agency, 10 July 1927, CZA S25/517.
    Movement coordinator to Kisch, 5 Apr. 1923, CZA S25/4384. See also: CZA S25/10287.
34. Kisch diary, 2 Jan. 1924, CZA S25/565. See also: CZA S25/4380.
35. Kisch to the political secretary, 15 Nov. 1923, CZA S25/665.
    Kisch to Weizmann, 20 June 1923, CZA S25/745.
36. Kisch diary, 17 Nov. 1924, CZA S25/565.
    CZA L4/977.
    Kisch to Deedes, 30 Jan. 1923 and attached documents. ISA secretariat, section 2, M/5/151.
37. David Ben-Gurion, *Memoirs* (in Hebrew) (Tel Aviv: Am Oved, 1971), vol. II, p. 145ff.
    Neil Caplan, *Palestine Jewry and the Arab Question, 1917–1925* (London: Frank Cass,

1978), p. 101ff.

Kastel proposal, 1923, CZA J1/289.

Ben-Zvi in the National Council, 9 May 1923, CZA J1/7226.

Sloan to the Secretary of State and Simon Report, 1 Mar. 1935, "Records of the U.S. Consulate in Jerusalem, Palestine," Confidential Correspondence 1920–1935 (Record group 84).

38. Kisch diary, 2 Jan. 1924, CZA S25/565.

Humphrey Bowman, *Middle-East Window* (London: Longrams, Green and Co., 1942), p. 265.

Stein memorandum, 28 Feb. 1924, CZA S25/10595.

Eliezer Domke, "The Birth Pangs of the Kadoorie School" (in Hebrew) *Katedra* 35 (Apr. 1985), p. 91ff.

Rafaela Bilsky Ben-Hur, *Every Individual a King: Ze'ev Jabotinsky's Social and Political Thought* (in Hebrew) (Tel Aviv: Dvir, 1988), p. 287.

39. Ahad Ha'am to E. L. Simon, 24 May 1923, *The Letters of Ahad Ha'am* (Tel Aviv: Dvir, 1960), vol. VI, p. 253.

Kisch diary, 20 Nov. 1923, CZA S25/564.

Ben-Gurion, *Memoirs*, vol. I, p. 340.

P. A. Elsberg, "The Fight for the Mayorship of Jerusalem in the Mandatory Period" (in Hebrew), in *Topics in the History of Jerusalem in Modern Times*, ed. Eli Shaltiel (in Hebrew) (Jerusalem: Yad Ben-Zvi, 1981), p. 310.

40. Anita Shapira, *The Disillusioning Struggle: Hebrew Labor, 1929–1939* (in Hebrew) (Tel Aviv: Ha-Kibbutz Ha-Me'uhad, 1977), p. 106.

Yigal Drori, *Between Right and Left: The "Civil Circles" in the Twenties* (in Hebrew) (Tel Aviv: Mifalim Universitaim, 1990), p. 165. See also: Zachary Lockman, *Comrades and Enemies* (Berkeley: University of California Press, 1996).

41. *Berl Katznelson on the Hebrew University* (in Hebrew) (Jerusalem: n.p., 1944), p. 36.

Arlosoroff, *Jerusalem Diary*, p. 43.

42. Moshe Glickson and Moshe Smilansky (1922), in Drori, *Between Right and Left*, p. 38. See also: Drori, *Between Right and Left*, p. 106.

43. Ze'ev Sternhall, *Building a Nation or Rectifying Society?* (in Hebrew) (Tel Aviv: Am Oved, 1986), p. 187ff.

Shabtai Teveth, *Ben-Gurion and the Arabs of Palestine* (in Hebrew) (Tel Aviv: Schocken, 1985), p. 69.

44. Anita Shapira, "A Political History of the Yishuv, 1918–1939" (in Hebrew), in *The History of the Jewish Yishuv in Palestine from the Time of the First Aliya*, ed. Moshe Lissak and Gabriel Cohen (in Hebrew) (Jerusalem: Israel Academy of Sciences, Bialik Institute, 1944), part II, pp. 79, 97.

45. The secretary for Arab affairs to Sasson Efendi, 1 Dec. 1922, CZA J1/289.

Kisch, *Palestine Diary*, p. 139.

Yehuda Nini, *Were You There or Did I Dream It: The Yemenites of Kinneret—the Story of Their Settlement and Displacement, 1912–1930* (in Hebrew) (Tel Aviv: Am Oved, 1996), p. 102.

46. Norman and Helen Bentwich, *Mandate Memoirs, 1918–1948* (London: Hogarth Press, 1965), p. 53.

47. Ben-Gurion to Eichenberg, 10 Dec. 1935, CZA S25/7188.

48. Rotenstreich to the Jewish Agency Executive, 30 Dec. 1936, CZA S25/9783.

49. Cohen diary, 9 Dec. 1935, National Library, Manuscript Division, B/514.

Internal dangers, undated (1941), CZA S25/7188.

The War for Hebrew Labor in Kfar Saba, CZA S25/7188.

CZA S25/10108.

50. List of citrus groves and workplaces in which pickets were set, 1926–1934 (in Hebrew), CZA S25/7188.

51. Halevi to his parents, 13 July 1927. With the kind permission of his son. See also: Arthur Ruppin, *Chapters of My Life in the Building of the Land and the Nation, 1920–1942* (in Hebrew) (Tel Aviv: Am Oved, 1969), p. 133.

52. Kisch diary, 12 May 1925, CZA S25/3272.

53. CZA S25/765.

54. Norman and Helen Bentwich, *Mandate Memoirs*, p. 106.
    Edward Keith-Roach, *Pasha of Jerusalem* (London: Radcliffe Press, 1994), p. 99.
    Douglas V. Duff, *Bailing with a Teaspoon* (London: John Long, 1953), p. 105.

55. Zvi El-Peleg, *The Grand Mufti* (in Hebrew) (Tel Aviv: Ministry of Defense, 1989), p. 29.

56. Deedes to the director of public security, apparently 1922, ISA M/S/158 I.
    Francis Emily Newton, *Fifty Years in Palestine* (Wrotham: Coldharbour Press, 1948), p. 178.

57. Plumer to Amery, 28 Aug. 1925, PRO Colonial Office 733/96/40791.
    Pinhas Ofer, "The Crystallization of the Mandate Regime and the Laying of the Foundations for the Jewish National Home, 1921–1931" (in Hebrew), in *The History of the Jewish Yishuv in Palestine from the Time of the First Aliya (The British Mandate)* (in Hebrew), ed. Moshe Lissak (Jerusalem: Israel Academy of Sciences, Bialik Institute, 1993), part I, p. 258ff.

58. Kisch diary, 21 Oct. 1925, CZA S25/3272.

59. N. and H. Bentwich, *Mandate Memoirs*, p. 106ff.
    Keith-Roach, *Pasha of Jerusalem*, pp. 99, 115.
    Frumkin, *The Way of a Judge*, p. 273.
    Kisch diary, 1 Oct. 1925, CZA S25/3272.

60. Eder to Plumer, 26 July 1927, CZA S25/6832.
    Kisch, *Palestine Diary*, p. 212.
    N. and H. Bentwich, *Mandate Memoirs*, p. 113ff.

61. Halevi to his parents, 19 July 1927. With the kind permission of his son.

62. Yemima Rosenthal, ed., *Chronology of the History of the Jewish Yishuv in Palestine, 1917–1935* (in Hebrew) (Jerusalem: Yad Ben-Zvi, 1979), p. 144.

63. Kisch diary, 12–13 Feb. 1923, CZA S25/564.

64. Rosenthal, *Chronology of the History of the Jewish Yishuv in Palestine*, p. 144.

65. Halevi to his parents, 19 July 1927. With the kind permission of his son.

66. Horace Samuel, *Unholy Memories of the Holy Land* (London: Hogarth Press, 1930), p. 174.

第二部分　恐怖（1928—1938）

"六年多来，我一直住在耶路撒冷，种植药用植物，"简·兰开斯特女士写道，"这项工作不是爱好，而是我一生的工作，我这样做是为了这个国家服务；既为犹太人服务，也为阿拉伯人服务。我不以此为生，但这是我的生命……"

第 13 章　耶路撒冷的神经

1

1928 年 9 月 23 日星期日下午，当道格拉斯·达夫警员在老城巡逻时，他遇到了耶路撒冷现任地区专员爱德华·基思-罗奇。这位耶路撒冷的帕夏（人们给基思-罗奇起的小名）正在前往穆斯林宗教法庭的路上。他邀请达夫与他同行。法院大楼的一扇窗户可以看到西墙。赎罪日将于当晚开始，犹太人正聚在一起参加标志着斋戒开始的科勒·尼德尔*（Kol Nidre）仪式。忽然，基思-罗奇看到，西墙的前面竖起了一个屏风。这是一个普通的可折叠屏风，就是人们有时在卧室里用的那种，用几个木框做成，上面盖着布，达夫后来写道。屏风是用来分隔男女礼拜者的。达夫当天早些时候就注意到了这个东西，但没怎么在意。基思-罗奇表示，他以前从未在那里见过这东西。这句话成了接下来几个月动乱局势的开场白。数百人将在这一过程中丢掉自己的性命，而且自此以后再也不会有人怀疑，围绕巴勒斯坦的冲突终将导致一场战争。

达夫在事后表示，如果区长当时对屏风一事保持沉默，这一天可能也就这么过去了。后来成立的一个调查委员会听说穆斯林事先就知道这块屏风的事。西墙边的塞法迪犹太执事和阿什肯纳兹犹太执事因为屏风的事发生了争执，穆斯林通过这一渠道碰巧知道了此事。不论当时的情况到底是怎么样，总之，基思-罗奇指出了这块屏风的问题，而在法庭中接待他的谢赫们也提出了情绪化的抗议，并要求将其拆除。犹太人对西墙地块所做的任何物理上的

---

* 希伯来文，意为"一切誓言"。——译者注

改变，甚至是临时增添的家具，都会引起穆斯林的怀疑。他们认为犹太人是在想方设法地让这堵墙变成一座犹太会堂。而紧接着，他们便会接管这堵墙。谢赫们说，要是不把屏风拿掉，之后要是出了什么事，他们是不会负责的。事实上，维持和平并不是他们应该承担的责任，这种言辞模糊的威胁，只是他们为了达到目的而采取的一种策略。[1]

基思-罗奇试图淡化这个问题，并爽快地答应他将亲自拆除屏风。他和达夫一起走到了西墙边，在那里，他们找到了阿什肯纳兹犹太执事诺亚·巴鲁赫·格拉斯坦（Noah Baruch Glasstein），一个外表高贵的老人。基思-罗奇直截了当地说：屏风必须被移走，因为这是阿拉伯人的要求。执事要求先不动屏风，等礼拜仪式结束后，他再找一些非犹太工人把它拆掉。基思-罗奇同意了。紧接着，他去了胡尔瓦犹太会堂。按照达夫的说法，这是一次"礼节性的拜访"。

两人在礼拜者当中找到了司法部长本特威奇，并把关于屏风的事情告诉了他。本特威奇要求在斋戒结束之前不要对屏风做任何事，但地区专员坚持自己的立场，他认为不应激怒阿拉伯人。[2] 达夫又回到了西墙，会堂执事流着泪答应在晚上把屏风拆除。基思-罗奇的家位于老城的基督教区，达夫跑到这里来向他汇报。基思-罗奇的家中当时正好有客人在，达夫感觉基思-罗奇已经把西墙的事忘到脑后了。他给达夫倒了一杯威士忌，并告诉他，他只须确保在早上之前让屏风消失。

从达夫的回忆录来看，他是一个暴力分子、种族主义者、厌女主义者和傻瓜，但他似乎感觉到屏风意味着麻烦。他拿出便签本，按照基思-罗奇的指示草拟了一份命令，并让地区专员在上面签了字。达夫甚至还跑到办公室让人在命令上盖了章。之后，他又回到了西墙，发现屏风还在。他警告说，如果第二天早上七点屏风还在那里，他就会把它拆毁。星期一早上六点半，达夫开始行动了。首先，他叫来了增援部队。达夫后来写道，他的部下立马便赶来报到，因为根据以往的经验，只要达夫召集他们，就意味着会有行动。大约有十名武装警察集合到了一起，达夫让他们戴上钢盔。"我们冲进了大卫街的狭窄小巷，"他写道，就像上战场一样。阿拉伯居民催促他们继续前进，并高喊："犹太狗都去死吧！""快上，快上！"在西墙边，警察遇到了一小群犹太老人和妇女，以及那块屏风。达夫抓住犹太执事的肩膀，来回摇晃他。

这位老人惊恐至极，吓得说不出话来。达夫在回忆录中打趣说，显然，这位执事讨厌一切形式的暴力。

达夫命令手下的一名中士拆毁屏风。与此同时，在场的犹太人都聚到了一起。达夫抱怨说，空气中弥漫着一种"过热和待清洗的女性气味"。根据他的描述，随后发生的事情似乎是一场两性之战：妇女们歇斯底里地尖叫，用遮阳伞敲打警察的头部，并试图撕烂他们的衣服。他把她们描述为"愤怒的女士们"，仿佛他面对的是一场由妇女参政论者组织的示威游行。一位身穿黑色长袍、头顶毛皮宽边帽的礼拜者抓住了屏风，他用英语高喊说，即使杀了他，他也不会松手。达夫和他的手下们把那人拖出了老城的"粪门"（Dung Gate），并把他扔进了基德隆谷（Kidron Valley）。直到这时，那人的手上还抓着从屏风上扯下来的碎布。那人除了身上有几道抓痕外，没有受伤，达夫写道。

达夫的上级们非常生气，而且他们有很充分的理由。达夫在没有正确判断形势的情况下使用了过度的武力。赎罪日早晨的事件——即警察冲进西墙并与礼拜者发生暴力冲突——造成了十分严重的紧张局势。这个时候，达夫把他接到的书面命令拿了出来，并以此来当挡箭牌。他为自己的先见之明感到庆幸。他没有被解职，还被允许继续留在自己的岗位上。他写道，阿拉伯人认为他是个英雄，而犹太人则把他当作攻击的目标。他遭遇了三次犹太人的暗杀行动，每一次事情的经过都被他记录了下来：一次是用巨石砸他，一次是试图碾压他，还有一次则是向他开枪。他说，幸好他还活着，否则他就会被埋在锡安山戈巴特主教的公墓里。在他看来，那是一个"最令人不满意的安息之地"——迟早有一天，考古学家一定会在那里挖出耶布斯人统治时期耶路撒冷（Jebusite Jerusalem）城的城墙。[3]

2

自中世纪以来，犹太人就在西墙祈祷。这堵墙是一条窄巷子的一侧，它被犹太人视为第二圣殿的唯一遗迹。对穆斯林来说，西墙也是神圣的，它被认为是阿克萨清真寺的一部分。按照伊斯兰教的说法，先知穆罕默德在登宵之夜前往天堂之前，曾将他的飞马——布拉克（Al-Buraq）系在那里。对于犹太人来说，西墙是世界上最神圣的礼拜场所。对于穆斯林来说，毗邻圣殿山的两座清真寺的重要性仅次于麦加和麦地那两座圣城。作为圣殿山的一部分，西墙由穆斯林宗教信托机构瓦克夫控制。

在土耳其人治下，犹太人多多少少可以不受干扰地在墙边礼拜。他们憧憬着弥赛亚的到来，届时，圣殿山上将建起第三圣殿，它将取代两大清真寺。但弥赛亚的时代似乎并没有到来。在依靠分配制度存活的时期，巴勒斯坦的犹太人大多是无奈的老年人，他们没有主张西墙所有权的意愿，也从未对阿拉伯人构成真正的威胁。因此，多年来，当地的犹太人逐渐发展出了一套具有相当灵活性的变通做法。从正式的制度层面来说，犹太人受到一系列禁令的约束。但在实践中，一个眼神和一次贿赂便能拉近与穆斯林瓦克夫的关系。在特殊的日子里，尤其是在犹太新年里，穆斯林甚至允许犹太人对着西墙吹响羊角号（Shofar）。此外，他们还能摆上方舟和长椅。安妮·兰多告诉基希上校，在她的记忆中，犹太人不时会竖起一道屏风，以便把男人和女人分开。[4]

基思-罗奇对这一切都很清楚，所以他对阿拉伯谢赫们坚持要撤掉屏风的要求感到有些困惑。实际上，谢赫们将屏风与犹太复国主义计划和《贝尔福宣言》联系在了一起。在他们看来，犹太人企图把这堵墙变成一座犹太会堂，而在当前的时局下，这只是犹太人从穆斯林手中夺走这堵墙的第一步。出于同样的原因，穆斯林瓦克夫的领导人曾向罗纳德·斯托尔斯解释过他们为什么拒绝让犹太人在西墙上安装永久性的椅子：他们首先会摆几张椅子，紧接着是木凳，然后是石凳。接下来，为了遮挡阳光和严寒，他们会筑起墙和天花板。最后，穆斯林会突然发现，他们的地产上竟立起了一座建筑物。这句话展现了巴勒斯坦冲突的全貌。啊，世人对耶路撒冷的神经究竟了解多少？罗纳德·斯托尔斯感叹道。激情与政治的碰撞点燃了一团可怕的火焰——很少有人能比他更清楚这一点。[5]

巴勒斯坦冲突不仅仅是一场争夺土地的斗争，也是一场争夺神话、宗教信仰、民族荣誉和历史的战争。在争斗的过程中，犹太人和阿拉伯人用上了原始般的狂热，而这不可避免地导致了暴力。在许多场合，他们未能把现实、文字和符号区分开来。他们不止一次地宁愿相信虚构和幻想。

这场战斗永无休止，且在各个舞台上进行。其中的一个舞台是一个政府任命的委员会，该委员会负责就巴勒斯坦的地名达成共识——当然，这是一项不可能完成的任务。问题不仅仅是犹太人和阿拉伯人对他们共同生活的城镇有不同的称呼——阿拉伯人称耶路撒冷为圣城（Al-Quds），希伯伦为哈利勒（Al-Khalil）。问题还在于，该委员会中的犹太成员要求给完全属于阿拉伯人的地区起希伯来语的名字：他们希望把杰宁（Jenin）和坦图拉（Tantura）改称为伊尔加尼姆（Ir Ganim）和多阿尔（Doar）。在委员会的会议记录中，这些问题被描绘成学术性争议，不含政治色彩。事实上，这些都是关于主权的争议。该委员会只是一个下级委员会，该委员会的上级单位是一个殖民事务机构，它负责确定世界各地地名的英文拼法。该机构的一名英国成员写道："我担任地名常设委员会成员已近 15 年，我可以公平地说，巴勒斯坦给委员会带来的麻烦不仅比大英帝国的其他殖民地都多，而且比整个世界其他国家加起来的麻烦还要多。"[6]

当问题涉及巴勒斯坦的国名时，犹太人希望政府使用该国的希伯来语名称"以色列地"（Eretz Israel），但政府却决定使用"巴勒斯坦 E. I."（Palestine E. I.）这一奇怪的名称。该名称出现在所有的官方文件上，包括硬币和纸币。一位名叫杰马勒·侯赛尼的阿拉伯领导人向最高法院请愿，要求取消该国邮票上的 E. I. 二字，但他的诉讼被驳回。基希上校建议让人们用《圣经》中的"谢克"（shekel）一词来称呼 50 皮亚斯特尔硬币。他认为，一旦这种表达方式被人们接受，当局就会别无选择地承认它。但这个想法没能取得成功。[7]

国歌和国旗也是极具煽动性的问题。希伯来报刊上全是类似这样的报道：在各种各样的公共活动中，当会场响起犹太复国主义者所谱写的国歌《哈提克瓦》（Hatikva）时，英国士兵、军官和行政人员都没有起立。[8]兰多小姐曾在这首歌曲响起时和军政府的军官们一起坐下，以示抗议。《国土报》写道："我们见过叛徒，但却没见过多少女叛徒。"[9]另一方面，如果政府官员站起来支持犹太复国主义者的国歌，他们又会遭遇弗朗西斯·牛顿的抗议。

不屈不挠的牛顿是一个只靠自己一个人的女说客。有一次，她发现《大英百科全书》将犹太复国主义运动的旗帜——白底上印着两个蓝色条纹和一个蓝色的大卫之星——列入世界各国的国旗中，并将其定义为巴勒斯坦国旗。她为此写了一封抗议信。编辑答复说，这本百科全书似乎确实"有些不成熟"。在下一版中，该百科全书便纠正了自己的错误。*犹太复国主义运动则向一个美国出版商提出了抗议，在该出版商所出版的一本百科全书中，内比·穆萨骚乱被归结为一连串事件的结果，而这一连串事件的起因是一名犹太人玷污了一面穆斯林旗帜。[11]

为了按照各自的口味来书写历史，犹太人和阿拉伯人都付出了巨大的努力，也分别投入了大量的资金。犹太事务局主动为一本英文书提供资金，资助这本书的目的是为了终结一种"错误"的观念，即"全体犹太人都被迫离开了自己的国土，阿拉伯人在这里发现了一块没有犹太人的土地"。这本书的作者本-锡安·迪纳伯格（即后来的"迪努尔"）来自俄国，从1921年起，他变成了戴维·耶林在耶路撒冷开办的那所师范学院中的一名教员。为了适应犹太复国主义的观点，他对犹太人的历史进行了改写。在这方面，可能没有人比他做得更多。他强调犹太人历史的连续性及其在全世界的统一性，仿佛犹太人只存在一个单一的叙事和一个单一的历史年表。他把犹太人开始从巴勒斯坦向外流亡的时间定在了公元七、八世纪，这远远晚于其他历史学家和学者的断代。他认为，只是在阿拉伯人占领巴勒斯坦后，这个国家才丧失了"犹太属性"。因此，迪努尔（Dinur）将犹太人的流亡时间缩短到了一千多年。[12]犹太复国主义组织还启动了另外的一些研究项目，这些研究项目旨在证明，许多阿拉伯人是最近才来到巴勒斯坦的。[13]

阿拉伯人同样不遗余力地宣传他们的民族文化。为了否认犹太复国主义者对这块领土的主张，他们也费尽心力地构建了自己的历史论据。[14]他们还从犹太复国主义运动那里借鉴了一些象征性的举措，其中包括植树造林活动。阿拉伯人意识到了宣传的重要性，并敦促每个公民购买一面阿拉伯小国旗来资助这场民族斗争，他们还敦促每个阿拉伯儿童学会说"打倒赫伯特·塞缪尔"。此外，乔治·安东尼乌斯还建立起了"阿拉伯语言学院"。[15]

当阿拉伯人获准将印度穆斯林领袖的弟弟穆罕默德·阿里（Mohammed

---

* 犹太复国主义运动旗帜的设计经历了几个阶段，直到第二次世界大战结束后才最终定型。《哈提克瓦》也出现过若干个版本。[10]

Ali）埋葬在阿克萨清真寺时，犹太复国主义者将西奥多·赫茨尔在维也纳的书房里的家具搬到了耶路撒冷。但他们未能把赫尔茨重新安葬在耶路撒冷。另一方面，该运动成功地购买了死海边一个由岩石构成的悬崖，一小队犹太叛军曾在那里——即马萨达（Masada）——对罗马人进行了最后的抵抗。犹太复国主义者为这块地花费了 3 000 镑。[16]

犹太复国主义者同时还在继续尝试买下西墙。1926 年 5 月，和阿拉伯社群有联系的加德·弗鲁姆金法官开始着手处理这一问题。他开始与西墙附近几栋房屋的主人进行谈判，其目的是开辟出一条从大卫街通往西墙的新通道。这项行动很微妙，作为一名由英国政府任命的法官，弗鲁姆金不应该参与这种事情。基希把他写给法官的信定义为"私人且机密"，他还给法官寄去了一张 25 镑的私人支票。这笔钱可以理解为行动所需的开销，也可以解释为中介费，或者是一笔贿款。

内森·施特劳斯是一位来自纽约的百万富翁，基希成功说服他提供一笔5 000 镑的捐款，这笔捐款将用于购买西墙区域的一处独栋房屋。这所房子属于哈利迪（Khalidi）家族，该家族也有意愿卖掉这所房子。基希对施特劳斯说，能参与这项民族事业，是施特劳斯的荣幸。为了掩人耳目，他提议以施特劳斯的名义买下房子。基希警告说，无论如何都不能把弗鲁姆金法官在这笔交易中所扮演的角色泄露出去。

弗鲁姆金直接给施特劳斯写了一封信，他在信中表示，在 19 世纪，一些犹太慈善家——其中包括摩西·蒙特菲奥里（Moses Montefiore）和罗斯柴尔德男爵——曾尝试购买西墙，但都失败了。然而，如今却出现了一个历史性的机遇。他要求施特劳斯提供 10 万美元，以"确保西墙边屋主们的善意"。施特劳斯担心自己被骗，他抱怨说，阿拉伯人的报价"实在太过夸张了"。他对此事的兴趣也就到此为止了，西墙对他来说太贵了。[17]他宁愿把钱投资在一座以他的名字命名的保健中心上。但基希是不会放弃的。作为国家的中心圣地，西墙将为犹太复国主义运动注入活力，也能让犹太复国主义运动在极端正统派、世界犹太人、英国人以及阿拉伯人面前变得更有底气。

英国人致力于维持他们抵达巴勒斯坦时各圣地的状态，但他们无法决定到底是依循其法定状态还是现实状态。各方围绕这个问题产生了大量的信件，以及各种各样的法律和历史意见。[18] 西墙只是其中一处圣地。基督教的各个派别之间对圣母教堂和其他场所也存在争议，这些争议也需要由当局来解决。有位僧侣把梯子放在其他僧侣的房间里，有位修女在本应由另一个修女点蜡烛的时候自己点燃了蜡烛，有人未经许可就筑起了一面墙，有人未经协商就打开了一条通道。这里面的每一个案例都非常敏感，有时会导致争吵。[19]

当局有时不得不对犹太人和基督徒之间的冲突进行干预，尤其是在耶路撒冷。只有在那里，地区专员的副官才会被要求解决这样的纠纷：由年轻的俄罗斯移民和沙皇家两位虔诚妇女的尸体引发的冲突。这两位妇女中的其中一人是伊丽莎白（Grand Duchess Elizabeth）女公爵。她是维多利亚女王的孙女，沙皇的妹妹。她的丈夫谢尔盖大公（Grand Duke Sergei）于 1905 年被谋杀，此后他的遗孀便隐居修道院，一生致力于善事。在俄国革命期间，她和她的仆人（也是一位修女）一起被人杀害了。他们的尸体被偷运出俄国，先是被拉到中国，之后又几经波折，最后被埋葬在圣城耶路撒冷。哈里·卢克是耶路撒冷地区专员的副手，他说他在耶路撒冷参加过许多宗教仪式，但没有一场仪式像修女的葬礼这般感人。两口简陋的木棺抵达耶路撒冷的小火车站；两名哭泣的俄罗斯修女突然唱出了甜美的哀歌；一小支由俄罗斯人组成的送葬队伍缓缓向橄榄山东正教公墓的方向走去。

突然，一位信使骑马走近。信使向副专员报告说，一群来自俄国的犹太先锋队员正计划打乱雅法街上的送葬队伍，他们的血管里仍旧迸发着炽热的革命热情。卢克机敏地把送葬队伍引向了锡安山南坡的一条小路上。[20]

在另一起事件中，《每日邮报》的编辑伊塔马尔·本-阿维因诽谤基督教而受审。这起事件始于一则令人尴尬的新闻：汉斯·赫茨尔（Hans Herzl），这位犹太复国主义运动创始人的儿子皈依了基督教。《每日邮报》评论说，与拿撒勒人耶稣不同，赫茨尔的儿子至少不是私生子。随后的审判有可能演变成一场犹太教与基督教之间的国际丑闻，但最终以一笔小额罚款而告终。此外，犹太考古学家埃利泽·苏克尼克（Eliezer Sukenik）宣布他发现了一个刻有耶稣名字——希伯来语为耶霍舒亚·本·优素福（Yehoshua）或约书亚·本·优素福（Yeshua ben Yosef）——的骨灰盒，而基希上校却立即要求他否认这一事件的真实性。基希之所以这么做，是为了避免给人留下这样的印象，即犹太复国主义者在挑战现存耶稣埋葬地的地位。[21]

　　有一次，耶路撒冷天主教教区的主教向罗纳德·斯托尔斯提出了抗议，他反对在当地上演由弗洛蒙塔尔·哈莱维（Fromental Halévy）创作的歌剧《犹太女》（The Jewess）。歌剧中的一位主角是一位红衣主教，他在歌剧中的形象让耶路撒冷主教很不高兴。斯托尔斯不得不亲自出面调解并让双方达成和解，事实上，他很享受这一过程。经验丰富且聪明的斯托尔斯小心翼翼地压制着自己内心的不屑，他建议把红衣主教这一角色换成法官。这让主教很高兴。但这一妥协在希伯来报刊上却引发了一场辩论。《国土报》写道，不管出现在舞台上的红衣主教是穿着红袍，脖子上挂着十字架，还是穿着黑袍，脖子上不挂十字架，这一点都不重要。但是，激进的《每日邮报》却认为，总督的干预给耶路撒冷带来了一处"新的宗教裁判所"。[22] *

　　犹太人有时会抱怨西墙的现状遭到了破坏。有一天，希伯来语言学家埃利泽·本-耶胡达在老城附近散步，他发现阿拉伯工人正在那里进行某种维修工作。他急忙通知了犹太复国主义委员会，而委员会又给罗纳德·斯托尔斯寄去了一封内容十分情绪化的信。斯托尔斯叫来了他手下的工程师，他们建议由政府的文物部门替瓦克夫完成必要的维修工作。斯托尔斯不得不兼顾各圣地的官方状态与实际情况，并从中找到最好的折中方案。有一次，他建议瓦克夫在西墙边为犹太教徒安装长椅。他说，这么做能彰显穆斯林对西墙的所有权。[24] †

3

　　1928 年赎罪日事件最终导致了一波暴力浪潮，其原因并不仅仅在于基思-

---

* 犹太人对在加沙上演的《威尼斯商人》也提出了类似的反对意见，在该剧中，夏洛克被描绘成了一个令人反感的邪恶人物，观众高喊，"这就是犹太人，这就是犹太人"。有几名英国警察当时也在场。[23]

† 斯托尔斯错过了阿犹双方因西墙而产生的激烈冲突。两年前，他被调到了塞浦路斯。他在日记中写道："离开耶路撒冷之后便再也没有升过职了。"即使是在他的回忆录出版之后，他依然被认为是一个敌视犹太复国主义的人。[25]

罗奇的失言或达夫对此事的灾难性处理，还归根于阿拉伯人和犹太人各自内部的激烈斗争。两个阵营内部的政治对手都在竞相展示自己的爱国主义，每一方都指责对手在民族问题上不够强硬。阿拉伯人和犹太人在内部斗争的过程中都利用宗教符号进行煽动。双方都很容易陷入极端的立场，并失去对事态的控制。阿拉伯人的内部斗争主要集中在纳沙希比和侯赛尼这两个家族身上。而在犹太人这边，则主要是本-古里安和贾博廷斯基之间的竞争。

耶路撒冷穆夫提的反对者指责他专制且腐败。与犹太复国主义领袖不同，侯赛尼没能带领阿拉伯独立运动取得任何进展，他感到自己的地位受到了威胁。[26] 然而，屏风事件却给了侯赛尼一个机会，他指责犹太复国主义者不仅阴谋夺取西墙，还企图摧毁圣殿山上的清真寺，以便重建他们的圣殿。他说，这只是犹太人计划中的一部分，其最终目标是夺取国家控制权并将阿拉伯人赶出巴勒斯坦。穆夫提把自己标榜为伊斯兰圣地的主要捍卫者，从而加强了他作为国家领导人的形象。

犹太复国主义者并没有摧毁清真寺的计划，修建第三圣殿也排不上他们的议程，但他们却利用了犹太人渴望重建圣殿的宗教热情，这尤其体现在他们的筹款过程中。犹太复国主义运动在全世界各地的出版物上都印有一座位于圣殿山上的虚构建筑，这座宏伟的圆顶建筑被用来象征犹太人的民族梦想。驻耶路撒冷的美国领事馆往华盛顿寄去了一张图，这张图是从从事政治宣传工作的阿拉伯人手中拿到的，而阿拉伯人又是从美国的一份犹太复国主义出版物《犹太民族》(Das Yiddishe Folk) 上复制下来的。这幅插图显示赫兹尔正注视着浩浩荡荡的人群，他们都在前往耶路撒冷的路上。尽管图片上的耶路撒冷看起来像是一座阿拉伯城市，但犹太复国主义运动的旗帜却出现在一座看起来像是圆顶清真寺的建筑物上面。土耳其人曾在耶路撒冷老城的城墙上修建了一座宣礼塔，这座塔也被犹太复国主义者拿来做政治宣传，它成了一种符号，犹太人把它叫作大卫塔。[27]

民族家园一词暗指圣殿，因为希伯来语中的"家园"(bayit) 一词也被用来指称"上帝之家"。赎罪日事件的几个月前，耶路撒冷的耶舒伦犹太会堂(Yeshurun Synagogue) 举行了一场逾越节后的庆祝活动。这次活动中的主要演讲者是梅纳赫姆·乌西什金，他一边用拳头敲打着桌子，一边宣称："犹太

人民希望建立一个没有妥协、没有让步的犹太国家，从丹（Dan）到贝尔谢巴
（Be'ersheva），从大海到沙漠，包括外约旦。"那一刻，乌西什金就像一个先
知，哈伊姆·哈莱维在给父母的信中这样写道。乌西什金最后说："让我们发
誓，犹太人民绝不休息，绝不沉默，直到把民族家园建立在我们的摩利亚山
（Mt. Moriah）上。"[28] 所谓摩利亚山在这里指的就是圣殿山。犹太复国主义运
动的首席拉比亚伯拉罕·伊扎克·哈科亨·库克也介入了屏风事件所引发的
骚动，他使以下这一观念得到了增强，即犹太人的宗教愿望和犹太复国主义
计划是一体的。

　　所有这些都使阿拉伯民众更加确信，犹太人对他们构成了威胁。阿拉伯
人的恐惧是真实的，而穆夫提则利用起了众人的恐惧。他手中玩弄的星星之
火最后突然变成了一团熊熊烈火。[29] 和阿拉伯人一样，犹太复国主义运动内
部的政治斗争也存在着类似的动态。

4

　　作为犹太复国主义运动的领袖，哈伊姆·魏茨曼继续将权力和威望
集中在自己手中，但随着时间的推移，他不得不应付内部的两股反对力
量，其中一股力量由戴维·本-古里安领导，另一股则由泽维·贾博廷斯基
领导。而随着时间的推移，贾博廷斯基领导下的修正主义党成了魏茨曼的
主要对手。[30] 本-古里安把自己定位为巴勒斯坦犹太社群的领袖，并致力于巩
固这一地位。他倾向于从犹太人的组织层面出发考虑问题。贾博廷斯基则把
自己的精力分散在两条阵线上，一条阵线是全世界的犹太复国主义运动，另
一条阵线则是巴勒斯坦的内部政治。与本-古里安相比，贾博廷斯基更看重言
辞的力量。他提倡英雄主义价值观并培植民族独立的象征符号；和过去一样，
他经常抱怨英国当局偏向阿拉伯人，并逃避援助犹太人的义务。他从犹太复
国主义者所遭受的侮辱中汲取力量。

屏风事件发生几天后，贾博廷斯基抵达巴勒斯坦，开始了他崭新的职业生涯，成为一名保险代理商。他在耶路撒冷定居，不久便接替伊塔马尔·本-阿维成了《每日邮报》的编辑。他致力于组织修正主义党（the Revisionist Party），并成立了一个名为贝塔尔（Betar）的青年运动组织。贝塔尔是"约瑟夫·特朗佩尔多联盟"（the Yosef Trumpeldor Alliance）的希伯来文缩写，也是犹太人反抗罗马人的最后一个前哨的名字。贝塔尔运动的成员身穿准军事制服。和修正主义党及其领袖一样，他们也声称自己比其他所有政党和青年运动更爱国。

在总结公众对西墙局势的反应时，贾博廷斯基写道："除了已经脱离了多数派的我们，每个人都忘记了自己所受到的羞辱。"他指出，的确，左派人士发表了非常精彩的演讲，但这很难骗过像他这样经验丰富的火线人士。"在优雅的话语背后，人们感觉不到紧迫感。"[31] 本-古里安曾说，西墙应该被"赎回"（redeemed），按照他的预测，"再过半年"，这一愿景便能实现。但他拒绝像乌西什金和贾博廷斯基那样歇斯底里，也不愿使用那些情绪化的措辞。他公开指出，贾博廷斯基曾反对派援军去支援泰勒海的定居者。本-古里安还告诫犹太人不要与阿拉伯人对抗，要把矛头对准英国当局。[32] 不过，贾博廷斯基还是赢得了这场特殊的爱国主义竞赛。屏风事件对他有利，就像对穆夫提有利一样。

5

屏风事件引发了阿拉伯人的一系列抗议活动，其中包括发表声明、给国际联盟发电报和一小时的总罢工。[33] 在接下来的几天里，阿拉伯人袭击了西墙的犹太执事。另一方面，耶路撒冷的犹太复国主义执行委员会也就屏风事件向国际联盟提出了请愿，该委员会还向地区专员抱怨了穆斯林在西墙附近的建筑工程。几天后，执事再次遭到袭击，原因是他试图在西墙边摆放椅子。两名涉案的阿拉伯人在一次闪电式的审判中被判处了6个月的监禁。为了表示抗议，穆夫提给英国国王发了一封电报。拉比库克也跟着发了一封类似的电报。

整个 10 月，巴勒斯坦都没有高级专员。普卢默于 1928 年 7 月离开，他的继任者约翰·钱塞勒（John Chancellor）爵士要到 11 月才到。钱塞勒是一个令人印象深刻的人。爱德华·基思-罗奇把他比作"一个好看的莎士比亚话剧演员"[34]。他身穿制服的时候，样貌英俊得令人惊叹。他出生于爱丁堡，来到巴勒斯坦时已经五十八岁了。他曾是一名军官，后来又在殖民系统里工作了二十五年，其足迹遍布毛里求斯、特立尼达和多巴哥，以及南罗得西亚等地。

犹太复国主义组织整理了一份关于钱塞勒的档案。按照档案里的说法，钱塞勒认为犹太复国主义者拥有无限的财富。他是一个宽厚的人，对巴勒斯坦的复杂情况一无所知。当他得知犹太复国主义运动尚未找到愿意买下西墙的慈善家时，他感到非常惊讶。在离开伦敦之前，他曾接见了一个犹太复国主义代表团。这次会面给犹太复国主义者留下了这样的印象，即钱塞勒可能会帮助犹太人购买西墙。他对犹太复国主义者说，能够协助他们实现这一伟大的理想，他感到十分荣幸，但他要求不要公开他所说的这番话。他带着许多希望和计划来到了巴勒斯坦，但三年后，他不得不悲伤地承认，巴勒斯坦人民并不比他来时更幸福。他的运气不好——他来时所感受到的那片宁静其实只是一种幻觉。正如穆夫提所写的那样："尽管现在水面上十分平静，但水的深处却处于非常不安的状态。我很遗憾地看到憎恶的恶火正在这层灰烬下燃烧。"[35]

抵达耶路撒冷后，高级专员便经常与穆夫提见面，有时他们一聊就是几个小时。两人讨论了许多问题，比如犹太人在西墙做礼拜的细节；是否应该允许犹太人吹羊角号？是否应该给他们配备灯光并铺设地毯？如果应该，是铺上大地毯还是小垫子？穆夫提抱怨了犹太人礼拜时所发出的噪声。高级专员回答说，他不能决定任何人的礼拜方式，也不能决定其礼拜时的声音大小。钱塞勒感觉穆夫提有些害怕，他是被年轻的极端分子给逼成这样的。[36] 高级专员指出，侯赛尼自己也这么说过。他控制不了手下的一些人。当下的气氛很紧张，挑衅性的文章、传单和演讲越来越多。

在随后的几个月里，紧张局势不断膨胀。穆夫提召开了一次保护西墙的国际会议，共有四百名代表参加。英国政府发表了一项声明，旨在为道格拉斯·达夫的行为辩护。1929 年 5 月，阿拉伯流氓用石块袭击了西墙边的犹太教徒，其中一人受伤。第二天，西墙的犹太执事又被人殴打了一通。6 月，阿拉伯人按照古老的宗教习俗，擂鼓吹笛，扰乱了犹太人周五晚上的礼拜仪式，尽管地区专员要求他们停止骚扰，但他们在接下来的一周里依然我行我素。

7 月，库克拉比声称阿拉伯人正在拆除西墙附近的一面墙，并对此提出了抗议。之后，双方又围绕这一事件举行了更多的集会，提出了更多的抗议，发表了更多的文章。8 月初，犹太礼拜者再次遭到石块的袭击。在苏黎世召开的犹太复国主义大会上，复国主义者抗议英国当局允许穆斯林在西墙建造一座新的清真寺。埃德温·塞缪尔写道："这是一场荒谬的争论。"[37]

6

西墙之争不仅仅是政治操纵，它还给犹太人带来了真实的焦虑感。哈伊姆·沙洛姆·哈莱维经常在寄往维尔纽斯的信中提到当地的紧张局势。这些虽然只是一个孩子写给父母的私人信件，但它们却出色地记录了犹太人的痛苦与愤怒、屈辱与仇恨，比任何旨在出版的声明都要强。现在正是暑假，哈莱维还在等待父母和姐姐的到来。他仍在哈达萨医院上班，也还在外面做家教。他发现很难集中精力工作。他在给父母的信中写道："我的大脑和我的心，我的思想和我的感情"全被地区专员基思-罗奇和道格拉斯·达夫警官的"恐怖行为"所困扰。他写道："我的心太痛了，伤口还没有愈合，所以我还无法评判这件事。"但他认为，这件事的意义远远超出了西墙本身。[38]

在紧张局势演变为暴力事件的几周前，哈莱维给父母写了一封信，他在信中指出：巴勒斯坦的冲突源于两个民族之间的仇恨。然而，对于公众来说，他们还需要一段时间才能认清这一现实。哈莱维说："他们恨我们，他们是对的，因为我们也恨他们，那是一种致命的仇恨。"他坚持认为，与犹太复国主义运动的那些好话和善意相比，这才是事实的真相。哈莱维意识到，犹太复国主义者的梦想将导致阿拉伯人被赶出这个国家。他相信，有一天，"他们会一无所有"[39]。

哈莱维认为他最了解该如何对付那些仇视犹太人的人。与此同时，他也对犹太复国主义组织所表现出的和解姿态感到不满。屏风事件发生几天后，耶舒伦犹太会堂（Yeshurun Synagogue）的一项请求得到了警方许可：为了庆祝住棚节（Sukkot）和欢庆妥拉（Simchat Torah）节，该会堂的信众可以举行一次大规模游行。然而，犹太复国主义执行委员会却反对此次游行。"基希害怕示威，"哈莱维写道，"他相信，唯有通过和平的方式才能取得成功，比如说劝说啊、恳求啊，但他什么都没得到。"按道理来说，此次游行只是一场宗教活动，但基希却担心它会变成政治挑衅。他指示耶舒伦会堂取消集会，耶舒伦会堂也同意了他的要求。哈莱维对父母说，基希还同意把西墙边的新方舟换成以前的老方舟。新方舟比老方舟大，因此破坏了西墙的既存状态。哈莱维想象着基希卑躬屈膝地乞求当局允许保留下老方舟的样子。"而昨天，我们又被羞辱了，新方舟也被人拖走了……基希先生是个外交官，他必须与政府和平共处，向政府让步，让步，再让步。"为此，哈莱维认为犹太人不应该示威反对基思-罗奇，而应该示威反对基希。[40] *

哈莱维想象着阿拉伯人和英国人嘲笑犹太人的软弱，没有什么能比这更让他感到愤怒的了。阿拉伯人的嘲笑比他们的仇恨更可恶，更令人痛苦，更令人感到可耻。他在信中引用了罗马皇帝卡利古拉的话："恨我，但更要怕我。"在哈莱维看来，卡利古拉是个疯子，但在这种情况下，他却表达出了一个只有疯子才懂的深刻道理。犹太人已经失去了他们的尊严："在这之前，当我见到一个英国人或阿拉伯人时，我还能直视他的双眼——我们互为值得尊敬的对手。他恨我，我恨他，我们互相争斗。但现在不是这样了。如果见到一个非犹太人我会脸红。他看到了我们最糟糕的一面，看到了我们的弱点，我在他的眼中再也看不到仇恨了。犹太伊舒夫这只小狗，只知道扭扭捏捏，大声吠叫，它无法激起人的仇恨。它也不值得人去恨。"对哈莱维来说，西墙事件是"我们犹太复国主义政府最可怕的失败"。

哈莱维用复仇的梦想来安慰自己。"历史不懂得怜悯，"他写道，"它不

* 讽刺的是，基希本人也表达了类似的情绪。有一次，身为犹太人的高级专员赫伯特·塞缪尔向穆夫提打招呼，而后者却不屑于下马，基希写道："我曾经为此感到血脉偾张。"[41]

懂政治和外交。它将为这个被他们——上层人士——羞辱和蔑视的民族报仇。它将为那些成为他们手中棋子的人报仇。"他的父母显然很难认同哈莱维在信中所传达出的强烈情感。他写道："这就是流亡犹太人与以色列地之间的距离。"但不幸的是,就连以色列地上的一些居民也失去了"自由的精神"和"骄傲的目光"。他指的是哈伊姆·卡尔瓦里斯基等人。卡尔瓦里斯基正在为缓解与阿拉伯人的紧张关系而四处奔走。"这只虫子,"哈莱维写道,"这个可恶的挑衅者在耶路撒冷的大街上走来走去,然而雅法街上却没有人上前给他一记耳光,让他耳鸣。没有人!所以我们能说什么呢?我们是一个民族,一个活生生的民族吗?不!我们不是!我们是一具死尸,正在分解,腐烂,臭气熏天,一具人人都可以为所欲为的尸体。"这些话很刺耳,哈莱维对此也有很清晰的认识。"当我写下这些话时,我的头发都竖起来了,我浑身发抖,但我周围看到的东西是如此可怕,如此糟糕,如此吓人。我无法抑制住自己的愤怒,我是如此接近绝望。"[42]

在这种精神状态下,哈莱维加入了由他敬爱的老师约瑟夫·克劳斯纳组织的西墙委员会。因此,他成为一名叛逆者。克劳斯纳便是这样利用他的弟子的,全然不顾犹太复国主义执行委员会的政策。[43]要让哈莱维做出这一决定,实际上并不容易。他告诉父母,他已经考虑了很久。"是的!"他最后决定,"我们应该反抗犹太复国主义执行委员会和全国委员会,我们应该站出来反对他们,违抗他们要求我们保持克制的命令。我们应该高声呼喊,让大地震动。那些血液仍在跳动和沸腾的人有福了,他们提高嗓门反对他们的领导人,并说:让开吧,因为这个国家有成千上万的人要去赎回那堵墙,你们用你们的冷漠出卖了它,在你们的政治游戏中抛弃了它!"

夏天的事件在1929年8月14日达到高潮,这一天是"埃波月第九日"(the Ninth of Av)前夜,那是标志着圣殿被毁的斋戒日。西墙委员会讨论了该做些什么。哈莱维说,委员会的成员中存在"恐惧、怯懦和奴性",但经过多次争论,他和他朋友们的立场取得了胜利。"会有行动的,"他写道。"我只能这样做,"他解释说。在《诗篇》中某首诗的启发下,他写下了这句话:"主啊,现在是你出手的时候了,因为他们已经使你的律法失效了。"[44]

7

当晚，成千上万的人聚集在西墙边。哈莱维是一名领队。他告诉他的父母，当时人们的情绪虽然非常愤怒，但却一直遵守着秩序，警察也没有干预。约瑟夫·克劳斯纳回家了，但哈莱维却一直在西墙边守候到午夜以后。第二天，也就是斋戒日本身，哈莱维跑去克劳斯纳家汇报情况。[45] 不久之后，数百名年轻人来到西墙边示威。大多数抗议者都是"语言保卫营"的成员。其中一些人可能同时属于贝塔尔运动。还有少数人来自特拉维夫。警察允许示威活动继续进行，但抗议者随后违反了规定：他们发表政治演说，挥舞犹太复国主义运动的旗帜，并高唱《哈提克瓦》。[46]

两天后，穆斯林作出了回应，他们在先知穆罕默德诞辰那天也举行了示威活动。在清真寺的主麻日聚礼结束后，一些礼拜者离开了圣殿山。他们闯入西墙所在的区域，殴打犹太人，并污损《圣经》经卷。晚上，他们举行了火炬游行。第二天，他们再次袭击西墙区域，干扰犹太人礼拜。哈伊姆·沙洛姆·哈莱维组织了几十名年轻人保护前来礼拜的人。"城市的局势已经失控了，"他写道，"每天都有袭击和刺杀事件发生。"[47]

在这种氛围下，一件小事便足以引发一场大火。17 岁的亚伯来罕·米兹拉希（Avraham Mizrahi）被人杀害了。他在离阿拉伯村庄利夫塔（Lifta）不远的地方踢足球时，球滚进了一家阿拉伯人的西红柿地里。一个女孩抢到了球，并把它藏在自己的衣服里。当米兹拉希和他的朋友们想把球拿回来时，女孩开始尖叫。几分钟之内，双方就发生了打斗。有人用铁棍击中了米兹拉希的头部，他的头骨应声而碎。当天晚上还发生了另一起斗殴事件，一名阿拉伯行人被人打伤。高级专员的副官在日记中写道："为了维持现状，最理想的做法是让他们都死掉。"[48] 米兹拉希因伤势过重而死，但阿拉伯人却康复了。

警方对米兹拉希的葬礼设定了一系列限制，但葬礼最终还是变成了一场示威。警察用武力镇压了抗议者，而领导这次行动的警官正好又是道格拉斯·达夫。参加完葬礼回来后，哈莱维给父母写了一封信："尽管我们犹太人这边也有责任，但警察的残忍程度简直难以估量，当我回忆起四个小时前所看到的野蛮打斗场面时，我就会感到不寒而栗。"[49]

　　高级专员钱塞勒、托管国政府的一些高层人物，以及犹太领导层中的一些人当时都不在国内——为了躲避炎热的夏天，他们要么去度假了，要么去了气候温和的苏黎世，那里正在召开犹太复国主义大会。基希迅速飞往伦敦，向殖民部发出预警。助理副大臣约翰·舒克伯勒爵士提前结束了自己的假期，回到伦敦处理危机。他向耶路撒冷发出了一封态度坚定的电报。哈里·卢克临时接任高级专员一职。他所面临的问题并不新鲜，其秘书埃德温·塞缪尔写道："如果及时要求军队增援，麻烦往往会得以避免，但要求增援的人也会得到一个'小题大做'的名声。但另一方面，如果他寻求援助得太晚，就像卢克的情况那样，他又会因为后续的混乱局面而备受指责。"[50]

8

　　哈里·查尔斯·卢克爵士当时四十五岁。他出生于伦敦，曾在伊顿公学和牛津大学学习。回顾他在殖民地系统的职业生涯，他首先从塞拉利昂辗转到巴巴多斯和塞浦路斯，后来又从巴勒斯坦来到马耳他，最后以斐济总督的身份荣休。1921 年，他是雅法事件调查委员会中的一员，并与其他委员们共同撰写了那份不可靠的调查报告。他是个典型的英国人和殖民地官员，他试图隐瞒自己的出身，但每个人都在他背后八卦这些信息：他的父亲是个在匈牙利出生的美国犹太人，名叫卢卡奇（Lukach）。在本-古里安看来，卢克是个懦夫。[51]*

　　卢克倾向于把英国在巴勒斯坦的失败归咎于《贝尔福宣言》，仿佛这就是

---

*　卢克留下了一本精美的日记。就像许多在殖民地系统中工作的人一样，他也是上流社会中的一员。他同样毕业于牛津大学，知道该如何与人对话。1929 年 3 月，他在耶路撒冷接待了作家鲁德亚德·吉卜林（Rudyard Kipling）。吉卜林当时主要对军事墓地感兴趣。同年 5 月，卢克接待了哈伊姆·魏茨曼，并表示对方"承认"了一个事实：布尔什维克革命的幕后推手不仅过去是、现在依旧是俄国犹太人。为了在全世界范围内传播犹太人影响力的神话，魏茨曼显然从不感到疲惫。[52]

巴勒斯坦问题的原罪。但他同时认为，就像古希腊悲剧一样，这个国家命中注定要爆发一场战争。1929 年夏天，他把犹太人和阿拉伯人拉到一起进行对话，然而，这场对话没有任何意义。不过，就像其他人所做的那样，这样做至少可以让卢克对自己说，他已经尽力了。他邀请穆夫提共进午餐，并敦促他维护巴勒斯坦的和平。之后，他又找首席拉比库克聊了同样的事情。

卢克费尽心思促成双方达成某种"停战协议"。据他的日记记载，这项倡议是由犹太人提出来的。基希不在时，领导巴勒斯坦犹太复国主义组织的主要有三个人，卢克设法把这三个人和几个穆斯林高层领袖叫到了一起。伊扎克·本–茨维是其中最著名的犹太政治人物；而穆斯林高层的代表则是穆夫提的亲信杰马勒·侯赛尼。1929 年 8 月 22 日星期四下午，也就是亚伯拉罕·米兹拉希葬礼之后的第二天，双方的领导人来到了卢克家中。

卢克奉上茶水，并提议自己先行离开，但双方都坚持要他留下来。卢克略显正式地说，他很高兴能召开这次会议。他还表示，他希望在会议结束时，双方能达成一项协议，然后在第二天穆斯林主麻日聚礼之前发布一份公告，分别平复各自团体内部的激愤情绪。说完这番话后，他便去了自己的办公室，并让客人们在达成协议之后给他打电话。

从表面上看，这次会议只是两个社群领导人之间的对话，但它却搞得像是两个民族运动代表之间的外交会议一样，是沙盘中的高峰会议。首先，阿犹双方把造成当前局面的责任都推到了对方身上——这构成了双方大多数会谈中的一项既定程序，他们总是以互相指责开场。在这之后，双方才开始讨论实际问题。原则上，双方都同意卢克的意见，即发表一份公告，给局势降降温。根据阿拉伯人所提交的公告草案，犹太人会承认伊斯兰教对阿尔布拉克（Al-Buraq）（即他们对西墙的称呼）的权利，而穆斯林则会承认犹太人前往西墙的权利，这与紧张局势之前的既存状态是一致的。

但犹太人却反对说，"阿尔布拉克"一词的含义不够明确。它是指墙体本身还是同时也包含了西墙前的区域？此外，他们还表示，犹太人民并没有授权他们签署一份关于西墙地位的历史性协议。他们只是来协商"停战"。他们想要得到一份一般性的声明：即这一事件源于一场不幸的误解，并呼吁双方和平相处。随后，双方又陷入争论之中。

傍晚时分，与会者拨通了卢克的电话，通知他协议已达成。卢克回到家中，结果发现双方根本就没能达成一致。于是所有人只能继续谈，但直到晚上9点半，双方依然没有取得任何进展。卢克向他们施压，要求他们至少对外宣布双方已经见过面了。他认为这样的声明足以稳住主麻日的局势。根据卢克的日记记载，犹太人同意了这项提议，但阿拉伯人却表示拒绝。双方决定于下周一再行商讨。[53] 如果阿拉伯和犹太领袖们在当晚发表了声明，并呼吁各自团体内的成员保持克制，他们也许就能够避免数小时后将发生的流血事件。但也许也不会。

就在双方会面的前一天，哈伊姆·哈莱维写信告诉他的父母，他们将要来到的地方不是一片和平的土地。"我们必须征服这片土地，"他写道，"每一次征服都需要牺牲，所以任何来参加征服行动的人都需要做好牺牲的准备。"[54] 当晚，希伯伦的一切都很平静。三周前，当地的警察部队迎来了一位新的长官。

注　释

1. *Palestine Commission on the Disturbances of August 1929*, vol. I, Colonial No. 48 (London: HMSO, 1930), p. 228ff.
   F. H. Kisch, *Palestine Diary* (London: Victor Gollancz, 1938), p. 224ff.
   Bernard Wasserstein, *The British in Palestine* (Oxford: Basil Blackwell, 1991), p. 154.
2. Norman and Helen Bentwich, *Mandate Memoirs, 1918–1948* (London: Hogarth Press, 1965), p. 131.
3. Douglas V. Duff, *Bailing with a Teaspoon* (London: John Long, 1953), p. 168ff.
   Edward Keith-Roach, *Pasha of Jerusalem* (London: Radcliffe Press, 1994), p. 119.
4. Landau to Kisch, 21 Dec. 1928, CZA S25/2987.
5. Ronald Storrs, *Orientations* (London: Ivor Nicholson and Watson, 1939), pp. 342ff., 413. See also: Zionist Commission to the Political Committee in London, 20 May 1920, L3/240.
6. Bowman to Hall, 23 Sept. 1935, ISA secretariat section 125/32, microfilm G91-134 (1621). See also: Ben-Zvi to the chief secretary, 31 Dec. 1931, CZA S25/6731.
7. Kisch to David Yellin, 10 Apr. 1927, CZA J1/78.
8. Hacohen diary, 8 Tevet 5696, 3 Jan. 1936, National Library, Manuscript Division, 514/C. CZA 6910; S25/6286.
   Chaim Arlosoroff, *Jerusalem Diary* (in Hebrew) (Tel Aviv: Mifleget Poalei Eretz Yisrael, 1949), p. 145.
9. Norman and Helen Bentwich, *Mandate Memoirs*, p. 48.
   K. Y. Silman, "The Hannah Landau Affair" (in Hebrew), *Ha'aretz*, 11 June 1922, p. 3. See also: CZA S25/6910.
   Storrs, *Orientations*, p. 435.
10. CZA S25/2099, S25/1364. See also: A. Caspi to Kisch, 3 June 1925, CZA S25/4274.
    Ha-Olam, 12 June 1925, p. 453.

Kisch to the Zionist Organization, 6 Nov. 1928, CZA S25/420.

11. Report on Newton's activity, 19 June 1936, CZA S25/3234. See also: Cohen to Shertok, 4 July 1940, CZA S25/4803.

    Francis Emily Newton, *Fifty Years in Palestine* (Wrotham: Coldharbour Press, 1948), p. 143. See also: *The Encyclopaedia Britannica*, 13th ed. (London: 1926), vol. II, p. 39.

    Zionist Organization to Macmillan Publishers, 22 Oct. 1935, CZA S25/10535.

12. Moshe Sharett, *Political Diary* (in Hebrew) (Tel Aviv: Am Oved, 1971), vol I, p. 236 (24 July 1936).

    David N. Myers, *Re-Inventing the Jewish Past* (New York: Oxford University Press, 1995), p. 144ff. See also: Uri Ram, "Zionist Historiography and the Invention of Modern Jewish Nationhood: The Case of Ben-Zion Dinur," *History and Memory*, vol. VII, no. 1 (Spring-Summer 1995), p. 91ff.

13. CZA S25/10063; S25/42. See also: Ashbal to Shertok, 28 Feb. 1946; U. H. (Uriel Heit-Hed) to Sherf, 4 Mar. 1946.

    CZA S25/8085.

14. Tarif Khalidi, "Palestinian Historiography, 1900–1948," *Journal of Palestine Studies*, vol. X, no. 3 (Spring 1981), Issue 39, p. 59ff. See also: Adnan abu-Ghazaleh, "Arab Cultural Nationalism in Palestine During the British Mandate," *Journal of Palestine Studies*, vol. I, no. 3 (1972), p. 37ff.

15. ISA P/241 No. 1235.

    Intelligence Report 98, 24 June 1920, and Intelligence Report 107, 3 July 1920, CZA L4/739. ISA P/329 No. 813.

16. Kisch to the high commissioner, 9 Jan. 1931, CZA S25/14.

    Knabenshue to the State Department, "Records of the United States Consulate in Jerusalem, Palestine," Confidential Correspondence, 1920–1935 (Record group 84), CZA 10720, S25/1335.

    JNF meeting, 17 Apr. 1934, CZA S25/1946.

17. CZA A199/25.

18. Bernard Wasserstein, *The British in Palestine* (Oxford: Basil Blackwell, 1991), p. 227.

19. Harry Luke, *Cities and Men* (London: Geoffrey Bles, 1953), pp. 204, 217.

20. Luke, *Cities and Men*, p. 213.

21. Horace Samuel, *Unholy Memories of the Holy Land* (London: Hogarth Press, 1930), p. 145ff. See also: Kisch, *Palestine Diary*, pp. 144, 146.

    National Council to the High Commissioner, 22 Sept. 1922, ISA M/4/145.

    CZA S25/2990.

22. Ronald Storrs, *Orientations* (London: Ivor Nicholson and Watson, 1939), p. 441.

    Kisch, *Palestine Diary*, p. 131.

    P. Dagan, "Jewish Scandal" (in Hebrew), *Do'ar HaYom*, 29 June 1924, p. 2.

    "Culture" (in Hebrew), *Do'ar HaYom*, 7 Aug. 1924, p. 4.

    "Culture," (in Hebrew), *Ha'aretz*, 15 July 1924, p. 4.

23. Storrs, *Orientations*, pp. 342ff., 413ff.

    Zionist Commission to the Political Committee in London, 20 May 1920, CZA L3/240.

24. "The British Administration and Its Attitude to the Building of the National Home, 1942–1947," CZA S25/36.

25. Storrs, *Orientations*, p. 458.

    Mayir Verete, Sir Ronald Storrs, 20 Jan. 1946, CZA S25/8033.

26. List of land sellers, 5 Jan. 1937, S25/9783.

    Wasserstein, *The British in Palestine*, p. 224.

27. Knabenshue report, 2 Dec. 1929.

    "Records of the United States Consulate in Jerusalem, Palestine," Confidential Correspondence, 1920–1935 (Record group 84). See also: ISA M/5/146.

    Rachel Arbel, *Blue and White in Color: Visual Representations of Zionism, 1897–1947* (Tel Aviv: Diaspora Museum and Am Oved, 1997).

28. Halevi to his parents, 12 Apr. 1928. With the kind permission of his son.
29. Avraham Sela, "The Western Wall Events (1929): A Turning Point Between Jews and Arabs?" (in Hebrew), in *Jerusalem in Zionist Consciousness and Action* (in Hebrew), ed. Hagit Levsky (Merkhaz Zalman Shazar, 1989), p. 261ff.
    Yehoshua Porat, *The Growth of the Palestinian Arab National Movement, 1918–1929* (in Hebrew) (Tel Aviv: Am Oved, 1976), vol. I, p. 210ff.
30. Anita Shapira, "A Political History of the Yishuv, 1918–1939" (in Hebrew), in *The History of the Jewish Yishuv in Palestine from the Time of the First Aliya* (in Hebrew), ed. Moshe Lissak (Jerusalem: Israel Academy of Sciences, Bialik Institute, 1994), part II, p. 60ff.
31. Shmuel Katz, *Jabo* (in Hebrew) (Tel Aviv: Dvir, 1993), vol. II, p. 705.
32. Ben-Gurion to the National Council, 16 Oct. 1928, CZA J1/7232.
33. National Council declaration, 26 Sept. 1928, Knesset Yisrael, National Council, "Book of Documents," 1949, p. 119ff.
34. Keith-Roach, *Pasha of Jerusalem*, p. 121.
35. Conversation with Chancellor, 15 Oct. 1928, CZA S25/29.
    Chancellor's farewell speech, 26 Aug. 1921, RHL, Chancellor papers, 15:5,ff. 17–18.
    The mufti to Nathan Straus, 3 Jan. 1929, CZA S25/3477.
36. Chancellor to his son, 8 Oct. 1929, 5 Oct. 1930, RHL, Chancellor Papers, 16:3 f.18, 100–02
    Chancellor to the mufti, 8 Oct. 1929, RHL, Chancellor Papers, 14:1 ff.106–16.
37. Yemima Rosenthal, ed., *Chronology of the History of the Jewish Yishuv in Palestine, 1917–1935* (in Hebrew) (Jerusalem: Yad Ben-Zvi, 1979), p. 164ff.
    Edwin Samuel, *A Lifetime in Jerusalem* (Jerusalem: Israel Universities Press, 1970), p. 104.
38. Halevi to his parents, 27 Sept. 1928. With the kind permission of his son.
39. Halevi to his parents, 18 Oct. 1928. With the kind permission of his son.
40. Halevi to his parents, 1 Oct. 1928. With the kind permission of his son.
41. Kisch to Rothschild, 28 Aug. 1929, CZA S25/1.
42. Halevi to his parents, 1 Oct., 18 Oct. 1928. With the kind permission of his son.
43. Yitzhak Olshan, *Memoirs* (in Hebrew) (Tel Aviv: Schocken, 1978), p. 124.
44. Halevi to his parents, 12 Aug. 1929. With the kind permission of his son.
45. Halevi to his parents, 21 Aug. 1929. With the kind permission of his son.
46. Wasserstein, *The British in Palestine*, p. 233.
47. Halevi to his parents, 21 Aug. 1929. With the kind permission of his son.
48. Archdale diary, p. 2, "Records of the United States Consulate in Jerusalem, Palestine," Confidential Correspondence, 1920–1935 (Record group 84). See also: Announcement of the Zionist Executive and National Council, 28 Aug. 1929, Knesset Yisrael, National Council, *Book of Documents*, 1949, p. 134ff.
49. Kingsley-Heath Report, ISA P/1052/1.
    Halevi to his parents, 21 Aug. 1929. With the kind permission of his son. See also: Duff, *Bailing with a Teaspoon*, p. 194ff.
50. Kisch, *Palestine Diary*, p. 248ff.
    Samuel, *A Lifetime in Jerusalem*, p. 109.
51. Keith-Roach, *Pasha of Jerusalem*, p. 117.
    David Ben-Gurion, *Memoirs* (in Hebrew) (Tel Aviv: Am Oved, 1971), vol I, p. 366.
52. Harry Luke, *Cities and Men*, vol. III, p. 24ff.
53. Harry Luke, *Cities and Men*, vol. III, p. 15ff. See also: [Yitzhak Ben Zvi] memorandum, 21 Aug. 1929, CZA A215/45.
    Zemora to Ben-Zvi, 27 Sept. 1929, CZA S25/9110.
    Palestine Commission on the Disturbances of August 1929, vol. I, Colonial No. 48 (HMSO: London, 1930).
    Evidence of Khadra, 27th sitting, 30 Nov. 1929, vol. I, p. 481ff.
    Evidence of Braude, 33rd sitting, 9 Dec. 1929, vol. II, p. 584ff.
54. Halevi to his parents, 1 Aug. 1929. With the kind permission of his son.

第14章 希伯伦，1929

1

1929年8月23日星期五清晨，数千名阿拉伯村民开始从周围的村庄涌入耶路撒冷。他们是来圣殿山礼拜的。许多人身上还带着棍棒和刀具，城市里充满了紧张和暴力的氛围。身为代理高级专员的哈利·卢克请求英国政府从安曼派来增援。上午9点半，犹太商人开始关店。大约一小时一刻钟后，穆夫提向耶路撒冷警察部队的指挥官承诺，礼拜者之所以携带棍棒和刀具，只是因为担心犹太人会试图向他们挑衅。一名穆斯林教士发表了一番宣扬民族主义的演讲，他呼吁穆斯林信众与犹太人战斗到最后一滴血。这时，穆夫提侯赛尼站出来了，他敦促穆斯林社群保持和平。[1]

上午11点左右，圣殿山上传来了二三十声枪响，其目的显然是为了煽动群众。几百名礼拜者穿过市场的小巷，开始攻击犹太行人。卢克的秘书埃德温·塞缪尔正在他的办公室里，离纳布卢斯门不远。暴徒的声音模糊不清，似乎是从很远的地方传来的。塞缪尔起初以为自己听到的是一群蜜蜂的嗡嗡声。[2]他的窗户下面聚集了一群人。卢克很快拨通了穆夫提的电话，要求他控制住手下的人。穆夫提前来劝说暴徒，但卢克对此的感觉却是，这位宗教领袖的到来并没能使人们平静下来，而且似乎还起到了相反的效果。后来，穆夫提解释说，当他到达时，人群中已经出现了被犹太人打伤的阿拉伯人，在这种情况下，再想维持住和平就非常困难了。埃德温·塞缪尔还记得暴徒的匕首在正午的阳光下闪闪发光的样子。[3]

中午时分，爱德华·基思-罗奇在老城巡视。在雅法门附近，他看到一个犹太人在逃命，其身后紧跟着一群挥舞棍棒的阿拉伯暴徒。伊扎克·本-茨维也看到了类似的一幕：一个人从一帮暴徒中逃出来。他们看到的可能是同一个人。本-茨维一直坐在犹太复国主义执行委员会的办公室里，这间办公室位于雅法街。起初，他得到的消息是，穆斯林礼拜者正悄然散去。在这之后他才听说出了问题。他赶到雅法门，并在那里见到了那个逃出来的犹太人，他浑身是血，受了伤。在被送往医院之前，该男子将自己的遭遇告诉了本-茨维：他当时正坐在他儿子商店的门口，第一批礼拜者从圣殿山上下来，随后便向他扑去。[4]

就在这时，紧张局势已经蔓延到犹太人的梅阿谢阿里姆（Mea She'arim）街区，有两三个阿拉伯人在那里被杀。美国领事馆中有一份关于这次事件的报告，它事无巨细地记录了每一分钟内所发生的细节。根据这份报告，这几个阿拉伯人遇害的时间是在 12:00 至 12:30 之间。至于当天的第一批受害者到底是犹太人还是阿拉伯人，这件事在后来引起了很大的争议。[5]

暴力迅速蔓延到了圣城中的大部分地区，甚至连郊区都受到了影响。塔勒皮奥特的居民什姆埃尔·约瑟夫·阿格农（Shmuel Yosef Agnon）写道："房子两边都能听到枪声。"在所有的噪声中，他分辨出了一个声音："哈瓦贾（hawajah）"，即阿拉伯语"先生"的意思，他这才意识到，阿拉伯人已经离他很近了。他后来回忆说："枪声越来越大。我揉了揉耳朵，怀疑是不是自己的耳朵出现了问题。突然，我惊恐地意识到，塔勒皮奥特只剩下我们自己了，没有人来保护我们……对于阿拉伯人的枪声，英国人那边没有做出任何回应。英国人欺骗了我们。"[6]

然而，警方根本无能为力。整个巴勒斯坦只有 1 500 名警察，其中阿拉伯人占绝大多数，另有少量的犹太人和约 175 名英国军官。[7]就在不久前，英国政府刚就巴勒斯坦的总体形势进行了评估，他们认为局势十分平静，因此觉得没有必要再增加警察的人数。事实上，就像钱塞勒的一位助手后来所指出的那样，这个国家此前的和平状态主要仰仗于普卢默勋爵个人的人格魅力。警察部队中的阿拉伯人还有另外一个不愿行动的理由：他们害怕杀死暴动的阿拉伯人，然后成为受害者家属报复的对象。在等待增援的同时，许多行政官员被要求加入警察部队，尽管他们并没有受过这方面训练。这些行政官员中的犹太人被召集了起来，但随后又被送回了各自的办公室。[8] 在增援部队尚未赶来之前，卢克让人切断了城里的电话线，并宣布宵禁。

在只有犹太人受到攻击的情况下，英国警察选择不与暴徒发生冲突。钱塞勒的助手认为这是一个明智的决定。其理由是，如果他们向阿拉伯人开枪，阿拉伯人就会把怒火转移到警察身上，但警察根本无力对抗暴徒。骚乱的第一天，警察非常疲惫，前一天晚上他们几乎没怎么睡。[9]

在耶明摩西（Yemin Moshe）街区，一些犹太居民用枪进行了还击。尽管如此，耶路撒冷大多数的犹太人都是没有自卫能力的。虽然犹太人在雅法暴乱之后成立了哈加纳防卫组织，但它仍只是一个由各地方分支拼凑而成的松散联盟，不是每一个分支都会服从中央的命令。因此，该组织没有真正的行动能力。在耶路撒冷的雷哈维亚（Rehavia）街区，哈加纳（Haganah）的成员们来到了本-茨维（Ben-Zvi）家的后院里。总检察长的妹妹玛格丽·本特威奇（Margery Bentwich）就住在不远处，她描述了几个哈加纳的年轻人在附近街道上游行的场景。他们手里拿着棍子，看起来就像莎士比亚戏剧中的一群暴民。当暴力事件爆发时，伊扎克·本-茨维要求给犹太人分发武器，但被拒绝了。在随后的日子里，他又重提了这一要求，但却再次遭到拒绝。[10]

2

雷蒙德·卡弗拉塔（Raymond Cafferata）警司接到了一项命令，上级把他调离雅法，并授权他指挥希伯伦及其周边地区的警察部队。在卡弗拉塔看来，这一新职位很具有挑战性。"在类似这样的地区工作尤为有趣，充满了各种各样的体验和事件，"他在给母亲的信中写道。他说，他手下掌控着约四十个村庄，"其中一些特别烂，总有大量的案件出现。"土匪会从外约旦过来，他们越过边境并袭击驼队。因此，这里所有的人都武装到了牙齿，卡弗拉塔评论道。这种环境刺激了他的冒险情结。[11] 当时，希伯伦大约有 2 万居民，大部

分是阿拉伯穆斯林，另有几百名犹太人。按犹太事务局的说法，当地共有 800
名犹太居民，卡弗拉塔则认为只有 600 人。

卡弗拉塔出身于一个条件很好的家庭——他的父亲是利物浦的一名律
师——但他在学习上一直不用功。在一本未出版的回忆录中（其中大部分
内容被烧毁），卡弗拉塔写道，他经常挨老师的打，还被学校开除过一两
次，但他的足球踢得很好。多年后，上级指挥官在他的个人档案中记录下
了这一天赋。17 岁时，他成了铁路部门的一名办事员，他恨透了在这一岗
位上所待过的每一分钟。之后，命运突然向他露出了微笑：第一次世界大
战爆发了。像许多年轻人一样，他谎报了自己的年龄，自称已满 21 岁，并
成功入伍。他参加了法兰德斯战役。部队里的指挥官称他是一名优秀的
军官——精力充沛、效率高、勇敢、能力强，并赢得了士兵们的信任。比利
时国王曾为他授勋。战后，卡弗拉塔加入了爱尔兰皇家警察部队，他曾参与
镇压爱尔兰的暴乱。从 1921 年开始，他在巴勒斯坦的警察部门工作。1929 年
8 月初，当他被调到希伯伦时，他已经三十二岁了，可还是个单身汉。他的朋
友们都叫他"卡夫"。

这次职务调动来得非常快。卡弗拉塔的前任突然回国了，他几乎没有足
够的时间来收拾个人物品。此外，还有另一个问题：他刚刚遇到了他一生的
挚爱。"离别可真让人难受啊。"卡弗拉塔在信中对母亲说道。佩吉·福特-邓
恩（Peggy Ford-Dunn）当时正好来到了巴勒斯坦，两人是在雅法的曲棍球俱
乐部里认识的。他在希伯伦感到十分孤独，城里除了两位年长的传教士，没
有其他英国人。刚到的那几天，他一直忙着把事情理出头绪，并租下了其前
任住过的那栋房子。他还必须预付租金，这也是一个不愉快的惊喜。不过，
至少房子里有家具，除了缺一些日用织品，屋子里什么都有。房子很大，但
对于长期住在军营里的卡弗拉塔来说，一个人住在那里总感觉有些怪怪的。
他还得买一辆汽车。一辆五匹的雪铁龙花了他 55 镑。这车比美国车便宜，他
评论道。他希望该地区糟糕的道路不会把车弄坏。[12]

这些缠住他的心事或许能够解释为什么卡费拉塔没有花更多的时间来处
理希伯伦的问题。后来面对调查委员会时，他会说，他只会见了几位当地的
阿拉伯领导人，但还没有机会深入了解当地的小型犹太社群。当耶路撒冷紧

张局势升级的消息传到希伯伦时，卡弗拉塔派便衣人员上街了解情况。希伯伦警方没有自己的情报网，于是他亲自走访了附近的一些村庄。他找到了各村的穆赫塔尔，并试图从他们那里打探风声。他的感觉是，该地区的阿拉伯人并不存在严重的不满。阿拉伯人告诉他，当地的收成很好，除了一些小打小闹，一切都很好。但他们没有提到犹太人。

卡弗拉塔还走访过该市的犹太人团体。通过与他们的交谈，他了解到，这些犹太人世世代代都生活在希伯伦，他们和阿拉伯邻居们都很熟，并将其中许多人视为朋友。事实上，赛法迪社群已经在希伯伦生活了八百年，阿什肯纳兹犹太人在当地或许也有一百年的历史了。其中的一些犹太人在斯洛博德卡犹太学校（Slobodka Yeshiva）工作或学习；其他人要么从事贸易或手工业，要么经营奶制品，还有的人以放债为生。犹太复国主义英巴银行在该市设有分行。有几十名犹太人住在希伯伦城的中心地带。他们所居住的区域与城里的其他区域隔离开来，里面还有几座犹太会堂。但大多数犹太人都住在郊区，其住所分布在通往贝尔谢巴和耶路撒冷的道路两旁。他们租用阿拉伯人的房屋，其中一些房屋是专门为了租给犹太人而建造的。他们支付的租金是城市经济的重要组成部分，房东和房客之间的关系从整体上来说也很好。

英国征服巴勒斯坦后，随着犹太移民的增加、犹太复国主义计划的推进，以及阿拉伯民族主义运动的发展，希伯伦也出现了紧张局势。阿拉伯人每天都在骚扰犹太人，在大街上咒骂他们，甚至有时还对他们进行恐吓和殴打。从表面上看，这些事件大多是小事，比如说男孩向犹太人的房屋投掷石块然后打碎了窗户，或者几个阿拉伯青年在亚伯拉罕的墓地——麦比拉洞（Makhpela）影响犹太人的礼拜。但从 1923 年开始，当地的犹太委员会认为这些是政治性事件，并将其归咎于"穆斯林—基督徒协会"。犹太人声称该协会在散播仇恨。他们指责该协会教阿拉伯人唱一些针对犹太人的歌曲，并煽动他们反对他们的邻居。犹太人曾多次抱怨希伯伦警察未向他们提供充分保护。[13]

卡弗拉塔麾下的警察数量相当有限：一共只有 18 名骑警和 15 名普通警察。其中的 11 名警察是老年人，其身体状况堪忧。整支警队中只有一个犹太人。卡弗拉塔咨询了代理区长阿卜杜拉·卡尔杜斯（Abdallah Kardous）和加沙警局副指挥官的意见，后者在耶路撒冷暴力事件发生的几天前来看过他。

两人都向他保证，他没有必要担心，不论其他地方发生了多大的事，希伯伦都将始终保持平静。他才刚到该市，因此没有理由怀疑他们的判断。事实上，希伯伦也的确十分平静，直到 8 月 23 日星期五下午。[14]

2 点 45 分，卡弗拉塔没有报告任何异常情况，但他听说耶路撒冷出了事，于是在下午 3 点把自己的三个手下派到了城郊。他们的任务是搜查从耶路撒冷回来的汽车，看里面是否藏有武器。乘客们停下来接受检查，并说起了在耶路撒冷发生的事情，于是，犹太人杀害阿拉伯人的谣言很快就传开了。没过多久，人们便在市汽车站聚集起来，他们打算前往耶路撒冷。有一个名叫塔利布·马尔哈（Sheikh Talib Markha）的谢赫在那里发表了一场演说。卡弗拉塔也来到了车站，他对聚集在那里的群众说，这些谣言纯属无稽之谈。当他走近时，马尔哈谢赫便沉默了。据卡弗拉塔估计，当时约有七百个人聚集在一起，他谎称耶路撒冷的一切都很平静。他派人到犹太人的房子周围巡逻，随后他自己也跟了过去，他的身旁还有八名骑警。卡弗拉塔注意到，许多犹太人都站在屋顶或阳台上。他命令他们进屋，但他们根本不予理会。

在施奈尔森（Schneurson）家族经营的小旅馆附近，卡弗拉塔碰到了雅各布-约瑟夫·斯洛尼姆（Ya'akov-Yosef Slonim）拉比和他的女儿。有一种说法是，他们当时正准备前往卡弗拉塔家。卡弗拉塔自己的印象则是，他们在街上来回奔跑，无缘无故地尖叫。斯洛尼姆怒斥卡弗拉塔，并要求他提供保护。他同时还冲着人群大喊大叫，人们则以石块予以回应。一名犹太妇女在阳台上对着卡弗拉塔尖叫。最终，卡弗拉塔把斯洛尼姆劝回了自己的家。两人之间的对话后来引发了许多争议。人们主要是指责卡弗拉塔说话时的态度粗鲁，但有一点无人质疑，即为了让犹太人待在家里，他已竭尽全力。

在把拉比和他的女儿弄走后，卡弗拉塔又把注意力转向人群。他和他的手下骑在马背上，用手里仅有的棍棒来驱散人群。4 点左右，阿拉伯人开始聚集在希伯伦犹太学校周围，他们往学校里扔石头。学校里当时只有一个司事和一名学生。这个学生名叫什姆埃尔·哈莱维·罗森-霍尔茨（Shmuel Halevi Rosen-holz），他当年 24 岁，出生于波兰。一块从窗口飞入的石头击中了他，他试图离开学校大楼，结果正好碰上了一群阿拉伯人。他尝试退回犹太学校，但为时已晚：阿拉伯人抓住他，然后用刀将其捅死。会堂的司事先是躲进一口井里，之后成功逃了出来。犹太人想赶在安息日开始前立即下葬罗森-霍尔茨。卡弗拉塔担心葬礼会激怒暴徒，所以他下令将参加葬礼的人数限制在 6人以内。

紧接着，卡弗拉塔找到了阿卜杜拉·卡尔杜斯，他提议召集起该地区所有的穆赫塔尔，并让他们负责维持秩序。但这位阿拉伯官员却表示反对，他认为把责任推给阿拉伯首领只会引发更多的暴力。到下午 6 点半，希伯伦又恢复了平静。但卡弗拉塔还是要求耶路撒冷方面派出增援，耶路撒冷方面却告诉他人手不够。他又转而向加沙和雅法的同僚们求援，双方均答应提供帮助。[15] 大约两个半小时后，该地区的几位穆赫塔尔前来拜会卡弗拉塔。穆赫塔尔们表示，他们听说犹太人在耶路撒冷屠杀阿拉伯人，耶路撒冷穆夫提则要求他们采取行动。穆夫提还威胁说，如果他们拒绝，将对他们进行罚款。卡弗拉塔向他们保证，耶路撒冷现在一切都很平静，他们回到家里老老实实地坐着就好。

事实上，当时耶路撒冷的局势也的确已经平静下来了。当天的死者中，有八个犹太人和五个阿拉伯人。另有十五名犹太人和九名阿拉伯人受伤。晚上，塔勒皮奥特的居民也被救了出来，他们在完全不受保护的情况下苦苦支撑了四个小时。其中一位居民是希伯来大学的约瑟夫·克劳斯纳。他的邻居阿格农后来回忆说，当时他们蹲在地上，子弹在他们周围飞来飞去，克劳斯纳非常悲怆地说，要不是他的妻子生病了，他是不会离开塔勒皮奥特的。但他们很快就被救了出来，然后和从其他街区被解救出来的难民们聚到了一起。出门前，阿格农匆匆把几份手稿装进了一个皮制公文包里，但在推挤和慌乱中，他把手稿弄丢了。他写道："我当时都已经做好了心理准备，打算把我的作品留下，把它们托付给神，因为这些心神不宁的人都不愿继续站在这里等我。"但某个邻居突然点燃了一支蜡烛，他们找到了手稿。[16]

塔勒皮奥特的犹太居民被带到了哈哈巴西姆街（HaHabashim）的一栋大楼里。而雷哈维亚的居民则躲到拉蒂斯邦（Ratisbonne）修道院过夜。按玛格丽·本特威奇的说法，当天发生的悲惨事件全都是因为那堵墙。"西墙这件事是多么可笑啊。它象征着昔日的辉煌吗？不，它更像是当下的屈辱。人们扑到西墙的石头上，亲吻石头，这场景难道不令人反感吗？他们在向一尊偶像祈祷，仿佛石头能有耳朵一样。最理想的结局……就是把它夷为平地……奇怪的是，竟然有这么多的人愿意为一个不真实的理念去死，却很少有人愿意为一个真实的想法而活。"雷蒙德·卡弗拉塔当晚睡在他的办公室里。[17]

3

1929 年 8 月 24 日星期六，早上 7 点左右，住在希伯伦的埃利泽·丹（Eliezer Dan）一家就要开始举行安息日的晨祷仪式了。丹是拉比斯洛尼姆的儿子。前一天晚上，几十名不敢待在自己家里的犹太人跑到他的家里来过夜。在参加晨祷的礼拜者中，有一位来自波兰的游客。这位游客名叫 Y. L. 格罗津斯基（Y. L. Grodzinsky），他在上一个星期四刚到希伯伦。礼拜刚刚开始时，格罗津斯基看到窗外有几辆挤满阿拉伯人的汽车向耶路撒冷的方向驶去，车上的阿拉伯人拿着棍棒、刀剑和匕首。当车辆经过丹家的房子时，阿拉伯人突然看见了屋内的犹太人，他们用手指横着划过自己的喉咙，以示屠杀。

过了一会儿，马尔哈谢赫经过施奈尔森酒店。施奈尔森把他请进酒店，并为他奉上了一杯茶。据酒店老板的儿子回忆，马尔哈当时叫施耐尔森不要担心，他说不会发生任何事情，酒店也可以照常开门。根据谢赫事后提供的证词，施耐尔森甚至手挽手地把他送到了门口。谢赫说，他们是朋友。前一天，他还赶走了几个试图伤害犹太人的阿拉伯男孩。[18]

与此同时，周围村庄的大量阿拉伯人开始涌入耶路撒冷。在丹家，众人发生了争执。尽管格罗津斯基只是个游客，但他对警察要求所有人留在室内的命令感到愤怒。他说，如果警察保护不了屋外的犹太人，他们也保护不了屋内的犹太人，他提议让所有人立即去卡弗拉塔家。于是，其中的一些人便出去找警察局长，但他们在路上遭到了一阵石头雨。其中一个犹太人声称，当他们到达卡弗拉塔家时，他把他们送走了。他再三向他们重复，他们不能离开自己的家。卡弗拉塔本人否认那天早上见过他们，格罗津斯基支持他的说法：那些人只走了一半便回到了丹的家里。

不过，卡弗拉塔也注意到了携带武器的阿拉伯人，他看见他们的车队向耶路撒冷进发。由于缺少警力，他没有试图阻拦他们——事实上，他很高兴他们能离开这座城市。8 点半左右，阿拉伯人开始向犹太人的房屋投掷石块。警察局长和所有 18 名骑警都赶了过来，他们尝试驱散暴乱者。直到这个时候，他们身上仍然没有带枪。随后，他发现有几个阿拉伯人正试图闯入一栋孤立的犹太人住宅，海哈勒（Heichal）一家住在里面。两个年轻的犹太人从屋里走出来，卡弗拉塔和他的手下试图用马保护他们，但其中的一个年轻人被石头击中，另一个则被刺伤，他当时就站在卡弗拉塔的马的旁边。这两个人都死了。接下来，暴徒们攻击了卡弗拉塔本人，他从马背上摔下来，但没有受伤。他去取了一匹马和一支步枪，并趁机再次向耶路撒冷求援。

在丹家，屋里的犹太人还在礼拜，格罗津斯基注意到一群袭击者正在接近。他说："阿拉伯人来了。"礼拜者们停止了礼拜。"我们跑去加固大门，像疯子一样在屋里跑来跑去，"格罗津斯基回忆道。

　　　妇女的尖叫声和婴儿的啼哭声充满了整个屋子。我和另外 10 个人在门前堆放了箱子和桌子，但闯入者用斧头砍破了大门，并准备强行闯入。于是我们离开大门，一间屋子一间屋子地乱窜，但无论我们走到哪里，都会被石块的洪流击中。情况非常可怕。我无法形容当时的哭嚎和尖叫声。

　　　在某个房间里，我的母亲站在窗边大声呼救。我向外望去，看到一群狂热的阿拉伯暴徒一边笑着一边往屋里扔石头。我怕母亲被砸到，于是我抓住她，把她推到角落里的一个书柜后面，我自己都不知道我是如何做到的。我把一个年轻妇女、一个 12 岁的男孩和一个犹太学校的学生也藏在了那里。最后我自己也走到了书柜后面。

　　　我们叠坐在一起，感到窒息。我们听到了阿拉伯人闯入房间时的歌声，也听到了人们被殴打时的叫喊声和呻吟声。大约过了十分钟，屋里除了一些闷闷的呻吟声外，变得静悄悄的。紧接着传来了明亮的枪响，显然是警察们干的。

　　在屋外，卡弗拉塔发现自己面对的是一大群暴徒，他们正在攻击犹太人的住宅。他命令手下直接向暴徒开枪，之后自己也开始开枪。有一个人被击中，但卡弗拉塔并没有停，因为他还没看到有人倒下。之后又有两三个阿拉伯人被击中，人群便开始散开。卡弗拉塔飞快地跑到"犹太街"，他此前已往那里派了一些人手，以阻止暴乱者。尽管有警察在场，但暴徒们依然情绪高涨。按照报告里的说法，卡弗拉塔又一次开了枪，并打倒了两个阿拉伯人。人们沿着市场逃跑，并在逃跑过程中洗劫了阿拉伯人和犹太人的商店。

　　一间房子里传来尖叫声，卡弗拉塔进了屋。他后来描述了当时所看到的场景："一个阿拉伯人正试图用刀割下一个孩子的脑袋。他之前已经砍中了他，现在正准备再砍一刀。然而，当他看到我后，他便把刀口对准了我，但他没砍中我；他几乎逼到了我的枪口上。我开枪射中了他的腹股沟。在他身后的是一个倒在血泊中且已经窒息了的犹太妇女，在她身边还有一个男人，我认出了这个男人，他叫伊萨-谢里夫，是个来自雅法的警察……他手里拿着一柄匕首，站在那个女人身上。他看到了我，于是冲进了另一个房间，他用阿拉伯语喊道：'警官大人，我是警察'。我冲进那个房间，朝他开了一枪。"

　　格罗津斯基回忆说：

　　　　我勉强才从藏身处爬了出来。书柜旁堆满了尸体，因此很难搬动它。看到死人和伤员，我的眼前一片漆黑。我惊恐万分，浑身发抖。我找不到地方下脚。在血海中，我看到了埃利泽·丹（Eliezer Dan）和他的妻子，我的朋友杜布尼科夫（Dubnikov），一位来自特拉维夫的教师，还有许多其他人……几乎所有的人头上都有刀伤和斧伤。有些人的肋骨被打断。有几具尸体被砍伤，内脏流了出来。我无法形容垂死者的眼神。到处都是同样的场景。在一个房间里，我认出了我哥哥的妻子，她半裸着身子躺在那里，奄奄一息。整栋房子被洗劫一空，里面全是羽毛，墙上有血迹……

　　　　我走近窗户，看到了警察。我让他们派医生来。就在这时，一些阿拉伯人刚好经过，他们用担架抬着一个死人。看到我后，他们放下担架，举起拳头要打我。我回到了我的藏身之处。一会儿，我听到了人声，是站起来的伤员们发出的声音。此外，还有一些人躲在厕所后面的洗澡间里，他们奇迹般地幸存了下来，我所听到的声音也来自这些人。显然，阿拉伯人最远只走到了厕所，某个躲在厕所里的人被他们杀害了。

我在伤员中认出了我的哥哥。他头上有一道斧伤，额头上有一大块瘀伤，可能是被石头砸伤的。我往他身上泼水，他站了起来，但几个小时后因伤势过重而死亡。杜布尼科夫显然是死于窒息。他的妻子躺在他身边，也被人杀害。我再次走近窗口，请人喊医生过来，如果得到及时的医疗救助，很多人本可以获救。外面的一个警察用希伯来语回答我说——很快。大约一刻钟后，来了几辆车，它们把我们送到警察那里。我们开始照顾伤员。[19]

希伯伦的犹太人在给高级专员的一封信中描述了其他暴行：68岁的梅厄·卡斯泰尔（Meir Kastel）拉比和70岁的茨维·德拉卜金（Zvi Drabkin）拉比以及5名年轻人被人阉割。面包师诺亚·伊梅尔曼（Noah Imerman）被活活烧死在煤油炉里。暴徒杀害了本-锡安·盖尔雄（Ben-Zion Gershon），这位瘸腿的药剂师为犹太人和阿拉伯人服务了40年。暴徒还强奸并杀害了他的女儿。伊萨克·阿布-杰迪德（Yitzhak Abujzhdid）和杜布尼科夫被人用绳子勒死。七十岁的伊萨克·阿布-汉娜（Yitzhak Abu Hannah）被人绑在门上，最后受尽折磨而死。梅纳赫姆·塞加勒（Menachem Segal）年仅两岁，他的头颅被人割了下来。信中还详述了其他强奸和虐待的案例。信中还附上了一些照片，照片上显示的是被砍掉的手和手指，暴徒也许是为了手上的戒指和手镯。房屋、商店和犹太会堂遭到洗劫并被烧毁。有些人之所以能活下来，是因为他们躺在尸体下装死。上午10点30分，暴乱结束，阿拉伯村民回到了各自的家中。

共有67名犹太人遇害。大多数是男性阿什肯纳兹犹太人，但死者中还有十几名妇女和三名五岁以下的儿童。受害者中有七名来自美国和加拿大的犹太学校学生。数十人受伤，其中约有一半是妇女，还有不少儿童，其中包括一名父母双双被杀的一岁男孩。美国领事馆的报告显示，共有9名阿拉伯人在事件中遇难。[20]希伯伦的犹太人被埋在乱葬岗上，包括伤员在内的幸存者们则被送到了耶路撒冷。

当暴行在希伯伦发生时，来自科洛尼亚（Kolonia）村的几个阿拉伯人袭击了梅克莱夫（Maklef）一家。梅克莱夫一家住在莫察，那是耶路撒冷郊外的一个犹太村庄。阿拉伯人杀害了这家人中的父亲、母亲、儿子和两个女儿。同样遇害的还有住在他们家里的两个客人。杀人之后，阿拉伯人又将屋子洗劫一空，并放火烧掉了房子。在这家人中，只有一个小男孩儿幸存了下来，他的名字叫莫迪凯。多年后，莫迪凯成为了以色列国防军的参谋长。"可怕的一周已经过去了，"哈伊姆·沙洛姆·哈莱维（Chaim Shalom Halevi）在给父母的信中写道。他发现很难再继续之前的日常生活，也不明白其他人是如何做到的。在他看来，生活再也不会同往常一样了。[21]

4

戴维·本-古里安将希伯伦的屠杀事件与基希讷夫大屠杀相提并论，他后来用纳粹用语"Judenrein"一词来形容没了犹太人的希伯伦。雷哈瓦姆·泽维（Rehavam Ze'evi）编写了一本关于希伯伦事件的书，他在书中这样写道："大屠杀是希伯伦的阿拉伯群众所为。除了那些为犹太邻居提供庇护的个人之外，希伯伦的所有阿拉伯人共同促成了这一切。"他把希伯伦大屠杀加进了反犹迫害活动的历史名册中。他写道："各种各样的屠杀构成了我们民族流散史中的一部分，而这种可怕的景象现在又在以色列地上重演。"[22] 但他错了。

在希伯伦对犹太人的杀戮并不是历史意义上的种族屠杀（pogrom）。与对东欧犹太人的攻击不同，希伯伦的暴动并不是由政府发起的，警察也没有袖手旁观。雷蒙德·卡弗拉塔尽了最大的努力，但奈何希伯伦的警力实在太薄弱了，根本起不了什么作用。30 年后，戴维·本-古里安写道："在希伯伦这样的城市里，一个孤零零的英国军官能做些什么？"他这句话同样可以用于描绘英国对整个巴勒斯坦的统治。英国人能做的事情很少。

对于负责维护法律与秩序的那些人来说，希伯伦骚乱对他们的职业荣誉造成了损伤，也冒犯了他们的正义感。首席行政秘书助理埃里克·米尔斯（Eric Mills）表示，身为一个英国人，看到在英国国旗下发生了如此可怕的事情，这是他一生中最痛苦的时刻之一。但另一方面，英国人为拯救犹太人所展开的行动却并不意味着对犹太复国主义事业的同情。卡弗拉塔在给母亲的信中说，除非政府接受阿拉伯人的一些要求，否则，如果再次发生暴力事件，巴勒斯坦就会成为"爱尔兰秀的重演"。而且，如果发生这样的事情，他是不会感到惊讶的。他相信，除了撤销《贝尔福宣言》，英国政府所做的任何事情都不会让阿拉伯人感到满意。由于政府拒绝撤销《贝尔福宣言》，他还对政府提出了批评。[23]

阿拉伯人对希伯伦犹太人的攻击是出于恐惧和仇恨。穆斯林认为犹太人打算侵犯伊斯兰教的圣地，而犹太复国主义者则想夺走他们的国家。按照美国领事馆的说法，阿拉伯人杀害犹太人也是出于经济方面的原因，因为犹太人是商人，也是放债人。[24] 阿拉伯人之所以仇视犹太人是因为他们是外国人——大多数犹太人来自欧洲或美洲。少数人攻击犹太人可能是出于某种杀人的欲望，不存在任何明确的原因。许多暴乱者不是希伯伦人，而是来自周围的村庄。

希伯伦的大部分犹太人都获救了，这是因为阿拉伯人把他们藏在了自己的家里。希伯伦的犹太社群证实了这一点，他们写道："如果不是那些阿拉伯人，希伯伦恐怕连一个犹太人都不剩了。"犹太复国主义档案馆保存了被阿拉伯人拯救的希伯伦犹太人名单，其中一份名单上有 435 个名字。当时，超过三分之二的希伯伦犹太人在 28 个阿拉伯人的家中找到了避难所，其中一些家庭接纳了几十名犹太人。一位犹太人事后证实说："有些阿拉伯人为了保护他们的邻居而受伤。"埃及医生阿布达勒·阿勒（Abdal Aal）收到了基希上校的一封感谢信，上校在信中感谢了他对希伯伦犹太人的援助。除了照顾伤员外，他还保护了一整个犹太家庭。[25] *

---

* 以上资料是由律师 S. 霍洛维茨（S. Horowitz）收集起来的，他曾给基希写过一封信。他在信中表示，应该从幸存者名单中删掉一个名字。这个人是位犹太妇女，她在某位穆赫塔尔那里寻得了庇护。她实际上是个妓女。大屠杀后，她仍留在希伯伦，而其余的犹太人则都离开了。[26]

有些人之所以伸出援手，可能只是想获得回报。不过，大多数人只是基于人类共通的行为准则。就像多年前哈利勒·萨卡基尼向阿尔特·莱文敞开家门时一样，他们只是在奉行他们民族中的好客传统。不管怎么说，在犹太人的历史上，类似这种大规模的救援行动，很少能够见到。

在耶路撒冷，暴力仍在继续。什姆埃尔·约瑟夫·阿格农（Shmuel Yosef Agnon）正在为留在家中的那些历史档案而感到担心。他挨家挨户地找人，试图寻求帮助。然而，人们却有其他的顾虑。他写道："人们心碎地嘲笑着这样的一个人，他在如此棘手的时刻却来找你谈论他残破的手稿。"最后，哈加纳的成员亚伯拉罕·克里舍夫斯基（Avraham Krishevsky）站了出来，他宣称："这样的档案甚至比人命更值钱。"于是他和阿格农一起去了塔勒皮奥特。文件散落在屋子里和院子里，阿格农不知道该先拿什么。克里舍夫斯基催促他快一点。他迅速收拾了一些手稿，便回城去了。约瑟夫·克劳斯纳的家里被人洗劫一空，他的书房也遭到了破坏。[27]

那天在耶路撒冷受伤的人当中，还包括保险代理人阿尔特·莱文。骚乱开始后不久，几个阿拉伯人从利夫塔村跑进了莱文所在的罗梅马社区，他们还在那里开了枪。莱文及其妻女在地上躺了好几个小时，直到英国警察将暴徒击退。莱文的房子在袭击事件中受损。为此，莱文提起了诉讼，他要求得到赔偿。[28]

暴力蔓延到全国各地，阿拉伯人甚至试图渗透到特拉维夫。英国人从埃及和外约旦调来了增援部队。然而，尽管部队人数有所增加，暴行却仍在继续。采法特的情况与希伯伦很相似。基希上校在那里见到了 5 个女孩，她们亲眼目睹自己的父母被杀。[29] 阿拉伯社群的发言人也报告了犹太人所实施的恐怖行为，其中包括对阿拉伯路人的私刑以及谋杀妇女和儿童。阿拉伯人声称，在少数情况下，犹太人甚至袭击了为他们提供庇护的人。犹太事务局针对其中的一些指控进行了调查，该机构得出的结论是："在个别情况下"，有些犹太人"可耻地逾越了自卫的限度"。根据一份备忘录的记载，某些犹太人闯入了一座清真寺，他们放火烧掉了各种圣书，还留下了一个潦草的说明："不幸的是，这是真的。"当暴力最终平息时，133 名犹太人和 116 名阿拉伯人死亡。另有 339 名犹太人和 232 名阿拉伯人受伤。[30]

在希伯伦事件后，什姆埃尔·约瑟夫·阿格农改变了自己对阿拉伯人的态度。"现在我的态度是这样的，"他写道，"我不恨他们，也不爱他们，我不希望看到他们的脸。依我的愚见，我们现在应该在巴勒斯坦建立一个由 50 万犹太人组成的大型犹太人聚居区。如果我们不这样做，我们便将——愿主不让此事发生——灭亡。"[31]

8 月 31 日，高级专员钱塞勒返回巴勒斯坦。基希上校也于同一天返回。此前，他在伦敦参加了儿子的出生典礼。钱塞勒曾考虑从空中轰炸某些阿拉伯村庄，但最终决定不这么做。几天后，他的助手在日志中写道，巴勒斯坦的一切都很平静。[32] 钱塞勒发表了一份声明，他在声明中谴责了阿拉伯人对犹太人的暴力。结果，他发现自己就像雷蒙德·卡弗拉塔一样，被夹在了阿犹两方的中间。阿拉伯人觉得自己受到了侮辱。于是钱塞勒又发表了一份声明，他在这份声明中用了更为委婉的语言。结果犹太人又觉得自己受到了侮辱。[33] 在访问完希伯伦后，钱塞勒给他的儿子克里斯托弗（Christopher）写了一封信，他在信中说，他表达不出笼罩在他心头的那种厌恶之情。他说："在过去的几百年中，我不认为历史上还发生过许多比这更可怕的事情。"[34] 他想回家。"我对这个国家和与之有关的一切都感到厌倦和厌恶，我只想尽快离开这个国家，"钱塞勒写道。[35]

注　释

1. Harry Luke, *Cities and Men* (London: Geoffrey Bles, 1956), vol. III, p. 18.
   Report on events, "Records of the United States Consulate in Jerusalem, Palestine," Confidential Correspondence, 1920–1935 (Record group 84).
   Edward Keith-Roach, *Pasha of Jerusalem* (London: Radcliffe Press, 1994), p. 107.
   Palestine Commission on the Disturbances of August 1929, Colonial No. 48 (London: HMSO, 1930), Evidence of the Mufti, 28th–30th sittings, 2–4 Dec. 1929, vol. I, p. 492; vol. II, p. 543.
2. Report on events, "Records of the United States Consulate in Jerusalem, Palestine," Confidential Correspondence, 1920–1935 (Record group 84).
   Edwin Samuel, *A Lifetime in Jerusalem* (Jerusalem: Israel Universities Press, 1970), p. 106ff.
3. Luke, *Cities and Men*, vol. III, p. 18.
   Palestine Commission on the Disturbances of August 1929, Colonial No. 48 (London: HMSO, 1930), Evidence of the Mufti, 28th–30th sittings, 2–4 Dec. 1929, vol. I, p. 492; vol. II, p. 543.
4. Archdale diary, p. 3.
   "Records of the United States Consulate in Jerusalem, Palestine," Confidential Correspondence, 1920–1935 (Record group 84).

Yitzhak Ben-Zvi (?), The Beginning of the Attack in Jerusalem (undated), CZA A215/45. See also: Diary of O.C. British Section DDSP, J. Nunro.

5. Report of Events, "Records of the United States Consulate in Jerusalem, Palestine," Confidential Correspondence, 1920–1935 (Record group 84). See also: Report of Mr. Kingsley Heath.
Palestine Commission on the Disturbances of August 1929, Colonial No. 48 (London: HMSO 1930), evidence of Shammas, 21st sitting, 23 Nov. 1929, vol. I, p. 386ff.

6. S. Y. Agnon, From Myself to Myself (in Hebrew) (Tel Aviv: Schocken, 1976), p. 404.

7. Keith-Roach, Pasha of Jerusalem, p. 123.
Martin Kolinsky, Law, Order and Riots in Mandatory Palestine, 1928–1935 (London: St. Martin's Press, 1993), p. 79.

8. Samuel, A Lifetime in Jerusalem, p. 108.

9. Archdale diary, p. 1ff.
"Records of the United States Consulate in Jerusalem, Palestine," Confidential Correspondence, 1920–1935 (Record group 84).

10. Uri Brenner, Ha-Kibbutz Ha-Me'uhad in the Haganah, 1923–1939 (in Hebrew) (Tel Aviv: Ha-Kibbutz Ha-Me'uhad, 1980), p. 8.
Margery Bentwich to her family, 26 July 1929. With the kind permission of Ari Shavit.
Yitzhak Ben-Zvi (?), The Beginning of the Attack in Jerusalem (undated), CZA A215/45. See also: Archdale diary, pp. 7, 10.
"Records of the United States Consulate in Jerusalem, Palestine," Confidential Correspondence, 1920–1935 (Record group 84).

11. Cafferata, unpublished draft memoirs; Clayton to Cafferata, 18 July 1921; Cafferata to his mother, 4 Aug. 1929. With the kind permission of his daughter.

12. Cafferata, unpublished draft memoirs; Clayton to Cafferata, 18 July 1921; Cafferata to his mother, 4 Aug. 1929. With the kind permission of his daughter.

13. Eliash report, CZA S25/4601.
The City Committee of the Jews of Hebron, 20 May 1921, CZA J1/78.

14. Palestine Commission on the Disturbances of August 1929, Colonial No. 48 (London: HMSO 1930), Report by Mr. Cafferata, vol. II, p. 983ff.
ISA, government publications, 01/3/381.

15. Palestine Commission on the Disturbances of August 1929, Colonial No. 48 (London: HMSO 1930), Report by Mr. Cafferata, vol. II, p. 984.
Oded Avishar, "When Disturbances Occur" ("Bifpro'a Pra'ot") (in Hebrew), in The Hebron Massacre of 1929 (in Hebrew), ed. Rehavam Ze'evi (Havatzelet, 1994), p. 31ff.

16. Agnon, From Myself to Myself, p. 402. See also: Dan Laor, S. Y. Agnon: A Biography (in Hebrew) (Tel Aviv: Schocken, 1998), p. 207ff.

17. Margery Bentwich to her family, 26 July 1929. With the kind permission of Ari Shavit.
Cafferata testimony at the Markha trial, Report of the Commission of Inquiry (in Hebrew), 2nd ed. (Tel Aviv: [1930?]), p. 46.

18. Schneurson testimony and Markha testimony, Markha trial, Report of the Commission of Inquiry, pp. 46, 65.

19. Report of Mr. Cafferata, Palestine Commission on the Disturbances of August 1929, Colonial No. 48 (London: HMSO 1930), vol. II, p. 984.
Y. L. Grodzinsky, "From the Scroll of Hebron" (in Hebrew), in Ze'evi, The Hebron Massacre of 1929, p. 52.

20. Testimony summaries, CZA S25/4601.
Rehavam Ze'evi, ed., The Hebron Massacre of 1929 (in Hebrew), pp. 26ff., 69ff.
Report on events, "Records of the United States Consulate in Jerusalem, Palestine," Confidential Correspondence, 1920–1935 (Record group 84).

21. Halevi to his parents, 16 Sept. 1929. With the kind permission of his son.

22. David Ben-Gurion, Memoirs (in Hebrew) (Tel Aviv: Am Oved, 1971), vol. I, p. 349.
Ze'evi, The Hebron Massacre of 1929, p. 7.

23. Norman and Helen Bentwich, *Mandate Memoirs, 1918–1948* (London: Hogarth Press, 1965), p. 135.

Cafferata to his mother, 29 Nov. 1929. With the kind permission of his daughter.

24. Report on events, "Records of the United States Consulate in Jerusalem, Palestine," Confidential Correspondence, 1920–1935 (Record group 84).

25. Ze'evi, *The Hebron Massacre of 1929*, p. 41.

Jews Saved by Arabs, CZA S25/4472 and CZA S25/3409. See also: Oded Avishar, ed., *The Hebron Book* (in Hebrew) (Jerusalem: Keter, 1978), p. 80ff.

26. Horowitz to Kisch, 10 Nov. 1929, CZA S25/3409.

27. Agnon, *From Myself to Myself*, p. 404ff.

Halevi to his parents, 30 Oct. 1929. With the kind permission of his son.

28. Levine to Abramson, 23 Oct. 1929. With the kind permission of the Munin family.

29. Kolinsky, *Law, Order and Riots in Mandatory Palestine*, p. 49.

F. H. Kisch, *Palestine Diary* (London: Victor Gollancz, 1938), p. 255. See also: Mohammed al-Tawil, "How the Events in Safed Began," CZA S25/9105.

30. Reply of the Palestinian Arab Executive to the High Commissioner's Proclamation, CZA S25/4184.

Arthur Ruppin, *Chapters of My Life in the Building of the Land and the Nation, 1920–1942* (in Hebrew) (Tel Aviv: Am Oved, 1968), p. 177.

CZA S25/4519. See also: The National Council on the Announcement of the Arab Executive, 6 Sept. 1929, Knesset Yisrael, National Council, *Book of Documents* (Jerusalem: n.p., 1949), p. 139ff.

Report of the Commission on Palestine Disturbances of August 1929, Cmd. 3530 (London: HMSO, 1930), p. 65.

31. Agnon, *From Myself to Myself*, p. 406.

32. Archdale diary, p. 15ff.

33. Chancellor to Passfield, 7 Sept. 1929, RHL, Chancellor papers, 12:5, f.1.

Kolinsky, *Law, Order and Riots in Mandatory Palestine*, p. 56.

Pinhas Ofer, "The Crystallization of the Mandatory Regime and the Laying of the Foundations for the Jewish National Home, 1922–1931" (in Hebrew), in *The History of the Jewish Yishuv in Palestine from the Time of the First Aliya (The British Mandate)* (in Hebrew), ed. Moshe Lissak (Jerusalem: Israel Academy of Sciences, Bialik Institute, 1993), part I, p. 287.

34. Chancellor to his son, 8 Oct. 1929, RHL, Chancellor papers, 16:3, f.18.

35. Chancellor to his son, 23 Oct. 1929, RHL, Chancellor papers, 16:3, f.35. See also: Kisch diary, 28 Jan. 1931, CZA L9/158.

第15章 契克斯庄园的早餐

1

在巴勒斯坦的工作使约翰·钱塞勒感到神经衰弱，几乎每天都有新的麻烦。首相不喜欢他，殖民部不仅不帮他的忙，反而还干涉他的工作。高级专员想扩大巴勒斯坦警察部队的规模，但伦敦方面却一直在谈费用问题，好像巴勒斯坦不存在任何问题似的。殖民大臣帕斯菲尔德（Passfield）表示，或许可以用苏丹的警察来凑合。[1] *

钱塞勒还发现自己与军队之间存在冲突，他甚至不得不干预军官之间乃至陆军与空军之间的内部纠纷。每一方都坚信自己最了解如何维持法律与秩序。军官们不断地互相侮辱，并感到被冒犯。"他关于巴勒斯坦防卫的观点很愚蠢，会让帝国陷入危险，"高级专员在评论某位皇家空军的高级指挥官时这样写道。[3]

在相当不情愿的情况下，钱塞勒下令对杀害犹太人的阿拉伯人，以及少数杀害阿拉伯人的犹太人进行审判。从表面上看，整个过程是按照法律和正当的刑事程序进行的，使用的也是严格的法律语言。但事实上，高级专员要求司法机构作出的判决却明显是政治性的：他要求法院至少在判决中维持一种这样的表象，即犹太人和阿拉伯人同样有罪。巴勒斯坦首席大法官迈克

---

* 悉尼·韦伯（Sidney Webb），即帕斯菲尔德勋爵是工党的创始人，也是著名的经济学家。魏茨曼注意到他对犹太复国主义事业那"深沉而持久"的敌意。1929年动乱爆发时，魏茨曼曾去拜访过他，当时只有他的妻子比阿特里斯（Beatrice）在家。比阿特里斯·韦伯是一位著名的作家。魏茨曼在回忆录中曾引用了她说过的一句话："我不明白为什么犹太人会为了几个在巴勒斯坦被杀死的同胞而如此大惊小怪。伦敦每周都有许多人在交通事故中丧生，却没有人关注。"[2]

尔・弗朗西斯・约瑟夫・麦克唐奈尔（Michael Francis Joseph McDonnell）爵
士予以了配合，但作为交换，他要求替换诺曼・本特威奇。这位总检察长同
时还兼任首席公诉员。阿拉伯人也希望解除犹太复国主义者本特威奇的职务。
钱塞勒很重视本特威奇的专业技能，因此认为替换掉他是不公平的。不过，
他还是明白，本特威奇必须离开。如果总检察长主动辞职，高级专员会很高
兴，但本特威奇却不愿让事情变得那么容易。钱塞勒提议让他出任塞浦路斯
或毛里求斯的首席法官一职，但本特威奇只想留在耶路撒冷。

　　这一问题最后是按照当地习俗解决的：有一天，当本特威奇离开办公室
去吃午饭时，一个法院的阿拉伯雇员向他走来。这位年轻人拔出手枪，然后
朝他的膝盖开了一枪。本特威奇表面上是回英国治病，但再也没有复职。首
席大法官麦克唐奈尔感到"非常欣慰"。这件事给人的感觉是，他很讨厌本特
威奇。魏茨曼为本特威奇在希伯来大学安排了一个讲师职位，但作为一个前
殖民地官员，他在那里并没有受到热情的接待。[4] *

　　约有 700 名阿拉伯人因暴力和抢劫而受审。其中 124 人被控谋杀，55 人
被定罪，25 人被判处死刑。同时还有约 160 名犹太人也接受了审判，70 人被
控谋杀，2 人被定罪并被判处死刑。这两位被判处死刑的犹太人后来被改判为
终身监禁。[6]

　　钱塞勒随后必须决定是否处决被判处死刑的阿拉伯人。他在给儿子的信
中说，这是他一生中最痛苦的决定之一。从政治角度来看，这也是一个困难的
决定。他抱怨说，法院没有给他提供足够的帮助。由于某种法律上的原因，法
官们没有给其中两个罪行最严重的杀人犯判处死刑。他们两个一个是阿拉伯
人，一个是犹太人。钱塞勒问自己，在这种情况下，将其余的死刑犯绞死是否
公平公正。如果他执行这个判决，他担心阿拉伯人会与其断绝来往。但另一方
面，减刑则可能使他显得软弱。他知道，无论哪种决定对他来说都是不利的，
只不过是程度多少的问题。他下令绞死了三个阿拉伯人，并将其他人改判为终
身监禁。基希上校在绞刑那天去看望钱塞勒，高级专员非常痛苦。基希试图安

---

* 当诺曼・本特威奇还在岗位上时，犹太人有时会指责他对阿拉伯罪犯的量刑过轻，他不得不为自己辩
护。他的妻子写道："（犹太人）不能原谅我们是英国人，就像英国人不能原谅我们是犹太人一样。"她
还补充说："这是个艰难的世界。"本特威奇主动为开枪袭击他的年轻人担任辩护律师。[5]

慰钱塞勒，他对高级专员说，对付阿拉伯人就必须用上强硬的手段。[7] *

希伯伦事件死者的坟墓在下葬后又被人打开了，要想知道这种可怕的事件为什么会发生，唯有深入冲突的心理层面才有可能说得通。希伯来新闻界声称，阿拉伯凶手肢解了受害者的尸体。阿拉伯群体的发言人则否认了这一指控。基希竭力阻止这场无谓的争执，但没能成功。最后，双方决定通过挖掘尸体来查明真相。基希认为这是一个非常糟糕的主意，但他觉得自己别无选择——压力实在太大了，以至于他只能同意。高级专员也反对这个想法，但却无力阻止。[9]

于是，来自犹太、阿拉伯和英国三方的医生以及犹太和阿拉伯掘墓人，全都聚集在希伯伦的乱葬岗周围，他们开始逐一挖掘尸体。然而，尸体已经严重腐烂，因此没有办法确定他们是否真的被人肢解。当基希到达墓地时，医生们告诉他，从前二十具尸体来看，并不能得出明确的结论。他让医生们停止检查。他希望事情能就此结束，但阿拉伯人却声称，这项工作证明他们是对的：尸体没有被人肢解。墓地里发现了一只没有尸体的手臂，尽管各方无法确定这只手臂是在受害者死亡之前还是之后被切断的，但他们却始终对这只手臂的意义争执不休。基希反对挖掘尸体是对的：这件事让犹太复国主义者面子上很难看。诺曼·本特威奇评论说："这竟然会成为一个如此受人关注的问题，真是让人不解啊。"[10] †

在随后的几个星期里，基希为恢复犹太复国主义运动和英国政府的关系付出了巨大的努力，但这可不是一件容易的事。"现在，犹太人对英国人的仇恨比他们对俄国人的仇恨还要深。"什姆埃尔·约瑟夫·阿格农在给扎勒曼·肖肯（Zalman Schocken）的信中写道。肖肯是一位德国出版商，他出版了阿格农的作品。然而，这种不信任感是相互的——犹太人把骚乱怪罪到英国人头上，这令英国人也感到十分不满。海伦·本特威奇在她所在的网球俱

---

* 基希很快便会建议钱塞勒贿赂穆夫提，让他卖掉西墙前的区域。基希表示，钱不是问题。钱塞勒写道，基希是个"多变的人物"。[8]

† 基希将"肢解事件"的失败归结到那几位敦促验尸的医生身上。他认为问题在于他们的政治倾向，他们是修正主义者和仇英分子，他写道。[11] 他在另一件事上取得了更大的成功——证明阿拉伯人利用《锡安长老会纪要》进行政治宣传。他还从一则报道中获取了一些政治资本，该报道声称，基督徒在暴动之前在他们的家中打上了十字架标记，以区别于犹太人的房屋。这意味着暴动不是自发的行为。[12]

乐部感受到了敌意：每当她失误一次，英国官员的妻子们便会为此鼓掌。她经常听到"该死的犹太人"（bloody jews）这种话。高级专员禁止英国士兵与犹太人一起踢足球，他担心会因此引发暴力事件。"真是愚蠢，"他写道。[13]

　　基希一座城市接一座城市地跑，每到一座城市，他都一定要与当地的地区专员和高级警官们会面，并亲自感谢他们为拯救犹太人所付出的努力。他指出，在某些情况下，他们是在冒着自己的生命危险来保护犹太人。道格拉斯·达夫警员也得到了他的感谢。犹太人指责阿拉伯警察参与了屠杀，基希对这一指控给予了相当程度的关注。他认为，大多数指控肯定是毫无根据的，如果这些指控是真的，那么被害的犹太人肯定不止现在这个数目。[14] 然而，基希却对一件事情提出了抗议——英国政府向雷蒙德·卡弗拉塔颁发奖章。自暴乱以来，卡弗拉塔已成为著名的英雄，全英国都为他感到骄傲。利物浦的报纸对他大肆称赞，称他为"领头人"。按照这些报纸的说法，他独自面对两万名阿拉伯人，并从中救出了犹太儿童。他的照片和家史出现在报刊上。还有许多人给他写信，并在信中表示了对他的钦佩。在基希看来，政府之所以授予卡弗拉塔国王警察勋章，是为了掩盖自己的错误。而正是因为英国政府在公共安全方面的失职，导致许多犹太人为此付出了生命的代价。[15]

　　与此同时，基希总是试图在必要性和人情之间维持某种程度的平衡。他给犹太各大报纸的编辑们发送了一份秘密备忘录，要求他们收敛批评的语气，以免犹太复国主义运动失去英国的支持。他警告说，如果没有英国人的支持，犹太复国主义者是不可能实现其计划的。基希要求各大纸媒避免对没机会为自己辩护的官员提出批评。英国人会认为这违背了公平原则。[16]

　　由于犹太人倾向于把所发生的事情全都怪罪到英国人头上，这让高级专员得出了这样的结论，即犹太人是一个"忘恩负义的种族"。政府中的其他人也有同样的想法。对此，基希也表示同意。他在日记中写道："从政治上讲，我们必须学习英国人对待军人和警察的态度，他们认为军人们开朗淳朴，警察也是人民的朋友。"[17]

　　当钱塞勒发现自己被夹在犹太人和阿拉伯人之间时，基希也遇到了类似的问题。只不过，他不仅被夹在犹太人和英国人之间，他还被夹在犹太人团体内部的劳工运动和修正主义党人之间。在 1929 年夏天的事件之后，犹太复国主义运动两个分支之间的竞争和敌意变得愈发激烈。[18] 戴维·本-古里安的实力得到了增强。到第二年冬天，他将各种左翼组织和工人组织整合成一个政党，即以色列国工人党，或马帕伊党（Mapai），再加上犹太劳工联合会（Histadrut）和哈加纳（Haganah），共同构成了本-古里安的权力基础。而对于修正主义党人来说，1929 年的事件似乎进一步加深了他们的民族主义情绪。贾博廷斯基摆出一副"我早跟你们说过"的态度，并要求更换犹太复国主义运动的领导层，但他所做的这一切都毫无成效。[19] 本-古里安则指责贾博廷斯基和他手下激进的信徒们，声称他们对大屠杀负有责任。

哈伊姆·沙洛姆·哈莱维对国内的政治局势深感痛苦。巴勒斯坦犹太社群毫无长进，他抱怨道。犹太人没能形成一股团结且强大的犹太复国主义势力，反倒是专注于小党派之间的争吵。在他看来，这是最糟糕的事情。"我们总是在高唱那句歌词：为国捐躯是好事。然而，当我们意识到死亡完全不必要时，那感觉太糟糕了。"政客们表现得好像犹太人流的是水而不是血一样，哈莱维写道。尽管如此，鲜血却是"历史车轮上的润滑油"。哈莱维的这句话写得太好了，就连贾博廷斯基也没法更好地表达出这种感觉。[20]

2

于是，政府再次成立了一个调查委员会。委员会由新加坡前首席法官沃尔特·肖（Walter Shaw）爵士领导，其成员还包括三名议会议员，分别来自议会中的三个主要党派。尽管成立委员会的目的是为了让它承担准司法职能，但它实际上却沦为政治和宣传的战场。[21] * 每位委员都花了大量时间来讨论委

---

* 在雷蒙德·卡弗拉塔接受委员会调查之前，其上级长官修改了他原本准备提交给委员会的报告。"你们会注意到，这份报告在许多方面与原来的报告不同，"卡弗拉塔的上司写道，"但这是必要的，以便使它与主旨相符……大家一致认为，报告的附文应在此基础上编写。"卡弗拉塔对此感到震惊，但却并没有吱声。[22]

任统治政权与犹太复国主义计划之间所存在的根本性冲突。然而，调查委员会存在的目的毕竟不是为了揭示历史真相，其所面对的主要问题，是它到底会"亲犹太复国主义"还是"亲阿拉伯人"。屠杀事件发生后，其他调查也相继展开，上述立场问题成了悬在他们头上的主要问题。国际联盟派出了一个委员会来研究西墙问题，英国则派出了殖民部官员约翰·霍普-辛普森（John Hope-Simpson）爵士，他的任务是来调查这个国家还能容得下多少犹太人。[23] *

一大堆文件、数据、论点和报告在上述调查过程中产生，其中的每一个字都经过仔细斟酌，其作者承受着来自犹太复国主义者、阿拉伯人和英国政客这三方面的压力。总的来说，这些报告体现出了一种广泛的共识，它们均将矛头指向了英国在巴勒斯坦的民族家园政策。在报告的撰写者看来，这是一项被误导、不公正，且不可能执行的政策。约翰·钱塞勒在形塑这种印象方面发挥了很大作用。

他继续做他的工作，在花园里举办派对，并在公共活动中现身。"妈妈和我今天下午去了在老城城堡举办的花展，"他在给儿子的信中写道。"这次展览相当沉闷，但有这些活动总是好的，它能让人们相信生活一切正常。"[25] 尽管如此，巴勒斯坦却始终是一个只能让他为之恼火的地方。耶路撒冷的修正主义党人平哈斯·鲁滕贝格一再要求钱塞勒逮捕煽动暴力浪潮的穆夫提。鲁滕贝格声称，穆夫提曾以书面形式向各村的穆赫塔尔们下达过煽动暴乱的命令。穆夫提坚称这些信件是伪造的，钱塞勒则要求鲁滕贝格提供证据。鲁滕贝格拿不出证据，但他却拒绝退让。他说，作为一名老革命，他知道在这种情况下应该逮捕所有可能闹事的人。高级专员回答说，这种方法在俄国可能会很有效，但他发誓要依法治理巴勒斯坦。[26] †

钱塞勒感到四面楚歌。他对阿拉伯人感到恼火，为了让他们谴责夏季发

---

* 一些殖民地官员在执行公务的过程中会考虑到人道主义层面的问题，霍普-辛普森便是其中之一。在来到巴勒斯坦之前，他曾参与了希腊与土耳其之间的人口交换计划。对希土两国人民来说，这是一次悲惨的经历。霍普-辛普森希望能让阿拉伯农民免受类似的遭遇。他写道，许多英国官员带着亲犹的态度来到巴勒斯坦，最后却带着亲阿的立场离开。对此，他并不感到惊讶。他认为，在巴勒斯坦期间，他们学会了同情阿拉伯农民所遭遇的困境。[24]

† 戴维·本-古里安认为，穆夫提永远不会签署这样的命令，因为他害怕自己遭到指控。穆夫提对英国人的依赖决定了他需要保持克制，而另一方面，经过 1929 年的事件后，当局变得更加需要穆夫提了，他是政府与阿拉伯人之间的沟通渠道。[27] 英国人授予他"大穆夫提"的称号，这一职位使他享受到了特殊的礼遇。他不需要前往调查委员会接受调查，但委员们会来找他。[28]

生的暴力事件，他差点动用上了武力。阿拉伯人还给他寄了一些信，但他并没有予以回复，因为在他看来，这些信中的措辞都太"无礼"了。后来，他从美国驻耶路撒冷领事那里得知，犹太人组织了一个情报网——他寄往伦敦的所有秘密报告都先传到了犹太复国主义者那里。[29]

　　与此同时，犹太人和阿拉伯人仍在为西墙地区的地位问题争吵不休。随着犹太新年的临近，出现了犹太人是否可以在西墙吹羊角号的问题。阿拉伯人表示反对。犹太人则威胁高级专员说，如果不让他们吹羊角号，他们就不在西墙礼拜。钱塞勒回应说，如果犹太人不接近西墙，那对耶路撒冷来说简直太好了。犹太人最后同意了以下方案：礼拜仪式结束后，他们将前往附近的犹太会堂并吹响羊角号。高级专员认为这整件事就是一种无谓的刺激。"这一切是多么的幼稚啊，"他在给儿子的信中写道。[30] *

　　但有时，钱塞勒本人也会被激怒，他会站出来捍卫国家象征的神圣性。有一次，钱塞勒前去访问耶路撒冷的圣乔治大教堂，然而，当礼拜仪式结束时，牧师却没有奏响《上帝保佑国王》。他对此感到十分不快。钱塞勒提出了抗议，他表示，帝国所有的殖民地都会奏响英国国歌。牧师解释说，会众中有许多美国人，他怕美国人会不高兴，因此才决定偶尔放国歌。高级专员大发雷霆，事实上，住在耶路撒冷的人们在应对这类问题时经常会这样。"什么，难道英国人民不能在英国的大教堂里为他们自己的国王祈祷吗？况且还是在他拥有主权的领土上，难道就因为害怕几个外国人可能会不喜欢吗？"于是，他下令每周日早晨都要奏响国歌。[32]

　　钱塞勒很快便得出了这样的结论：《贝尔福宣言》是一个"巨大的失误"，这项宣言对阿拉伯人来说不公平，也损害了帝国的利益。他逐渐对局势感到绝望。他在给儿子的信中表示，巴勒斯坦的形势"相当黑暗"。[33] 他给克里斯托弗的信在某种程度上就像是一份个人日记，这些信件也许曾帮他理清过思路。他提出了四种可能的方案：驱逐犹太人、驱逐阿拉伯人、撤销《贝尔福宣言》或以军事力量维持统治。钱塞勒最担心的是，他需要在没有军队可供支配的情况下继续执行《贝尔福宣言》所规定的政策。1930 年 1 月，他向伦

---

* 他经常把阿拉伯人称为"孩子"和"傻瓜"。他们是教不好的，钱塞勒用殖民地官员的那种悲天悯人的口吻写道。[31]

敦方面发送了一份备忘录，这份备忘录很长，也很详细。他希望能让英国摆脱《贝尔福宣言》的束缚，并给犹太复国主义运动造成打击。[34]

他在备忘录中写道：只有一种办法能让英国维持其在巴勒斯坦的地位，那便是给予巴勒斯坦居民一定程度的自治权。他所说的"居民"是指占据大多数人口的阿拉伯人。犹太人还是可以继续将巴勒斯坦视作自己的民族家园，但他们不能有独立的国家。他建议限制犹太人购买土地的权利，并更加注意使移民人数与国家吸收新移民的经济能力相匹配。从到达巴勒斯坦的那一天起，钱塞勒就认为他的前任们犯下了错误——他们不该在 20 世纪 20 年代允许这么多的犹太人在巴勒斯坦定居，这个国家根本养活不了他们。针对他的提议，伦敦方面专门举行了一场听证会，国王还要了一份备忘录的副本。[35]除了钱塞勒的备忘录外，英国人在巴勒斯坦所展开的各种调查也产出了许多报告，这些资料加在一起，促使英国尝试制定一项全新的政策。

3

殖民大臣帕斯菲尔德于 1930 年 10 月发表了一份《白皮书》，这份文件的主要新意体现在这样一个论点上，即《贝尔福宣言》让英国对犹太人和阿拉伯人负有平等的义务。这意味着要重新界定国家吸收移民的能力。到目前为止，政府的配额基本上是根据犹太人的经济状况来确定的。但从这一刻起，犹太人便只能在不引起阿拉伯人失业的情况下移民巴勒斯坦了。本着钱塞勒的立场，帕斯菲尔德认为犹太人在人口上始终只能是少数派，他们最多享有一定程度的自治权，而且主要是在文化领域。在《白皮书》中，英国政府承诺推动巴勒斯坦的发展，以便该国还能再接纳几万人口，其中包括阿拉伯人。为此，政府将在该国投资几百万镑。

在巴勒斯坦的英国官员非常高兴。他们对钱塞勒说，政府在《白皮书》中终于澄清了自己的立场。他们觉得从现在开始，他们能更有信心地完成自己的任务。钱塞勒为英国国内的反应感到欣慰；阿拉伯人也很高兴。[36] 然而，犹太人却声称英国人背叛了他们。英国历史学家 A. J. R. 泰勒写道："可怜的帕斯菲尔德发现自己被贬损为自哈曼以来犹太人民最大的敌人。"[37] 然而，帕斯菲尔德的《白皮书》从未生效。事实上，这份《白皮书》之所以引人注目，是因为犹太复国主义运动竟有能力将其撤销。

这是一个很了不起的故事。为了通过这项新政策，内阁曾进行了多次讨论，并为其起草了无数的立场文件、备忘录和草案。[38] 从英国的角度来看，不管是将移民问题与阿拉伯人和犹太人的经济状况联系起来，还是声明对巴勒斯坦的阿拉伯人予以同等程度的支持，这些都是合乎逻辑的举措。1929 年夏天发生的事件清楚地表明了英国支持犹太复国主义运动的代价。然而，仅仅过了几个月的时间，这项新政便消失得无影无踪了。犹太复国主义者再次取得了胜利。

在很大程度上，这场胜利是魏茨曼的胜利——这要归功于他的魅力、他的狡猾、他的外交智慧、他的信念以及他的胆识和运气。魏茨曼以英国人的利益为名，劝说英国人收回成命，他说话的方式就像一个遭人背叛的情人。他对英国人爱国主义的局限性感到失望，他严肃地说道。为了表示抗议，他还辞去了犹太复国主义运动主席的职务。然后，魏茨曼开始以其最熟悉的方式调动各种资源——疏通人际关系网络、游说并给政客施加压力。他的电话簿就像一本《伦敦名人录》。*

他成功说服了保守党的三名成员，他们给《泰晤士报》写了一封信，并在信中抗议政府的《白皮书》。这三位政要分别是前首相斯坦利·鲍德温（Stanley Baldwin）、前外交大臣奥斯汀·张伯伦（Austen Chamberlain）和前殖民大臣利奥波德·阿梅里（Leopold Amery）。钱塞勒认为这封信拥有极其重大的影响力。如果这封信没被印出来，一切都会顺利进行，他写道。此外，戴维·劳合·乔治、温斯顿·丘吉尔和赫伯特·塞缪尔也被动员起来反对新政。同时加入反对阵营的还有犹太复国主义运动的另一位盟友，欧内斯特·贝文（Ernest Bevin）。贝文关心的是即将在怀特查佩尔（Whitechapel）举

----

* 魏茨曼档案馆保存了一份相当简短的名单，标题是"反犹太复国主义议员"。[39]

行的选举，那里有大量的犹太选民。[40]

　　魏茨曼发动外交攻势的时候，英国政府十分虚弱，它正忙于应对 1929 年股市崩盘后的经济危机。财政大臣菲利普·斯诺登（Philip Snowden）本就对新政持反对意见，这场经济危机更是让他坚定了自己的立场。他主要是反对新政中的一项关键要素——在巴勒斯坦投资数百万美元以促进该国的发展。斯诺登（尤其是他的妻子）同情犹太复国主义运动，因此，他也是魏茨曼朋友名单上的一员。新政刚推出没多久，财政部官员便要求政府重新考虑整项政策。首相拉姆塞·麦克唐纳（Ramsay MacDonald）派他的儿子马尔科姆（Malcolm）去与魏茨曼重新讨论《白皮书》问题。年轻的麦克唐纳是犹太复国主义劳工运动的老朋友。[41] 外交大臣亨德森也参与了谈判。

　　没过几个月，魏茨曼便收到了首相发来的一封信，首相在信中表示，政府将撤销《白皮书》。大英帝国几乎是以一种道歉的姿态向犹太复国主义运动低下了头。这是一场耻辱性的失败。不管是从政治逻辑的角度来看，还是就英国自身的利益而言，这一决策都不合理。

　　对于这一惊天大反转，英国政府并没有给出合理的解释。政府惊慌失措地从《白皮书》事件中抽身出来，这反映出了政府的恐惧。麦克唐纳被犹太人吓到了，钱塞勒在给儿子的信中这样写道。他是对的。在世界经济危机的大潮中，政府需要特别地谨慎，谁愿意在这个节骨眼上与"全世界犹太人"为敌？对此，钱塞勒一点也不感到吃惊。从到达巴勒斯坦的那天起，他就抱怨说，该国的犹太人很难管理，这是因为他们的代表们能够随意地接触英国总理及其内阁成员。按钱塞勒在信中的说法，犹太复国主义者甚至笼络到了一个特殊的人物，这个人的工作就是确保首相一直采取对犹太人利好的政策。[42] 他在这里指的是乔赛亚·克莱门特·韦奇伍德（Josiah Clement Wedgwood）。*

────────────

* 工党议员韦奇伍德会对任何一个听他说话的人说，应该让巴勒斯坦成为帝国的第七个自治领；也就是说，它应该在帝国内享有同澳大利亚、加拿大和南非一样的特殊优待地位。他说，这么做的目的是让巴勒斯坦的犹太人变成英国人。"韦奇伍德同志，"戴维·本-古里安写道，是"我们最好的朋友"，但其狂热却有可能给犹太复国主义运动的谨慎活动带来危险。有一次，韦奇伍德找到了本-古里安，他要求以他的名字来命名巴勒斯坦的一条街道。本-古里安回答说，按照惯例，是不能以活人的名字来给街道冠名的。但事实并非如此，艾伦比、贝尔福以及其他的一些人都未遵从上述惯例，他们都是在去世前以自己的名字给街道冠名的。[43]

犹太复国主义者所取得的胜利十分引人注目，因为在此时，复国主义运动既没有军队，也没有多少钱，而且内部还冲突不断。特拉维夫和纽约都有反对魏茨曼的人，他们无休止地骚扰他，并挑战他的领导地位，这导致他频繁辞职。犹太事务局的规模虽然有所扩大——如今它还囊括了一些非犹太复国主义的犹太人组织——但它还远不能代表全世界犹太人。巴勒斯坦的犹太社群完全依赖于英国政府，其福祉取决于政府是否有意愿提供保护并帮助其发展。犹太人在违背大英帝国自身利益的情况下，将其意愿强加到了大英帝国身上。他们之所以能做到这一点，是因为他们向英国人展示出了一种虚假的形象，而英国人却偏偏愿意相信这一形象。

平哈斯·鲁滕贝格对钱塞勒高级专员说，《白皮书》使英国与全世界1 500万犹太人为敌——从莫斯科到华盛顿，到处都能看到犹太人的身影。钱塞勒相信他说的话。他在给儿子的信中表示，犹太人已经动员了美国国务院。几年后，钱塞勒列了一份清单，清单上条陈了影响《白皮书》被撤销的各种因素。其中，美国犹太人所施加的压力被他置于清单的首位。乔治·兰多（George Randall）爵士是英国外交部的高级官员，他也十分看重美国对英国巴勒斯坦政策的影响力。"犹太人的选票在纽约、底特律、芝加哥以及其他城市非常重要，美国人无法承受与犹太人对立的代价。因此，无论在什么时候，他们都会把纯犹太复国主义的立场强加给我们。"犹太人在各地都举行了反《白皮书》的示威活动。这些活动得到了大量的报道。在钱塞勒看来，就连新闻界也处于犹太人的掌控之下。[44]

在总结这一事件时，魏茨曼就像一位将军在检视一场战斗一样。"进攻被成功地击退了，"他写道。他认为麦克唐纳首相对各方力量做出了错误的评估，但即使是在多年后，魏茨曼依然很难解释清楚他是如何成功地吓到英国人的。《白皮书》被撤销后，巴勒斯坦最终每年接收了4万到6万名犹太移民。即便是像贾博廷斯基这样的极端分子也只要求批准3万个移民指标，魏茨曼写道。他自己都不敢相信犹太人的虚张声势竟然取得了如此巨大的成功。[45]

这是哈伊姆·魏茨曼个人最后的胜利。1931年夏天，犹太复国主义运动罢免了他的主席职务。尽管他成功地废除了帕斯菲尔德的《白皮书》，但这并没有帮到他。罢免他的运动是由泽维·贾博廷斯基所领导的修正主义党人发起的，他们认为魏茨曼对英国人和阿拉伯人采取了过于温和的路线。*

在这一背景下，戴维·本-古里安记录了一个故事，这个故事很能说明犹太复国主义运动在英国政府心目中的地位。就在魏茨曼正式被赶下台的几天前，为了保住自己的职位，他付出了最后的努力。他把本-古里安派去伦敦，其任务是说服首相在巴勒斯坦推行一项"平等"政策：阿拉伯人和犹太人均能在政府中任职，但他们在政府中所占的席位并不反映真实的人口比例，而是平等分配。在此之前，英国人一直拒绝接受这种方案。但如果现在能说服他们接受这一方案，魏茨曼就能在犹太复国主义大会上展示一项重大的外交胜利。

魏茨曼之所以把这项任务托付给本-古里安，是因为拉姆塞·麦克唐纳和他的儿子对本-古里安抱有一种社会主义团结的感情。与本-古里安同行的是魏茨曼的心腹——历史学家刘易斯·纳米尔（Lewis Namier）。本-古里安的飞机晚点了，但他却无法及时把这一情况转告给伦敦方面。英国首相等了又等，但好在这件事没给犹太复国主义运动带来什么不利影响。第二天，即星期六，麦克唐纳邀请本-古里安和纳米尔在他的住所契克斯庄园（Chequers）共进早餐。契克斯庄园距离伦敦有两个半小时的车程，为此，犹太百万富翁以色列·希夫（Israel Sieff）把自己的戴姆勒汽车（Daimler）借给了两位犹太代表。

出席早餐会的有麦克唐纳、他的两个儿子、他的女儿、他的孙子孙女、一位朋友，以及本-古里安无法确定其身份的"两位老太太"。他坐在首相的左边，纳米尔坐在首相的右边。"食物被放在第二张桌子上，我们每个人得自己去选想吃的东西，"本-古里安写道。事实上，这是他第二次同麦克唐纳一起去契克斯庄园。这座建于十一世纪的房子并没有给他留下什么深刻的印象。首相向他展示了克伦威尔的剑、拿破仑的手枪、书房以及一幅伦勃朗的画作。然后两人去花园里散步。本-古里安对这里的景色和古树赞叹不已。首相对本-古里安说，犹太人给他制造了很大的麻烦，但又紧接着表示，他永远不会

---

* 犹太复国主义大会在巴塞尔召开，贾博廷斯基在会上提出了一项建议，即宣布犹太复国主义运动的"最终目标"是建立犹太国家，但这一提案遭到否决。在官方层面，犹太复国主义者的诉求仍只是建立"民族家园"。贾博廷斯基怒不可遏，他撕毁了自己的代表证，并和其派系成员一起离开了会场。纳胡姆·索科洛夫被选出来代替魏茨曼。然而，直到魏茨曼于几年后复职之前，犹太复国主义运动并不存在任何真正的领导人。[46]

忘记几年前访问巴勒斯坦时的情景。本-古里安当时觉得犹太复国主义运动又结识了一位朋友。显然，他没有看错。[47]

客人们畅所欲言，平等交流，互相信任。纳米尔抱怨说，高级专员把耶路撒冷的内森·斯特劳斯街改成了钱塞勒街。首相回答说，他知道高级专员对犹太人的敌意，如果可以的话，他早就把他给撤换了。麦克唐纳表示，钱塞勒很快就会离任，但它担心这位高级专员回到伦敦后会参与亲阿拉伯人的活动。他问本-古里安是否知道这位高级专员在伦敦的联系人是谁，为此，他甚至拿下一卷《名人录》(Who's Who)，仔细查阅可能与钱塞勒有联系的人的名字。

纳米尔说，钱塞勒并不是巴勒斯坦境内唯一敌视犹太复国主义运动的英国官员，他还提到了某个人的名字。首相听说过这个人，并表示他也认为应该取消政府与这个人所签订的合同，但遗憾的是，他无法控制殖民部。不过这不重要，因为很快便会有一个更同情犹太人的高级专员前往巴勒斯坦赴任。首相承诺，他会亲自找这位新任高级专员谈话。他们一起诋毁殖民部大臣帕斯菲尔德，并很享受这一过程。之后，他们接着讨论起"平等"问题。麦克唐纳说，犹太人不应该仅仅满足于平等，还必须想出某种方法来让自己获得优待。本-古里安和首相的儿子马尔科姆把麦克唐纳的话以文字的形式记录了下来，然后首相在备忘录上签了字。现在，要做的只剩下一件事情了，那就是让本-古里安回到巴塞尔的犹太复国主义大会上。

本-古里安错过了当天的航班。第二天是星期天，那天刚好没有航班。马尔科姆·麦克唐纳往父亲的办公室打电话。唐宁街这边找到了一趟特殊的航班，需要花费 60 英镑，但本-古里安付不起那么多钱。麦克唐纳再次打电话给唐宁街，首相办公室于是又开始查询机票。之后，该办公室回电说，它发现了一个只需 50 英镑的航班。木-古里安表示还是太贵了。麦克唐纳又给空军部打了电话，他打算用皇家空军的专机送本-古里安去巴塞尔。他最终还是决定不这么做，因为议会中可能会有人拿这件事来做文章，提一些恼人的问题。唐宁街又查询了一番，最终找到了一列前往巴塞尔的火车。然而，火车要经过法国，而本-古里安没有法国签证。于是，麦克唐纳又找到了法国大使，并占用了他周末的空闲时光。就这样，签证的问题也解决了。麦克唐纳的儿子陪本-

古里安到了伦敦，本-古里安直接叫他马尔科姆。[48] *

　　保罗·克纳本舒（Paul Knabenshue）是美国驻耶路撒冷领事。在他看来，殖民大臣帕斯菲尔德未能清楚地认识到犹太人的力量。对此，他也并不感到惊讶。他认为，所有的工党成员都很天真。他们相信制度，相信提交给他们的立场文件。在一份寄给美国国务卿的报告中，克纳本舒把 1930 年的《白皮书》说成是一份业余的文件。他写道："帕斯菲尔德勋爵是一个做事一丝不苟又十分努力的调查员，他非常相信事实和数字。如果告诉他月球是由绿色奶酪制成的，他无疑会持怀疑态度；但如果给他看从月球出口到火星和金星的绿色奶酪统计数字，他就会毫不怀疑地接受。"[50]

　　麦克唐纳写给魏茨曼的备忘录引起了人们的愤怒。阿拉伯人称其为"黑信"。约翰·钱塞勒觉得自己陷入了两难的境地。"阿拉伯人对（政府）和犹太人所积攒的不满情绪已经炸锅了，"他写道。在他看来，阿拉伯人现在可能会对英国人发动叛乱。[51] 他声称，他已经尽力做到不偏不倚，但双方都不对此感到感激。但他同时又说，犹太人是最糟糕的，因为他们只在乎自己的观点，却丝毫不承认他人的权利和主张。他能感觉到犹太人不喜欢他。尽管有首相寄给魏茨曼的信，但钱塞勒坚信，巴勒斯坦的犹太人注定是少数派，他们也没有未来。在英国人刺刀的保护下，他们才能维持自己的存在——只有英国人才能把他们从阿拉伯人的刀枪下拯救出来。因此，犹太人希望英国人的保护能够持续下去。但总有一天，英国纳税人会对此感到厌倦，英国士兵也会离开。英国人待的时间越长，他们离开后的血腥报复就会越糟。他一次又一次地想到了爱尔兰，并在任期结束时写道：在巴勒斯坦，只有天上的上帝才能成为一个好的高级专员。[52]

　　他的妻子也不喜欢在巴勒斯坦的生活，她饱受炎热之苦，他们的住所也不舒适。巴勒斯坦的生活成本太过高昂，他们根本攒不下钱。不仅如此，据高级专员计算，他还从自己的荷包中掏出了 1 200 镑用于公务和娱乐开支。不过，在那年夏天，他还是会干满自己的任期，因为唯有这样，他才有资格在退休后领取到最高的退休金。此外，还有一个商人为他提供了一份在罗得西亚拓展关系的工

---

* 本-古里安在后来的某个时候写道："我们得有自己的飞机。"[49]

作。所有这些事情都为钱塞勒结束自己漫长的殖民地工作生涯提供了充分的理由，他也决定要这么做。在任期即将结束时，钱塞勒建造了一座供高级专员使用的新宅邸，但他本人只在这座宏伟的建筑中住了很短的时间。"生活充满了失望，"钱塞勒写道。之后，他便回到了自己的老家。[53]

地区专员詹姆斯·波洛克（James Pollock）亲自张罗了那一年最重要的一场婚礼。雷蒙德·卡弗拉塔，这位"希伯伦的英雄"，要和佩吉·福特－邓恩结婚了。婚礼的仪式是在雅法举行的，卡夫和他的佩吉在家中度过了蜜月。如果报纸上的消息可信的话，整个利物浦的人都跑出来庆祝了这场婚礼。[54]

注 释

1. Chancellor to Passfield, 10 Nov. 1929, RHL, Chancellor Papers, 12:5, f.95. See also: Martin Kolinsky, *Law, Order and Riots in Mandatory Palestine, 1928–1935* (London: St. Martin's Press, 1993), p. 91ff.
2. Chaim Weizmann, *Trial and Error* (London: Hamish Hamilton, 1949), p. 412.
3. Chancellor to his son, 20 Oct. 1929, RHL, Chancellor Papers, 16:3, f. 26–31.
4. McDonnel to Chancellor, 18 Oct. 1921, RHL, Chancellor Papers, 17:3, f. 125.
   Chaim Arlosoroff, *Jerusalem Diary* (in Hebrew) (Tel Aviv: Mifleget Poalei Eretz Yisrael, 1949), p. 205.
5. Norman and Helen Bentwich, *Mandate Memoirs, 1918–1948* (London: Hogarth Press, 1965), p. 139.
   Chancellor to Passfield, 10 Sept. 1929, RHL, Chancellor Papers, 12:5 f. 29.
   The Arabs of Nablus to the chief justice, 12 Sept. 1929, RHL, Chancellor Papers, 12:5, f.32.
   Bentwich to Chancellor, 1 Oct. 1929, RHL, Chancellor Papers, 12:5, f. 45.
   Memorandum of the Arab Executive, 2 Oct. 1929, RHL, Chancellor Papers, 14:1, f. 85.
   N. and H. Bentwich, *Mandate Memoirs*, p. 137ff.
6. Kolinsky, *Law, Order and Riots in Mandatory Palestine*, p. 87ff.
7. Chancellor to his son, 13 Jan., 1 June 1930, RHL, Chancellor Papers, 16:3, ff. 80–84; f. 94.
   F. H. Kisch, *Palestine Diary* (London: Victor Gollancz, 1938), p. 310.
8. Kisch diary, 17 June 1930, CZA S25/838.
   Chancellor to his son, 14 Feb. 1931, RHL, Chancellor Papers, 16:3, ff. 100–02.
9. Kisch, *Palestine Diary*, p. 260. See also: Kisch with Chancellor, 10 Sept. 1929, RHL, Chancellor Papers, 14:1, ff. 36–37.
10. Kisch, *Palestine Diary*, pp. 267, 279ff. CZA S25/4472.
    Rehavam Ze'evi, ed., *The Hebron Massacre of 1929* (in Hebrew) (Havatzelet, 1994), p. 86ff.
    Bernard Wasserstein, *The British in Palestine* (Oxford: Basil Blackwell, 1991), p. 237.
    N. and H. Bentwich, *Mandate Memoirs*, p. 134.
11. Kisch diary, 16 Sept. 1929, CZA S25/838.
12. Kisch diary, 11 Sept. 1929, CZA S25/838. See also: CZA S25/10008.
13. S. Y. Agnon, *From Myself to Myself* (in Hebrew) (Tel Aviv: Schocken, 1976), p. 406.
    N. and H. Bentwich, *Mandate Memoirs*, p. 133.
    Chancellor to his son, 5 Oct., 14 Nov. 1930, RHL, Chancellor Papers, 16:3, ff. 26–31; 128–36.
14. Kisch, *Palestine Diary*, pp. 287ff., 261.

15. "Liverpool Man's Heroism in Palestine," *Liverpool Echo*, 31 Aug. 1929.
    Official Gazette, 25 Sept. 1929, p. 998.
16. Instructions to the press, 10 Sept. 1929, CZA S25/3336.
17. Chancellor to his son, 11 Sept. 1929, RHL, Chancellor Papers, 16:3, f. 15.
    Kisch, *Palestine Diary*, p. 270.
    Kisch diary, 11–12 Sept. 1929, CZA S25/838.
18. Speech at the Zionist Congress, 1931, in David Ben-Gurion, *Memoirs* (in Hebrew) (Tel Aviv: Am Oved, 1971), vol. I, p. 466. See also: Shabtai Teveth, *Ben-Gurion and the Arabs of Palestine* (in Hebrew) (Tel Aviv: Schocken, 1985), p. 136.
19. Shmuel Katz, *Jabo* (in Hebrew) (Tel Aviv: Dvir, 1993), vol. I, p. 741ff.
    David Ben-Gurion, *Memoirs* (in Hebrew) (Tel Aviv: Am Oved, 1971), vol. I, p. 164.
    Arthur Ruppin, *Chapters of My Life in the Building of the Land and the Nation, 1920–1942* (in Hebrew) (Tel Aviv: Am Oved, 1968), p. 175.
20. Halevi to his parents, 4 and 16 Aug. 1929. With the kind permission of his son.
21. Kisch to Rothschild, 28 Aug. 1929, CZA S25/1. See also: CZA S25/3833.
22. Alan Saunders to Cafferata, Oct. 1929; Cafferata to Christopher Sykes, 30 Apr. 1964. With the kind permission of his daughter.
23. Pinhas Ofer, "The Crystallization of the Mandatory Regime and the Laying of the Foundations for the Jewish National Home, 1922–1931," in *The History of the Jewish Yishuv in Palestine from the Time of the First Aliya (The British Mandate)* (in Hebrew), ed. Moshe Lissak (Jerusalem: Israel Academy of Sciences, Bialik Institute, 1993), part I, pp. 286ff., 303ff.
24. Gabriel Sheffer, "Shapers of Mandatory Policy: Stereotypes or Flesh and Blood" (in Hebrew), *Keshet*, no. 48 (1970), p. 174.
25. Chancellor to his son, 3 Nov. 1929, RHL, Chancellor Papers, 16:3, ff. 26–31.
26. The mufti to the Commission of Inquiry, *Report of the Commission of Inquiry* (in Hebrew), 2nd ed. (Tel Aviv: [1930?]), part IV, p. 98.
    Palestine Commission on the Disturbances of August 1929, Colonial No. 48 (London: HMSO 1930), Evidence of the Mufti, 29th sitting, 3 Dec. 1929, vol. I, p. 509.
    Chancellor to his son, 12 Oct. 1929, RHL, Chancellor Papers, 16:3, ff. 26–31.
27. Ben-Gurion, *Memoirs*, vol. I, p. 344.
    Yehoshua Porat, *The Growth of the Palestinian Arab National Movement, 1918–1929* (in Hebrew) (Tel Aviv: Am Oved, 1976), vol. I, p. 210ff.
    Zvi El-Peleg, *The Grand Mufti* (in Hebrew) (Tel Aviv: Ministry of Defense, 1989), p. 22ff.
    Philip Mattar, "The Role of the Mufti of Jerusalem in the Political Struggle over the Western Wall, 1928–1929," *Middle Eastern Studies*, vol. XIX, no. 1 (Jan. 1983), p. 104ff.
28. The mufti to the commission of inquiry, *Report of the Commission of Inquiry* (in Hebrew), 2nd ed. (Tel Aviv: [1930?]), part IV, p. 92.
29. Chancellor to his son, 11 Nov. 1929, RHL, Chancellor Papers, 16:3, f. 53.
    Chancellor with Arab representatives, 9 Sept. 1929, RHL, Chancellor Papers, 14:1, f. 2.
    Chancellor to his son, 12 Oct. 1929, RHL, Chancellor Papers, 16:3, ff. 26–31.
30. Chancellor to his son, 12 Oct. 1929, RHL, Chancellor Papers, 16:3, ff. 26.
31. Chancellor to his son, 13 Jan. 1930, 18 Oct. 1930, RHL, Chancellor Papers, 11:1, ff. 27–28.
32. Chancellor to his son, 12 Oct. 1930; 12 Oct. 1929, RHL, Chancellor Papers, 16:3, ff. 26–31.
33. Gabriel Sheffer, "Shapers of Mandatory Policy," p. 174.
34. Chancellor to his son, 6 Oct. 1929, RHL, Chancellor Papers, 16:3, f. 18.
    G. Sheffer, "Intentions and Results of British Policy in Palestine: Passfield's White Paper," *Middle Eastern Studies*, vol. IX, no. 1 (Jan. 1973), p. 45.
35. Chancellor to Plumer, 3 Oct. 1928, RHL, Chancellor Papers, 11:1, ff. 27–28.
    Chancellor to the colonial secretary, 17 Jan. 1930, PRO CO733/182 77050 pt. I. See also: Pinhas Ofer, "The Crystallization of the Mandatory Regime," part I, p. 290ff.
36. Chancellor to his son, 18 Oct. 1930, RHL, Chancellor Papers, 16:3, ff. 114–18.
37. A J. P. Taylor, *English History, 1914–1945* (Oxford: Clarendon Press, 1965), p. 276.

38. Sheffer, "Intentions and Results of British Policy in Palestine," p. 45.
39. "Anti-Zionist MPs," July 1922, Weizmann Archive.
40. N. and H. Bentwich, *Mandate Memoirs*, p. 142.
    Chancellor to his son, 16 Nov. 1930, RHL, Chancellor Papers, 16:3, f. 128.
    Alan Bullock, *Ernest Bevin: Trade Union Leader* (New York: W.W. Norton, 1960), p. 457.
41. Chaim Weizmann, *Trial and Error* (London: Hamish Hamilton, 1949), p. 410ff.
    Gabriel Sheffer, "The Image of the Palestinians and the Yishuv as a Factor in Shaping Mandatory Policy in the 1930s" (in Hebrew), *Ha-Tzionut* III (1973), p. 287.
42. Chancellor to his son, 26 Oct. 1930, RHL, Chancellor Papers, 16:3, f. 123.
43. Wedgwood to Chancellor and others, 26 July 1928, RHL, Chancellor Papers, 11:1, 17–18.
    Ben-Gurion, *Memoirs*, vol. V, pp. 93, 125.
    Ben-Gurion, *Memoirs*, vol. I, pp. 305, 307. See also: Josiah Wedgwood, *The Seventh Dominion* (London: Labour Publishing Co., 1928).
44. Chancellor to his son, 18 Oct. 1930, RHL, Chancellor Papers, 16:3, ff. 114–18.
    Chancellor to Davidson, 7 Mar. 1937, RHL, Chancellor Papers, 15:7, ff. 69–72.
    George Rendel, *The Sword and the Olive* (London: John Murray, 1957), p. 120.
    Chancellor to his son, 12 Oct. 1929, RHL, Chancellor Papers, 16:3, ff. 26–31.
45. Weizmann, *Trial and Error*, pp. 410, 406, 416.
    Ofer, "The Crystallization of the Mandatory Regime," part I, p. 290ff.
    The Royal Institute of International Affairs, *Great Britain and Palestine, 1915–1936* (New York: Oxford University Press, 1937), p. 54ff. See also: Reaction of the National Council, Knesset Yisrael, National Council, *Book of Documents* (Jerusalem: n.p., 1949), p. 143ff.
46. Katz, *Jabo*, vol. II, p. 816.
    Norman Rose, *Chaim Weizmann* (New York: Viking, 1986), p. 290ff.
47. Ben-Gurion, *Memoirs*, vol. I, pp. 420, 428.
    Shabtai Teveth, *The Burning Ground* (Tel Aviv: Schocken, 1980), vol. II, p. 180ff.
48. Ben-Gurion, *Memoirs*, vol. I, p. 483.
49. Ben-Gurion, *Memoirs*, vol. III, p. 140. See also: Ben-Gurion, *Memoirs*, vol. V, p. 367.
50. Knabenshue to the secretary of state, 20 Oct. 1931, "Records of the United States Consulate in Jerusalem, Palestine," Confidential Correspondence, 1920–1935 (Record group 84).
51. Chancellor to his son, 14 and 15 Nov. 1930, 13 Mar. 1931, RHL, Chancellor Papers, 16:3, ff. 128–36; ff. 157–61.
52. Draft of article, RHL, Chancellor Papers, 11:7, ff. 67–78.
    Chancellor to his son, 12 Oct. 1929, 23 Oct. 1930, RHL, Chancellor Papers, 16:3, ff. 26–31; 119–22.
53. Chancellor to his son, 13 Jan., 21 Feb. 1930; Chancellor to Birchenough (undated), RHL, Chancellor Papers, 16:3, ff. 80–87; 12:7, f.8.
    Chancellor's farewell speech, 26 Aug. 1931, RHL, Chancellor Papers, 15:5, f. 17.
54. Procedure for Civil Marriage of Mr. Cafferata and Miss Ford-Dunn, Apr. 5, 1930. With the kind permission of his daughter.
    "Palestine Hero and His Bride," *Liverpool Echo*, 22 Apr. 1930.

第 16 章　比尔宰特的哈姆雷特

1

新的高级专员官邸，即所谓"政府大楼"，位于耶路撒冷南部的"传道者之山"（the Hill of the Preacher），有些人将其误认为《新约》中的"魔鬼劝谏山"（Hill of Evil Counsel）。从这里放眼望去，所看到的景色令人叹为观止，周围有松树林和花园，花园里还有一个漂亮的喷泉，这座石质的宅邸展现出了从西方和东方精心挑选出来的建筑元素。它散发着威严和永恒的气息，任何人只用看一眼便不会对以下事实产生任何怀疑：大英帝国曾来过。与宅邸相邻的是一座用来埋葬狗的墓地：布茨（Boots）于1938年6月来到这个世界，1941年5月又回到了它的造物主那里；朱迪（Judy）也是1938年6月出生，但于1944年7月永远安息。

在这栋宅邸的一楼，在餐厅和台球室旁边，有一个舞厅，其拼花地板（parquet floor）在整个中东地区都很有名，其中一部分还铺上了波斯地毯。一楼还有一个华丽的壁炉，镶嵌着蓝色和白色的亚美尼亚瓷砖。屋里的窗帘、家具以及固定设施（fixtures）都是从海外进口的。墙上挂满了英国国王的肖像画，画被放在厚重的金框里。一盏水晶吊灯照亮了舞厅，还有一个供警察乐队表演用的室内楼台（minstrel's gallery）。英国人和当地人分别有单独的浴室。[1]

1931年11月接替约翰·钱塞勒的高级专员阿瑟·沃科普（Arthur Wauchope）是一位慈父般的将军，一个爱玩的单身汉。美国驻耶路撒冷领事馆曾向华盛顿报告说，沃科普曾在一个月内接待了不下六百人。他非常有钱，"金钱和香槟就像水一样流淌，"他手下的一位高级官员写道。[2]

耶路撒冷就是英国人的卡米洛特*，是一个辉煌的神话，也是一个自欺欺人的神话。当英国官员在谈论巴勒斯坦的"政府"时，仿佛它是一个庞大帝国的神经中枢，而不是在一个偏远省份的小官僚机构中任职的一帮官员。在巴勒斯坦，一位局长能得到部长级的礼遇，领事相当于大使，每个女人都是公爵夫人，高级专员被称为"阁下"。某个英国人后来指出，这种抬升地位的行为是英国社会生活的关键。殖民地拥挤的生存空间，彼此之间的相互倾轧，似乎让他们每个人都膨胀了起来。池塘越小，鱼越大，霍勒斯·塞缪尔评论道。[3] 该如何穿着打扮，该怎么说话，该怎么招待客人，在所有这些问题上他们都遵守着严格的社会惯例。

比阿特里斯·马格尼斯是希伯来大学校长的妻子。她回忆了一起小型的社会反叛事件，这起事件几乎引发了一桩丑闻。按照惯例，在高级专员举办的舞会上，女士们——几乎都是高级行政官员的妻子——应该身着低胸露肩装。尽管耶路撒冷的夜晚很冷，但她们从不敢穿别的衣服。马格尼斯夫人违反了这一规定，她披着一条西瓜色的披肩出现在了公众面前。有一次，夫人的披肩被某位客人军装上的勋章给挂住了，当高级专员的助手赶来将他们分开时，两人已经熟络起来。这位客人是来自埃塞俄比亚的拉斯·塔法里（Ras Tafari）王子。他即将成为海尔·塞拉西皇帝，同时也是一个话题性人物。[4] 人们总是渴望能有个八卦的对象。每个人都在乐此不疲地说着别人的闲话，个个都口蜜腹剑。"本特利少校（Major Bentley）给帕克将军（General Parker）的秘书买了只银手镯。诺兰夫人（Lady Nolan）换了厨师。凡是博尔德上尉（Captain Boulder）进入的任何房间，舍伍德夫人（Mrs. Sherwood）都会厌恶地离开。"[5]

阿拉伯领袖乔治·安东尼乌斯此时已是托管国政府中的高级官员了，他给在巴黎的女儿写了一封信，并在信中描述了在某个当地妇女家的花园里举行的一次聚会。客人们围坐在小桌旁，就像在阿拉伯咖啡馆里一样。现场还有一支伴舞乐队。在这次聚会上，谁和谁一起跳过舞，这些信息都被安东尼乌斯记录得一清二楚。他自己的舞伴则是美国领事的妻子克纳本舒夫人。聚

---

* 传说中亚瑟王的宫殿。——译者注

会上还提供了香槟，但据安东尼乌斯透露，女主人曾给服务员下达指示，要他们省着点倒。他发明了一个游戏：他向到场的宾客们宣布，他很快会办一场自己的派对。在这场派对上，他会邀请十对夫妇，但有一个条件：每位男宾必须带一个不是自己妻子的女宾到场，而每位女宾则需要带一个不是自己丈夫的男宾到场。

这引来了一片嬉笑声，宾客们也开始窃窃私语起来。他们挤眉弄眼，互相暗示。大家开始猜测谁会和谁一起去。一位女宾客表示，"只要不是K. R."，谁陪她去都行。安东尼乌斯以前是一名军事审查员，他在信中小心翼翼地使用了人名的首字母，仿佛他担心这条八卦在传到女儿手里之前会被另一双眼睛审视。也许 K. R. 就是基思-罗奇。[6]

至于被人们称为"耶路撒冷帕夏"的基思-罗奇，巴勒斯坦也给他留下了许多回忆，比如说当地的许多美味佳肴，死海边的"索多玛和蛾摩拉高尔夫俱乐部"，以及耶路撒冷某家酒店里的妓院。这家妓院是由军政府设立的，专供士兵们使用。尽管妓院中的妇女要定期接受体检，基思-罗奇仍对这一场所持反对态度。威廉·丹尼斯·巴特希尔（William Dennis Battershill）是高级专员的首席政务官。他满怀深情地在回忆录中记录下了巴勒斯坦的那些警用小马，他和他的朋友们曾骑在这些小马上进行马球比赛。回忆起在政府大楼的场地上打松鸡的情景时，这位秘书充满了怀念之情。高级专员本人有时也会出去打野鸟。后来，由于紧张局势加剧，英国官员们害怕遭到攻击，于是便不再外出游玩或进行户外运动了。巴特希尔为此感到十分痛苦。无聊似乎是他最大的敌人，也许只有炎热的天气能给他造成同等程度的困扰。[7]

哈伊姆·阿尔洛索罗夫曾经总结过某天夜里军官俱乐部中所发生的事情。"谈话主要围绕着打鸭子展开，"他在日记中写道。有一次晚餐时，坐在他旁边的是雷丁勋爵（Lord Reading）。勋爵谈到了在印度猎虎的事情。有时，阿尔洛索罗夫亟须找到当局的行政官员，但一到周末便很难再找到他们。这让他很生气。"如果在某个晴朗的星期天早晨，耶路撒冷突然爆发了革命，"他在日记中写道，"等政府返回首都时，革命恐怕已经取得相当大的成功了。"[8]

1931 年，阿尔洛索罗夫接替基希成为犹太复国主义执行委员会的负责人和犹太事务局的政治部主任。基希是魏茨曼的门徒，在恩师下台后，他也跟着离开了自己的岗位。和基希一样，阿尔洛索罗夫每天都在招待会、晚宴、下午茶和音乐会中度过。如果今天要同陆军司令见面，明天说不定便是教育厅长或邮政局长，或许还有首席法官。所有人都把大量的时间投入了社交活动，这些活动多在大卫王酒店的大厅和酒吧中进行。和基希一样，阿尔洛索罗夫也善于用威士忌来解决问题，但与他的前任不同的是，他常常觉得这部分工作非常令人厌烦。基希是个英国军官，也是个绅士；而阿尔洛索罗夫则是在德国长大的。他是个思想家和社会主义者，而且还拥有经济学博士学位。首席政务官巴特希尔从没听说过哈伊姆·纳赫曼·比亚利克，阿尔洛索罗夫写道。这让他感到非常不安。他问自己，对于这样一个对犹太复国主义运动及其主要人物一无所知的官员来说，怎么可能指望从他那里获得同情和理解呢？[9] *

为了发展与政府官员的紧密关系，犹太事务局制定了一项详细的计划，它希望通过在体育俱乐部和聚会上的接触来实现这一目标。作为该计划中的一部分，犹太复国主义者准备建造网球场，鼓励英国人住在犹太人聚居区，甚至补贴他们的房租。[11] 但这一策略并不奏效：在巴勒斯坦的大多数英国人更愿意和本族人住在一起或住在阿拉伯人中间。"犹太人沉迷于政治，"一位高级警官写道，"在圣地，最好避开此类话题。"所以他才总是谈论拳击运动，他写道。[12]

就像英国行政官员们正生活在大英帝国的边缘一样，许多犹太人也觉得自己好像落到了文化世界的外围。他们中的大多数人仍然认为自己是欧洲人。在他们看来，他们在耶路撒冷所看到的所有东西，都只是欧洲纯正文化的某种拙劣替代品——巴勒斯坦歌剧团也包括在内。米哈伊尔·戈林金（Mikhail Golinkin）是该歌剧团的奠基人。该歌剧团的创生要归功于乌克兰指挥家米哈伊尔·戈林金（Mikhail Golinkin）那卓绝的远见和旺盛的精力。和他的同类一样，戈林金来到以色列地也是为了做一些前人从未做过的事情。戈林金成功地排演了《阿依达》《塞维利亚的理发师》及其他伟大作品，但他所遭遇的危机和失望本身就值得为之创作一部歌剧。这些剧作分别在特拉维夫的"伊甸园剧院"和耶路撒冷的"锡安剧院"上演：舞台上没有管弦乐队，

---

* 不过，沃科普高级专员的确对《自动解放》（*Auto-Emancipation*）一书表现出过兴趣。这本书是莱昂·平斯克（Leon Pinsker）——一位前赫茨尔时期的犹太复国主义作家——的主要作品。阿尔洛索罗夫将这本书寄给了沃科普，两人还就此书交换了一系列信件。[10]

只有一架钢琴。[13]《国土报》写道，钢琴家阿维-莱亚（Avi-Lea）教授的演奏是如此的美妙以至于观众们根本感受不到管弦乐队的缺席。该报还提醒读者说，西奥多·赫茨尔在其伟大的犹太复国主义乌托邦小说《旧的新土地》（*Altneulandy*）一书中便曾幻想过一部犹太歌剧。*

新犹太社会的成员对自己在欧洲文化中的边缘地位是如此的敏感，以至于没有什么能比欧洲名流的来访更让他们感到兴奋的了。比阿特里斯·马格尼斯逐一列举了来访者的名字，其中包括雅沙·海菲茨（Jascha Heifetz，曾两次到访）、阿图罗·托斯卡尼尼（Arturo Toscanini），以及只来过几天的托马斯·曼（Thomas Mann）。然而，他们的到来似乎愈发加深了巴勒斯坦犹太精英的自我印象——一帮与文化中心相隔绝的人。巴勒斯坦的犹太复国主义者总是试图给他们的客人留下深刻的印象，就像梅纳赫姆·乌西什金对马格努斯·赫施菲尔德（Magnus Hirschfeld）所做的那样。赫施菲尔德是来自柏林的著名性学家，也是一位为同性恋说话的犹太"布道者"。据哈伊姆·阿尔洛索罗夫观察，"赫施菲尔德带着一个古怪又浮夸的中国助手来到了巴勒斯坦"。乌西什金跟赫施菲尔德讲了一个故事，关于他所遇到的一个犹太牧羊人。这位牧羊人当时正在田里看书，乌西什金问牧羊人在读什么。牧羊人回答说：哦，只不过是叔本华的《作为意志与表象的世界》（*Die Welt als Wille und Vorstellung*）而已。[16]赫施菲尔德相信了他说的故事，谁知道呢，也许这个故事是真的。

巴勒斯坦犹太知识分子对欧洲犹太文化中心的态度则要复杂得多。在他们看来，欧洲文化已经被吸纳为新希伯来文化中的一部分，而旧的犹太文化则应该留在各流散地。然而，许多巴勒斯坦犹太知识分子发现他们有一种强烈的情感需要，即保留他们与流散地的联系。为了达到这一目的，他们通常会尝试说服流散地上的知识分子，让他们迁往巴勒斯坦。莫迪凯·本-希勒尔·哈科亨竭力劝说伟大的历史学家西蒙·杜布诺（Simon Dubnow）到巴勒

---

* 喜欢一边吹口哨一边用钢琴为自己伴奏的罗纳德·斯托尔斯曾嘲讽观看歌剧的犹太"先锋们"（pioneers）。他写道：穿着厚重的鞋子、短裤和"布尔什维克衬衫"的年轻人会在一排排的座椅中走来走去，他们还嗑开心果。英国人则是身着晚礼服来的。[14]特拉维夫市政府发出过一批邀请函，邀请人们参加在哈比马剧院（Habima Theater）上演的《第十二夜》（*Twelfth Night*）。邀请函上特别提醒出席者要身着晚礼服。[15]

斯坦定居，或至少来巴勒斯坦访问。两人就这个问题进行了痛苦的通信。杜布诺在信中表示，他不反对犹太人在巴勒斯坦的"重生"，但他同时也相信犹太人在欧洲的未来。为了让杜布诺来到巴勒斯坦，哈科亨用上了激将法。犹太复国主义者早先试图劝说爱因斯坦留下来的时候也是这么做的。即使巴勒斯坦的犹太人在道德和民族层面排斥流散地，对流散地抱有轻蔑和不屑一顾的态度，但他们仍迫切地希望得到流散地的承认。哈科亨发誓说，不把杜布诺带过来，他是不会罢休的。"我们还是会把他弄过来的，"他在日记中写道。"他会来的。他会来的。"17 *

当新任高级专员阿瑟·格伦费尔·沃科普（Arthur Grenfell Wauchope）中将到达巴勒斯坦时，他已经五十七岁了。他是来自爱丁堡的苏格兰人，也是一名职业军人。他参加过布尔战争和第一次世界大战，并曾在澳大利亚和新西兰服役。在柏林时，他还出任过"盟国间军事管制委员会"（the Military Inter-Allied Commission of Control）英国处的主任。这一段经历帮他积累了一些外交经验。此外，他还带来了反恐经验：在来到巴勒斯坦之前，他曾担任过英国驻北爱尔兰部队的指挥官。18

在其部下的眼中，沃科普是一个独断专行的暴君。沃科普会粗鲁地对他们大发雷霆，把他们羞辱到落泪，然后又会用各种手段来安抚他们，比如说给他们颁发他自己设计的勋章。爱德华·基思–罗奇形容他是耶路撒冷的杰基尔医生（Dr. Jekyll）和海德先生（Mr. Hyde）。首席政务官巴特希尔写道：他显示出权力和极权主义的坚定性，但事实上他每分钟都在改变自己所做出的决定。他是个阴谋家，通常他会听取最后一个和他说话的顾问的意见。他手下的每一个人都信不过其他人。沃科普不容许他的部下有异议，但在其背后，他们都很讨厌他。巴特希尔把这位高级专员比作阿道夫·希特勒：他的绿色书房被称为"刑讯室"，如果他"懂得一些行政管理方面的知识，他活脱脱就是一个希特勒"。沃科普还老喜欢往一线跑，并亲自发号施令。其决定有时与军队的立场相反，甚至违法。首席政务官抱怨说，他的行政管理就像一出滑稽戏一样。19

与钱塞勒不同的是，沃科普很喜欢巴勒斯坦。用他的话来说，他最讨厌

---

* 杜布诺没能过来。直到他生命的最后一刻，他仍住在拉脱维亚的里加（Riga），并于纳粹入侵该市时被杀。

的东西莫过于这个国家里的谎言、愤怒和恶意，这些东西威胁到了该国人民（不管是犹太人还是阿拉伯人）的幸福。他时常还会从自己的钱包里拿出钱来捐助慈善项目。诺曼·本特威奇形容他是一个热爱文化的人，而且与工党关系密切。"他喜欢身边有异教徒和艺术家，"本特威奇写道。沃科普相信人性的善良。他曾给殖民部大臣寄过一封长信，在这封长达 14 页的书信中，他引用了约翰·弥尔顿的话："时光还会再来，并找回黄金时代。"[20]

除了这位新任高级专员反复无常的性格和对巴勒斯坦的热爱，他还产生了一种乐观的幻觉：一切都将恢复到大屠杀之前的状态，就好像什么都没有发生过一样。犹太人在暴乱中被侵占的部分财产已经物归原主，难民也得到了政府的补偿。[21]1931 年春，约 160 名希伯伦犹太人在哈伊姆·巴盖奥（Chaim Bagaio）拉比的带领下回到了他们各自的家中。[22] * 政府对警察机关进行了重组，并增强了警力。一位政府部长认为，巴勒斯坦现在是"一个戒备森严的动物园"[24]。在陪客人——萧伯纳和重量级拳击冠军吉恩·滕尼（Gene Tunney）——巡游巴勒斯坦时，埃德温·塞缪尔发现，"这个国家表面上看起来是正常的"。他高兴地向父亲汇报说，在许多地方，阿拉伯和犹太劳工又开始并肩工作了。[25]犹太承包商巴鲁克·卡廷卡又恢复了"宫殿酒店"（the Palace）的建设工程。这家由穆夫提投资建设的豪华酒店，在骚乱期间被迫停工，但一共也只停了十天。[26]1933 年 4 月，艾伦比将军回到耶路撒冷为基督教青年会（YMCA）塔楼主持落成典礼。仪式结束后，基督教青年会将艾伦比致辞中的一句话刻在了该建筑的入口处。"这里的氛围很和平，可以忘掉由政治和宗教引发的嫉妒情绪，并促进和发展国际团结。"

新建立的政府大楼仿佛像是一只守护着这座城市的睡狮。然而，大英帝国在这座建筑中所体现出的乐观情绪却是一种假象。[27]当巴勒斯坦的英国人在华丽的拼花地板上翩翩起舞时，另一波暴力浪潮正在逐渐成形。留给巴勒斯坦英国政府的时间已经不多了。高级官员们开始用他们最擅长的方式贬低政府，即取笑它。其中一位官员讲述了一则有关同部门另一位官员的故事。这位官员去犹太聚居区时戴的是洪堡毡帽，去阿拉伯聚居区时戴的则是红色

---

* 本-古里安反对犹太人回到希伯伦定居。"不应该把人和钱浪费在这座城市，"他写道。顶多只能让希伯伦成为一个"犹太流散点"，在那里，少数犹太人将生活在占据人口多数的阿拉伯人当中。[23]

的塔布什帽。有一次，他撞见了一群人，里面既有犹太人又有阿拉伯人，他们正在打架。他跑到最近的电话亭，给他所在的部门打电话请示。他问应该戴哪一顶帽子，是洪堡毡帽（homburg），还是塔布什帽？他得到的答复是，两顶都要戴。[28]

驻耶路撒冷的美国领事给华盛顿发送了一份局势报告。他写道："真正的问题是，巴勒斯坦到底是要成为一个阿拉伯国家还是犹太国家。"犹太事务局的领导人阿瑟·鲁宾把自己的勃朗宁自动手枪找了出来，他给它装上子弹，并放在桌上。十年来，这把手枪一直放着没动过。"但你永远不知道未来会发生什么……"鲁宾在日记中写道。[29] 这是他从 1929 年的事件中得到的政治教训。

与此同时，阿尔特·莱文正做着进军国际商业市场的美梦。1929 年 10 月底，他建议英巴银行为两家新保险公司投资 1 万镑，这两家大公司分别叫"耶路撒冷"和"约旦"。"对巴勒斯坦来说，这将是一项伟大且有价值的事业，之后对于周边国家来说也是一样。"他写道。英巴银行总干事埃利泽·西格弗里德·胡菲恩（Eliezer Siegfried Hoofien）只用了三天时间就回复了。他谨慎而干脆，仅用一句话便拒绝了这一想法。[30]

莱文开始用法语写情书，收信人显然是一个住在贝鲁特的神秘女人。莱文在信中表示，他疯狂地爱着她，并给她写了诗。他告诉她，他的女儿里夫卡死在异国他乡，后来被带回耶路撒冷，并被埋葬在一棵古老的橄榄树的树荫下。在信中，莱文表现出了骑士式的克制，以尊严控制着自己的激情。从书信的内容来看，他的爱情似乎并未开花结果。这些信是用打字机写的，大概用的是他自己进口的打字机。人们从莱文所遗留下来的文件中发现了这些信，但无法确定它们是原件还是复印件，这些信也从未寄出。即便莱文的爱人曾回复过他，他也并没有把这些信件留下。也有可能她从未回信，甚至她根本就不存在，只出现在莱文的想象中。

在此前的几年里，莱文遭遇了巨大的悲剧。他的妻子和女儿都病了。按照巴勒斯坦的惯例，他把她们送到欧洲最好的医生那里治疗。莱文要求家人得到最好的照顾，但在费用上却和医生纠缠不休。他的长女里夫卡死在了柏林的一家私人医院里。[31] 在莱文和他女儿的关系之上笼罩着一层迷雾。耶路撒冷有传言说，里夫卡爱上了一个叫拉尼阿多（Laniado）的男人。莱文曾反对这桩婚事，因为那人是塞法迪犹太人，不是"我们的人"。于是，他把女儿送到欧洲，让她和心爱的人分开，结果她在那里悲伤地死去。她甚至可能是死于自杀。同样是在欧洲，莱文的妻子也遭遇了精神上的崩溃。在莱文把她带回耶路撒冷之前，她一直在柏林的大街小巷上徘徊，喃喃地说着只有上帝才能听得懂的话。十年前，她曾惨遭土耳其人的折磨，也许她永远都无法从中恢复过来。

在这个都市故事的最后一幕中，莱文的二女儿雷海勒也爱上了那个俘获里夫卡芳心的拉尼阿多。两人结婚后离开了耶路撒冷。莱文在这段时间内所写的诗歌都藏在他办公桌的抽屉里。他在诗中提到了夜幕降临和"垂死的日子"。[32]1933年，当里夫卡去世十周年的纪念日即将到来时，阿尔特·莱文在自家花园的椰枣树上上吊自杀。他没有留下任何遗言，只留下了一首诗，他请求在他的坟墓上种一棵椰枣树："愿一棵椰枣树将它和平的圣殿铺在我身上，日夜守护着我／让它的枣子将蜂蜜滴在我的坟墓上，在我家土地的那片天空下／我将品尝到永恒！"[33]

哈利勒·萨卡基尼在报纸上读到了莱文自杀的消息，他非常难过。"可怜的人，"他想，"如果英国人晚一点进入耶路撒冷，我和他的命运都会因此而改变。在这里，这个从土耳其人的绞刑架上逃出来的人，却亲手把自己给吊死了。他逃过了一劫，但最终还是倒下了。唯有上帝才有大能。愿上帝怜悯他。"萨卡基尼时常会想起莱文。尽管发生了这么多事，但他从不后悔把他带进自己的家。[34] *

2

始于1929年的暴力事件一直都没有中断。[35] 政治恐怖主义现在已经成为

---

* 当莱文去世时，耶路撒冷最杰出的两名律师沙洛姆·霍洛维茨（Shalom Horowitz）和丹尼尔·奥斯特（Daniel Auster）仍在处理一桩有关他的诉讼案——莱文要求土耳其政府对他在大马士革监狱中所遭受的痛苦进行赔偿。当大约2 000美元的赔款送达时，莱文已经去世了。

了日常生活的一部分。到下一次暴乱（1933 年）爆发前的几年里，不论是犹太人还是阿拉伯人的团体中都有人惨遭杀害。

大多数阿拉伯人的政治暴力行为都是针对犹太农民的。然而，在 1932 年 7 月，一位英国高级官员也成为了阿拉伯人的暗杀目标，这在历史上还是头一次。这位英国官员成功逃生，但他的妻子却没能幸免。阿拉伯民族主义运动已经形成气候。在 1929 年事件发生后的一个月内，阿拉伯人至少召开了五次政治会议，各个阶层都得到了代表。其中包括一次学生大会和一次妇女大会。据哈伊姆·阿尔洛索罗夫估计，在 15—25 年内，阿拉伯民族主义运动将与犹太复国主义运动旗鼓相当。[36]

在这一发展过程中，阿拉伯人成立了一个激进的民族主义政党——独立党（the Istiqlal Party）。该党未能把群众动员起来，也没能坚持多久。然而，就像犹太复国主义运动中的修正主义党人一样，独立党人却迫使阿拉伯领袖们向民族事业表示忠诚。[37] 1929 年之后，耶路撒冷穆夫提取得了巨大的权力。为了维持其权力，他一方面需要回应自己族人的要求，另一方面又要满足当局的期望。然而，这项微妙的任务正变得越来越难。

1933 年 10 月，穆夫提在巴勒斯坦各城市召集起了数千名示威者，主要是为了抗议政府的移民政策：当年有近 3 万名犹太人来到巴勒斯坦。在随后的几周里，阿拉伯示威者在耶路撒冷、雅法、纳布卢斯和海法与警方发生冲突。到暴力事件结束时，据官方统计，有 30 人死亡，其中包括一名警察和一名 6 岁的男孩，此外还有 200 多人受伤。[38] "今天的巴勒斯坦已经变成了一个战场，"哈利勒·萨卡基尼在给儿子萨里的信中写道。"到处都是示威，警察和火车站遭到袭击，数百人死伤。医院里人满为患，人们怒气冲天。只有上帝才知道明天会发生什么。"[39] *

每年，当萨卡基尼与阿尔特·莱文一起被捕的周年纪念日到来时（即英国人占领耶路撒冷的几个小时之前），萨卡基尼都会思索岁月的变迁。1933 年 12 月是英国征服巴勒斯坦的第 16 个年头，萨卡基尼表示，他不欠英国人什么，因为他的人民没有得到解放。他认为，这个国家并不比土耳其人统治

---

* 大约一半的死者是在雅法时钟广场被杀的，当时在现场的警察指挥官是雷蒙德·卡弗拉塔。[40]

时期更好。[41] 对萨卡基尼来说，这场血腥的骚乱只是一连串事件中的一部分。"无论谁调查英国统治时期巴勒斯坦的叛乱，都会发现它是一个持续的发展过程……第一次是地方性的叛乱，仅限于耶路撒冷；第二次范围稍广，但也仅限于几个城市；第三次的范围更广，整个国家，不管是城市还是农村居民，甚至是游牧民都参与了进来。"

阿拉伯人的抗议针对的是犹太人，也针对政府，因为政府是犹太人的帮凶。"整个世界都会看到，阿拉伯民族不是任人宰割的猎物，"萨卡基尼写道。他无法预测这些事件会对政府产生怎样的影响，但他相信犹太人正在恐慌。而这仅仅是个开始。"要么人们会压抑他们的愤怒，但这将使他们更加疯狂，要么他们会选择叛乱，然后平静下来，美丽的巴勒斯坦将成为一片叛乱的土地。无论哪种情况发生，生活都将变得难以忍受，"他写道。[42]

在紧张的氛围中，所有的犯罪都带有民族主义色彩。在其中一个案件中，来自德国的 23 岁新移民约哈南·施塔勒（Yohanan Stahl）和 22 岁的萨利亚·佐哈尔（Salia Zohar）在特拉维夫汇合，他们一起去散步，然后消失了。后来才知道，他们遭到了几个贝都因人的袭击。贝都因人用刀刺死了施塔勒，然后强奸并杀害了他的同伴。警方展开了调查，张贴了附有两人照片的寻人启事，但没能找到他们的尸体。《每日邮报》是修正主义党人主办的报纸，该报把进展缓慢的调查说成是犹太事务局的又一次失误。该报表示，如果犹太人不再在政府面前卑躬屈膝，那么英国人可能会更加重视治安，两个年轻的犹太人也能在自己的国家里安全地行走。最起码，警方会更加努力地寻找凶手。该报在部族团结问题上做文章，把这一事件说成是对整个犹太社群的犯罪。犹太事务局还要求当局加快调查，仿佛整个事件是一个全国性问题似的。*

犹太劳工运动与修正主义党人（人们开始用"左派"和"右派"来指称这两股势力）之间的分歧不断扩大，在这一过程中，民族主义狂热起到了推波助澜的作用。在戴维·本-古里安所领导的马帕伊党中，哈伊姆·阿尔洛索罗夫是其中的一个关键人物。1933 年 6 月，阿尔洛索罗夫在特拉维夫遭人谋

---

* 最终，《每日邮报》请来了私家侦探，并找到了两位遇害者的尸体。随后，凶手被捕。[43]

杀，上述两大势力之间的紧张关系达到了顶峰。这起谋杀案虽然一直没被侦破，但在马帕伊党看来，是修正主义党人犯下了这一罪行。[44]

当时，一些修正主义党人已经公开谈论要把英国人赶出这个国家。而为了实现这一目标，他们很快便会去探听法西斯意大利和纳粹德国的口风，看他们是否愿意成为其伙伴。首席政务官巴特希尔警告他的上级不要排除犹太恐怖分子也可能试图谋杀英国官员的可能性。[45] 因此，激进化和暴力是1929年事件的直接产物，阿拉伯人和犹太人之中都出现了这一现象。双方都开始训练恐怖分子，而英国方面则派出了增援部队。

3

亚历克斯·莫里森（Alex Morrison）是一位来自利物浦的17岁英军士兵，他喜欢在巴勒斯坦服役。"我感觉我在这里度过了我军队生涯中最开心的日子，"他后来写道。还在英国的时候，他曾以拳击手的身份为部队赢得过荣誉，因此，他的指挥官不愿意放他走。但莫里森在军队公告栏上看到了一则通知：英军正在征召去巴勒斯坦服役的志愿者。他无法抗拒这一诱惑。"我听说过许多关于神秘东方的浪漫故事，"他解释说。

莫里森和其他两千名士兵一起乘着加利福尼亚号来到巴勒斯坦。刚到巴勒斯坦，他就遭到阿拉伯狙击手的袭击。他的一个战友被杀，尸体消失在海浪中。在巴勒斯坦执行任务会带来一种独特的刺激，莫里森期待着冒险和同志之间的友情。[46] 他有三个小伙伴，这三个人干什么都在一起。

他被分配到一支补给部队当卡车司机。他所在的基地是海法的直布罗陀营地。士兵们睡在木头营房里。在部队里，士兵们于早上6点集合，然后是洗漱和刮胡子。6:30有军官来视察并有一个小时的晨练。之后，他们都跑到海边，在海里游泳，回到营地，然后简单地冲下身体。早餐是在8点。伙食很好，莫里森写道。他们吃了很多橘子，但如果还想吃，可以去找营地的菜贩子阿里要。这个阿拉伯人会帮他们处理各种事务，合法的非法的都有。士兵们还有一个印度裁缝，为他们缝制制服。

他们 9 点开始工作。首先是汽车保养：车辆必须保持良好的工作状态，闪闪发光，一尘不染。会有一名军官来检查他们的工作。他会爬到卡车下面，用手指抚摸底盘、变速箱和发动机。如果被他发现了任何污垢，司机就有麻烦了。士兵们每周有三天时间在路上，为北部的边境部队运送水、补给和物资。没过多久，莫里森便觉得自己对巴勒斯坦的道路比对利物浦的街道还要熟悉。士兵们的工作很辛苦，但他们也很满足。从下午 4 点开始，他们就自由了。他们一起踢足球、打网球，部队里还有一个游泳池。莫里森和他的三个朋友们一起学习阿拉伯语，他们梦想着能在伊拉克石油公司找到一份工作。

对于他们来说，海法这座城市很好。这座白色的城市坐落在迦密山的山坡上，它有金色的海滩和绿色的棕榈树。海法看起来是那么的宁静。莫里森想象着，它肯定和《圣经》中的应许之地很像。[47] 他喜欢哈达尔·哈卡尔梅（Hadar HaCarmel）街区，那里有繁忙的商店、咖啡馆和电影院。许多住在那里的犹太人都是移民。城里的阿拉伯人聚居区则是"禁区"——只有在执勤的时候，莫里森和他的战友们才能获准前往那里。有时他们会偷偷溜进禁区，在集市的小巷、水烟馆、咖啡店以及清真寺之间徘徊。这里还有一家大型俱乐部，每晚都有女孩在那里跳康康舞（cancan），但入场费非常昂贵，只有有钱的阿拉伯人才进得去。

此前，海法已经经历了一场革命。到 20 世纪 20 年代末，这座城市已经成为全国最重要的工业中心。在巴勒斯坦，每十家工厂中就有一家位于海法。全国 16% 的工业劳动力都集中在这里，犹太人和阿拉伯人都有。该城的工业产值约等于全国的四分之一。海法的工业投资占全国的 35%。* 当年迈的莫迪凯·本-希勒尔·哈科亨来到城里看望他的儿子戴维时，他无法抑制住自己内心激动的心情。有生以来，他第一次看到一栋五层高的楼房。哈科亨在日记中写道："西奥多·赫茨尔，请从你的坟墓中站起来，看看你想象中的海法成

---

* 1929 年至 1939 年，巴勒斯坦的居民人数几乎翻了一番，接近 150 万，其中 100 万是阿拉伯人。在此期间，海法的人口增加了一倍多，从大约 3 万人增加到 6.5 万人。这意味着该市每两个居民中就有一个是新居民；每三个居民中就有两个是阿拉伯人。[49]

了什么样。"[48]

　　海法的大部分犹太人来自欧洲，其中许多人来自德国。他们因纳粹主义的兴起而被迫逃离家园，整体来说，他们并不是犹太复国主义者。对于这些德国移民来说，这是一个悲伤的故事。他们大多数人更希望能留在家乡。他们以难民的身份来到巴勒斯坦，这里让他们感到陌生和不适应。[50] 海法的许多阿拉伯人也是新来的——大约有3万名年轻人从周围的300个村庄迁徙到这里。他们的故事也很悲惨。

　　他们离开自己的村庄是因为家里的农场无法再供养他们。人口快速增长是造成这一现象背后的原因：在英国人进入该国十年后，当地婴儿的死亡率得到了下降，人口寿命也变得更长。村庄不断增长的人口本来可以用现代化的耕作方法来支撑，但大多数农民都不愿意背离古老的传统。[51] 由于税收负担沉重，农民经常贷款。他们很想把土地卖给犹太人，不管是自己直接联系还是通过阿拉伯中介。但如果他们这样做，就会进一步降低他们养家糊口的能力。总而言之，年轻人有充足的理由离开家乡并走入城市。犹太复国主义组织曾编写过一份报告，这份报告显示，纳布卢斯地区的一些村庄几乎一个人不剩，其居民都搬到了城市。[52] 阿拉伯人年轻人可以先在海法工作一段时间，回到父母的家里，然后再回去工作。许多人开始使用自行车。不少人以前从未离开过家。这些年轻人的处境和犹太新移民、亚历克斯·莫里森以及许多英国士兵一样，他们常常感到流离失所，并被迫很快地成长起来。在这些年轻人中，绝大多数人都不会读书写字。

4

　　1929年初，鲁德亚德·吉卜林（Rudyard Kipling）来到巴勒斯坦。他参观了阿拉伯师范学院，并对学生们说，如果他们能如他所希望的那样成为优秀的教师，他们就会意识到自己的知识是多么的贫乏。[53] 事实上，这或多或少就是当时的现实。

　　当英国人到达巴勒斯坦时，他们发现，土耳其人所建立起来的教育系统已经在战争中被摧毁了。即便在那之前，他们所提供的教育机会也严重不足。每 10 个阿拉伯儿童中只有 4 个上学，而且几乎都是男孩。其中约有一半是在外国人开办的基督教学校学习。其余的孩子则在库塔卜（kutab）学习。库塔卜是传统的穆斯林小学，学生在里面主要学习《古兰经》，主要的教学方法就是死记硬背。就像其他许多领域一样，在教育领域，英国人几乎也得从头开始。但这并不容易。[54]

　　英国人很快便做出了一项决定，他们将教学语言由土耳其语改成了阿拉伯语。这是一个激进的举动，是对阿拉伯人身份认同的表态，与英国人长期以来不愿改变现状的态度背道而驰。赫伯特·塞缪尔曾提出过一个目标，他表示要在每个阿拉伯村庄都建立一所学校。在他所在的那个时代，数百所学校被建立起来。[55]

　　政府教育部门中的高层人士往往会出于部门利益来扩展学校体系，他们经常引用文化和政治层面的理据来支持自己的计划。杰尔姆·法雷尔（Jerome Farrell）是教育系统的一位部门主任。他试图说服他的上级不要像对待非洲的布须曼人或巴布亚的野蛮部落那样对待巴勒斯坦的阿拉伯人。[56]沃科普高级专员也曾要求殖民部增加巴勒斯坦的教育预算。为了调查学校系统的结构、目标和教学内容，英国官员撰写了大量的备忘录、立场文件、会议记录和报告。尽管如此，除了萨缪尔最初所取得的成就之外，英国人几乎没能进一步推动教育领域的发展。英国人忽视了阿拉伯人的教育事业，因为他们不想为之提供资金，他们担心这一举措可能会在政治层面产生相应的影响。

　　托管国政府的教育预算占其总支出的 4% 到 7%，其中超过三分之二的预算用在了阿拉伯人身上。这一比例会随着时间的推移而不断增长，剩下的预算则用于犹太人的教育。犹太教育所需的资金大部分都是由他们自己提供，而阿拉伯学生的学习费用则主要由政府承担。[57]英国人时不时会问自己，他们撒出去的钱是否产生了相应的回报。1931 年，英国政府成立了一个委员会，其职责是评估英国政府的投资收益。该委员会认为，乡村教育的大部分支出都"打了水漂"。委员会倾向于将责任归结到农村人身上，它所得出的结论是：就像在印度一样，农村人会把孩子从学校里接出来，然后让他们去工作。有些孩子因此就忘记了如何读书写字。[58]"为什么要教育农民的孩子呢？"一名部门主任问道。他坚持认为，"学校是东方的祸根，是培养煽动者的托儿所"。

另一位教育部门的负责人汉弗莱·鲍曼制定了一项规则："让你的农民幸福和繁荣，煽动就会停止。"如果把这一想法落到实际层面，就是让孩子们接受一定程度的学校教育，尤其是职业培训，但这仅限于让他们拥有基本的识字水平。政府不希望让有识字能力的农民离开村庄，因为这些人会涌入城市，并指望能在政府部门中找到一份工作。埃及和印度就出现了这种情况。[59]

阿拉伯儿童从 7 岁开始入学，他们会在学校里接受 5 年的教育。村里教授的主要科目是宗教、阿拉伯语（读和写）、算术、个人卫生、历史、地理、自然、体育、绘画、手工艺和实用农业技能——即在学校的花园里种菜和养花。[60] 曾任教育巡视员的哈利勒·萨卡基尼对此表示满意。在访问了拉马拉附近的三所乡村学校后，他写道："学生们会读会写，说话也很有礼貌。"但显然，他们也只懂得这些。萨卡基尼把学生们组织成"卫生分队"，其任务是向村民们传播他们在学校里学到的卫生原则。此外，他还组织了"读写分队"，学生们会为村民们朗读报纸和书籍上的内容，还会帮他们写信。[61]

城市的教育旨在维持城市和农村阿拉伯居民之间的差异。城市里的儿童会学习一些基本的几何学和科学知识，但他们不会学习农业技能。从四年级开始，他们还要学习英语。大多数学生是男孩，但很少会有人继续上中学。而在那些高中毕业生中，能继续上大学的就更少了。女生则会学习缝纫和家政，这将使作为女人的她们不再重复同长辈们一样的命运，教育厅长写道："女人将不再被视为财产和苦力，而是能在干净和健康的环境中抚养孩子的妻子。"[62]

不同年级的学生们经常在同一间教室里一起上课，并由同一个老师教授所有科目的知识。学校教育中的许多教学内容都被略过，往往是因为老师不知道该怎么教。如果一所学校用上了黑板和粉笔会被认为是一种创新，而能使用世界地图的学校则会被认为是一所先进的学校。[63] 学生们经常每天缺课几个小时，要不就是还没完成学业便辍学了。因此，这种制度实际上起到了托儿所的作用：其主要目的是维持民众的无知状态，同时保存当地社会的传统结构。英国人之所以这么做，是为了避免麻烦。阿拉伯人的代表们经常指责英国人把文盲强加给他们。但与犹太人不同的是，他们对自己的教育投入很少。学校教育并不是强制性的。[64] 一些学校以其高标准著称，比如拉马拉北部比尔宰特（Bir Zeit）村的私立高中。这里的大多数学生都是基督徒，该校有一部分教师还有在贝鲁特美国大学的进修经历。按照学校的预期，包括女生在内的所有学生都能顺利毕业。英语教师希尔达·威尔逊（Hilda M. Wilson）曾在该校任教，在她的记忆中，学生们非常敏锐。有一次，当她班上的学生读到约翰·弥尔顿关于新闻自由的著名演讲时，坐在前排的男孩哈立德问道，为什么英国有新闻自由而巴勒斯坦却没有。哈立德是个红头发的孩子。

学生们学习了《哈姆雷特》，并十分认同这位王子。事实上，哈姆雷特更接近阿拉伯人的心态，而不是二十世纪英国人的心态，威尔逊写道。她想到的是复仇的责任和奥菲利亚对家中男人的完全服从。在她看来，这出戏剧表现出了和阿拉伯人同样的倾向，即喜欢用激动人心的雄辩来掩饰一切。此外，剧中的情节也与阿拉伯人的处境类似：一个上过大学的年轻小伙子，回到了一个社会习俗落后且令人生厌的地方。在威尔逊看来，她的学生们把威登堡（Wittenberg）大学和贝鲁特大学对应了起来。

威尔逊小姐的学生们也很有民族主义精神。有一次，她在课堂上读了一首诗，这首诗赞美了英国士兵在第一次世界大战中的英雄主义精神。"他们带着歌声上战场，他们年轻……他们面朝敌人倒下，"她念道。这时，学生们高喊起"巴勒斯坦"！学生中有一个名叫福阿德（Fuad）的帅气男孩，在威尔逊小姐的想象里，这个孩子就是大卫王的转世。福阿德想知道她在巴勒斯坦问题上的立场。学生们都认同与英国人作战的游击队。那她呢？威尔逊小姐对阵亡的英国士兵表示了哀悼，并建议大家一起哀悼。[65] 她的印象是，全班同学都接受了她的提议。

威尔逊在比尔宰特所写的日记是一份迷人的文件，它显示了一位敬业的教师可以取得多大的成就，以及整整一代阿拉伯儿童所错过的受教育机会。考虑到阿拉伯人对教育的巨大需求，英国政府这种浪费人才的政策便显得更加严重——每年报名入学的人数几乎是政府所提供名额的两倍。[66] 与政府在课程监督方面投入的资源相比，英国在教育方面的投资就显得太不值一提了：按照一份报告里所提供的数据，学校监督员平均每年向每所学校发出 130 封信，每隔一天就有一封信，其总数则有数千封之多。[67] 教育部门和高级专员沃科普对历史教育特别感兴趣。教育部门负责人杰尔姆·法雷尔认为现有历史教科书中的"沙文主义"倾向过于严重。他写道，该部门有权审查这些教科书，但他却怀疑这么做是否值得。在他看来，任何审查制度都可能是低效的，其成本太高了。[68] * 因此，大多数阿拉伯人都没什么文化，但还是有成千上万的人离开了他们的村庄。

5

　　乡下孩子到了城市，首先会去投奔他原来村里的家人或朋友。这样，他就能找到一份工作和一个住处。他可能会到采石场或建筑行业找份工作，也可能在港口当装卸工或在工厂当工人。他甚至可能会在集市中工作，尝试做一个小贩。一小群一小群的村民睡在金属棚屋里，睡在他们从海法的阿拉伯人那里租来的小房间里，睡在屋顶上，睡在院子里，甚至是睡在山洞里或海滩的垫子上。他们的住处往往没有淋浴或厕所。他们在集市中吃饭或自己做饭。不少人在海法结婚，但一般都是和村里来的姑娘们结婚。城里的阿拉伯人认为村民低人一等，往往看不起他们。村里来的工人很少娶海法的女孩。[70]

　　许多移民认为他们的艰难处境是犹太人造成的，因为他们把自己家里的农场卖给了他们。他们经常发现自己在为犹太人建设新的居民区。尽管他们为犹太人建造的房屋并不豪华，但却可能会引起劳动者的羡慕。在一天的工作结束后，他们会回到城市边缘的山洞或棚屋。与他们一起工作的犹太人能拿到更高的工资；犹太工人还有自己的劳工组织，工会会照顾他们的利益，有时甚至会雇用他们来代替阿拉伯工人。

* 有一次，法雷尔批准用鞭子来管教几名学生，因为他们在《贝尔福宣言》周年纪念日缺课。他在回忆录中写道，这些学生并不是因为参加反犹太复国主义的示威游行而受到惩罚，而是因为他们在没有得到校长允许的情况下缺课。[69]

在约翰·钱塞勒任期内，英国政府启动了海法港的建设工程。此时，犹太社群的代表，其中包括戴维·本-古里安，跑去找到了高级专员。他们要求钱塞勒承诺将一定比例的工作岗位留给犹太人。他们还希望犹太劳工能得到比阿拉伯人更高的工资。具体而言，他们要求政府每天为犹太工人发放 5 皮亚斯特尔的奖金。这意味着犹太人能比阿拉伯人多拿 30% 的工资。他们给出的理由是：犹太人的生活水平比阿拉伯人高。*

这些背井离乡的年轻村民们在城市提供的娱乐生活中找到了补偿：酒精、电影院、冰淇淋、妓女和纸牌俱乐部。[72] 他们在咖啡馆听广播，并在四下里谈论政治。孤独和疏离感使他们中的一些人加入了共产主义运动和各种社会—政治俱乐部。这些俱乐部都与阿拉伯民族运动有联系，尽管往往只是松散的联系。正如在他们的村子里一样，许多人也不是被政治运动所吸引，而是被真主的殿堂所吸引。"独立清真寺"（the Istiqlal Mosque）位于海法城的低地区域。该寺中有一位很有天赋的穆斯林布道者，他能给这些年轻人带来希望和信仰。他为这些人提供了一处心灵的避难所，使他们得以远离城市生活的疏离感、痛苦以及怨恨。他的名字叫谢赫伊兹·丁·卡萨姆（Iz-al-Din al-Qassam）。

注　释

1. David Kroyanker, *Jerusalem Architecture: Building in the British Mandate Period* (in Hebrew) (Jerusalem: Keter, 1991), p. 81ff.
2. The American consulate to the State Department, 4 July 1935, "Records of the United States Consulate in Jerusalem, Palestine," Confidential Correspondence, 1920–1935 (Record group 84).
   Battershill diary, 14 Aug. 1937, 1 Jan. 1939, RHL, Battershill Papers, 12:6, ff. 5–11; 48–56.
3. Horace Samuel, *Unholy Memories of the Holy Land* (London: Hogarth Press, 1930), p. 189.
4. Beatrice Magnes, *Episodes* (Berkeley: Judah L. Magnes Memorial Museum, 1977), p. 79.
5. Amos Oz, *Panther in the Basement* (in Hebrew) (Jerusalem: Keter, 1995), p. 37.
6. Antonius to his daughter, 16 July 1930, ISA P/1051/5.
7. Edward Keith-Roach, *Pasha of Jerusalem* (London: Radcliffe Press, 1994), p. 212ff.
   Wauchope to Battershill, 20 Sept. 1937, RHL, Battershill Papers, 1:4, f. 7.
   Battershill diary, 29 Nov. 1938, RHL, Battershill Papers, 12:6, ff. 24–27.
   Battershill diary, 15 Dec. 1938, RHL, Battershill Papers, 12:6, ff. 24–27.
8. Chaim Arlosoroff, *Jerusalem Diary* (in Hebrew) (Tel Aviv: Mifleget Poalei Eretz Yisrael, 1949), pp. 195, 164, 181, 237.
9. Arlosoroff, *Jerusalem Diary*, p. 168.
10. Correspondence between Arlosoroff and Wauchope, May 1932, CZA S25/30.
11. Plan for Establishing Good Relations with British Officials, 1931, CZA S25/7753.
12. Joseph F. Broadhurst, *From Vine Street to Jerusalem* (London: Stanley Paul, 1936), p. 223.

13. Mikhail Golinkin, *From the Sanctuaries of Yefet to the Tents of Shem* (in Hebrew) (Committee for the Publication of the Golinkin Memoirs, 1950).
"Culture," *Ha'aretz*, 9 Mar. 1923, p. 4.

14. Ronald Storrs, *Orientations* (London: Ivor Nicholson and Watson, 1939), p. 440.
Tel Aviv Municipality to Moshe Shertok, 28 May 1934, CZA S25/9725.

15. Magnes, *Episodes*, pp. 108, 116, 151.

16. Arlosoroff, *Jerusalem Diary*, p. 224.
Magnus Hirschfeld, *Men and Women: The World Journey of a Sexologist* (New York: G. P. Putnam's Sons, 1935), p. 291.

17. Hacohen diary, 14 Heshvan 5695 (2 Nov. 1934), 1 Menachem-Av (31 July 1934), National Library, Manuscript Division, 514/B.

18. Wauchope file, CZA S25/30.

19. Keith-Roach, *Pasha of Jerusalem*, p. 132ff.
Battershill diary, 14 Aug. 1937, 1 Jan. 1939, RHL, Battershill Papers, 12:6, ff. 1–4. See also: American Consulate to the State Department, 4 July 1935, "Records of the United States Consulate in Jerusalem, Palestine," Confidential Correspondence, 1920–1935 (Record group 84).
David Hacohen, *Time to Tell* (in Hebrew) (Tel Aviv: Am Oved, 1974), p. 63.

20. CZA S25/31/2.
Norman and Helen Bentwich, *Mandate Memoirs, 1918–1948* (London: Hogarth Press, 1965), p. 153.
Wauchope to Ormsby-Gore, 24 June 1936, PRO CO 733/297 75156.

21. Chief Secretary to the Jewish Agency, 17 July 1930, CZA S25/4472.

22. Haim Hanegbi, "My Hebron: A Story of a Different Love" (in Hebrew), *Koteret Rashit*, 20 July 1983, p. 20ff. See also: Arlosoroff, *Jerusalem Diary*, p. 250.

23. David Ben-Gurion, *Memoirs* (in Hebrew) (Tel Aviv: Am Oved, 1971), vol I, p. 364.

24. Martin Kolinsky, *Law, Order and Riots in Mandatory Palestine, 1928–1935* (London: St. Martin's Press, 1993), p. 181.

25. Edwin Samuel, *A Lifetime in Jerusalem* (Jerusalem: Israel Universities Press, 1970), p. 111.
Edwin Samuel to his father, 17 Sept. 1929, ISA P/653/85.

26. Baruch Katinka, *From Then to Now* (in Hebrew) (Kiryat Sefer, 1965), p. 260.

27. Edward Keith-Roach, *Pasha of Jerusalem*, p. 130.

28. Humphrey Bowman, *Middle-East Window* (London: Longrams, Green and Co., 1942), p. 305.

29. Knabenshue to the State Department, 2 Dec. 1929, "Records of the United States Consulate in Jerusalem, Palestine," Confidential Correspondence, 1920–1935 (Record group 84).
Arthur Ruppin, *Chapters of My Life in the Building of the Land and the Nation, 1920–1942* (in Hebrew) (Tel Aviv: Am Oved, 1968), p. 178.

30. Levine to Hoofien, 27 Oct. 1929; Hoofien to Levine, 31 Oct. 1929. With the kind permission of the Munin family.

31. Levine papers. With the kind permission of the Munin family.

32. Alter Levine, "Go and We Will Go" (Lecha Ve-Nelecha), National Library, Manuscript Division.

33. Asaf Halevy Ish Yerushalayim, *Scroll of the East (Megilat Kedem)* (in Hebrew) (Dekel, 1915), pp. 308ff.

34. Khalil al-Sakakini, *Such Am I, O World* (in Hebrew) (Jerusalem: Keter, 1990), p. 167.
Sakakini diary, 1940, n.d. With the kind permission of his daughters.

35. Yemima Rosenthal ed., *Chronology of the History of the Jewish Yishuv in Palestine, 1917–1935* (in Hebrew) (Jerusalem: Yad Ben-Zvi, 1979), p. 196ff.

36. Arab congresses, 30 Nov. 1930, "Records of the United States Consulate in Jerusalem, Palestine," Confidential Correspondence, 1920–1935 (Record group 84).
Arlosoroff to Kisch [1929?], CZA S25/4164.

37. Yuval Arnon-Ohana, "The Al-Istiqlal Party: The Beginning of Palestinian Radicalism, 1930–1937" (in Hebrew), *Katedra* 12 (July 1979), p. 91ff. See also: Yehoshua Porat, *From Riots to Rebellion: The Arab National Movement, 1929–1939* (in Hebrew) (Tel Aviv: Am Oved, 1978), p. 147ff.

38. ISA P/326 no. 621.
    Kolinsky, *Law, Order and Riots in Mandatory Palestine*, p. 172ff.

39. Sakakini, *Such Am I, O World*, p. 169.

40. Report of the Commission of Inquiry, *Palestine Gazette*, no. 420 (7 Feb. 1934), p. 95ff., ISA P/326/621.

41. Sakakini, *Such Am I, O World*, p. 171.

42. Sakakini, *Such Am I, O World*, p. 170.

43. CZA S25/4949.

44. Shabtai Teveth, *The Arlosoroff Murder* (in Hebrew) (Tel Aviv: Schocken, 1982); State of Israel, Commission of Inquiry into the Murder of Dr. Chaim Arlosoroff, "Report," 1985.

45. Yosef Heller, *Leh'i, 1940–1949* (in Hebrew) (Jerusalem: Merkaz Zalman Shazar and Keter, 1989), vol. I, p. 19ff.; vol. II, p. 531ff.
    Battershill diary, 21 Nov. 1937, RHL, Battershill Papers, 10:3, ff. 5–24.

46. Morrison diary, pp. 19, 5, 16, IWM, Morrison Papers.

47. Morrison diary, pp. 11, 8, 20, IWM, Morrison Papers.

48. Moshe Lissak, "Immigration, Absorption, and the Building of Society in Palestine—Israel in the 1920s, 1918–1930" (in Hebrew), in *The History of the Jewish Yishuv in Palestine from the Time of the First Aliya (The British Mandate)* (in Hebrew), ed. Moshe Lissak and Gabriel Cohen (Jerusalem: Israel Academy of Sciences, Bialik Institute, 1994), part II, p. 287ff.
    Hacohen diary, 3 Heshvan 5695 (12 Oct. 1934), National Library, Manuscript Division, B/514.

49. May Seikaly, *Haifa: Transformation of an Arab Society, 1918–1939* (London: I. B. Tauris, 1995), p. 49.

50. Tom Segev, *The Seventh Million* (New York: Hill and Wang, 1993), p. 15ff.

51. *A Survey of Palestine Prepared for the Anglo-American Committee of Inquiry* (Jerusalem: Government Printer, 1946), vol. II, p. 703. See also: Alfred Boneh on the economic situation of the Arabs, 22 Sept. 1936, CZA S25/30002.
    Smilansky report, 22 June 1932, S25/7599.

52. Pevsner to Ruppin, 1 June 1930, CZA S25/7448.

53. Bowman, *Middle-East Window*, p. 261.

54. Antonius memorandum (1942), ISA P/1052/4. See also: M. F. Abcarius, *Palestine Through the Fog of Propaganda* (London: Hutchinson and Co., 1946), p. 100.
    Yehoshua Ben-Hanania, "The History of Arab Education in Palestine" (in Hebrew), *Har Ha-Mizrah*, 26 Nov. 1943, p. 5ff.; 10 Dec. 1943, p. 10ff.; 24 Dec. 1943, p. 5ff.; 14 Jan. 1944, p. 5ff.; 28 Jan. 1944, p. 6ff.; 11 Feb. 1944, p. 4ff.; 7 Apr. 1944, p. 4ff.
    A Survey of Palestine Prepared for the Anglo-American Committee of Inquiry (Jerusalem: Government Printer, 1946), vol. III, p. 1147.

55. A. L. Tibawi, *Arab Education in Mandatory Palestine* (London: Luzac and Co., 1956), p. 78. See also: Roderic D. Matthews and Matta Arkawi, *Education in Arab Countries of the Near East* (Washington: American Council on Education, 1949), p. 217ff.
    Ya'akov Reuveni, *The Mandatory Administration in Palestine, 1920–1948: A Historical Political Analysis* (in Hebrew) (Ramat Gan: Bar-Ilan University, 1993), p. 164.

56. The Distribution of Educational Benefits in Palestine, MEC, Farrell Papers. Wauchope to the colonial secretary, 31 Dec. 1932, PRO CO 733/230 17240.

57. Reuveni, *The Mandatory Administration in Palestine*, pp. 164, 170ff.
    Tibawi, *Arab Education in Mandatory Palestine*, p. 273.
    McNair Report, p. 43ff, ISA M/4388/01/3/267.

58. *Palestine and Transjordan: Report of the Financial Commission*, Middle East No. 43

(London: HMSO, July 1931), p. 84ff., ISA M/01/3/313.

59. Bowman, *Middle-East Window*, p. 279.
    Tibawi, *Arab Education in Mandatory Palestine*, p. 79.

60. Farrell to the chief secretary, 7 Oct. 1935, ISA M/125/E/61/35.
    Tibawi, *Arab Education in Mandatory Palestine*, p. 80ff.

61. Sakakini, *Such Am I, O World*, p. 153.

62. Tibawi, *Arab Education in Mandatory Palestine*, p. 80ff.
    Farrell to the chief secretary, 12 Apr. 1932, ISA M/124/5 (microfilm G 91-134-1064).
    Bowman, *Middle-East Window*, p. 258. See also: Ylana Miller, *Government and Society in Rural Palestine, 1920–1948* (Austin: University of Texas Press, 1985), p. 102ff.

63. Abdul Majid Hurshid file, ISA, education department, M/1019.

64. Musa Kazim al-Husseini to the high commissioner, 29 Sept. 1932, PRO CO 733/230 17240.
    A-Dif'a, 30 Sept. 1946.
    Tibawi, *Arab Education in Mandatory Palestine*, p. 165. See also: *Palestine Royal Commission Report*, Cmd. 5479 (London: HMSO, 1937), p. 337.

65. "School Year in Palestine," pp. 5ff., 58. MEC, Wilson Papers.

66. Bernard De Bunsen, "Memoirs," manuscript with unnumbered pages. With the kind permission of his widow.
    Wauchope to the colonial secretary, 31 Dec. 1932, PRO CO 733/230 17240.
    Palestine Royal Commission Report, Cmd. 5479 (London: HMSO, 1937), p. 337.
    Tibawi, *Arab Education in Mandatory Palestine*, p. 165.

67. *Palestine and Transjordan: Report of the Financial Commission*, Middle East No. 43, p. 89.

68. Wauchope to Lawrence, 25 May 1935, PRO CO 733/273 75077.
    Farrell memorandum, 23 Oct. 1939, PRO CO 733/431 76031.

69. Farrell diary, p. 10, MEC, Farrell Papers.

70. Mahmoud Yazbek, "Arab Migration to Haifa, 1933–1948: A Quantitative Analysis according to Arab Sources" (in Hebrew), *Katedra* 45 (Sept. 1987), p. 131ff.
    Yosef Vashitz, "Village Migration to Haifa in the Mandatory Period: Process or Urbanization?" (in Hebrew), *Katedra* 45 (Sept. 1987), p. 113ff.
    Gad Gilbar, "Trends in the Demographic Development of Palestinian Arabs, 1870–1948" (in Hebrew), *Katedra* 45 (Sept. 1987), p. 42ff.
    Rachelle Taqqu, "Peasants into Workmen: Internal Labor Migration and the Arab Village Community Under the Mandate," in *Palestinian Society and Politics*, ed. Joel S. Migdal (Princeton: Princeton University Press, 1980), p. 261ff.

71. Kisch and others to the high commissioner, 7 May 1929; Chancellor to Amery, 15 May 1929, PRO CO 733/165 67049.

72. Miller, *Government and Society in Rural Palestine 1920–1948*.
    Baruch Kimmerling and Joel S. Migdal, *Palestinians: The Making of a People* (New York: Free Press, 1993).

第 17 章　哈利勒·萨卡基尼有了自己的家

1

穆罕默德·伊兹·丁·卡萨姆（Muhammed Iz-al-Din al-Qassam）从叙利亚来到海法。19 世纪 80 年代初，他出生于叙利亚拉塔基亚附近一个名为杰卜拉（Jablah）的村庄。他的父亲是一名教师，也是伊斯兰教苏菲神秘主义某个道堂中的一员。与耶路撒冷穆夫提哈吉·阿明·侯赛尼一样，卡萨姆也曾在开罗的爱资哈尔大学学习。回到村里后，他成为了一名教师，同时还兼任当地清真寺的伊玛目。他号召村民们回归真主。

1911 年，意大利入侵利比亚，卡萨姆宣布对玷污穆斯林国家的天主教异教徒进行圣战。他为利比亚抵抗组织募集资金，并谱写了一曲胜利之歌。他招募了几十名志愿者，准备一同前往利比亚，但奥斯曼当局扣留了他们，并命令他们回家。第一次世界大战爆发后，卡萨姆应征加入土耳其军队。他接受了军事训练，然后被派往大马士革附近的一个军营担任随军教士。战争结束时，他回到了村里。他组织了一支地方防卫部队，并与被指定接管该地区的法国人作战。然而，在法国人的煽动下，当地人却开始自相残杀。卡萨姆离开村子，带着他的几个追随者跑到了山区，准备进行游击战。

战争结束后，整个地区都处于不受法律制约的无序状态，所有人都被卷入了一场所有人对所有人的战争——泰勒海就是在这一时期遭到袭击的。当费萨尔王子在大马士革宣布建国时，卡萨姆跑去投奔王子，但当法国人围攻该城时，他便逃走了。他和他的手下持假护照混迹到贝鲁特，并从那里去了海法。卡萨姆的妻子和女儿随后也跟来了。他当时已经四十多岁了。

在海法，他先是在学校教书，但很快便被任命为"独立清真寺"的伊玛目。他的身上散发着超凡魅力、神秘主义气息以及民族主义热情。来自村庄的劳工成为他的目标，他四处寻找这些人，不论是在街角、棚户区，还是在大麻窝点或妓院。同时，卡萨姆还组织了当地的青年运动。他的名声传开了，很多人都崇拜他。卡萨姆与独立党关系密切，并因此得到了一些富商的支持。富商们会为其活动提供经费。

卡萨姆一度被任命为最高穆斯林委员会的地区婚姻登记员。也就是说，他开始为耶路撒冷穆夫提工作。凭借这一新身份，他走访了一个又一个村子，建立起人际关系网络并获得影响力。不论走到哪里，他都会进行宗教和政治方面的布道。慢慢地，他开始鼓励人们组织恐怖活动行动小组，以便打击英国人和犹太人。卡萨姆的追随者们学会了使用枪支和炸弹，并开始袭击犹太复国主义目标。在某次袭击中，亚古尔基布兹（Kibbutz Yagur）的三名成员被杀。随后，又有一对父子在纳哈拉勒（Nahalal）遇害。亚古尔和纳哈拉勒都是犹太复国主义运动的象征，是民族家园的基石。这些行动小组还破坏了犹太人种植的树木和英国人铺设的铁轨——二者都是象征性的目标。[1] 这些近乎自发性的群众暴力事件是在卡萨姆的煽动下爆发的，它们反映了社会动荡、民族愤怒以及在英国统治下成长起来的那一代人的幽暗情绪。卡萨姆试图说服侯赛尼加入他的行列，共同号召民众展开反英圣战，甚至是一场大规模起义，但穆夫提拒绝了。

1935 年 11 月，卡萨姆带着几个人离开海法，躲到了杰宁附近的山上。巴勒斯坦所面临的压力越来越大，犹太人的大规模移民构成了其中的部分原因。"每天都有船只向我们轰炸来数百名犹太移民，"哈利勒·萨卡基尼指出。"如果移民继续下去，"他写道，"巴勒斯坦的未来将会非常黑暗……除了唤醒自己，除了摇动自己，除了采取行动，我们别无选择。"[2] 在雅法港，官员们发现了犹太人试图用水泥桶偷运入境的武器和弹药。这一消息使气氛更加紧张。周边中东国家和欧洲的政治局势也产生了影响。沙特、伊拉克、叙利亚和埃及都走上了赢取独立的道路。在德国，纳粹业已上台，已经有人开始讨论起战争。意大利的法西斯政权正变得日益强大。而当墨索里尼的军队入侵埃塞俄比亚时，英国几乎没有采取任何行动。[3]

卡萨姆在山中度过的那段时间被笼罩在神秘的传说中。据说他和他的手下在一个个山洞中游荡，研读《古兰经》中的经文。没有人知道到底有多少人和他在一起——也许只有十几个人；也没有人知道他背后到底有多少支持者——也许只有数百人。同样不能确定的是他离开海法的原因，究竟是为了打仗呢，还是干脆躲起来了。他已经五十多岁了，他的大多数追随者似乎也差不多是这个年龄。不论如何，他们在山中大约待了十天，并从附近的村庄获取食物。当局大概知道了他们的藏身之处，显然是通过线人获取到的这些信息。卡萨姆手下的两个人与一支警察巡逻队发生了冲突，这支巡逻队当时正在搜捕偷水果的窃贼。一名犹太警察在交火中死亡。于是，安全部队展开了搜捕。几天后，他们在耶阿巴德（Ya'bad）村附近的一个山洞里找到了卡萨姆。随后发生了枪战，卡萨姆被警方打死。[4]

戴维·本-古里安说，这起事故就是阿拉伯版的"泰勒海"事件。在这起事件中，卡萨姆被描绘成了一个勇于牺牲的狂热战士。[5]卡萨姆的确是阿拉伯人的特朗佩尔多。和特朗佩尔多一样，卡萨姆也来自另一个国家，他也从国外带来了军事经验。对于这位俄罗斯牙医来说，其犹太民族主义与马克思主义混合在了一起；而对于这名叙利亚教师来说，其阿拉伯民族主义与伊斯兰教交织在了一起。他们每个人都从劳动人民那里获得了支持。特朗佩尔多的追随者是俄罗斯城市里的学生，他们背井离乡来到巴勒斯坦耕种土地；卡萨姆的追随者则是离开村庄到城市找工作的农民。两人生前就受人尊敬，死后更是备受推崇；他们给各自的民族主义运动带来了英雄神话，这比他们生前的任何贡献都要有用得多。

和特朗佩尔多一样，卡萨姆也留下了几句崇高的遗言：他祈求真主保佑他在斗争中获得力量。这些话写在一张纸片上，是在他头饰的褶皱中发现的。数千人参加了他的葬礼，结果这场葬礼变成了一次大规模的民族团结示威。伊兹·丁·卡萨姆（Iz-al-Din al-Qassam）的形象鼓舞着后来的阿拉伯战士们。[6]贝尔·卡茨奈尔森认为，杀死卡萨姆是一件"坏事"，当局应该让他活着。"他能做什么呢？顶多只能杀死 10 个犹太人，"卡茨奈尔森说道。[7]当年，追悼特朗佩尔多的祷文是由卡茨奈尔森撰写的，他当然知道一个死去的民族英雄有多么重大的价值。*

---

* 多年后，卡萨姆的神话继续为巴勒斯坦恐怖主义活动提供灵感。劫机者莱伊拉·哈立德（Leila Khaled）写道，她接起了卡萨姆未竟的事业。她说："他那一代人掀开了革命的序幕；我这一代人则要完成这场革命。"[8]

2

  阿拉伯人以小组（或犹太人所谓"帮派"）的形式行动。哈利勒·萨卡基尼指出，许多游击队员都很年轻，大约 17 岁，有的甚至只有 12 岁。他想知道，英国人知道这些战士们其实还在上学吗？[9] 希尔达·威尔逊小姐知道。当这位来自比尔宰特的老师走在路上的时候，她有时会发现一些手拿玻璃片的小男孩，他们将玻璃片对准太阳。也许他们是在给躲在山里的战士发送信号。提到他们时，威尔逊流露出了怜爱之情。[10]

  游击队中的某些成员是支持民族主义的理想主义者，有些则是有犯罪背景的失业青年，许多人两种情况兼而有之。少数人是全职入伍，其他人只是偶尔参加行动。他们在村子里游荡，在山中或树林里过夜，每天晚上都睡在不同的地方。他们用骡子来驮运装备，需要的时候便从村民那里拿吃的。后人发现了他们留下的清单，上面记录着他们从村民那里拿到的东西及其数量，包括糖、大米、面粉、大麦、香烟、枣、茶、奶酪、橄榄和肥皂。索要食物的过程中往往伴随着威胁：村民们不给的东西他们就用武力将其夺走。战士们没收了村庄里的武器，这些武器自土耳其人统治时代就一直存放在那里。除了武器，他们还收了钱——一部分是起义税，一部分是保护费。某些城市的市长也会给他们提供购买武器的钱。"小组"的财务记录也被保留了下来，上面记载着井井有条的账目信息。从财务记录能看出小组成员在城市里的联系人是谁，小组的银行账户由他们来管理。

  各恐怖主义团伙之间存在着一些区域性合作，但他们没有全国性的总部。部分的武器、资金和战斗人员（尤其是法乌齐·卡乌克吉［Fawzi al-Qawuqji］）来自伊拉克。少数战士还配备了法国制造的机枪，它们被专门用来打飞机。有一次，他们击落了一架英国飞机。[11] 一般来说，他们都会设伏，但偶尔也会与英军进行面对面的战斗。

  英军曾派出过一支运输车队，该车队从海法出发，往采法特运送补给物资，来自利物浦的卡车司机亚历克斯·莫里森也是这支队伍中的一员。"如今，巴勒斯坦的局势比以往任何时候都要糟糕，"一名政府官员写道。路上只能走有军人护卫的车队。[12]

莫里森的车队走的是一条艰险的山路，路旁边便是被他们称为死亡之谷（Death Valley）的悬崖峭壁。突然，发生了可怕的爆炸。当尘土落下来之后，莫里森看到前面有一个很深的洞，洞里有一辆卡车。被地雷炸毁的车辆碎片击中了莫里森的货车，但大部分碎片都从他身上飞过，并消失在山谷深处。司机所留下的唯一痕迹是一只靴子，里面有一只脚。"阿拉伯的劳伦斯肯定是教会了阿拉伯人如何制造炸弹，"莫里森心想。他还想到了司机斯诺伊（Snowy），他们曾睡在同一间营房里。他开车继续往前走，但此时，他的脑海里只有一个念头："幸亏不是我！"

他们卸下补给物资，然后继续他们的行程。当车队上行至采法特附近的迦南山时，他们突然遇到了一处由石块堆成的路障。他们叫停了车队，跳下车，摆好阵势，等待敌人的出现。几分钟之内什么也没发生，一切都很平静。然后，似乎有人发出了信号，四面八方都爆发了大规模的枪声。莫里森迅速躲到了他的卡车下面。

"我当时很怕我会死，"他在日记中写道，"但后来出现了一阵兴奋感，让我热血沸腾。我鼓起勇气，从卡车下面探出头来，然后扫视了旁边的山丘。我没有发觉任何可以射击的东西，但我感觉自己想行动。然后我看到一块大石头后面有闪光。我一直盯着这个地方，用步枪瞄准它，等待着，不再害怕。过了一两分钟，又是一阵闪光，我看到一个白色的东西在移动。我开了枪。令我吃惊的是，一个阿拉伯人站了起来，然后他脸向下垂了下去，这一切我都看得一清二楚。这是我人生中的第一次杀戮，除了兴奋，我什么也感觉不到……我不再害怕了。我射杀了我生命中的第一个阿拉伯人，而我当时只有17岁！"他继续向任何移动的东西射击。交火持续了大约一个小时，直到英国步兵从迦南前哨（the Canaan outpost）赶来。"我们非常幸运，只有三个人受了轻伤，"莫里森总结道，"考虑到我们所遭遇的枪林弹雨，这真令人难以置信。然而，在我们的身后留下了许多死去的阿拉伯人。"[13]

希尔达·威尔逊经常拦住军车，要求搭车去耶路撒冷。有一次，载她的是两名年轻士兵，他们说他们的年龄分别是16岁和17岁。尽管她不太相信他们，但他们看起来并不比他们所说的年龄大。她说，她曾教过和他们同龄的阿拉伯学生。其中一名士兵高兴地回答说："我昨天杀了几个阿拉伯人。"

就像某些英国女人一样，威尔逊被圣地的魔力吸引到这里来。她同情阿拉伯人。从比尔宰特到拉马拉郊区的杰莱尊（Jalazun），满地都是五颜六色的银莲花，有红色、蓝色、粉色，还有奶油色。威尔逊爱上了这些银莲花。当她走在花丛中时，她几乎要向每一朵被她踩到的花道歉。威尔逊与两名年轻的英国士兵一起坐在军用卡车里，车子每经过一个坑洞就会震动一次，在颠簸中，她陷入了沉思。人们指责阿拉伯人利用未成年人：被他们派出去执行谋杀任务的孩子们不会被判死刑。但她问自己，这有什么区别呢？英国人不也利用十几岁的男孩去执行杀人任务吗？她对同行的士兵们说，想通过武力解决国家的问题是没有用的。他们难为情地咧嘴一笑，但什么也没说。[14]

亚历克斯·莫里森对巴勒斯坦的局势有自己的看法。表面上，英国人被派往巴勒斯坦是为了维护和平，并惩罚恐怖分子。不论罪犯是阿拉伯人还是犹太人都要接受惩罚。但实际上，当局却优待犹太人，它从不会像对待阿拉伯人那样严惩犹太恐怖分子。他认为这么做是不对的。"阿拉伯人似乎总是得到不公正的待遇，"他写道。[15]

3

阿拉伯恐怖分子也会在城市里展开行动。1936年5月16日星期六晚上，三名犹太人在离开耶路撒冷的爱迪生电影院时惨遭杀害。来自波兰的茨维·谢夫霍夫斯基（Zvi Shevhovsky）医生，殁年三十岁。他在巴勒斯坦待了半年，在哈达萨做志愿者。他留下了一个怀孕的妻子。面包师伊扎克·亚洛夫斯基（Yitzhak Yalovsky），殁年二十七岁。他在波兰出生，一年前移民到了巴勒斯坦。死前一个半月，他刚刚步入了婚姻的殿堂。亚历山大·"萨沙"·波隆斯基（Alexander "Sasha" Polonsky），殁年二十三岁。他是个大学生，也出生于波兰，在巴勒斯坦待了一年。他当过泥水匠，正在等女友领移民证。当晚在爱迪生电影院放映的是《幸福之歌》(*The Song of Happiness*)，一部苏联电影。凶手逃走了，高级专员沃科普对这一罪行表示深恶痛绝。哈利勒·萨卡基尼则对这一行为表示钦佩。"除了谢赫卡萨姆，再没有比这更英勇的行为了，"他在给儿子萨里的信中写道。[16]

几周后，一个年轻的阿拉伯人朝一名坐在车里的耶路撒冷警察开了枪，警察受了伤。一名英国士兵予以还击，阿拉伯人被击中，后来死了。萨卡基尼认识这个阿拉伯人——他叫萨米·安萨里(Sami al-Ansari)，是穆萨·阿拉米(Musa Alami)的表弟。这个男孩一直很有天赋，还不到十九岁就是一名英语教师了。"一个高大的男孩，清瘦结实，身材苗条，为人机敏，英俊潇洒，疯狂热爱运动，衣着得体。他才刚刚开始自己的人生。"安萨里试图杀死的这位英国警察曾骚扰过阿拉伯人，萨卡基尼写道。"人们"经常向高级专员投诉这名警察，但没起什么作用。因此，安萨里主动要求"把人们从他的邪恶行径中解救出来"。

按照萨卡基尼的说法，在安萨里临死之前，他曾给他的兄弟打过电话。"不要难过，我已经完成了我的职责，"他说道。萨卡基尼接着写道：第二天，"人们"去了男孩父亲的家，正是这位父亲"把这个英雄带到了这个世界上"。人们不是去安慰这位父亲，而是去祝贺他。这位父亲自豪地谈论着他英勇的儿子。"他有充分的理由感到骄傲，"萨卡基尼写道。在沉思中，萨卡基尼表示，英勇的恐怖袭击展现了民族精神。他还向儿子萨里透露了他了解到的另一个细节：萨米·安萨里就是爱迪生电影院谋杀案中的恐怖分子。[17] *

1935 年 10 月，萨卡基尼提交了一份申请，他要求当局允许他携带武器。在被问及理由时，他在表格上写道："犹太人持有武器，而且他们对阿拉伯人心怀不轨，每当有阿拉伯人落入他们手中，他们就会攻击他。政府保护他们，偏袒他们，并给他们指示，这使他们轻视法律。出于所有这些原因，我请求获得携带武器的许可证。"[19]

1936 年 4 月 19 日，9 名犹太人在雅法被杀，4 人受伤。这场屠杀只是一个开始，它还引发了后续所发生的一系列事件。这些事件被以色列人称为"大事件"(the events)，被阿拉伯人称为"起义"(rebellion)。以色列·哈赞

---

* 爱迪生电影院是该市最豪华的电影院。这起让萨卡基尼如此敬佩的谋杀案便发生在这里。案件发生几年后，萨里购买了巴勒斯坦爱乐乐团的音乐会套票，该乐团的演出即在这同一个大厅中举行。每场音乐会开始时，乐团都会演奏犹太复国主义运动的歌曲《哈提克瓦》(Hatikva)。萨里·萨卡基尼和他的姐妹们会一动不动地坐在自己的座位上，而其他起立的观众则会向他们投来鄙夷的目光。[18]

（Yisrael Hazan）是一位出生于希腊的家禽商人。四天前，即4月15日，当哈赞驾车经过图勒卡雷姆（Tulkarem）附近时，他遭到伏击并遇害，享年七十岁。不久后，特拉维夫的商店开始出售一本书，上面印有犹太人纪念逝者时所要念的祷文"伊兹科尔"（Yizkor）。书中还囊括了"有关在5696年尼桑月（Nissan 5696）遇害烈士的图片和事实"。"5696"和"尼桑"分别是犹太历中的年份和月份，大致对应于公历1936年4月。以色列·哈赞的肖像出现在该书的封面上，照片下面写着一行字："第一位受害者"。与此同时，市面上还出现了另一本同类型的书，由犹太劳工联合会出版。这本书同样给出了一份受害者名单，但名单上的第一位受害者却是摩西·罗森菲尔德（Moshe Rosenfeld），即那位在与卡萨姆的手下交火时死去的犹太警察。[20]于是，各方为"第一位受害者"的称号展开了一场竞争。事实上，造成所有这些受害者死亡的恐怖活动始于1929年夏天。从那时起直到第二次世界大战开始，记录在案的恐怖事件超过10 000起。至少有2 000人在这些事件中遇害，其中至少一半是阿拉伯人。恐怖袭击还造成400多名犹太人和约150名英国人死亡。[*]

大多数袭击主要以以下几种形式展开：地雷、炸弹、枪击或伏击。伏击主要是针对公路上的车辆或孤立的定居点。然而，即便是一个跨出家门的普通特拉维夫人，他也有可能被从某辆开往雅法的火车上扔出的炸弹击中。送孩子上学的人不得不担心学校建筑有可能被人烧毁的风险。坐在咖啡馆里的人也不能确定他的椅子下面有没有炸弹。

摩西·谢托克是犹太事务局的领导人，他对犹太复国主义执行委员会的成员们说，根据他掌握的情报，阿拉伯人已经决定针对犹太领导人和英国官员制造恐怖状态。[22]首席政务官巴特希尔也向伦敦的殖民部提交了一份类似的评估报告。[†]他们的判断很快便将被证明是正确的。

如今，两个民族之间的冲突对每个人每时每刻的安全都构成了威胁；恐怖

---

[*] 在官方档案中，所有英国受害者和大部分犹太死者都被记录下来。阿拉伯人的伤亡人数比记录下来的人要多得多：数千人在与军队的冲突中丧生，另有数百人，甚至数千人在阿拉伯人内部的小规模冲突中丧生。在评估犹太受害者的人数时，同样会遇到一些问题：某个版本的统计数据把在事故中丧生的犹太人也算了进去：有三个人在巴格达被谋杀，有两个人死在去巴勒斯坦的路上，还有一个人在波兰时就自杀了。显然，他是在听到"从巴勒斯坦传来的第一条可怕的消息"后过于悲痛而自杀。这些人被描述为"流散地的牺牲者"。[21]

[†] 首席政务官巴特希尔根据自己的判断编制了一份名单，名单上的官员都是有可能遭暗杀的目标，其中包括他自己。后来在拿撒勒被杀的加利利总督刘易斯·安德鲁斯没有出现在名单上。[23]

业已成为一种日常体验。"我们在呼啸的子弹声中入睡，又在呼啸的子弹声中醒来，"萨卡基尼在给儿子的信中写道。"他们扔炸弹，开枪，焚烧田地，摧毁雅法的犹太柑橘园，炸毁桥梁，剪断电话线，推倒电线杆。他们每天都在封锁道路，阿拉伯人每天都表现出了政府从未想过的英勇精神。"[24]

萨卡基尼还想到了有关起义的公共关系问题：犹太人控制了报纸和电台。但刀剑比书更管用，他写道。他甚至对以下恐怖行为也表示赞许："两个无名英雄，"他写道，向一列客运列车投掷了一枚手榴弹，列车上满载着犹太平民和护送他们的英国士兵。"谁会相信在巴勒斯坦会有这样的英雄呢？我的萨里，在巴勒斯坦做一个阿拉伯人是多么的光荣啊。"后来，他把阿犹两方的冲突描绘为哈伊姆·魏茨曼和哈吉·阿明·侯赛尼之间的个人冲突。他声称魏茨曼想当穆夫提。[25]

随着暴力浪潮的蔓延，侯赛尼主导下的政治领导层希望控制住局势，并利用它来满足自己的需要。为此，侯赛尼成立了"阿拉伯最高委员会"（the Arab Higher Committee）。在某种程度上，该委员会就相当于巴勒斯坦阿拉伯人的民族团结政府。长期以来，穆夫提一直试图在英国当局和阿拉伯民族运动之间玩弄平衡，但到了 20 世纪 30 年代中期，他不得不选择坚定地站在某一边。显然，穆夫提最终选择了起义，尽管他对此并没有多大的热情。他把自己置于首领的位置，为起义组织筹款并运输武器。[26] * 为了回应纳布卢斯独立党及其他人所提出的要求，最高委员会宣布进行总罢工，这使暴力事件看起来像是一场有组织的全国性抗议。

4

迫使正常生活停摆是一种被众人所接受的抗议形式。犹太人也时常利用

---

* 萨卡基尼支持穆夫提，但他抱怨民族斗争被内部政治所淹没。他写道："X 党之所以反对 Y 党，不是为了把国家从危难之中解救出来，而是为了贬损另一个党的荣誉和影响力。"这些争吵让他感到绝望。"我们是一个不想存活下去的民族，就这么简单。"[27]

这一手段。在大罢工中，人们不上班，商店停业，交通停运，学校停课。罢工通常只持续几个小时，偶尔会持续一整天。1933 年的一次阿拉伯大罢工曾让萨卡基尼感到吃惊，他写道："谁能想到，巴勒斯坦竟会罢工 8 天！"[28] 而 1936 年 4 月开始的这场阿拉伯大罢工则持续了半年。

100 万人不可能在长达 6 个月的时间里什么事也不干。事实上，并不是所有人都参加了罢工。政府和市政工作人员依旧照常工作，这也避免了政府停摆。[29] 哈利勒·萨卡基尼继续担任学校监督员，但当政府要求他参加官方广播电台的节目时，他却表示拒绝，因为播音员声称该电台位于"以色列地"，而不是巴勒斯坦。* 对于萨卡基尼来说，抵制官方广播电台是抵制政府的一种方式。当他收到与高级专员共进晚餐的邀请时，他也拒绝了，并讽刺地写道："您卑微的仆人是个穷人，他只想干好自己的活，并和家人一起吃饭，手头有什么就吃什么。除此之外，他对生活别无他求。"[31]

海法港也仍在正常运转，因为阿拉伯雇员们担心会被犹太工人取代。大多数农民也没有让他们的田地荒废。学校教师的罢工时间则恰好部分与暑假重合。有些人通过捐款取得了不参加罢工的权利，有些人则暗中违反了罢工的规定。

每座城市都成立了罢工监督委员会和贫困者援助委员会，许多村庄也是如此。在某些地方，起义变成了穷人反抗富人的斗争，其领导人被形容为罗宾汉。在爱国的名义下，还出现了威胁、恐吓、勒索以及其他形式的流氓行径。其他的一些活动更像是一场内战，而不是一场民族起义。数位阿拉伯领导人被谋杀，包括一些市长。表面上的原因是有人指控他们与英国人和犹太人合作，但实际上只是源于内部斗争。[32] 一些阿拉伯人利用起义的机会与其他家族展开仇杀。某个年轻人与他的表妹订了婚，另外两个表兄弟却反对这门亲事，于是新郎向当局告发了他们。为了报复此事，那两位表兄弟的哥哥便把新郎给杀了。[33]

事实上，阿拉伯人的起义很快就变成了自相残杀。"痛苦、恶心、令人感

---

* 这个由政府主办的广播电台于 1936 年在耶路撒冷的皇宫饭店开播，该电台用英语、阿拉伯语和希伯来语这三门语言播报节目。起初，该电台被称为"巴勒斯坦以色列地之声"，但阿拉伯人提出了抗议，该电台最终改名为"耶路撒冷之声"。事实上，播音员甚至都没用过"以色列地"的希伯来语全称，只用了其首字母"EI"，并把它们念成一个字。犹太社群认为这是对他们极大的侮辱。[30]

到厌恶"，这是安瓦尔·努赛贝（Anwar Nusseibeh）法官对当时状况的评价。虽说起义者均隶属于一个更高的权威——穆夫提，但他当时已经跑到大马士革去了。各起义势力的领袖成为了这片土地上的主宰，他们对人们的生命和财产拥有专断的权力，这一点在农村地区体现得尤为明显。他们盲目、残酷地镇压对手，而且非常愚蠢，努赛贝写道。许多阿拉伯人都死于其他阿拉伯人之手。[34]

萨卡基尼告诉他的儿子，罢工运动的领导人会强迫商店店主关门，他们锁上商店并拿走钥匙。起义者还让城里的男人们把头上的红色塔布什帽换成阿拉伯人传统的卡菲耶（kaffiyeh）头巾。至于城里的阿拉伯妇女，起义者则还要求她们按农村的习俗用头巾遮住脸。[35]

和犹太复国主义运动一样，爱国主义的象征性符号也成为了阿拉伯人内部斗争的一部分。卡菲耶是一块配有黑色头箍（akal）的白布，它象征着阿拉伯人民，也象征着他们的民族斗争。从土耳其时代起，塔布什帽便是舒适的城市阶级的标志。从各方对头饰所赋予的重要性可以看出，民族起义的背后还隐藏着阶级矛盾。后来，塔布什帽又染上了政治色彩。戴塔布什帽的人会被认为是纳沙希比家族所领导的反对势力的支持者。*

大罢工虽然损害了犹太人的利益，但也给阿拉伯人自己造成了伤害，而且它也未能使整个国家的经济停摆。[37]然而，这却是一场史无前例的有组织的全国性行动。它传达了一条非常明确的信息：巴勒斯坦的阿拉伯社群要求独立。阿拉伯人在英国政府和犹太复国主义运动之间画上了等号，他们要求英国人离开巴勒斯坦。在几位阿拉伯国王的干预下，罢工终于结束了——至少官方的历史是这么写的。但真实的故事并没有这么复杂。"我家里有孩子，"一位罢工组织者说道，"如果我不供养他们，他们就活不下去了。"[38]以色列历史学家约书亚·波拉特（Yehoshua Porat）试图把罢工活动和劳动力需求联系起来：当果园里需要劳工时，罢工就会停止。这是一种很普遍的看法。摩西·谢托克则把恐怖活动的浪潮与月亮升起的时间联系了起来。"不要笑，"他在给哈伊姆·魏茨曼的信中写道，"这是一个非常重要的因素。即使是起义

---

* 卡菲耶生意也跟着火了起来。卖头饰的商家想出了一个押韵的口号："卡菲耶只要 10 古鲁什（grush），该死的人才戴塔布什。"[36]

者也无法否认它。"[39]

经过这次起义后，阿拉伯人在外界眼中有了一副新形象。本-古里安说，阿拉伯人不是"野蛮、渴望劫掠且四分五裂的暴徒"，他们是"一个有组织、有纪律的社群。在展示其民族意志的过程中，他们表现出了政治上的成熟和自我评价的能力"。他表示，如果他是阿拉伯人，他也会反叛，而且会反叛得更加激烈，也会更加痛苦和绝望。在他看来，很少有犹太复国主义者能理解阿拉伯人的感受。他认为有必要警醒他们。他说，这场起义不仅仅是为了制造恐怖，制造恐怖只是为了达到目的而采取的一种手段。这也不是纳沙希比家族与穆夫提之间简单的政治斗争。阿拉伯人发动了一场民族战争。他们是在与侵占自己祖国领土的势力作斗争。本-古里安表示，阿拉伯人的民族运动看起来或许有些原始，但它却并不缺乏奉献精神、理想主义和自我牺牲。他说，这是他在卡萨姆时期对阿拉伯人的了解。[40]

5

在给儿子萨里的信中，哈利勒·萨卡基尼不断向他介绍有关起义的新情况，并提供了自己对起义进展的解读。与此同时，他将大部分时间都用于修建自己的新房子（位于耶路撒冷的卡塔蒙［Katamon］街区）。翻看萨卡基尼的日记，给人的感觉是，他不是在为自己盖房子，而是在建设巴勒斯坦阿拉伯人的民族家园。这项工程始于1934年5月，萨卡基尼和几位朋友手上拿着地图，然后结队出发了。"我们调查了高地、山谷和平原上的土地，"他后来写道。

他没有钱，但如果等他有钱时再出手，他就再也买不到土地了。于是他决定贷款100或150镑，分期偿还。这个项目激发了他的想象力。起初，在给儿子的信中，他说他想建一座简陋的房子，但后来他又改变了想法。他觉得家里还需要一片园子，供动物和鸟类居住，以及一个网球场。接着他又想种椰树，以便能在树上养大大小小的猴子。他还想建一座游泳池，泳池里的水每天都更新。他的幻想越大，他的绝望就越大——毕竟，他没有钱。也许他应该放弃整个想法，继续像以前一样，隔一段时间便搬一次家。他在购买土地时也遇到了困难，但最后还是成功在卡塔蒙街区买了一块地。[41]

他即将庆祝自己的银婚纪念日。其妻苏丹娜又被称为萨里他妈（Um Sari），因为按照阿拉伯人的习俗，人们一般会以长子的名字来指称其父母。苏丹娜是萨卡基尼的至爱："我生命中的快乐，我幸福的源泉，灵魂的朋友。"萨卡基尼现在已经五十八岁了，他在想，如果他的生命中没有她，他现在会过上什么样的生活。他也许会老得更快，甚至已经老了。

两年过去了，建筑工人们开始挖井和地基。萨卡基尼希望能赶在萨里从美国留学回来之前盖好房子。他计划为儿子办一个庆祝会。他想庆祝的不是他的新房子，而是儿子在美国获得的高等教育，以及他灿烂的青春。他从萨里身上看到了自己的乐观态度："我希望，我希望，我希望和平与兄弟情谊能成为人类的主旋律，希望全人类都能幸福。我们的庆祝会将标志着一个新时代的开始——一个充满和平、兄弟情谊和幸福的时代，如果上帝愿意的话。"

因为大罢工，房屋的建设工程停工了约六个月之久。紧接着又是穆斯林神圣的斋月，后来又赶上了下雨。但萨卡基尼还在继续做着他的梦，他写道："建造一座简陋的房屋——那是幸福的本质。"[42]与此同时，他视察了许多学校。与度假相比，他更喜欢他的工作。[43]"教育必须把民族主义置于首位，然后才是教育本身，"他说道，并敦促教师向学生们灌输民族意识。他解释说，学生们应该知道自己属于一个高尚、光荣和先进的民族；他们应该为自己是阿拉伯人而感到自豪。在巴格达诗人伊本·鲁米（Ibn al-Rumi）的诗句的启发下，萨卡基尼为各学校拟出了一个口号："我发誓不出售我的祖国/绝不让它落入他人之手。"此外，鲁德亚德·吉卜林的名诗《如果》还启发萨卡基尼创作了另一首国歌。

和希伯来民族主义者一样，萨卡基尼也深知文化爱国主义在日常生活中的重要性，他谴责耶路撒冷人对英式生活的推崇。有一次，他受邀去喝茶，但他却执意要喝咖啡——阿拉伯咖啡。而当有人给他递烟时，他却要求抽水烟。他写道："一个有自卑感的民族，一个以自己为耻的民族，是一个垂死的民族。"

萨卡基尼曾游历全国各地，这些经历加深了他对祖国山水的热爱。"如果有人用世界上所有的钱买下它，他就赚了；如果有人为了换取世界上所有的钱而卖掉它，他就亏了，"他写道。对他来说，巴勒斯坦就像伊甸园一样。[44]

就像许多其他问题一样，在这个问题上，萨卡基尼也十分矛盾。他虽然是一个民族主义者，但同时也是民族主义最大的怀疑者。"不瞒你说，每当我在国内旅行时，我都想变成瞎子，这样我便不用看到；我想变成聋子，这样我便不用听到；我想失去嗅觉，这样我便不用闻到，"他在给萨里的信中写道。而一想到自己的孩子将来会生活在巴勒斯坦，这就更让他感到痛苦。他希望他们能在一个有着更高贵文化的国家生活。萨卡基尼写道，人们对他说，他不应该把儿子送到美国，而应该送到开罗的爱资哈尔大学。他很好奇，如果当人们得知他的真实喜好时，他们会如何评价他？比如说，他更喜欢的是贝多芬，而不是受欢迎的埃及歌手阿卜杜勒·瓦哈卜（Abdel Wahab）或乌姆·库勒苏姆（Um Kultum）；他认为《圣经》的文学价值高于《古兰经》；他支持青年男女的自由交往。[45]

他断言，巴勒斯坦文化是一种"讲究荣誉和家庭关系的文化，它关注的是如何让我们吃好喝好、变得强大然后互相攻击；而不是强调牺牲、原谅、尊重和同情"。如果有机会的话，他会选择移民。在一封信中，他向萨里讲述了自己访问纳布卢斯时的经历。"每次我去到那里，我都觉得自己好像回到了中世纪，"他写道，"在我看来，纳布卢斯好像从来没有听说过电力、电影、剧院、音乐会和网球场。"除了民族主义，萨卡基尼还试图向教师们灌输他过去所接受的先进教育理念——学生的解放、性教育、人文主义以及社会主义思想。[46]

恐怖主义活动也困扰着他。"萨里，你不知道在这种情况下我有多么的痛苦，"萨卡基尼写道。"我感受到了这些事情所带来的痛苦，不管它们最后是落在了阿拉伯人身上、英国人身上，还是犹太人身上。因此，你会发现我有时站在阿拉伯人一边，有时站在英国人一边，还有的时候站在犹太人一边。如果有动物也受到了这些事情的影响，哪怕只有一丝丝的影响，我也会站在动物的一边。"[47]

时间又过了三年。房子的建设进展令人满意，萨卡基尼写道。他每天都去检查工程进度，"一块石头一块石头地检查"。他测量了它们的长度、宽度和高度。"这里以后是卧室，我们会把床摆在这里，衣柜放在这里，椅子放在那里。这是厨房，我们会把烤箱放在这里，水槽放在那里。这是杜米亚和哈拉（hala）的书房，我们要用书架把墙盖住，把杜米亚的书桌放在这里，哈拉的书桌放到那里。"有一天，当他在工地上时，妻子给他带来了一封萨里的来信。这封信的收信人一栏上写着："我亲爱的哈利勒！"萨卡基尼欣喜若狂。他在给儿子的回信中写道："我想，从没有人这样做过。"他鼓励儿子继续直呼父亲的名字。"我管你叫萨里，你管我叫哈利勒，让我们忘掉对父母的尊称。"

围绕萨卡基尼的新家，人们开始八卦起来。他哪来的钱盖这样的房子？他在造房子时根本不考虑成本：施工方请的是城里最好的，木匠、铁匠、瓦工以及油漆工也是最好的。他想，谁知道呢，也许十三世纪的那句诗里描写的就是他："如果他们不投资，我转身就走，我只要最好的。"

萨卡基尼决定把他的房子命名为"岛"，因为这所房子就像阿拉伯半岛一样，只有一面不临街。房子里的每间屋子都有各自的名字：萨那、大马士革、科尔多瓦、巴格达以及开罗。房子的大门被他称为永恒之门。当萨里从美国学成归来时，他们会围着新房子转，就像面对麦加的克尔白（the Holy Kaaba）一样。这时的萨里会成为"胜利的萨里，征服的萨里，开悟的萨里，受过教育的萨里"。当他们从一个房间走入另一个房间时，就像是从一座城市穿梭到了另一座城市。他们还会用月桂枝或橄榄枝编成的花环为萨里加冕。

1937 年 5 月，萨卡基尼一家搬进了新房子。房子只有一层楼高，虽然舒适但并不出众。其屋顶铺满了红色的瓦片，四周的矮墙围出了一个小花园。"我们都觉得自己仿佛是昨天才出生似的，"萨卡基尼写道。每一个见到他的人都想知道他为何如此精力充沛。所有到访的客人都参观了屋子：卧室、书房、客厅以及屋子里的其他地方。萨卡基尼决定为游客制作一份示意图。"房子，房子，我们所有的对话都围绕着房子展开，"他对萨里说道，"我们的房子是一个宇宙，我们都身在其中，永恒是我们的奴隶。"当新家接通了电话之后，他的眼里满是惊奇。"我们已与世界及彼此相连，"他带有哲学意味地说道，"电话，电话。我不明白，如果没有电话，人们怎么活得下去！"那年夏天，萨里回来了，起义还在如火如荼地进行着。"如果还活着，那就让我们光荣地活下去，如果要死，就让我们光荣地死去，"萨卡基尼此前曾这样写道。[48]

注 释

1. Organization and Activity of Arab Bands in Palestine (in Hebrew), 12 Oct. 1936, CZA S25/3441.
2. Khalil al-Sakakini, *Such Am I, O World* (in Hebrew) (Jerusalem: Keter, 1990), pp. 165, 174.
3. Report of the American Consulate in Jerusalem, 23 Oct. 1935, Ely Palmer to the secretary of state, "Records of the United States Consulate in Jerusalem, Palestine," Confidential Correspondence, 1920–1935 (Record group 84).
4. CZA S25/4224.
   Shai Lachman, "Arab Rebellion and Terrorism in Palestine, 1929–1939: The Case of Sheikh Izz al-Din al-Qassam and His Movement," in *Zionism and Arabism in Palestine and Israel*, ed. Elie Kedourie and Sylvia G. Haim (London: Frank Cass, 1982), p. 52ff.
   A. Shleifer, "The Life and Thought of Izz-al-Din al-Qassam," *Islamic Quarterly*, vol. XXIII, no. 2 (2nd quarter), 1979.
5. Ben-Gurion at the Mapai Central Committee, 29 Sept. 1936, LPA, 23/36, section 2.
6. Lachman, "Arab Rebellion and Terrorism in Palestine," p. 71.
   Yehoshua Porat, *From Riots to Rebellion: The Arab National Movement, 1929–1939* (in Hebrew) (Tel Aviv: Am Oved, 1978), p. 218.
7. Berl Katznelson at the Political Committee, 4 May 1936, in David Ben-Gurion, *Memoirs* (in Hebrew) (Tel Aviv: Am Oved, 1971), vol. III, p. 157.
8. Leila Khaled, *My People Shall Live* (London: Hodder and Stoughton, 1973), p. 23.
9. Sakakini diary, 28 June, 30 June 1936. With the kind permission of his daughters.
   Ezra Danin, ed., *Documents and Images from the Archives of the Arab Gangs in the Events of 1936–1939* (in Hebrew) (Jerusalem: Magnes, 1981).
10. "School Year in Palestine," p. 24, MEC, Wilson Papers.
11. Baruch Kimmerling and Joel S. Migdal, *Palestinians: The Making of a People* (New York: Free Press, 1993), p. 96ff.
    Joseph Nevo, "Palestinian-Arab Violent Activity During the 1930s," in *Britain and the Middle East in the 1930s*, ed. Michael J. Cohen and Martin Kolinsky (London: Macmillan, 1992), p. 169ff,
    Porat, *From Riots to Rebellion*, pp. 195ff., 228.
    Ylana Miller, *Government and Society in Rural Palestine, 1920–1948* (Austin: University of Texas Press, 1985), p. 121ff.
12. Pealy to Chancellor, 23 June 1936, RHL, Chancellor Papers, 22: MF40, pp. 2–4.
13. Morrison diary, p. 13ff., IWM, Morrison Papers.
14. "School Year in Palestine," pp. 47, 24, MEC, Wilson Papers.
15. Habas, *The Book of the Events*, 5696, p. 644.
    Wauchope to Ben-Gurion, 17 May 1936, CZA S25/31.
    Sakakini to his son, 19 May 1936. With the kind permission of his daughters.
16. Sakakini, *Such Am I, O World*, p. 188.
    Sakakini to his son, 13 June 1936. With the kind permission of his daughters.
17. Hala Sakakini, *Jerusalem and I* (Amman: n.p. 1987), p. 78.
18. Sakakini, *Such Am I, O World*, p. 180.
19. Morrison diary, p. 30, IWM, Morrison Papers.
20. Elihau Stern, ed., *Chronology of the New Jewish Yishuv in Palestine, 1936–1947* (in Hebrew) (Jerusalem: Yad Ben-Zvi, 1974), p. 14.
    Beginning of Disturbances, Summary of Events and Facts, CZA S25/4180. See also: CZA S25/4244.
    Chaim Shalmoni, ed., *Yizkor* (Moses Press, undated).
    Bracha Habas, ed., *The Book of the Events of 5696* (in Hebrew) (Tel Aviv: Davar, 1937), p. 635.
21. *Survey of Palestine Prepared for the Anglo-American Committee of Inquiry* (Jerusalem:

Government Printer, 1946), vol. I, pp. 38, 46, 49. See also: Stern, *Chronology of the New Jewish Yishuv in Palestine*, pp. 15, 20, 55, 60, 74, 80, 103, 108.

Habas, *The Book of the Events of 5696*, p. 691.

22. Moshe Sharett, *Political Diary* (in Hebrew) (Tel Aviv: Am Oved, 1969), vol. I, p. 121.

23. Battershill to Shuckburgh, 21 Nov. 1937, RHL, Battershill Papers, 10:3, ff. 5–24.

24. Sakakini, *Such Am I, O World*, p. 187.

25. Sakakini diary, 10 June, 13 June, 16 June 1936; 30 Apr., 5 May, 7 May, 23 May 1936. With the kind permission of his daughters.

26. Memorandum, 18 Mar. 1937 (apparently), CZA S25/9783.

    Zvi El-Peleg, *The Grand Mufti* (in Hebrew) (Tel Aviv: Ministry of Defense, 1989), p. 44ff.

    Tayasir Jbara, *Palestinian Leader: Hajj Amin Al-Hussayni, Mufti of Jerusalem* (Princeton: Kingston Press, 1985), p. 141ff.

    Philip Mattar, *The Mufti of Jerusalem* (New York: Columbia University Press, 1988), p. 65ff.

27. Sakakini, *Such Am I, O World*, p. 13ff.

28. Sakakini diary, 4 Nov. 1933. With the kind permission of his daughters.

29. Porat, *From Riots to Rebellion*, p. 204.

30. Ya'akov Solomon to the Royal Commission, 4 Nov. 1936, CZA S25/4675. See also: ISA M/222.

31. Sakakini, *Such Am I, O World*, pp. 185, 161.

32. CZA S25/8233.

33. Ted Swedenburg, *Memoirs of Revolt* (Minneapolis: University of Minnesota Press, 1995), p. 167ff.

34. Anwar Nusseibeh, "Pattern of Disaster: Personal Note on the Fall of Palestine," pp. 48, 52. With the kind permission of his son.

35. Sakakini diary, 30 Apr. 1936. With the kind permission of his daughters.

    Porat, *From Riots to Rebellion*, p. 318.

    "School Year in Palestine," pp. 11, 13, MEC, Wilson Papers.

36. Swedenburg, *Memoirs of Revolt*, p. 36.

37. Rotenstreich to the members of the Jewish Agency Executive, 30 Dec. 1936, CZA S25/9783.

    Porat, *From Riots to Rebellion*, p. 208ff.

38. Netanel Katzburg, "The Second Decade of the Mandate Regime in Palestine, 1931–1939" (in Hebrew), in *The History of the Jewish Yishuv in Palestine from the Time of the First Aliya (The British Mandate)* (in Hebrew) (Jerusalem: Israel Academy of Sciences, Bialik Institute, 1993), part I, p. 376ff.

    Sonia Fathi El Nimr, "The Arab Revolt of 1936–1939 in Palestine" (Ph.D. thesis, University of Exeter, 1990), p. 226.

39. Porat, *From Riots to Rebellion*, p. 253. See also: R. Zaslani to A. Kaplan, Jan. 1937, CZA S25/3441.

    Moshe Sharett, *Political Diary* (in Hebrew) (Tel Aviv: Am Oved, 1968), vol. I, p. 182.

40. Ben-Gurion to the Mapai Central Committee, 29 Sept. 1936, LPA, 23/36 section 2; Ben-Gurion to the members of the Zionist Executive in London, 2 Nov. 1933, CZA S25/4224.

    Shabtai Teveth, *Ben-Gurion and the Arabs of Palestine* (in Hebrew) (Tel Aviv: Schocken, 1985), p. 271.

    Ben-Gurion to the Mapai Committee, 6 July 1938, LPA 23/38 section 2.

41. Sakakini, *Such Am I, O World*, p. 172ff.

42. Sakakini, *Such Am I, O World*, p. 183ff.

43. Sakakini, *Such Am I, O World*, p. 148ff.

44. Sakakini, *Such Am I, O World*, pp. 173, 177, 167, 148.

45. Sakakini to his son, 12 Dec. 1932, 7 Jan. 1933, 12 Jan. 1933, ISA P/378/2646.

46. Sakakini, *Such Am I, O World*, pp. 192, 194, p. 156ff, 175.

47. Sakakini, *Such Am I, O World*, p. 191.

48. Sakakini, *Such Am I, O World*, pp. 191, 193.

第18章　巴勒斯坦制造

1

1934年8月，戴维·本-古里安来到了耶路撒冷南部的一个阿拉伯小村庄，这个村庄名叫舒阿法特（Shuafat），穆萨·阿拉米的家就坐落于此处。阿拉米毕业于剑桥大学，是巴勒斯坦英国总检察长手下的一名辩护律师。他同时也是穆夫提的密友。他在自家院子里的一棵橡树下接待了本-古里安，按照他的说法，这棵橡树是巴勒斯坦最古老的树。本-古里安向阿拉米提出了两个设想。第一个设想是在平等的基础上实现犹太人和阿拉伯人的自治，二者不论其规模大小，均享有平等之地位。第二种设想是将巴勒斯坦纳入一个区域性的阿拉伯联邦；犹太人将成为巴勒斯坦的多数民族，并统治该国，但在整个联邦的范围内，巴勒斯坦的阿拉伯人仍将是多数中的一部分。

本-古里安坚持认为，犹太人正在推动的国家发展计划将使包括阿拉伯人在内的所有居民受益，而这正是犹太复国主义的一贯主张。阿拉米回答说，与其让犹太人主导，他宁愿这个国家再贫穷和荒凉一百年，直到阿拉伯人有能力自主开发它。他提议在特拉维夫周围建立一个犹太自治区，该自治区将成为犹太人的民族家园，同时也是一个独立的阿拉伯国家中的一部分，而英国则仍将保持其宗主国地位。阿拉米答应安排本-古里安和耶路撒冷穆夫提会面。但这场会面从未发生。[1] *

---

* 多年以后，阿拉米曾表示，穆夫提和本-古里安的相似之处就在于，他们都不掩饰自己的民族主义意图。在与一位犹太熟人的对话中，他曾大度地说：阿拉伯人中从未出现过本-古里安一类的人物，这是一件十分不幸的事。[2]

本-古里安还与其他阿拉伯领导人举行过会谈。他发现同样毕业于剑桥大学的乔治·安东尼乌斯是一个令人感到愉快且博学的人。本-古里安说，犹太复国主义者渴望在《圣经》中的以色列边界内建立一个拥有 400 万犹太人的国家。他后来又会见了独立党成员阿乌尼·阿卜杜·哈迪（Aouni Abd al-Hadi），这位律师的"恶意嗤笑"给本-古里安留下了不愉快的印象。"如果我是你，"按照本-古里安的说法，哈迪曾这样说道，"我也会成为一个犹太复国主义者，如果你是我，你也会像我一样成为一个阿拉伯民族主义者。"

沃科普收到了有关这些谈话的报告，并得出了与本-古里安相同的结论：阿拉伯民族主义运动和犹太复国主义运动之间的鸿沟是无法弥合的。其他犹太复国主义者和阿拉伯领导人之间的会谈也都陷入了同样的僵局。[3]

1936 年 11 月，当本-古里安在思考阿拉伯人叛乱的原因时，他写道："主要因素是犹太人在数量上的弱点。"在他看来，次要因素是"那些穆斯林的暴力学说"。本-古里安认为，阿拉伯人对少数民族不宽容。他认为，如果这个国家没有犹太人，阿拉伯人就会转而攻击基督徒。[4] 本-古里安认为，从阿拉伯人的角度来看，叛乱来得有点太晚了。而从犹太人的角度来看，叛乱来得有点太早了。[5] 他是对的：到 20 世纪 30 年代末，阿拉伯人不再有实力威胁到犹太人的民族家园。在英国人的支持下，犹太复国主义者在英国统治的头二十年里已经打下了牢固的制度基础。但犹太人在巴勒斯坦仍是少数，没有足够的实力来保护自己。为了推进民族家园的建设，犹太人仍然需要依附于英国人。一位高级官员曾问本-古里安，按照他的估计，何时才能说民族家园已经建立起来了。本-古里安没有正面回答这个问题。他说，没有固定的时间点，这是一个历史过程。阿瑟·沃科普在这个历史过程中起到了一定的作用，他是一个犹太复国主义者。本-古里安和贾博廷斯基都仍然相信英国人。不过，面对当前的局势，犹太人还是需要作出一定的回应。在接下来的几年中，犹太团体内部针对两个关键性的问题展开了讨论：一个是关于如何应对阿拉伯人的恐怖活动，另一个则关于是否应将巴勒斯坦分为两个国家。有些人提议建立一个二元民族国家；另一些人则主张将阿拉伯人驱逐出该国。

2

在英国统治的第二个十年期间，有 25 万以上的犹太人在巴勒斯坦定居，这一数字是前十年的两倍。1936 年，犹太移民人数超过了 6 万人，而此前从未在一年内来过这么多人。[6] 因此，纳粹的崛起对犹太复国主义运动是有利的；但对阿拉伯人来说，德国局势的发展削弱了他们的力量。

自委任统治初期以来，移民程序一直没有改变。当局会给犹太事务局分配一定数量的移民许可证，然后该机构则基本上根据其认为合适的方式分配这些许可证。然而，出于各种实际层面的考量，有资本的犹太人、其亲属以及某些其他类别的犹太人事实上能够不受限制地来到巴勒斯坦。就像以前一样，犹太事务局要求的许可证比当局批准的数量更多，因此，该机构经常会为了配额问题与高级专员进行协商，它也会无休止地抱怨配额问题——它认为英国人在歧视犹太人。有时，双方的讨论会变得很激烈。魏茨曼对沃科普说，如果政府继续拒绝给犹太人发放许可证，给他们设置障碍，那他们就直接游过去。犹太复国主义领导人不止一次地抱怨移民官员的轻蔑态度。一些移民摸索出来了一些方法，他们没有许可证也能混进巴勒斯坦。他们中的大多数人是以游客的身份来到这个国家，然后直接留下来不走。大多数非法入境的犹太人都被允许留下来，只有少数几十人被驱逐出境。[7] *

妇女可以通过假结婚的方式拿到永久居留证。莫迪凯·本-希勒尔·哈科亨讲述了一个始于海法港的爱情故事。一个男人走到一个出租车司机面前，问他是否有空。司机给出了肯定的答复，并启动了汽车的发动机。"不，"那人说，"我是说，你是否已被占用？你是单身吗？"司机对这个问题也给予了肯定的回答，并同意登上一艘刚靠岸的船，与一名试图入境的年轻女子结婚。年轻女子被允许和司机一起下船。司机只懂俄语和希伯来语，而他的新妻子

---

* 乔治·安东尼乌斯的一位老朋友，一位住在波兰的英国银行家告诉他，许多没有钱的犹太人可以通过循环利用资本的方式拿到"资本家"移民许可证。一个犹太人首先会表明自己符合"资本家"的条件，之后他便移民到巴勒斯坦，然后他会把钱寄回波兰给另一个犹太人使用。安东尼乌斯的朋友，即这位英波银行的行长对此很不满：这些移民过去曾通过他的银行来操作，但现在却转到了另一家与犹太复国主义运动有联系的银行。阿拉伯人经常抱怨这种循环利用资本的诡计。[8]

只懂德语。但这对夫妇仍然在一起。起初，他们用手势交流，通过"手指的动作和嘴唇的亲吻，"哈科亨写道。慢慢地，她学会了希伯来语，他也开始懂德语，他们最终和平、和谐并充满爱意地生活在了一起。政府知道这种假结婚的现象，并在后来修改了法律。修法之后，丈夫的公民身份便不能再自动延伸到妻子身上了。[9] *

但与当局的这些谈判是戴维·本-古里安所说的"不断争论"的一部分。更重要的是犹太事务局与政府之间的合作，但这一合作关系基于一项共识，即限制移民人数，并使其与犹太社群吸收新移民的能力相符。[11]

许多移民，尤其是来自德国的难民，是带着钱来的。他们的到来推动了犹太复国主义计划，并刺激了犹太经济的发展，这反过来又减轻了英国国库的压力——这是殖民大臣特别关心的问题。沃科普本人也十分同情从纳粹德国逃出来的难民们所面临的困境。开放大规模移民符合他的政治目标，能满足他对犹太复国主义的同情，以及他天生的人道主义精神。在 20 世纪 30 年代初，犹太人约占总人口的 17%；而到了 20 世纪 40 年代中期，他们已经占据了总人口数的 30%，即将近 50 万人。[12]

3

从 1929 年动乱到第二次世界大战爆发的十年间，犹太复国主义者坚持不懈地在巴勒斯坦购买土地。即使是在阿拉伯人起义期间，他们也不难找到卖主；和以前一样，可供购买的土地供应量超过了犹太复国主义者的预算。事

---

* 1934 年夏天，犹太复国主义者开始有组织地尝试将没有许可证的移民运送到巴勒斯坦。为了运送非法移民，劳工运动和修正主义党人还专门为此购买了船只。修正主义党人抱怨犹太事务局在分发许可证时存在歧视；劳工运动则表达了他们急迫的爱国情绪；两者之间的竞争也对他们形成了刺激。非法移民的出现（希伯来语为 ha'apala）将犹太事务局置于十分尴尬的境地，因为这与英国人合作的原则背道而驰。作为回应，当局削减了一定数量的许可证，抵扣掉了非法移民的名额。换句话说，每一个以非法途径进入该国的犹太人都是以牺牲另一个犹太人的利益为代价的。到沃科普任期结束时，通过合法途径入境的犹太人不到两千人。[10]

实上，犹太民族基金会也会拒绝购买市面上的某些土地。另一方面，阿拉伯人的叛乱使驱逐阿拉伯佃农变得更加困难，因为他们的抵抗比以前更加激烈。有好几次，农民都不肯搬离。[13] 法院不时做出有利于买方的裁决，当局便会派兵去把佃农们赶走。犹太民族基金会向佃农们提供了其他地方的土地和经济补偿。但随着时间的推移，合法权利的问题变得越来越不重要了。人们看到的是犹太人在剥夺阿拉伯人的土地。

犹太复国主义运动费尽心思地想要证明佃农并没有因为失去土地而受到伤害。对几百名从耶斯列平原迁出的村民进行的调查发现，大多数人都成功地重新安置了下来，而且情况并没有比以前更差。[14] 为了向佃农们提供补偿，英国政府需要确定有多少人因为向犹太人卖地而失去了土地或工作。当局委任曾在印度任职的殖民官员路易斯·弗伦奇（Louis French）来核实申请补偿者的真实情况。他收到了三千多份补偿申请，但最后获得认可的却不到七百份。之所以通过审核的数量会如此之少，部分原因在于审查申请的程序问题——这些申请必须首先经过犹太事务局官员的审查。该事务局本应是纠纷中的一方，结果却把自己搞得像是政府官僚体系中的一个分支机构一样。[15]

同时，英国人方面展开了限制犹太人购买土地的立法行动，这引起了犹太复国主义者的一些担忧。尽管如此，当局还是允许犹太事务局继续快速推进其定居计划。在20世纪30年代，犹太复国主义者建立了约130个新的定居点；其中大部分是农业前哨，包括53个新的基布兹。[16]

其中一些定居点是在半夜里建造起来的，这给它们带来了某种秘密的、英雄主义的光环。定居者几乎都是与劳工运动有联系的年轻人，他们会到达现场，在土地周围建起围墙，并竖起一座瞭望塔，这就是为什么这些定居点被称为"墙与塔"（Homa u-migdal）。起初，这些设施是为了隔绝阿拉伯农民而建的，以防止他们继续在犹太复国主义运动所购买的土地上劳作。但"墙与塔"制度也让定居者们产生了一种爱国和反叛的感觉，仿佛他们在参与某种秘密军事行动。[17] 因此，夜间工程也成为了劳工运动用于引导和控制其成员民族主义热情的一种方式。

定居者有时会与地区专员发生争执，但总的来说，定居点基本上都是在当局的同意下建立起来的。比如说，犹太人曾为建立哈尼塔基布兹与政府展开了谈判，该基布兹后来成为了犹太复国主义运动的象征。英国人本希望推迟这一项目，但经过几天的协商后，首席政务官巴特希尔便告诉摩西·谢托克，政府已同意犹太复国主义者在该地建立定居点。对谢托克来说，英国人做出这一决定的原因十分清晰：当局只是在履行其建立犹太民族家园的义务。[18]

沃科普在退休前不久曾给摩西·谢托克写了一封信，他在信中写道："我在巴勒斯坦的这些年里，犹太定居点是能让我受到鼓舞的主要动力来源之一。如今，我主要的希望是，当我离开时，他们的安全能够得到永久的保障。"在给本-古里安的一封信中，沃科普表示，犹太人的定居事业是"最鼓舞人心的经历"，他不会忘记这一点。[19]

基布兹成员仍旧认为他们是在履行一项民族使命，他们普遍被认为是政治和意识形态层面的精英。但事实上，犹太复国主义运动生活的中心是特拉维夫。在 20 世纪 30 年代，特拉维夫的人口几乎增加了四倍，从 45 000 人增加到 165 000 人。[20] 到 30 年代末，每三个犹太人中就有一个住在特拉维夫。他们才是真正的精英阶层。

家住耶路撒冷的莫迪凯·本-希勒尔·哈科亨是特拉维夫的奠基者之一，当他从耶路撒冷重返特拉维夫时，他觉得自己像个陌生人。这个地方对他来说，就像是从梦中出现的东西。这位年迈的作家在日记中指出，那里有四层楼的建筑，街上挤满了人，川流不息的汽车威胁着行人，人们整晚整晚地泡在舞厅里面。从几位政府官员对特拉维夫的描述中，我们也能看出他们对这座城市的惊奇。一位警官写道，他在那里度过了一生中最快乐的岁月，部分原因是该城酒店里的爵士乐队让他流连忘返。在他看来，特拉维夫展现了犹太人作为一个民族的内在可能性。[21]

哈科亨时常会去看看他在赫兹尔街的老家，他仍是那处房产的主人。当听到有人要出价 2 万镑买下它时，他惊呆了。但他并不想卖，他的银行家朋友也劝他不要卖赫茨尔街的房子——其价格只会一直往上涨。*哈科亨把这次出价记录了下来，把它当作特拉维夫历史上的一个里程碑。哈科亨还去过一次市内的艾伦比电影院，他在那里看了一部关于第十九届犹太复国主义大会

---

* 地区专员斯特林没有在特拉维夫购买土地，对此，他感到十分遗憾。他本来可以以 90 镑的价格拿下一块地；当他出版自己的回忆录时，那块土地的价格已经涨到了 30 万镑。[22]

的电影。[23]

　　一旦当局同意建立新的定居点，他们就承担起了保护这些定居点的责任。南区副专员詹姆斯·波洛克因其所提供的保护而受到"农民联盟"（the Union of Farmers）的高度赞扬。根据该联盟中央委员会的年度报告，不管是在白天还是黑夜，只要该联盟提出要求，波洛克都会予以回应。该联盟还特别表扬了波洛克的妻子玛格丽特，当她的丈夫在该地区的阿拉伯村庄和犹太人定居点视察时，她"不知疲惫地"帮他们找到她的丈夫。该报告宣称："由于中央委员会与当局和警方经常保持联系，在某些情况下，它能够在最危险的时刻为各定居点寻得必要的帮助，或将军队和警察分队转移到有危险的地方。"对于那些希望在警察部队服役的犹太人来说，他们只有经过犹太事务局推荐后才会被接受。因此，该机构在警察部队中也有一定的影响力[24]*

　　当局对成立犹太防卫组织"哈加纳"没有提出反对意见，但他们希望能与犹太人"以朋友间谈话的方式，完全秘密地"就此事达成"君子协定"。[26]就这样，犹太复国主义运动在自己三个最重要的活动领域与当局展开了紧密且有效的合作——移民、定居点以及社群安全。

　　沃科普确信，犹太复国主义运动和英国的利益是一致的。"我是一个全心全意的信徒，相信民族家园能取得成功，"他写道，"我不仅对在巴勒斯坦定居的犹太人怀有最深切的同情，对激励他们的理想也是如此。"基希上校把沃科普的犹太复国主义情感与贝尔福相提并论。戴维·本-古里安写道："他是我们最好的高级专员。"他直接告诉沃科普，犹太人从来没有像在他执政的日子里那样感到安全。[27]沃科普也是第一个承认本-古里安领导地位的高级专员。他曾把本-古里安请到了"政府大楼"，两人一直聊到深夜，他们谈论了犹太复国主义的精神根源，还谈论了犹太复国主义的愿望和需求。本-古里安表示，犹太复国主义运动很感激英国，也认同英国的文化。他告诉高级专员，他小时候读过乔治·艾略特的《丹尼尔·德隆达》（Daniel Deronda），这本书深刻地表达了让犹太人得到救赎的愿景。从那时起，本-古里安就知道，犹太

---

* 犹太事务局还贿赂了警察。巴勒斯坦警察部门的副巡官艾伦·桑德斯（Alan Saunders）曾向英巴银行申请过一笔贷款，犹太事务局向桑德斯承诺，如果他无法偿还贷款，该机构便会替他偿还债务。[25]

人在英国有自己的朋友。沃科普说他很可能也读过这本书。

　　私下里，本-古里安称高级专员为"老头子"。他曾向沃科普求教：教我如何对付你们，沃科普答应就此事给他写一份备忘录。[28] 本-古里安及其部下经常与高级专员及其他行政官员会面，几乎每一件事都会与他们进行协调。沃科普有时会与犹太事务局官员分享秘密情报。和他们在一起时，他畅所欲言。有一次他污蔑巴勒斯坦的首席大法官，称其为反犹主义者。当阿拉伯人的叛乱爆发后，犹太事务局和政府之间的关系变得更加紧密，两者联手镇压起义。[29]

4

　　起初，阿拉伯人的恐怖活动主要针对英国人。当对犹太人的攻击越来越频繁时，要求报复和复仇的呼声越来越高，这主要是一种心理层面的反应。在恐怖袭击中丧生的犹太人被描述为"纯洁无辜的灵魂"，他们作为"烈士"壮烈牺牲。按照他们的说法，巴勒斯坦的犹太人正被一场"大屠杀"所毁灭。[30] 犹太复国主义者将 20 世纪 20 年代的事件描述为大屠杀，为了与这一口径保持一致，他们倾向于将 20 世纪 30 年代的恐怖活动与欧洲犹太人所遭受的迫害联系起来。这种解读印证了犹太复国主义运动的学说，即犹太人"别无选择"，只能返回巴勒斯坦并在那里扎住根。诗人戴维·希莫诺维茨（David Shimonowitz）写道："我们的血在地球上所有的土地上都像水一样，但在这里……我们不会像羔羊一样去送死……恶人所造成的破坏不会占上风，也不会使我们害怕 / 一个民族只剩下一条路 / 只有一条路——在它自己的土地上被救赎！/ 在它唯一的土地上，以色列地！"阿拉伯人的恐怖活动将使犹太人团结起来，并使他们变得更加强大。"在某些时刻，民族被锻造成型，"在某些时刻，"人们振奋一心，"在某些时刻，历史被创造，贝尔·卡茨奈尔森写道。他警告说："在这种时刻动摇的一代人是会遭殃的。"[31]

　　第一批报复行动是自发的：特拉维夫的行人殴打了两名以擦鞋为生的阿

拉伯男孩。本-古里安立即意识到这一事件有可能导致暴力升级。他称这次袭击是"对极其神圣的事物的玷污",并敦促众人保持克制。几周后,爱迪生电影院便发生了那起谋杀案。当天晚上,本-古里安正在办公室里。哈加纳指挥部要求进行报复,但被本-古里安给拒绝了。哈加纳再次提出要报复。最后,在深夜,他警告说,如果哈加纳不服从他,他就会辞职。"我们绝不能凭一时的冲动行事,"他说道。但他承认,那天晚上他差点背离了自己不报复的原则。对于犹太人来说,其复仇的心理需求非常强烈。[32]

本-古里安否认自己有复仇的欲望。他在日记中写道:"我从未对阿拉伯人感到仇恨,他们的任何行动都没能唤起我复仇的情绪。"但同时,他又认为应该消灭雅法。"雅法,这座城市和港口,将会毁灭,这样最好不过了,"他评论道,"对于这座靠犹太移民和定居点发展起来的城市来说,当它在其建设者和恩人的头上挥动斧头时,就是在自寻死路。当雅法堕入地狱时,我将不在哀悼者之列。"[33]

对于犹太人来说,其所面对的主要问题是,反制恐怖主义活动对犹太复国主义事业来说到底是有利还是有害,反恐于道德层面是否可以接受。要求采取行动的人认为,克制会被视为软弱的表现;如果阿拉伯人认为犹太人软弱,他们只会使用更多的暴力。软弱也可能导致英国人抛弃犹太人。哈加纳还不是一支真正的军队;在大多数情况下,其成员会守卫定居点并从当局那里获得武器。一些哈加纳部队在巡逻时袭击了阿拉伯人的村庄,但这些行为通常都与犹太复国主义运动的战略相违。哈加纳领导层更像是一个由各政党代表组成的委员会,而不是一个由专业人员构成的科层制组织。直到第二次世界大战爆发前,哈加纳都一直没有参谋长。[34]

犹太人选择保持克制主要出于两方面考虑。首先,按照阿拉伯人的传统,采取反制措施有可能引发两族人民间的血仇以及复仇与反复仇的无限循环。从开始向巴勒斯坦移民的第一天起,阿拉伯人的血仇观念就像一个幽灵一样萦绕在犹太复国主义者的心头,并对保卫第一批犹太人定居点的卫兵产生了威慑作用。其次,复仇政策很可能会损害犹太复国主义者与英国人的合作关系。

此外,他们之所以做出这一决定,还有一些道德上的顾虑。选择保持克制的人往往是欧洲人文主义价值观的信徒，他们认为不应该伤害无辜的阿拉伯公民。"以眼还眼"的观念与"你不应杀人"的观念相冲突。1939 年，一群知识分子和政治家发表了一份反对恐怖活动的宣言。他们说："[不杀人]的道德律令在初民时代就存在，这一原则也适用于今天。"什姆埃尔·约瑟夫·阿格农在这份宣言上署上了自己的名字，肖尔·切尔尼科夫斯基、马丁·布伯、贝尔·卡茨奈尔森和果尔达·梅厄（Golda Myerson）（即后来的以色列总理梅厄［Meir］）也是如此。[35]

在民族精神的熏陶下犹太复国主义领导人把自己看作与邪恶势力作斗争的道义之人。"我们没有像他们那样做，"布拉哈·哈巴斯（Bracha Habas）在由贝尔·卡茨奈尔森创办的一份儿童周刊上写道，"我们没有放火烧毁田地，没有砍树……我们为此感到骄傲。"[36] 大多数报纸都反对复仇，主张遵守法律和领导人所倡导的克制政策。*

其他人则赞成反制恐怖活动。他们认为，在传统的犹太道德观中，复仇是一种神圣的事业。为此，他们还援引了《圣经》中上帝的诫命：上帝要求以色列人消灭他们的敌人亚玛力人（the Amalekites），尽管其中肯定有无辜之人。此外，在第一次世界大战期间，英国也对德国实行过封锁，这导致该国的妇女和儿童被活活饿死。"没有人认为那是不道德的，"这些报纸写道。其结论是："选择生命！选择光荣，选择回击，选择防卫和积极作战，因为这才是你们在祖国的唯一希望，唯有它才能让你们获得解脱并过上有尊严的生活。"[38]

阿拉伯人的暴力事件给耶路撒冷穆夫提带来了很大的麻烦，而对本-古里安及其追随者，甚至是贾博廷斯基而言，他们也面临着与穆夫提同样的困境。他们不想破坏犹太复国主义运动与英国人之间的联盟，但他们又担心保不住自己的爱国者形象。毕竟，自我克制会被视为软弱的表现。这种捍卫犹太人民族荣誉的迫切要求激励了许多人，其中包括修正主义党人哈伊姆·沙

---

* 《达瓦尔报》（*Davar*）是犹太劳工联合会所创办的一份报刊，其主编是贝尔·卡茨奈尔森，该报于 1925 年开始发行。20 世纪 30 年代后半期，来自德国的犹太百万富翁扎勒曼·肖肯买下了《国土报》，他的儿子成为了报社的主编。当时还有几份用希伯来语发行的日报和政治周刊。《新消息报》（*Yediot Aharonot*）是第一份晚报，该报于 1939 年创刊。[37] 《巴勒斯坦邮报》（*the Palestine Post*）则是用英文发行的犹太复国主义日报，该报于 1932 年开始出版。总的来说，这些报纸将自己视为犹太复国主义斗争的一部分，其任务是巩固犹太社群的民族、文化与政治认同。

洛姆·哈莱维。"有两条路摆在我们面前，"一份修正主义的宽幅广告上写道，"生路和死路，荣誉之路和耻辱之路，投降并受以实玛利（Ishmael）奴役之路和战争与全面胜利之路。"[39]

有一段时间，修正主义党人曾考虑建立自己的防御组织，这一组织最终被称为"国家军事组织"（the National Military Organization），或"埃策勒"（Etzel），即该组织的希伯来文缩写。英国人则称其为伊尔贡（Irgun），这个单词在希伯来语中是"组织"的意思。哈伊姆·沙洛姆·哈莱维是该组织的创始人之一。他的一位大学同学亚伯拉罕·斯特恩（Avraham Stern）当时已经创作了一首名为《无名战士》（Anonymous Soldiers）的歌曲，这首歌曲后来成为以色列自由战士组织的会歌，该组织又被称为"莱希"（Lechi），英国人则将其称为"斯特恩帮"（Stern Gang）。[40]在此之前，犹太诗人乌里·茨维（Uri Zvi）曾创作过一首诗歌，他在这首诗中号召犹太人向古代的匕首党（Sicarii）学习。匕首党是一个恐怖主义组织，该党曾经反抗过罗马人的统治。在乌里·茨维的启发下，犹太人成立了一个名为"强者之约"（Brit HaBirionim）的短命组织。在犹太团体内部，复仇的冲动和要求反制的声音越来越强烈，他们给恐怖主义势力的发展提供了动力，包括"埃策勒"和后来在哈加纳内部成立的恐怖活动分支。*

埃策勒成员对阿拉伯人展开了伏击。他们往阿拉伯咖啡馆和市场里投掷炸弹，造成数十人死亡。与阿拉伯恐怖分子和哈加纳一样，埃策勒的行动经常是在不存在任何全国性协调的情况下展开的。1938年4月的那次事件似乎就是如此——在那次事件中，该组织的成员开枪袭击了一辆从采法特开往罗什平纳（Rosh Pina）的阿拉伯公交车。这是一起报复性袭击，几天前，四名犹太人在同一地点附近的某辆汽车内被杀，其中包括一名儿童和两名妇女。尽管在那辆遭枪击的阿拉伯公交车上没有人受伤，但三名袭击者却遭到

---

* "埃策勒"（Etzel）的创始人是亚伯拉罕·西尔贝格-特霍米（Avraham Silberg-Tehomi），即那位杀死雅各布·德哈恩的刺客。他本是哈加纳的成员，但后来和几个同志一起脱离了哈加纳。在某种层面上来说，哈加纳只是一个附属于劳工运动的民兵组织。而特霍米及其手下不满足于此，他们想要成立一个更严格意义上的军事组织。1937年，其追随者中约有一半的人——约1 500人——回到了哈加纳，其余的人则继续在修正主义党人的支持下行动。[41]贾博廷斯基起初对于成立修正主义党人自己的军事组织并没抱太大的热情，但他最后还是屈服于压力，对这一项目表示了支持。

逮捕并受到审判。其中的一名袭击者名叫什洛莫·本-约瑟夫（Shlomo Ben-Yosef），他是第一个被处死的犹太恐怖分子。[42] 在本-古里安看来，这就是该组织想要达到的目标；他坚持认为，修正主义党人希望本-约瑟夫被绞死。

修正主义党人试图将整个犹太社群拖入对本-约瑟夫的哀悼中。有人在犹太工人联合会的大楼上悬挂黑旗，本-古里安下令将其移走。他说，这不是一个哀悼日，而是一个耻辱日。"一个犹太人在巴勒斯坦被绞死并不令我感到震惊。反倒是那导致绞刑的行为让我感到羞耻，"他接着说道。有人认为犹太人永远不应该被判处死刑，但他拒不接受这一观点，因为那意味着强奸犯和杀死儿童的人也能得到豁免。他认为，人们正试图把本-约瑟夫塑造成一名烈士，但在他看来，这却是一场灾难。不，他说，这不能代表犹太人的真情实感，这只是修正主义党人所"捏造"出来的情绪。

就像罢工潮中的阿拉伯青年会迫使商店店主关门一样，为了表示哀悼和抗议，修正主义者党人也试图迫使商人停工。[43] 哈加纳和埃策勒的支持者之间发生了暴力冲突；而哈加纳领导人埃利亚胡·戈隆卜（Eliahu Golomb）和泽维·贾博廷斯基之间的会议也没起到任何效果。"他希望在犹太人中树立起对本-约瑟夫的偶像崇拜，"戈隆卜总结道。贾博廷斯基认为本-约瑟夫是比特朗佩尔多更重要的人物。"在这种偶像崇拜的帮助下，他希望在我们的年轻人之中制造不和，并让他们分化成不同的派系，"戈隆卜写道。"为此，他准备继续采取报复行为，丝毫不考虑这些行为可能造成的后果。"[44] 本-古里安称贾博廷斯基为"法西斯撒旦"，并将修正主义者党人描述为"纳粹党徒"。[45] *

巴勒斯坦本土的犹太领导人一再谴责反制措施，犹太复国主义大会也是如此。[48] 尽管如此，本-约瑟夫的死还是给埃策勒注入了动力，而随着该组织袭击活动的增多，劳工运动中的年轻人也开始要求展开报复。他们不止一次地也被卷入报复行动。在本-古里安看来，修正主义党人在利用人们的爱国主义情绪，他担心这会让自己失去对部下的控制。"在士兵们的压力之下，指挥

---

* 海法市场曾经发生过一起爆炸案，这场爆炸案共造成数十名阿拉伯人死亡，案件发生后，本-古里安对高级专员说，他认为这一事件的幕后黑手是纳粹特工。尽管英国人未能阻止针对犹太人的恐怖袭击，但本-古里安却对此持一种近乎宽容的态度。他对政府表示，即使是在芝加哥和纽约，人们也会有生命危险。[46] 尽管首席政务官巴特希尔认为修正主义党人也有可能会对英国官员采取行动，但在早期，埃策勒只针对阿拉伯人。[47]

官们须要找到一个出口，以此来发泄部下心中满腔的愤怒和复仇情绪，"官方的《哈加纳历史书》中这样写道。[49]1939 年，本-古里安同意成立一个隶属于他的复仇组织——"特别行动队"（the Special Operations Units）——此时他是犹太事务局的主席。

纳胡姆·沙德米（Nachum Shadmi）是特别行动队中某分队的指挥官，他表示，成立上述部队的目的是为了打击杀害犹太人的阿拉伯人，同时也是为了打击英国政府以及犹太人中的告密者和叛徒。卢比亚（Lubia）是位于上加利利地区的一个阿拉伯村庄，沙德米描述了其分队在该村所展开的一次行动。穿着网球鞋的分队成员们在夜间悄悄地潜入了村子，为了防止被狗跟踪，他们边走边往身后洒汽油。进入村子后，他们盯上了一间开着灯的屋子。他们往里面望去，三个男人和两个女人正围着一具躺在地上的尸体坐着。分队成员们通过窗口向屋内的人开了枪。这支分队中的其中一名成员名叫伊戈尔·阿隆（Yigal Allon），此人后来成为了以色列著名的士兵和政治家。分队成员后来发现，原来屋里还有孩子。屋内有三人被打死，两男一女；另有三人受伤，包括一名两岁的男孩和一名十岁的女孩。

这次行动发生几天后，贝尔·卡茨奈尔森在《达瓦尔报》上发表了一篇言辞尖锐的谴责文章。他说，克制意味着保持"武器的纯洁性"——也就是说，使用武力有道德和不道德之分。沙德米和他的同伴们被这一批评所刺痛，他们考虑去特拉维夫向卡茨奈尔森解释自己的立场。但他们最后认为并没有必要这样做，因为犹太人之间各有分工——卡茨内尔森的任务是在报纸上写道德文章，而他们的任务则是在战场上做自己该做的事。[50] *

沙德米曾亲眼看到一名埃策勒的告密者遭暴力审讯。负责审讯的人是戴维·沙蒂勒（David Shaltiel），他后来成为了以色列国防军中的一名将军。审讯者"以一种可怕的方式对待他"，沙德米写道。正如阿拉伯人的恐怖活动一样，犹太人的复仇行动也吸引来了犯罪分子。摩西·谢托克曾记录了一次"卑鄙的行动"：一个犹太人因为私人纠纷杀害了一个阿拉伯人。他写道："在

---

* 针对某次类似的报复行动，马丁·布伯曾要求摩西·谢托克发文谴责，作为交换，布伯自己不会发出批评的声音。此时的谢托克已接替哈伊姆·阿尔洛索罗夫成为犹太事务局的政治部主任，他安排发表了一份批评性声明。[51]

过去，没有人会相信这种类型的争执会引发枪击事件。"他向同事们提出了一个"大胆的方案"：将"疯狂的年轻人"交给英国当局。他还将犹太人的恐怖活动和阿拉伯人的恐怖活动等同了起来。"阿拉伯人身上的污秽已经进入了某些犹太人群体，"他写道。[52]

5

暴力、罢工运动以及阿拉伯人对犹太经济的抵制，在这三方面因素的影响下，阿犹两族人民之间的日常接触变得十分困难，种族隔离的概念也应运而生。在本-古里安看来，隔离对犹太人的经济独立至关重要，是走向政治独立的重要一步。为此，他支持在特拉维夫建立港口，这一举措具有象征和经济层面的双重意义。

特拉维夫港建于 1936 年，犹太人之所以要建立该港，是为了应对雅法港的罢工。本-古里安对贸易并不感兴趣，他对进口和出口一无所知。在他看来，能出口多少箱橙子并不是问题的关键。他把港口与犹太复国主义运动的愿景联系了起来。"我们终于征服了通向海洋的道路，而在我的眼里，这就相当于发布了一份新的《贝尔福宣言》，"他写道。他在此背景下使用军事术语并非偶然："各国为了争夺一个出海口甚至不惜发动战争，"他指出，"我想要一片属于犹太人的海，"他对同僚们说道。"海洋是巴勒斯坦的延续，"他说，"我们必须扩大这个国家。"[53]

沃科普高级专员曾号召犹太事务局用犹太工人来维持雅法港的运作；他希望以这种方式来挫败阿拉伯人的罢工。犹太事务局拒绝了他的要求。本-古里安认为阿拉伯人的罢工是一种祝福；它激活了"希伯来劳工"这一概念，并为犹太人提供了工作机会。[54] "从这个意义上说，我们对阻止罢工不感兴趣，"他说道。但也有犹太人反对在特拉维夫建立单独的港口，他们认为这会引发一场经济战，而犹太人很可能会输。本-古里安回应说，在建立港口这件事上，任何逃避责任的人都"应该被拉出去枪毙"。[55]

新港口位于特拉维夫的北部边缘。尽管这只是一个简单的木制码头，但本-古里安却对它感到非常的自豪。"码头就是码头，"他写道，"我们的孩子们，裸露着黝黑的皮肤，在水里工作，他们装卸货物并牵引小船，就像天生的码头工人。"本-古里安几乎不记得他一生中有什么时候曾感受过如此巨大的喜悦。他回忆说，曾经有人走过来用意第绪语问他，特拉维夫是否真会有一座港口。"既是一个港口，也是一个王国，"本-古里安回答说。他在日记中写道："我们应该奖励阿拉伯人，因为他们给我们这个伟大的创造提供了动力。"他还说："穆夫提为犹太人民做出了伟大的贡献。"[56]

随着恐怖活动的加剧，许多犹太人离开了雅法和其他阿拉伯城镇，特拉维夫挤满了成千上万的难民。哈利勒·萨卡基尼幸灾乐祸地说道："他们不能离开巴勒斯坦，但也不能在巴勒斯坦生活。"[57]许多新来到特拉维夫的犹太人被安置在海滩的帐篷里。他们来自太巴列、海法和耶路撒冷老城。犹太复国主义领导人曾与耶路撒冷专员讨论过将该城划分为不同行政区的问题。而那些于1929年暴动不久后重返家园的希伯伦犹太人也再次逃离该城。[58]

在这一背景下，犹太人内部又出现了是否要排他性地雇用"希伯来劳工"的争论，而如今，安全因素也被考虑了进来。一份情报报告描绘出了一幅"可怕的画面"：一些主要的阿拉伯恐怖分子以前曾为犹太雇主工作。该报告宣称："在我们田地里干活的阿拉伯工人永远都是间谍。"犹太复国主义者继续努力传播希伯来语，并加强希伯来语教育。此外，他们还发起了一场运动，号召犹太人只购买"在巴勒斯坦制造"的商品。所谓"巴勒斯坦制造"，指的是从犹太农场和工厂里生产出来的商品。[59] 20世纪30年代中期，"巴勒斯坦产品协会"（the Association for Palestinian Products）在特拉维夫成立——其名称具有误导性，因为该协会所推广的并不是巴勒斯坦的产品，而是犹太人所生产的产品。与"语言保卫营"一样，该组织试图把对民族忠诚的义务强加给人们，让它成为每个人日常生活的一部分。"伊舒夫的每一个男人和女人，不分派别或党派，都必须为这一重要事业提供帮助，目的是提振经济和打击阻止我们重生的敌人，"某份声明中这样写道。该组织不久后便改名为"产品忠诚者联盟"（the Product Loyalist Alliance）；从犹太农场和工厂购买商品被描述为一项上帝的"诫命"（commandment）。

该组织的志愿者在市场上巡逻，有时还威胁那些出售阿拉伯产品的商人。为了"谴责叛徒"，他们会四处张贴告示，或在商店的大门上涂鸦。他们还会打碎商店的橱窗。产品忠诚者联盟确也遇到了一些反对意见——人们指责他们使用黑帮手段，把特拉维夫变成了第二个芝加哥——但和语言保卫营一样，忠诚者联盟中的成员大多被人称赞为爱国先锋。[60]《达瓦尔·列耶拉迪姆》（Davar LeYeladim）是一份面向儿童的报纸。该报的编辑鼓励小读者们不要吃外国生产的食品，即便这样做会违背母亲的意愿。这位编辑指示孩子们说："告诉母亲，永远要买希伯来经济体系中的产品。"[61] *

"购买希伯来产品"运动是另一场斗争的延伸：争取希伯来语的官方地位。"我们应该向公众强调，如果在巴勒斯坦生产的商品上没有希伯来语的标签、包装纸或标签，就不要购买，""希伯来语教育中央委员会"写道。该委员会是负责语言问题的众多机构之一。数以千计的人用希伯来语名字取代了他们原本的欧洲语言姓名。[63]

但是，巩固犹太人独立民族认同的主要努力体现在教育方面。一个研究希伯来学校系统的英国调查委员会发现，与英国父母相比，巴勒斯坦犹太父母对子女的教育有更高的期望——他们认为教育是一项民族事业。委员会写道，大多数学校都努力向学生灌输对以色列地的深厚感情和归属感。希伯来学校培养希伯来文化，特别是《圣经》与文学。关于巴勒斯坦地理的课程被称为"祖国"课，其中包括许多实地考察，目的是向学生灌输犹太复国主义思想。调查委员会成员认为所有这些发现都"令人感到费解"，这实际上是一种比较克制的说法，耶路撒冷的英国教育官员杰尔姆·法雷尔曾以一种更为强烈的语言表达了同样的想法：希伯来教育可以跟纳粹教育相提并论。[64] †

1940 年初，采法特的一片游乐场引发了一场风波，这场风波几乎就是整

---

* 犹太复国主义运动从一开始就在为"希伯来"商品的至高无上地位而斗争。英国人进入巴勒斯坦后不久，犹太复国主义委员会便向当局提出了一项申请，要求获得进口肥皂加工机器的许可。一位英国官员对贾博廷斯基说："别忘了，在纳布卢斯有一家生意兴隆的肥皂厂。如果犹太人也开一家肥皂厂，生产出来的肥皂也许更好、更便宜，那阿拉伯人的工厂会怎么样呢？"《国土报》上刊登了一则广告，商家承诺用纯橄榄油在当地生产肥皂，"没有混杂任何阿拉伯人的东西，质量比纳布卢斯的肥皂更好。"[62]

† 教育主任伯纳德·德本森（Bernard de Bunsen）嘲讽地指出，犹太人用希伯来文来教莎士比亚的作品。德本森对希伯来大学所起到的作用也感到不满。他说，在那里读书的阿拉伯学生不超过两三个。[65]

个巴勒斯坦冲突的某种缩影。这片游乐场位于一所犹太学校的院子里，其赞助者是古根海姆基金会（Guggenheimer Foundation）。该基金会则是美国犹太复国主义妇女组织"哈达萨"的一个分支机构。操场上有几个秋千和一个沙坑。很快，阿拉伯儿童也跑到操场上来玩，但犹太家长却不让他们在那里玩耍。摩西·波德霍尔策（Moshe Podhortzer）是当地犹太社区的负责人，他也支持犹太家长们的做法。

随后，这一事件在犹太社群内部引发了一场关于原则问题的讨论，各方在通信中表明了自己的观点。古根海姆基金会的代表写道：不向阿拉伯儿童开放场地的行为违背了慈善家的意愿；此外，这还关系到一个更大的问题，这个问题对"整个犹太社群"都至关重要：犹太儿童和阿拉伯儿童的接触将拉近"两个社群"之间的距离。基金会在信中提到了一个令人欣慰的事实，即阿拉伯儿童是自愿来到游乐场的。"在我们看来，这才是正确而自然的方式，而当着他们的面关上大门则是不对的。"毕竟，犹太复国主义运动对外宣传的是一种和平政策。因此，该游乐场至少应该继续对十三岁以下的阿拉伯小孩子开放。

波德霍尔策，即该镇后来的镇长，他也谈到了原则问题。"如果说你们关心的是遵守已故的伯莎·古根海姆的遗嘱，我们关心的则是遵守一个更古老且更重要的遗嘱：用托拉的精神和犹太道德来教育我们的孩子，让他们远离品性不良的同伴，防止他们学坏。"他拒绝让阿拉伯小孩在沙坑里玩耍，其理由是："这些孩子从小就有堕落的性格……即使是在零岁到十岁的阶段，他们的嘴里便满是肮脏和粗鲁的语言，而且还能做出变态的行为。"

波德霍尔策认为不值得为这些阿拉伯儿童自愿来到操场而感到高兴。"我们可以向你们保证，这些'孩子'总是会自愿过来，不仅是到游乐场来，只要你给他们创造机会，任何有可能与我们的孩子产生接触的地方，他们都会来，"他写道。他很清楚，两个社群之间的相互接触是有价值的，但在他看来，孩子们太容易受到外界的影响了，他不允许孩子的道德观念遭到腐蚀。"这对我们来说代价太高了，"他写道。按照犹太复国主义大会的决定，阿犹双方已有了足够的接触机会，他认为没有必要把他的沙坑也列入其中。古根海姆基金会转而向犹太事务局求助。摩西·谢托克犹豫了一下，最后决定不进行干预。

英国教育主管杰尔姆·法雷尔不喜欢种族隔离的做法，也不赞成犹太学校的课程设计及其对犹太复国主义意识形态的关注。此外，他认为犹太学校里的教学方法太过时了，就像中世纪一样，其管理效率也十分低下。一些犹太儿童，尤其是那些其父母来自阿拉伯国家的儿童，根本就不去上学。[66] 希伯来学校系统确实面临许多困难，包括预算限制。[67] 教师们时不时地会进行罢工。而且犹太人的教育系统太过多元了：各个学校的教学水平都不一致，其教学方法也不同；大多数学校实际上都隶属于犹太复国主义运动中的某个政治派别，每所学校也相应地开发出了不同的授课体系。但与阿拉伯学校不同的是，犹太人的教育系统反映出了整个民族和整个犹太社群的努力，而这一点是阿拉伯人做不到的。[68] 几年后，一个视察过各学校发展状况的委员会惊讶地发现，犹太学校的教师人数太多了，每22名学生就有一名教师。这一比例远高于同时期的英国学校。

希伯来学校的预算主要有两大来源，一是海外捐款，二是犹太社群内部强行征收的教育税。巴勒斯坦政府只提供了相对较少的一部分预算。犹太机构时常争辩说，当局对犹太教育的拨款少于其应得的份额。[69] 犹太儿童与阿拉伯儿童不一样，他们几乎每一个人——不论男女——都会去上学。这就是犹太民族运动和阿拉伯民族运动的最大区别。除了希伯来语的复兴之外，教育是犹太复国主义运动所取得的最大成就。

6

在隔离犹太人和阿拉伯人的同时，戴维·本-古里安还试图将巴勒斯坦境内的犹太人与"世界犹太复国主义组织"区隔开来，力图把决策的中心从伦敦转移到耶路撒冷。在这场争论中，不存在任何原则性问题，他和魏茨曼的目标都是独立，都相信与英国人合作，但他们在战术层面的确存在分歧：本-

古里安想对英国人采取更加强硬的路线，并要求增加移民配额，但他知道这件事也是有限度的；他也很小心，尽量不把与英国人的关系引向危机。本-古里安并不想取代魏茨曼成为犹太复国主义运动的领袖。其目标只是掌理巴勒斯坦的内部事务，并将权力集中在自己手中。

1935 年，在本-古里安的支持下，魏茨曼再次当选为犹太复国主义运动的主席。尽管如此，本-古里安坚持要求对魏茨曼的政治活动进行监督，防止他成为"某种政治独裁者"。他建议让魏茨曼成为"同等地位者中的第一人"（first among equals）。他还展示了自己的独立性和权力："在谈到官方政策时，人们应该把哈伊姆的政策和我的政策以及摩西（谢托克）的政策区分开来。"[70] 本-古里安的要求激怒了魏茨曼。"他想把我们降格为一处大使馆，"魏茨曼抱怨地说道。不久后，耶路撒冷的犹太事务局领导人还提出了另一项要求：魏茨曼在给英国领导人寄信之前需要先接受他们的审查。本-古里安宣称，魏茨曼对于犹太复国主义运动来说是一个危险性的存在。[71]

同本-古里安一样，沃科普也倾向于垄断所有有关巴勒斯坦问题的决策权。他之所以能成功地做到这一点，他那具有支配性的人格力量只是其中一重因素。与其前任不同，他与英国首相关系密切；此外，在其任期内，英国政府更换了四位殖民大臣。"重心已经从伦敦转移到了耶路撒冷，"本-古里安对他的同僚们说道。在这里，他指的既是自己的处境，也指高级专员。对此，他感到非常高兴：自己与当局的关系变得更加轻松了。[72]

随着巴勒斯坦犹太人自身的实力越来越强，本-古里安开始修正犹太复国主义运动的议程。从理论上讲，他对流散在外的犹太人的义务没有改变。1938 年，他写道："犹太国的目的是最大限度地吸收犹太移民，帮助解决全世界犹太人民所面临的问题……"一个独立的国家将有助于"救赎"全世界的犹太人，使犹太人能够返回自己的家园。[73] 但在实践中，本-古里安的优先事项有所不同：犹太国的首要任务是增强巴勒斯坦犹太社群的力量，使之能够对抗阿拉伯人。就在犹太复国主义运动发展出这套新理论的同时，犹太人对于一件事情也有了越来越清醒的认识：与阿拉伯人的战争不可避免。

欧洲犹太人不断恶化的处境更是加速了这种转变。突然间，有数百万犹太人需要避难，但巴勒斯坦无法接纳所有的人。本-古里安经常幻想着所能接纳的难民人数。1934 年，他说巴勒斯坦有容纳 400 万犹太人的空间；两年后，他又说"至少"能容纳 800 万人。[74] 有时他把移民率设定在每年 5 万人，有时又说是 10 万。但不管怎么说，他认为把欧洲的犹太人带到巴勒斯坦需要花五十到一百年的时间。[75] 换句话说，即使按照最乐观的估计，在欧洲日益困苦的犹太人中，也只有一小部分人能在 20 世纪 30 年代移民到巴勒斯坦。可悲的是，犹太复国主义运动预见到了这场灾难，但在欧洲犹太人最需要帮助的时候，它所提供的解决方案是不充分的。*

　　本-古里安和巴勒斯坦的其他犹太人逐渐意识到，这个国家不可能接纳所有受迫害的犹太人，于是，他们便不再将犹太国家视为拯救犹太民族的手段，并转而专注于自己的需要。当 1937 年本-古里安谈到要在 15 年内把 150 万犹太人带到巴勒斯坦时，他主要考虑的是让国内的犹太人占据多数地位。[77] 本-古里安也开始将德国纳粹的崛起视为推进犹太复国主义运动的手段。[78] "我们希望希特勒被摧毁，"本-古里安说道，"但只要他还活着，我们就有兴趣利用这一点来为巴勒斯坦谋福利。"因此，犹太复国主义者也采取了相应的行动，他们要确保欧洲的犹太难民来到巴勒斯坦，而不是去其他地方。有一次，本-古里安向高级专员表示，如果可能的话，他会支持把波兰的犹太人转移到美国或阿根廷，"而不理会犹太复国主义意识形态。"[79] 尽管如此，他却将其他帮助欧洲犹太人的行动视为有害的竞争。其中一个令他感到恼怒的组织是"联合分配委员会"（the Joint Distribution Committee）——一个独立于犹太复国主义运动的世界性犹太人援助组织。[80]

　　如果注意到本-古里安的这种竞争意识，便能理解他在法国埃维昂（Évian）召开的一场国际会议上的反应。在这场讨论犹太难民问题的国际会议中，他警告说，如果向犹太难民开放其他国家的移民通道，有可能会不利于犹太复国主义者们的主张——在犹太复国主义者们看来，这些难民应该被接到巴勒斯坦。巴勒斯坦的犹太社群依赖于移民，本-古里安写道。他还担心欧洲的迫害会对犹太复国主义运动募集资金的能力造成不利影响。"当无数的犹

---

* 泽维·贾博廷斯基一直鼓吹大规模移民，但与即将到来的大灾难的规模相比，他所说的数字也是很小的。1936 年，他提出了一项计划，即从欧洲"撤出"150 万犹太人，并将他们安置在巴勒斯坦。但即使是这一数字也要分十年才能完成。[76]

太难民在集中营中受苦受难的时候，即使是犹太复国主义者也不会对巴勒斯坦的需求作出回应，"他写道。[81]

几年前，本-古里安曾就营救德国犹太儿童一事发表了如下声明："如果将德国儿童转移到英国能拯救所有儿童，而将他们转移到巴勒斯坦却只能救一半，我会选择第二种方式——因为我们所面临的不只是对这些儿童的清算，还是对整个犹太民族的历史清算。"[82] 他是在 1938 年 12 月，即"水晶之夜"（Kristallnacht）之后不久发表的这番评论。为了确保自己没有被误解，本-古里安补充说："和每一个犹太人都一样，我希望能尽可能地救出每一个犹太人，但没有什么事情能比拯救以色列地上的希伯来民族更重要。"[83] *

当犹太复国主义运动领导层在制定移民政策时，他们倾向于将欧洲的犹太人视为建立犹太国家所需的"人力资源"，而不是将犹太国家视为拯救犹太人的手段。本-古里安说，如果有选择，他会选择年轻的移民，而不是年老的移民，也不是儿童——孩子应该在巴勒斯坦出生。[84] 除此之外，他还更倾向于引进工人。事实上，20 世纪 30 年代发放的大多数移民许可证都分配给了 20 多岁的未婚男性"先锋"；只有 20% 的许可证分配给了年轻女性。尽管也有少量的许可证被分配给了儿童，但犹太事务局规定，弱智儿童不得入境，因为很难在巴勒斯坦为他们作出适当的安排。[85] †

纳粹在德国上台三年后，随着第二次世界大战的到来，犹太复国主义者在巴勒斯坦设立了一个特别基金，以资助身患绝症的犹太人返回欧洲。其理由是，这些移民"已成为犹太社群及其社会机构的负担"。该基金会是在犹太劳工联合会和特拉维夫市政府的帮助下设立的。到 1936 年 12 月底，就已经有数十名移民被送回欧洲。[87]

当巴勒斯坦领导人正在挑选潜在的移民人选时，欧洲的犹太人却似乎并不急于来到巴勒斯坦，这让他们感到十分不满。摩西·谢托克抱怨说，波兰犹太人并不急着使用犹太事务局颁发给他们的移民许可证。据他估计，已经

---

* 犹太复国主义运动经常纠结于这样一个问题：它是应该努力改善其他国家犹太人的生活条件，还是仅限于把犹太人安置在巴勒斯坦。事实上，在许多情况下，犹太复国主义者确实在努力改善世界各地犹太人的命运。

† 与非犹太妇女结婚的犹太男子在向犹太事务局申请移民许可证时遇到了特殊的问题。[86]

有数千人拿到了许可证，但他们却迟迟不肯出发。他说："波兰的犹太人显然不知道一把剑正悬在我们的脖子上。"他指的是犹太人在巴勒斯坦所面临的危险。他建议在波兰制造恐慌，以便能鼓励犹太人离开。[88] 巴勒斯坦的其他领导人则继续要求流散地上的犹太人为犹太复国主义计划提供资金。阿瑟·鲁宾在参观波兰的犹太社群时曾写道："他们的捐助实在是太少了。"他写下这段话的时候是 1938 年 3 月，也就是纳粹入侵波兰并开始屠杀犹太人的一年半以前。[89]

在战争爆发前不到两个星期的时候，本-古里安抱怨说："巴勒斯坦的前途悬而未决。"他对欧洲的犹太人提出了尖锐的批评，并说道："就算你们说我是反犹主义者，我也必须说……在德国、波兰和美国发生的事情让我们羞愧到窒息，因为犹太人不敢反击。"在谈到流亡犹太人的心理状态时，他宣称："我们不属于那种犹太民族。我们要反抗那种犹太民族。我们也不想成为那样的犹太人。"几个月前，本-古里安还曾表示："乞求只适合于拉比和妇女；我们行事的方式不是乞求，而是进行政治宣传。"[90]

大英帝国的强大给本-古里安留下了深刻的印象。虽然他经常诋毁英国官员和政治家，甚至怒斥"该死的英国人"，但他对英国的民主制度却十分钦佩。某次，在参观完英国议会后，他开玩笑说，他还以为来到了犹太复国主义大会，因为议员们都太支持犹太复国主义运动了。[91] * 他依然认为，英国人之所以支持犹太复国主义运动是出于两方面考虑，一是因为这符合他们的利益；二是因为他们尊重在《贝尔福宣言》中对犹太人作出的承诺，并同情犹太人所面临的困境。本-古里安还就此问题训斥了梅纳赫姆·乌西什金。他写道："我们有些人天真地以为，大不列颠被我们按在了拇指之下，必须服从我们的每一个想法。"本-古里安警告说，在当下的政治形势下，犹太人必须留住英国的善意，因为"世界上有史以来最大的灾难"即将发生，谁也不知道哪支军队会最终进入巴勒斯坦。这个国家有可能被希特勒、斯大林或伊本·沙特占领，也可能继续属于英国。即使在那时，巴勒斯坦的犹太复国主义者也应考虑战争爆发时他们该如何应对。[92]

---

* 本-古里安对英国的犹太政客心怀怨气，因为他们丝毫不愿意接受他的意见。他把赫伯特·塞缪尔称为"叛徒和奴隶"，把詹姆斯·罗斯柴尔德（James Rothschild）称为"懦夫和傻瓜"。

注 释

1. Ben-Gurion's notes of his talks with Arabs, 1934–36, CZA S25/10188.
2. Eliahu Eilat, "Conversations with Musa Alami" (in Hebrew), *Yahadut Zemananu*, vol. II, 1958, p. 22.
3. Ben-Gurion's notes of his talks with Arabs, 1934–36, CZA S25/10188.
   Moshe Sharett, *Political Diary* (in Hebrew) (Tel Aviv: Am Oved, 1971), vol. I, pp. 136, 142ff., 165ff.
   Ben-Gurion with Wauchope, 29 to 30 July, 1934, CZA S25/171/1.
   Attempts to talk with Arabs 1932–45, CZA S25/8085.
   Frumkin and others to Shertok, 28 July 1936, CZA A 199/26.
   Gad Frumkin, *The Way of a Judge in Jerusalem* (in Hebrew) (Tel Aviv: Dvir, 1954), p. 321ff.
4. David Ben-Gurion, Causes of the Riots (in Hebrew), 8 Nov. 1936, CZA S25/4180.
5. David Ben-Gurion, *Memoirs* (in Hebrew) (Tel Aviv: Am Oved, 1973), vol. III, p. 200.
6. Moshe Lissak, "Immigration, Absorption, and the Building of Society in Palestine: Israel in the 1920s, 1918–1930" (in Hebrew), in *The History of the Jewish Yishuv in Palestine from the Time of the First Aliya (The British Mandate)* (in Hebrew), ed. Moshe Lissak and Gabriel Cohen (Jerusalem: Israel Academy of Sciences, Bialik Institute, 1994), part II, p. 215.
7. Knesset Yisrael to the high commissioner, 4 Sept. 1936, CZA S25/9783.
   British administration in Palestine, 1938–40, CZA S25/7746.
   Arlosoroff to Wauchope, 16 Apr. 1933, CZA S25/30.
   Sharett, *Political Diary*, vol. I, p. 32.
   Ben-Gurion, *Memoirs*, vol. I, p. 686ff.
   Netanel Katzburg, "The Second Decade of the Mandate Regime in Palestine, 1931–1939" (in Hebrew) in *The History of the Jewish Yishuv in Palestine from the Time of the First Aliya (The British Mandate)* (in Hebrew), ed. Moshe Lissak (Jerusalem: Israel Academy of Sciences, Bialik Institute, 1933), part I, p. 337ff.
8. The Anglo-Polish Bank to Antonius, 28 Nov. 1932, ISA 65 P/330/866.
   Arab protest leaflets, ISA 65 P/325/570.
   Arab mayors to the high commissioner, 13 Nov. 1932, ISA section 65 Antonius, P/316/132.
9. Hacohen diary, 22 Elul 5694 (2 Sept. 1934), 1 Menachem-Av (31 July 1934), National Library, Manuscript Division, 514/B.
   Barlas to Arlosoroff, 17 Feb. 1932, CZA S25/2589. See also: Sharett, *Political Diary*, vol. II, p. 97.
10. Kisch to the high commissioner, 25 Aug. 1933, CZA S25/16.
    Ben-Gurion and Sharett to the high commissioner, 20 Oct. 1933, CZA S25/2596.
    Sharett with the chief secretary, 9 Nov. 1934, CZA S25/2441. See also: CZA S25/2651.
    Dalia Ofer, *Way Through the Sea* (Jerusalem: Yitzhak Ben-Zvi, 1988), p. 474.
11. Ben-Gurion, *Memoirs*, vol. II, pp. 166, 23.
12. Gabriel Sheffer, "The Image of the Palestinians and the Yishuv as a Factor in Shaping Mandatory Policy in the 1930s" (in Hebrew), *Ha-Tzionut* III (1973), p. 289.
    Wauchope to Melchett, 31 Jan. 1933, CZA S25/31/2.
    Wauchope to Arlosoroff, 6 Apr. 1933, CZA S25/30.
    Wauchope with Henrietta Szold, 27 July 1933, CZA S25/15B2. See also: Ben-Gurion, *Memoirs*, vol. III, pp. 107, 109.
    A Survey of Palestine Prepared for the Anglo-American Committee of Inquiry (Jerusalem: Government Printer, 1946), vol. I, p. 141.
13. Kenneth W. Stein, *The Land Question in Palestine, 1917–1939* (Chapel Hill: University of North Carolina Press, 1984), p. 226. See also: JNF Executive, 6 Dec. 1937, 6 July and 8 Aug. 1938, 20 Sept., 26 Nov. 1934, CZA JNF 5 Box 695.

Chaim Arlosoroff, *Jerusalem Diary* (in Hebrew) (Tel Aviv: Mifleget Poalei Eretz Yisrael, 1949), p. 133.

14. Arieh L. Avineri, *Jewish Settlement and the Charge of Dispossession, 1878–1948* (in Hebrew) (Tel Aviv: Ha-Kibbutz Ha-Me'uhad, 1980), p. 112ff.
    Pewsner to Ruppin, 1 June 1930, CZA S25/7448.
    Golan to Shlossberg, 13 Sept. 1938, CZA S25/6553.

15. *A Survey of Palestine Prepared for the Anglo-American Committee of Inquiry*, vol. I, p. 296.
    Arlosoroff to the French Commission, 12 July 1932, CZA A 202/119.
    CZA S25/7596.

16. Alex Bein, *Immigration and Settlement in the State of Israel* (in Hebrew) (Tel Aviv: Am Oved, 1982), p. 265ff.

17. Ben-Zion Dinur, ed., *The Haganah History Book* (in Hebrew) (Tel Aviv: HaSifriya HaTzionit, Ma'archot, 1964), vol. II, part 2, p. 851ff. See also: Nachum Shadmi, *A Straight Line in the Circle of Life* (in Hebrew) (Tel Aviv: Ministry of Defense, 1995), p. 114ff.
    Mordecai Naor, ed., *The Days of Huma U-Migdal, 1936–1939* (in Hebrew) (Jerusalem: Yad Ben-Zvi, 1987).

18. Sharett, *Political Diary*, vol. III, p. 80ff. See also: Jewish Agency memorandum, Apr. 1939, CZA S25/10.

19. Wauchope to Shertok, 29 Dec. 1937; Wauchope to Ben-Gurion, 30 Dec. 1937, CZA S25/31.1

20. Ze'ev Vilnai, *Tel Aviv–Jaffa: The Largest of Israel's Cities* (in Hebrew) (Ahiever, 1965), p. 33.

21. Hacohen diary, 15 Tammuz 5694 (28 June 1934); 13 Elul (24 Aug. 1934); 27 Tashrei 5695 (6 Oct. 1934), National Library, Manuscript Division, ARC 4 1068/514.
    Joseph F. Broadhurst, *From Vine Street to Jerusalem* (London: Stanley Paul, 1936), p. 225ff. See also: E. C. Hodgkin, ed., *Thomas Hodgkin: Letters from Palestine, 1932–1936* (London: Quartet Books, 1986), p. 36ff.

22. W. F. Stirling, *Safety Last* (London: Hollis and Carter, 1953), p. 113.

23. Hacohen diary, 21 Heshvan 5695 (30 Oct. 1934); 27 Tishrei 5795 (6 Oct. 1934), National Library, Manuscript Division, ARC 4 1068/514.

24. Central Committee of the Union of Farmers, "Report for the Years 1936–1937" (in Hebrew), p. 9, CZA S25/4833.

25. Jewish Agency treasurer to the Anglo-Palestine Bank, 2 Feb. 1932, CZA S25/6161.

26. Sharett, *Political Diary*, vol. I, p. 336ff. See also: Sharett, *Political Diary*, vol. II, p. 423ff.

27. Wauchope to Ormsby-Gore, 24 June 1936, PRO CO 733/297 75156.
    Kisch report, 14 Oct. 1931, CZA S25/30. See also: Ben-Gurion, *Memoirs*, vol. I, p. 521.
    Ben-Gurion, *Memoirs*, vol. III, p. 64.
    Ben-Gurion with the high commissioner, 19 to 30 July 1934, CZA S25/17/1.

28. Ben-Gurion, *Memoirs*, vol. III, p. 3.
    Ben-Gurion, *Memoirs*, vol. II, pp. 330, 354.

29. Index of conversations, 1933–35, CZA S25/17/1.
    Ben-Gurion, *Memoirs*, vol. II, p. 151.
    Sharett, *Political Diary*, vol. I, pp. 191, 183, 186.

30. Statement by the National Council, 26 Apr. 1936, in *The Book of the Events of 5696* (in Hebrew), ed., Bracha Habas (Tel Aviv: Davar, 1937), p. 49.

31. Bracha Habas, ed., *The Book of the Events of 5696*, pp. 51, 14.

32. Ben-Gurion, *Memoirs*, vol. III, p. 122.
    Shabtai Teveth, *Ben-Gurion and the Arabs of Palestine* (in Hebrew) (Tel Aviv: Schocken, 1985), pp. 272, 285.
    David Ben-Gurion, The Causes of the Riots, 8 Nov. 1936, CZA S25/4180.

33. Ben-Gurion diary, 11 July 1936, Ben-Gurion Heritage Archives.

34. Yigal Ilam, *The Haganah: The Zionist Way to Power* (in Hebrew) (Tel Aviv: Zemora Bei-
    tan Modan), p. 68ff.
    Meir Pa'il, *The Development of the Hebrew Defense Force, 1907–1948* (in Hebrew) (Tel
    Aviv: Ministry of Defense, 1987), p. 48ff.
35. Rabbi Benjamin and Ya'akov Patrazil, eds., *Against the Terror* (in Hebrew) (n.p., Aug.
    1939).
36. Bracha Habas, "Forty Days" (in Hebrew), *Davar Le-Yeladim*, 28 May 1936, p. 3.
37. G. Karsal, *The History of the Hebrew Press in Palestine* (in Hebrew) (Tel Aviv: HaSifriya
    HaTzionit , 1964), p. 118ff.
38. Etzel leaflet, Aug. 1938, Jabotinksy Institute, *The Etzel in Palestine* (in Hebrew), ed. Eli Y.
    Tabin (Tel Aviv: Jabotinsky Institute, 1990), vol. I, p. 270ff.
39. Etzel broadside, Aug. 1938, Jabotinsky Institute, in Tabin, *The Etzel in Palestine,* vol. I,
    p. 272.
40. Testimony of Chaim Shalom Halevi, Jabotinsky Institute, PA 62.
41. David Niv, *The Campaigns of the Etzel* (in Hebrew) (Jerusalem: Klausner Institute,
    1965). See also: Saul Zadka, *Blood in Zion* (London: Brassey's, 1995).
42. Ya'akov Amarmi and Menachem Meltzsky, *The Chronicle of the War of Independence* (in
    Hebrew) (Tel Aviv: Ministry of Defense, 1981).
43. Sharett, *Political Diary*, vol. III, p. 152.
44. Ya'akov Shavit, ed., *Restraint or Response* (in Hebrew) (Ramat Gan: Bar Ilan University,
    1983), p. 127.
45. Ben-Gurion, *Memoirs*, vol. V, p. 220ff.; vol. II, p. 19ff.
46. Sharett, *Political Diary*, vol. III, p. 208; Ben-Gurion, *Memoirs*, vol. III, p. 129.
47. Battershill to Shuckburgh, 21 Nov. 1937, RHL, Battershill papers, 10:3, ff. 5–24.
48. Elihau Stern, ed., *Chronology of the New Jewish Yishuv in Palestine, 1936–1947* (in
    Hebrew) (Jerusalem: Yad Ben-Zvi, 1974), pp. 53, 56, 71. See also: Knesset Yisrael, National
    Council, *Book of Documents* (Jerusalem: n.p., 1949), pp. 202, 208, 219, 241.
49. Dinur, *The Haganah History Book*, vol. II, p. 840ff.
50. Dinur, *The Haganah History Book*, vol. II, part II, p. 580.
    Shadmi, *A Straight Line in the Circle of Life*, p. 122.
51. Moshe Sharett, *Political Diary*, vol. II, pp. 139, 142.
52. Shadmi, *A Straight Line in the Circle of Life*, p. 123ff.
    Sharett, *Political Diary*, vol. II, pp. 137, 296, 416.
53. Ben-Gurion, *Memoirs*, vol. III, pp. 444ff., 343.
54. Sharett, *Political Diary*, vol. I, pp. 189, 191, 195ff., 201ff., 205ff., 218ff., 233, 321.
    Ben-Gurion, *Memoirs*, vol. III, p. 143.
55. Smilansky to Shertok, 4 Sept. 1936; Rotenstreich to the members of the Jewish Agency
    Executive, 30 Dec. 1930, CZA S25/9783.
    Ben-Gurion, *Memoirs*, vol. III, p. 478.
56. Ben-Gurion, *Memoirs*, vol. III, pp. 343, 334, 478.
    Ben-Gurion diary, 11 July 1936, Ben-Gurion Heritage Archives.
57. Sakakini diary, 30 Apr. 1936. With the kind permission of his daughters. Khalil al-
    Sakakini, *Such Am I, O World* (in Hebrew) (Jerusalem: Keter, 1990), p. 188.
58. CZA S25/4468.
    Chaim Arlosoroff, *Jerusalem Diary*, p. 98. See also: Jerusalem Committee, 24 Dec. 1937,
    CZA S25/42.
    Sharett, *Political Diary*, vol. III, p. 108.
    Haim Hanegbi, "My Hebron: A Story of a Different Love (in Hebrew), *Koteret Rashit*,
    20 July 1983, p. 20ff.
59. Internal Dangers [1941?], CZA S25/7188. See also: Moshe Shertok to the Nes Tziona
    Committee, 10 Aug. 1939, CZA S25/7188, CZA S25/4180.
    Haifa Workers' Council to Kisch, 15 Apr. 1931; the Jewish Agency to the Histadrut,
    26 June 1931, CZA S25/7156.

Negotiations with a private contractor (1932), CZA S25/7165; negotiations with the director of the train (1942), CZA S25/10078.

Kopplewitz to the Jewish Agency Executive, 14 Oct. 1935, CZA S25/7164.

Details of the visit of Dr. Werner Senator and Yosef Rabinowitz to Hadera, 4 Nov. 1931, CZA S25/7188.

Minutes of a meeting with the Agriculture Committee, Petach Tikva, 14 Dec. 1935, CZA S25/10146.

60. Meir Livni, *The Forgotten Struggle: The Association for Palestinian Products—the Agricultural Department, 1936–1949* (in Hebrew) (published by the author, 1990), pp. 121, 2, 160, 8.

61. "We Will Eat the Products of Our Economy" (in Hebrew) (unsigned), *Davar LeYeladim*, 4 June 1936, p. 16; Leah Goldberg, "Thirty Days for Palestinian Products" (in Hebrew), *Davar Le-Yeladim*, 16 June 1936, p. 16.

Ian Black, *Zionism and the Arabs, 1936–1939* (New York: Garland Publishing, 1986), p. 39ff.

62. Ben-Gurion, *Memoirs*, vol. I, p. 476.

Ha'aretz, 3 July 1919, p. 1.

63. Instilling Hebrew, 26 May 1941, CZA S25/6734.

5704, The Year of Naturalization and the Hebrew Name, Jewish Agency, 1944.

64. Yoram Bar-Gil, *Homeland and Geography in One Hundred Years of Zionist Education* (in Hebrew) (Tel Aviv: Am Oved, 1993), p. 76. See also: Services in the field of instruction, CZA S53/556.

The System of Education of the Jewish Community in Palestine, Colonial No. 201 (London: HMSO, 1946), p. 5.

ISA M/4388/01/267.

The Distribution of Educational Benefits in Palestine (1945), p. 10ff., MEC, Farrell Papers.

65. Bernard De Bunsen, "Memoirs," manuscript with unnumbered pages. With the kind permission of his widow.

66. Guggenheimer Fund, 13 Mar. 1940, Podhurzer to Guggenheimer, 13 Mar. 1940, CZA S25/3979.

Shertok to Ben-Zvi, 14 Apr. 1940, CZA S25/3055.

67. The Distribution of Educational Benefits in Palestine (1945), p. 10ff., MEC, Farrell Papers.

68. Plumer to Eder, 26 July 1927, CZA S25/6832.

69. *Palestine and Transjordan: Report of the Financial Commission*, Middle East No. 43 (London: HMSO, 1931), p. 89.

Ben-Gurion, *Memoirs*, vol. II, p. 14.

70. Ben-Gurion, *Memoirs*, vol. II, p. 419; vol. III, p. 327; vol. IV, p. 250.

Sharett, *Political Diary*, vol. I, p. 363.

71. Sharett, *Political Diary*, vol. I, pp. 328, 347; vol. III, p. 39.

Weizmann to Shertok, 2 Oct. 1936, in *The Letters and Papers of Chaim Weizmann*, ed. Yemima Rosenthal (New Brunswick, NJ: Transaction Books, 1979), Vol. XVII, p. 352.

72. Ben-Gurion, *Memoirs*, vol. I, p. 521.

73. Ben-Gurion, *Memoirs*, vol. V, p. 208. See also: Ben-Gurion, *Memoirs*, vol. I, pp. 412, 473.

74. Ben-Gurion, *Memoirs*, vol. II, p. 145; vol. III, p. 203.

75. Ben-Gurion, *Memoirs*, vol. I, p. 675.

Ben-Gurion, *Memoirs*, vol. II, p. 5.

76. Ben-Gurion, *Memoirs*, vol. IV, p. 266.

77. Shmuel Katz, *Jabo* (in Hebrew) (Tel Aviv: Dvir, 1993), vol. II, p. 971.

78. Ben-Gurion, *Memoirs*, vol. III, pp. 24, 28, 41, 64, 85.

79. Ben-Gurion, *Memoirs*, vol. III, pp. 143, 105. See also: Moshe Sharett, *Political Diary*, vol. II, p. 273.

80. Ben-Gurion, *Memoirs*, vol. II, pp. 87, 571.
81. Ben-Gurion, *Memoirs*, vol. V, pp. 220, 402.
82. Ben-Gurion, *Memoirs*, vol. V, p. 398.
83. Ben-Gurion, *Memoirs*, vol. V, p. 402ff.
    Ben Gurion, *Memoirs*, vol. VI, pp. 209, 233, 228.
84. Ben-Gurion, *Memoirs*, vol. I, pp. 672, 132.
85. Report of the Immigration Department of the Jewish Agency 1937–39, CZA S6/923.
    Immigration of Unfit People, CZA S7/563.
    Instructions on Choosing Children, 26 Oct. 1939, CZA S6/3340.
86. CZA S25/5900; CZA S6/47009.
87. "Repatriation of Chronic and Incurable Cases," National Council of the Jewish Community of Palestine, *Bulletin on Social Welfare in Palestine*, vol. II, no. 3–4 (Dec-Jan. 1937), p. 54.
88. Sharett, *Political Diary*, vol. I, pp. 247, 345, 255.
89. Ruppin, *Chapters of My Life in the Building of the Land and the Nation*, p. 292.
90. Ben-Gurion, *Memoirs*, vol. VI, p. 511ff; vol. V, p. 220.
91. Ben-Gurion, *Memoirs*, vol. II, p. 304; vol. I, pp. 180, 366.
92. Ben-Gurion, *Memoirs*, vol. III, pp. 298, 415; vol. V, p. 416.
    Kisch to Brodetsky, 3 Dec. 1928, CZA S25/1.
    Ben-Gurion to Ussishkin, 11 Nov. 1936, Ben-Gurion Heritage Archives.
    Sharett, *Political Diary*, vol. III, pp. 103, 279ff., 294.

第 19 章　驴子的故事

1

哈伊姆·魏茨曼多年来所建立和经营起来的人际关系网络仍在发挥作用，它几乎为犹太复国主义领导人打开了伦敦方面的每一扇大门。一位英国外交部的官员声称，犹太事务局几乎享有外国大使馆的地位。[1]

而在另一方面，尽管魏茨曼在犹太复国主义运动中的地位已被削弱，但英国高级官员仍旧待他如座上宾。自由党领袖阿奇博尔德·辛克莱尔（Archibald Sinclair）爵士曾在家中宴请他，温斯顿·丘吉尔也是当时的客人之一。丘吉尔喝得酩酊大醉，称斯坦利·鲍德温（Stanley Baldwin）首相为"白痴"，并向魏茨曼承诺，即使犹太复国主义者做出了可怕的蠢事，他也会支持他们。丘吉尔又转向了克莱门特·艾德礼（Clement Attlee）（此人后来也将成为首相），然后指着魏茨曼说：他是你的老师，他是我的老师，他还是劳合·乔治的老师——他让我们做什么我们就做什么。[2]

犹太复国主义者也常常知道官员们在私底下说过什么话。布兰奇·杜格代尔（Blanche Dugdale）是贝尔福勋爵的侄女，和她叔叔一样，她不仅是个基督徒，还是个犹太复国主义者。她自愿成为犹太复国主义运动的间谍。杜格代尔与英国政府中的某位大臣有着亲密的友谊，戴维·本-古里安和摩西·谢托克在日记中只把这位大臣称为"一位朋友"。这位朋友就是沃尔特·埃利奥特（Walter Elliot）；在 20 世纪 30 年代的大部分时间里，他一直在政府中担任各种职务。沃尔特把杜格代尔叫作"巴菲"（Baffy），他们俩每天至少要聊一次，而沃尔特在聊天中泄露给巴菲的情报给犹太复国主义运动带来了不小的帮助。她曾在日记中写道：沃尔特是10点半左右来的，"一直待到了凌晨1点，其中的一段时间我们谈论的是巴勒斯坦的局势"。本-古里安把她比作女先知德波拉（Deborah）。杜格代尔是个聪明的女人，魏茨曼和本-古里安不仅仅是在利用她的人脉，还把她视为外交工作中真正的伙伴。[3] *

在英国人的各种社交圈子里，对犹太复国主义运动的支持是一个事关公正的问题。《伦敦时报》便是这方面的表率，它跨越了党派界限，得到了政治体制内各类成员的认同。其中的一些人几乎沉迷于犹太复国主义；就像过去一样，这种奇怪而亲密的吸引力源于英国人对犹太人的矛盾感情：既敬畏又恐惧、既钦佩又反感。一天晚上，摩西·谢托克去了伦敦的剧院，他惊讶地在那里发现了巴勒斯坦。剧院中正在上演的话剧讲述了这样一个故事：一位负责巴勒斯坦事务的英国外交部高级官员因婚内出轨而被迫辞职。这位官员非常沮丧；他认为，如果他没有被革职，他本可以终止巴勒斯坦的骚乱。舞台上的一位妇女问道："他们到底想要什么，那些阿拉伯人？"这位官员的情妇回答说："我对阿拉伯人的了解就是，一块肥皂不会对他们造成什么伤害。"谢托克回忆说，当时观众们都笑了起来。[5]

内阁、议会和报刊偶尔也会讨论巴勒斯坦问题，但在各种因素的共同作用下，巴勒斯坦问题被挤出了英国人的话语中心。这些因素包括英国持续的经济危机、纳粹德国对欧洲的威胁，尤其是国王爱上一个美国离婚女人给该国政治制度所带来的创伤。本-古里安估计，英国大概只有一百人——议会成员和报纸编辑——对发生在巴勒斯坦的事件感兴趣。本-古里安曾想，如果这些人全都坐上了一条船，而该船恰好在航行的过程中沉没了，那英国便不会再有懂巴勒斯坦的人了。他们最多只能找到一份发表于1917年的宣言，宣言中记载着某种承诺。[6]

由于阿拉伯人持续不断的抗议，恐怖活动的增多以及欧洲呈现出来的战争风险，伦敦和耶路撒冷的英国人越来越将巴勒斯坦视为负担，他们也没有理由再继续承受这一负担。这种转变不是一下子发生的，也不是出于理性分析的结果。它更多地反映出了某种不舒服和不耐烦的感觉：英国人已经厌倦

---

* 乔治·安东尼乌斯及其妻子凯蒂也与布兰奇·杜格代尔和身为大臣的沃尔特保持着友好的关系。[4]但总的来说，阿拉伯人不能像犹太复国主义运动领导人那样与英国领导人产生直接接触。

了巴勒斯坦。这个国家是一个长期存在且几乎无法解决的问题，一位外交部官员写道："很难想象"如何能找出一套解决方案。犹太人和阿拉伯人所得到的保证与承诺永远不可能调和——至少按照争端双方对这些承诺所做出的解释，它们是不能得到调和的。恐怖活动迫使英国向巴勒斯坦派遣援军，但这是要花钱的。沃科普威胁要提高地方税收以填补军费开支，但他这样做的权力是有限的。[7]

1936 年夏天，当局摧毁了雅法老城内的几百栋房屋——阿拉伯人给出的数字是八百栋，《泰晤士报》给出的数字则是三百栋，其中一些房屋被炸毁。住在这些房子里的几千名居民都是阿拉伯人，他们收到了在二十四小时内从房屋中撤出的命令，有些命令还是从飞机上扔下来的。当局承诺给予补偿，但并没有提供替代性住房。人们先是挤进了学校和地窖，最后不得不涌向海滩。[8]

被拆毁的房屋矗立在狭窄的小巷中，它们为扔石块的人和狙击手提供了掩护。对警察来说，这是一片危险区域。《泰晤士报》的一名记者赞扬了当局的行动。他说，这附近是一个贫穷的街区，巷子里充满了肮脏、暴力和犯罪。在这片以前连警察都不敢单独行动的地方，这位记者现在能够在里面自由地行走。[9] 但首席大法官迈克尔·麦克唐纳爵士却对政府提出了严厉的批评，令政府颜面尽失。他的理由是：政府欺骗了居民。当局并没有告诉他们真相——拆毁这些房屋实际上是出于治安方面的考虑，但政府却把这项工程说成是城市重建项目的一部分，好像他们的目的是为了美化街区的外观和促进公众健康。政府想用灰尘蒙蔽人们的眼睛，这位法官写道。在这一案件的庭审过程中，各政府部门都在逃避责任，这一举动也引来了法官大人的批评。沃科普对麦克唐纳的行为感到非常气愤；他声称首席法官在背后捅了政府一刀。沃科普表示，这一事件损害了政府的地位，并进一步加剧了阿拉伯人的抱怨。麦克唐纳大法官很快便被革职并离开了巴勒斯坦。[10] *

政府拆毁雅法房屋的举动表明，英国人有意愿采取铁腕的反恐政策，但他们企图掩盖行动真正目的的愚蠢行为也反映了这一政策所面临的许多困难。沃

---

* 在此期间，其他几位著名的法官也被替换。一些新任命的法官在普通法和"英国现行的衡平学说"的基础上，追求一种更加公平、不那么傲慢的进路。与政府中的其他成员一样，法官们也是根据他们的个人背景和观点，以及他们对巴勒斯坦事件的政治立场来行事的。[11]

科普希望把反恐政策的制定权掌握在自己手中，但他同时又不希望自己的政府与具体的反恐行动挂上钩。他表示，与其被人视为一名"血腥士兵"的指挥官，不如以"慈祥父亲"的形象出现在人们面前。毕竟，当公共秩序恢复后，将与全国居民打交道的是民政部门，而不是军队。雅法事件激起了阿拉伯社群的愤怒。由于担心暴力升级，高级专员试图尽可能地延迟做出实施戒严的决定。[12]

最终，沃科普承认，他治理巴勒斯坦的方法是错误的。他刚到任的时候曾希望将犹太人和阿拉伯人融合成一个单一的公民社会。为此，他曾试图建立一个由犹太人和阿拉伯人组成的联合立法委员会。实际上，这一想法自赫伯特·塞缪尔在任时期就一直在巴勒斯坦流传。但这一想法并没有取得成功。没有人想成立什么委员会：犹太人和阿拉伯人都在争取胜利，而不是妥协。[13] *

阿拉伯人的叛乱使沃科普确信，建立一个由犹太人和阿拉伯人组成的单一社群是不可能的，因为双方都没有这种意愿。所以，他得出的结论是：两族分治才是巴勒斯坦的未来。阿拉伯人和犹太人关系的恶化正威胁着整个帝国的威信。"大英帝国是不会垮的！"殖民大臣略显可悲地说道。外交部的高级官员罗伯特·范西塔特（Robert Vansittart）爵士甚至提出了这样一种方案，即将巴勒斯坦的委任统治权移交给另一个国家。[14] 就像往常一样，英国方面最后成立了一个调查委员会来研究巴勒斯坦的局势。该决定是在1936年夏天做出的；但当调查委员会到达巴勒斯坦时，冬天已经来临了。

就此调查委员会而言，其委员们都是极其受人尊敬之人，其本身也享有"皇家"的称号。该委员会的领导者是一名杰出的贵族——前印度事务国务大臣皮尔勋爵（Lord Peel）。委员会的五名成员中，有四名带有"爵士"头衔，包括一名前总督、一名高等法院法官、一名前大使和一名牛津大学的历史学教授。他们个个经验丰富，其背景能够满足此项重要调查的需要。[15] 当委员们到达巴勒斯坦时，他们头戴高顶礼帽，身穿燕尾服。†

委员会的听证会得到了最严肃的对待。魏茨曼、本-古里安、贾博廷斯

---

* 高级专员与穆夫提侯赛尼及其对手拉吉卜·纳沙希比均建立起了友好的关系。他对农业很感兴趣，并不时地去走访阿拉伯村庄，以表明他的兴趣。他倾向于认为阿拉伯人对犹太人的恐惧是真实的，并认为在做决策时应该将这种恐惧感考虑在内。但他真正同情的是犹太复国主义运动。

† 议员埃莉诺·拉思伯恩（Eleanor Rathbone）对委员会中没有女性成员而感到愤怒。对此，殖民大臣回答说，有人告诉他，如果委员会中有女性成员，信教的犹太人和穆斯林会拒绝与委员会展开合作。[16]

基、穆夫提、温斯顿·丘吉尔和年迈的劳合·乔治都在听证会上作了证。除了这些人之外，还有许多人也作了证，有些人是在非公开会议上提供的证言。本-古里安对调查委员会说，《圣经》便是犹太人的"委任统治书"。按照犹太复国主义运动中的既定惯例，本-古里安小心翼翼地不使用国家一词。他解释说，犹太人想要的是一个民族家园。穆夫提则表示，对于两个如此不同的民族来说，它们不可能在同一个国家中共存，任何强行让它们共存的努力都有可能对双方造成伤害。[17] *

在有关巴勒斯坦冲突的所有调查中，皮尔委员会是迄今为止做得最深入的一次调查，但它也有一些误导性。实际上，这个皇家委员会并不是来"研究"什么问题的，它是来帮助政府摆脱巴勒斯坦的。当皮尔勋爵来到巴勒斯坦时，他心中似乎便已经得出了一个确定的结论。"阿拉伯社群和犹太社群之间在社会、道德以及政治层面的鸿沟已经无法弥补了"，他在给殖民大臣的信中写道。调查结束后，皇家委员会发布了一份调查报告，报告中引用了一句英国谚语——半块面包总比没有好，并极力劝说阿犹双方同意对巴勒斯坦的分治计划。[19]

实际上，这并不是一个原创性方案。在此前的三十年里，已经出现过十来个类似的分治计划。根据这些方案，巴勒斯坦将被划分为不同的大区、州（cantons）、自治区甚至是两个独立的国家；其中至少有两套方案是由阿拉伯人提出来的。[20] 尽管如此，皮尔委员会还是撰写了一份令人惊叹的报告。这份报告长达 404 页，文笔流畅，其中包含了大量有用的信息和睿智的分析。它仍然是研究这一时期的最重要的资料之一。该报告中还包含了地图，其中一张地图描绘了两个国家之间可能的边界：犹太人将获得特拉维夫、沿海平原、北部山谷和加利利的一部分，而阿拉伯人则将得到约旦河西岸、山区和南部的沙漠。英国人将保留耶路撒冷和一条狭长的走廊，将其与大海连接起来。†

---

* 戴维·本-古里安把他与皮尔勋爵的对话告诉了他在犹太事务局中的同事。皮尔勋爵问道，即使有一百万犹太人在巴勒斯坦生活，这又能给拥有一千七百万人口的犹太民族带来什么呢？本-古里安表示，仅在巴勒斯坦西部地区，就有能容纳 400 万犹太人的空间。皮尔认为，大多数犹太人希望留在流散地。[18]

† 一次，沃尔特·埃利奥特大臣与杜格代尔于午夜相约在萨沃伊烤肉店（Savoy Grill）吃饭，在这次会面过程中，沃尔特向他的巴菲展示了这份报告的某个副本。[21]

英国政府接受了调查委员会的建议。[22]在巴勒斯坦统治了20年之后，英国人似乎最终还是屈服于阿拉伯人的压力之下。他们只要求留住耶路撒冷，而这在很大程度上也只是出于情感方面的考量。在让出了连接埃及和伊拉克之间的这片土地，并将海法交给了犹太人之后，不管从哪方面来看，英国都已经放弃了巴勒斯坦的战略价值。

对调查委员会所提出的建议的这种解读得到了广泛的认同。摩西·谢托克是从巴希尔·亨利·李德·哈特（Basil Henry Liddell Hart）爵士等人那里听到这种解读的。巴希尔是在战争理论和军事战略方面的著名专家，他在上述两个领域有很大的影响力。"他坚持的是这样的一种理论，即把我们在帝国天平上的价值降到最低。"这是巴希尔给谢托克所留下的印象。巴菲·杜格代尔（Baffy Dugdale）表示，她也听到有人在贬低巴勒斯坦的军事价值。[23]罗伯特·范西塔特爵士也这样认为，他对哈伊姆·魏茨曼说，巴勒斯坦是一个军事负担，占用了宝贵的军事资源，这些军队本可以用于欧洲的战场。最重要的是，和过去一样，人们普遍倾向于用金钱来衡量巴勒斯坦的战略价值；维持秩序的成本成了政府所需考虑的主要因素。[24]

大多数阿拉伯人都不希望分治，许多犹太人也不希望如此，所以这一方案是行不通的。爱德华·基思-罗奇傲慢地总结了各方当时的反应："犹太人、基督徒和穆斯林就像三个在派对上茫然无措、心灰意冷的孩子。'我们不要果酱；我们不要蜂蜜；我们不要蛋糕。我们要果冻。'唉，但没有果冻啊。"[25]犹太人和阿拉伯人对分治方案的反应是在各自阵营内部政治动态的影响下形成的。在阿拉伯人这边，穆夫提领导下的阿拉伯领导层反对分治，并压制了一小部分倾向于支持分治的人。[26]在犹太人这边，魏茨曼和本-古里安领导下的领导层倾向于支持分治，但在反对者的压力下——其中一些来自"右派"阵营，一些来自"左派"阵营——他们被迫持保留意见。阿拉伯人对分治方案的反对是坚定的；犹太人的态度则有不确定性，各种势力争论不休。

阿拉伯人不同意将其国家主权的一部分移交给犹太人；皮尔委员会还建议将住在拟议的犹太国家领土范围内的几千名阿拉伯人转移到划给阿拉伯人的区域内。在这一背景下，皮尔委员会提到了始于1923年的土耳其—希腊人口互换计划；该委员会中的一位成员霍勒斯·朗博尔德（Horace Rumbold）爵士曾参与过这项计划。[27] 弗朗西斯·牛顿想知道如果阿拉伯人不得不迁移的话，那他们的柑橘园和橄榄园会怎么样；毕竟树木不能像它们的主人那样轻易被转移，她写道。她总结了阿拉伯人对这份报告的感受："每个人都被分治计划吓坏了。我的一个朋友对我说，'这份报告就像有毒的灭蝇药水，而我们就是地上的苍蝇'。"[28]

犹太复国主义运动在原则上并不反对分治，但却不同意该方案的细节。犹太人对此展开了非常激烈的辩论，并为此耗费了巨大的精力。分治将给犹太人带来一个犹太国家，从而实现犹太复国主义运动的梦想，但该方案的反对者却认为，犹太人得到的领土太小。这场讨论充满了历史性决定的气息。犹太复国主义者思考着他们是否可以自行决定让出包括耶路撒冷在内的部分国土。但同时他们也在想，如果他们表示拒绝，他们是否承受得起。他们不仅需要考虑犹太民族的未来，还需要考虑阿犹两族人民未来的关系问题。关于分治的辩论听起来就像一场关于犹太民族历史基本问题的最伟大的研讨会。[29]

本-古里安赞成分治。他虽然不能接受该方案中所有的细节，但他却认为这一方案是犹太人需要迈出的第一步，之后他们能逐步对横跨约旦河两岸的整片领土提出主张。"得到一个不完全的犹太国家并不是结束，而是开始，"他对儿子阿莫斯解释说，"这为我们救赎整片土地的历史性努力提供了强大动力。"本-古里安列举了这一方案的优缺点，但他发现有一个优点比所有的缺点都重要："强制迁移"。[30]

2

起初，本-古里安简直不敢相信自己的眼睛。一开始，他忽略了将阿拉伯人迁出指定给犹太人的领土的建议。当他第二次读到这个建议时，他几乎无法抑制住自己的激情。他在日记中写道："这将给我们带来一些我们从未拥有过的东西，即使是在我们自己当权的时候也不曾有过，无论是在第一圣殿时期还是在第二圣殿时期。"他强调了两个决定性的词语:"强制、迁移"。这项建议隐含了"巨大的可能性",他接着说道。历史上第一次,一个"真正的犹太人"国家即将成为现实。他还强调了"真正的犹太人"这几个字。犹太人将拥有一种"未曾梦想过的可能性,一种我们在最大胆的幻想中也不敢想象的可能性"。他将委员会的报告描述为"我们的独立宣言",并表示,与这份报告相比,即使是《贝尔福宣言》也显得黯然失色。[31]

犹太复国主义运动从一开始就有转移人口的想法,这最早出现在西奥多·赫茨尔的日记中。赫茨尔在 1895 年 6 月写道:"我们将设法让身无分文的人越过国境,帮他们在邻国获得就业机会,同时不让他们在我们自己的国家里就业。"在接下来的 25 年里,这个问题没有实际意义,但当英国人占领巴勒斯坦后,这一想法会定期被人提出来。[32]青年工人党的领导人约瑟夫·斯普林扎克(Yosef Sprinzak)曾说:"我们必须不加任何限制地接受巴勒斯坦。众所周知,有大量的阿拉伯人生活在巴勒斯坦,他们将得到他们应得的东西。谁愿意,谁就耕种他的土地。谁不愿意,谁就会得到补偿,并在另一块土地上寻找自己发财的机会。"*

在 20 世纪 20 年代初,出现了一位倡导人口迁移理念的名人:作家以色列·赞格威尔(Israel Zangwill)。犹太人应该劝说阿拉伯人"远行"(trek),赞格威尔写道。他提出了一个此后会被犹太复国主义运动重复多次的论点:阿拉伯人拥有整个阿拉伯世界,而犹太人只拥有巴勒斯坦。他写道,冲突只有两种可能的结果:要么是犹太少数派支配阿拉伯多数派,这将是不民主的;要么是相反的结果。而这两种结果都是不可取的。因此,他的结论是:阿拉伯人必须离开。[34]

赞格威尔是一个古怪的人——他认为犹太国家可以在全球任何地方建立,而不必非在巴勒斯坦。他提出的驱逐阿拉伯人的建议之所以值得注意,是因为阿拉伯人的代表经常把它作为犹太复国主义者要占有他们国家的证据。此外,犹太复国主义领导人还从赞格威尔的坦率中吸取了一个重要的教训——在任何情况下,他们都不应该表现得好像犹太复国主义计划需要驱逐

---

* 在会议记录中,这一句话被划掉了,这表明大家都理解这一发言的全部含义。[33]

阿拉伯人一样，因为这将使犹太人失去全世界的同情。事实上，有几个犹太复国主义者试图与赞格威尔保持距离，他们否认赞格威尔代表了复国主义运动的立场。他们对阿拉伯人说："在巴勒斯坦，有你们生存的空间，也有我们生存的空间。"他们决定，越少谈论人口迁移的事情越好。[35]

实际上，犹太复国主义者从刚开始购买土地和清退阿拉伯租户时便已经启动了微型的人口迁移计划。有一次，本-古里安在讨论这一问题时说："到目前为止，我们是通过人口迁移来实现在巴勒斯坦定居的目标的。"[36] 1931年夏天，基希上校曾给魏茨曼写过一封信，他在信中表示，犹太复国主义者应该就这一问题制定明确的政策；为此，他还咨询了几个人的意见。雅各布·塔洪（Jacob Thon）在第一次世界大战前一直积极参与定居点事务，他回答说，"当然"，把阿拉伯人转移到外约旦是值得的，对阿拉伯人和犹太人来说都是如此；阿拉伯人在巴勒斯坦卖一百"杜纳姆"（dunams）土地所挣到的钱，至少可以供他们在外约旦买到五百"杜纳姆"的地。然而，塔洪却警告说，如果犹太复国主义者公开谈论人口迁移这一问题，他们成功的机会就会变小。任何措施都必须"私下进行"。[37]

让阿拉伯人"消失"是犹太复国主义梦想的核心，也是实现这一梦想的必要条件。按照梅纳赫姆·乌西什金的说法，在近半数阿拉伯人生活在自己的土地上且大部分犹太人挤在特拉维夫及其周边地区的情况下建立犹太国家，意味着犹太第三联邦还没建立就已经宣告死亡了。犹太事务局表示至少要转移 10 万阿拉伯人；乌西什金则希望转移 6 万个家庭。"我相信的不是只转移一个人。我相信的是把整个村庄都移走，"阿瑟·鲁宾说道。[38]

除了少数例外，没有任何犹太复国主义者对强制迁移的可取性或其道德性提出异议。"我准备站在上帝和国际联盟的面前为其道德性进行辩护，"梅纳赫姆·乌西什金说道。"我并没有看出这在哪里不道德了。"[39]他确实考虑过强行转移 10 万阿拉伯人将遇到的"可怕困难"，毕竟这些人在他们的村子里已经生活了几百年；但他主要是担心某些犹太人"在思想和意志层面的松懈"，这些人认为驱逐阿拉伯人是不可能发生的情况。就连梅纳赫姆·乌西什金也认为人口迁移是不可能的。"突然间就让穆罕默德离开我们的国家？他为什么要这样做呢？"他还警告说，"一夫多妻制会使他们的人口迅速增加。"

本-古里安却坚持认为："人口迁移是绝对可能的。"但最重要的是，他们怀疑英国是否有胆量驱逐阿拉伯人。[40]

显然，只有当英国人提出转移人口的建议，并且由他们的部队来执行时，迁移计划才是可行的。"我们不能也决不能提出这样的建议，因为我们从不想侵占阿拉伯人的土地，"本-古里安在给儿子阿摩斯（Amos）的信中写道。但如果英国把答应给犹太人的一部分土地划给了某个阿拉伯国家，"对于我们国家的阿拉伯人来说，正确的做法是搬到那个阿拉伯国家去。"[41]

从 20 世纪 30 年代开始，犹太复国主义领导人便开始为人口迁移行动做准备，并为此专门成立了一个特别委员会。他们偶尔也会承认，如果阿拉伯人不得不离开自己的家园，他们将承受很大的痛苦。他们还讨论过迁移是被迫还是自愿的问题。然而，即使是"自愿"迁移也不是指基于个人意愿的迁移，而是指国家之间通过协议的方式来完成人口迁移。[42]

总的来说，人口迁移委员会（the Committee on Population Transfer）所召开的会议都是务实且高效的，它需要处理的问题包括：先驱逐谁，是村民还是城市居民？（最好是农民）；驱逐的速度（可能要持续十年）；要把被驱逐者送到哪里？（尽可能远，加沙或巴格达）；以及整个行动的费用（接近 3 亿镑）。[43] 还有人提议按照赫茨尔的想法来办：允许持特别工作许可证的阿拉伯人在巴勒斯坦就业，但许可证的数量有限。犹太事务局的一名成员建议提高税收，"如此一来，他们便会因为税收压力而逃走"[44]。

委员会还研究了另外一种获取阿拉伯人同意的可能性——贿赂。对犹太复国主义者来说，这是一套古老而可靠的方法。在他的日记中，本-古里安幻想着向伊拉克支付 1 000 万英镑，作为交换，该国将接纳 10 万个巴勒斯坦的阿拉伯家庭——大约 50 万人。[45] 哈伊姆·魏茨曼被一个叫哈里·圣约翰·菲尔比（Harry St. John Philby）的人迷住了，他是一个军人、东方学家、怪人和骗子。当两人坐在伦敦的雅典娜俱乐部时，他们思考了这样一种可能性：给沙特国王伊本·沙特"1 000 万到 2 000 万"英镑，让他接收巴勒斯坦的所有阿拉伯人；按照他们的设想，似乎美国会资助这项计划。[46]

在 20 世纪 40 年代，犹太复国主义运动中依旧有人持有人口迁移的想法；而到第二次世界大战爆发时，人们便开始讨论在德军占领的领土上进行大规模的人口迁移，这一讨论为上述想法提供了支持。泽维·贾博廷斯基写道："世界已经习惯了人口大规模迁移的想法，甚至几乎已经喜欢上了这种想法。"他还说："希特勒这人尽管对我们来说十分可恶，但他却在世界范围内给这种想法带来了一个好名声。"[47]

第二次世界大战快结束时，身为统计学家和人口学家的罗伯托·巴奇（Roberto Bachi）撰写了一份秘密报告，他在报告中对巴勒斯坦所面临的人口危险提出了警告；这一危险是由阿拉伯人的高出生率造成的——他们拥有全世界最高的出生率。如果犹太人想在五年内使其人口比例比阿拉伯人高2—3个百分点，他们需要引进约一百万移民，平均每年20万人。然而，他们的多数地位只能维持很短的时间；据巴奇预测，考虑到阿拉伯人的出生率，到2001年，犹太人只能占据当地人口总数的21%到33%。为了实现犹太复国主义的目标，他建议将该国的"大部分"阿拉伯人"和平地"转移到其他阿拉伯国家。[48]

后来，有人企图歪曲本-古里安在人口迁移问题上的立场。在他的档案中，人们发现了一封信，信中出现了这样的字句："我们必须驱逐阿拉伯人"，但这句话是伪造的。本-古里安的传记作者沙卜泰·特韦瑟（Shabtai Teveth）曾不遗余力地将本-古里安与人口迁移的想法拉开距离；此外，还存在另一些历史文件，在这些文件中，本-古里安对于驱逐阿拉伯人的兴趣也被模糊化。[49]然而，这两种解释都是不道德的：在驱逐阿拉伯人这一问题上，本-古里安与其他犹太复国主义领导人一样，其立场都是明确无疑且有据可查的。人口迁移的概念深深扎根于犹太复国主义意识形态中，它是犹太人和阿拉伯人种族隔离原则下的产物，它反映了犹太复国主义者希望将国家奠基于欧洲文化（而非中东文化）之上的愿望。由于阿拉伯人不愿让犹太复国主义运动在巴勒斯坦的任何地区建立一个犹太人占多数的国家，这也助长了人口迁移的想法。此外，阿拉伯人的恐怖活动也起到了推波助澜的作用。*

这些想法所反映出的不仅仅是犹太复国主义意识形态，也反映出了皇家

---

* 当犹太事务局计划赶走阿拉伯人时，它也讨论了那些将留下来的人的命运。犹太复国主义运动不相信在人口上作为少数的犹太人能够在欧洲生存下去，但他们也难以消化在犹太国家里生活的少数阿拉伯人。本-古里安倾向于给予这些阿拉伯人平等的权利，但并不是每个人都这样想。[50]犹太复国主义者曾讨论过允许阿拉伯人在军队中服役的可能性。[51]

调查委员会所了解到的一个事实，即两个民族运动之间根本不存在妥协的空间。穆夫提的部下杰马勒·侯赛尼曾说："阿拉伯人并不希望赶走犹太人，但如果犹太人自己想离开，那就太好了。"他表示，巴勒斯坦已有 40 万犹太人，所以"是时候为犹太人的民族家园另寻他所了。"按照他的说法，"犹太人把巴勒斯坦变成了一个地狱"[52]。即使是对于那些寻求建立"双民族国家"的犹太人来说，阿拉伯人的上述立场也并没有给他们留下任何希望。

3

作家和记者耶霍舒亚·哈塔勒米（Yehoshua Hatalmi）以笔名"本雅明拉比"（Rabbi Benjamin）而闻名，他曾建议通过通婚来消除两个民族之间的冲突。他写道："一种类型的人将找到与之相对的那种类型的人，并结合成为一体。"几年前，阿瑟·鲁宾曾发起并成立了一个名为"和平誓约"（Brit Shalom）的组织。这一新生的社会运动呼吁两族人民放弃他们各自的民族抱负。该组织的一位支持者写道："我们想要的不是一个犹太国家，而是两族联邦。"[53]

鲁宾和他的同僚们主要来自中欧，在他们之中有许多大学毕业生。他们持自由主义的世界观，通常用德语来交流和通信，大多数人都住在耶路撒冷。他们举行公开的会议，写文章并发表声明。[54] 他们在海外也有支持者：柏林的马丁·布伯和扎勒曼·肖肯以及伦敦的赫伯特·塞缪尔。*

1930 年夏天，"和平誓约"提出了几十项旨在将犹太人和阿拉伯人拉到一起的实际倡议。这些倡议包括合伙贩卖橙子，在消防队员之间展开合作，共同展开防治疟疾和反对修改国家租管法的运动；电影审查方面的合作；联合组建工会、教育机构和政党。这些建议与其说是一套可行的方案，不如说是

---

* 埃德温·塞缪尔是一名地区专员，在得到了英国政府的特别批准后，他加入了"和平誓约"组织。就该组织所发表的声明而言，他至少将其中一部分待发表的声明寄给了他的父亲。这位前高级专员（即埃德温的父亲）在伦敦重又开启了自己的政治生涯，并一度担任内政大臣。他阅读了这些宣言的草稿，并附上了自己的意见和建议。随后，这些文件又被寄回了耶路撒冷。[55]

一种情绪的宣泄。[56]

"和平誓约"组织逐渐与犹大·莱布·马格尼斯（Judah Leib Magnes）联系在了一起，但事实上他既不是创始人也不是其成员。马格尼斯认为，只要机会合适，鲁宾便会转而支持驱逐阿拉伯人。事实证明，他是对的。[57] 马格尼斯在后来成立的一个类似的社团中十分活跃，这个社团名叫"伊胡德"（Ihud），即团结的意思。

与此同时，"和平誓约"及其他同类组织中的成员们还试图坚守他们的犹太复国主义思想；为了获得犹太复国主义运动的认同，他们付出了巨大的努力。与担心犹太复国主义运动会引发战争相比，被赶出犹太复国主义阵营的可能性有时似乎更让他们感到烦恼。马丁·布伯断言："我们都是优秀的犹太复国主义者。"[58] 但如果这些组织的成员们忠于自己的信仰，他们就不得不承认，他们已经与犹太复国主义运动分道扬镳了。按照他们的计划，犹太人将继续向巴勒斯坦移民，但移民速率将受到限制，以确保犹太人口永远不会超过该国总人口的一半。[59]

"犹太复国主义组织"拒绝接受"和平誓约"及其同类组织。"虽然你们嘴上确实说要在我们的土地上建立起一个强大的犹太民族，"基希上校写道，"但你们的行动和计划却经常与这一目标背道而驰。"[60] 在犹太事务局中，存在着这样一种普遍看法，即他们应该谨慎对待马格尼斯及其同伙所提出的和平倡议，以免向外界暴露犹太复国主义运动内部不团结的事实。任何能表明内部分裂的证据都可能导致阿拉伯人采取更强硬的立场。"两族共和主义者"曾提出过一套与阿拉伯人和解的方案，犹太复国主义组织中曾有一份文件提到了这一方案，这份文件被命名为"犹太温和派的危险"。*

尽管这些人加起来从未超过一百人，但犹太复国主义者却投入了大量的精力来淡化这样一种印象，即"两族共和主义者"比犹太事务局更看重与阿拉伯人的和解。"和平誓约"组织在英国和美国引起了当地人很大的兴趣，两国的政府官员也对该组织表现出了相当大的同情心。作为一名人道主义者，希伯来大学校长马格尼斯在国际上享有盛名。但这不仅仅是一个公共关系问

---

* 为了达成和平协议，"两族共和主义者"还曾在私人层面与阿拉伯人进行过几次接触，马格尼斯均参与其中。[61]

题。"和平誓约"组织是在用它的良心来对抗犹太复国主义意识形态。

　　与许多其他革命运动不同，犹太复国主义运动并不推行某种独特的道德准则，其价值观是西方自由主义的价值观。当犹太复国主义领导人谈到正义时，他们指的尤其是自第一次世界大战后在欧洲和美国根据民主概念发展出来的人权和公民权利，其中包括全世界人民均享有的民族自决权。巴勒斯坦的冲突给许多犹太复国主义者造成了实实在在的困扰——他们不仅希望犹太民族能强大起来并取得胜利，还渴望善与公正。"两族共和主义者"把犹太复国主义者所面临的矛盾给凸显了出来：犹太复国主义者的民族抱负与其所向往的普遍道德标准是有冲突的。一旦理解了他们所面临的这种困境，也就能理解为什么包括戴维·本-古里安在内的复国主义运动领导人愿意多次与"和平誓约""伊胡德"及其他类似组织的成员进行长时间的对话。对话的过程十分痛苦。犹太复国主义政治家谈论了很多道德问题，而两族共和主义者却谈论了许多政治问题，前者希望获得道德上的认可，后者则希望得到政治上的承认。双方对这些会谈似乎都有心理上的需求，但他们却找不到共同的基础。[62]

　　两族共和思想还需要一种处理阿拉伯文化的方法，这对大多数两族共和主义者来说是个难题，因为他们来自欧洲，不愿割舍为他们所珍视欧洲文化。这是大多数犹太复国主义机构所共享的一种情绪。甚至本雅明拉比也呼吁犹太复国主义者去"教育阿拉伯人"，让他们"准备好"过"文化生活"。他们还谈过让阿拉伯儿童进犹太学校接受教育的问题。[63]

　　马格尼斯认识许多阿拉伯人，他认为其中有一些人支持他的两族共和立场。事实上，大多数阿拉伯人对这一想法持消极态度。就像该国的大部分犹太人一样，他们也坚持自己的民族认同，且致力于战胜对手。有一次，阿乌尼·阿卜杜·哈迪（Aouni Abd al-Hadi）律师举办了一个茶话会。按照耶路撒冷的惯例，他邀请了几位外国人，其中包括著名的美国记者刘易斯·费舍尔（Lewis Fisher）。与会者们谈起了巴勒斯坦的未来。费舍尔与其中的一位宾客展开了一场冗长的辩论，这位客人便是哈利勒·萨卡基尼。萨卡基尼表示，阿拉伯人和犹太人之间的冲突将以两种可能的方式收场，"要么这个国家依然是我们的，要么它被人用武力夺走"。

　　当阿卜杜·哈迪告诉费舍尔萨卡基尼是基督徒时，另一位美国客人评论说，基督徒和任何国家的少数民族一样，往往是极端分子，因为他们害怕那些占据多数人口的族群。他还表示，阿拉伯基督徒不能代表阿拉伯人中的多数意见。萨卡基尼问那人怎么知道这么多关于巴勒斯坦的事情，然后才知道原来这位客人已经在这个国家生活了二十年。"我们怎么会不认识你这号人物？你是谁？"萨卡基尼问道。在场的其他宾客被他的问题惊呆了，他们告诉萨卡基尼，这是希伯来大学的校长马格尼斯博士。萨卡基尼说他听说过这个人，但两人此前还没有见过面。马格尼斯表示他读过萨卡基尼所写的书，他曾用这些书来学习阿拉伯语。他把萨卡基尼好好地夸了一番。

但萨卡基尼拒绝被打动。他说："来，让我们开诚布公地谈谈吧，博士，"他对马格尼斯说道，然后给他讲了一个故事：某个骑着驴子的人在路上遇到了一个徒步行走的陌生人。他邀请那人坐上驴子一起同行。陌生人骑上驴子后说："你的驴子走得可真快啊！"两人骑着驴子走了一会儿后，陌生人又说："我们的驴子走得可真快啊！"这时，驴子的主人命令那人下去。"为什么？"陌生人问道。驴子的主人回答说："我怕你马上就会对我说：'我的驴子走得可真快啊！'"

随后，两人又进行了长时间的辩论。萨卡基尼在这次会面后写道，马格尼斯与大多数犹太复国主义者不同，他并不认为巴勒斯坦属于犹太人；他甚至认为这个国家应该继续掌握在阿拉伯人手中，但同时向犹太人开放移民。萨卡基尼对马格尼斯说："这正是我们所担心的事情。"[64] 对于类似马格尼斯这样的犹太和平人士而言，其悲剧性就在于，他们的善意没有市场。纳粹在德国上台后，犹太人与阿拉伯人之间的隔阂变得比以前更大了。

在搬到卡塔蒙的新家之前，萨卡基尼夫妇住在耶路撒冷的德国殖民区。他们的两个女儿在一所德国学校上学。当纳粹党夺取政权后，学校采纳了新政权的教育原则。哈拉·萨卡基尼（Hala Sakakini）回忆说，尽管只有德国孩子加入了希特勒青年会耶路撒冷支部，但学校里所有的学生都要唱《德意志高于一切》（Deutschland Über Alles）和纳粹党党歌《高举旗帜》（Raise the Flag）。[65] 人文主义教育家萨卡基尼逐渐开始相信，纳粹德国可能会削弱英国的实力，从而将巴勒斯坦从犹太人手中解放出来。因此他支持纳粹。[66] 他在日记中多次表达了他对纳粹的同情。

萨卡基尼写道：希特勒开阔了世界的眼界。在他上台之前，人们害怕犹太人，认为他们有无穷的影响力。希特勒向世界展示了一个事实，即犹太人的步枪是没有子弹的。德国人是第一个站出来对抗犹太人的人，他们并不害怕犹太人。萨卡基尼写道，事实上，有两个民族愚弄了整个世界：犹太人和英国人。希特勒来了，挫败了犹太人的锐气；墨索里尼占领了埃塞俄比亚，杀了英国人的威风。一则消息传到了耶路撒冷：萨尔州的大多数居民通过投票将该地区并入了纳粹德国；与此同时，侯赛尼也在耶路撒冷市政选举中获胜。萨卡基尼把这两件事情放到一起庆祝。在他看来，这两场胜利是一体的。[67]

弗朗西斯·牛顿向纳粹媒体提供了有关英国政府镇压阿拉伯人的信息。这让英国情报部门大为光火。犹太事务局认为，阿拉伯人是被外国势力——法国人、意大利人或德国人——煽动起来的。[68] 如果真是这样，那哈利勒·萨卡基尼一定会很高兴，但在阿拉伯人开始罢工的 50 天后，他写道："到目前为止，我们没有从意大利或德国那里获得任何帮助，只听到了甜言蜜语。"[69] * 威尔逊小姐在比尔宰特教书，在她的学生中，也有许多同情纳粹德国的人。当威尔逊小姐让他们读迪斯累里（Disraeli）的小说《科宁斯比》（Coningsby）时，就像威尔逊事先预料的那样，学生们纷纷起哄。"但他是个犹太人！"他们对作者的身份提出了抗议。威尔逊试图把话题转移到另一个问题上：什么样的人才能算作伟人？威尔逊小姐给出的答案是：一个能影响其同代人精神的人。结果大多数学生把阿道夫·希特勒放到了他们所列的伟人名单之首。[71]

犹太人和阿拉伯人之间继续保持着这样或那样的联系：他们互相购买货物，阿拉伯人替犹太人打工，犹太人找阿拉伯人租房子。犹太工人和阿拉伯工人一起罢工的情况也时有发生——某个犹太人和某个阿拉伯人共同领导了一次运输行业的罢工。[72] 犹太人协会还出版了一份阿拉伯文报纸，这份报纸上刊登了一系列名家的作品，其中包括格哈特·豪普特曼（Gerhart Hauptmann）的《织工》（The Weavers）以及由马克西姆·高尔基（Maxim Gorky）、奥斯卡·王尔德和意第绪语作家亚伯拉罕·雷津（Avraham Reizin）所写的故事。[73]

---

* 希特勒曾发表过一份声明，他表示，与其谴责德国，世界舆论不如去谴责对巴勒斯坦阿拉伯人实施镇压的英国政府。[70]

犹太事务局仍在继续行贿。"谢托克先生碰巧与拉吉卜·纳沙希比见面,"本-古里安写道,"谈话是在耶路撒冷的一次外交招待会上进行的。谢托克先生得知,拉吉卜曾联系过耶路撒冷的某个犹太人,想要找他贷款,因为他的经济状况正在恶化。我们可能需要帮他获得贷款,当然,他也需要提供一些可靠的担保。毫无疑问,如果国家最终分治,拉吉卜将成为阿拉伯政府的最高负责人。"[74] 他们还促成了与外约旦统治者阿卜杜拉的合作。本-古里安在日记中写道:"阿卜杜拉要价两千,鲁滕贝格给了他一千。"[75]

然而,犹太人与阿拉伯人之间的交往从整体上来说是令人感到绝望的。莫迪凯·本-希勒尔·哈科亨(Mordechai Ben-Hillel Hacohen)在他的日记中记录了一则故事,这则故事是他的儿子戴维跟他讲述的。戴维开车去海法的时候,在路上看到了一家阿拉伯人。夫妻俩站在路边,妻子的怀里抱着一个婴儿,她的围裙上还挂着一个小女孩儿。他们要求搭便车,戴维问他们身上有没有钱。那人给了他 10 个皮亚斯特尔。一家人上了车,按照戴维的说法,车上立马便充满了一股臭味。

一路上,两个男人开始聊了起来。这个阿拉伯人来自图勒卡雷姆(Tulkarem)地区的一个小村庄。他有六个孩子,他所拥有的全部财产只包括几棵无花果树和橄榄树。因此,他在佩塔提克瓦附近当一个道路施工队的工头,每天能挣 12 个皮亚斯特尔。他在工地上支起了帐篷和垫子,这样他便可以住在那里。后来孩子生病了,他便把孩子带去佩塔提克瓦治病,这花了他 50 皮亚斯特尔。现在,他们一家人准备回村。戴维把他带来的一些食物给了这家人。"从那个可怜的阿拉伯人那里得到的 10 皮亚斯特尔感觉在自己的口袋里烧了一个洞,"戴维写道。在图勒卡雷姆附近,阿拉伯人要求下车,但戴维自愿把他送回了他的村子。

这位阿拉伯乘客"为自己所得到的优待而感动",并透露了一个秘密:婴儿实际上已经死了,他们要去村里为他下葬。他的其他孩子都留在佩塔提克瓦附近,只有大女儿跟他们一起过来了。她当时才八岁,她为自己小弟弟的离世感到非常难过。把他们送回村子之后,戴维把一开始收的车费又还给了他们,不仅如此,他还多加了几先令。做完这一切之后,他便上路了。[76] 这次遭遇反映出了许多犹太人对阿拉伯人的态度:距离感、同情心、傲慢和罪恶感；它还反映了许多犹太人所努力培养的高尚的自我形象。这些情绪在希伯来文学中有许多体现。[77]

隔离主义仍是犹太复国主义运动中的主流思想，紧随着皮尔委员会的到来，犹太事务局开始着手规划建国，并为此成立了数个委员会。分治计划使犹太复国主义运动在短期和可预见的时间范围内必须面对一些非常实际的问题。在这方面，本-古里安有自己的疑惑：我们应该如何做这件事？我们应该如何建立一个新国家？[78] 于是，一群犹太复国主义者聚集在了一起，他们共同绘制出了这个国家的雏形。但当犹太复国主义者正忙于规划建国时，英国人却食言了。到1938 年，分治计划已经被遗忘，它唯一留下的痕迹便是一堆纸山。人口迁移计划被搁置的时间则更早。英国外交部的一位高级官员表示，驱逐政策"或许是德国人和俄国人会采取的立场，但如果要英国人也这么做，那是不可想象的"[79]。

分治计划是怎么来的，它就是怎么被废除的——英国人又成立了一个调查委员会。伍德海德委员会（The Woodhead Commission）听取了许多证人的证词，并在此基础上编写了一本长达 310 页的精美书籍，其中充满了有用的信息和明智的评价。该委员会的任务是研究如何执行其前任所提出的建议。但它却不可避免地得出了一项结论：分治方案无法实施，因为犹太人和阿拉伯人都不接受这一方案。[80]

20 年后，本-古里安写道："如果当初实施了分治计划，我们民族的历史就会有所不同，欧洲的 600 万犹太人就不会被杀害——他们中的大部分人都会来到以色列。"[81] 即使是按照本-古里安的想法来办，这种说法也是毫无根据的：巴勒斯坦的犹太社群根本无法吸收数百万犹太人。也不存在什么错失良机的问题。当分治原则被摆上台面时，和平解决冲突的机会已经不存在了。

围绕这一问题的整个讨论都是在浪费时间，首席政务官威廉·丹尼斯·巴特希尔写道。他觉得英国人在巴勒斯坦的统治已经倒退了数步。他写道："这里的每个人都神经紧张。"从阿拉伯叛乱爆发开始，英国人便放松了对巴勒斯坦的控制，因为他们认为这是正确的选择；即使他们知道自己应该回家，但他们还是留了下来。他们只是不知道该如何从巴勒斯坦撤出。没有人知道该怎么做，巴特希尔写道。他不论走到哪里都会带着自己的手枪。[82] 阿拉伯人的恐怖活动不断升级。继 1937 年 9 月加利利地区专员刘易斯·安德鲁斯被谋杀之后，阿拉伯叛军控制了大片国土——道路、村庄和城市。政府军不得不撤离贝尔谢巴和杰里科，而叛军则包围了雅法。1938 年 10 月，有那么几天的时间，叛军甚至取得了对耶路撒冷老城的实际控制。[83]

同月初，阿拉伯人袭击了太巴列的犹太人聚居区，杀害了 19 名犹太人，其中包括 11 名儿童。在袭击者撤离后不久，卡车司机亚历克斯·莫里森（Alex Morrison）来到了该城。"在他们身后，我看到了我一生中所见过的最糟糕的景象之一，"他后来写道。这里到处都是男人、女人和孩子的尸体。"从妇女们赤裸的身体能够看出，叛军用刀对她们做出了多么可怕的事情，"莫里森写道。在一栋明显是托儿所的建筑物里，烧焦了的儿童的尸体仍在冒烟；袭击者把汽油浇到他们身上，然后放火烧死了他们。[84]

注　释

1. Foreign Office to Colonial Office, 6 Nov. 1939, PRO FO 371/23251.
2. David Ben-Gurion, *Memoirs* (in Hebrew) (Tel Aviv: Am Oved, 1974), vol. IV, pp. 220, 222.
   Norman Rose, ed., *Baffy: The Diaries of Blanche Dugdale, 1936–1947* (London: Vallentine, Mitchell, 1973), p. 50ff.
3. Rose, *Baffy*, p. 68.
4. Rose, *Baffy*, p. 47ff.
5. Moshe Sharett, *Political Diary* (in Hebrew) (Tel Aviv: Am Oved, 1971), vol. II, p. 46.
6. David Ben-Gurion, *Memoirs* (in Hebrew) (Tel Aviv: Am Oved, 1973), vol. III, p. 416.
7. Minute by Sir George Rendell, 4 June 1936, PRO FO 371/20035.
   Martin Kolinsky, "The Collapse and Restoration of Public Security," in *Britain and the Middle East in the 1930s*, ed. Michael J. Cohen and Martin Kolinsky (London: Macmillan, 1992), p. 150.
   Edward Keith-Roach, *Pasha of Jerusalem* (London: Radcliffe Press, 1994), p. 131.
8. CZA S25/9793. See also: Francis Emily Newton, *Fifty Years in Palestine* (Wrotham: Coldharbour Press, 1948), p. 287.
   "Demolitions at Jaffa," *Times*, 4 July 1936, p. 14.
9. "Demolitions at Jaffa," *Times*, 4 July 1936, p. 14.
10. ISA (Antonius archive), P/324/534; P 329/814.
    Sharett, *Political Diary*, vol. I, pp. 183, 186.
    Keith-Roach, *Pasha of Jerusalem*, p. 185.
    Gad Frumkin, *The Way of a Judge in Jerusalem* (in Hebrew) (Tel Aviv: Dvir, 1954), p. 345.
    Yehoshua Porat, *From Riots to Rebellion: The Arab National Movement, 1929–1939* (in Hebrew) (Tel Aviv: Am Oved, 1978), p. 236.
11. Asaf Lahovsky, "Colonial Images and English Law in the Supreme Court of Mandatory Palestine" (in Hebrew), *Zemanim* 56 (Summer 1996), p. 87ff.
    Ronen Shamir, *The Colonies of Law: Colonialism, Zionism and Law in Early Mandate Palestine* (Cambridge: Cambridge University Press, 2000), p. 12.
12. Michael J. Cohen, "Sir Arthur Wauchope, the Army, and the Rebellion in Palestine, 1936," *Middle East Studies*, vol. 9, no. 1 (Jan. 1973), p. 27.

Pealy to Chancellor, 23 June 1936, RHL, Chancellor Papers, 22: MF40, pp. 2–4.
PRO CO 733/314 75528/44, part III.
13. Netanel Katzburg, "The Second Decade of the Mandate Regime in Palestine, 1931–1939" (in Hebrew), in *The History of the Jewish Yishuv in Palestine from the Time of the First Aliya (The British Mandate)* (in Hebrew), ed. Moshe Lissak (Jerusalem: Israel Academy of Sciences, Bialik Institute, 1993), part I, pp. 332, 343ff.
14. Katzburg, "The Second Decade of the Mandate Regime in Palestine," part I, p. 339ff.
15. Wauchope to Ormsby-Gore, 24 June 1936, PRO CO 733/297 75156.
Ormsby-Gore in Parliament, 19 June 1936, 313 H.C. Deb. 5s, cols. 1313–95.
Vansittart notes, 9 June 1936, PRO FO 371/20035.
16. Katzburg, "The Second Decade of the Mandate Regime in Palestine," p. 383.
17. Secretary of State for the Colonies to Rathbone, 26 June 1936, and oral parliamentary question, 30 June 1936, ULL, Eleanor Rathbone Papers, RP XIV 2.5 (51).
18. Ben-Gurion, *Memoirs*, vol. IV, p. 3.
Husseini to the Peel Commission, 12 Jan. 1937, CZA S25/4590.
19. Ben-Gurion, *Memoirs*, vol. IV (1937), p. 18.
20. Peel to Ormsby-Gore, 20 Dec. 1936, PRO CAB 24/267.
Palestine Royal Commission Report, Cmd. 5479 (London: HMSO, 1937), p. 394.
21. *Palestine: Statement of Policy*, Cmd. 5513 (London: HMSO, 1937).
22. Rose, *Baffy*, pp. 25, 47.
23. *Palestine: Statement of Policy*, Cmd. 5513 (London: HMSO, 1937).
24. B. H. Liddell Hart, *Europe in Arms* (London: Faber and Faber, 1937), pp. 57, 59.
Sharett, *Political Diary*, vol. II, p. 90.
Herbert Sidebotham, "Some General Considerations on British Imperial Interests in Palestine," CZA S25/407.
Sharett, *Political Diary*, vol. III, p. 16.
25. Sharett, *Political Diary*, vol. II, p. 24; vol. III, p. 28. See also: Committee of Imperial Defence, Strategical aspects of the partition of Palestine, 16 Feb. 1938, PRO FO 371/21870 E876/G.
26. Keith-Roach, *Pasha of Jerusalem*, p. 190.
27. Porat, *From Riots to Rebellion*, p. 271ff.
28. *Palestine Royal Commission Report*, Cmd. 5479 (London: HMSO, 1937), p. 390ff.
Mendelsohn memorandum (undated), CZA S25/10060.
29. Newton to Chancellor, 12 July 1937, RHL, Chancellor Papers, 15:7, ff. 58–60.
30. Shmuel Dotan, *The Polemic over Partition in Mandatory Period* (in Hebrew) (Jerusalem: Yad Ben-Zvi, 1979). See also: Meir Avizohar and Yeshayahu Friedman, *Studies in the Partition Plan, 1938–1947* (in Hebrew) (Be'ersheba: Ben-Gurion University, 1984).
31. Ben-Gurion, *Memoirs*, vol. IV, pp. 267, 290ff.
Ben-Gurion to his son, 5 Oct. 1937, Ben-Gurion Heritage Archives.
Ben-Gurion diary, 12 July 1937, Ben-Gurion Heritage Archives.
32. Ben-Gurion diary, 12 July 1937, Ben-Gurion Heritage Archives.
Ben-Gurion, *Memoirs*, vol. IV, p. 296.
33. Raphael Patai, ed., *The Complete Diaries of Theodor Herzl* (New York: Herzl Press, 1960), vol. I, p. 88.
34. Minutes of the fifth session of the Temporary Committee of the Jews of Palestine, 9–11 June 1919, CZA J1/8777.
35. Israel Zangwill, *The Voice of Jerusalem* (London: William Heinemann, 1920), p. 93.
36. Jehuda Reinharz, *Chaim Weizmann: The Making of a Statesman* (New York: Oxford University Press, 1993), p. 280.
Max Nordau, *Zionist Writings* (in Hebrew) (Tel Aviv: HaSifriya HaTzionit, 1954), vol. IV, p. 107.
Knesset Yisrael, National Council, *Book of Documents* (Jerusalem: n.p., 1949), p. 11.
37. Granovsky in the JNF Executive, 6 July 1938, CZA.
Ben-Gurion, *Memoirs*, vol. IV, p. 366.

38. Thon to Kisch, 2 June 1931, CZA S25/9836.
39. Ruppin and Ussishkin in the Jewish Agency Executive, 12 June 1938, CZA.
40. Ussishkin, Zochowitzky, and Ben-Gurion in the Jewish Agency Executive, 12 June 1938, CZA.
41. Ben-Gurion, *Memoirs*, vol. IV, pp. 440, 298.
42. Ben-Gurion to his son, 27 June 1937, Ben-Gurion Heritage Archives.
43. Mendelsohn memorandum (undated), CZA S25/10060.
44. Committee on Population Transfer (1937), CZA S25/3737 (see also CZA S25/10060).
    Boneh Report, July 1937, CZA S25/8128. See also: Yossi Katz: "Discussions of the Jewish Agency Committee on Population Transfer 1937–1938," *Tzion* 12 (1988), p. 167ff.
45. Ben-Gurion, *Memoirs*, vol. III, p. 324; vol. V, p. 208ff.
    Oppenheimer Memorandum, July 1937, CZA S25/8127.
    A. Berlin at the Jewish Agency Executive, 12 June 1938, CZA.
46. Ben-Gurion, *Memoirs*, vol. V, p. 404. See also: Survey of the situation in Iraq, Apr. 1938, CZA S25/5167.
47. Sharett, *Political Diary*, vol. IV, p. 376.
48. Mendelsohn memorandum (undated), CZA S25/10060.
    Yosef Gorny, *Policy and Imagination* (in Hebrew) (Jerusalem: Yad Ben-Zvi, 1993), p. 162.
49. Bachi report, Dec. 1944, CZA S25/8223.
50. Shabtai Teveth, "The Incarnations of Transfer in Zionist Thinking" (Hebrew), *Ha'aretz*, 23 Sept. 1988, p. B5; *Ha'aretz*, 25 Sept. 1988, p. 14ff.
    Benny Morris, "'And Books and Parchments Are Accustomed to Age': A New Look at Central Zionist Documents" (in Hebrew), *Alpayim* 12 (1996), p. 73ff.; *Alpayim* 13 (1996), p. 201ff.; *Alpayim* 15 (1997), p. 174ff.
    Nur Masalha, *Expulsion of the Palestinians: The Concept of "Transfer" in Zionist Political Thought, 1882–1948* (Washington, DC: Institute for Palestine Studies, 1992).
    Efraim Karsh, *Fabricating Israeli History: The "New Historians"* (in Hebrew) (Tel Aviv: Hakibbutz Hamenchad, 1999).
51. Ben-Gurion, *Memoirs*, vol. IV (1937), p. 424.
    Minorities Committee, minutes, 23 June 1923, CZA S25/8929.
52. Minutes, 7 Dec. 1937, CZA S25/42. See also: Katznelson and Ben-Gurion at the Jewish Agency Executive, 12 June 1938, CZA.
53. Husseini at the London talks, 16 Feb. 1939, ISA P/319 no. 65 (Antonius); Husseini at the London talks, 6 Mar. 1939, ISA P/320 no. 388 (Antonius).
54. Yosef Gorny, *The Arab Question and the Jewish Problem* (in Hebrew) (Tel Aviv: Am Oved, 1985), p. 51.
    Aharon Kedar, "On the History of Brit Shalom in the Years 1925–1928" (in Hebrew), in *Studies in the History of Zionism* (in Hebrew), ed. Yehuda Bauer et al. (Jerusalem: Hebrew University, 1976), p. 224ff. See also: Susan Lee Hattis, *The Bi-National Idea in Palestine During the Mandatory Times* (Haifa: Shikmona, 1970).
    Robert Weltsch, "Zum XIV. Zionistenkongress," *Juedische Rundschau*, 14 Aug. 1925, p. 1.
55. Shalom Ratzbi, "Central Europeans in Brit Shalom and the Question of the Use of Force" (in Hebrew), *Zemanim* 58 (Spring 1997), p. 78ff.
56. Edwin Samuel to his father, 22 Sept. 1929, ISA P/653/85. See also: Edwin Samuel, *A Lifetime in Jerusalem* (Jerusalem: Israel Universities Press, 1970), p. 94ff.
57. Political Proposals by the Brit Shalom Society for Cooperation Between Jews and Arabs in Palestine, Aug. 1930, CZA Z4/3948.
    Arthur Ruppin, *Chapters of My Life in the Building of the Land and the Nation, 1920–1942* (in Hebrew) (Tel Aviv: Am Oved, 1968), p. 196.
58. Arthur A. Goren, ed., *Dissenter in Zion* (Cambridge: Harvard University Press, 1928), p. 272ff.
59. Brit Shalom to Weizmann, 7 Mar. 1930, CZA S24/3122.
    Members of Ihud to the presidium of the Zionist Executive Committee, 2 Sept. 1942, CZA S25/2962.

60. Magnes memorandum to the Anglo-American Commission of Inquiry, 2 Sept. 1942, CZA S25/2962.
61. Kisch to Brit Shalom, 13 July 1931, CZA S25/3122.
62. Chaim Margalit-Kalvarisky, Platform for a Jewish-Arab Agreement, 4 Aug. 1930, CZA S25/8085.
    Sasson to Shertok, 27 Aug. and 10 Oct. 1941, CZA S25/3140 I.
    Ben-Gurion, *Memoirs*, vol. I, pp. 405, 413.
    Ben-Gurion, *Memoirs*, vol. V, pp. 29ff., 71ff.
63. Ben-Gurion, *Memoirs*, vol. I, pp. 298ff., 337ff., 562.
    Jewish Agency survey of public figures on the future of relations with the Arabs (Oct. 1928), CZA S25/4164.
    Ben-Gurion, *Memoirs*, vol. II, p. 53.
    Ben-Gurion with the Kidma Mizraha Association, 1936, CZA S25/9785.
    Jewish Agency Executive with the Ihud Association, 23 Sept. 1942. See also: Shabtai Teveth, *Ben-Gurion and the Arabs of Palestine* (in Hebrew) (Tel Aviv: Schocken, 1985), p. 158ff.
64. Kastel to Weizmann, 23 Aug. 1921, CZA Z4/1250.
    Avishar to the National Council, 30 May 1923, CZA J1/23.
    Yitzhak Epstein to the National Council, 10 Sept. 1924, CZA J1/78.
    Gorny, *The Arab Question and the Jewish Problem*, pp. 51, 53.
    Report of the Arab Secretariat of the National Council, 1922, CZA S25/4384.
    Memorandum of the Arab Department of the National Council, 20 Dec. 1922, CZA J1/289.
65. Khalil al-Sakakini, *Such Am I, O World* (in Hebrew) (Jerusalem: Keter, 1990), p. 212ff.
66. Hala Sakakini, *Jerusalem and I* (Amman: n.p., 1987), p. 54ff.
67. Sakakini, *Such Am I, O World*, p. 187.
68. Sakakini diary, 24 Oct., 15 Jan. 1935; 20 June 1936. With the kind permission of his daughters.
69. German Propaganda in Palestine 1939–1940, PRO WO 106/1594.
    CZA S25/. See also: PRO FO 371/23233 E2568.
    Memorandum, A. H. Cohen, "November Events in Northern Palestine" (in Hebrew), 20 Jan. 1936, CZA S25/4224.
    Zaslani to Kaplan, Jan. 1937, CZA S25/3441.
70. Sakakini diary, 7 June 1936. With the kind permission of his daughters. See also: Porat, *From Riots to Rebellion*, pp. 62, 100ff., 148.
    Moshe Shemesh, "The Position of the Jaffa Newspaper *Falastin* Towards the Axis and Democratic Countries" (in Hebrew), *Iyunim Bitkumat Israel: Studies in Zionism* (in Hebrew), vol. II (1992), p. 245ff.
    Baruch Kimmerling and Joel S. Migdal, *Palestinians: The Making of a People* (New York: Free Press, 1993), p. 133ff.
71. Max Domarus, ed., *Hitler-Reden* (Wiesbaden: R. Loweit, 1973), p. 956.
72. "School Year in Palestine," p. 65, MEC, Wilson Papers.
73. "Memoirs of Shraga Goren and Yisrael Melishkevitz" (in Hebrew), Lavon Institute for the Study of the Labor Movement.
    Knabenshue to the secretary of state, 7 Nov. 1931, "Records of the United States Consulate in Jerusalem, Palestine," Confidential Correspondence, 1920–1935 (Record group 84).
    Lev Louis Greenberg, "Strike of the Jewish-Arab Drivers Organization" (in Hebrew), in *Arabs and Jews in the Mandatory Period* (in Hebrew), ed. Ilan Pappe (Institute for the Study of Peace, 1995), p. 175ff
74. Tevet, *Ben-Gurion and the Arabs of Palestine*, p. 106.
75. Ben-Gurion, *Memoirs*, vol. IV, p. 172. See also: A.A. to M.Sh., 26 June 1936, CZA S25/9783.
    Ben-Zvi to Shertok, 11 June 1939, CZA S25/3029. See also: CZA S25/7967; S 25/3032.
    Sharett, *Political Diary*, vol. III, p. 219.

76. Sharett, *Political Diary*, vol. II, p. 387.
    Ben-Gurion, *Memoirs*, vol. IV, p. 174.
77. Hacohen diary, 3 Av 5695 (2 Aug. 1935), National Library, Manuscript Division, 514/B.
78. Aharon Amir, ed., *Land of Contention: The Contention for Palestine as Reflected in Hebrew Literature* (in Hebrew) (Tel Aviv: Ministry of Defense, 1992).
    Ehud Ben-Ezer, ed., *In the Homeland of Opposing Yearnings: The Arab in Hebrew Literature* (in Hebrew) (Tel Aviv: Zemora Bitan, 1992).
79. CZA S25/42, CZA S25/8929.
80. Minutes by L. Baggallay, 16 Apr. 1938, PRO FO 371/21870 E2547/G.
81. *Palestine Partition Commission Report*, Cmd. 5854 (London: HMSO, 1938).
82. Ben-Gurion to Ben-Tzion Katz, 1 Sept. 1957, Ben-Gurion Heritage Archives. See also: Aaron Kleiman, *Divide or Rule: British Policy and the Partition of Palestine—a Lost Opportunity? 1936–1939* (Jerusalem: Yad Ben-Zvi, 1983).
83. Battershill diary, 29 Apr. 1937, pp. 1–4, RHL, Battershill Papers, 12:6, ff. 1–4.
84. Battershill diary, 10 Oct. 1938, pp. 24–32, RHL, Battershill Papers, 12:6ff. 24–32. See also: R. Zaslani to E. Kaplan, Jan. 1937, CZA S25/3441. Morrison diary, p. 30, IWM, Morrison papers.

第 20 章　爱尔兰在巴勒斯坦

1

在阿拉伯叛乱开始后的某个时候，英国向巴勒斯坦派遣了一位伟大的反恐专家。查尔斯·泰加特（Charles Tegart）爵士是英国驻印度警察部队的最高级别领导人之一，他在印度任职期间积累了丰富的经验。他被派到巴勒斯坦协调各安全部门的工作。此外，约 2.5 万名士兵和警察也抵达了巴勒斯坦。摩西·谢托克对他的同事们说，根据来自英国的报告，自第一次世界大战以来，还从来没有一支规模如此庞大的军队离开过该国的海岸线。1937 年秋天，在刘易斯·安德鲁斯被谋杀后不久，英国人开始在加利利地区设置军事法庭，以非常强硬的手段加紧镇压阿拉伯人的恐怖活动。[1]

英国政府很快就决定撤换阿瑟·沃科普。在六年半的任期结束时，这位高级专员已经六十三岁了。他疲惫不堪，工作过度，而且政府的大多数失败都要记在他的头上。和其前任一样，沃科普最后终于想明白了一个道理，即不论谁来当高级专员都不可能在巴勒斯坦取得成功。尽管如此，他还是想留下来。"你可以想象，我是多么讨厌退休，尤其是在这个节骨眼上，当巴勒斯坦的情况如此糟糕的时候，"他在给威廉·巴特希尔的信中写道，"要不是魏茨曼如此频繁地使用这个词，我一定会说，我心碎了。"他在巴勒斯坦还有许多事情想做；作为自己告别的礼物，他请犹太事务局为他写下了《哈提克瓦》的歌词。[2]

其继任者哈罗德·麦克迈克尔（Harold MacMichael）是一个冷酷、愤世嫉俗又内向的官僚，在他眼中，巴勒斯坦仅仅是他殖民生涯中的另一个站点；

他之前驻扎在苏丹和坦噶尼喀，之后他又将离开巴勒斯坦并前往马来亚。前外交大臣寇仁勋爵是他的叔叔。在麦克迈克尔到来之前，本-古里安记录下了某个熟人对他的评价：麦克迈克尔是一个势利、亲阿拉伯人、低效和腐败的人；显然，在苏丹时，他曾有过一个阿拉伯情妇，这位情妇是当地某个谢赫的女儿。为了某条铁路经过谢赫的领地，他不必要地改动了这条铁路的走向。当然，并非所有人都同意这一评价。

麦克迈克尔是一位东方学家；本-古里安的印象是，他对阿拉伯人持轻视态度。但在他们的第一次会议上，这位新任高级专员也对巴勒斯坦能否解决犹太问题表示怀疑。他说，每个犹太人都操之过急。本-古里安感觉犹太复国主义运动又撞上了一堵墙。他说，英国人不明白时间对于我们意味着什么。不过，在他们的会面之后，本-古里安得出了这样的结论：麦克迈克尔既不是特别亲阿拉伯人，也不是特别亲犹太人；他就是一个英国人，他会按照其政府的利益行事。[3]

与其前任不同，麦克迈克尔对与巴勒斯坦人民会面并没有表现出很大的兴趣。他所有需要了解的东西都是通过政府官员或档案得知的。他曾经说，如果他不喜欢阅读《巴勒斯坦邮报》（the Palestine Post），他早就下令关闭这家报社了。这份英文日报走的是温和的犹太复国主义路线，因此让许多读者感到不快，其中大部分是英国政府的官员。高级专员抱怨说，为什么报社非要提到已故传奇网球明星苏珊娜·伦格伦（Suzanne Lenglen）的犹太血统呢？[4] 在评价自己对高级专员这份工作的感受时，他总结说："如果我离开时头上能有一根不白的头发，那我就算很幸运了。"[5]

2

查尔斯·泰加特在北部边境竖起了一道隔离墙，以防止恐怖分子的渗透；他在全国各地修建了几十个警察堡垒，并在道路两旁竖起了被英国人称为碉堡的水泥岗哨。他还从南非进口了杜宾犬（Doberman dogs），并在耶路撒冷建立了一个特别的培训中心，审讯人员在这里接受实施酷刑方面的训练。[6]

嫌疑人受到了残忍的审讯，除了被羞辱和殴打之外，他们还遭受了严重的身体虐待，包括击打囚犯脚底板和生殖器。耶路撒冷警察局长道格拉斯·达夫在其回忆录中描述了政府的审讯方法。达夫写道，殴打往往会留下痕迹，但"水罐"法却不会留下任何痕迹。警察会让嫌疑人仰面躺下，把他的头夹在两个垫子中间，然后用咖啡壶往他的鼻孔里灌水。埃策勒的成员莫迪凯·波赫科（Mordechai Pechko）表示，他曾遭受过这种酷刑。此外，还有些人被逼着长时间站在冰水里。[7]

由于军事法庭的存在，当局能快速判处嫌犯监禁。1939年，阿拉伯人中遭到监禁的人数达到了九千多人，这一数字是两年前的十倍。[8] * 成千上万的人被行政拘留，他们未经审判便被关押在极其拥挤的营地里，里面的卫生条件极差。监狱里的拥挤情况一度过于严重，以至于每当有新的嫌犯被捕，就必须释放老的嫌犯。[10]

从1938年初到1939年底，有100多名阿拉伯人被判处死刑——平均每周一名。其中，共有30多名阿拉伯人被处决，平均每月一人以上。[11] 爱德华·基思-罗奇表示，许多囚犯在他眼前死去，但他却从未碰到过一个自然死亡的案例。[12] 有时英国人会在同一天吊死两三个人。北部地区专员基尔克布莱德描述了这样的一天。

阿莱克·西斯·基尔克布莱德（Alec Seath Kirkbride）喜欢春天的加利利。四处生长的野花使旅行成了一种乐趣，他在回忆录中列出了它们的名字：鸢尾花、阿福花、花毛莨、水仙花、仙客来和银莲花，有红的、白的，还有紫红色的。他在埃及长大并接受教育，当他还是个小孩的时候，他父母便已经在那里定居了；在第一次世界大战中，他曾应征加入皇家工兵部队。1918年，他与阿拉伯的劳伦斯一起被派去帮助费萨尔王子部署军队对抗土耳其人。此后，他在外约旦的英国政府中任职。当刘易斯·安德鲁斯被谋杀时，基尔

---

* 负责阿拉伯关系的两名犹太事务局官员提出了一项建议：贿赂在军事法庭上的阿拉伯证人。报酬视审判结果而定，如果审判结果理想，每位证人能获得25镑；但如果嫌犯被判处15年以下的监禁，证人则拿不到报酬。这两位官员们认为，这项计划并不存在引起阿拉伯人仇恨的危险。他们写道，恰恰相反，阿拉伯人会认为这是犹太人在复仇，这种复仇观念对他们来说是一件很自然的事情。[9]

克布莱德接替他成为加利利和阿卡的地区专员；也有人企图刺杀他，但被他逃过一劫。他后来写道，由鲜花织成的地毯沿着道路像光谱一样铺开，诱使他暂时忘记了他离死亡有多近，离流血有多近。

去阿卡监狱的那天早晨，当基尔克布莱德醒来时，他看到的是绿油油、金灿灿的美好春天。他想，这么好的天气怎么能吊死人呢，但他还是踏上了征程。一辆装甲警车在他前面护航。他要参加三场绞刑，第一场定在上午8点00分。

阿卡监狱位于一座十八世纪的石堡内。基尔克布莱德提前十五分钟到达。他站在横跨城堡护城河的桥上，与出来迎接他的典狱长和当地的医官聊了起来。一位穆斯林教士从他们身边经过，他正准备去给第一个即将被处刑的罪犯送行。这位教士向地区专员打招呼，基尔克布莱德认为他从教士的眼睛里看到了最深重的仇恨。基尔克布莱德感到内疚和卑鄙，并被一种悔恨感所困扰；他不得不提醒自己，宣判死刑的那个人并不是他。

绞刑室在某种程度上就是城堡内墙的一间凹室；凹室内的墙壁是白色的，窗户很窄，其露出的缝隙给人一种阴森的感觉。在基尔克布莱德看来，这里的环境很有中世纪的味道。地上是一个木质平台，平台的中间有一个活板门；其上方有一根横梁，三根绳索挂在上面。地区专员刚进入房间在远处的角落里坐下来，两个狱卒就带着第一个死刑犯进来了。这是一个二十多岁的阿拉伯人。陪他一起进来的是一位曾出席过其审判的警察。现在，他需要在绞刑架下确认死刑犯的身份。

监狱长开始大声宣读判决，但犯人打断了他。"看在神的份上，快点结束这一切吧，"他喊道。他的双手被铐在背后。狱卒把他的手肘也绑在一起，并用一个黑色的麻袋罩住他的头。基尔克布莱德心想，至少他不用看到那个人的脸了。死刑犯被移到活板门上；基尔克布莱德注意到，犯人所处的位置上被人用粉笔做上了标记。狱卒们把死刑犯的脚踝绑了起来，然后往后退了几步。典狱长猛地一拉操纵杆，活板门落了下来，年轻人从洞口向前方和下方跌落，当绳子完全伸展开时，他又弹了回来。整个木质平台因为他坠落下来的力量而颤抖。

年轻人失去了知觉，但没有立即死亡。他的身体又持续抽搐了几分钟，其双脚尽管已经被绑住，但最后还是张开了。鲜血从黑色的麻袋上滴落。狱卒们说他落下来的时候撞到了头，但典狱长用他那更为渊博的知识纠正了狱卒们的说法：血来自犯人鼻腔里爆裂的静脉。医事官撕开了死刑犯的衣服，听了听他的心脏，但他的心脏还在正常地跳动着。他又等了一会儿，然后宣布那人已死。基尔克布莱德走到阳光明媚的院子里，他欣慰地注意到，院子里的霉味和防腐剂味不像里面那么浓烈。下一轮绞刑是九点，在此期间，地区专员一直坐在典狱长的办公室里享用早餐。

　　第二轮绞刑几乎和第一轮一样，只不过这一次的死刑犯把整个行刑程序弄得一团糟。当狱卒把他放到活板门上时，他晕倒了。狱卒们不得不把他扶起来，以确保他坠落的时候死得干净利落。这次，所有人等了二十分钟医事官才宣布该男子的死亡。在地区专员看来，等待的时间似乎看不到头。

　　下一轮绞刑将于十点开始，在中间空出来的时间里，基尔克布莱德参观了监狱。他讨厌参观监狱，但不管怎么说总比坐着傻等要好，基尔克布莱德写道。当他走过牢房时，囚犯们都沉默了，所有的目光都集中在他身上。每个人都知道他为什么来。透过其中一间牢房的铁栏杆，他注意到里面的囚犯在来回跑动。他问那人是谁，工作人员告诉他，那是下一个将被吊死的死刑犯。整个上午一直萦绕在地区专员心头的那种感觉越来越强烈。他明白，战争中总免不了要死人，但他在阿卡监狱所做的事情却是一项令人作呕的行为。他被"一种压倒性的怜悯之情"所淹没，既是针对那些死刑犯，也是针对他自己。他希望自己在临死的时候也能够像这些人一样勇敢地面对死亡，他略显悲凉地写道。

　　在走廊尽头的一间牢房里，有几个犹太囚犯，他们被指控为恐怖组织的成员。他们的眼神里也充满了仇恨。"当然，不是因为我跑来绞死几个阿拉伯人，"基尔克布莱德写道，"我是英国人这一点就足够了。"只有一个人没在看他。那名囚犯正靠在一个窗洞旁，凝视着外面的大海。基尔克布莱德竟觉得自己有必要感谢他没有盯着自己看。

　　第三轮绞刑过后，地区专员还有一项工作要做：充当验尸官的角色，并确认犯人的死因。尽管这只是走走过场，但基尔克布莱德却不得不查看躺在大理石板上的三具尸体；此时，他们的脸已经肿得发紫。在基尔克布莱德看来，这些人的死没能解决任何问题。他对自己说，要求法官也参加行刑过程，这也许是个好主意。[13] 爱德华·基思-罗奇写道："我希望在那些更直接参与判决或批准判决的人中，有一些人能站在我的位置上来看问题。"[14] 基尔克布莱德在签署了几份文件后便开车回家了。"你看起来脸色铁青，"当他的妻子看到他时说道。他自己也觉得脸色铁青。[15]

年轻的罪犯经常被判处鞭刑。他们都是些年龄介于七岁到十六岁之间的男孩；执法的官员会用桦木条或柔韧的藤条抽打他们。十四岁以下的男孩会被打六下，十四岁以上的男孩最多被打二十四下。如果鞭刑超过 12 下，则要分几次抽打，每次抽打 6 下，每隔三天抽打一次。惩罚并不是在公开场合进行，而是在监狱里，在典狱长在场的情况下进行；如果鞭刑超过 12 下，则需要医生在场。[16]

3

按照当局所颁布的反恐法律和条例的规定，恐怖活动的责任要由罪犯所在的整个社群承担——村庄、社区，有时甚至是城市。这一政策的指导原则是，在没有人被证明有罪之前，每个人都是有罪的，每个人都要接受惩罚。加德—弗鲁姆金法官认为连坐制度是由他提出的，当时主要针对的是 20 世纪20 年代的内比·穆萨暴乱和雅法暴乱。[17]

比尔宰特（Bir Zeit）的女教师希尔达·威尔逊描述了英国警察在其居住的村庄里所展开的几次搜查行动。首先，天空中会出现一架飞机，飞机上的人会向下投掷宵禁令。之后士兵们便来了，有时有几百人和几十辆车。有一次，威尔逊数了一下，来了足足有两百名士兵。她不知道他们是真来进行搜查的，还是说只是为了惩罚、恐吓和羞辱村民。[18] 威尔逊深爱着比尔宰特的村民们，当军队进到村子搜查或实施惩罚时，她感到十分羞愧，并试图约束士兵们的行为。有时，英国人会把村子给封锁了，她只能绕道走山路到耶路撒冷。

卡车司机亚历克斯·莫里森在日记中描述了英军在图勒卡雷姆这个小村庄的一次行动。"这座小村庄如同《圣经》中的一幅画面，"他写道。莫里森"以为"军队进村是为了抓捕一名被通缉的恐怖分子，但当士兵们到了之后才发现，村里所有的男人都已经走光了，只剩下妇女、儿童以及数位老人，其中一位老人是村里的穆赫塔尔。指挥官要翻译问村里的男人都跑到哪里去了，但穆赫塔尔却拒不开口。这是典型的阿拉伯人，莫里森评论道。紧接着，他又补充说："我一直很钦佩他们的勇气，因为我见过他们至死都不出卖任何人。"然而，在这次行动中，穆赫塔尔却不必死，但村里的女人们却遭了殃。她们被迫站成一排，并向士兵们裸露出自己的乳房。莫里森解释说，这么做是为了确保里面没有男扮女装的人。她们也的确都是女人。之后，士兵们又搜查了房屋，但一无所获。[19]

英军会定期展开类似这样的行动；几乎每座村庄随时都有可能被搜查。每当这种时候，村民们会被赶到一个临时搭建的围墙或英国人所说的"笼子"里。村民们被关起来后，士兵们开始挨家挨户地搜查武器。他们拆毁村民家的大门，砸碎其中家具，洗劫食品储藏室，撕开装着大米、面粉和糖的袋子，把里面的东西全撒到地上。他们还会把油罐里的油全都倒掉。他们认为村民们会把武器藏在食物袋或油罐里。但士兵们也会故意为非作歹。一位村民回忆说："他们故意把面粉和油混在一起，然后倒在我们的床上。"阿拉伯叛军建议村民们尽可能地不把橄榄树上的橄榄摘下来。[20] *

一位名叫埃利奥特·福斯特（Elliot Forster）的英国医生在日记中记录了英军于 1939 年 5 月在希伯伦附近的哈勒胡勒（Halhoul）村展开的一次行动。从村里逃出来的几名妇女对他说，所有村民都被关进了露天的畜栏里，男人、女人各一个，士兵们也不给他们吃的喝的。妇女们说，村里已经死了二十个人。"她们显然是在夸大事实，"他写道，"但是，这将我的良心置于何处？要知道，最多在一年前，我还宣称英军没有做过这种事情，这些可怕的谎言纯属捏造。"

五天后，医生从一位目击者那里得到了更多的信息。经过两天的拘禁后，

* 从军队负责人之间的通信能够看出，士兵们在搜查过程中偷走了村民们的钱和贵重物品，他们还发明了各种侮辱和虐待村民的方法。耶路撒冷的英国圣公会主教在给殖民大臣的私人信件中表示，他凭自己的"个人知识"能够证实这一点。[21]

村里的女人们被允许离开畜栏，但男人们仍被关在里面。其中大多是老人，胆子大的年轻人全都溜走了。有人报告说，现场有医护人员监督，一切都很好。然而，在那一天的时间里，一共死了六个人。之后，又有四人相继过世了，福斯特医生于事后写道。在五月的烈日下，在热浪中，这几个人被迫在畜栏里坐了七天，滴水未进。在如何管理集中营这一问题上，英国人或许能够传授希特勒一些他所不知道的知识，福斯特医生在日记中这样写道。

高级专员麦克迈克尔证实，哈勒胡勒有 8 人在炎热的天气中死去。他写道："这个村子"是"出了名的'糟糕'"；英国军队在搜查过程中发现了 26 支步枪和 5 支左轮手枪。他解释说，这八人之所以会死，是因为"多种不幸情况的结合"——一方面天气异常炎热，另一方面死者都是老年人。换句话说，这一事件是一起工伤事故。高级专员写道：没有人故意杀害哈勒胡勒的村民，也没有任何行为可以被称为'暴行'。然而，由于死者的遭遇非常不幸，死者家属将得到总计 2 065 镑的赔偿。[22] 英军在其他村庄也展开了类似的行动。[23]

英国人经常讨论连坐原则。从这些讨论可以看出，他们似乎是真心诚意地想要杜绝政府政策的武断性。他们告诉自己，与西方人不同，阿拉伯人更看重集体而非个人；为遇害者报仇是整个家庭的义务，而非其中某一位成员的义务。英国人注意到，在土耳其人统治时期，他们经常对氏族和部落实施惩戒；他们曾把一整个一整个部落的人都抓起来，无限期地关押他们，并鞭打部落中的谢赫和穆赫塔尔。一位军官表示，这些方法非常有效。显然，他是在为英国人没有采用同样的方法而感到遗憾。英军驻巴勒斯坦司令罗伯特·海宁（Robert Haining）将军写道："（我们需要）克服失败主义精神。"[24] 英国人还推行过集体罚款制度，但这项措施主要是针对阿拉伯村庄。各地区专员被授权监督这项措施的执行，在他们留下的文字记录中，他们把这项措施说成是纪律和教育学的特殊融合；有些军官说起话来就像童子军中的长官在教训一群小孩一样。他们总是力求保持一种"公平"的表象。

在杰宁附近的一个村子里，有一百棵橄榄树被人放火烧毁。这显然是当地的某个罪犯干的。地区专员认为村里的一些人没有尽力阻止犯罪。他对该村处以了 115 镑的罚款：其中的 100 镑将分给橄榄树的主人作为补偿，剩下的 15 镑则将交给政府。

在另一个遭受制裁的村子里，地区专员裁定，政府将用罚款专门辟出一块地方来教育村里的孩子，让孩子们在那里学习破坏果树不是"男子汉"该有的行为。他还补充了一些话，但都是些陈词滥调，比如说他强调了果树在人类生活中的重要性。在其他地方，地区专员裁定，征收来的集体罚款将用于改善通往村庄的道路。他解释说，从道德和心理的角度来看，这是对待原始村民的最佳方式。有时，当局会接受行政复议，甚至会同意申请复议者的意见，即罚款不公正或过高，再就是应向富人而不是穷人征收罚款。

摩西·谢托克建议，当难以确定恐怖分子具体来自哪个村庄时，应该让该地区所有的村庄都接受惩罚并承担责任。[25] 有一次，英军正在为即将展开的行动下达指令，希尔达·威尔逊在无意中听到了士兵们的对话。军士说，部队准备封锁某个村子，然后把村民们都赶到山坡上去。她在日记中写道，这位军士在说"赶"这个词时的那种凶狠的语气，她永远都不会忘记。威尔逊经常与士兵们交谈。有一次，她在英军的某个哨所里避雨。她注意到，士兵们最担心的是他们的早餐，他们在哨所的上层放着一大堆鸡蛋。他们总是疲惫不堪，看起来像在梦游一样，威尔逊写道。

在与士兵们交往的过程中，威尔逊小姐得出了这样的结论，即他们之所以会做出一些狂暴的举动，主要是因为感到单调乏味。据她观察，"男人们实在是无聊得要死。"他们被困在孤独的前哨里，那里没有电影院，没有娱乐活动。搜索村庄是他们唯一的兴奋点。威尔逊写道："士兵们天生就不在乎他人的财产；即使是在英国，他们也曾在战争期间毁坏过被征用的房屋，因此，在这样一个遥远的国度，生活在被告知是敌人的村民中，还能指望他们能做出什么好事呢？"[26]

有时，军队会在村子里面停留几个月。有些村庄的居民被完全清空。作为反恐行动的一部分，当局还摧毁了村子里的房屋。撒玛利亚的地区专员詹姆斯·波洛克曾收到过一封信，寄信人在信中感谢他对巴卡加尔比耶（Baka al-Gharbieh）村的 53 所房屋进行了"惩罚性拆除"。[27] 一项统计显示，在1936 年至 1940 年期间，当局摧毁了 2 000 所房屋。[28] 在安瓦尔·努赛贝法官看来，英国对阿拉伯叛乱的镇压比私刑更令人发指；虽然一切暴力行为都源自同样的恐惧和仇恨情绪，但至少私刑不被法律所允许。[29]

村民们陷入了无解的两难境地之中。如果他们为恐怖分子提供掩护，政府军就有可能实施可怕的惩罚；但如果他们告发恐怖分子，其同伴便会予以报复。起义军和政府军都会进出村庄，有时两者的出入时间相距不足几个小时。双方都会向村民提出要求，并威胁说，村民为敌人提供任何形式的援助都会遭到报复。起义军对村民们展开了准法律调查，并对不服从的人进行了惩戒。

当局曾一度要求所有离开其村庄的人都携带出入证；起义军方面则威胁要惩罚所有遵守这一要求的村民。因此，村民们要么待在家里，对自我实施宵禁，要么冒着被叛军报复的危险。公交车司机也被这些相互矛盾的要求所困扰。威尔逊小姐班上的学生不知道如何去看村外的足球比赛，妇女们对村里的猫也有意见。威尔逊解释说，在比尔宰特，有大量的猫。每隔一段时间，村民们便会把它们抓起来，装在麻袋里，然后拿到附近一个名为内韦雅各布（Neve Ya'akov）的社区周围放生。拉马拉附近某个村庄的村民们曾给高级专员写过一封信，他们在信中说："我们农民被夹在魔鬼和深蓝的大海之间。"这封信描述了村民们被夹在起义军和政府军之间的生存样态。村民们表示，政府军中的犯罪分子人数反而更多。[30] *

英军在城市中也展开了类似的行动。1938 年 8 月，近 5 000 名来自纳布卢斯的男人被抓到"笼子"里关了两天。他们一个接一个地接受审讯，到获释时，每个人身上都被盖上了印章。在他们被关押期间，整个城市都遭到了搜查。政府在搜查过程中找到了一些通缉犯，还发现了一个用于生产炸弹的作坊和两条被认为是军队财产的卡其裤。[32] †

当局对不法行为的指控非常敏感，其中的部分原因是这些指控在英国和美国的新闻界产生了反响。"巴勒斯坦和英国都在公布这些事件，它们被带到议会

---

* 另一重因素使村民们的生活更加复杂化：政府的安全部队中还雇用了穆夫提的反对者。这些被称为"纳沙希比部队"的人在村庄里实施自己的恐怖统治。此外，村民们有时还受到村内和起义军中各敌对势力的摆布。[31]

† 杰弗里·莫顿（Geoffrey Morton）警官试图强迫杰宁居民戴上塔布什帽，以此来证明他们是守法的公民。[33] 某位军队长官甚至提议把所有戴着卡菲耶头巾的人都关进"笼子"里，直到他们承诺不再使用作为民族象征的头巾，但这一提议遭到了其上级的反对。犹太事务局也曾考虑过要求政府禁止阿拉伯人在农村以外的地区佩戴传统头饰，但摩西·谢托克认为这样的法律不可能得到执行。[34] 政府所制定的有关集体惩罚的法律（包括罚款）也适用于犹太人定居点，这使一部分犹太复国主义运动领导人感到"极为不安"。"这不仅仅是一个财政问题，"他们写道，"这首先是一个政治问题。"很快，犹太人还会紧接着抱怨政府军警的铁腕政策。[35]

和报社编辑面前……它们正在影响公众舆论，"摩西·谢托克在谈论英军镇压阿拉伯人起义的行动时写道。"哪怕政府只是在对抗的过程中采取了强硬措施，如对整个社区进行罚款、摧毁房屋，或开枪杀人，也会激起英国人的不满。这些措施让好人和坏人一起受苦，如果还有英国官员和士兵在行动过程中被杀，这种情况最麻烦。"纳粹德国在政治宣传战中对英军的镇压行动做足了文章。[36]

一般来说，当局会否认存在侵犯公民权利的行为，要么就是将这种行为定性为"特殊情况"。他们声称，虐待公民的事件不具有普遍性，因为这种行为不符合英国士兵的性格。[37]但军中的一位高级将领曾抱怨过军队所采取的"不必要的暴力"和冷血的报复性谋杀。他坚持认为，如果士兵们逾越了被许可的界限，就应当被送上军事法庭。然而，因虐待甚至谋杀平民而受审的士兵们都被判处了极轻的刑罚。[38]

首席政务官巴特希尔写道，镇压叛乱需要采取"极端激烈"的措施。他在日记中提供了一个意识形态层面的理由。"我怀疑是否有阿拉伯人真的存在反对谋杀的道德情感，我确信阿拉伯人认为谋杀是一种合理且令人满意的武器，他们不仅在私人恩怨中使用这一武器，在政治争议中也一样。我们永远不会让他们改变在这一问题上的基本信念，所以我们唯一的希望就是让谋杀和骚乱给他们带来尽可能多的不愉快和代价，一言以蔽之，即让他们明白这样做没什么好处，然后他们就不会这么做了。"不，这不是件令人愉快的工作，但却是必不可少的，巴特希尔写道。[39]

面对北部边境的恐怖分子，英军不能使用催泪瓦斯来予以威慑，海宁将军对此感到惋惜。英国是禁止使用瓦斯国际公约的缔约国。英军只有在旨在挽救人的生命的行动中才能使用毒气，比如说对付坚守在房屋内的恐怖分子。"很遗憾，催泪瓦斯被称为毒气，"海宁说，"这就是整个问题的所在。"[40]

然而，英国人在焚烧恐怖主义分子的尸体时却并没有在国际领域遭到任何反对意见。他们之所以这样做是为了防止恐怖主义分子的葬礼变成大规模示威游行。[41]英国人其他的一些做法也没碰到什么阻碍。为了防止恐怖分子在公路或铁轨上布雷，他们强迫阿拉伯平民开车走在车队的最前列；他们甚至让阿拉伯平民坐在与火车引擎相连的特殊车厢里。一名被当作人质的阿拉伯人说："我们会扯着嗓子唱歌，以便让叛军知道车队来了，让他们知道阿拉

伯人已被用作诱饵。"英国人的这一灵感源自另一个殖民地，他们在印度经常采用这种做法。[42] *

4

阿拉伯人的恐怖活动帮助犹太事务局表明了这样一个观点，即犹太复国主义运动和大英帝国正肩并肩地对抗着一个共同的敌人；在这场战争中，他们有着共同的目标。英国政府现在倾向于承认这一点。

而对于阿拉伯人来说，他们变得群龙无首了。地区专员安德鲁斯被杀几周后，当局废黜了穆夫提侯赛尼，他伪装成贝都因人逃到了黎巴嫩；阿拉伯最高委员会也被取缔，几位阿拉伯领导人被驱逐到了塞舌尔群岛。[44] 事实上，侯赛尼在被强制驱逐出境很久之前便已烧毁了自己连通英国方面的桥梁。而在安瓦尔·努赛贝法官看来，对于侯赛尼与英国人之间不自然的友谊而言，这一结局是不可避免的。这位穆夫提大人并不反英——事实上，许多人都认为他是当局的朋友，甚至是其代理人。但当事情到了一定的阶段，他便再也无法继续在两种忠诚之间维持平衡，并选择了忠于阿拉伯人的事业。[45]

随着镇压恐怖活动的力度加大，犹太事务局与当局的关系也变得越来越紧密。在这一时期，犹太事务局几乎就像是政府下属的一个安全部门，既是告密者，又是分包商，还是客户。某些时候，英国军队几乎可以说是在犹太事务局的指挥下行动，类似于该机构的雇佣军或安保部队。该机构甚至还承担了政府在安全方面的一些支出。

---

* 英国驻埃及总领事提出了他所谓对付恐怖主义的"制胜法宝"。阿拉伯人恐怖活动的受害者每增加一名，当局便会再向犹太人发放100个移民许可证；犹太人的恐怖活动每造成一名受害者，英国人就会收回100个许可证。三年前，本-古里安的脑海里至少已浮现出了这一方案中的一部分内容。但在他的版本中，每杀死一名犹太人，犹太事务局将获得1 000个额外的移民许可证。他认为这是一个"绝妙的想法"，并阐述了它的优点。"为了束缚住恐怖分子的手脚，没有比这更方便和有效的手段了。这比维持十个营的兵力，拆毁房屋，以及在山中追击匪徒要容易得多。这个方法会自动发挥作用。"谢托克把这个想法转告了沃科普；高级专员客气地表示他会考虑一下。[43]

由于阿拉伯人的恐怖活动，英国政府不得不增加警力；此前，政府的警力中有相当一部分是由阿拉伯人构成的，他们的忠诚度现在受到了怀疑。数千名犹太警察应征入伍，其中一些人隶属于特别卫队和各种辅助部队。此外，政府还成立了一支守卫犹太人定居点的警察部队。从理论上来说，所有这些新增的部队都是政府的一部分，但实际上它们均受犹太事务局的节制。在英国人的支持下，这些部队将成为犹太人的骨干军事力量，并为与阿拉伯人不可避免的冲突做准备。[46] "我们已经明确地告诉了政府，"摩西·谢托克说道，"除非由犹太事务局来管理，否则整个国防事业将无法展开。"这些应征入伍的士兵们效忠于犹太事务局。"你们必须听从政府的所有命令，"谢托克解释说，"但你们还有另一项道德义务……不仅要接受政府的规训，还要接受犹太领导层的规训……你们并不仅仅是作为雇佣兵被雇用出去的……你们属于一个犹太组织，该组织可以向你们提出要求。它才是你们的领袖。"谢托克表示，犹太军队是否能在未来生存下去，取决于该军队能否取得成功。因此，士兵们有责任"从政治角度出发，以负责任的犹太复国主义方式行事"。谢托克表示，巴勒斯坦犹太社群向当局提供的军事援助是一种由当局签署的"期票"。他指出，一旦叛乱被镇压，犹太社群所起到的作用"必须予以认可"。[47]

在针对村庄展开的搜捕和集体行动中，犹太和英国官员协调了相关方面的工作，并讨论了刑罚与审判的问题。摩西·谢托克曾提议派出一辆满载士兵的客运公交车，该车将作为对付阿拉伯叛军的诱饵。"啊，一个移动的陷阱！"首席政务官巴特希尔兴奋地说道。犹太人与英国人就安全事务展开的部分接触——包括行动细节和情报交流——是由谢托克与高级专员本人直接联系的。"高级专员私底下对我说，我们必须准备再征召3 000人入伍，这一信息他只告诉了我一个人，"谢托克写道。高级专员向谢托克透露了有关阿拉伯人偷运武器的情报。[48]

在与某位英国高级官员的谈话中，谢托克承诺让犹太事务局提供合作，以防止埃策勒对阿拉伯平民发动恐怖袭击。当谢托克得知当局准备逮捕激进分子约瑟夫·克劳斯纳教授时，他敦促当局不要这样做，因为那可能会产生负面影响。英国人听从了他的建议。[49]

谢托克在报告中记录了犹太人与英国人之间的一场讨论，这场讨论的内容要是放在几年前简直令人难以想象。1936 年 6 月，政府要求巴勒斯坦犹太社群承担警察部队的部分费用。15 年前，英国人曾反对犹太人"补足"犹太警察的工资，他们认为这是一种贿赂。而如今，当局却坚持让犹太复国主义者分担警察的工资负担，甚至还要求他们支付警察的制服费用。英国人方面只负责提供武器。谢托克拒不接受这一方案，英国人便开始讨价还价，他们提出由他们来承担制服的费用。谢托克还是不满意，他提议平分工资和维护费用。高级专员同意了这一方案。犹太事务局似乎曾一度遇到了一个大麻烦，该机构需要为政府意欲征召的所有犹太警察提供资金。[50] *

行政当局还向商业公司提供安保服务。"本人有幸答复贵方要求任命 3 名编外警员保卫鲁哈马（Ruhama）殖民区财产的申请，"警察局长在给甘·什洛莫（Gan Shlomo）公司的信中写道。该公司在鲁哈马地区拥有若干柑橘园。"如果您能存入一笔 72 镑的款项，以支付雇用这些编外警察 3 个月所需的花费，本人将不胜感激。"该公司对当局所提供的服务感到不满，于是向警察机关投递了消费者投诉信。[52]

查尔斯·泰加特信奉犹太复国主义，鼓励当局与犹太事务局展开密切合作，他甚至聘请犹太劳工联合会下属的建筑公司索莱勒·博内（Solel Boneh）来建设他为北部边界所设计的隔离墙。[53] 索莱勒·博内公司还为当局建造了新的警察堡垒，俗称"泰加特堡垒"（the Tegart Fortresses）。

据索莱勒·博内公司职员戴维·哈科亨（David Hacohen）的描述，泰加特是一个高大的爱尔兰人，年老而憔悴，头上顶着白发。他的脸上刻满了皱纹，长长的鼻子弯弯的，就像鹰嘴一样。哈科亨第一次见到泰加特是在耶路撒冷大卫王酒店的房间里。那间屋子的衣柜里没有衣架，泰加特便让哈科亨直接把大衣扔到床上就行了。他们没有互相客套，直截了当地开始讨论起隔离墙项目。哈科亨列举了该项目的各种困难：他将不得不从墨索里尼的意大利进口铁丝网，而英国政府很可能会反对这一举动；他将需要大量的犹太卫兵来保护工人，而这必须被视为项目成本的一部分。

泰加特希望迅速采取行动，不进行公开招标或其他有可能拖延进度的官

---

* 　根据英国议会所收到的资料，为镇压阿拉伯人的叛乱，巴勒斯坦增派部队的维持费用达到了每月 175 000 英镑左右。[51]

僚主义程序。他也没有就价格问题与哈科亨发生争执。按照爱德华·基思-罗奇的说法，泰加特在堡垒和隔离墙工程上花费了 200 万镑。[54] 据哈科亨估计，隔离墙项目给索莱勒·博内公司带来了 6 万多镑的利润。大约有一千名工人——几乎都是犹太人——被带到遥远的北部边境，他们在那儿开展了一项激动人心的国家建筑工程。哈科亨称隔离墙是一项史诗般的工程，类似于铺设通往美国西部荒野的铁轨。作家布拉哈·哈巴斯（Bracha Habas）是哈科亨的妻子，她在一本书中纪念了这一英雄行动。

哈科亨与英国高级军官有频繁的接触，其中有几位军官经常违反文官部门的指示和法律为其提供帮助。[55] 他们把他视作盟友并信任他。泰加特曾给哈科亨写过一封信，他在信中把修正主义党的领导人比作希特勒和墨索里尼。当他在写信时，他觉得自己已被卷入当地的政治之中，而这是被政府所明令禁止的行为。爱尔兰人经常会失去自制力，他写道，并表示他相信哈科亨不会把他说的话泄露出去。有人，也许是哈科亨，在这封信上用希伯来语写上了"最高机密"这几个字。[56]

5

如果说泰加特与犹太复国主义者的合作主要是基于对共同利益的精明算计，那么奥德·温盖特（Orde Wingate）则是另一回事。温盖特是一名情报官员，也是犹太复国主义的激进信徒。他把犹太复国主义当作自己的宗教。"他看起来就像一个被某种内在的火焰吞噬的人，"摩西·谢托克写道，"沉迷于俘获他想象力的单一想法。"温盖特的传记作者很难解释他对犹太复国主义的痴迷。仅从他的背景来看，他似乎更有可能受到军中部分亲阿拉伯势力的影响。他出生于印度，在一个殖民官员家庭的环境中长大。他的表兄雷金纳德（Reginald）爵士是埃及的前高级专员，他认为是犹太人把奥斯曼帝国拖入了一场反对大英帝国的战争。[57] 温盖特在一所知名的学校中上过学，专攻阿拉伯事务，并曾在苏丹服役过。他还会说一些阿拉伯语。种种迹象表明，他是在1936年抵达巴勒斯坦后才发现犹太复国主义的。那时，他是一个拥有上尉军衔的情报官员。

温盖特对这个国家的了解来自他对《圣经》的熟悉；戴维·哈科亨是他遇到的第一批当地人物之一，他曾带着温盖特游历了巴特斯坦。在艾因哈罗德（Ein Harod）附近，也就是《圣经》中某场战役的地点，温盖特批评了扫罗王（King Saul）的策略。温盖特坚持认为扫罗王应该在山顶建立基地，而不是在山下的泉水边。如果当时他这么做了，结果便会完全不同。哈科亨从他的声音中听到了情感、愤怒，甚至是痛苦，就好像扫罗王是在前一天刚被打败一样。温盖特接着在扫罗王应该选择的地点建立了他的大本营。[58]

巴兹尔·李德·哈特（Basil Liddell Hart）将温盖特描述为"犹太的劳伦斯"。谢托克称他为"理想主义学派的帝国主义者"，他是一个有道德抱负的人，能够上升到英勇与自我牺牲的高度。[59]温盖特逝世于缅甸的一次飞机事故。在他死后，有人为纪念他而写了一篇特别的祈祷文，作者将其比作《士师记》中的基甸。本-古里安和其他人直接称他为"朋友"。以色列国防部在他去世多年后发布的词典中这样写道："奥德·查尔斯·温盖特的教诲、其性格及领导力是许多哈加纳指挥官的基石，以色列国防军的作战理论中可以看到他的影响。"在他手下服役的人对他的描述是既敬佩又厌恶，在他背后，他们说他是个疯子。[60]

温盖特几乎仅凭个人努力便建立起了一支私人武装部队，这支部队专门在夜间追捕恐怖分子。他是先独立组织起了这支部队，然后在事后才得到上级的许可。夜间特别行动小队在加利利地区活动；这支队伍由4个排组成，总共约有200名士兵，其中包括约150名犹太人。[61]他们守卫着连接伊拉克的石油管道以及泰加特的隔离墙，并以恐怖活动的方式来打击恐怖主义。

温盖特手下一个名叫锡安·科亨（Tzion Cohen）的士兵写道："我们靠近了一个石油管道被破坏的村庄。我们会在那里等到天亮，然后进入村子，把所有的人都围起来，强迫他们面朝墙壁站立，双手背在身后。温盖特和他的英国同胞会实施惩罚，因为他不想激起阿拉伯人对我们的仇恨。"科亨指的是用鞭子抽打村民裸露的背部，"那是一番可怕的景象"，该连队的一名成员说道。首先，温盖特会站在一块石头上，并用蹩脚的阿拉伯语对村民们进行责骂。随着时间的推移，惩罚变得越来越严重，锡安·科亨写道。有时，温盖特会逼迫村民们在脸上涂抹泥巴和油。有时，他还会开枪打死他们。"温盖特教我们做一个有正确价值观的好士兵，"科亨写道。[62]

在太巴列，有十五名犹太人惨遭屠杀，温盖特的部队针对这一事件进行了报复。科亨描述了这次发生在希汀（Hitin）村的报复行动。温盖特和他的部队把村里所有的人都围了起来，然后从中选出了十个人，命令他们上前。科亨是温盖特的翻译，他以温盖特的名义说：你们在睡梦中杀死了妇女、儿童和老人，你们毫无怜悯之心，你们是懦夫，我判你们死刑，好让你们为自己的过错赎罪。说完这番话后，士兵们便开枪杀死了这十个人。在此次行动中，其中的一名士兵名叫伊戈尔·阿隆（Yigal Allon）。[*]

在温盖特的手下中，有一位名叫汉弗莱·埃德加·尼科尔森·布雷丁（Humphrey Edgar Nicholson Bredin）的军官。根据犹太复国主义档案中的证词，布雷丁曾对两名阿拉伯人进行了"审判"，并对他们作出了"死刑判决"。另一份报告说，他把某个村子里的所有男人都围了起来，要求他们交出 10 支步枪。当他们没有回应时，布雷丁便让他们轮流报数，从一报到十五，报到十五的人都会被拉出来。布雷丁总共拉出来了三个人，并将他们全部枪毙。有时，英国士兵会在醉酒的状态下外出执行任务。他们折磨阿拉伯人，并洗劫当地的村庄。[66]

有一次，温盖特考虑在海法市场上制造挑衅事件。按计划，他手下的犹太士兵会装扮成阿拉伯人，带着手枪进入市场并开枪杀人。所有这些举动都是为了制造混乱，但这一计划从来没有实施过。有一次，他想到用吹羊角号来吓唬恐怖分子。在想到这一主意的前一天晚上，他一直在读约书亚如何推倒耶利哥（Jericho）城墙的故事。[67]

犹太事务局承担了夜间特别小队的部分开支，就好像这支部队是为其服务似的。该机构支付了部分士兵的工资、资助了一个培训课程、给连队指挥

---

[*] 伊戈尔·阿隆记录下了这次行动。他极其谨慎地写道："当村民们感觉到军队的存在时，他们开始逃跑……我们开了枪，估计有三人被打死。"阿隆很小心地使用复数人称和被动结构。他唯一用第一人称单数写的评论是"我命令枪手们开枪"。报告中没有提到温盖特本人。阿隆写道，还有五人在向军队开火后，或在试图逃跑时被杀。[63] 驻巴勒斯坦英军指挥官海宁将军曾写道："在英国人看来，'在试图逃跑时被枪杀'是很难听的一句话。"[64] 一份记录了摩西·达扬所参加的另一次行动的报告指出，"我们的人"洗劫了当地并折磨死了一名囚犯，他们还试图对其他人也这样做。[65]

官提供了补助、协助提供了补给、车辆和马匹，并支付了建造营房和马厩的费用。一份内部报告称，该机构还扶植了奸细和告密者。这笔开支的名目为"培养良好关系"。[68]

温盖特夜间特别小队所采取的行动违背了谢托克所说的"我们最优秀的人民与生俱来的抑制力"。他认为，夜间特别小队的所作所为"不适合我们"，他担心这些行为会毁掉与阿拉伯人共存的机会。因此，谢托克报告说，某些犹太复国主义者甚至与反对温盖特的政府官员达成了共识。尽管如此，在夜间特别小队服役的经历强化了某些年轻人，特别是那些来自基布兹的年轻人所致力于培养的自我形象。一份报告指出："我们已向英国军队证明，年轻的犹太人也可以成为一名好士兵和好同志，希伯来伊舒夫不只是由攫取钱财的店主组成的。"[69]

6

1938 年 11 月初，威廉·巴特希尔在他的日记中记录道："一颗新星闯入了我们的天空。"他预计会有麻烦出现。巴特希尔担心的是，前来镇压叛乱的伯纳德·蒙哥马利（Bernard Montgomery）少将会试图控制整个国家。[70] 他在日记中列举了一长串军方和政府官员之间的分歧。双方大声争吵，相互辱骂，军方还曾试图以政变的方式罢免高级专员麦克迈克尔。矛盾的根源在于，军队不仅要求自由镇压起义；还要求加大警察部队的行动力度。军队指挥官海宁抱怨说，文官政府没有作出任何有益的贡献。他说，其官员指望上帝来为他们做所有的工作。[71]

"蒙蒂"（Monty）把自己顽固的傲慢态度带到了巴勒斯坦。他在报告中对巴勒斯坦政府，特别是警察部队提出了严厉的批评。他认为应该把警察部队的高层人员遣送回国，然后把权力移交给泰加特。他得到了一个师的指挥权，并开始了对敌人的打击。在他看来，与阿拉伯人的冲突就是一场战争，因为叛军穿着制服。蒙哥马利一再强调这一点。在文官政府看来，叛乱是本土民族运动的表现，但蒙蒂却拒不接受这一判断。他坚持认为，大多数阿拉伯人都厌恶起义，他所面对的对手是一群"职业强盗团伙"。[72]

他写道，这场战争是一场相当奇怪的战争。虽然你看不到敌人，但你总是暴露在被谋杀或被炸死的风险中。他给他的部下下达了关于如何处理叛军的简单命令：杀死他们。他引进了布伦枪，这是英国人以前使用的老式刘易斯机枪的改进版。蒙哥马利知道如何给他的部下灌输战斗精神，他相信这场战争将为下一场欧洲战争培养出优秀的士兵。在他的笔下，巴勒斯坦就好像是一个沙盘，而他手下的士兵则是一堆锡兵（tin soldiers）。蒙哥马利认为，他手下的每一名士兵都应该获得一枚特殊的勋章，他们的确也获得了此项殊荣。[73]

单从蒙哥马利所发送出的报告的内容来看，根本看不出来这些报告具体是关于哪个国家的。他是一名职业军人，脾气暴躁，没有意向去研究巴勒斯坦冲突的具体细节。为了改善即将到来的政治谈判的氛围，军队倾向于释放在押的因犯，但蒙哥马利却认为这是一项错误的决定。"1920/21 年爱尔兰新芬党战争期间，我们便采取了这样的政策，"蒙哥马利写道，"它产生了极为可怕的影响，使战争延长了好几个月。"[74]

将巴勒斯坦与爱尔兰相提并论是一种常见的做法。[75] 在巴勒斯坦服役的许多军人和警察以前都曾在爱尔兰服役过。[76] 当政府官员说"爱尔兰"时，他们指的是恐怖主义和失败。戴维·本-古里安担心这种比较会损害巴勒斯坦的形象，并阻碍犹太复国主义运动吸引投资者。因此，他警告说，这个国家不应成为第二个爱尔兰，成为一片被恐怖主义和无政府状态所覆盖的土地。[77] 但巴勒斯坦的现状却恰恰如此。"我记得你几年前就预言过这一切……如果殖民部不改变政策，你说我们的手上将出现另一个爱尔兰。"随着恐怖活动的加剧，约翰·钱塞勒的一位熟人在给这位前高级专员的信中写道。"我们已经有了一个爱尔兰，而手头的第二个爱尔兰现在正变得如此糟糕，我们必须像对待另一个爱尔兰一样对待它……在发生了这么多事情之后，不管是犹太人还是阿拉伯人，我们再也不能指望治理好他们了……"[78]

殖民大臣奥姆斯比-戈尔写道：巴勒斯坦和爱尔兰之间的对应关系是"非常完整的"，他将巴勒斯坦的犹太人与阿尔斯特（Ulster）的新教徒相提并论。他认为，这个国家应该实施分治。外交部官员争论的是，穆夫提是不是像迈克尔·柯林斯（Michael Collins）和甘地那样的人物。一位官员写道："是阿拉伯运动造就了他，而不是他造就了阿拉伯运动。"他还补充说："他似乎并不是一位如柯林斯或甘地那样充满活力的领袖。"[79]＊对哈利勒·萨卡基尼来说，阿拉伯民族运动的未来有两种可能：要么是一场圣战，即全国范围内的圣战，要么是阿拉伯人以孤立的恐怖组织的形式进行战斗，就像爱尔兰的叛乱分子所做的那样。[81]

犹太民族主义者也从爱尔兰的故事中获得了希望和启发。当"莱希"（Lechi）组织行动负责人伊扎克·叶泽尼茨基（Yitzhak Yezernitsky）——即后来的以色列总理伊扎克·沙米尔（Yitzhak Shamir）——需要一个战名时，他选择了迈克尔（Michael）。戴维·哈科亨同样很欣赏迈克尔·柯林斯。19世纪20年代初，当爱尔兰爆发骚乱时，他一直住在英国，他认同爱尔兰人的斗争。"我看到了这样的消息：英国领主夺取爱尔兰最好的土地，剥削他们的佃户，几十万爱尔兰农民在饥荒中死亡，爱尔兰爱国者受到迫害、审判和绞刑，很大一部分爱尔兰人选择逃亡或移民。"[82]

尽管哈科亨很感谢英国人对犹太复国主义运动的同情和支持，但他对英国在巴勒斯坦的托管国政府却持一种很矛盾的态度。在担任海法市议会成员时，哈科亨曾申请增建一条道路，这条道路将连接起该城的低地地区与更高处的梅尔卡兹·哈卡尔梅（Merkaz Hacarmel）社区。爱德华·基思-罗奇是现任的海法地区专员，他年复一年地从市预算中剔除这一计划。一天，在一艘英国军舰的甲板上举办了一场鸡尾酒会，哈科亨在会上设法说服基思-罗奇认可了这个项目。地区专员喝了威士忌后感觉良好，同意修建这条道路，但条件是以他的名字来命名。

道路建成后，沿路安装了小型的搪瓷标志，上面用英语、阿拉伯语和希伯来语写着地区专员的名字。不久后，有人开始破坏这些标志。一个名叫韦斯顿（Weston）的市政工程师对哈科亨说，基思-罗奇已经下令调查此事，他要找出罪魁祸首。哈科亨承认，他自己就是那个破坏者：他很后悔用基思-罗奇的名字来命名这条街道。"有时，当我晚上开车去加密山时，"他写道，"我会在路

＊　钱塞勒的一位熟人约翰·格卢布（John Glubb）少将把巴勒斯坦的局势类比成另一场战争。他说，我们手上有一场真正的战争，它需要四五个师，就像布尔战争一样。[80]

标附近停车，用沉重的猴子扳手在上面挖出一道深深的印记。"这位市政工程师对哈科亨的坦诚感到震惊，但也理解他的心情。哈科亨写道："韦斯顿是个好人，他很公正，而且是个犹太复国主义者。"[83]

这则故事说明了犹太复国主义者日益增长的权力感和不耐烦的情绪。1938 年，马帕伊党（Mapai）的成员想争取立即独立。摩西·谢托克认为这个想法很疯狂。他问他的同事们到底想干什么？开始杀英国人？两年前谢托克曾说："我们认为英国政府是这个国家的一个永久性元素。"而本-古里安也曾毫不含糊、毫无保留地表示："我们决不能放弃托管国。"[84] *

查尔斯·泰加特喜欢拿巴勒斯坦与印度和爱尔兰相比。在沃科普这边，也时常有人提醒他印度的情况。驻巴勒斯坦的英军指挥官海宁将军曾警告泰加特说，戴维·本-古里安有可能采取与甘地类似的政策，并停止与当局的合作。[86] 为了与甘地建立起联系并争取其支持，犹太复国主义运动付出了巨大努力。甘地对在纳粹德国受迫害的犹太人表示同情，但却不愿支持犹太复国主义计划，其中的部分原因在于，该计划要动用英国人的武力来对付阿拉伯人。他对阿拉伯人的恐怖活动表示了有条件的理解，并建议巴勒斯坦的犹太人不要与阿拉伯人交战，即便阿拉伯人想要把他们赶到死海里面去；在他看来，来自全世界的同情最终会拯救犹太人。反过来，对于解放印度的问题，本-古里安也仅仅是做了一些不置可否的表态。就像甘地因为反对英国对印度的统治而不能支持犹太复国主义一样，本-古里安也不能支持印度的自由，因为他赞成英国继续统治巴勒斯坦。[87]

7

当英国人与犹太事务局和哈加纳合作镇压阿拉伯人的起义之时，欧洲发

---

* 托管国的延续对巴勒斯坦犹太领导人来说是如此的重要，以至于他们参加了在赎罪日前夕举行的国际联盟委任统治委员会（the League of Nations Mandates Committee）会议。[85]

生战争的可能性正变得越来越大。在中东的英国官员开始向伦敦方面发出警告。他们表示，在备战的大背景下，英国方面应该照顾阿拉伯人的感情。"当我们在欧洲遇到麻烦的时候，他们会抓住机会，用各种可能的方式让我们在这里难堪，"安曼的一位官员警告说。为了获得阿拉伯人的友谊，他提议让他们独立。"这将使他们保持友好：即便他们不帮助我们，至少也不会在下一场战争中与我们作对，"这位官员写道。与此同时，在英国人中间，有一种观点越来越流行，即英国允许这么多来自纳粹德国的犹太难民在巴勒斯坦定居是一项错误的决定。"所以才有了眼泪和鲜血，"某位官员写道。他建议不要让犹太人强行加快移民的步伐。于是，有人开始提议"暂停"移民——至少在即将到来的战争期间，完全停止移民。[88]

随着战争的日益临近，犹太人的力量明显减弱了，同样随之减弱的是犹太复国主义运动的影响力；因此，阿拉伯人的重要性增加了。即使是那些仍然相信犹太人统治世界的英国人也注意到，纳粹至少摧毁了"世界犹太人"的其中一个权力中心。德国犹太人社群已经被摧毁，而犹太复国主义运动却无力阻止这一切的发生。哈伊姆·魏茨曼，这位在二十年前曾被誉为具有魔鬼般的力量和能影响全世界的男人，现在却成了一个筋疲力尽且日益被边缘化的人物。为了争夺巴勒斯坦犹太社群相对于伦敦犹太复国主义运动中心的优势地位，同时也是为了提高自己的个人地位，本-古里安与魏茨曼展开了斗争。在前者的挑战下，魏茨曼的地位被撼动了。

魏茨曼是犹太人的国王，犹太历史的化身。与魏茨曼不同，在英国人眼里，本-古里安是一个实力不断增强的地方政治活动家。尽管如此，英国人并不把他当作犹太民族的领袖。本-古里安与现任殖民大臣马尔科姆·麦克唐纳（Malcolm MacDonald）的亲密关系也没能帮到他的忙。麦克唐纳是本-古里安的老熟人，他让本-古里安直呼其名，但当两人发生冲突时，麦克唐纳却只把他当作某个偏远地区的工党支部主席。

英国的决策者们反复讨论美国犹太人的影响力。他们的所有评估都确认了一件事，即犹太人的影响力还是相当大的；英国甚至还一度在美国发起了广泛的公关活动，以对抗犹太复国主义的政治宣传。尽管如此，人们还是普遍认为，在这场战争中，犹太人的影响力不足以左右美国的舆论。事实上，美国犹太领导人试图促使罗斯福总统采取行动的努力并不成功。[89]

　　"犹太人？"英国驻埃及大使写道。"让我们还是实际一点吧。如今他们已处于任人宰割的境地，但我们不必抛弃他们。他们为了他们的'家园'已经等了两千年。他们完全可以再等一等，直到我们能更好地帮助他们分得最后一杯羹……到目前为止，我们都没有亏待他们，应该让他们意识到，哭着喊着要月亮是不会有任何结果的——考虑到我们是他们在这个世界上仅存的朋友，便更是如此。"为了排除外界对英国人态度的疑虑，驻埃及大使查尔斯·哈罗德·贝特曼（Charles Harold Bateman）强调，他既不亲阿拉伯人，也不亲犹太人。"我认为他们每个人都一样可恶。地球上我只'亲'一个民族，那就是英国民族，我看不出有任何理由去让任何一名英国士兵为了那些闪族人的派系斗争而牺牲生命。"伦敦的一位外交部官员告诉这位大使，殖民部支持他所说的一切。[90]

　　"如果我们一定要得罪一方，"首相内维尔·张伯伦（Neville Chamberlain）说，"我们宁愿得罪犹太人也不愿得罪阿拉伯人。"[91]要做出这一决定并不容易，但在战争前夕，这一选择却不无道理。随着战争的临近，政治家们都倾向于认为守住巴勒斯坦和埃及，进而保持其与伊拉克的联系至关重要。犹太人除了支持英国之外别无选择；相反，阿拉伯人则可以选择支持德国人。因此，为了确保阿拉伯人的忠诚，麦克唐纳建议在整个战争期间停止接收一切犹太移民，并计划在战争结束后重新审视巴勒斯坦的未来。[92]

　　在宣布这项新政策之前，英国人把阿拉伯和犹太复国主义领导人叫到了圣詹姆斯宫（St. James's Palace）来开会。这是一项多余但不可避免的外交仪式，类似于派往巴勒斯坦的许多调查委员会。[93]召开此次会议并不是为了制定新政策，也不是为了让犹太人和阿拉伯人达成协议。其目的是为了表明英国人仍然是公平的统治者。但这一举措却并没有奏效。

　　在一间过大的屋子里，许多人围坐在一张过大的桌子旁，房间的墙壁上挂满了巨大而恢宏的油画以及国王和皇后的肖像。据摩西·谢托克观察，亨利八世这个暴君有着可怕的眼神，他瞪着善良的维多利亚女王，而女王自己却一脸的满足和安宁。[94]张伯伦首相参加了此次会议，外交大臣哈利法克斯勋爵、殖民大臣麦克唐纳、各内阁大臣、议会秘书长、副秘书长以及较低级别的官员也出席了会议。每个人都身着正装、戴着礼帽前来。英国政府与阿拉伯人和犹太人的讨论是分开进行的；他们从不同的门进入并离开宫殿。阿拉伯代表团既代表各阿拉伯国家，也代表巴勒斯坦的居民；一些流亡在塞舌尔的起义军领袖也被带了过来。起义军曾指定哈吉·阿明·侯赛尼为代表团团长，但英国人拒绝了他们的提议，所以被废黜的穆夫提没能来伦敦。*

杰马勒·侯赛尼（Jamal al-Husseini）是一位资深的政治活动家，他是来自巴勒斯坦的阿拉伯代表团的高级成员；阿拉伯人和英国人之间最重要的联络人是穆萨·阿拉米（Musa Alami）。而会上最有趣的发言者则是乔治·安东尼乌斯。他把他的妻子凯蒂也带了过来，她收集了英国对阿拉伯人铁腕政策的相关信息，并以此来帮助代表团；为此，她把来自耶路撒冷和其他阿拉伯城市的妇女的证词也搜集了起来。[96] 阿拉伯人"把自己看作胜利者，"本-古里安说道，"他们真的赢了——首先推行恐怖活动，然后受邀与政府谈判。"

为了确认会议的流程，犹太复国主义者在会议开始之前专程打了几十通电话。他们担心他们的代表团看起来过于庞大，而且正好坐在英国代表们的对面；本-古里安甚至特意在会议开始前考察了皇宫。犹太复国主义代表团由哈伊姆·魏茨曼率领，其中包括大约 20 名成员。在会上，伊扎克·本-茨维（Yitzhak Ben-Zvi）用希伯来语讲了几句话。"不仅是政府的七位大臣，就连挂在墙上的历代英国君主都对这种奇怪的语言都感到惊奇，"摩西·谢托克自豪地写道。为了纪念会议的开幕式，英国人特意拍摄了一组官方照片；速记员则注意到会上有茶水供应。[97]

从会议记录来看，这次会议是政治学研讨会、外交培训和法庭程序的混合体，读起来很有吸引力。会议记录显示，犹太人和阿拉伯人都在为历史上的正义和不义而苦恼；而为了证明这个国家属于自己，双方都付出了艰苦的努力。阿拉伯人不断提起英国在第一次世界大战期间作出的书面承诺，这些承诺载于"麦克马洪通信"中。这些文件当时还没有解密，阿拉伯人要求公布这些文件，但政府却愚蠢地试图抵制这一要求，不过英国人最后还是让步

---

* 本-古里安认为，如果仅仅由穆夫提的手下来代表巴勒斯坦阿拉伯人，那将最有利于犹太复国主义运动的利益。"这将使我们更容易反驳他们的主张，"他解释说。"我们可以说，他们站在恐怖主义的立场上，只代表阿拉伯人口中的一小部分。而如果阿拉伯代表团是一个包括'温和派'在内的具有广泛代表性的团体，那将显示出阿拉伯公众对犹太人的抵制是具有普遍性的。"[95]

了。这一事件让政府感到尴尬，但阿拉伯人最多也只是在技术性的细节上取得了胜利，因为这些信件并没有决定性地确认巴勒斯坦将被纳入英国向阿拉伯人承诺的独立国家中去。

尽管麦克唐纳早先提议完全停止犹太移民，但他在会议上却试图说服阿拉伯人同意继续移民——至少在战争期间如此。麦克唐纳要求，甚至恳求阿拉伯人做出让步。由于急于讨好他们，他犯了一个错误，他向阿拉伯人解释了为什么犹太人总是要求得到比他们应得的更多的东西。他说："这是犹太人的天性。"[98] 他试图与阿拉伯人商讨移民的数量及其比例，他提出了各种保证，但阿拉伯人要求在战后完全掌控该国的移民政策。他们继续要求独立并推行符合民主原则的多数人统治，但他们不希望英国人立即离开。

阿拉伯人把他们的内部纷争带到了伦敦，他们的意见也不统一，麦克唐纳在纳沙希比家族下榻的卡尔顿酒店（the Carlton）和侯赛因家族下榻的多尔切斯特酒店（the Dorchester）之间来回奔波。巴菲·杜格代尔注意到，自从见到阿拉伯人之后，马尔科姆·麦克唐纳的立场就变了。阿拉伯人给他留下了深刻的印象。尽管如此，他还是试图为犹太人的立场说话——他们不论在哪里都是少数民族，他们渴望拥有一个国家，在这个国家里他们将管理好自己的事务。[99] 他试图表现出对犹太难民困境的同情；作为回应，阿拉伯人表示，在大英帝国的某个地方，一定有其他地方可以安置来自欧洲的犹太难民。*

代表们曾一度谈到了让阿拉伯国家吸收几千名犹太难民的问题，麦克唐纳很喜欢这一提议。[101] 穆萨·阿拉米曾和诺曼·本特威奇讨论过这个想法，本特威奇天真地跑去告诉本-古里安。本-古里安冷冷地提醒他说，犹太复国主义运动对将犹太人转移到阿拉伯国家的方案不感兴趣。犹太人和阿拉伯人还在圣詹姆斯教堂见了面，但没能产生任何结果。[102]

鉴于欧洲的大动荡，英国人在巴勒斯坦问题上花费了极大的精力。在新政策颁布前的 7 个月里，内阁针对巴勒斯坦问题至少召开了 28 次会议，相关的内阁委员会还另外召开了 11 次会议。[103] 张伯伦首相试图对犹太复国主义者

---

* 到战争爆发的时候，英国已经从德国接收了 5 万名犹太难民。另外还有数千名犹太难民被英联邦的其他国家——澳大利亚、加拿大和南非——所接收。而英国还在继续为受迫害的犹太人寻找其他的定居地，从圭亚那一直找到非洲。罗斯福总统要求贝尼托·墨索里尼允许犹太人迁往意大利统治下的埃塞俄比亚。墨索里尼反问道，为什么这些难民不能去美国定居。[100]

好一点；张伯伦提醒他们，当他的父亲担任殖民大臣时，其父曾接见过西奥多·赫茨尔，并建议将犹太人安置在西奈沙漠或东非。本-古里安认为，张伯伦是真的很同情犹太人。本-古里安说，这位首相大谈帝国的实力，散发着自信的气息；麦克唐纳则完全不同，他似乎很烦躁，很悲观，给人的印象是一个没有权威的办公室职员。尽管如此，张伯伦却不会在内阁中为犹太复国主义者辩护，他们也从未真正参与过任何谈判。犹太复国主义者在伦敦的大部分时间都在等待，看麦克唐纳能否从阿拉伯人那里获得什么让步。巴菲·杜格代尔试图对麦克唐纳施加道德和心理上的压力，有时甚至是非常个人化的压力。她指责他叛国，但没能掀起任何波澜。[104] *

1939 年 5 月，经过无休止的协商和谈判，英国宣布将在十年内在巴勒斯坦建立一个独立的双民族国家。这一声明是以"白皮书"（即立法提案）的形式发布的。白皮书限制了阿拉伯人向犹太人转让土地的权利，并将未来五年内犹太移民的人数限制在 75 000 人以内。之所以设定这一数字是为了确保犹太人占巴勒斯坦总人口的比例不超过三分之一。[106] 在此之前，国家指导移民政策的原则一直是让吸收新移民的经济能力与移民人数相适应。而在《白皮书》中，这一指导原则也最终被废除了。

圣詹姆士会议让本-古里安感到恼火。"我想我不可能在那种可怕的紧张气氛中再忍受两周，"他在给妻子的信中写道，"甚至一周都不行。"在他的笔下，《白皮书》是对犹太复国主义运动的一次严重且几乎是致命的打击。他写道："想不到还有更邪恶、更愚蠢、更短视的政策。"政府基本上废除了《贝尔福宣言》。在私底下，他用上了更严厉的语言。他在日记中写道："撒旦都不可能制造出一个更令人痛苦和恐怖的噩梦。"在本-古里安看来，麦克唐纳是一个骗子、说谎者、欺骗者、造假者和叛徒。英国的统治者怎么能容忍这样一个"不容接受的无赖"呢？麦克唐纳的脑子里满是廉价律师所独有的虚伪和阴谋，他只适合代表黑帮和诈骗者。[107]

不过，作为一名政治家，麦克唐纳所使用的策略给本-古里安留下了深刻

---

* 在制定新政策时，一位外交部官员对摩西·谢托克说，与杜格代尔夫人"有联系"的沃尔特·埃利奥特在政府中很好地代表了犹太复国主义运动的立场。巴菲对这句话感到极为震惊，她决定不把这件事告诉任何人，甚至是沃尔特本人。几天后，谢托克在日记中写道，巴菲暂时中止了她的犹太复国主义活动；她的妹妹，一位王室成员，已经自杀了。[105]

印象。后者总结说："从其恳求、劝说、许诺、安慰并试图吓唬我们的方式来看，"毫无疑问，麦克唐纳是英国最伟大的"骗子"之一。[108] * 本-古里安与麦克唐纳相识十年，不管是在个人层面还是政治层面，他都把他当成朋友。此前，两人还经常谈论未来的犹太国家。

英国政府的新政策激怒了各地的犹太人。他们发表了充满敌意的报刊文章、宣言，发动了罢工和示威活动，其中的部分活动惨遭暴力镇压。驻巴勒斯坦的英国陆军总司令报告说，示威者打出的横幅把《白皮书》比作《纽伦堡法案》，把麦克唐纳比作希特勒。据谢托克记载，当《白皮书》发布时，一位来自波兰的犹太女孩，牛津大学的学生，出现在他的办公室里。她提议去议会谋杀张伯伦然后自杀。另一个年轻人找到了魏茨曼，他提议去议会自杀，以示抗议。[110]

从《白皮书》发表到战争爆发之间的几个月时间里，埃策勒对英国政府设施进行了几次袭击，其成员炸毁了电话亭，并在耶路撒冷的中央邮局埋设了地雷。同时，埃策勒继续在市场和咖啡馆袭击阿拉伯平民。据埃策勒自己说，在那几个月里，该组织共杀害了130多人。埃策勒的指挥官戴维·拉齐埃勒（David Raziel）及其几十名同伙被捕。大字报上描述了该组织成员所遭受的严厉酷刑。一名英国警察被控虐待一名犹太女囚，结果这名警察与他的另外一位同事一起在街上被人杀害。[111]劳工运动被迫予以回应。

对于英国限制移民的新政策和修正主义党人的恐怖主义活动，本-古里安的回应是发动一场"移民叛乱"。他解释说："我们将从德国、奥地利和其他国家带来数千名年轻人，与英国人对峙，让他们要么枪毙难民，要么把他们送回去。"他认为，这样的行动会在美国舆论的引导下，在全世界范围内掀起轩然大波，也会"唤起英国本身的人道良知"。埃德温·塞缪尔曾向本-古里安推荐过一首 W. H. 奥登（W. H. Auden）写的诗，这首诗讲的是没有护照和祖国的难民的故事。本-古里安把这首诗抄进了日记里："领事敲了敲桌子说，'如果你们没有护照，你们就正式死亡了'，'但我们还活着，亲爱的，但我们还活着'。"[112]

---

* 在会谈期间，本-古里安感冒了，麦克唐纳专门往他下榻的宾馆里寄去了鲜花。对此，本-古里安提醒自己要小心英国人的礼节。"即使他们把你送上绞刑架，他们也会礼貌地站在一旁。"[109]

8

1939 年 6 月，高级专员麦克迈克尔注意到，杰宁的人们又戴上了塔布什帽。[113] 几周后，伯纳德·蒙哥马利说："叛乱无疑最终被粉碎了；我们对这个国家的控制力很强，叛乱不可能再像我们之前那样大规模地抬头。"[114] 货车司机亚历克斯·莫里森即将结束他在巴勒斯坦的任务。出发前夕，他实现了一个长久以来的梦想：他打扮成阿拉伯人，在一个朋友及一名当地人的陪同下，来到了海法市场中心的阿拉伯康康舞俱乐部。该俱乐部是英国士兵的禁地，如果他被抓到，就会被送上军事法庭。更糟糕的是，如果俱乐部里的人发现他是英国人，他们可能会杀了他。幸运的是，什么事也没发生。他喝着亚力酒（arak），到午夜时分，一个亚美尼亚女孩在桌子上跳起了裸舞。为了这个女孩，冒险也值得，莫里森写道。[115] 当时没有多少英国官员会这么说。

尽管英国人成功地挫败了阿拉伯人的叛乱，尽管发布了《白皮书》，但英国人越来越觉得他们在巴勒斯坦没有什么可做的了。据蒙哥马利观察，"犹太人杀阿拉伯人，阿拉伯人杀犹太人，这就是巴勒斯坦现在正在发生的事情。而且很有可能在未来 50 年内继续下去。"[116] 英国人陷入了一个死胡同，他们知道这一点。"阿拉伯人奸诈不可信，犹太人贪婪，一旦摆脱迫害，就会咄咄逼人……我深信，不能相信阿拉伯人能管好犹太人，就像不能相信犹太人能管好阿拉伯人一样，"殖民大臣奥姆斯比·戈尔写道。高级专员麦克迈克尔认为，即使是 100 万士兵也无法阻止巴勒斯坦的恐怖主义活动。[117]

英国人抱怨阿拉伯人讨厌他们。一位官员写道："即使没有犹太复国主义政策，如果我们试图治理阿拉伯人，我们最终也会成为他们的对立面。新一代人会要求获得自治的权利，而我们也不得不让步。"在英国人看来，犹太人也讨厌他们，英国人对此也有怨言。"他们恨所有的外邦人，"殖民部的约翰·舒克伯勒爵士写道。[118] 哈伊姆·魏茨曼写道："我们在他眼里成了土著，他憎恨我们给他制造的困难。"[119]

如果威廉·丹尼斯·巴特希尔事先知道他将在巴勒斯坦遭遇的一切，他就不会选择来这了。他已经厌倦了这一切。他所面对的是一项不可能完成的工作:"一个人整天都在工作,一直工作到半夜,但从长远来看却毫无所得。社会生活、家庭生活、锻炼和精神放松——这些东西全都没有。即使晚上在家里也会被便条和电话追着不放。我很想说:主啊,这一切还要持续多久?"他感谢上帝至少给他留下了一丝幽默感,并试图为自己所遇到的难题提供神学上的解释。他想,过去两千年来,巴勒斯坦一直就不和平。这个国家曾将圣子钉在十字架上,也许这就是上帝对此地施以惩罚的方式。巴特希尔梦想着前往塞浦路斯,当他意外地接到调令时,他几乎无法控制住自己的喜悦。[120]

　　阿拉伯人当时所取得的最大成就——甚至比《白皮书》还要伟大——就是让英国人对巴勒斯坦感到厌恶。高级专员麦克迈克尔写道,只有一场灾难才有可能改变这个国家的一切——一两次地震、一场大战,或者一场瘟疫。詹姆斯·波洛克来到巴勒斯坦时,当地才刚被征服几天,而如今,他在给父亲的信中写道:"一切似乎都糟糕到了极点。"[121] 同一天,第二次世界大战爆发了。

注　释

1. *Great Britain and Palestine, 1915–1945* (London: Royal Institute of International Affairs, 1946), p. 116.
   Moshe Sharett, *Political Diary* (in Hebrew) (Tel Aviv: Am Oved, 1968), vol. I, p. 323.
   Randall to Shuckburgh, 2 Nov. 1937, PRO 371/20318.
2. Michael J. Cohen, "Sir Arthur Wauchope, the Army, and the Rebellion in Palestine, 1936," *Middle East Studies*, vol. 9, no. 1 (Jan. 1973), p. 31.
   Wauchope to Battershill, 26 Oct. 1937, RHL, Battershill Papers, 10:4, ff. 32–35.
   Sharett, *Political Diary*, vol. III, p. 47.
   Sharett to Wauchope, 28 Apr. 1938, CZA S25/31.1
3. David Ben-Gurion, *Memoirs* (in Hebrew) (Tel Aviv: Am Oved, 1982), vol. V, pp. 95, 118, 114, 176.
   Collie Knox, *It Might Have Been You* (London: Chapman and Hall, 1933), p. 189ff.
4. Sharett, *Political Diary*, vol. III, pp. 109, 212.
5. MacMichael to Tegart, 4 June 1939, MEC Charles Tegart Papers, 4:4.
6. Edward Keith-Roach, *Pasha of Jerusalem* (London: Radcliffe Press, 1994), p. 191.
7. Douglas V. Duff, *Bailing with a Teaspoon* (London: John Long, 1953), p. 168. PRO CO 733/413 75900/6.
   Alleged Ill-Treatment of Prisoners in Palestine, MEC, JEM LXV/5.
8. Bruce Hoffman, *The Failure of British Strategy Within Palestine, 1939–1947* (Ramat Gan: Bar Ilan University Press, 1983), p. 80.
   Martin Kolinsky, "The Collapse and Restoration of Public Security," in *Britain and the Middle East in the 1930s*, ed. Michael J. Cohen and Martin Kolinsky (London: Macmillan, 1992), p. 155.
9. Eliahu Sasson and Ezra Danin, 17 Dec. 1939, CZA S25/3140.
10. The Arab Internees in the Palestine Prisons, MEC, JEM LXV/4.
    Nigel Hamilton, *Monty: The Making of a General* (London: Hamish Hamilton, 1981), p. 288ff.

11. *Report of the Anglo-American Committee of Enquiry Regarding the Problems of European Jewry and Palestine*, Cmd. 6808 (London: HMSO, 1946), p. 68.
    Statistical Abstracts of Palestine 1939 (Jerusalem: Office of Statistics, 1939), Section XVI, line 30.
    Statistical Abstracts of Palestine 1940 (Jerusalem: Office of Statistics, 1940), Section XVII, line 84.
12. Keith-Roach, *Pasha of Jerusalem*, p. 198.
13. Alec Seath Kirkbride, *A Crackle of Thorns* (London: John Murray, 1956), p. 100ff.
14. Keith-Roach, *Pasha of Jerusalem*, p. 1980.
15. Kirkbride, *A Crackle of Thorns*, p. 100.
16. Young Offenders Ordinance (in Hebrew), *Ha'aretz*, 15 Aug. 1918, p. 1.
    ISA section 2 Secretariat M/252/34 (microfilm 1662 692-116). See also: Tegart to O'Connor, 18 Feb. 1939, KCL, O'Connor Papers, 3/4/26.
17. Gad Frumkin, *The Way of a Judge in Jerusalem* (in Hebrew) (Tel Aviv: Dvir, 1954), p. 252.
18. "School Year in Palestine," pp. 59, 25, 40, MEC, Wilson Papers.
19. Morrison diary, p. 21, IWM, Morrison Papers.
20. Frances E. Newton, *Searchlight on Palestine: Punitive Measures in Palestine*, MEC, JEM LXV/4.
    "School Year in Palestine," p. 17, MEC, Wilson Papers.
21. Haining to O'Connor, 13 Dec. 1938, KCL, O'Connor Papers, 3/2/8. See also: "School Year in Palestine," p. 40, MEC, Wilson Papers.
    Sonia Fathi El Nimr, "The Arab Revolt of 1936–1939 in Palestine" (Ph.D. thesis, University of Exeter, 1990), p. 110.
    The Bishop in Jerusalem to Ormsby-Gore, 6 Apr. 1938, MEC, JEM LXV/5.
22. E. D. Forster diary, 8–13 May 1939, MEC, Forster Papers.
    MacMichael to MacDonald, 13 Nov. 1939, PRO 371/23241.
23. Conduct of British Troops and Police, PRO CO 733/413 75900/3.
    The Bishop in Jerusalem to the Archbishop of Canterbury, MEC, JEM LXV/3.
    Newton to the Bishop in Jerusalem, 27 June 1938, MEC, JEM LXV/3.
24. ISA M/552.
    Haining to Tegart, 25 June 1938, MEC, Tegart Papers, 4:4.
    MacMichael to MacDonald, 13 Nov. 1939, PRO 371/23241.
    Martin Kolinsky, "The Collapse and Restoration of Public Security," in Cohen and Kolinsky, *Britain and the Middle East in the 1930s*.
25. The village of Raji, 12 July 1943; the village of Siris, 5 Oct. 1944, ISA M/500–53.
    Sharett, Political Diary, vol. I, p. 168.
26. "School Year in Palestine," pp. 26ff., 54, 37, MEC, Wilson Papers.
27. Kolinsky, "The Collapse and Restoration of Public Security," in Cohen and Kolinsky, *Britain and the Middle East in the 1930s*, p. 156.
    Acting chief secretary to Pollock, 5 Aug. 1938, PRONI D/1581/4/6.
28. Bruce Hoffman, *The Failure of British Strategy Within Palestine*, p. 81. See also: MacMichael to MacDonald, 13 Nov. 1939, PRO 371/23241.
    India Office to Foreign Office, 11 Nov. 1939, PRO 371-23241 E7439.
29. Anwar Nusseibeh, "Pattern of Disaster: Personal Note on the Fall of Palestine," p. 24. With the kind permission of his son.
30. "School Year in Palestine," p. 13ff., MEC, Wilson Papers.
    Khalil Zaki to the high commissioner, 5 July 1938, ISA M/551.
31. "School Year in Palestine," p. 69ff., MEC, Wilson Papers. See also: Story of a citrus grove guard, CZA S25/4180.
32. Assistant district commissioner Samaria to the district commissioner Haifa and Samaria district, PRONI D/1581/4/6.
    Kolinsky, "The Collapse and Restoration of Public Security," in Cohen and Kolinsky,

Britain and the Middle East in the 1930s, p. 158.
33. Geoffrey Morton, *Just the Job* (London: Hodder and Stoughton, 1957), p. 98.
34. Battershill diary, 15 Jan. 1939, RHL, Battershill Papers, 12:6, ff. 49–50.
    Moshe Sharett, *Political Diary*, vol. III, p. 282.
35. Knesset Yisrael to the National Council Executive, 28 June 1936, CZA S25/4394.
    CZA S25/6286 (1940), S 25/6910 (1939), S 25/6286 (1938).
36. Sharett, *Political Diary*, vol. II, p. 419.
    O'Connor to Haining, 15 Dec. 1938, KCL, O'Connor Papers, 3/2/1.
37. Stewart to the chief secretary, 3 June 1936; office of the chief secretary to Stuart, 3 June
    1936, MEC, JEM LXV/5.
    Battershill diary, 15 May 1939, RHL, Battershill Papers, 12:6, f. 49.
38. Haining to O'Connor, 13 Dec. 1938, KCL, O'Connor Papers, 3/2/8.
    MacMichael to MacDonald, 13 Nov. 1939, PRO 371/23241. See also: Atrocities in the Holy
    Land, CZA S25/3156.
39. Battershill to Shuckburgh, 21 Nov. 1937, RHL, Battershill Papers, 10:3, ff. 5–24.
40. Haining to Tegart, 8 Aug. 1938, MEC, Charles Tegart Papers, 4:4.
41. Sharett, *Political Diary*, vol. III, p. 190.
42. Fathi El Nimr, "The Arab Revolt of 1936–1939 in Palestine," p. 207.
    Perrott to O'Connor, 18 Oct. 1938, KCL, O'Connor Papers, 3/2/1. See also: A. J. Sherman,
    Mandate Days (London: Thames and Hudson, 1997), p. 109ff.
43. The consul general in Alexandria to the ambassador in Cairo, 20 Mar. 1939, PRO FO
    371/23233.
    Ben-Gurion, *Memoirs*, vol. III, p. 373.
    Sharett, *Political Diary*, vol. II, p. 445.
44. Yehoshua Porat, *From Riots to Rebellion: The Arab National Movement, 1929–1939* (in
    Hebrew) (Tel Aviv: Am Oved, 1978), p. 280ff.
45. Nusseibeh, "Pattern of Disaster," p. 14. With the kind permission of his son.
46. Sharett, *Political Diary*, vol. II, p. 18.
    The Arab Policeman in the Mandatory Period (Tel Aviv: Ministry of Defense, n.d.).
47. Sharett, *Political Diary*, vol. III, p. 329ff.
48. Sharett, *Political Diary*, vol. II, pp. 379, 405ff., 382, 374.
49. Sharett diary, 7 July 1938, CZA A 245/6.
50. Sharett, *Political Diary*, vol. I, pp. 174, 268; vol. II, p. 452; vol. III, pp. 204, 166, 321.
51. *Great Britain and Palestine, 1915–1945*, p. 116.
52. Police inspector general to Gan Shlomo company, 28 May 1936, and additional corre-
    spondence, CZA S25/4180.
53. CZA S25/3156.
    Keith-Roach, *Pasha of Jerusalem*, p. 142.
54. Keith-Roach, *Pasha of Jerusalem*, p. 191.
55. David Hacohen, *Time to Tell* (in Hebrew) (Tel Aviv: Am Oved, 1974), pp. 69, 96.
56. *Great Britain and Palestine, 1915–1945*, p. 116.
57. Trevor Royle, *Orde Wingate: Irregular Soldier* (London: Weidenfeld and Nicolson, 1995),
    p. 98.
    John Bierman, Celin Smith, *Fire in the Night: Wingate of Burma, Ethiopia, and Zion*
    (New York: Random House, 2000).
    Sharett, *Political Diary*, vol. II, p. 201.
    David Frumkin, *A Peace to End All Peace: Creating the Modern Middle East, 1914–1922*
    (New York: Henry Holt, 1989), p. 317.
58. Hacohen, *Time to Tell*, p. 127ff.
59. Liddell Hart to Churchill, 11 Nov. 1938, Haganah Archive, 80/69/5.
    Sharett, *Political Diary*, vol. II, p. 201.
60. CZA S24/8768 and S25/10685.

Ben-Gurion, *Memoirs*, vol. V, p. 242.
Mordecai Naor, *Lexicon of the Haganah Defense Force* (in Hebrew) (Tel Aviv: Ministry of Defense, 1992), p. 140.
CZA S25/10685.
61. Sharett, *Political Diary*, vol. III, p. 201ff.
Yigal Ilam, *The Haganah: The Zionist Way to Power* (in Hebrew) (Tel Aviv: Zemora Beitan Modan), p. 98.
62. Tzion Cohen, *To Tehran and Back* (in Hebrew) (Tel Aviv: Ministry of Defense, 1995), p. 52ff.
Testimony of Shlomo, CZA S24/8768 and S25/10685.
63. Yigal Peicovitch to the temporary additional constables, 26 Oct. 1938, CZA S25/8768.
Cohen, *To Tehran and Back*, p. 52.
64. Haining to O'Connor, 13 Dec. 1938, KCL, O'Connor Papers, 3/2/8.
65. Lieberman to Tzimbal, 9 Sept. 1938, CZA S25/8768.
66. Testimonies of Shlomo, Arieh, and Yonatan, CZA S24/8768.
Testimony of Chaim Levakow, CZA S24/8768.
Wingate report, 9 Sept. 1938, CZA S25/10685.
67. Cohen, *To Tehran and Back*, p. 54ff.
Testimony of Efraim Krasner, CZA S24/10685.
68. The Development of the Special Night Squads, 25 July 1939, CZA S25/254.
69. Sharett, *Political Diary*, vol. III, p. 202.
The Development of the Special Night Squads, 25 July 1939, CZA S25/254.
70. Battershill diary, 13 Nov. 1938, RHL, Battershill Papers, 12:6, ff. 24–47.
71. Haining to Tegart, 25 June 1938, MEC, Tegart Papers, 4:4. See also: MacDonald to Haining, 15 Oct. 1938, MEC, Haining Papers.
Haining to War Office, 2 Dec. 1938, PRO WO 106/1594C.
72. Montgomery to O'Connor, 26 Nov. 1938, KCL O'Connor Papers, 3/4/4.
73. General Service Medal (Army and Royal Air Force), "Palestine" Bar.
Dorling and Granville, ed., *Ribbons and Medals* (London: Spink and Son, 1960), p. 92.
74. Hamilton, *Monty*, p. 228ff.
75. Sharett, *Political Diary*, vol. I (1936), p. 153.
76. Tom Bowden, *The Breakdown of Public Security: The Case of Ireland, 1916–1921, and Palestine, 1936–1939* (London: Sage Publications, 1977), p. 1.
77. Ben-Gurion, *Memoirs*, vol. II, p. 531.
78. Peake to Chancellor, 26 Apr. 1938, RHL, Chancellor Papers, 22: MF40, ff. 6–10.
79. Ormsby-Gore to Chamberlain, 9 Jan. 1938, PRO FO371/21863. See also: Norman Rose, ed., *Baffy: The Diaries of Blanche Dugdale, 1936–1947* (London: Vallentine, Mitchell, 1973), p. 47ff.
Bateman to Oliphant, 30 Aug. 1938, and comments of the Egyptian Department, PRO FO 371/21881 E5726/G.
80. Glubb to Chancellor, 30 Aug. 1938, RHL, Chancellor Papers, 22: MF40, ff. 6–10.
81. Khalil al-Sakakini, *Such Am I, O World* (in Hebrew) (Jerusalem: Keter, 1990), p. 186.
82. Hacohen, *Time to Tell*, p. 19.
83. Hacohen, *Time to Tell*, p. 104.
84. Sharett, *Political Diary*, vol. III, p. 296; vol. I, p. 283.
Ben-Gurion, *Memoirs*, vol. II, p. 165.
85. Sharett, *Political Diary*, vol. II, p. 307.
86. Tegart to MacMichael (undated), MEC, Tegart Papers, 4:4.
Sharett with the high commissioner, 8 Feb. 1934, CZA S25/17/1.
Haining to Tegart, 7 May 1939, MEC, Tegart Papers, 4:4.
87. Sharett, *Political Diary*, vol. II, p. 58ff.
Gandhi's statement in *The Bond* (Jerusalem: Rubin Mass, 1939), p. 39
Ben-Gurion, *Memoirs*, vol. I, p. 429ff.; vol. IV, p. 234.

88. Peake to Chancellor, 20 Dec. 1937, RHL, Chancellor Papers, 22:MF40, ff. 6–10.
    Minutes by R. J. Campbell, PRO FO 371/20035 E3483.
    Policy in Palestine on the Outbreak of War, 26 Sept. 1938, PRO FO 371/21865 E5603/G.
89. Ormsby-Gore to Chamberlain, 9 Jan. 1938, PRO FO 371/21862 E559/G.
    Policy in Palestine on the Outbreak of War, 26 Sept. 1938, PRO FO 371/21865 E5603/G.
    Rose, *Baffy*, p. 123.
    123rd Cabinet Conclusions, 27 Jan. 1939, PRO FO 371/23242 E8134. See also: Meir Avizo-
    har, "Militant Zionism" (in Hebrew), in Ben-Gurion, *Memoirs*, vol. VI, p. 55.
    Ronald Zweig, *Britain and Palestine During the Second World War* (Woodbridge: Boy-
    dell Press, 1986), p. 153ff.
    Sharett, *Political Diary*, vol. IV, p. 278.
90. Bateman to Oliphant, 30 Aug. 1938, PRO FO 371/21881 E5726/G. See also: Ormsby-
    Gore to Chamberlain, 9 Jan. 1938, PRO FO371/21862 E559/G.
91. Chamberlain to the Cabinet Committee on Palestine, 20 Apr. 1939, PRO CAB 24/285
    C.P. 89[39].
92. Policy in Palestine on the Outbreak of War, 26 Sept. 1938, PRO FO 371/21865 E5603/G.
    Ronald W. Zweig, "The Palestine Problem in the Context of Colonial Policy on the Eve
    of the Second World War," in Cohen and Kolinsky, *Britain and the Middle East in the
    1930s*, p. 206ff.
93. Netanel Katzburg, "The Second Decade of the Mandate Regime in Palestine, 1931–
    1939" (in Hebrew), in *The History of the Jewish Yishuv in Palestine from the Time of the
    First Aliya (The British Mandate)* (in Hebrew), ed. Moshe Lissak (Jerusalem: Israel
    Academy of Sciences, Bialik Institute, 1993), part I, p. 417ff.
94. Sharett, *Political Diary*, vol. IV, p. 24ff.
95. Ben-Gurion to the Jewish Agency Executive, 11 Dec. 1938, CZA.
96. Arab Women's Committee to Mrs. Antonius, 30 Jan. 1939, ISA M/1053/11. See also:
    Zulika Shihabi and others to the high commissioner, 2 Mar. 1939, ISA P/403/3554.
97. Ben-Gurion, *Memoirs*, vol. VI, pp. 122, 127.
    Sharett, *Political Diary*, vol. IV, p. 26.
    First session, 7 Feb. 1939, ISA P/319/299 file 65.
98. Second session, 4 Mar. 1939, ISA P/319 file 65.
99. Sharett, *Political Diary*, vol. IV, p. 36.
    Rose, *Baffy*, p. 123.
    Second session, 4 Mar. 1939, ISA P/319 file 65.
100. Bernard Wasserstein, *Britain and the Jews of Europe, 1939–1945* (Oxford: Oxford Uni-
    versity Press, 1988), p. 7.
    British Guiana as a Second Jewish National Home, PRO FO 371/24568 1063.
    Ben-Gurion, *Memoirs*, vol. VI, p. 525. CZA S25/9892; S25/9811; S25/9819; S25/9892;
    S25/5180. See also: Meir Michaelis, *Mussolini and the Jews* (in Hebrew) (Jerusalem: Yad
    Vashem, 1978), p. 243ff.
    Zweig, *Britain and Palestine During the Second World War*, p. 45.
101. MacDonald to Alami, 21 Nov. 1938, ISA P/325 File 65.
102. Ben-Gurion, *Memoirs*, vol. VI, pp. 130, 240, 158.
    Informal Discussions with Arab and Jewish Delegates, 24 Feb. 1939, ISA P/325/570.
    Ben-Gurion, *Memoirs*, vol. VI, p. 158.
103. Avizohar, "Militant Zionism," in Ben-Gurion, *Memoirs*, vol. VI, p. 52.
104. Ben-Gurion, *Memoirs*, vol. VI, p. 147.
    Rose, *Baffy*, p. 139.
105. Rose, *Baffy*, p. 137.
    Sharett, *Political Diary*, vol. IV, p. 277.
106. J. C. Hurewitz, *Diplomacy in the Near and Middle East: A Documentary Record, 1914–
    1956* (Princeton: D. Vansittart Norstant Company, 1956), p. 218ff. See also: Bernard
    Joseph [Dov Yosef], *The British Regime in Palestine* (in Hebrew) (Jerusalem: Bialik

Institute, 1948), p. 289ff.

107. Ben-Gurion, *Memoirs*, vol. VI, p. 200ff.
108. Ben-Gurion, *Memoirs*, vol. VI, p. 507.
109. Ben-Gurion, *Memoirs*, vol. VI, p. 189.
110. CZA S25/7747; S 25/6287; S 25/6286.
     War Office to Colonial Office, 6 Mar. 1940, PRO FO 371/24563 E1023.
     Sharett, *Political Diary*, vol. IV, p. 296.
111. Ya'akov Amrami and Menachem Meltzsky, *The Chronicle of the War of Independence* (in Hebrew) (Tel Aviv: Ministry of Defense, 1981), p. 24ff.
     Benyamin Zaroni, *Proud and Generous and Cruel* (in Hebrew) (Tel Aviv: Milo, 1992).
     The Etzel in the Land of Israel: Collected Sources and Documents (in Hebrew) (Tel Aviv: Jabotinsky Institute, 1990), vol. I, p. 326ff.
112. Ben-Gurion, *Memoirs*, vol. VI, pp. 222, 235, 540.
     W. H. Auden, *Collected Shorter Poems, 1927–1957* (London: Faber and Faber, 1966), p. 157.
113. MacMichael to Tegart, 4 June 1939, MEC, Tegart Papers, 4:4.
114. Montgomery to Brooke, 21 July 1939, PRO WO 216/49.
115. Morrison diary, p. 38, IWM, Morrison Papers.
116. Montgomery to Brooke, 21 July 1939, PRO WO 216/49.
117. Ormsby-Gore to Chamberlain, 9 Jan. 1938, PRO FO 371/21862 E 559/1/31.
     Sharett, *Political Diary*, vol. III, p. 209.
118. Peake to Chancellor, 26 Apr. 1938, RHL, Chancellor Papers, 22: MF 40, ff. 6–10.
     Shuckburgh memorandum, 27 Mar. 1938, PRO CO 733/426 75872/16.
119. Chaim Weizmann, *Trial and Error* (London: Hamish Hamilton, 1949), p. 468.
120. Battershill diary, 14 Aug., 20 May 1937; 10 Oct. 1935ff., RHL, Battershill Papers, 12:6, ff. 1–4.
121. MacMichael to Tegart, 4 June 1939, MEC, Tegart Papers, 4:4. See also: Keith-Roach, *Pasha of Jerusalem*, pp. 195, 222.
     Battershill diary, 6 Nov. 1938, RHL, Battershill Papers, 12:6, ff. 24–47.
     Pollock to his father, 2 Sept. 1939, PRONI 581/2/8.

第三部分　决断（1939—1948）

随着暴力事件愈演愈烈，当局下令所有英国公民离开这个国家。简·兰开斯特担心她的花园没人照管。她写信给果尔达·梅厄（Golda Meyerson）说："我必须离开，可能要离开几个月。花园有被盗的危险，因为里面有一些名贵的植物。"她要求梅厄找人来看她的花。这对她非常重要，她写道。[1] 于是，当犹太人正处于其历史上最动荡的时期时，犹太事务局的政治部主任把她手头的所有事务都放在一边，专门指派手下的一名工作人员负责确保兰开斯特小姐的花园不受侵害。因此，兰开斯特的花园原封不动地被保存了下来。

注　释

1. Jane Lancaster to Golda Meyerson, 3 Feb. 1947, and additional documents CZA S25/5552.

第21章　狩猎季节

1

第二次世界大战爆发时，雅各布·科亨（Ya'akov Cohen）陷入初恋。他当时在特拉维夫的贝尔福中学读书。芭芭拉·（"贝布斯"）福尔德（Barbara ["Bebs"] Fuld）有一双美丽的眼睛。雅各布第一次见到她是在童子军团里，当时他正在做一个关于巴勒斯坦局势的演讲，而她则坐在听众席上。当两个人四目相视时，他再也移不开自己的眼睛了。讲座结束后，她把他拉进了舞圈，两人跳起了霍拉舞（hora）。他以为两个人是相互吸引，但他错了。贝布斯并没有回报他的爱。

战争开始四周后，苏丹娜·萨卡基尼去世了。她的丈夫悲痛欲绝。萨卡基尼每天都会到锡安山的希腊东正教公墓去为她献花，并为之哭泣。他用来描述自己悲伤的语言能够很容易地适用于其民族主义情感，这是他的特点。接受神意和赞美神的传统观念引发了萨卡基尼的沉思，他要求石匠在妻子的墓碑上刻上"我们决不接受审判"这句话。此外，他还考虑加上"我们将率先宣布反叛天地"这句话。他的儿子萨里弹着钢琴安慰他，弹的是苏丹娜喜欢的贝多芬的作品，但萨卡基尼还是哭了起来。[1]

萨里·萨卡基尼已从美国回来，他获得了密歇根大学的政治学硕士学位。回国后，他在耶路撒冷的美国领事馆找到了一份工作。他的妹妹哈拉则在贝鲁特的美国大学学习。她回忆说，她的哥哥还从美国带回来了对玉米片、《生活》杂志、威士忌和冰茶的喜爱。从许多方面来说，他都实现了父亲的美国梦。[2]他很快便在耶路撒冷找到了一个朋友——一个名叫奥姆兰（Omran）的出租车司机。他们陷入了一段不可能实现的爱情。

迈克尔·布赖恩特（Michael Bryant）是耶路撒冷英国电力公司的董事，他爱上了洛特·盖格尔（Lotte Geiger），但他们的爱情也是一片短暂的幻觉。她是犹太人，他则是英国人，而且已婚。驻巴勒斯坦英军司令伊夫林·巴克（Evelyn Barker）将军也结婚了，但他爱上了凯蒂·安东尼乌斯（Katy Antonius）。这也是一场耗费心力的激情游戏，注定要以失败告终。

2

雅各布·科亨是个好孩子，和父母的感情很好，他有时还和母亲一起去看电影。他出生于一个"资产阶级"家庭——他的父亲在办公室工作。他们一家来自波兰的罗兹（Lodz），雅各布的父亲曾在那里从事商业活动。他先是搬到了德国和法国，但当他做生意赔了钱之后，就和家人一起来到巴勒斯坦定居。那是 1934 年，雅各布当时 10 岁。一年前，这个孩子开始写日记，这本日记陪伴了他的一生。

这本日记是一份重要的文件。它讲述了巴勒斯坦那一代人的故事；日记的前几页是用德语写的，但后来又换成了希伯来语，记录了他在特拉维夫所度过的整个青春期。"我喜欢学校生活，"雅各布写道。他学习很用功，其目标是高中毕业。参加童子军对他来说也很重要。他读书、游泳、收藏邮票，参加阿拉伯语俱乐部，还经常去拜访家里的亲戚。当叶塔（Yetta）姨妈获得移民许可时，全家人都很高兴。埃利泽叔叔盖了一栋房子，屋顶完工后，他们举办了一个小派对。叶塔姨妈到了巴勒斯坦之后，他们便开始期待还滞留在罗兹的其他家人。特拉维夫在 1939 年庆祝了建城三十周年；此时，该城的人口已经达到了 20 万。雅各布在跳马时摔断了手，但他的石膏只用了三个星期就脱落了。[3]

来自柏林的贝布斯是雅各布的理想型。他日日夜夜都在想她。"那是一种很幼稚的爱，"他后来写道。"我对贝布斯来说什么都不是，但她对我来说却几乎就是一切。但有时人们恰恰需要类似这样单方面的爱。我花了几个月的时间才得以摆脱这种感觉。"他相信自己只是因为她才留在童子军中。他永远都不会忘记自己曾为她摘过一朵银莲花,但她却拒绝接受。[4] 1939 年 9 月,雅各布·科亨开始了高中二年级的学习。

战争爆发时,巴勒斯坦正处于经济衰退期,这轮经济衰退始于阿拉伯人的起义和移民的减少。紧接着,受战争影响,柑橘出口放缓,建筑工程也跟着停工。1940 年 8 月,当地的失业率达到了历史最高点。然而,这个国家很快就变成了英国军队的巨大补给站。于是,当地经济又再次起飞,并有数十家新工厂建成。巴勒斯坦为英国人提供弹药、地雷、汽油、轮胎和零配件。它为英军士兵提供衣服和鞋穿,而当他们休假经过此地时,它还会为他们提供食宿和娱乐。巴勒斯坦在战争中蓬勃发展,数以万计的人靠战争维持生计。唯一的缺憾是黄油太贵了,阿瑟·鲁宾写道,于是他用人造黄油来充数。[5]

科亨亲身经历了这场战争。他每天看报纸,并把头条都抄进了日记里。他经常听收音机里的新闻。他所在的学校里进行过一两次防空演习,特拉维夫的防空警报偶尔也会响起。当局进行了灯火管控,城里一到夜间便会停电。雅各布的父亲加入了民兵队,其他人则加入了军队或特警队。"每个人都支持英国,"科亨写道。[6] 1940 年 9 月,意大利空军轰炸了特拉维夫,有一百多人在空袭中身亡,另有许多人逃离了这座城市。空袭的那天,科亨在耶路撒冷,他的家人也安然无恙。他很快便写信说,生活已经恢复了正常。他认为轰炸是一个例外事件,人们应该继续各自的生活。

3

《白皮书》注定不会长久,本-古里安很清楚这一点。他在日记中写道:"事情还没有板上钉钉。"他的感觉显然不仅仅是基于直觉。他后来对高级专员说,内维尔·张伯伦首相曾明确告诉他,新政策最多只能持续到战争结束;

政府很难事先为自己制定一项长达十年的计划。本-古里安表示他并不担心《白皮书》，因为它不会得到实施。[7]

建立一个双民族独立国家的想法的确很快便被人遗忘。同样被人遗忘的还有其他上千个想法，和它们一样，《白皮书》实现的可能性很小。旨在限制阿拉伯人向犹太人转让土地的新规定也只停留在纸面上；不论是犹太人还是阿拉伯人，他们都找到了千百种方法来规避这些规定，就像他们在土耳其人统治下所做的那样。考虑到《白皮书》暂时不可能被撤销，本-古里安认为犹太复国主义者应该一如既往地反对《白皮书》，就像第二次世界大战从未打响一样；但同时也要协助英军，就好像没发生过《白皮书》这回事一样。犹太复国主义者也的确是这样做的。[8] 和第一次世界大战时一样，犹太复国主义者看到了推进自己事业的机会。"他们似乎都认为，德国的战败必然会导致在巴勒斯坦建立一个犹太国家，"英国外交部的某份备忘录中这样写道。

这的确是指导戴维·本-古里安的基本假设。[9] 埃德温·塞缪尔很快便会成为邮政局的首席审查员，本-古里安在日记中记录了他从这位邮政局官员那里听到的消息：一些对犹太复国主义事业持友好态度的"军方派系"认为《白皮书》是一个错误。本-古里安坚定地说："我们不会与英国人为敌。"他解释说，"大英民族中的佼佼者"反对新政策，并认为这破坏了英国政府与犹太人的信任关系。这些朋友中最显赫的一员是即将成为首相的温斯顿·丘吉尔。[10]

尽管如此，英国人与犹太人之间的关系还是很紧张的。这场新战役的开始并不令人感到乐观。战争开始几周后，43 名哈加纳成员在离贝桑镇（Beit She'an）不远的地方被捕；他们当时刚结束演习，在回程中，他们携带了违禁武器。摩西·达扬（Moshe Dayan）也是这群人中的一员。他们被送上了军事法庭，其中一人被判处无期徒刑，其余人被判处十年监禁。然而，大英帝国总参谋长埃德蒙·艾恩赛德（Edmund Ironside）元帅认为这一判决"野蛮而愚蠢"，并下令撤销这一判决。其他针对哈加纳成员的刑罚也时常被减轻或撤销。[11] 考虑到法院对阿拉伯人的严厉惩罚——他们有时被判处死刑——处罚犹太人的这种灵活性是值得注意的。当然，两者是有区别的：阿拉伯人的行动是针对英国人的，而哈加纳在当时却只准备打击阿拉伯人。

在战争爆发后的四个月内，犹太事务局向当局提供了一份 13.4 万名犹太人的名单，这些人都希望加入英军——相当于每两个适龄军人中就有一个人愿意应征入伍。除此之外，还有 2 万名犹太妇女也希望参战。到战争结束时，约有 3 万名犹太士兵实际应征入伍。[12]

犹太复国主义运动还试图说服英国方面建立一支专门的犹太军队来保卫巴勒斯坦。这一倡议来自泽维·贾博廷斯基，他曾在第一次世界大战期间建立起了犹太军团。为此目的，哈伊姆·魏茨曼也试图向当局施加压力，但没有成功。一位英国官员宣称，没有理由区别对待犹太人，顶多是像"在招募苏格兰人、公共汽车售票员或红头发的人时所做出的特殊安排"一样。英军最终还是成立了一个犹太旅，但到那时，战争已经结束了；该旅的 5 000 名犹太士兵只听到了第二次世界大战最后的枪声。[13] *

泽维·贾博廷斯基当时正居住在纽约，他宣布修正主义党人将与英国人并肩作战，共同对抗纳粹。与此同时，埃策勒也停止了其恐怖活动。英国政府从监狱中释放了该组织的指挥官戴维·拉齐埃勒，他被派往伊拉克参加英国突击队的作战行动，最终战死沙场。[15] 然而，以亚伯拉罕·斯特恩为首的一些埃策勒成员却拒绝停止他们的暴力活动，在一场关乎权力和原则的斗争中，这部分成员最终分裂了出去。[16] 贾博廷斯基于 1940 年去世，修正主义党人自此群龙无首。

4

1941 年 1 月 23 日，星期四，雅各布·科亨换了一个新的笔记本来记载他的一生。他每年年初都会重复这一习惯。在他写满上一本笔记本后的几个星期

---

* 在战争期间，为了恢复犹太人唬人的力量，魏茨曼做了许多次相当可悲的尝试。在第一次世界大战期间，这种唬人的力量曾给犹太复国主义者带来了成功。为此，他甚至曾专程前往瑞士展示一项海水淡化技术的专利。他和巴菲·杜格代尔幻想着英国人和美国人会争夺这一专利，但魏茨曼的努力却没能取得任何结果，本-古里安继续不知疲倦地动摇他的地位。在战争结束前，魏茨曼起草了一封措辞极其尖锐的信，但这封信始终没被寄出，他在信中称本-古里安是一个与阿道夫·希特勒有共同特点的"小独裁者"。[14]

里，他经历了一系列事件，其中最特别的是他弟弟加布里埃尔的犹太教成年礼。在成年礼聚会的前一天晚上，凌晨一点，当地的防空警报突然响起。大家都非常惊慌，在此之前，晚上从未出现过警报声。一家人后来都躲到防空洞里去了。

但成年礼仪式却很成功，加布里埃尔把哈夫塔拉（haftarah）*念得很好。大约有七十位客人出席了仪式。下午，加布里埃尔的朋友们也来了，给他带来了礼物，里面有书籍和游戏。雅各布在厨房里洗碗一直忙到半夜，当他终于入睡时，防空警报再次响起。在学校里，老师们不再使用顶楼，每周除了周六，还有另外一天也没课。雅各布最近的娱乐活动是在亚尔孔河（the Yarkon River）上划船，有时还会划很远。他保持着看电影的习惯，尤其喜欢莱斯利·霍华德（Leslie Howard）和英格丽·褒曼（Ingrid Bergman）的电影。有一次，他去哈奥赫勒剧院（the HaOhel Theater）看哈谢克（Hašek）的《好兵帅克》（*The Good Soldier Schweik*）。这部戏让《国土报》大为光火。当一切都取决于战争能否获得胜利的时候，天知道这个愚蠢的、原始的和平主义剧作怎么如此大受欢迎，该报评论道。但雅各布·科亨却认为这出戏很棒。[17]

1941 年 6 月，特拉维夫再次遭到了空中轰炸。一枚炮弹击中了一所养老院，几名居民被炸死。雅各布现在是一名志愿消防员，他被叫去帮忙。轰炸严重影响了他的学习，因为他要参加英语语法和数学的期末考试。随着暑期的临近，高中生纷纷响应号召跑到农村和基布兹去帮忙干活。这一运动反映了这样一种预设：即城市里的生活有一些"寄生"性，基布兹为促进犹太复国主义事业所做的贡献更多。雅各布·科亨选择了去加利利。他很享受在基布兹的生活，早上四点就起床开装干草的车；他可以到加利利湖游泳，还可以去远足。"我们一路上都惊叹于国土之美，"他写道。[18]

英国人利用犹太人在黎巴嫩和叙利亚（当时处于维希政权的统治之下）搜集情报和搞破坏，并把他们派到西部沙漠与德国人作战。摩西·达扬在英军的一次军事行动中失去了一只眼睛。他建议征召"雅利安型"的人到德军的监狱营中充当间谍。他还建议犹太人伪装成阿拉伯人，接受阿拉伯语和伊斯兰生活方式的训练，然后为英国人执行秘密任务。德国分队、阿拉伯分队，

---

* 犹太人从《先知书》中节录的一系列选文。——译者注

再加上其他的一些部队，它们共同组成了帕尔马赫（Palmach）的建队核心，而帕尔马赫则是哈加纳的精锐部队。因此，犹太复国主义者的主要作战部队是在与英国当局充分合作的情况下建立起来的，最初甚至是在英国当局的支持下开展其活动的。[19]

直到1942年秋天，纳粹仍有可能征服埃及并向巴勒斯坦进军。人们陷入了可怕的恐慌之中；一部分人试图跑到修道院中去避难，而另一些人则给自己准备好了氰化物。英国军队向其犹太士兵提供了离开该国的选择。犹太事务局的领导人们也考虑过流亡，他们还试图帮助埃及的犹太社群领袖撤离该国。该机构担心的是，一旦纳粹进入了巴勒斯坦，他们就会与阿拉伯人合流。极端正统派犹太人中的一位代表甚至准备好了一份动情的请愿书，请求阿拉伯人怜悯那些不支持犹太复国主义的犹太人。

纳粹入侵的阴影引发了一场有关民族生存和爱国主义的激烈辩论。犹太人到底是应该向纳粹投降，然后在耻辱中生活，还是应该光荣地战斗到死？[20] 但好在英国人在阿拉曼战役（El Alamein）中阻止了德军的前进。弗雷德里克·基希（Frederick Kisch）便是北非战场上的阵亡将士之一。率领英国人取得胜利的伯纳德·蒙哥马利（Bernard Montgomery）赢得了永恒的荣耀和巴勒斯坦犹太人的感激之情。犹太人此前就因为镇压阿拉伯人的叛乱而对蒙蒂感恩戴德，现在又因为从纳粹手中获救而对他加倍感激。在这种共同利益的背景下，巴勒斯坦犹太社群和英国当局之间的军事合作变得越来越紧密。

5

在读高中三年级的时候，雅各布·哈科亨把号召年轻人参军的海报上的口号都抄到了日记里。除此之外，他还抄下了丘吉尔的名言，并在日记每一页的顶部都写上了代表胜利的"V"字标志。他读了希伯来语版的《元首》（Der Fuehrer），即由康拉德·海登（Konrad Heiden）撰写的希特勒传记。他还学会了如何模仿元首讲话，令他的朋友们大笑不已。他所在班级的同学们正在进行一场争论：到底是该加入英国军队还是哈加纳？其中有 22 名学生——雅各布·科亨也在其中——发誓要在完成学业后"把自己交给犹太民族机构"，只有一人决定加入英军。1942 年 6 月，雅各布高中毕业后加入了帕尔马赫。从帕尔马赫刚开始组建到现在已经过去一年多了，现在该组织约有一千人，其中约有一半的人来自基布兹。[21] 大多数情况下，该组织成员会在农业定居点里工作；除此之外，他们还会拿出部分时间来接受军事训练。

帕尔马赫的指挥官伊扎克·萨代（Yitzhak Sadeh）——原名兰多伯格（Landoberg）——是从俄罗斯来的移民。萨代是一个冒险家、音乐爱好者、艺术商人和艺术家的模特，他同时也是一名摔跤手、花花公子，以及喜欢和文艺界和戏剧界人士交往的波希米亚浪漫主义者。他是在共产主义革命时期成长起来的，曾在俄国军队中服役过，后来又退出了军队。他认识并崇拜约瑟夫·特朗佩尔多。到巴勒斯坦后，他参加了劳动营，当过碎石工，也写过文章。萨代的身上散发着好斗的精神和革命的热情。作为哈加纳的创始人，他把他的巡逻队带到了定居点的边界之外。这在当时被认为是一个大胆的创新。哈伊姆·魏茨曼访问巴勒斯坦时正好赶上了阿拉伯人的起义，萨代是他当时的保镖。哲学家以赛亚·伯林是萨代的亲戚，据他回忆说，魏茨曼一直很喜欢萨代，称其为莱卜·伊扎克（Reb Yitzhak）。[22] 在帕尔马赫，萨代被称为"长者"（the old man）——1940 年时，他已经 50 岁了——是一位备受尊敬的魅力型领袖。

帕尔马赫的士兵人数从未超过六千人，其中包括大约一千名妇女，但其部队被视为"新人"的化身。帕尔马赫的成员胸怀强烈的爱国主义情感，他们还认同红军，并钦佩约瑟夫·斯大林。他们表现出年轻的傲慢、强硬、刚愎自用、精英主义，似乎无所禁忌。在意识形态狂热的影响下，他们将自己的风格和生活方式强加给组织内的成员们，仿佛他们加入的是一个秘密的邪教组织。帕尔马赫成员的每一个方面都被严格、精确的规则所规定：他们蓬松的额发，他们头上戴的"傻瓜帽"（tembel），他们穿的凉鞋和短裤，他们使用的俚语，他们情感上的死板和禁欲主义，他们的夜间篝火、歌曲和特殊的幽默感以及他们所使用的政治和意识形态习语。在这个组织中，不容许有任何例外，团体就是一切。

雅各布·科亨在帕尔马赫待了两年，其间，他去了许多基布兹——艾因·哈霍莱什（Ein Ha-Horesh）、吉瓦特布伦纳（Givat Brenner）、胡勒达（Hulda）和达夫纳（Dafna）。他种植香蕉、给田地施肥、放牛，还当过水管工。他学会了使用布伦枪（Bren gun）和徒手格斗。有一天，他在日记中写道："上了一堂手榴弹课和一堂关于阿拉伯人的课。"他还听了关于阿拉伯人骚乱的讲座，并参加了刺刀训练、侦察训练、潜入和"间谍练习"。他和他的战友们一起研读《圣经》，一起跳民间舞蹈。他对希特勒的模仿不断逗乐他的朋友们。有一次，他参与建立了一个新的定居点——在战争期间，大约有 60 个新的定居点建立了起来。[23] 星期六晚上，小组成员们聚在一起听唱片。

科亨时不时会回家看看，他会在维特曼（Witman）家里洗澡、睡觉、喝汽水。他指出，特拉维夫到处都是逃避兵役的年轻人。偶尔他还能见到贝布斯，他们会一起去看电影。特拉维夫当时正在上映《乱世佳人》。"我和贝布斯又失败了，"他在日记中写道，"也许是我的错。"[24] 他的日记中出现了不少民族主义的陈词滥调，他在学校里内化于心的东西反映到了日记里。他参观了马萨达，离开时，他对那些宁死也不向罗马人投降的犹太英雄充满了敬意。他相信犹太人也能在内盖夫沙漠定居。"希伯来人的劳动和希伯来人的能量将克服一切障碍，"他写道。

帕尔马赫声称该组织不仅象征着他们这一代人，而且还象征着整个巴勒斯坦犹太社群。[25] 在这个意义上，他们是非常保守的，在很大程度上，他们属于体制的一部分。埃策勒则代表了犹太社群中的另一种声音，它宣布要进行"反抗"。

6

埃策勒的领导人梅纳赫姆·贝京（Menachem Begin）写道："起义源自土地和鲜血。"[26] 尽管名为起义，埃策勒所采取的行动却并非起义，而是一系列

主要针对英国人的恐怖活动。埃策勒之所以会做出这一决定，是因为左派团
体几乎就要垄断犹太社群内部的英雄主义美名了。1943 年 4 月，华沙发生了
犹太隔都（Ghetto）的起义事件，这一事件在巴勒斯坦被描述为犹太复国主义
社会主义者的成就，修正主义青年所发挥的作用则被压制住了。为了声援华
沙的犹太人，犹太劳工运动组织在巴勒斯坦组织了一系列活动。*

　　紧接着，1943 年 9 月，在经过了一场具有轰动效应的审判后，两名哈加
纳男子分别被判处 10 年和 7 年有期徒刑，罪名是盗窃了英军的数百支步枪和
约 10 万发子弹。两人否认了当局的指控，为此，犹太事务局专门派出了果尔
达·梅厄（Golda Meyerson）为他们作证。不过，哈加纳似乎确实是这次行动
的幕后主使。尽管他们所积攒的武器是为了对付阿拉伯人而不是英国人，但
哈加纳正在脱离英国当局的管控：现在其训练中的很大一部分内容是在未经
当局允许的情况下展开的。

　　经过了这次审判，当地的局势变得十分紧张。几周后，英国警方与犹太
人在拉马特科韦什（Ramat HaKovesh）基布兹发生了一场暴力冲突。为了搜
查违禁武器，近八百名士兵包围了该基布兹。大约 40 辆汽车装载着警方的部
队抵达现场；当局还派飞机从空中监督了此次行动。警方由雷蒙德·卡弗拉
塔指挥。他们把所有的人都围在阿拉伯村庄里使用过的那种笼子里，然后开
始搜查基布兹的房屋，给村里的建筑物造成了很大程度的损害。基布兹成员
向警方投掷石块，警察则用橡胶警棍和步枪枪托予以还击。卡弗拉塔向人群
开了枪。然而，根据官方的说法，他当时瞄准的是人们的脚。一名基布兹成
员因颅骨骨折而死。这位指挥官在一份报告中写道："我在爱尔兰和印度有过
丰富的对内安全工作的经验，但我从未见过有人会对参与搜查行动的人有如
此暴力和狂热的反应。"[28] †

　　在波兰时，梅纳赫姆·贝京曾是泽维·贾博廷斯基的亲密伙伴。当他
于 1942 年抵达巴勒斯坦时才 29 岁。他和贾博廷斯基有着同样的民族主义情

---

* 1943 年 10 月，两名基布兹出身的哈加纳士兵从英国皇家空军的飞机上跳伞进入罗马尼亚。他们的目
　 的是要制造一个神话，即巴勒斯坦犹太劳工运动组织营救了处于大屠杀阴影下的犹太人。几个月后，
　 劳工运动又把空降兵派到敌人后方执行了类似的任务。[27]

† 卡弗拉塔还指挥了在吉瓦特哈伊姆（Givat Haim）基布兹的一次搜查行动，在这次行动中，共有 7 名
　 居民被杀。其他基布兹也曾与警察发生过暴力冲突。[29]

结，他们坚信犹太人对《圣经》中以色列的整块领土都享有权利："从尼罗河一直到幼发拉底河"。贝京敦促犹太人"完成以色列地的救赎"，他相信这一过程将通过武力得以实现。埃策勒的出版物也谈到了建立第三圣殿。[30] 和贾博廷斯基一样，贝京也接受了政治家的自我形象，他还吸收了前者的某些杰出风格——他也善于利用文字和戏剧的力量。

亚伯拉罕·斯特恩是从埃策勒分裂出来的组织"莱希"的领导人，1942年 2 月，他在颇具争议的情形下被一名英国警察枪杀。[31] 他的一些追随者从"莱希"叛逃，成立了另外一个组织。该组织成员拟定了一个不可能实现的计划——绑架高级专员。在此期间，莱希的一些领导人成功从关押他们的监狱中越狱。只有埃策勒似乎什么也没做，它需要对外展示出一个大胆的姿态。因此，在 1944 年 2 月，贝京发表了对英国人的"宣战书"，表示要"将战争进行到底"。在这份宣言的顶端印着该组织的标志：一张伸向伊拉克边境的巴勒斯坦地图，里面有一支步枪。宣言的顶端还有几个字，上面写着："唯有如此"。贝京想通过控制西墙来开启他的起义，但这个计划没能成功。[32]

在埃策勒起义期间，该组织约有六百名成员，但其中只有两百人能够外出行动。没有一个成员在组织中全职服役，也只有极少数人会领取报酬。几乎所有成员都在继续从事正常的平民工作，这为他们的活动提供了理想的掩护。埃策勒靠抢劫银行或向当地商人勒索的方式获取资金。此外，该组织也收到了捐款，大部分都来自美国。埃策勒的起义始于对几个城市的政府办公楼的袭击。埃策勒所取得的成功反过来又刺激莱希发动了更多的袭击。[33]

1944 年 8 月，莱希特工试图暗杀高级专员哈罗德·麦克迈克尔。他们在耶路撒冷的吉瓦特扫罗（Givat Shaul）附近往他的车中投掷了炸弹。高级专员受了轻伤，他的妻子没有受伤，但司机却身受重伤。这是莱希第二次企图杀害高级专员。几个月后，即 1944 年 11 月，莱希的成员谋杀了英国驻埃及高级代表莫因（Moyne）勋爵，这一举动使犹太复国主义者失去了他们最重要的一位支持者：温斯顿·丘吉尔。[34]

"这是对犹太复国主义的巨大打击……我们甚至无法想象这件事将对我们造成多大的伤害，"雅各布·科亨在日记中写道，"如果这帮人不彻底停止他们的冒险行为，在巴勒斯坦问题上，我们将很难获得一份对犹太复国主义运动有利的决议。"在科亨看来，莫因之死将巴勒斯坦犹太社群推向了一场决定性的政治斗争。[35] 他是对的。

如同本-古里安针对 1939 年《白皮书》所发起的非法移民行动一样，反英恐怖主义运动也是犹太社群内部权力斗争的一部分，几乎使犹太人陷入内战。埃策勒掌控的地下电台广播，其大字报以及修正主义党人旗下的报刊对犹太领导层，尤其是劳工运动领袖，发起了攻击，批评他们虚伪、懦弱、低能还叛国。埃策勒号召犹太人加入其队伍，这就是该组织想要传递的主要信息。该组织的行动不仅仅是针对英国人，更是为了提高埃策勒相对于劳工运动的地位。与此同时，埃策勒和莱希之间也存在竞争关系。梅纳赫姆·贝京对暗杀莫因的行动并不热心。[36] 至于哈加纳，该组织正忙着加紧帮助当局抓捕修正主义组织的成员。在英语中，这一时期被称为"狩猎季节"，即追捕犹太恐怖分子的季节。为此，摩西·谢托克曾建议高级专员成立一个专门用来对付犹太恐怖活动的部队。[37] 这是犹太复国主义运动建制派和英国当局具有共同利益的一个典型例证。*

贝京的叛变使本·古里安处于艰难的境地。他试图向高级专员麦克迈克尔解释说，如果当局能在政治上对犹太复国主义者做出让步，特别是放宽移民限制，那将使犹太事务局变得更加有底气，从而帮助当局打击恐怖主义。但麦克迈克尔倾向于将埃策勒的恐怖活动归咎于犹太事务局。据本-古里安说，在某次谈话过程中，麦克迈克尔"大发雷霆"，他一度"勃然大怒"，满脸通红，全身因愤怒而颤抖。他说，犹太人是个奇怪的民族，他们也是糟糕的心理学家，因为他们不了解英国人。全世界只有一个国家在帮助他们，只有一个国家在拯救他们，而犹太人却在不断地污蔑、诽谤和羞辱这个国家，甚至连一句感谢的话都没有。†

1944 年 10 月，哈加纳参谋长摩西·斯内（Moshe Sneh）会见了埃策勒的

---

* 英国方面的一位高层人士后来否认犹太复国主义者曾提供过这方面的援助。首席政务官亨利·格尼（Henry Gurney）爵士曾谎称："事实是，没有犹太人会向外邦人告发另一个犹太人。"[38]

† 英国官员经常提出这一指控。伊夫林·巴克（Evelyn Barker）将军写信给哈伊姆·魏茨曼说，军事墓地里满是在第一次世界大战期间为解放巴勒斯坦而牺牲的英军士兵坟墓，多亏了这些士兵，犹太人才可能为民族家园奠定基础。北非也到处都是阵亡的英军士兵，他们击退了企图入侵巴勒斯坦的纳粹军队，并拯救了当地的犹太人。[39]

指挥官梅纳赫姆·贝京，并警告他不要试图夺取犹太社群的"灵魂"。劳工运动领导着巴勒斯坦的犹太社群，并无意放弃其领导权。他声称，劳工运动代表着犹太人民；埃策勒任何企图篡权的行为都"必然将导致对抗"。斯内和贝京互为竞争对手，在波兰时，两人便已熟识，当时他们都是当地的政治活动家。贝京回应说，他在西伯利亚待过，还坐过内务人民委员会（NKVD）的地牢，其战友们也都身经百战，斯内吓不倒他们。尽管如此，贝京却否认他有意争夺犹太社群的领导权。斯内不相信他的话。[40]

巴菲·杜格代尔记录了她与一些劳工运动活动家的一次对话，他们担心修正主义党人可能会加大对英国人的袭击力度。她建议采取某种大型的全国性反制行动——比如在光天化日之下带来一船非法移民。[41]

7

劳工运动所组织的非法移民船大多从罗马尼亚的康斯坦察港出发，前前后后共组织了约 60 次行动。不管是从人性还是组织行动的层面来看，每一次航行都是一出伟大的戏剧，都是一段充满勇气与生命激情的传奇。为了展开行动，必须首先找到船只和船员，做好航行准备，补给好食物、水和医疗用品；船上的乘客需要取得相应的证件，船本身也需要配备一面国旗。组织者需要将乘客集合在一起，并转移到出发的港口。乘客们经常被卡车车队偷运过边境，穿过山路和密林，甚至在战争肆虐的时候也依然如此。为了截住他们，纳粹使出了浑身解数。

移民行动需要信念、勇气、组织才能、人脉，以及用来贿赂警察、情报机关首长、政府部长和外国领事的金钱。地中海是一片战场，对于民用船只来说就已经够危险了，对于犹太复国主义者所使用的劣质船只来说则更是如此。船上的条件差得令人发指：船只拥挤不堪，补给、水和卫生设施都严重不足。有些船很大，载着几百名难民；有些船很小，只载了几个人。大多数人是在晚上到达巴勒斯坦海岸的，在那里，帕尔马赫的成员们会帮助难民们渡过最后一段海路，然后到达陆地。

到战争结束时，有近 20 000 人通过这种方式进入巴勒斯坦，另有 40 000 名移民持合法许可证入境。[42] 然而，非法移民并没有使更多的犹太人逃离大屠杀，因为英国方面估算了非法移民的数量，并从《白皮书》中所承诺的 75 000 个许可证中扣除了相应数量的名额。然而，即使是这一配额也没有被犹太复国主义者充分利用。[*] 英国人在打击非法移民方面遇到了困难。有些船只在海上被拦截，然后被拖到巴勒斯坦海岸。靠岸后，船上的乘客随即被逮捕。非法移民会被赶到毛里求斯的拘留所里。[†]

非法移民不止一次地以消极或暴力的方式拒捕。殖民大臣曾专门给首相写信，抱怨移民中的好战分子故意挑起与安全部队的暴力对抗。在他看来，之所以会发生这些事情，很可能是纳粹在移民中安插了特务。英国警察和士兵对待被拘留者的方式十分严厉，即便是妇女和儿童也是如此。哈加纳派了几名特工去破坏一艘名为"帕特里亚"号（Patria）的船，当时这艘船正准备将几百名非法移民驱逐出境。这次行动准备得十分仓促，最终以失败告终，近三百名移民在此次事件中丧生。[45]

一些船只在海上沉没，乘客被淹死。"斯特鲁马"号（Struma）沉没时，船上有近八百名非法移民。那是 1942 年 2 月的事，该船从康斯坦察出发，随后在伊斯坦布尔停泊了几个月。历史学家罗纳德·茨威格（Ronald Zweig）的研究表明，土耳其当局是在英国外交大臣安东尼·伊登（Anthony Eden）的影响下，才迫使该船返回公海。伊登还故意误导了首相丘吉尔及其内阁成员，他们以为该船具备出海航行的条件。经过这次灾难，英国人决定将尽可能多的船只转移到塞浦路斯。政府不得不一次又一次地回到这个问题上，它所做出的决定也越来越具有灵活性。到后来，它甚至倾向于默许那些成功抵达巴勒斯坦的

---

[*] 由于统计方法和所使用数据的不同，关于战争年代移民到巴勒斯坦的犹太人人数存在争议。按照其中的某一种统计口径，到 1944 年 3 月 31 日，大约有 2 万张合法移民许可证没有被使用。另一消息源则认为，未使用的许可证数量最多只有 8 000 个。无论根据哪种版本的说法，白皮书的配额直到 1945 年 12 月才用完。根据一项估算，到 1944 年 12 月 31 日，共有 75 031 名移民抵达巴勒斯坦，比官方配额多了 31 人。其中近 5 万人是通过合法途径进来的。[43]

[†] 丘吉尔反对把被驱逐者关在铁丝网后面。他的私人秘书约翰·马丁（John Martin）警告说，不要把他们关在"英国版的达豪集中营"（British Dachau）中。[44]

非法移民留在当地。那些经过重重磨难最终留下来的难民给人的感觉就像是一群成功击败了一个帝国的士兵。[46]

英国人继续为巴勒斯坦的未来焦虑不已，摇摆不定。1940 年 11 月，丘吉尔的首席私人秘书约翰·马丁写道，与其在海上追捕难民，不如给犹太人一个独立的国家。马丁用当地的希伯来语名字来称呼巴勒斯坦："以色列地"（Eretz Israel）。在他的构想中，未来的犹太国家将与周边的阿拉伯国家组成一个联邦。丘吉尔自己也认为有必要在战后建立一个能够吸收数百万犹太难民的犹太国家。[47]

正如本-古里安所预言的那样，英国政府是在对《白皮书》进行重估的框架内开始讨论建立犹太国家的问题的。事实上，英国方面几乎刚一发表《白皮书》便开启了反思的进程。殖民大臣写道："巴勒斯坦是压在我们脖子上的一块磨石。"早在 1941 年，英国人便已经开始思考战后的犹太难民问题了，他们很好奇难民问题将会给巴勒斯坦局势带来何种影响。就像往常一样，英国政府中的官员们对这一问题给出了不同的答案。然后，在 1943 年夏天，官员们又回到了最初的想法，即把巴勒斯坦分割成两个国家可能是最好的解决办法。许多官员都围绕这个问题撰写了建议书，一共出现了不下十种意见，它们都呈递到了内阁的面前。*

从根本上说，英国政府之所以会重新讨论如何处理巴勒斯坦问题主要是因为丘吉尔反对《白皮书》。他认为这份文件严重违背了英国自己许下的承诺。他没有撤销《白皮书》，但却任由它被人遗忘。他不时地批准有违《白皮书》的例外政策。

对移民的限制让犹太人付出了生命的代价，但《白皮书》在大屠杀中所起到的作用终究是比较小的。1941 年夏天，据哈伊姆·魏茨曼估计，当战争结束时，犹太复国主义组织需要 20 年的时间才能将 150 万犹太人带到巴勒斯坦；本-古里安则认为，只需要 10 年时间便可以将 300 万犹太人带到巴勒斯

---

* 决定政策的权力主要还是在外交部和殖民部手中。官员们所提交的建议书反映了他们对巴勒斯坦在中东地区的地位以及中东地区本身地位的不同看法。然而，这些文件都有一个共同的特点，即其作者所争执的不仅仅是大英帝国的利益，还是个人层面、政治层面以及部门层面的自尊。在这些政治家、外交官和军事专家中，许多人都是名牌大学的毕业生，他们争相要把最雄辩的文字存入历史档案。在许多时候，是他们语言文字方面的闪光点和才思塑造了他们的观点，而不是相反。

坦。[48] 因此，光靠巴勒斯坦并不能解决犹太人的问题，而拯救犹太人和数百万非犹太人唯一的办法就是战争。在欧洲幸存下来的大部分犹太人实际上是由于纳粹德国的战败而得救的。英国在这场战争中损失了超过 25 万名士兵以及数以万计的平民。[49] 其中一名士兵就是哈伊姆·魏茨曼的儿子迈克尔——一名空军飞行员。

在战前、战争期间，以及战争接近结束时，当纳粹对犹太人的种族灭绝已经广为人知的时候，犹太复国主义运动曾有机会从纳粹手中赎买犹太人的性命。在其中的一些案例中，英国官员曾阻挠双方的谈判，一部分人还表现出了反犹情绪。[50] 也许犹太事务局的领导人们应该背着英国人与纳粹达成协议，但是他们不愿意这样做。其中的一个原因是，他们仍然认为自己属于英国政府的一部分。几项重大的营救行动计划都被打上了巨大的问号。如果这些计划得到施行，也许会有更多的犹太人获救，但无论是英国人还是犹太复国主义组织都不可能在战争期间拯救数百万犹太人的性命。

比起欧洲犹太人的命运，双方都对在巴勒斯坦发生的事件更感兴趣。"尽管我是犹太事务局的主席，但我并不精通拯救沦陷区犹太人的事务，"本-古里安在几年后写道。"我的核心任务是让尽可能多的犹太人去要求建立一个犹太国家。"[51] 在英国人方面，他们最关心的则是阿拉伯人的反应。

8

哈利勒·萨卡基尼永远都无法原谅英国人，即使是在英国人颁布了《白皮书》之后也是如此；他同样无法原谅犹太人，即使他知道纳粹正在屠杀他们。他仍未改变原来的想法，即犹太人可以像在土耳其人统治时期那样，到巴勒斯坦来并在这里死去，但却不能活在英国的庇佑下。[52]

当他读到"斯特鲁马"号沉没的消息时，萨卡基尼写道，这件事让他很伤心。尽管如此，在他看来，那八百名失联的乘客不是难民，而是入侵者。

如果阿拉伯人有自己的政府，他们甚至会在"斯特鲁马"号出发前便与之交战，甚至可能会在沿途埋下地雷，防止该船到达巴勒斯坦海岸。在其笔下，该船的乘客被描绘为一群冒险家，其狂热多于勇敢；他把船上的乘客比作这样的一群人，即除非萨卡基尼舍弃其家园，否则他们便威胁要将他们自己扔进海里。

"斯特鲁马"号沉没后，巴勒斯坦的犹太人宣布要为死者设立公众哀悼日。萨卡基尼对此嘲笑不已。为什么不为每一艘沉没的船只哀悼呢？为什么只在犹太人淹死的时候哭泣？别痴心妄想了，他写道，别指望这个世界会爱你。这个世界是一回事，而犹太人则是另一回事。为了表示对犹太人移民运动的反对，萨卡基尼在《巴勒斯坦报》上发表了一篇文章；这篇文章被印在了该报的头版，文中包括对戴维·本-古里安的讽刺性攻击。"欢迎你们，兄弟们，"萨卡基尼讥讽地写道，"我们是客人，你们是家里的主人。我们会尽一切努力来取悦你们。你们毕竟是上帝的选民。"当他进城的时候，他得到了许多人的称赞。文章写得妙极了！人们说道。雅法的一个熟人给他发来了一封表示祝贺的电报。"祝您身体健康，"他祝愿道。六十六岁的萨卡基尼觉得自己已经老了，赞美也来得太晚了。他表示他从没想到这篇文章会引起如此热烈的反响。在一家书店里，他被告知有几十人前来购买这份报纸。[53] *萨卡基尼喜欢坐在马米拉街的皮卡迪利咖啡馆里与讲阿拉伯语的犹太知识分子会面，并与他们讨论时下的重要事件。[55] 这篇文章所反映出的并不是个人层面的敌意，而是犹太复国主义运动与阿拉伯民族主义运动之间日益扩大的分歧。

阿拉伯人对第二次世界大战的立场不甚明朗，引发了许多猜测。根据犹太事务局所获得的信息，阿拉伯人倾向于支持纳粹。这主要是出于明显的政治方面的考量，但也有意识形态方面的因素。据犹太复国主义情报机构报告，在巴勒斯坦的阿拉伯人中混有德国特务，但并不存在所谓"第五纵队"。某项研究表明，该国大约有60%的阿拉伯人支持纳粹。[56]

英国对阿拉伯人立场的评估更为复杂。根据其所获得的信息，阿拉伯人倾向于支持战争中有可能取得胜利的一方。战争开始时，高级专员向伦敦报

---

* 几年前，萨卡基尼曾把犹太人描绘为偏执狂。他嘲笑说，犹太人总是哀嚎着说受到德国人和阿拉伯人的迫害，简直无药可救。在他看来，想治好犹太人的人和犹太人一样疯狂。[54]

告说，耶路撒冷的算命先生预测希特勒会死。然而，随着德军的推进，希特勒的声望越来越高，在其巅峰时期，他被描述为一名阿拉伯英雄。[57]驻耶路撒冷的美国领事馆也对阿拉伯人的态度进行了跟踪观察，其中的一部分信息源自萨里·萨卡基尼所撰写的报告。当时存在一种普遍的观点，即纳粹德国通过特务活动和贿赂行为接管了阿拉伯民族主义运动。萨里在他所写的最早的某篇备忘录中驳斥了这一观点。他把阿拉伯人比作美国独立战争中的革命者：德国人在帮助阿拉伯人，但却并没有接管他们的事业；这就像独立战争中美国人所处的境遇一样，法国人曾帮助他们反抗英国人，但并没有因此接管美国的事务。

萨里指出，美国独立战争中的士兵们之所以与法国人结盟，并不是因为他们喜欢法国人，而是因为法国人是他们敌人的敌人。因此，阿拉伯人转向了德国，他们随时准备接受任何一方的支持。萨里写道，有一个简单的方法可以让阿拉伯人远离纳粹，即让英国人不再支持犹太复国主义事业，并将其资源投在阿拉伯人身上。巴勒斯坦的阿拉伯人愿意站在英国人一边，穆夫提也是一样。[58]就在这一时期，哈吉·阿明·侯赛尼前去拜访了希特勒。

在逃离耶路撒冷后，这位被废黜的穆夫提跑去了贝鲁特。在贝鲁特居住期间，他四处宣扬阿拉伯民族主义，组织政治活动，筹集资金，并购买武器。法国委任统治当局在他家周围派驻了警卫，每天下午他都要出去散步。但在1939年10月的某一天，他却始终没有出门。当时正值斋月，警卫们以为他留在家里斋戒，但第二天也没见他出现。警卫们回忆说，他们曾注意到有几个女人坐车离开了家，当时他们只是单纯地认为那几个女人是穆夫提的妻子。现在，他们总算意识到了自己的错误，其实穆夫提本人也在车里，他穿着一身连衣裙，脸被头巾遮住。有六七个国家的情报部门开始追捕他，他显然是躲在巴格达或者德黑兰。[59]不论如何，1941年11月30日这天，他正坐在元首位于柏林的办公室里。

对穆夫提来说，接触希特勒并不容易，他也没有得到他想要的东西。翻阅两人的谈话记录，不禁让人联想起第一次世界大战期间犹太复国主义领导层与英国人之间的会谈。侯赛尼要求两件事：德国宣布支持巴勒斯坦的阿拉伯人；德国国防军帮助组建一支阿拉伯军队。在此之前，穆夫提曾与墨索里尼会面，侯赛尼希望希特勒能同意与"领袖"（Il Duce）*发表一份联合声明。他对希特勒说，阿拉伯人是德国人"天然的朋友"，双方都面临着共同的敌人——英国人、犹太人和共产党人。他表示他相信德国人会赢得战争，并提议让阿拉伯人为德军提供帮助；作为交换，德国则需要承诺在战后帮助阿拉伯人。

希特勒同意侯赛尼的基本预设。他正在与两个被犹太人控制的国家——英国和苏联——交战，因此，他当然不会同意在巴勒斯坦建立一个犹太国家。然而，他不会发表支持阿拉伯人的声明。他暂时还不想激怒法国政府，因为法国政府仍然控制着黎巴嫩和叙利亚。[60]†

穆夫提一直把柏林当作他的根据地，直至战争结束。他被邀请去讲课，并不时向当局提出各种行动建议，其中包括轰炸特拉维夫和向巴勒斯坦投放空降兵的计划。他的建议都没有被列入德国人的战争计划，不过纳粹确实对建立阿拉伯军团的想法表现出过一些兴趣。最后，纳粹提出要在武装党卫军的框架内建立一支穆斯林—巴尔干部队，穆夫提则将在这一计划中派上用场。作为这个项目的一部分，侯赛尼与海因里希·希姆莱（Heinrich Himmler）建立起了紧密的联系。

萨里·萨卡基尼认为，即使是在《白皮书》发布后，英国人也始终没能明白一个道理，即阿拉伯人在第二次世界大战中的处境与犹太人在上一场世界大战中的处境非常相似：他们可以选择站在英国人一边，也可以选择站在德国人一边。他们会做出何种决定取决于与何者的联盟更有价值。[62]‡

在乔治·安东尼乌斯遗留下的文件中，有一封停留在草稿状态的信件。这封信出自耶路撒冷的一位阿拉伯医生之手，收信人显然是美国总统。信中体现了阿拉伯人在大屠杀之后将要采取的核心立场，即欧洲人对犹太人的迫

---

* 即默索里尼。——译者注

† 穆夫提说的是法语；他的翻译约翰·埃普勒（Johann Eppler）对元首说，从礼节上来说，他应该为穆夫提提供咖啡。希特勒愤怒地回答说，他不喜欢喝咖啡。穆夫提注意到希特勒的愤怒，于是赶紧问发生了什么事——是不是元首不欢迎他。埃普勒让穆夫提不要担心，并向希特勒解释说，一场没有咖啡的谈话会给客人留下不好的印象。希特勒从座位上跳了起来，大喊说他不允许任何人在最高指挥部喝咖啡，然后摔门而出。几分钟后，他带着一个党卫军的士兵回来了，这名士兵拿来了两杯柠檬水。[61]

‡ 就在穆夫提请求纳粹提供帮助的同时，莱希的指挥官亚伯拉罕·斯特恩建议犹太人与纳粹德国结成同盟，以结束英国在巴勒斯坦的统治。他也是受到了相同的原则的指引：即敌人的敌人就是我的朋友。[63]然而，在反犹太复国主义领导层的势力中，斯特恩只是一个边缘人物，而穆夫提则代表着巴勒斯坦的整个阿拉伯民族运动。此外，斯特恩的计划始终只停留于纸面上。

害不应该由阿拉伯人来买单。"我们都同情犹太人，对基督教国家迫害犹太人的方式感到震惊。但是，你指望巴勒斯坦的穆斯林……比分布在德国、意大利、波兰、罗马尼亚等地的基督徒更基督徒，更具人道主义精神吗？难道我们要为了弥补你们基督徒所犯的罪行而受苦吗？"[64] 安东尼乌斯也留下过类似的文字。"德国和其他欧洲国家的犹太人所受到的待遇是其肇事者和现代文明的耻辱……但是……为了治疗犹太人被驱逐出德国的伤痛，让阿拉伯人流离失所并不是其解药。"[65] *

战争临近结束时，同他的几位前任一样，麦克迈克尔高级专员也感受到了深深的挫折感。他对自己在巴勒斯坦的表现是如此的失望，以至于变得粗心大意，甚至在与戴维·本-古里安的交谈过程中也不注意自己的言辞。他说，他不知道英国人对他有怎样的期待。没有人告诉他应该推行何种政策。政府的政策不断变化，有无数的解释，无数的调查委员会，无尽的白皮书。二十五年来，伦敦方面一直不知道自己想要什么。他自己也不知道自己在巴勒斯坦干了些什么。在他看来，只要有人告诉他该怎么做，任何事都可能干成。如果他们想要分治，就能执行分治；如果他们想要建立起一个国家，就会建立起一个国家。这对他来说都是一样的。麦克迈克尔对政治没有兴趣，他也不懂政治。那不关他的事，也不是他的工作。他的工作是维持秩序。

在这次非凡的对话结束时，本-古里安站在门边准备离开，高级专员对他说："你们的权力比我们大得多。"他搞不清楚本-古里安想从他这里得到什么，但他认为本-古里安心里有些想法。毕竟，犹太人的言行举止背后总是存在某种阴谋的。由于英国首相反对其自己政府的官方政策，这使麦克迈克尔的生活更加困难。麦克迈克尔曾提议解散犹太事务局——他警告说，第二次世界大战结束后，巴勒斯坦将发生流血事件。但他的建议被人忘在脑后了。[67]

据本-古里安推测，如果英国政府能让高级专员卸任，并把他调到某个偏远的殖民地让他休息，他会很高兴。"这是一个小人物，"本-古里安评论说。他对同事们说，与高级专员谈话是一种"折磨"。果尔达·梅厄还报告说，她

---

* 在1948年阿拉伯人战败后不久，安瓦尔·努赛贝写道，穆夫提与纳粹的合作并没有违背阿拉伯爱国主义的原则。他认为，穆夫提只犯下了一个错误，即他认为在意大利或德国的帮助下阿拉伯人能够获利更多。努赛贝写道："处于绝望中的人很容易犯错误，英国人把他逼到了绝望的境地。"[66]

在同英国领导人沟通的过程中遇到了困难；双方所进行的所有谈话都可以被归结为同一件事：首席政务官和高级专员要求犹太事务局在打击犹太恐怖主义问题上采取更坚决的行动，而犹太事务局则希望英国政府在移民问题上作出让步。对于犹太事务局来说，政府的让步是一项可资向公众炫耀的成就。[68] *

9

在耶路撒冷见到奥姆兰后，萨里·萨卡基尼在给他姐妹们的信中写道："他是我最好的朋友。他的男子气概让我印象深刻。"他说，奥姆兰对他绝对忠诚。[69] 几个月后，萨里在耶路撒冷基督教青年会发行的一份油印公报上发表了一篇文章，标题是"我最好的朋友"。在这篇文章中，提到奥姆兰时，他只用到了其名字的首字母。"我们喜欢在一起，一起做事，"他写道。"我们俩都为对方着想。为了取悦对方，我们俩都不惜付出一切。我们知道对方的优点和缺点。我们互相信任，互相庇护。我们刚分开就开始思念对方。我们双方都认为各自对美和诗意的表达都发自内心……我们互相理解对方，甚至达到了能读懂对方想法的程度。谁也不敢向对方说出心中的爱。"[70]

最后这句话不怎么符合现实。奥姆兰给萨卡基尼寄去了一系列的情书，这些情书不仅特别长，还充满激情和情欲。情书的信纸源自雇用他的出租车公司——玛丽公主大道（Princess Mary Avenue）上的东方出租车公司（Orient Taxi）。他经常与自己的伴侣共度良宵，早晨刚回到工作，他便给萨里写情书。萨里则为他写了一首情诗。[71] 除了接受父亲的民族主义世界观和文化价值观，萨里·萨卡基尼似乎也吸收了父亲对于男性的观念。"我希望你能变得如此之强壮，以至于如果让你和一头公牛去搏斗，你也能把它扔出去，"哈利勒·萨卡基

---

* 1944年冬，麦克迈克尔结束了他的任期，其继任者戈特勋爵（Lord Gort）在抵达巴勒斯坦一年后去世。第七任高级专员（最后一位高级专员）艾伦·坎宁安（Alan Cunningham）爵士于1945年11月开始任职。

尼在给儿子的信中写道。"我希望你有高大的身材，结实的肌肉，宽阔的胸膛和肌肉发达的手臂。"他希望儿子崇拜力量。"力量，力量。如果你一定要崇拜什么，那就崇拜力量。让你的身体成为这尊神的完美雕像，"他在一封信中写道。有一次，当萨里·萨卡基尼要填表时，在婚姻状态一栏中他写道："单身，谢谢。"；在标有"子女"的问题旁，他写道："不可能有，也绝不会有。"[72]

1944 年 3 月，雅各布·科亨 20 岁了。他在日记中写道："现在我确信我已经进入了成熟的年龄，知道了我对上帝、对我的人民以及对我父母的责任。"他已经结束了在帕尔马赫的服役期限。"为祖国服务了两年，"他写道。他还追问自己在军队里所度过的这段时间是否有价值。"值得，绝对值得！"他回答说。[73]

战争快结束时，科亨搬到了耶路撒冷，他成为了希伯来大学的一名学生。与此同时，他还在一家儿童机构担任顾问。1945 年 5 月 8 日是德国投降的日子，在这一天，他写道："全城的人都起身走上街头，参加我们共同的庆祝活动。"然而，在这种普遍的喜悦情绪中，戴维·本-古里安却始终高兴不起来，因为这场战争共造成了六百万犹太人的死亡。"这是一个悲伤的日子，"他在日记中写道，"非常悲伤。"德国的战败让哈利勒·萨卡基尼也高兴不起来："在所有交战方中，唯一有理由为自己感到骄傲的就是德国，因为它与整个世界战斗了六年之久。"[74] 与此同时，犹太恐怖组织对英国人的恐怖活动也上升到了新的高度。

注　释

1. Khalil al-Sakakini, *Such Am I, O World* (in Hebrew) (Jerusalem: Keter, 1990), p. 199ff.
2. Hala Sakakini, *Jerusalem and I* (Amman: n.p., 1987), pp. 76ff., 130ff.
3. Cohen diary, 24 July 1939 to 9 Feb. 1940, Haganah Archive, P. 80.276.
4. Cohen diary, 26 Mar. 1946, 25 Mar. 1947, Haganah Archive, P. 80.276.
5. Arthur Ruppin, *Chapters of My Life in the Building of the Land and the Nation, 1920–1942* (in Hebrew) (Tel Aviv: Am Oved, 1968), p. 344.
6. Cohen diary, 7 July 1940, Haganah Archive, P. 80.276.
7. David Ben-Gurion, *Memoirs* (in Hebrew) (Tel Aviv: Am Oved, 1987), vol. VI, pp. 205, 220.
   Ben-Gurion to MacMichael, 2 Apr. 1994, CZA S25/147.
8. Ben-Gurion at the Mapai Central Committee, 12 Sept. 1939, Labor Party Archive, 23/39.
9. Memorandum by Eyres, 11 Oct. 1939, PRO FO 371/23240 E6852, f. 141.
   Ben-Gurion at the Mapai Central Committee, 12 Sept. 1939, Labor Party Archive, 23/39.
10. Ben-Gurion, *Memoirs*, vol. VI, pp. 292, 327.
    Ronald Zweig, *Britain and Palestine During the Second World War* (Woodbridge: Boydell Press, 1986), p. 5.

Martin Kolinsky, *Britain's War in the Middle East: Strategy and Diplomacy, 1930–42* (London: Macmillan, 1999), p. 203ff.

11. PRO FO 371/23251 E7479; PRO FO 371/23251 E7635, E 7675, E8148.
    Weizmann to MacDonald, 2 Oct. 1939, PRO FO 371/23242 E8142.
    Norman Rose, ed., *Baffy: The Diaries of Blanche Dugdale, 1936–1947* (London: Vallentine, Mitchell, 1973), p. 153.
    PRO FO 371/24563 E1926 f. 180.

12. High commissioner's report, 29 Dec. 1939, PRO FO 371/24563 E 1066.
    Mordecai Naor, *Lexicon of the Haganah Defense Force* (in Hebrew) (Tel Aviv: Ministry of Defense, 1992), p. 138.

13. Minutes by Coverly-Price and additional responses, 5 June 1940, PRO FO 371/24566 E2044. See also: Policy in Palestine on the Outbreak of War, 26 Sept. 1938, PRO FO 371/21865 E5603/G.
    Yoav Gelber, *The Chronicle of Volunteerism* (in Hebrew) (Jerusalem: Yad Yitzhak Ben-Zvi, 1983), vol. III.

14. Rose, *Baffy*, p. 165ff.
    Weizmann to the Jewish Agency Executive, 22 Oct. 1942, in *The Letters and Papers of Chaim Weizmann*, ed. Michael J. Cohen (New Brunswick, NJ, and Jerusalem: Transaction Books, Rutgers University, and Israel Universities Press, 1979), vol. XX, p. 361. See also: Ben-Gurion, *Memoirs*, vol. VI, p. 163.
    David Ben-Gurion, *Chimes of Independence* (in Hebrew) (Tel Aviv: Am Oved, 1993), p. 359.

15. Shmuel Katz, *Jabo* (in Hebrew) (Tel Aviv: Dvir, 1993), vol. II, pp. 1, 127.

16. Yosef Heller, *Leh'i, 1940–1949* (in Hebrew) (Jerusalem: Merkaz Zalman Shazar and Ketev, 1989).

17. Sh. Gorlik, "*The Good Soldier Schweik* and the Enlistment Notice" (in Hebrew), *Ha'aretz*, 13 Sept. 1939, p. 2.
    Cohen diary, 29 Nov. 1940, Haganah Archive, P. 30.276.

18. Cohen diary, 15–23 June, 31 July 1941, Haganah Archive, P. 80.276.

19. CZA S25/359.
    Ya'akov Markovsky, *The Special Ground Forces of the Palmach* (in Hebrew) (Tel Aviv: Ministry of Defense, 1989).

20. Ezra Danin, *Zionist Under All Conditions* (in Hebrew) (Kidum, 1987), p. 157.
    Becher to Shertok, 16 July 1942, CZA S6/3840.
    Tom Segev, *The Seventh Million* (New York: Hill and Wang, 1993), p. 67ff. See also: CZA S25/4752.

21. Cohen diary, 20 Jan. 1941, Haganah Archive, P. 80.276.
    Naor, *Lexicon of the Haganah Defense Force*, p. 344ff.

22. Tzvika Dror, *Warrior with No Rank (Biography of Yitzhak Sadeh)* (in Hebrew) (Tel Aviv: Ha-Kibbutz Ha-Me'uhad, 1996), p. 122.

23. Alex Bein, *Immigration and Settlement in the State of Israel* (in Hebrew) (Tel Aviv: Am Oved, 1982), p. 271ff.

24. Cohen diary, 15 June 1942 to 8 Feb. 1943, Haganah Archive, P. 80.276.

25. Oz Almog, *The Sabra: A Portrait* (in Hebrew) (Tel Aviv: Am Oved, 1997).

26. Menachem Begin, *The Revolt* (in Hebrew) (Ahiasaf, 1981), p. 54.

27. Yehudah Slotzky, *Haganah History Book* (in Hebrew) (Tel Aviv: Am Oved, 1973), vol. III, part I, p. 628ff.

28. Slotzky, *Haganah History Book*, vol. III, part I, p. 182ff. See also: Bruce Hoffman, *The Failure of British Strategy Within Palestine, 1939–1947* (Tel Aviv: Bar Ilan University Press, 1983), pp. 13, 48ff.

29. The Siege of Givat Haim, 29 Nov. 1945, CZA S25/7034; 7528; 7699.

30. CZA S25/134.

31. Geoffrey Morton, *Just the Job* (London: Hodder and Stoughton, 1957), p. 141ff.

Moshe Savorai, *The Libel Trial in the Circumstances of the Murder of Yair* (in Hebrew) (published by the author, 1997).

32. *The Etzel in the Land of Israel: Collected Sources and Documents* (in Hebrew) (Jabotinsky Institute, 1990), vol. III, p. 172ff.
    Saul Zadka, *Blood in Zion* (London: Brassey's, 1995), p. 42.

33. Zadka, *Blood in Zion*, p. 28.

34. Report on the attempt to assassinate the high commissioner, Aug. 1944, PRO WO 201/89.
    Heller, *Leh'i*, vol. I, pp. 185, 208.
    Norman Rose, "Churchill and Zionism," in *Churchill*, ed. Robert Blake and Wm. Roger Louis (Oxford: Oxford University Press, 1993), p. 164.

35. Cohen diary, 16 Nov. 1944, Haganah Archive, P. 80.276.

36. *The Etzel in the Land of Israel*, vol. I, p. 340ff.; vol. III, p. 139.

37. Yehuda Lapidot, *The Season* (in Hebrew) (Tel Aviv: Jabotinsky Institute, 1994). See also: Etzel organization, 12 Aug. 1941, CZA S25/4352.
    CZA S25/5678 (Yerushalmi affair); CZA S25/10672 (Yedidiya Segal et al.)
    Altman to the CID, 21 Aug. 1941, Haganah Archive 47/61.
    Kollek to the police inspector general, 18 June 1945, CZA S25/6202.
    Sharett to Gort, 23 Nov. 1944, CZA S25/6830.

38. Henry Gurney, "Palestine Postscript," p. 14, MEC, Gurney Papers, GUR 1/2.

39. Henry Gurney, "Palestine Postscript," p. 3, MEC, Gurney Papers, GUR 1/2.
    Barker to Weizmann, 18 June 1946, CZA S25/6908.

40. Sneh with Begin, 9 Oct. 1944, CZA S25/206.

41. Norman Rose, *Baffy*, p. 142.

42. Report of the Immigration Department of the Jewish Agency, 1939–1946, p. 3, CZA S6/924. See also: *a Survey of Palestine Prepared for the Anglo-American Committee of Inquiry* (Jerusalem: Government Printer, 1946), vol. I, p. 183.

43. Zweig, *Britain and Palestine During the Second World War*, p. 146.
    A Survey of Palestine Prepared for the Anglo-American Committee of Inquiry, vol. I, p. 183.
    Report of the Immigration Department of the Jewish Agency, 1939–1946, p. 10, CZA S6/924.

44. Martin to Lloyd, 21 Nov. 1940, PRO PREM 4/51/1.

45. Lloyd to Churchill, 21 Nov. 1940, PRO PREM 4/51/1.
    Weizmann to the high commissioner, 24 Jan. 1941, and associated correspondence, CZA S25/6287.
    Dror, *Warrior with No Rank*, p. 180ff.

46. Zweig, *Britain and Palestine During the Second World War*, p. 118ff.
    PRO CAB 65/26[29] (42) 5 Mar., 1942; CAB 65/26[64] (42) 18 May 1942.
    CAB 65/28[168] (42) 14 Dec. 1942.

47. Martin to Lloyd, 21 Nov. 1940, PRO PREM 4/51/1.
    Zweig, *Britain and Palestine During the Second World War*, p. 112.

48. Zweig, *Britain and Palestine During the Second World War*, pp. 27, 86ff., 174, 171, 108ff.

49. *Annual Abstract of Statistics No. 84* (London: HMSO, 1947), p. 33.

50. Bernard Wasserstein, *Britain and the Jews of Europe, 1939–1945* (Oxford: Oxford University Press, 1988).

51. Ben-Gurion to Kastner, 2 Feb. 1958, ISA, Prime Minister's Office, 5432/16.

52. Sakakini, *Such Am I, O World*, p. 205.

53. Sakakini diary, 1 Mar. 1942. With the kind permission of his daughters.
    Sakakini, *Such Am I, O World*, p. 215ff.

54. Khalil al-Sakakini, "The Jewish People Are Insane," 9 Dec. 1936, ISA P/354/1899.

55. Sakakini, *Such Am I, O World*, p. 217.

56. G.E. To A.Sh., 19 Aug. 1940, CZA S25/3140.
    Kalvarisky with students, 7 Dec. 1941, CZA Z4/15185.

57. War Office to Colonial Office, 19 Sept. 1939, PRO FO 371/23245 E 6543 f.78.
Colonial Office to War Office, 26 Sept. 1939, PRO FO 371/23245 E 6659 f.83. See also: Moshe Shemesh, "The Position of the Jaffa Newspaper *Falastin* Towards the Axis and Democratic Countries" (in Hebrew), *Studies in Zionism*, vol. II (1992), p. 245ff.
Report of the High Commissioner, 1 Dec. 1939–29 Feb. 1940, PRO FO 371/24563 E 1066 f.116.
Report of the High Commissioner, 25 June 1940, PRO FO 371/24563 E2414 f.198.
Colonial Office to Foreign Office, 22 Nov. 1940, PRO FO 371/24565 E 2792 f.153.
Colonial Office to Foreign Office, 8 Mar. 1940, PRO FO 371/24563 E1066 f.68.
58. German penetration (no date), ISA P/403 3537.
59. The mufti's activities in Beirut, CZA S25/3641.
Report from Beirut, 15 Oct. 1939, PRO FO 371/23240 E70361 f.220. See also: Whereabouts and activities of the Mufti, PRO FO 371/27124 E351-E2276; E5639; E6731; E6494; E6504.
60. Husseini with Hitler, 30 Nov. 1941, *Akten zur Deutschen Auswaertigen Politik, 1918–1945* (Goettingen: Vandehork & Ruprecht, 1970), *Serie D: 1937–1941*, vol. XIII. 2, *Die Kriegsjahre*, Sechster Band, Zweiter Halbband, p. 718.
61. Leonard Mosley, *The Cat and the Mice* (London: Arthur Barker, 1958), p. 29.
62. German penetration (no date), ISA P/403/3537.
63. Heller, *Leh'i*, vol. II, p. 530.
64. Draft letter by Dr. T. Canaan [1938?], ISA P/1051/9.
65. George Antonius, *The Arab Awakening: The Story of the Arab National Movement* (London: Hamish Hamilton, 1938), p. 411. See also: Azmi Bishara, "The Arabs and the Holocaust" (in Hebrew), *Zemanim* 53 (Summer 1995), p. 54ff.; Dan Machman, "Arabs, Zionists, Bishara, and the Holocaust" (in Hebrew), *Zemanim* 54 (Fall 1995); Azmi Bishara, "On Nationalism and Universalism" (in Hebrew), *Zemanim* 55 (Winter 1996), p. 102ff.
66. Anwar Nusseibeh, "Pattern of Disaster: Personal Note on the Fall of Palestine," p. 14. With the kind permission of his son.
67. Ben-Gurion with MacMichael, 2 Apr. 1944, CZA S25/197.
Zweig, Britain and Palestine During the Second World War, pp. 149, 163.
68. Ben-Gurion with MacMichael, 2 Apr. 1944, CZA S25/197.
Golda Meyerson with the chief secretary, 29 Jan. 1947, and with the high commissioner, 31 July 1947; Herzog with the high commissioner, 1 Feb. 1947, CZA S25/5601.
Meyerson with the high commissioner, 17 Dec. 1947, CZA S25/22.
69. Sari Sakakini to his sisters, 3 Jan. 1945, ISA P 375/2561.
70. "My Best Friend" (June 1945), ISA P/393/3155.
71. ISA P/403/3554.
72. Sakakini to his son, 7 Jan. 1933, ISA P/378/2646.
Sari Sakakini, personal form (1946), ISA P/337/1060.
73. Cohen diary, 20 Mar. to 26 June 1944, Haganah Archive, P. 80.276.
74. Cohen diary, 8 May 1945, Haganah Archive, P. 80.276.
Ben-Gurion diary, 8 May 1945, Ben-Gurion Heritage Archives.
Sakakini, *Such Am I, O World*, p. 219.

第 22 章 "让我去一个没有战争的国家"

1

英国政府把伊夫林·巴克（Evelyn Barker）将军派到巴勒斯坦镇压犹太恐怖组织，在他抵达巴勒斯坦后的某个早晨，他听到"音乐时钟"广播节目正在播放欧文·柏林斯（Irving Berlins）的《跳贴面舞》（*Dancing Cheek to Cheek*）。那是 1946 年的夏天或秋天，早上 7 点 15 分。将军立即坐下来给凯蒂·安东尼乌斯写信："你是第一个和我一起做过这事的女人。"他写道。他在这里显然指的是与凯蒂跳贴面舞。"我很享受其中的每一刻，并希望它能继续下去，"凯蒂此前曾对他说，他或许已经爱上了她。巴克表示，他把凯蒂的这番评论看得比什么都重要，因为事实上他已经爱上她好几个月了。[1]

他们的爱情故事藏在近百封信件中，这些信件是将军用军队的官方信纸写的，并由专门的信使——他的司机——寄到他心爱的凯蒂的家中。那所房子位于东耶路撒冷，离巴克位于城西的家只有几个街区之远。这些信件讲述了一个关于狂喜、悲剧、悲怆、神秘、欺骗、危险、希望、失望、浪漫、泪水和亲吻的故事——所有这些都是在民族主义恐怖活动、帝国崩溃、一个国家诞生和另一个国家毁灭的背景下发生的。

巴克当时四十二岁，已婚，婚内育有一子。在 1946 年 5 月到达巴勒斯坦之前，他曾有过一段辉煌的军旅生涯。这段生涯始于他年轻时，也就是第一次世界大战前不久，他在那时决定参军，并成为一名像他父亲一样的职业军人。20 世纪 30 年代，巴克第一次被派往巴勒斯坦，当时的任务是帮助军队镇压阿拉伯人的叛乱。第二次世界大战中，他参加了诺曼底登陆行动，并在解放勒阿弗尔（Le Havre）的战斗中表现突出，国王因此授予他爵士头衔。之后，他加入了第八军团。在蒙哥马利将军的带领下，他越过莱茵河，挺进德国北部。1945 年 4 月 15 日，他的部下解放了贝尔根-贝尔森（Bergen-Belsen）集中营。作为一名老派军官，他身上散发着殖民者的傲慢——高大，消瘦，微微有些驼背，带着坚毅、透彻的目光，不带任何感情。然而在他写给凯蒂·安东尼乌斯的信中，他说话的语气就像一个恋爱中的小学生。*

乔治·安东尼乌斯的遗孀凯蒂是亚历山大的法里斯·尼姆尔·帕夏（Faris Nimr Pasha）的女儿。其父是参议员、阿拉伯语言专家、著名报纸《阿尔穆卡达姆》（*Al-Muqadam*）的老板。从小她的父亲就教育她，说她属于欧洲文化的一部分。她总是与西方外交官混在一起，并把他们所说的语言当作自己的语言来使用。她的姐姐嫁给了英国驻开罗大使馆的高级官员沃尔特·亚历山大·斯玛特（Walter Alexander Smart）爵士。† "凯蒂·安东尼乌斯是一个聪明、聪慧以及机智的女人，充满了幽默和魅力，"安瓦尔·努赛贝在评价她时这样说道，"她总是能及时了解错综复杂的政治事件，人长得漂亮，心地善良，而且慷慨大方。"她住在穆夫提名下的一套房子里，是典型的上流社会的女主人；任何对英国政府有影响力的人都是她的客人——西方政治家、记者、艺术家、世界各地的知名人士，以及许多阿拉伯国家的领导人。[5]

英国记者和政治家理查德·克罗斯曼（Richard Crossman）便是其中的一位客人。凯蒂的家被他描述为一间法式政治沙龙。他记录了某次盛大聚会上的场景："晚礼服，叙利亚的食品和饮料，以及在大理石地板上的舞蹈。"据他所知，在凯蒂的客人中，阿拉伯人和英国人混杂在一起。"很容易理解为什么英国人喜欢的是阿拉伯上层阶级而不是犹太人。"克罗斯曼接着说道。"阿拉伯知识分子阶层受法国文化影响，有趣，文明，充满了悲剧性，而且有同性恋情节。与他们相比，犹太人则总是紧绷着神经，具有资产阶级和中欧属

---

* 乔治·安东尼乌斯于 1942 年去世，此前他因撰写 1938 年出版的《阿拉伯觉醒》而名声大噪，该书是迄今为止关于巴勒斯坦阿拉伯民族运动历史的最重要的一部著作。[2] 当萨卡基尼在锡安山的安东尼乌斯墓前悼念他时，他的眼里噙满了泪水，几乎说不出话来。[3]

† 乔治·安东尼乌斯对凯蒂的爱也产生了大量的英文信件，其中一些是用托管国教育部的官方信纸写的。尽管他是穆夫提的支持者，但他却倾向于将阿拉伯民族运动的命运与大英帝国联系在一起。从他写的情书来看，他在这段感情中也备受折磨。[4]

性。"在送克罗斯曼回大卫王酒店的车上，一位英国官员解释说，耶路撒冷只存在两个社会，而不是三个社会，一个是英国—阿拉伯社会，另一个是犹太社会，两者混不到一起去。[6]

巴克似乎在其中的一次聚会上爱上了凯蒂·安东尼乌斯。当他们在社交活动中相见时，他们会保持谨慎的距离，但第二天他便会写信说，他发现有她在场的情况下，不接触她是多么的困难。他经常在晚上去她家，然后在第二天一大早便给她写信，说他多么喜欢与她相伴，她对他有多么重要，他又有多么爱她。有一次，他在回家的飞机上写道："我不是一个多愁善感的人，但对爱和善意很敏感。今天早上开车离开的时候，我的眼泪根本止不住。你们可能会认为我这样看起来很愚蠢。"[7]等到巴克的飞机降落后，他又给凯蒂写了一封信。[8]他一再承诺，他是站在阿拉伯人这一边的。他甚至还向凯蒂分享了几个军事机密，包括一些涉及打击犹太恐怖主义活动的机密。

2

随着欧洲战事的结束，雅各布·科亨现在是一个悲观主义者，他在日记中写道。他想知道："世界和平将如何建立？"他还担心自己太过专注于政治，而对生活本身的关注度不够。周六，他会和他工作机构里的孩子们一起去远足。他写道："没有什么比仙客来和银莲花的季节更美好的了。"然而，他内心孤独无聊，渴望爱情。[9]有一次，他偶然在特拉维夫的本-耶胡达街碰到了贝布斯。但就像往常一样，两人之间什么也没有发生。贝布斯也加入了帕尔马赫组织，组织里的成员现在管她叫布拉哈（Bracha）。然而，不久之后，贝布斯就被杀了。雅各布·科亨在报纸上得知了这一消息。

特拉维夫一直在等待一艘从意大利开来的船，船上装载着近250名非法移民。为了纪念奥德·温盖特死亡两周年，这艘船被命名为温盖特号。这次非法移民的行动规模特别巨大：有数百人之多——某一消息源甚至声称有数千人之多。行动的组织协调者是一群专门的工作人员，其指挥官是伊扎克·萨代及其副手伊戈尔·阿隆。巴勒斯坦海岸边的重要哨所都有犹太人驻守；为了防止军队和警察接近，许多要道也都被卡车和汽车堵住。数百户人家严阵以待，准备安置船上的乘客。尽管如此，英国人还是在海上发现了这艘船，并在移民到达岸边之前将其拦了下来。帕尔马赫的成员与英国人发生了交火。在双方的交火过程中，布拉哈·富尔德（Bracha Fuld）受了伤，最后死在了医院里。六个月后，一艘非法移民船以她的名字命名。[10]

在她死后的第二天，雅各布·科亨写道："我的那一天迟早也会到来。那时，我不会有丝毫犹豫。我会尽我的职责。"几天后，英国人又截获了一艘名为泰勒海（Tel Hai）的非法移民船。不，人们并不是为了自己的国家而死，科亨写道，他们是为了能安全地活着。他这里引用的是约瑟夫·特朗佩尔多那传奇般的遗言。在科亨看来，牺牲是不可避免的，别无选择。然而，他的脑海里却同时也出现了一个略显异端的想法：这一切是绝对必要的吗？但他很快便警觉地克制住自己不去追问这一问题。他警告自己说："决不能动摇。"[11]

犹太人与英国政府围绕"温盖特"号所产生的冲突被人们称为"温盖特之夜"。到"温盖特之夜"一周年纪念日时，布拉哈·富尔德已经成为了整个犹太民族的象征。这让科亨很烦恼：在此之前，贝布斯一直是他一个人的，是一份秘密的爱情。他是多么地仰慕她，多么渴望为她服务，多么想要成为她那样的人。有时候，他觉得，她似乎是在取笑他，好像在说："他知道他是不会成功的，因为我不只是他的，我属于大家。"事实也正是如此。"贝布斯给了我一个沉重的打击，"科亨写道。在她死后的几个月里，那个禁忌的念头又出现了："我们应该问自己，这样做是否值得？"他在日记中写道。"我们是否应该仅仅为了声望而让年轻的男女们拿着自己的生命去冒险？毕竟，移民不管怎么样总是会来的。"[12]

由于大屠杀的幸存者有可能选择其他地方定居而不愿来到巴勒斯坦，这让本-古里安感到十分不安。"我认为我们不应轻视这种危险。这不仅是对犹太复国主义最大的危险，也是对巴勒斯坦犹太社群最大的危险，"他在战争结束之前便这样写道。[13] 劳工运动和修正主义党人之间的竞争仍然主导着他的思想。他声称，除其他原因外，他之所以部署恐怖活动是为了强行控制巴勒斯坦犹太社群和整个犹太复国主义运动。[14] 他认为，劳工运动与修正主义党人的冲突甚至可能导致内战。"我们必须拿起步枪对付他们，"他宣称，"任何想通过武力威胁来达到其目的的人，我都会用武力来予以回应。"然而，他深信，与德国人不同，巴勒斯坦的犹太社群不会向右翼势力屈服。

这种类比并非一时兴起。本-古里安后来也一直把埃策勒称为"纳粹团伙"和"犹太纳粹"。他对犹太劳工联合会的同僚们说，修正主义党人有可能谋杀我们在座的每一个人。他把贝京与"元首"相提并论。"希特勒手下也有一些男孩加入了他的运动，为了使他们的理想神圣化，他们献出了自己的生命。尽管某些纳粹分子也胸怀纯粹的、理想主义的动机，但从整体上来看，纳粹运动是应该受到谴责的，它摧毁了德国人民。"在本-古里安看来，埃策勒同样有可能摧毁巴勒斯坦犹太社群，他声称该组织及其支持者是一帮鼠疫传播者。[15] *

劳工运动内部也存在分歧。其中一部分人主张采取反英行动，包括恐怖袭击。基布兹和帕尔马赫的成员在这一问题上尤为强硬。他们不愿将自己局限于非法移民行动，于是便向领导层施压，最终导致在 1945 年 10 月成立了"希伯来抵抗运动"（the Hebrew Resistance Movement）。这是一个由哈加纳、埃策勒以及莱希共同组成的联盟。劳工运动与埃策勒及莱希的合作虽然只持续了 8 个月，但这一短暂的同盟却反映了犹太领导层当时所普遍接受的行动原则，即犹太人应该在军事上与英国人对抗。对于修正主义党人来说，这是一项重要的成就。这两个组织（埃策勒与莱希）得到了犹太领导层的承认，并在其决策过程中发挥了作用；犹太事务局和哈加纳也不再向当局告发这两个组织的成员。"希伯来抵抗运动"为帕尔马赫组织内部日益高涨的激进情绪提供了一个发泄的出口，该组织此前已允许其成员攻击铁路和桥梁。

哈加纳与其竞争对手之间的合作尽管威胁到了犹太事务局与英国当局之间的关系，但却使哈加纳对另外两个组织有了一定程度的控制，能够约束其行动。[17] 在这一时期，有人企图谋杀雷蒙德·卡弗拉塔，并计划对大卫王酒店进行袭击。

---

* 雅各布·科亨也称埃策勒和莱希为纳粹。"他们正把我们直接引向大屠杀，"他写道。[16]

3

卡弗拉塔当时是海法的警察局长。他的名字持续出现在英国的报刊上。1942 年底，韦奇伍德（Wedgwood）勋爵声称，在巴勒斯坦的英国警察都是完完全全的反闪族主义者；当意大利战机轰炸特拉维夫时，他们甚至为之欢呼雀跃。韦奇伍德注意到，警察队伍中普遍存在"法西斯主义精神"，他讽刺地指出了"这些有着古老的盎格鲁—撒克逊名字的先生们"，并特别提到了卡弗拉塔。[18] 作为回应，雷蒙德·卡弗拉塔发出了一封尖锐的抗议信。他表示，只有敌人（纳粹）才能从韦奇伍德的指控中获益。他说，韦奇伍德对其姓氏所做的那番评论更像是从海德公园里的那些慷慨激昂的演说家们嘴里说出的，但这样说或许对那些演说家们有些不公，因为他们至少还懂得基本的礼节。[19]

事实上，卡弗拉塔对犹太难民的悲惨遭遇深表同情。可能就在他刚结束自己在巴勒斯坦的服役期后，他记录下了一个悲惨的故事，故事的主人公是一个名叫库珀曼（Kupperman）的 50 岁男子。卡弗拉塔在特拉维夫的一家咖啡馆遇到了这名男子，他向卡弗拉塔讲述了自己的故事。库珀曼抛下家人，孤身一人从德国来到巴勒斯坦。他描述了非法移民船上的恶劣条件。在船靠岸的过程中，该船撞上了一座离特拉维夫海岸不远的沙洲。乘客们被告知要跳入水中，库珀曼便跳了下去。他的行李留在了船上，但他对此并不介意，因为他腰间系着一条腰带，里面有数颗钻石。他设法游到了岸边，并和其他几个人一起站在那里。他当时浑身都湿透了，在寒冷和黑暗中瑟瑟发抖。突然，一个十六七岁的男孩出现了，他把他们领到一间木屋前，屋里面有几张床铺，有吃饭的用具，还有一个脏兮兮的煤油炉。男孩让难民们留在那里，并给他们分发了食物。过了一段时间，他们才敢冒险出来。其中的一些人在巴勒斯坦有亲属。

库珀曼进了特拉维夫。在一家咖啡馆里，他和几个人聊了起来。在聊天过程中，这些人意识到他是一个非法移民。库珀曼害怕自己的身份暴露，但他们却让他放心。库珀曼说，他必须让家人离开德国，然后把他们带到巴勒斯坦来。咖啡馆里的人答应帮忙，但要求库珀曼付钱。库珀曼把自己腰带上的一颗钻石给了他们。后来他又给了他们一颗又一颗。事实上，他新认识的这些人都是骗子和敲诈犯。当他拒绝给他们更多的钻石时，他们威胁说要去找法兰克福的盖世太保头子告密。他们威胁说，如果他不配合，他就再也见不到他的妻子和孩子了。于是，库珀曼把他身上最后的一颗钻石给了他们，自此一无所有。就在这时，他遇到了卡弗拉塔，而后者却对这个故事并不感到惊讶。毕竟他在这个国家待了十年，他很清楚，一切都要花钱。

他试着给库珀曼一些鼓励，并给他买了一个三明治和一杯茶。卡弗拉塔解释说，英国人并不会把逃亡的犹太人送回纳粹德国，并答应尽量为库珀曼的妻子和孩子安排移民许可证。两人约好第二天晚上在同一家咖啡馆里见面。第二天，在两人约定时间的数小时前，卡弗拉塔收到了一份当日治安事件的总结。当天共发生了几起入室盗窃案，一两起持刀斗殴案，警方逮捕了两个小大麻推销商。此外，海滩上还发现了一具男人的尸体，死者生前五十岁左右，头发花白。卡弗拉塔去了停尸房，他发现死者正是库珀曼。这位老人是自己淹死的。[20]

根据海法的几位犹太社群领导人所提供的证言，他们与该市的警察局长保持着良好的工作关系。尽管如此，哈加纳的成员们却始终记得他们在拉马特科韦什（Ramat HaKovesh）和吉瓦特哈伊姆（Givat Haim）与卡弗拉塔发生的冲突。而对于埃策勒的成员来说，他们没有忘记希伯伦大屠杀，他们还指责这位警察局长杀害了该组织的一名成员，即来自布雷斯劳（Breslau）的18岁学生阿什尔·特拉特纳（Asher Trattner）。当特拉特纳在街上张贴埃策勒的宣传海报时，一群海法当地的警察撞见了他。在逃跑的过程中，警察开枪击中了他的腿。警察随后将其逮捕并对其进行了审讯。特拉特纳后来被带到阿卡监狱，但他在牢里显然没有得到适当的医疗照顾。三周后，他被转移到医院，医生不得不对其进行截肢。又过了两天，他死了。埃策勒声称特拉特纳死于虐待和酷刑，并认为卡弗拉塔要为此负责任。特拉特纳自己在临终前曾告诉他的兄弟，他的腿很痛，但审讯者并没有对其施以酷刑。[21]

尽管提出谋杀卡弗拉塔动议的是莱希，但"希伯来抵抗运动"的指挥官们事先知道这一计划，他们既没有批准，也没有予以禁止。当时的各犹太恐怖组织十分团结，因此，莱希和埃策勒的成员们共同参与了此次行动。卡弗拉塔和他的妻子佩吉以及他们的两个孩子住在迦密山；其办公室则位于该城低地处的国王大道（Kingsway），离港口的入口处不远。他的司机每天早上开着一辆蓝色的福特轿车送他去办公室。犹太人的计划是在哈达尔·哈卡尔梅（Hadar HaCarmel）社区的入口处（离"赫尔兹利亚宫"［Herzliya Court］酒店不远）截住这辆车；那条路上有一个急转弯，那里刚好还有树木提供掩护。按照计划，袭击者要么向卡弗拉塔开枪，要么向他的汽车里投掷炸弹。莱希组织的尼希米亚·本-托尔（Nehemia Ben-Tor）被派去执行此次暗杀行动，他写道："我很高兴接受这份工作，作为行动的参与者之一，能为 1929 年的受害者报仇，这让我感到十分自豪。"本-托尔当时接到的命令是：如果佩吉·卡弗拉塔也在车上，行动就应该取消。

袭击当天风雨交加，大雨把街上的人都赶回了家，这是一大利好，但计划还是失败了。本该截住卡弗拉塔的车没能顺利完成任务，原因是司机开车的速度不够快，卡弗拉塔的司机则成功地开着车从陷阱里逃了出来。本-托尔将左轮手枪对准卡弗拉塔的汽车后窗，打空了枪里的子弹，不料其中的一颗子弹回火，击中了本-托尔的腿部。这一事件无可避免地导致了一场关于行动细节和失败责任分配的详尽辩论。许多年后，本-托尔写道："我不止一次地受好奇心的驱使，想知道那个我奉命取其性命的人究竟干了怎样的事情，他又是个什么样的人？"这两人至少有一个共同点：卡弗拉塔也曾被他手枪回火的子弹击中腿部。[22]

卡弗拉塔安然无恙地逃走了，他若无其事地回到了自己的办公室。其秘书注意到他有些不高兴，但她对刚刚发生的事情一无所知。在随后的几天里，警察局长的心情很不好；他早就知道自己的生命有危险，但总觉得自己不会有事。[23] *

在卡弗拉塔的秘书眼里，她的老板是一个很慷慨的人，对家庭也很忠诚。

---

* 在一本未出版的自传中，卡弗拉塔写道，他和他的战友们一直生活在恐怖组织有可能清算他们的阴影中；他把梅纳赫姆·贝京描述为一个无情的暴徒，在贝京面前，阿尔·卡彭（Al Capone）就像个新手。

他的朋友很少，也很少去酒吧。她从来没有听他说过一句关于犹太人的坏话。她对卡弗拉塔的印象是：他在政治方面不存在偏见。事实证明，这位秘书是犹太复国主义者派出的秘密特工；卡弗拉塔向她口述的每一封信都被她复制下来，并寄给了哈加纳。[24]

袭击发生数周后，卡弗拉塔乘船回到了自己的祖国。他声称自己在遭暗杀未遂之前就提交了辞呈。他表示，为了毁掉他，犹太人竭尽所能。他从一些犹太朋友那里得知，他在巴勒斯坦的所作所为引起了犹太人的强烈反对。在他看来，他所面对的敌意让他无法完成自己的工作，为此，他还专门引用了韦奇伍德在上议院中针对他所发表的言论。因此，他决定离开。然而，即便卡弗拉塔不主动提出离职，他也会被迫离开。他感到十分震惊，他写道。他并不反犹——他曾为许多犹太人的足球队踢过足球，比巴勒斯坦的大多数英国官员都多。按照他的说法，他与犹太人的大部分接触都与拯救他们的生命有关。事实上，他并不想离开巴勒斯坦——如果他再多待 6 年，他就会得到全额的养老金。[25] *

1946 年 6 月，恐怖袭击愈演愈烈，月底，巴克将军下令开展"阿加莎行动"（Operation Agatha）：10 多万名士兵和警察包围了全国几十个犹太人定居点，并在各地（包括特拉维夫和耶路撒冷）实施了宵禁。对犹太人来说，这一事件被称为"黑色安息日"。约有 3 000 人被捕，其中包括犹太事务局行政部门的成员；当局还在亚古尔基布兹（Kibbutz Yagur）发现了一处藏匿有大量武器的仓库。[27] "黑色安息日"事件四个星期后，埃策勒特工炸毁了大卫王酒店的南翼——政府秘书处所在地。当整个国家都陷于恐怖活动的烈火之中时，巴克将军向凯蒂·安东尼乌斯分享了他的一个幻想：如果他再次单身，他将回到中东帮助阿拉伯人争取他们的权利。他向她建议说："我们甚至可以联合起来。"[28] 然而，不久巴克就惹上了麻烦，他被迫离开了他的凯蒂。

---

* 莱希特工还试图在伊夫林·巴克将军家附近杀死他。一位莱希妇女回忆说："我当时穿得像个保姆，带着一辆婴儿车在正对着巴克家的人行道上散步。婴儿车里坐着的实际上是个洋娃娃。炸弹的引信就藏在婴儿车的把手里。我一次又一次地去巴克家，每次都有一个摩托车司机在不远处等候。我本想等巴克一出门就引爆婴儿车，然后迅速离开，但计划没有成功。巴克一直没有按时出现。几天后，邻居们开始注意到了我。他们问道：'这样的天气，带着一个婴儿在外面走，是不是有点冷？'我们只好放弃了这个计划。"[26]

4

在当局针对巴勒斯坦犹太人所展开的所有行动中,"黑色安息日"是最彻底也是最暴力的一次行动。另一方面,大卫王酒店袭击事件也是犹太人针对英国人所发动的规模最大的一次行动,这一事件共造成九十多人死亡。[29] 然而,这两次事件都属于例外情况——犹太人和英国人都倾向于克制自己,都不愿与对方全面开战。

1946年冬天的一个晚上,埃策勒的人袭击了耶路撒冷的一个警察局。在行动之前,他们已在周围的几条街道上埋下了地雷。但这次行动以失败告终,地雷最终被发现并被拆除。事件发生后,高级专员取消了原定于当天举行的正式晚宴,因为城市街道上的地雷使客人难以到达他的住所。取消晚宴是当局在当晚所采取的最引人注目的应对措施,政府直到第二天才召开会议讨论这次袭击事件。时任大英帝国军队总参谋长的蒙哥马利子爵对此感到异常的愤怒。他写道,如果当时事情处理得当,机动部队在10分钟内就能赶到现场,恐怖分子也会被抓获。他还批评了当地的警察:他们没有像在英国那样,以一种宽容和善意的方式展开自己的工作;他们也没有得到当地社会的信任。在巴勒斯坦,他们武装到牙齿,经常开着装甲车到处跑。他们不是一流的警察,而是三等兵。人们讨厌他们,因为犹太人普遍讨厌警察。[30]

传奇英雄蒙蒂回到了巴勒斯坦,他准备以铁腕手段镇压犹太恐怖主义,就像他曾对阿拉伯叛乱所做的那样。几年前,奥德·温盖特曾对本-古里安说,蒙哥马利讨厌巴勒斯坦的犹太社群。巴勒斯坦的局势令他感到愤怒——政府实际上已经失去了对这个国家的控制;在他看来,真正的统治者是犹太人,他们指着英国人的鼻子说:"你们动动我们试试。"[31] 蒙哥马利对总理艾德礼(Clement Attlee)说,事情不能再这样下去了;在巴勒斯坦,有10万被束缚着双手的英军士兵,平均每天都会有两人被杀。他蒙哥马利绝不会允许这种状况继续下去。他说:"如果我们不准备维持巴勒斯坦的法律和秩序,那最好还是离开。"

军队和文官政府又一次陷入了对峙:军队要求行动自由,而高级专员则倾向于保持克制。每个人都在担心历史会如何描绘他们。军方表示，英国人之所以会丢掉巴勒斯坦是因为他们不准备使用现成的武力。事实上，官方最后的结论是，政府和高级专员太软弱了。[32]

事实上，英国官员们并不是因为软弱而束手无策，而是因为对犹太人采取强力措施在道德层面存在很大的阻碍。英国人不论是在军事层面还是法律层面都有充分的理由采取行动，他们也很清楚犹太恐怖主义正在损害大英帝国在世界其他地方的威望。但即使是在莫因勋爵被谋杀后，他们依旧不诉诸武力。当英国人去搜查犹太人违禁武器的时候，他们不会仅凭直觉就随意出动，他们只有在收到权威的情报信息后才会谨慎采取行动，而且他们还会在行动的同时一并收缴阿拉伯人的武器。[33]

当局确实制定了严厉的紧急状态法；犹太律师协会抱怨说，这些规定比纳粹德国所推行的政策更严苛。[34]宵禁政策持续了好几个月，其中，英国人曾四次宣布对特拉维夫实施全面宵禁，同时挨家挨户进行搜查。他们逮捕了大批嫌犯并对他们进行严刑拷打，有些人被驱逐到非洲，有些人被绞死。尽管如此，英国人在对待犹太恐怖活动时，从未像在镇压阿拉伯起义时那般有决心，那般严酷。[35]安瓦尔·努赛贝法官指出，大卫王酒店附近耶明·摩西（Yemin Moshe）犹太社区的居民并没有因为酒店的爆炸而受到连带惩罚。同样，吉瓦特扫罗的居民也并没有因为在附近发生的袭击高级专员的事件而承担任何责任。然而，阿拉伯社区和村庄却会因为发生在附近的犯罪行为而受到集体惩罚，这是英国人通行的做法。

不过，上述两种情况还略有不同。在犹太人社群中，有许多人反对针对英国人的恐怖活动，因此，如果英国人对犹太人施以集体惩罚会适得其反。而在阿拉伯叛乱期间，当局认为大多数阿拉伯人都支持恐怖活动。另外，犹太恐怖分子的活动主要集中在城市而不是在农村，这使得英国人难以定位他们并对其采取行动。在英国人看来，犹太人基本上都是欧洲人，而不是"土著"，是反纳粹战争的盟友和大屠杀的幸存者。英国人敏锐地意识到了这些情况给他们所带来的限制。一位英国议员说："每一位可敬的议员都会同意，当我们使用'不惜一切代价'这一措辞时，我们实际上并没有准备好像纳粹一样进行大规模人口灭绝活动。"温斯顿·丘吉尔也有同感。[36]此外，尽管发生了恐怖事件，但犹太事务局和哈加纳仍将自己视为巴勒斯坦政权的一部分；而在英国人这边，他们直到委任统治的最后一天仍认可前者之忠心。*

"统一希伯来抵抗运动"并没能持续到大卫王酒店爆炸案之后。哈加纳谴责了这次爆炸事件，并声称它没有参与此次行动。这一说法并不十分准确，因为犹太联合指挥部批准了此次袭击。但在袭击造成大量人员死亡后，指挥部就袭击的细节问题展开了激烈的辩论。†

在联合起来的地下运动被解散后，不同犹太复国主义组织之间的竞争又开始了。一位名叫多夫·格吕纳（Dov Grüner）的埃策勒特工被英国政府判处了死刑，当本-古里安听到这一消息时，其反应与以前一样。他说，他不希望任何人被绞死，但他也不会做任何事情来阻止绞刑之执行，更不会悬挂黑旗。在他看来，巴勒斯坦犹太社群正被贝京及其手下玩弄于股掌之间，必须一劳永逸地加以制止，否则劳工运动还不如直接向贝京投降。39 贝京是本-古里安的头号大敌，相比起来，英国人根本不算什么。

然而，埃策勒仍在继续展开其行动。其中最著名的一系列行动包括：对耶路撒冷金匠大厦（Goldschmied House）的军官俱乐部的袭击；阿卡监狱的越狱行动，一些主要的修正主义党囚犯被解救了出来；对两名英军中士的绞刑，这是为死去的埃策勒成员而展开的复仇行动。40 本-古里安对上述绞刑事件感到尤为愤怒，因为当时恰逢犹太事务局安排的非法移民船"出埃及记"号（Exodus）来到巴勒斯坦，而埃策勒的行动把人们的注意力全都转移到了绞刑事件上。"出埃及记"号是犹太事务局所导演的一场大戏，带有政治宣传方面的目的，堪称史上最大胆的非法移民行动。按照本-古里安的说法，这是"犹太人最伟大的演出之一，它展示了犹太人的奋斗，犹太人的骄傲，及其与以色列地的联系"。然而，埃策勒却从犹太事务局那里抢走了表演的机会。在

---

* 尽管听起来有些不可思议，但类似这样的情形的确至少出现过一次：哈加纳曾计划对托管国政府下手，而这一计划竟得到了英国政府的非正式许可。理查德·克罗斯曼（Richard Crossman）是一名工党议员和犹太复国主义运动的伟大朋友，他告诉负责航空事务的副国务卿约翰·斯特雷奇（John Strachey），哈加纳正在考虑炸毁约旦河上的桥梁。随后，他还征求了斯特雷奇的"意见"。作为内阁国防委员会成员的斯特雷奇要求对方给他时间研究此事，但他第二天就同意了克罗斯曼的提议。这一事件或许正好能体现出英国混乱的巴勒斯坦政策。37

† 当时本-古里安在巴黎。他在当地会见过许多人，其中就包括越南民族独立运动领袖胡志明。他们在同一家旅馆住了大约两个星期，其间，两人几乎每天都见面。38

発生了这样的事情后，世界上还会有谁去关注"出埃及记"号呢？本-古里安追问道。他把埃策勒所实施的绞刑称为"纳粹行径"。[41]

巴勒斯坦托管国政府把大部分安全工作的重心都放在了保护自己的工作人员身上，而不是维持政权的稳定。蒙哥马利要求伊夫林·巴克向士兵们强调，他们所面对的是一帮残酷、狂热并且狡猾的敌人，很难区分谁是朋友，谁是敌人。在敌人的队伍中甚至还混有女性恐怖分子，所以英军士兵必须停止与当地居民的一切交往。[42]

大卫王酒店爆炸案发生后，巴克将蒙哥马利将军所传达的指示转化为一道命令：他禁止英国士兵进入所有犹太人的场所，餐馆和娱乐场所也包括在内。巴克在给手下们的信中写道：他知道这样做很困难，但犹太人必须了解英国人有多鄙视他们，而惩罚他们的最好办法就是瞄准他们的钱袋子，因为犹太人特别不喜欢别人碰他们的钱。巴克的措辞给他带来了麻烦，这些话被人解读为反犹主义，并引起了一场轩然大波。在凯蒂·安东尼乌斯遗留下来的文件中，有一幅源自英国的讽刺漫画，画中的巴克站在一本书上宣扬自己的观点，而被他垫在脚下的那本书便是希特勒的《我的奋斗》。经过此次事件后，巴克很快就被送回了英国。许多年后，他在与尼古拉斯·贝瑟尔（Nicholas Bethell）勋爵的一次谈话中声称，这是"一封心血来潮时写的烂信"。[43]

然而，巴克的托词实际上经不住推敲。回到英国一段时间后，他给凯蒂·安东尼乌斯写了一封信。他在信中指出："正如我在那封信里所说的那样，他们确实讨厌别人摸他们的口袋。"他还说："我希望阿拉伯人不会再觉得我们害怕绞死犹太人。"当时，有两名即将被处死的犹太恐怖分子在狱中自杀了，对此，巴克评论说："很好，又少了两个人。"对犹太人的敌意显然构成了巴克对凯蒂的爱意中不可分割的一部分，而这份爱意也同时构成了他对犹太人敌意中的一部分。当他凝视着凯蒂的照片时，他的眼眶会慢慢噙满泪水。"凯蒂，我非常爱你，凯蒂，"他在给她的信中写道。"想想看，这些生命和金钱都是为了这些该死的犹太人而浪费的。是的，我厌恶那些人——不管他们是不是犹太复国主义者。我们为什么要害怕说我们恨他们——是时候让这个该死的种族知道我们对他们的看法了——一群令人厌恶的人。"[44]

从巴勒斯坦回来几个月后，巴克有一天收到了一个包裹。"包裹的气味

很奇怪,"他在当天给凯蒂的信中写道。他分辨出了包裹中绿色的粉末、银色
的纸和两根铁丝,看到这些之后,他便十分确信这个包裹到底是什么了。他
叫来了一名工兵,经过工兵的拆解,最终确定这是一枚邮件炸弹。此外,还
有两名埃策勒的成员计划在通往他家的路上布雷。其中的一名成员是埃泽
尔·魏茨曼(Ezer Weizman),即犹太复国主义运动领袖的侄子。后来,他追
随着叔叔的脚步也成为了以色列总统。当巴克收到炸弹的时候,埃泽尔·魏
茨曼正在研究杀害雷蒙德·卡费拉塔的可能性。[45]

巴克不是唯一一个发表反犹言论的人。理查德·韦伯(Richard Webb)中
校曾召集起记者,当着他们的面贬损了犹太种族。此外,英军情报机构所撰
写的一份评估报告写道:"赚钱几乎是犹太人的第二宗教。"犹太事务局一直
在投诉那些使用反犹言论的英军士兵:这些人经常说"该死的犹太人",并把
犹太人称为"猪",有时还高喊"希特勒万岁",甚至发誓说要完成希特勒未
竟之事业。按照丘吉尔的说法,在巴勒斯坦的大多数英国军官都是强烈的亲
阿拉伯主义者。[46]

造成这种敌意的主要原因是士气问题。一位英国情报官员报告说,考虑
到犹太人在第二次世界大战中所遭受的苦难,大多数士兵都是带着对犹太人
的同情来到巴勒斯坦的。[47]就像一位名叫威尔逊的英国空降兵所写的那样,
当第六空降师的士兵们在欧洲与纳粹作战时,他目睹了纳粹对犹太人的迫害。
但当这些士兵到达巴勒斯坦时,他们发现自己面对的是大批充满敌意的犹太
示威者,他们高呼"自由移民"和"建立犹太国家"的口号。威尔逊写道,
第六空降师的士兵们对犹太人所表现出来的敌意感到"迷惑不解"。犹太人的
恐怖活动激怒了空降兵们,他们还经常遭到犹太恐怖组织的羞辱。有一次,
为了给组织里遭鞭刑的成员复仇,埃策勒的特工绑架了该空降师的两名士兵,
他们扒下了士兵们的裤子,然后用鞭子抽打他们。[48]在威尔逊看来,犹太恐
怖组织的行事方式有悖公平原则。士兵们也对莱希的行事方式感到反感和沮
丧,威尔逊写道。莱希曾对守卫特拉维夫一个军事停车场的英军士兵们发动
了一次偷袭,威尔逊将这次行动称为一场"大规模屠杀"。[49]没过多久,许多
士兵们便开始持有这样的观点,即所有犹太人都是恐怖分子。

第六空降师成员于 1945 年在 E. L. 博尔斯(E. L. Bols)少将的指挥下抵

达巴勒斯坦。博尔斯是艾伦比将军手下参谋长的儿子，这位参谋长曾让赫伯特·塞缪尔签署了著名的接收巴勒斯坦的"收据"。空降兵们先是驻扎在加沙，随后被派去镇压恐怖组织。[50] 由于空降兵们头上都戴着红色的贝雷帽，这导致犹太人称他们为"银莲花"。

内森·阿尔特曼（Nathan Alterman）是一位写犹太人抗英斗争的希伯来诗人，他曾写过一首好听的情歌，名叫"银莲花"。歌里最具政治色彩的语句是："爱的誓言也许会被遗忘 / 但银莲花却会永远绽放 / 誓言就像烟雾一样聚了又散 / 但银莲花却始终不会消散。"[51] 这首歌几乎没有政治色彩，但"银莲花们"自己却认为这是一种侮辱，是他们不得不忍受的众多侮辱之一。犹太人会叫他们"盖世太保"和"英国杂种"，犹太孩童们也会唱着这首歌的副歌部分——"银莲花，银莲花"——来嘲弄他们。威尔逊在撰写其编年史时引用了上述歌曲中的一句歌词。他声称这句歌词意在把空降兵们比作银莲花——他们的头是红色的，但心却是黑的。他说，这句歌词对空降兵们的伤害比什么都大，因为英军士兵以爱孩子著称。[52] 空降兵们的自尊心受到了无端的伤害。虽然这一比喻在当时可能很流行，但阿尔特曼的歌词却并无此意。

为了让"犹太人的钱袋子"受损并保护士兵们的生命安全，士兵们被限制在营地里。这无异于让他们过上了"修道院里的生活"。他们在营地里打桥牌、打扑克、看书、看电影、玩板球、踢足球。除此之外，他们很少有其他形式的娱乐活动。[53] 在这种情况下，他们非常喜欢外出执行任务。部队里的一些士兵很年轻，他们认为在巴勒斯坦的军事行动是对他们错过第二次世界大战的补偿。还有一些士兵想逾越被许可的界限，采取更强力的措施。士兵们时常擅自对平民展开报复行动。威尔逊注意到了士兵们所遇到的一个主要障碍：国际媒体。记者和摄影师们总是出现在他们周围。士兵们时常感觉自己陷入了一场宣传战，尤其是当他们不得不逮捕非法移民的时候。

在描写难民的时候，尽管威尔逊认为他们中的一些人存在狂热的暴力行为，但总体上他对难民们充满了同情，没有怨恨。难民们渴望留在圣地，在他看来，在这种感情背后存在一些悲剧性和感人的东西。另一名军官指出，大屠杀幸存者的命运十分悲惨，也十分可怜，逮捕和驱逐他们的命令使许多士兵感到不安。[54] 内森·阿尔特曼用诗歌记述了这些士兵中的一员："拖走孤

儿寡母 / 或在地上与悲痛的父亲相互扭打 / 同时还要忠于自己的祖国 / 那个挥舞着国旗将自己送走的祖国，这一切并不容易。"一位空降兵总结说，归根结底，士兵们在干一份经常需要与不愉快的人打交道的不愉快的工作。[55]

犹太事务局驻伦敦的使者泰迪·科莱克（Teddy Kollek）报告说，他曾读过在巴勒斯坦服役的英军士兵寄回家的信，他们在信中清楚地认识到，他们所参与的这场战争没有任何目的，这也不是一场正义的战争。士兵的父母和朋友经常把这些信寄给报刊杂志，但它们却不予登载。另一位犹太复国主义组织的代表阿巴·埃班（Abba Eban）也从伦敦报告说，英军士兵们的士气低落，军队的军官们对此非常担心；他们很难向士兵们解释他们为什么要留在巴勒斯坦。此外，还有许多军方人士倾向于把这个国家的战略重要性降到最低。而在耶路撒冷，犹太社群对英国人的反感越来越强烈。一位犹太事务局官员表示，他担心犹太领导层可能会失去对巴勒斯坦犹太社群的控制。[56]

5

巴勒斯坦犹太人对英国的敌意集中在工党政府的外交大臣欧内斯特·贝文（Ernest Bevin）身上。该党在其施政纲领中曾承诺让犹太人自由移民巴勒斯坦，甚至是赶走当地的阿拉伯人。[57] 但该党却没有信守诺言，移民人数被限制在每月 1 500 人。雅各布·科亨在日记中写道，这种行为应受谴责，是对犹太人卑鄙的背叛。"我们带着《贝尔福宣言》走出了第一次世界大战，"他说道，"但我们在这场战争中却一无所获。"[58]

科亨接着说："埃及人、巴比伦人、亚述人、希腊人、罗马人、波斯人都来过这里。他们都来过，但他们最后也都走了。你们也会被赶出去。英国人，你们要知道，如果你们一味地虐待和挑衅我们，你们的结局也会跟他们一样。上帝会对你们进行报复，就像他对德国人所做的一样。世界上是有正义的。无论是空降师还是原子弹都无法镇压我们。我们知道我们要去哪里。正义与我们同在。不管你们愿不愿意，总有一天，你们会离开这个国家。这不是你们的国家。"为了证明他们留在巴勒斯坦的正当性，英国人故意挑起犹太人和阿拉伯人之间的冲突，科亨写道。[59] 他提议犹太人进行反抗。在他眼里，外交大臣贝文是一个反闪族主义者。[60] 这种观点得到了广泛的认同。其传记作者艾伦·布洛克（Alan Bullock）写道，贝文被认为是犹太人的大克星之一，就像哈曼、提图斯、希特勒和希姆莱一样。果尔达·梅厄（Golda Meir）写道："我不知道（其实也不重要）贝文是有点疯癫，还是只是反犹，或者两者兼而有之。"事实上，她的评价还算相对温和。[61] 战后对"纳粹英国"（犹太人经常这样称呼英国）的敌意，笼罩着犹太人在整个委任统治时期的集体记忆。强烈的反英情绪滋养了爱国主义的风潮，但它并没能持续多久，因为许多人根本就不反英。引发反英恐怖活动和非法移民行动的原因主要是犹太复国主义运动的内部斗争，而不是反对外国统治者的民族斗争。[62] 修正主义党人、劳工运动，以及劳工运动内部的各种派别，各方都在争夺对即将建立起来的国家的控制权。因此，"抗英"在很大程度上是一种政治和心理层面的虚构。英国人不是真正的敌人，阿拉伯人才是。

1947 年 1 月，犹太事务局中一位名叫叶赫兹克勒·萨哈尔（Yehezkel Sahar）的官员找到了托管国政府的警察总长。他抱怨当局雇用了太多的阿拉伯警察。事实上，犹太领导人在过去的三十年中曾无数次抱怨过这个问题。警察总长威廉·尼科尔·格雷（William Nicol Grey）上校回复萨哈尔说，英国人和阿拉伯人之间的战争已经结束了，现在英国人正在与犹太人开战。很快便会取代格雷成为以色列警察部队首脑的萨哈尔表示，在巴勒斯坦犹太社群和英国人之间不存在战争，正在与英国人交战的实际上只是两个犹太恐怖组织。他提议双方在反恐斗争中展开合作，"但可能导致犹太人内战的措施除外"。高级专员收到了大量的公民来信，其中一些是用德语写的，人们在信中提出了如何打击恐怖主义活动的建议。[63]

几个月后，犹太事务局发表了一份公告，呼吁犹太家长们交出恐怖组织的成员，甚至是自己的孩子。该机构提出这一要求的依据是《申命记》第 21 章第 18 节第 21 段："人若有顽梗悖逆的儿子，"应该把他交给城里的长老，带到城门口，然后用石头砸死。犹太事务局承诺，英国人断然不会这么做，最多只会将其扣留一两年，然后再释放他们。[64] 最晚到 1947 年 2 月，果尔达·梅厄提醒高级专员不要忘记他曾承诺协助犹太事务局打击修正主义党人。她之所以会重提旧事，是想请求高级专员允许几百名被关押在塞浦路斯的非法移民合法入境巴勒斯坦，相当于"提前预支下个月的移民配额"。她写道，政府的这一让步对于反恐事业来说有着莫大的裨益。梅厄的请求体现了双方的共同利益，而犹太人也并不是在反抗外国统治者。[65] 拦截非法船只并将其转移到塞浦路斯的过境营地，类似这样的行动现在是在犹太事务局的同意下进行的，甚至是在其协调下进行的。

大多数犹太人继续将英国政府视为合法权威，没有加入全面抵制的行列。直到托管国的最后一天，人们始终遵纪守法，听从政府的命令。因此，海费尔平原（Hefer Valley）的区委员会主席要求当局释放几名囚犯，理由是这些人是无辜的。他的这封信默示了政府逮捕罪犯的合法权利。汉娜·本-埃利泽（Hannah Ben-Eliezer）和亚法·塔马尔金（Yaffa Tamarkin）是两位被囚禁的埃策勒成员的妻子，她们会见了政府首席秘书，并要求政府为其家庭提供经济援助。事后，他们抗议英国人像踢皮球一样让她们在各个办公室之间来回跑。拉贾·费特洛维茨（Laja Faitlowicz）通过埃塞俄比亚驻耶路撒冷领事馆与托管国政府取得了联系，她要求政府在对特拉维夫展开的搜查行动中不要伤害属于她兄弟（一名埃塞俄比亚籍犹太学者）的珍贵的图书馆。在大卫王酒店遇袭几天后，当局在特拉维夫展开了一次名为"鲨鱼行动"的搜查行动。搜查引发了一系列投诉，所有这些投诉都反映了一个共同的假设：人们对安全部队的行事方式有着很高的期待，但其作为却没能满足人们的预期。[66]

耶路撒冷的拜特以色列（Beit Yisrael）区委员会曾向高级专员阁下请愿，要求他阻止英军士兵骚扰当地居民，因为这种行为"有悖英国传统"。此外，谢法伊姆基布兹（Kibbutz Shefayim）的居民们也以顺从的态度，要求高级专员对该社区成员被警察殴打一事进行调查。信中存在一项并未言明的假设，即殴打事件是例外行为，而相关的警察也将受到惩罚。[67]

海法的格奥尔格·比尔（Georg Beer）博士给高级专员寄来了一封感人的长信，信中的内容可能会让巴克将军感到高兴。在逃到巴勒斯坦之前（显然是从德国逃来的），比尔曾是一名法官，他把自己所有的积蓄都带了过来，并把它们投资到海法城雅法街 67 号一家名叫"纳尔逊"（Nelson）的小酒馆里。
酒馆大多数顾客都是英国安全部队的成员，但如今军队却宣布其酒馆为禁地，
只因为其主人是一个犹太人。他因其他犹太人所犯下的罪行而受到了惩罚。
他的家人失去了生计，处于饥饿的边缘，而这一切都是因为军队的新政策。
在这封长达 3 页的信中，比尔请求高级专员为其伸张正义：政府应该允许士
兵们回纳尔逊酒馆消费。*

1947 年 1 月，"巴勒斯坦民间歌剧院"（Palestine Folk Opera）向政府请
求财政援助。他们声称，在战争期间，有 60 多万人到该剧院观看了演出。
他们观看了普契尼的《蝴蝶夫人》（Madama Butterfly）、威尔第的《弄臣》
（Rigoletto）、当地作曲家马克·拉布里（Mark Labri）的歌剧《卫兵丹》（Dan
the Guard）以及其他的一些作品。首席秘书回答说，他非常同意音乐的重要
性，但"在目前的情况下"，政府很难提供帮助，因为当局甚至没有足够的
资金来消除文盲。但事实上，有一长串希伯来文化机构得到了政府的援助。
1948 年春天，希伯来大学获得了一笔价值 14 500 英镑的政府拨款。这笔拨款
属于托管国政府所做出的最后一批决定之一。[69]

在很长一段时间里，英国人都试图维持正常的表象，仿佛当局没有遭受
恐怖的威胁。军队试图说服巴勒斯坦和英国的媒体不要使用"恐怖"一词，
以免给人留下当局被吓坏了的印象，但媒体并不买账。[70] † 1947 年 6 月，为
纪念乔治六世国王的生日，托管国政府举行了一次盛大的游行。当局用英语、
阿拉伯语和希伯来语印制了特别的节目单，其中包括一张方便客人使用的大
地图，地图上标明了游行路线：游行队伍将绕着老城走，进入朱利安路，然
后经过大卫王酒店。该酒店仍是一片废墟，但地图却将这座城市描绘成一个
多姿多彩的同性恋之城。地图上标明了所有酒店和咖啡馆的位置——丽晶酒
店（the Regent）、萨沃伊酒店（the Savoy）、特罗卡德罗酒店（the Trocadero）、
帝国酒店（the Empire）、皇后餐厅（the Queens Restaurant），以及一家名为
"芬克家"（Fink's）的酒吧。[72] 这场庆祝活动显得有些突兀，就在半年前，当

---

* 比尔收到了一个简短的答复，大意是高级专员不能干预此事。内部通信显示，该酒吧之所以被关闭，
是因为这里经常发生士兵与警察（均为英国人）之间的争吵。[68]

† 出于类似的考虑，犹太舆论家曾经争论阿拉伯恐怖主义是否应该被称为"叛乱"。本-古里安认为用
什么词并不重要。[71]

局为了自身的安全，刚从耶路撒冷疏散了大约两千名英国公民，其中大部分是妇女和儿童。

戴维·本-古里安正竭力劝说英国人留在巴勒斯坦；然而，尽管英国人竭尽全力照常继续下去，但他们还是想回家。英国文化教育协会的乔克·贾丁（Jock Jardine）已经厌倦了这个国家。他不知道政府下一步会把他送到哪里去，他也不在乎——只要能换个地方就好。"让我去一个没有战争、战斗、威胁和铁丝网的国家，"他写道，"我想远离战争以及有关战争的讨论，最重要的是，远离情感主义、民族主义以及一切与不成熟、年轻和混乱的教育相伴的主义！"他承认，唯有天堂才符合他的要求，但也有可能他只是梦想着能回到英国。[73] "就这样，我们离开了，"最后一位高级专员写道。[74]

一位英国连长认为他在巴勒斯坦的经历是他军旅生涯的巅峰。他回忆说："那里气候宜人，花儿可爱，充满了危险，但也有很多乐趣——骑马、射击、去耶路撒冷以及各圣地旅行。"他的回忆被收录在一份英国官方出版物中，该出版物用"几乎没有什么成就"来总结英国对巴勒斯坦长达三十年的统治。[75] 当然，这话只适用于英国人，而犹太人却已实现了独立。

注　释

1. Barker to Antonius, undated, ISA P/867.
2. George Antonius, *The Arab Awakening: The Story of the Arab National Movement* (London: Hamish Hamilton, 1938). See also: Fouad Ajami, *The Dream Palace of the Arabs* (New York: Pantheon Books, 1998), p. 16ff.
3. Khalil al-Sakakini, *Such Am I, O World* (in Hebrew) (Jerusalem: Keter, 1990), p. 211.
4. Antonius's letters to his wife, ISA P/1051/2.
5. Anwar Nusseibeh, "Pattern of Disaster: Personal Note on the Fall of Palestine," pp. 170, 176. With the kind permission of his son.
   Tom Segev, "Katy and the General" (in Hebrew), *Ha'aretz Supplement*, 15 June 1979, p. 16ff.
6. Richard Crossman, *Palestine Mission* (London: Hamish Hamilton, n.d.), p. 132. See also: Hadara Lazar, *The Mandatories* (in Hebrew) (Jerusalem: Keter, 1990), p. 114.
   Edward Keith-Roach, *Pasha of Jerusalem* (London: Radcliffe Press, 1994), p. 149ff.
7. Barker to Antonius, 24 Oct. 1946, ISA P/867.
8. Barker to Antonius, 26 Oct. 1946, ISA P/867.
9. Cohen diary, 12–22 May 1945, 2 and 19 Mar. 1946, Haganah Archive, P. 80.276.
10. Yehudah Slotzky, *Haganah History Book* (in Hebrew) (Tel Aviv: Am Oved, 1973), vol. III, part II, p. 874.
11. Cohen diary, 26 Mar. 1946, Haganah Archive, P. 80.276.
12. Cohen diary, 28 Mar. 1946, Haganah Archive, P. 80.276.
13. CZA S25/6090.

14. Ben-Gurion to the National Council, 1 Apr. 1947, CZA S25/5645.

15. David Ben-Gurion, *Chimes of Independence* (in Hebrew) (Tel Aviv: Am Oved, 1993), pp. 65, 67, 318, 328.

16. Cohen diary, 28 July and 4 Aug. 1947, Haganah Archive, P. 80.276.

17. Shlomo Lev-Ami, *In Struggle and in Rebellion* (in Hebrew) (Tel Aviv: Ministry of Defense, n.d.), p. 259ff.
    Saul Zadka, *Blood in Zion* (London: Brassey's, 1995), p. 56.

18. Wedgwood in the House of Lords, 15 Dec. 1942, 125 H.L. Deb. 5.s., col. 543.

19. Cafferata to Wedgewood, 26 Mar. 1943. With the kind permission of his daughter.

20. Raymond Cafferata, "Tiger Hill." With the kind permission of his daughter.

21. Memoirs of Noam Zisman, Alfred Barad, and Ya'akov Salomon. Haganah Archive principal symbol 195-65, secondary 195-25, 195-57, 195-64, Jabotinsky Institute.

22. Board of Enquiry: Mr. Cafferata's Wound, 16 July 1931. With the kind permission of his daughter.

23. Cafferata papers. With the kind permission of his daughter.

24. Nechemia Ben-Tor [Erziah], *Today I Will Write with a Pen* (in Hebrew) (Ya'ir, 1991), p. 254ff.

25. Cafferata to Martin, 17 July 1946. With the kind permission of his daughter.

26. Segev, "Katy and the General," p. 19.

27. Nicholas Bethell, *The Palestine Triangle* (London: André Deutsch, 1979), p. 267ff.
    R. D. Wilson, *Cordon and Search* (Aldershot: Gale and Polden, 1949), p. 56ff.

28. Barker to Antonius, 10 Oct. 1946, ISA P/867.

29. Thurston Clarke, *By Blood and Fire* (New York: G. P. Putnam's Sons, 1981).

30. Bernard Montgomery, *Memoirs* (London: Collins, 1958), p. 426ff. See also: Michael J. Cohen, *Palestine and the Great Powers, 1945–1948* (Princeton: Princeton University Press, 1982), p. 231ff.

31. David Ben-Gurion, *Memoirs* (in Hebrew) (Tel Aviv: Am Oved, 1987), vol. VI, p. 223.
    Bernard Montgomery, *Memoirs* (London: Collins, 1958), p. 387ff.

32. Oliver Lindsay, *Once a Grenadier* (London: Leo Cooper, 1996), p. 22.

33. PRO WO 208/1706.

34. *Ha-Praklit*, Feb. 1946, p. 58ff.

35. Bruce Hoffman, *The Failure of British Strategy Within Palestine, 1939–1947* (Tel Aviv: Bar Ilan University Press, 1983), p. 76ff.

36. Churchill in Parliament, 31 Jan. 1947, 432 H.C. Deb. 5.s, col. 1343.

37. Hugh Thomas, *John Strachey* (London: Eyre Methuen, 1973), p. 229.

38. David Ben-Gurion, *Towards the End of the Mandate* (in Hebrew) (Tel Aviv: Am Oved, 1993), p. 192.

39. Ge'ula Cohen, *Historic Encounter* (in Hebrew) (Ya'ir, 1986), pp. 41ff., 98ff., 144.
    Ben-Gurion, *Chimes of Independence*, pp. 66, 317ff.

40. David Niv, *The Campaigns of the Etzel* (in Hebrew) (Jerusalem: Klausner Institute, 1976), vol. V, pp. 103ff., 135ff., 161ff.

41. Ben-Gurion, *Chimes of Independence*, p. 317.

42. Montgomery, *Memoirs*, p. 387ff.

43. Cohen, *Palestine and the Great Powers*, p. 94.
    Segev, "Katy and the General," p. 19.
    Nicholas Bethell, *The Palestine Triangle* (Jerusalem and Tel Aviv: Steimatzky's Agency, 1979), p. 253.

44. Barker to Antonius, 14, 17, 21, and 27 Apr. 1947, ISA P/867.

45. Barker to Antonius, 8 June 1947, ISA P/867/9.
    Weizman testimony, Jabotinsky Institute, 8/29/18.

46. Prime Minister's Personal Minute, 1 Mar. 1941. PRO FO 371/27126 E739/G, f. 147.
    Hoffman, *The Failure of British Strategy Within Palestine*, p. 30.
    CZA S25/6287; 6910; 7034; 7699. See also: RHL, Dudley-Nigg Papers.

47. Lecture by Martin Charteris, Sept. 1946, CZA S25/7697.
48. R. D. Wilson, *Cordon and Search* (Aldershot: Gale and Polden, 1949), pp. 15, 87.
49. Wilson, *Cordon and Search*, p. 45ff.
50. Cohen, *Palestine and the Great Powers*, p. 74.
51. Telma Eligon and Rafi Pesachson, eds., *1,001 Songs* (in Hebrew) (Tel Aviv: Kinneret, 1983), p. 265ff.
52. Wilson, *Cordon and Search*, p. 60.
53. Oliver Lindsay, *Once a Grenadier* (London: Leo Cooper, 1996), p. 21.
54. Wilson, *Cordon and Search*, pp. 203, 45ff., 90, 11ff.
    Lindsay, *Once a Grenadier*, p. 23.
55. Nathan Alterman, *The Seventh Column* (in Hebrew) (Tel Aviv: HaKibbutz Ha-Me'uhad, 1977), vol. I, p. 80.
    Wilson, *Cordon and Search*, p. 205.
56. Kollek to Sherf, 2 Sept. 1946, CZA S25/498.
    Report by Eban, 10 and 17 Mar. 1947, CZA S25/8942.
    Sherf to Kollek, 1 Oct. 1946, CZA S25/498.
57. *Labour Party Annual Conference Report* (London: 1944), p. 9.
58. Cohen diary, 14 Nov., 10 June 1945, Haganah Archive, P. 80.276.
59. Cohen diary, 26 Nov., 25 June 1945, Haganah Archive, P. 80.276.
60. Lecture by Aharon Cohen, 15 July 1947, CZA S25/5435.
    Cohen diary, 20 June 1945, Haganah Archive, P. 80.276.
61. Alan Bullock, *Ernest Bevin: Foreign Secretary, 1945–1951* (New York: W. W. Norton, 1983), p. 164.
    Golda Meir, *My Life* (London: Futura, 1975), p. 164.
    CZA S25/7034; 7548; 7689; 7690; 7691; 7693.
62. "Nazi Britain," broadsides, CZA S25/2069.
63. Y.S. [Sahar?] with Grey, 27 Jan. 1947, CZA S25/6202.
    ISA M/119/31, microfilm chief secretariat, G 91-130 (1008; 1383).
64. Call to the Yishuv to Turn in Terrorists to the Police (in Hebrew), Apr. 1947, CZA S25/5645.
65. Meyerson to Locker, 9 Feb. 1947, CZA S25/2647.
66. A. Braverman to the district commissioner, 16 Dec. 1945, ISA M/365.
    Ben-Eliezer to the deputy district commissioner of the Netanya district, 6 Mar. 1945, ISA M/111/14.
    Microfilm, chief secretariat: G 91/125 (132).
    The Ethiopian consul to the chief secretary, 1 Aug. 1946, ISA M/57/117.
    Microfilm chief secretariat G 91-129 (1467).
    ISA M/4341/27 Microfilm chief secretariat: G 91 140 (279).
    ISA M/120/28 Microfilm chief secretariat: G 91 130 (2007).
67. Beit Yisrael neighborhood council to the high commissioner, 1 Aug. 1946, ISA M/117/57.
    Microfilm chief secretariat: G 91-129 (1470).
    R. Schreibman to the high commissioner, 29 Nov. 1945, ISA M/365.
    Kibbutz Shefayim to the high commissioner, 18 Nov. 1946, ISA M/119/14.
    Microfilm chief secretariat, G 91-130 (1599).
68. Beer to the high commissioner, 13 Feb. 1947, and additional correspondence. ISA M/119/39.
    Microfilm chief secretariat, G 91-130 (730).
69. Friends of the Palestine Folk Opera to the chief secretary, 26 Dec. 1946, ISA M/129/51.
    Microfilm chief secretariat, G 91-136 (311).
    Edwin Samuel to the chief secretary, 17 Dec. 1946, ISA M/129/44.
    Microfilm chief secretariat, G 91-136 (135).
    Press release, 4 July 1948, De Bunsen Papers. With the kind permission of his widow.

70. Wilson, *Cordon and Search*, p. 13.
71. Ben-Gurion, *Memoirs*, vol. III, p. 364.
72. A Parade in Honour of the Birthday of H. M. King George VI, 12 June 1947, PRONI D/1581/4/3.
73. Jardine to De Bunsen, 20 Aug. 1948, De Bunsen Papers, quoted with the kind permission of his widow.
74. Alan Cunningham, "Palestine: The Last Days of the Mandate," *International Affairs*, vol. XXIV (1948), p. 490.
75. Lindsay, *Once a Grenadier*, p. 27.

第23章 最后的礼炮声

1

1946年初，犹太事务局收到了一份报告，这份报告讲述了一名年轻妇女的悲惨故事。这名女子从奥地利来到巴勒斯坦，在耶路撒冷遇到了一名英国士兵，然后与他结了婚。过了一段时间后，士兵抛弃了她。她杀死了两人的孩子，随后试图自杀，但却失败了。"你应该最大限度地宣传这个案子，"犹太事务局驻伦敦的工作人员在给耶路撒冷方面的信中写道。他让犹太事务局不要提及这对夫妇未婚先孕的事实，以免玷污女孩的名声。"但是，"他写道，"必须放大这件事的消极方面，以示警告。"因为这一事件并不是个例。犹太女孩和英国士兵之间的浪漫情愫早就成为了人们所唾弃的对象，甚至早于犹太事务局考虑将其用于推动犹太复国主义事业之前。

"从表面上看，你能理解她为什么会这样做，"《新消息报》(*Yediot Aharonot*) 的编辑讽刺地写下了其中的一个典型案例。"她曾经和一个犹太男孩约会，但他离开了她。你们都很清楚我们犹太男孩的品性，他们很没有礼貌。然后她遇到了那个英国男孩。他是那么的与众不同。真是个绅士。我们的男孩根本无法与其相提并论。一个真正的贵族！"她梦想着异国他乡，编辑接着写道；他承诺要让她过上快乐、奢侈和尊贵的生活。她跟着他回了家，但在英国，每个人都羞辱她，取笑她。最后她终于明白，她在英国永远都不可能成为一名贵妇，因为她的婆婆讨厌她，教堂里的人们也嘲笑她的外国口音。这个来自特拉维夫的女孩永远是一个外省人。这篇文章的标题是"被解放的宠儿"，文章中提到了20个类似这样的女性，她们是20个孩子的母亲，她们都被自己的英国丈夫所抛弃。"我想给这四十个失落的灵魂拍张照片，然后把它贴在巴勒斯坦所有的告示牌上，"编辑写道，这将"阻止犹太女孩与外邦人交往"。[1] *

1933 年，当洛特·盖格尔（Lotte Geiger）从德国来到巴勒斯坦时，她才18 岁，她期望能在这里找到一个不存在阶级和社会分化的自由国家。她曾供职于多个岗位，其中包括公共工程部和英国军事审查部。尽管巴勒斯坦的大多数犹太人都不喜欢与英国人有来往，但来自德国的犹太移民（被称为"耶克斯"[Yekkes]）与本土塞法迪犹太人（在犹太复国主义者到达巴勒斯坦前便生活于此）中的律师和商人却和英国人厮混在一起。[3] 这其中便包括洛特·盖格尔与耶路撒冷电力公司英国董事迈克尔·布赖恩特（Michael Bryant）之间的联系。随着英国人距离离开巴勒斯坦的日子越来越近，耶路撒冷这座城市也变得越来越国际化。正是在这样的背景下，两人的友谊才最终开花结果。

在塔勒比耶（Talbieh）的萨拉梅广场（Salameh Square），有一家名叫萨勒维亚的酒店（Salvia Hotel）。盖格尔、布赖恩特和他们的朋友们经常在那里聚会。在这群人中，有移民和逃亡者，有行善者和阴谋家，有恐怖分子和诗人，有英国官员和来自世界各地的外国记者，有擅长鉴赏威士忌和战争故事的行家里手。他们流连于松树和天竺葵间的浪漫气息，在酒精中醉生梦死。在巴勒斯坦英国政权最后的日子里，当地陷入了无政府状态；就像 1917 年的冬天一样，战争之风吹遍了耶路撒冷。耶路撒冷"正在与其自身交战"，一位英国官员写道。[4] 这座永恒之城已经沉入暮色，就像三十年前一样。英国人就要走了，但却没有人来接替他们的位置。在很短的一段时间内，当地甚至不存在任何规范，也没有约束性的规则。摆脱了历史的束缚，人们只为自己而活。对于一个英国男人和一个犹太女人之间的不伦之恋，对于两者间不可能的爱情来说，这是一段美好的日子。

但对布赖恩特和洛特来说，这一切并不容易。布赖恩特被埃策勒绑架了，因为该组织怀疑他帮助阿拉伯人。"我一直都很清楚，"他给她写道，"在这

---

* 有一次，一些住在特拉维夫的犹太男孩与那些同外国士兵约会的犹太女孩打了起来。这些男孩们四处散发传单，抗议这种亲密关系，他们在传单上署名为"平哈斯之子"（the Sons of Pinchas）。《圣经》中亚伦的子孙平哈斯，曾杀死了一个与外国女人厮混在一起的以色列男人。这次冲突共导致五人住院接受治疗。[2]

里，英国人永远不会真正被接受，除非他完全认同犹太人。"他的确认同犹太人，但审讯者却不相信他。他写道："也许我应该告诉他们，我留下来是因为我爱上了一个犹太女人。"[5] 与此同时，布赖恩特的同事们正在收拾行李；与圣城的命运相比，他们更在乎自己的行李箱。

2

除了要撤离大约 75 000 人和 25 万吨私人物品外，英国人还必须决定如何处理他们的办公桌，谁能得到他们的马匹，何时释放监狱中的囚犯，以及在精神病院留下多少食物。首席政务官亨利·格尼（Henry Gurney）写道："政府的任务是砍掉它正坐于其上的那根树枝。"[6] 英国人距离离开的时间越来越近，但他们却不知道该如何处理那些曾参与反恐行动的警犬。这些警犬是从南非带来的，按照某份官方文件的说法，"它们会说'南非语'（Afrikaans）"。在考虑了好几种方案后，警方最后决定杀死这些狗，而不是任由它们自生自灭。

英国人还销毁了文件、邮票和纸币。尽管如此，他们还是准备带走自己的大部分设备——大到火车头，小到回形针。其中的一部分物资和建筑被他们拿出来出售。某位英国官员曾提出了一套简单的交接方案，即在所有人离开之前列一张物资清单，然后将它挂在门上就好。然而，英国的官僚传统却要求官员们必须走完特定的程序：每支步枪和打字机都必须清点清楚，每件物品的保存状况和货币价值也必须标注明白。当局甚至还为此印制了特殊的表格，一式八份，每一份都需要填写。这是一项相当复杂的行政工作——当局发现，建立起一套管理机构比拆毁它要容易得多。[7]

英国人之所以会离开这个国家是因为越来越多的人意识到，发布《贝尔福宣言》是一项错误的决定。事实上，20 年前就有许多官员作出过这番评论。外交部的约翰·霍普-辛普森（John Hope-Simpson）爵士曾对前高级专员钱塞勒说过这样一番话："如今掌权的犹太人可真多啊……今天的世界实在让人高兴不起来。"[8]

事实上，这是一种普遍存在的感受。不管是在耶路撒冷还是在伦敦，人们又开始讨论起犹太人对美国外交政策的影响力，就像第一次世界大战时那样。想当年，这种氛围曾刺激英国人征服了巴勒斯坦，现如今，同样的观念却驱使着他们离开巴勒斯坦。首席政务官格尼在日记中写道："就如今巴勒斯坦这个烂摊子而言，美国新闻界和该国犹太复国主义者所应承担的责任比其他任何人都要大。我们越早离开越好。"不久之后，亨利爵士只剩下一个词来描述英国在巴勒斯坦的存在：愚蠢。[9]

事实上，自第二次世界大战结束以来，美国亲犹太复国主义游说集团的实力有所增强，并拥有比以往更大的影响力。美国政府似乎曾一度试图强行让英国留在巴勒斯坦，并要求其重申对犹太复国主义运动的支持。这种来自国外的额外压力实际上让英国人更加坚定了自己的信念：只要离开这个国家，他们就能使自己免于陷入更深的泥潭。

究竟是谁赶走了英国人？在此后的许多年里，以色列人围绕这一问题展开了激烈的争论。不管是埃策勒、莱希、哈加纳，还是帕尔马赫，各武装组织的成员们争相竞逐"赶走"英国人的功劳，并为此投入了相当大的精力。历史学家、教育家、记者以及其他擅长创造记忆和神话的专业人士都被他们拉来为其正名。这场争论牵涉到了十分巨大的政治利益，其背后的假设是，谁赶走了英国人，谁就获得了领导以色列政府的正当性。然而，争论中的各方都忽略了阿拉伯人在上述历史进程中所起到的作用。

20世纪30年代末的阿拉伯叛乱虽然被残酷地镇压了下去，但它却让英国人明白了一个道理，即阿犹双方是不可能达成妥协的。解决问题的唯一方法便是战争，谁赢了，谁就能控制这个国家，或其所能征服的领土。英国人的看法是对的。为了建立一个犹太人占多数的独立国家，犹太复国主义者来到了巴勒斯坦，自那一刻起，战争便不可避免了。所有的迹象都指向一场漫长的战争，而这场战争的结果却不甚明朗。这种前景不仅大大降低了巴勒斯坦的战略价值，还增加了英国人自身的风险。从事后的眼光看来，英国人可以理直气壮地对自己说，他们犯下了一个错误：他们不该和犹太复国主义运动搅和在一起。在《贝尔福宣言》发表20年后，他们甚至可以宣称自己履行了承诺：他们至少已经为犹太人的民族家园打好了基础。

阿拉伯人的叛乱让英国人对巴勒斯坦感到厌倦。尽管第二次世界大战推迟了他们离开的时间，但在战争期间，他们一直在讨论如何在战争结束后摆脱这个国家。恐怖主义和非法移民只是加剧了英国人的厌倦感。事实上，到20世纪30年代末，这种感觉已经在许多英国人的心中生根发芽。犹太复国主义运动在巴勒斯坦已经发展了30多年，尽管何时能建立起一个犹太国家尚不可预见，但毫无疑问，犹太人的独立就在眼前。不管是在社会、政治、经济还是军事领域，犹太复国主义者们都已经为未来的犹太国家打下了坚实的基础。此外，他们还在民众间培养出了非常强烈的民族团结意识。可以说，犹太复国主义之梦即将变为现实。

经常有人说，是大屠杀促成了犹太国家的建立，但这种说法显然是站不住脚的。诚然，对于犹太人的遭遇，许多人都为此感到震惊、恐怖和内疚，这也确实使他们对犹太人，特别是犹太复国主义运动产生了深刻的同情。但这种同情只起到了有限的作用：它帮助犹太复国主义者推动了其外交和政治宣传活动，同时还帮助他们形成了自己的战略。犹太复国主义者们将精力集中在大屠杀幸存者的身上——这些停留在难民营里的犹太人要求将他们送到巴勒斯坦。犹太事务局声称，所有幸存者都是犹太复国主义者，而且他们都想来巴勒斯坦。但这种说法显然是不真实的。

这些流离失所的犹太人可以选择返回他们在东欧的家园或前去巴勒斯坦定居。受客观条件和主观意愿的限制，很少有人能够返回东欧。这些国家当时正被不同程度的饥饿、反犹主义和共产主义所困扰，此外，他们也不能在巴勒斯坦和美国之间做出选择。实际上，摆在他们面前的只有两种选择：要么去巴勒斯坦，要么去难民营。的确有许多人想去巴勒斯坦定居，但并不是所有人都是如此；其他人要么是因为无处可去，要么是在犹太复国主义者的劝诱下最终选择来到巴勒斯坦。一份关于战后到达该国的第一批移民的秘密报告指出，相当多的移民对巴勒斯坦感到失望。"失望一方面是因为他们缺乏犹太复国主义价值观和犹太复国主义教育，另一方面则是因为我们的海外使者向他们许下了草率甚至是不诚实的承诺……（移民）不相信任何远景。"[10]巴勒斯坦犹太人和大屠杀幸存者对彼此都很失望，这种感觉正是造成双方分裂的原因之一。[*]

欧洲犹太难民问题需要一个解决方案；在那些最支持让犹太难民到巴勒斯坦定居的人当中，其中一人便是曾被本-古里安称为"叛徒"的高级专员赫伯特·塞缪尔。[12] 杜鲁门总统也支持将难民送往巴勒斯坦。对此，英国外交大臣贝文感到很生气。他说，杜鲁门之所以想把难民安置在巴勒斯坦，那是为了好让他们远离美国。这番尖锐的评论也为他赢得了反犹主义者的"美名"。

事实上，贝文似乎真诚地认为，让犹太难民回归家园是可行的，在他看来，这是重建欧洲道德秩序的必经之路。他所拥抱的世界观与犹太复国主义意识形态的根基相矛盾：从小他就被培养成一名和平主义者，在他看来，犹太教是一种宗教，而不是一个民族。但这并不意味着他是一个反犹主义者。在他提议让难民重回欧洲的那次演讲中，他表达了对种族歧视的强烈反感以及对难民未来的深切忧虑。他建议尽快成立一个英美调查委员会来研究难民问题，并在巴勒斯坦安置 10 万名难民。[13]

哈利勒·萨卡基尼对接收大屠杀幸存者的提议感到愤怒。他写道："如果这是一个全人类的问题，那么就让全人类来共同解决吧。"在他看来，犹太人要求把巴勒斯坦变成自己的家园，是在寄生性地利用大屠杀。萨卡基尼相信，当犹太人得到民族家园后，他们又会紧接着说："把阿拉伯人赶出去，这样我们就可以取代他们的位置！"他很清楚犹太人在美国的影响力。他写道，如果他有能力，他将剥夺美国犹太人的投票权。[14]

就像第一次世界大战结束时那样，外交界一度又再次讨论起了让美国人参与治理巴勒斯坦的可能性。英国人主要考虑的是继续统治巴勒斯坦所涉及的财政负担。[15] 在巴勒斯坦建立一个美国政府的想法很吸引人，却是不可能实现的。与英国人不同的是，美国人整体上很清楚自己不应蹚这趟浑水。眼

---

[*] 在大屠杀之后，由于欧洲犹太人的灭绝，犹太复国主义运动发现了阿拉伯世界的犹太人，并将他们带到了巴勒斯坦。在英国统治的最后几个月里，面对与阿拉伯人的战争，犹太人正需要劳动力和战斗力。为了争夺巴勒斯坦，阿犹双方爆发了战争，没过多久，犹太人便不能再在阿拉伯国家继续生活下去了。这是犹太复国主义愿景中的一个牺牲品。犹太事务局的某位高级官员曾撰写过一份秘密报告，这份报告描述了那些在阿拉伯国家的犹太人（尤其是来自也门的犹太人）所面临的艰难处境。这些移民被安置在帐篷里，生活条件极其险恶。该报告警告说："我们正准备建造贫民窟。"根据报告里所提供的数据，一顶帐篷的造价是 40 镑。1945 年初，犹太事务局开始为移民建造具有过渡性质的公寓楼，每间公寓的造价是 350 镑。但这些建筑仅仅是为那些来自欧洲的移民所准备的。就以色列社会在此后所面临的族裔间不平等问题而言，上述历史性因素便是其中的根源之一。[11]

看走投无路，英国人无奈之下只好又试图让阿犹两族人民达成某种协议。但果不其然，他们又失败了。

3

1947 年初，戴维·本-古里安与欧内斯特·贝文举行了一系列会谈，在会谈中，他试图说服英国外交大臣将时间的车轮转回到 1939 年《白皮书》发布之前。当会谈开始时，巴勒斯坦境内的各犹太复国主义政党正试图把英国人赶出该国，但本-古里安却表现得好像根本没这回事一样。本-古里安之所以会和贝文及其他内阁大臣展开会谈，其原因并不像其仰慕者后来所说的那样，仅仅是为了麻痹对手而使出的外交伎俩。他们之所以会这么说，只不过是为了证明本-古里安也曾为赶走英国人而付出过努力。然而，类似这样的欺诈行为事实上并不会给犹太复国主义运动带来任何好处，对本-古里安个人而言，其政治利益也会受到损伤。本-古里安希望英国人能够继续统治巴勒斯坦，因为哈加纳还没有做好与阿拉伯人开战的准备，其真正的目的是为了争取时间。1947 年 7 月，他仍在谈论"国际共管"的可能性，据他估计，这一状态可能持续"数年"之久。[16]

尽管本-古里安心里很清楚，要说服英国人留下，其实机会不大，但他与贝文的谈话记录反映出他很难理解一项事实，即英国人真的准备离开了。本-古里安似乎并不了解战后的英国在经济、社会和心理层面正经历着多么大的危机。在此后的许多年里，每当他在同英国打交道遇到困难时，他都倾向于把问题归结到贝文对犹太复国主义的敌意上。[17]

尽管本-古里安知道这个世界的决策权已经从伦敦转移到了华盛顿，但他却不愿放弃大英帝国的殖民神话。犹太复国主义一直把自己与大英帝国捆绑在一起，在其扶持之下，犹太人距离独立建国仅一步之遥。本-古里安希望复兴这一传统的联盟关系。事实上，他甚至试图说服英国人在原有的委任统治基础上继续统治巴勒斯坦。然而,贝文却提议将巴勒斯坦划分为一系列的准自治州,同时限制犹太移民进入该国。犹太复国主义者拒绝了这一方案,阿拉伯人也同样如此。[18] 于是,英国人只剩下一个选择:回家。

这次会谈的内容很值得玩味,双方深入探讨了巴勒斯坦冲突的根源。本-古里安表示,这个国家很空旷,走上好几天都可能遇不到一个活人。这实际上是在呼应一个早已被说烂了的观点,即巴勒斯坦是一块无主之地,正好可以供没有土地的民族使用。[*] 在会谈过程中,他不断称颂犹太人和英国人之间的长期友谊,提到了两个国家的共同价值观,后来甚至还试图用哈伊姆·魏茨曼老早便用过的那套说辞来引诱贝文:犹太人将成为欧洲人在中东地区的立足点,他们也是欧洲在穆斯林世界中的唯一代表,永世不变。对此,贝文却始终很悲观,有时甚至是充满了敌意,他把巴勒斯坦的阿拉伯人和犹太人比作同母异父的双胞胎。

贝文花了许多时间来与本-古里安会谈。在一组会议记录中,他说:"巴勒斯坦对英国来说并不重要,但英国却不想承认失败。"这一句话阐明了英国的核心立场。他解释说,在第二次世界大战结束近两年后,他不知道该如何向英国人民解释他们的儿子跑到遥远的巴勒斯坦究竟要做些什么。[20] 英国国内群情激奋,到处都有人要求他把孩子们带回家。报纸、议会和内阁都能听到他们的声音。

一家报社厉声疾呼:"要么统治,要么退出。"另一份报纸问道:"我们的孩子必须去送死吗?"第三家报社更为干脆:"是时候离开了。"这些标题反映了恐怖主义在民众的心理层面所造成的影响。政府的内部通信也提到,公众舆论是导致政府放弃巴勒斯坦的原因之一。[21] 一位议员讲述了他在爱尔兰服兵役时的一段记忆。士兵们拿征兵口号开起了玩笑:"参军,看世界"的征兵口号被他们改成了"加入爱尔兰皇家警察部队,看来世"。这位议员表示,同样的口号现在也适用于巴勒斯坦。[22]

在那些赞成离开巴勒斯坦的人当中,温斯顿·丘吉尔是发声最响的那个

---

[*] 贝文后来将阿拉伯人与美洲的印第安人相提并论。然而,这种说法是有问题的,因为犹太复国主义者可以反驳说,他们在巴勒斯坦只是做了英国人在美国已经做过的事情。实际上,当贝文谈到英国人征服美国的这段历史时,他模糊了征服者的身份,并没有指明前者是英国人,而只是泛泛地使用了"白人"一词。[19]

人。对于自己的立场，他不乏理据，但和过去一样，最让他烦恼的似乎是成本：部署在那里的 10 万名士兵每年要消耗英国纳税人 3 000 万英镑的资金。这句话丘吉尔重复了一遍又一遍。这支庞大的部队不仅是为了镇压犹太恐怖主义，也是为了遏制犹太人和阿拉伯人之间日益紧张的关系。在离开印度之后，英国在巴勒斯坦的持续存在便愈加显得格格不入。首相艾德礼对其阁员们说："放弃印度……但却为了把巴勒斯坦交给阿拉伯人而与犹太人开战。能够让思想和政策的不统一达到如此的高度，这种事情恐怕在整个人类历史上都很少见。"[23]

关于英国需要巴勒斯坦来保卫苏伊士运河的观点，丘吉尔对此也有所评论。他说："这是一个非常错误的想法。"他宣称："那就让我们留在运河所在的区域，别再提什么巴勒斯坦的战略意义了。"他从不认为英国在巴勒斯坦有什么战略利益。在此期间，军队和陆军部仍在继续撰写着有关该国战略价值的建议书，但政府却选择视而不见。和温斯顿·丘吉尔一样，政府认为控制巴勒斯坦的成本太高。亨利·格尼爵士在日记中指出："英国军队……始终是英国纳税人的负债。"[24]

艾德礼、贝文以及殖民地大臣阿瑟·克里奇·琼斯（Arthur Creech Jones），他们三人之间的观点并不总是一致。艾德礼很怀疑英国是否具备维持其在中东地区大国地位的经济与军事能力。贝文则害怕苏联的渗透，并从英国的国际地位和威望的角度考虑问题。他仍然相信中东的军事价值，并对阿拉伯国家的石油感兴趣。但不管怎么说，他还是同意首相的意见，即应该放弃巴勒斯坦。克里奇·琼斯虽然倾向于支持犹太复国主义运动中的温和势力，但他也不至于狂热到主张继续实施委任统治。内阁竟能就巴勒斯坦问题达成共识，这种现象实属罕见。[25]

在英国对巴勒斯坦的立场问题上，对这一问题做出最清晰阐述的是内阁中的某位大臣。这位大臣在给首相艾德礼的某封信中写道："目前的状况不仅在人力和金钱上给我们造成了损失，该地也没有真正的战略价值，相信你我都同意这一点。想在蜂巢的上面建立一个安全的基地，这是无论如何都做不到的。此外，它正使我们的年轻人无端地陷于可怕的经历之中，并正以令人震惊的速度催生反犹主义者。"[26] 并非巧合的是，这封信的作者是时任财政大臣的休·道尔顿（Hugh Dalton）。当英国人进入巴勒斯坦并选择留在那里时，经济并不是其背后的动因；但它却是促使他们离开的一个主要因素。

这封信上所标明的日期是1947年8月。四天后，印度宣布独立，这对英国来说是一个巨大的创伤；如果说印度是帝国王冠上的明珠，那么巴勒斯坦不过是英国国王扣眼里的一朵银莲花。圣地曾给英国人带来了欢乐，但好景不长。高级专员对本-古里安说："人们已经厌倦了这一切。"[27]

1947年2月，英国政府决定将委任统治权移交给国际联盟的继承者——联合国。紧接着，联合国也成立了自己的调查委员会。委员会编写了调查报告，传唤了证人，并记录了他们的意见。围绕各种立场和历史主张又产生了海量的文字记录，其中包含各种各样的细节。最后，调查委员会以多数决的方式做出了一项决定：委员会将建议联合国大会对巴勒斯坦实施分治。这一决定引发了一场世界性的外交运动，其中涉及包括施压、威胁、承诺和贿赂在内的各种外交手段。犹太事务局为自己的贿赂运动编列了100万美元的预算；用官方的说法，这笔钱被列在"非常规政治活动"项下。[28] *

在联合国的正式投票之前，没有人知道联合国大会究竟会做出何种决定。但在1947年11月29日，联合国大会投票决定将巴勒斯坦分为两个国家，一个犹太国家和一个阿拉伯国家，耶路撒冷则仍被置于国际管控之下。

和犹太人一样，阿拉伯人也没有做好战斗准备，因此他们也有意让英国人继续统治下去。尽管如此，他们当时也完全有可能觉得己方将取得最终的胜利。但不管怎么说，由于受制于1917年所采取的不合作立场，阿拉伯人反对分治，要求巴勒斯坦全境独立，并承诺尊重犹太人作为少数民族的权利。根据联合国所划定的分治边界，犹太国家所获得的领土几乎是十年前英国分治计划中的两倍。对此，阿拉伯人也表示拒绝。安瓦尔·努赛贝写道："不论何时他们都不会签署自己的死刑令。"[30] 但在拒绝分治计划的同时，阿拉伯人也错过了一次赢得备战时间的机会。他们在战术上犯了一个错误。

在犹太人当中也有人反对分治。作为"鹰派"的修正主义党人不同意放

---

* 不论是犹太复国主义组织还是英国政府，双方都在继续贿赂有影响力的阿拉伯人。罗斯福总统对哈伊姆·魏茨曼说，在他看来，阿拉伯人是可以收买的；魏茨曼回答说，他听说过类似的话。在他们的谈话记录中曾出现过"巴克西什"一词（baksheesh，在阿拉伯语中是小费的意思）。犹太事务局最大的行贿目标似乎是外约旦的阿卜杜拉王子。[29]

弃分配给阿拉伯人的领土；而作为"鸽派"的两族共和主义者也反对种族隔
离原则，他们相信存在某种形式的共存方案。犹太复国主义运动接受了分治
计划，在战术层面，这是一次明智的选择。即使在那时，所有利益相关方也
都明白，从地理和人口上看，联合国的分治方案是无法落实的。两国之间的
边界漫长而扭曲，根本无法驻防。犹太国境内生活着 50 多万阿拉伯人，这
一数字略多于当时生活在拟议边界内的犹太人数量。此外，还有一万名犹太
人——其中包括纳哈里亚城的居民——被划入了阿拉伯国的国境范围内。而
就耶路撒冷而言，人们也没有理由相信国际共管方案是可行的。[31] 没有人相
信联合国所制作的地图，每个人都知道会发生战争。*

　　该提案最终以 33 票赞成（包括美国和苏联）、13 票反对、10 票弃权（包
括英国）的结果获得通过。这次胜利主要要归功于犹太复国主义游说团所做
的工作。戴维·劳合-乔治对这一结果并不感到惊讶，他一直"知道"犹太人
控制着世界。首席政务官亨利·格尼爵士小心地追踪着犹太复国主义运动的
政治宣传工作，并针对其进行了细致的分析。他的分析报告虽然充满了敌意，
但并非缺乏洞见。他指出，犹太复国主义者成功地将反犹太复国主义与反犹
主义画上了等号。格尼表示，如果犹太人想在纽约建立一个独立的国家，美
国人肯定不会热心帮助他们。他写道，"犹太复国主义者"所制造的压力让整
个世界都仇恨他，但他显然对此并不在意。犹太复国主义者有一种自杀的冲
动，这也是他之所以会如此绝望、如此以自我为中心的原因。[33] †

　　雅各布·科亨整夜都坐在收音机旁，听着纽约历史性投票的进展。当他
听到结果时，他几乎无法自已。"耳朵无法理解所听到的内容，内心也不敢相
信——一个犹太人的国家！令人难以置信！"他又一次记录下了这样的场景：
"耶路撒冷的人民已经走上街头，就像战胜德国时一样，男女老少整天都聚在
一起跳舞、唱歌、喝酒、欢呼。"他指出，英国警察和士兵甚至还和他们一起

---

* 在为分治斗争做准备的过程中，本-古里安努力确保犹太人在联合国面前统一战线，他与极端正统派
　犹太教徒达成了一项协议，该协议成为了以色列宗教立法的基础。在此后的许多年里，该协议一直
　影响着以色列的内部关系。[32]

† 欧内斯特·贝文似乎也相信"国际犹太主义"的力量。就像三十年前的前任外交大臣一样，他也认
　为犹太人和共产党人之间存在联系，这些人的目的是将以色列带入苏联的势力范围。令人出乎意料
　的是，苏联人当时确实是犹太复国主义运动的支持者。这一点令人颇感费解。[34]

跳起了舞。不，这并不是犹太复国主义者所希望得到的国家。"毕竟整个国家都在我们眼里，"他评论道。现在，犹太人拥有了一块不包括耶路撒冷在内的领土。*

　　然而，当联合国大会开始计票时，科亨心中的疑虑全被打消了。"我的内心高兴到了极点。"科亨写道。他跑到街上晃荡了一整天，把大学和教书的工作都抛在了脑后。他在日记中写道："未来的曙光已经升起，大规模的移民，被压迫者的解放，加紧建设，独立，自由。"当时他正和一个名叫多莉（Dolly）的女孩恋爱。他们一起去听肖沙娜·达玛里（Shoshana Damari）出演的音乐会，尤其喜欢听她的《银莲花》（Anemones）。[36]

4

　　伊夫林·巴克将军觉得他有义务向凯蒂道歉，因为他的政府处事不公。它不应该把托管国交给纽约的联合国，因为那里的气氛太过亲犹。但另一方面，他同时也在给凯蒂的信中表示，他不能责怪英国人。因为即便是身为穆夫提的哈吉·阿明·侯赛尼，他所考虑的也只是他的个人利益，而不是其人民的利益。他对巴勒斯坦的阿拉伯人造成了极大的伤害。这位穆夫提只想扩大自己的权力。阿拉伯人只会内斗和嫉妒，其悲剧就在于他们没有真正的领导力。†

　　巴克写道，如果阿拉伯人选择提出建设性的意见，而不是拒绝英国人的所有想法，他们也许就能避免联合国中的辩论。他补充说，阿拉伯人需要用西方人的方法来评估自己的问题。他把自己想象成了阿拉伯最高委员会的政

---

* 不久后，赫兹利亚市长提议让他的城市成为犹太国的首都。他的理由是，这是唯一一座以赫茨尔命名的城市。本-古里安也考虑过命名的问题：阿拉伯国将被称为阿布达利亚（Abdalia），犹太国则将被称为朱迪亚（Judea）。[35]

† 穆夫提在最后一刻从柏林的废墟中脱身。他逃到了法国，后来被当作纳粹的同谋而被捕，但他还是成功地逃了出来，最后来到了开罗。当哈利勒·萨卡基尼听说此事后，他在日记中写道："我感到非常高兴。"[37]

治顾问。凯蒂·安东尼乌斯似乎至少同意他的部分批评意见。他说，阿拉伯人不听她的意见实在是太糟糕了——也许他们仅仅因为她是个女人就把她给打发走了。[38]

1947 年 5 月，巴克担任东部司令部总司令；安东尼乌斯则离开了她在耶路撒冷的家，搬到了埃及。他在给她的信中写道："我将永远爱你，因为你那纯洁的灵魂和你那令我异常钦佩的伟大的战斗精神。"[39]英国人强加给阿拉伯人的境遇让他感到十分痛苦，巴克在联合国大会通过分治方案不久后写道。他对杜鲁门总统感到愤怒，因为后者把自己出卖给了犹太人。但作为一个军事家，有一点他毫不怀疑：犹太人将无法承受整个阿拉伯世界的力量，最终他们将被全部消灭。犹太人的毁灭只能归咎于他们所采取的犹太复国主义政策，当然也归咎于贝尔福勋爵。尽管巴克没有被任命为阿拉伯人的顾问，但他通过他的情人向他们提供了建议。他们必须团结起来，变得更加狡猾，按照计划行动。他重申，为了消灭犹太复国主义运动，他愿意与阿拉伯人并肩作战。[40]

距离巴克最后一次见到他的凯蒂已经过去一年了，但他的心里却装满了她。这期间尽管发生了许多事情，但他对他亲爱的小情人的深情却始终如一。他特别追忆起那个充满激情的夜晚。凯蒂说他不该爱她那么多。是的，他写道，也许她说的是对的，但他很高兴能在耶路撒冷度过那几个月的欢乐时光——她的友谊是一颗价值连城的珍珠。不论是晚上睡觉的时候，早晨醒来的时候，在浴缸里洗澡的时候，还是工作的时候，他都会想到她。他的脑海里只有他的凯蒂，她那一缕缕的白发。他爱她，而且仍然爱着她。[41]

有一天，巴克差点被妻子抓住。那天，他在桌上留下了一些信，他的妻子注意到了埃及的邮票。幸运的是，在这堆信中还有另一封从埃及寄来的信，这使他得以解释清楚信件的来源。尽管如此，他当时感到十分惊恐。自此以后，他要求凯蒂在给他写信的时候，也写一些给她老婆看的东西。他在给她的信中写道，即便你认为这是欺骗也请你务必这样做。[42]有时他有朋友来家里做客，这些朋友们也认识安东尼乌斯，于是她的名字也时常在谈话中出现。一天晚上，他还和穆萨·阿拉米共进了晚餐。巴克对阿拉米十分尊敬。尽管他担心阿拉米太过强硬，但他仍然希望后者能领导巴勒斯坦的阿拉伯民族独立运动。⁴³ * 阿拉米与侯赛尼家族有姻亲关系。事实上，他曾一度被认为是巴勒斯坦阿拉伯人的主要代表。

在阿拉伯叛乱期间，阿拉米被驱逐出巴勒斯坦，但后来又获准返回耶路撒冷，并在那里担任律师。他一度负责协调阿拉伯在外交界的公共关系，并在伦敦、纽约和华盛顿设立了联络处。这项事业是由阿拉伯联盟资助的。1945 年，数个阿拉伯国家携手建立了上述组织，其总部位于开罗。萨里·萨卡基尼从美国领事馆离职后，阿盟找到了他。后者想邀请他来领导阿盟驻华盛顿办事处的工作，该办事处正需要更新、更好的管理模式，而萨里正好适合这份工作。在美国领事馆工作期间，萨里学会了如何向美国人解释巴勒斯坦的阿拉伯政治，也学会了如何向阿拉伯人解释美国政治。其父在日记中写道："像萨里这样的人有能力做这项工作，愿这对他、对阿拉伯民族都有好处。"⁴⁵ 但这位骄傲的父亲似乎并不知道儿子的爱情故事，这股强大的力量把萨里牢牢地拴在了巴勒斯坦。

为了留在耶路撒冷，萨里向美国领事馆提交了一份详细的建议书：他要求在领事馆内设立一个主管阿拉伯事务的专门机构，而他则将成为该部门的负责人。在给领事的信中，他的语气亲切，表现出了一定程度的依恋之情。"我无论如何都想和你待在一起，"萨里写道。他甚至不顾这一选择是否有利于阿拉伯人的事业。⁴⁶ 萨里给穆萨·阿拉米的信中也表现出了类似的情感，混杂有顺从和野心。阿拉米一次又一次地试图说服他接受华盛顿的工作，但萨里却狮子大开口：他想要一栋豪华的房子，无限的娱乐预算，并且可以根据其自己的判断来自由行动。他写道："我必须做自己的主人。"另一方面，阿拉米这边也遇到了各种困难，这为萨里推迟离开提供了理由。但这整件事给人的感觉是，萨里一直在逃避，他既想走又不想走。在一封信中，他说他留在耶路撒冷是"出于个人原因"；但在另一封信中，他却声称自己成为了一

---

* 据巴克记载，晚餐期间，他和阿拉米讨论了理查德·克罗斯曼最近出版的一本书，书中记述了凯蒂家的一次聚会。阿拉米很喜欢这本书，但巴克却对书中几处不准确的地方大为光火，他甚至考虑过给作者写信。克罗斯曼是个惹人厌的小人，不值得为其浪费时间，他在给凯蒂的信中写道。⁴⁴ 在与阿拉米吃完晚饭后不久，巴克从英国广播公司的新闻中听到了一则消息："该死的犹太人"炸毁了凯蒂在耶路撒冷的家。他在信中表示，尽管他一直担心会发生这种事，但他认为她至少能提前搬走自己的物品。他所不知道的是，犹太人从凯蒂的房子里拿走了大量的文件，包括他写给凯蒂的情书。

名英语教师，他之所以不能离开是因为他的学生需要他。[47]

最后，萨里还是留在了奥姆兰身边，并在耶路撒冷的阿盟办事处协助阿拉米的工作。当联合国大会决定将巴勒斯坦分为两个国家时，阿拉米认为阿拉伯人应该接受这一决议，这将成为与犹太人谈判的起点。阿拉米很快就与哈吉·阿明·侯赛尼闹翻了，这导致阿拉米被排除在所有的官方活动之外。[48]埃利亚胡·埃拉特（Eliahu Eilat）是犹太复国主义运动的第一批外交官之中的一员，按照他的描述，阿拉米是一个人道主义者，一个有着正义与和平之心的人。[49]

5

第一声枪响指向一辆开往耶路撒冷的公共汽车，六名犹太乘客被打死。袭击发生在联合国就分治问题进行投票的数周之后，袭击者是阿拉伯人。当时，城里的许多犹太人还在庆祝联合国的决议。在随后的几个星期里，有80多名犹太人和90多名阿拉伯人相继被杀害。[50]

面对哈加纳、帕尔马赫、埃策勒和莱希的阿拉伯部队是由志愿者组成的，其中一些人曾参加过十年前的阿拉伯起义。除了志愿者之外，还有一些接受过军事训练的青年组织。就像犹太人的青年运动一样，这些组织也与相互之间存在竞争关系的各阿拉伯政党有联系。数千名志愿者曾在英国安全部队（包括警察部队，里面有许多阿拉伯人）中接受过军事训练，他们也都有战斗经验。阿拉伯人的军事力量还包括外约旦的阿拉伯军团，英国人曾用这支部队来对付犹太恐怖分子，其性质类似于曾为保护犹太人而设立的夜间特别行动小队。

在冲突的第一阶段，阿拉伯人袭击了犹太人的商店，并在城市中心引爆了炸弹。哈加纳则袭击了阿拉伯人的村庄，士兵们有时会在没有接到最高指挥部命令的情况下便擅自出动。在胡拉河谷（Hula Valley）的哈萨斯（Khasas）村，为了给一位死去的犹太定居者报仇，哈加纳的士兵们杀死了村里的两名男子和五名儿童。尽管某些观察家把这场冲突称为"内战",但在当时,这显然是两个不同民族之间的战争。不久后,周边阿拉伯国家的正规军也加入了战斗。这些阿拉伯国家逐渐接接管了战事,这导致包括前穆夫提在内的巴勒斯坦阿拉伯领导人都被边缘化。[51]

耶路撒冷的局势尤为困难。耶路撒冷的犹太人聚居区一度被阿拉伯人围困住,并与该城的其他地区隔绝开来。1948 年 4 月,本-古里安曾在那里停留过一段时间,根据他在日记中的记载,当时该城的士气十分低落。"大家"都把城市的困境归咎于哈加纳,他写道。内图雷·卡尔塔(Neturei Karta)派是极端正统派犹太教徒中的极端派别,该派教徒想要向阿拉伯人投降。与此同时,雷哈维亚的德裔犹太人陷入了孤立无援的境地。有人从井里偷水,并囤积食物,有人大发战争之财,还有许多人在逃避兵役。[52] 在这种背景下,雅各布·科亨在日记中所写下的那些爱国主义的陈词滥调就显得有些怪异。他此前已回到了帕尔马赫组织,驻扎在耶路撒冷附近的马阿莱·哈哈米沙(Ma'aleh HaHamisha)基布兹,这个基布兹是以阿拉伯叛乱中被杀害的五名犹太年轻人的名字命名的。科亨属于哈雷尔旅(Harel Brigade),该旅的指挥官是伊扎克·拉宾。* 有一次,科亨在一个阿拉伯村庄执行完任务后回来,他写道:"行动并不总是很顺利,但我们很快就找到了慰藉……一个民族,能拥有类似这样的模范子孙,它无疑是幸福的。我很自豪,因为我曾是,而且现在也是他们中的一员。"他还写道:"独立的道路上遍布着欣喜与忧伤,所以我们将坚信我们所从事的事业和崇高运动的正义性,并以此来迎接即将到来的一切。"和士兵们在一起的还有一个名叫米哈勒(Michal)的女孩。"她俘获了我的心,因为她非常像已故的贝布斯,"科亨写道。[53]

科亨不时会回到耶路撒冷,到他曾工作过的阿尔诺纳(Arnona)社区的儿童机构去看一看,该社区位于简·兰开斯特(Jane Lancaster)和什姆埃尔·约瑟夫·阿格农(Shmuel Yosef Agnon)两家之间。阿拉伯人的围城战术使犹太社区接近陷入饥荒。就当时的情况来看,犹太人能否坚持下去,这是说不准的事。进入塔勒皮奥特和阿尔诺纳等遥远的街区正变得越来越困难。

---

* 与空降兵指挥官博尔斯以及萨里·萨卡基尼一样,拉宾属于在巴勒斯坦冲突中成长起来的第二代人。他的父母在二十七年前的内比·穆萨暴动中相识并相爱。

科亨经常会想到留在那里的孩子们，想找他们踢球。偶尔他也会想到自己在大学里的学业，不确定未来会往哪个方向发展。但他表示，一旦情势所需，他会毫不犹豫地"为祖国献身"。[54]1948 年 1 月 11 日，他写道："死亡何时会向我走来，我无从知晓。"五天后，他便死了。那天夜里，三十五名犹太士兵行军到伯利恒以外的埃齐翁（Etzion Block），他是其中的一员。

<h2 style="text-align:center">6</h2>

科亨死后几天，哈利勒·萨卡基尼过了自己七十岁的生日。他写道："这是衰老的年龄。"但他指出，他的健康状况非常好。他仍旧保持着每天早上洗冷水澡的习惯，每次洗完澡后他都感觉自己仿佛重获新生。开罗的阿拉伯语言学院推选他为委员，他决定对自己的名片做一番修改。他的名字下面不再写有"一个人类，愿主允许"，取代它的是"语言学院成员，愿主允许"。

1947—1948 年冬天，萨卡基尼在这段时期内所写下的日记听起来越来越像他 1917 年冬天时的日记。战争又一次在他家门口打响了，他所在的卡塔蒙社区成为了伊扎克·拉宾手下部队的目标。他的睡眠又一次被爆炸声打扰，就像当年英国人接近这座城市时一样。1 月初，萨卡基尼写道："在一个漆黑的雨夜，凌晨两点的时候，犹太人趁人们放松警惕，偷偷溜进了卡塔蒙社区。他们炸毁了萨米拉米斯旅馆（Samiramis Hotel）。客人们被压倒在坍塌的建筑物下，许多人都不幸遇难。"这座建筑是阿拉伯人的总部。死者中还包括当时的西班牙领事，即安东尼奥·德·巴洛巴伯爵的继任者。[55]*

萨卡基尼的邻居们组织了一支警卫队，他们聚在他家里进行了长时间的讨论。他们统计了手头可支配的武器，筹得了用于购买额外武器的资金，还雇用了警卫。他们把装满沙子的木桶摆放在社区的入口处。萨卡基尼自豪地

---

* 没过多久，身为西班牙外交部官员的巴洛巴开始收拾行李并准备前往耶路撒冷。当他离开这座城市近三十年后，他又回到了这里，并再次担任该国的领事。这座圣城很快就会被以色列和约旦瓜分掉。

指出，社区附近有数名医生和护士，工程师们则检查了房屋，试图找出它们的弱点，推测它们可能遭到攻击的方向。这附近变成了一座堡垒，"直布罗陀的堡垒与之相比，根本不算什么，"萨卡基尼带着悲哀且讽刺的语气写道。[56]

当谈到如何抵御犹太人进攻的问题时，他的笔调变得严肃起来。犹太人的进攻让他感到绝望：他们有组织、团结、装备精良，而卡塔蒙社区的居民却什么都没有。"团结胜过派系、组织胜过无序、小心胜过大意，难道我们还没明白过来这个道理吗？"萨卡基尼质问道。在很大程度上，他的日记讲述的是阿拉伯人失败的故事。莱希特工渗透到卡塔蒙，并炸毁了该社区的几栋房子，萨卡基尼和他的邻居们跑去了阿拉伯最高委员会，要求后者提供武器，他们却被告知没有任何武器。他们又要求派遣警卫，委员会却告诉他们无人可用。"训练有素的志愿者跑去哪里了？"萨卡基尼问道。"从阿拉伯国家和伊斯兰国家筹来的钱跑去哪里了？"他突然想到，《圣经·箴言》第25章第14节所预言的内容正在应验："空夸赠送礼物的，好像无雨的风云。"

在围困中，萨卡基尼接待了阿布·穆萨（Abu Musa），即阿卜杜勒·卡迪尔·侯赛尼（Abd al-Kader al-Husseini）。他是巴勒斯坦阿拉伯军队中的最高指挥官之一。萨卡基尼为他设定了一些战争中应该遵守的道德规则：伤员必须得到照看，俘虏必须得到妥善对待，士兵的尸体必须归还。为此，他还引用了阿拉伯帝国第一任哈里发的话："你不得杀害儿童、老人或妇女，你不得焚烧树木或毁坏房屋，你不得追赶逃跑的人，你不得残害尸体，你不得伤害正在敬拜真主的人。"他没有记录下这位指挥官的反应，但显然阿布·穆萨并未鼓励萨卡基尼继续说下去。萨卡基尼本想对他说："把你们的剑放回鞘中，世界上有足够容纳每个人的空间。"说是这么说，但萨卡基尼很清楚没有人会听他的话，所以他用耶稣的话安慰自己：我的国不在此世。阿布·穆萨是一位受人尊敬的英雄，他是穆萨·卡齐姆·侯赛尼的儿子，也是阿拉伯民族运动和阿拉伯叛乱的领袖。

阿卜杜勒·卡迪尔·侯赛尼激发了许多人的想象，其中便包括来自海法阿拉伯男子高中的学生阿德南·叶海亚（Adnan al-Yehiya）。阿德南喜欢与美国和澳大利亚的少男少女们通信。他的英语得了98分，其他科目的成绩也不错，但数学却拖了他的后腿，只得了77分。此外，他还喜欢给在全国各地读书的兄弟和堂兄弟们写信。他们聊各自的老师和同学，聊足球和电影。有一次，阿德南跟堂哥说起他看过的一部名叫《情书》的电影，并提到了电影中一首名叫《你会想在月光下吻我吗？》的歌。阿德南想找到这首歌的歌词，并神秘兮兮地暗示说，等他见到堂哥时，会向他解释为什么需要歌词。他们花了很多时间来聊各自梦寐以求的女孩，憧憬着与他们相约并相爱。此外，他们还彼此分享了青春期的快乐与忧伤。但和特拉维夫的雅各布·科亨一样，阿德南·叶海亚也生活在巴勒斯坦的冲突中。像科亨一样，他将有关本民族事业的所有意识形态话语都内化于心，并在他的信中原样复述出来，就像是他自己的发明一样。

有时阿德南会写诗，有情诗，也有爱国诗。他呼吁他的人民团结起来，共同击退作为敌人的犹太复国主义者。在另一首诗中，他称颂了他的老师，因为老师说阿拉伯人不会允许犹太人留在巴勒斯坦，耶路撒冷也不会沦陷。在第三首诗中，这个男孩对那些把自己的土地卖给犹太人的阿拉伯人大加挞伐，称他们是疯狗。阿德南有个在采法特学习的哥哥，他的名字叫穆罕默德。这位哥哥批评阿德南整晚都泡在民族主义者聚集的穆斯林兄弟俱乐部里，而不去准备考试。他在信中还说，采法特下了雪。

一位来自耶路撒冷的朋友在给阿德南的信中写道，英国人出于对犹太恐怖主义的恐惧，封锁了整个街区。犹太人把这些地区称为贝文格勒（Bevingrads）。还有一位来自图勒卡雷姆的朋友对阿德南说，犹太人向四面八方射击，就好像他们在拿人进行打靶练习一样。这位朋友虽然很害怕，但他同时也表示，当国家有需要时，他的所有兄弟都会立马去部队报到，保卫自己的祖国；在为祖国而进行的圣战中作为烈士牺牲，再没什么比这更光荣的事迹了。1948 年 3 月，阿德南的一位朋友在信中写道："你会一些希伯来语，我很高兴，阿德南，这样你就能听懂那些犹太杀人狂说的话了。"*

一个来自黎巴嫩的笔友给阿德南带来了好消息：阿拉伯军队正在向前推进，他告诉阿德南，他很快就能看到军队出现在他面前；这位笔友是在阿拉

---

* 叶海亚一家似乎与犹太人存在一些社交往来；阿德南有一群家住新奥尔良的笔友，在这群笔友的来信中，里面夹着一封犹太人婚礼的邀请函：托瓦·佐勒丹（Tova Zoldan）与乌里尔·希策（Uriel Schitzer）将在贝尔福（Balfour）街诺加（Noga）咖啡馆的花园里结婚。

伯联军某营里服役的一名士兵，当时他正在大马士革接受训练。按照他的说法，他很快也会赶到巴勒斯坦。他所在的营以萨拉赫·丁在耶尔穆克河上对十字军发动的一场战役为名。阿德南在信中不时会提到在耶路撒冷地区作战的英雄阿卜杜勒·卡迪尔·侯赛尼。[57]

安瓦尔·努赛贝法官也很钦佩阿卜杜勒·卡迪尔·侯赛尼，两人曾一起上过学。努赛贝写道："即使在学生时代，阿卜杜勒·卡迪尔就以反叛者的身份脱颖而出，他对不义的西方帝国主义提出了控诉，其代表便是犹太复国主义。"作为一个天生的领袖，他放弃了出身、教育和地位给他带来的一切好处，在阿拉伯叛乱期间，他一直和山间的农民们生活在一起。他的同伴们都很爱他，只要他一声令下，他们都愿意舍身赴死，努赛贝写道。

4月，阿卜杜勒·卡迪尔参加了争夺卡斯特尔（Kastel）山坡及其山顶村庄的战斗。该地位于通往耶路撒冷的路上，是1948年战争中最重要的战场之一。努赛贝对这场战役的反思也适用于他对整场战争的论述：阿拉伯人寡不敌众，他们的装备也十分简陋和陈旧。虽然阿拉伯人获得了暂时的胜利——他们成功地占领了犹太人的阵地——但阿卜杜勒·卡迪尔却在战斗中倒下了。阿卜杜勒·卡迪尔深受士兵们的爱戴，他的死让士兵们不知所措。他们纷纷涌入耶路撒冷参加他的葬礼，使卡斯特尔处于几乎不设防的状态。努赛贝描述了送葬者歇斯底里的状态和疯狂的举动——人们向空中开枪，以示丧亲之痛。"听起来仿佛一场大战正在进行，"努赛贝写道。有些送葬者甚至在葬礼上被杀。与此同时，当犹太人接近卡斯特尔时，留下来驻守当地的几名士兵惊慌失措，然后落荒而逃。"看来士兵们抵挡不住阿布·穆萨葬礼的吸引力，最后还是离开村子去参加葬礼了，"努赛贝写道。

萨卡基尼也参加了阿卜杜勒·卡迪尔·侯赛尼的葬礼。他说："整个国家的人都走在他的灵柩后面。"[58] 地区专员詹姆斯·波洛克在给他妻子的信中表示，在阿卜杜勒·卡迪尔葬礼上受伤的人比在其牺牲的那场战斗中受伤的人还要多。[59] 阿德南·叶海亚的笔友法乌齐（Fawzi）写道："他是个英雄。他让犹太人的心中充满了恐惧和害怕。犹太人谋杀了他。阿拉伯人低下了头。他为我们开辟了一条道路。我们的责任是追随他的脚步。"法乌齐为此还创作了一首诗，并在课堂上朗诵了自己的作品。这首诗为他赢得了一个奖品——一本漂亮的诗集。他确信阿德南也会写一首诗来纪念他们的英雄，并请他将写好的诗寄过来。[60]

安瓦尔·努赛贝写道，阿卜杜勒·卡迪尔是作为一个爱国者和理想主义者而死的。而正因为此，他的死亡也许是不可避免的。他是政客们的野心和阴谋的牺牲品。"因此，整个行动就是一场无用功，所付出的一切努力全都功亏一篑，化为乌有。"努赛贝反思道。他这里所指的也许是卡斯特尔战役，也许是整场战争。努赛贝离开了葬礼，伤心地回家去了。[61] *

卡塔蒙的战斗越来越激烈。"子弹的呼啸声和炮弹的雷鸣声不分昼夜，我们在之前的世界级大战中从未听到过这样的声音，"萨卡基尼写道。每次进家门，他都担心家里会发生爆炸；走在街上，他会紧贴着墙壁，生怕被某颗偏离轨迹的子弹击中。萨卡基尼家里的电话铃声就没见停过。住在城市其他地区的亲戚朋友都很担心他的安全，因为大家都知道，卡塔蒙的局势就像一座火山口：熔岩涌动，浓烟滚滚，火焰升腾。萨卡基尼写道："在这种情况下，难怪居民们都在考虑搬到其他地区或其他城市。"他把已经搬走了的邻居的名字都记了下来。4 月 7 日，萨卡基尼在他的阳台上发现了一颗子弹。它击中了右侧的门框，并留下了一道淡淡的痕迹。他指出，如果当时有人坐在阳台上，那人肯定会被打死。他试图安慰自己说："信徒是不会被同一块石头击中两次的。"

4 月 13 日，萨卡基尼觉得自己仿佛置身于战场之中。"夜幕来临，我们不能闭眼。我们说，如果我们有幸能活下去，我们会离开这个街区，离开卡塔蒙，换一个地方，或者干脆彻底离开这个国家。"一周后，他和他的两个女儿离开了卡塔蒙，只带走了自己的衣服。他们以为自己还会回来。

几个月后，他回忆起了当时的经历："我们像夜里的小偷一样离开那所房子，炮弹在我们四周落下，子弹从我们头上飞过，每当我回忆起那个可怕的时刻，我都会扇自己一巴掌：我们怎么能忘了把柜子里的酒都拿走呢？"他在脑海中想象着离开后的场景：犹太士兵找到了他的酒，然后说，能喝上此等好酒，之前的一切战斗都是值得的。除了酒之外，他还忘了拿他的水烟筒，但最让他难过的却是他落在家里的书。"你们还好吗，我的书？"他写道。"我不知

---

* 一位以色列历史学家对犹太军队在这场战役中的表现提出了严厉的批评，他在书中题为"卡斯特尔事件"的章节中描述了以军所犯下的一系列错误。[62]

道我们离开后你们的命运如何。你们被毁了吗？被烧掉了吗？还是说你们已被人恭恭敬敬地转移到了图书馆？是公立的还是私立的？也可能你们最后被扔到了街角的杂货店里，书页里还夹着洋葱？" 63 *

哈拉·萨卡基尼后来写道，她父亲之所以决定离开卡塔蒙，不仅仅是因为落在他家的炮弹，还因为 1948 年 4 月的代尔亚辛村（Deir Yassin）大屠杀。代尔亚辛是一座阿拉伯村庄，该村庄距离萨卡基尼家只有一小时的路程。65 犹太事务局谴责了此次事件，一名英国高级官员则将该事件描述为"野兽般的大屠杀"。首席政务官格尼写道，与发生在代尔亚辛的野兽般的行径相比，贝尔森（Belsen）集中营都显得"相形见绌"。66

与之前流放到大马士革的经历不同，萨卡基尼这次是驱车前往埃及的，两个女儿也和他在一起，其目的地是开罗；萨里在他们动身之前就离开了巴勒斯坦。尽管沦为难民让萨卡基尼感到心痛，但他在维多利亚酒店里却住得很舒服。他写道："我们住在埃及，就像住在耶路撒冷一样。"他喜欢坐在一家名叫格罗皮（Groppi）的咖啡馆里，这家咖啡馆在当地享有盛名。哈吉·阿明·侯赛尼还曾到开罗拜访过他。之后的某天，儿子萨里给他在美国上大学时的朋友写信说："住在开罗相当愉快，有它的好处。冬天有相当多的歌剧、芭蕾、戏剧和音乐会，但这总归是一项相当昂贵的娱乐活动。不过，当地还有许多电影院可以去，这也算是对我们的补偿。" 67 †

在阿卜杜勒·卡迪尔去世和代尔亚辛村大屠杀之后的几天里，阿拉伯军队袭击了一支犹太人的车队。该车队当时准备从耶路撒冷的犹太人聚居区前往斯科普斯山。车队里的大多数乘客是犹太平民以及希伯来大学和哈达萨医院的雇员，其中包括医生和护士。袭击发生在离安东尼乌斯家不远的地方。在车队的 112 名乘客中，共有 78 人在袭击中身亡。68 ‡ 安瓦尔·努赛贝声称，

---

* 1967 年夏天，哈拉·萨卡基尼和杜米亚·萨卡基尼去了耶路撒冷的以色列国家图书馆，她们在那里找到了父亲的书。希伯来大学有时会在哈加纳部队中安插工作人员，他们会从被遗弃的阿拉伯人的屋子里收集书籍。64 在离开巴勒斯坦之前，萨卡基尼设法将他的日记交给了他的妹妹，这些日记的时间跨度有约 40 年之久。

† 萨里·萨卡基尼于 1953 年 5 月因心脏病发作去世，年仅三十九岁。他的父亲也于三个月后去世。

‡ 哈伊姆·沙洛姆·哈莱维是当时在医院值班的工作人员之一；他从学生时代起就在那里工作。他曾在车队遇袭前两天去了斯科普斯山。69 哈莱维是以色列医疗经济学的创始人之一，他于 1988 年去世。耶路撒冷耶舒伦犹太会堂前的广场后来以他的名字命名。

该车队当时准备将武器和军事装备运往哈加纳设立于斯科普斯山上的哨所。[70]

按照犹太复国主义者对于新国家的设想，大量的阿拉伯人将停留在犹太国境内，这些人将构成整个国家的少数族裔。[71]但巴勒斯坦阿拉伯难民的悲剧却又是犹太复国主义种族隔离政策和人口转移政策造成的。悲剧是不可避免的，正如战争本身不可避免一样。战争造成的阿拉伯难民总数达到了 75 万人左右。有些人是有计划地离开，有些人是被迫逃亡，另外约有一半的人是被强行驱逐出自己的家园。[72]"人们离开了自己的国家，茫然无措，没有方向，没有家，没有钱，在四处流浪的过程中生病或死亡。他们住在凹处或洞穴里，衣服破败不堪，赤身裸体，食物耗尽，饥饿难忍。山里越来越冷，但却没有人来保护他们，"萨卡基尼写道。就像往常一样，萨卡基尼并不畏惧自我批评。他说："令我们感到心碎的是，各阿拉伯国家看到并听到了这一切，但它们却无动于衷。"[73]幸运的是，这些难民们有地方可逃，这削弱了他们坚守家园的决心。因此，从某些方面来说，这种幸运也造成了灾难性的后果。许多阿拉伯人通过逃跑保住了自己的性命，但大规模的逃亡却在未来的许多年里摧毁了他们的民族结构。

安瓦尔·努赛贝也写过关于难民的文章。按照他的说法，最初的一波逃亡者是富人。就像此前的阿拉伯起义一样，他们担心会被强迫为战争提供资助，这构成了他们选择逃亡的部分原因。另一方面，当战争爆发时，有钱的犹太人也离开了。随着战事的升级，逃离本地的移民潮也随之而来。在许多地方，当地人都是不得已而离开了自己的家园。努赛贝的家位于谢赫贾拉（Sheikh Jarrah）社区，住在该社区的其中一户人家是在他们家的房子遭炮弹击毁后才离开当地的。犹太人一手炮制的代尔亚辛惨案则促使更多的阿拉伯人选择逃亡，而阿拉伯领导人根本无力阻止这一进程。在努赛贝看来，阿拉伯领导人也无权这样做，因为他们没有能力保护包括妇女和儿童在内的平民。而选择离开的阿拉伯人没有任何过错，因为没有人会料到战争会持续这么久，也没有人认为战争会以现在这样的方式结束。每个人都相信，在阿拉伯军队获得胜利并控制住整个国家后，他们就能回家，努赛贝写道。[74]

到英国的委任统治结束时，即 1948 年 5 月 15 日，哈加纳、帕尔马赫、埃策勒和莱希的部队取得了一系列胜利，它们征服了太巴列、采法特以及海

法等地。当本-古里安访问海法时，这座城市已经清空了城中的大部分阿拉伯
人口。在参观完被遗弃的阿拉伯街区后，本-古里安写道，这是"一片可怕的
景象，但也是梦幻般的景象，一座死城，一座腐肉之城……除了流浪猫之外，
看不到一个活人"。他想知道这里到底发生了什么，竟能让数万人"毫无理由
地"离开了自己的家园。[75] 显然，叶海亚一家也是逃难者之一，因为哈加纳
的部队闯进了他的家，并拿走了阿德南的信件。几天后，雅法被征服，当地
的阿拉伯居民也都被赶出了自己的家园。

　　争夺雅法的战斗产生了一份荒谬的文件，这是英国委任统治末期的典型
特征。首席政务官格尼写信给本-古里安说，如果犹太人不停止对雅法的进
攻，英国皇家空军将轰炸特拉维夫。本-古里安甚至都懒得亲自回复，首席政
务官最后从某个犹太事务局的低级官员那里收到了他的答复。[76]

7

　　当这场战争到来时，阿拉伯人正处于无组织、无领导的状态，他们
还没有从此前起义的失败中恢复过来。阿拉伯人能投入战斗中的人员数量
比犹太人少，而对于那些能够参战的人来说，他们所配备的装备也严重不
足。[77] 安瓦尔·努赛贝对阿拉伯最高委员会提供的一批武器进行了描述。这
些步枪都是二手的，大部分都是废品。阿拉伯人曾试图在耶路撒冷对它们进
行修理，但步枪的来源五花八门，有英国的，德国的，有意大利的，有法国
的，还有一些无法确定其来源。在耶路撒冷找不到能够匹配所有这些种类的
步枪的弹药。[78] 耶路撒冷的阿拉伯人一度决定自费购买武器，并为此进行了
募捐。努赛贝表示，与犹太人在纽约所取得的成功相比，阿拉伯人所筹得的
款项显得十分可怜。[79]

　　努赛贝出身于耶路撒冷最受人尊敬的家庭之一，他在剑桥大学读过法律，
回国后曾任地方法官。他曾在托管国政府的土地部门工作过，但后来于1945

年辞职。辞职后，他加入了穆萨·阿拉米在伦敦的阿盟办事处。1946 年，他重又回到巴勒斯坦并在当地担任律师。同年 5 月，他成为了阿拉伯最高委员会中的一员。巴勒斯坦之战爆发时，他已年近三十五岁。当时他是耶路撒冷的著名领导人，曾参与组织当地的防卫行动。20 世纪 50 年代初，他用英文撰写了一本回忆录，但受政治层面的影响（他很快将在约旦政府中出任部长），回忆录的手稿最终被束之高阁，这本书也从未面世。但努赛贝也曾公开撰写文章控诉阿拉伯政客的无能、腐败及其对整个民族的背叛。他还把矛头对准了英国人：他们一边削弱阿拉伯人的力量，一边增强犹太人的实力。在努赛贝看来，犹太人当时正密谋统治整个世界。

努赛贝认为，阿拉伯最高委员会的权力过于集中，这在很大程度上损害了巴勒斯坦当地居民的利益，因为该委员会的总部远在开罗。巴勒斯坦的阿拉伯人最终只能独自挣扎。地方层面的防卫组织工作开始得太晚了。阿拉伯最高委员会的领导人和阿盟的高官彼此不和，他们只顾着内斗。在这些人当中，没有人弄得清楚巴勒斯坦的真实情况。努赛贝写道："很显然，他们认为阿拉伯人能够轻而易举地取得胜利，他们唯一担心的似乎是功劳该归谁。两帮人都不急于与对方分享功劳，都决心不惜一切代价将巴勒斯坦阿拉伯人排除在外。"事实上，历史研究表明，在战争最激烈的时候，阿拉伯领导人却在为工资的多少等问题争吵不休。[80] 他们诋毁哈吉·阿明·侯赛尼，使他丧失了影响力。在努赛贝看来，作为民族象征，穆夫提取得了成功，但作为一个领导人，他却十分失败。在抗击犹太人的战争中，阿拉伯人方面主要有两位主要的军事领袖，他们分别是在北方作战的法乌齐·卡乌克吉（Fawzi al-Qawuqji）和在耶路撒冷地区作战的阿卜杜勒·卡迪尔·侯赛尼。事实上，在这两位军事领袖之间也存在着个人、家族和政治层面的竞争。努赛贝指出，几乎阿拉伯人的每一项计划都被叛徒泄露给了犹太人。此外，犹太人还擅长心理战，他们部署了专门制造噪音的机器来吓唬阿拉伯人。

努赛贝认为，阿拉伯军队中的某些指挥官仍是以 20 世纪 30 年代反抗英国人时的方式来思考问题。在当时，起义军经常退到山区，这是有道理的，因为英国人并不打算控制整个国家。但犹太人却是在为统治全国而战，因此，阿拉伯战士们从村庄撤出的决策是错误的，努赛贝写道。除此之外，努赛贝还责备了自己。他写道："我低估了敌人的力量，高估了自己人的力量。"他沉迷于阿拉伯人过去的辉煌，而忽视了现在的困难。然而，他想表达的核心论点却是，如果巴勒斯坦的阿拉伯领导人不破坏战争努力，并懂得如何合作，他们本可以保住这个国家。他还认为，如果阿拉伯联军将战争的指挥权交给巴勒斯坦当地指挥官，而不是其他阿拉伯国家的军官，巴勒斯坦的悲剧可能就会避免。[81]

在战争期间，努赛贝失去了一条腿，等到战争结束后的某个时候，努赛贝将犹太人和阿拉伯人之间的冲突放到了更大的历史背景中来考察。他读过《锡安长老会纪要》，也知道这本书的真实性受到了人们的质疑，但他却不能完全确定这一点。他写道，这本书无论如何都不能置之不理。

努赛贝还读过哈伊姆·威茨曼的自传。魏茨曼是俄罗斯人，而共产主义最早是在俄罗斯推行的，这难道只是一个巧合吗？努赛贝问道。考虑到俄国革命中牵连了那么多犹太人，那犹太复国主义和共产主义是独立产生的，还是同一棵树上的两个分支？此外，据说《锡安长老会纪要》是在俄国编造出来的，这难道只是个巧合吗？

不管怎么说，如果《锡安长老会纪要》真的是一个统治世界的计划，那么它所倡导的方法就可能成功，努赛贝写道。诚然，犹太复国主义是一个民族主义运动，而共产主义却是国际性的。但也许这两者都只是某个单一计划的一部分，而这项计划就是锡安长老们的计划。因此，阿拉伯民族主义和犹太复国主义之间没有妥协的余地。努赛贝表示，就像纳粹主义一样，犹太复国主义是一个有侵略性、有强大动力的运动。无论阿拉伯人怎么安抚它，他们总不会取得成功。[82] 就像哈利勒·萨卡基尼在其日记中所反映出的亲纳粹情绪，努赛贝的书中也存在一些反犹言论。他所提出的理论反映出了两个民族主义运动之间的巨大鸿沟。*

---

* "如果穆夫提进攻耶路撒冷老城，他会杀光所有的犹太人，"戴维·本-古里安在以色列内阁的第一次会议上这样说道。他是在谈论大屠杀时扯上的这一话题。在这次内阁会议上，他莫名其妙地就爆发了。他突然开始用第二人称复数来谈论巴勒斯坦的阿拉伯人，仿佛他们就坐在内阁会议室里。"是你们挑起的战争，但你们输了。"在另一次会议上，本-古里安说："我们决定清空拉姆拉（Ramle）。"又过了一段时间，本-古里安提出要征服加利利，其目的是驱逐当地的10万阿拉伯人。这里，他又用到了"清空"（to clean）这个动词。到战争结束时，约有6 000名犹太人身亡。就当时巴勒斯坦的犹太人口来说，这一数字相当于每100个犹太人中就有一个死于战争。[83]

8

按理说，直到 1948 年 5 月 14 日午夜，英国人都应一直肩负起维护巴勒斯坦法律和秩序的责任。他们曾多次保卫犹太定居点和犹太人的街区，其中包括耶路撒冷老城的犹太区。[84] 但在另一方面，他们却并没有试图去阻止哈加纳的进攻，阻止被驱逐和被迫逃亡的阿拉伯人。在某些情况下，他们甚至"帮助"阿拉伯人离开自己的家园。与此同时，他们还将政府许多方面的职能都移交给了犹太事务局。英国人为顺利交接所付出的努力是他们为犹太民族家园做出的最后贡献。[85]

就像展开军事行动时一样，英国人在撤军和解散政府的时候也是经过精心准备的，这些任务也都会分阶段展开。在联合国进行分治投票前的某个时候，本-古里安要求首席政务官格尼将一系列政府的公共服务设施——如电信交换局和耶路撒冷的供水系统等——移交给犹太事务局。该机构为自己准备了一份由三十七个部门组成的政府清单。根据这些部门的重要性，犹太事务局又将它们分成了若干组——从审计总署、广播电台到负责统计、调查和城市规划的各办公室——并为其构建了一套详细的控制体系。该机构认为最好的政策是继续聘用现有的官员。[86]

格尼回复本-古里安说，英国不可能为犹太人建立起一个国家。据本-古里安说，格尼对犹太事务局的要求非常生气。本-古里安以胜利者的姿态宣称，犹太事务局希望以"体面"且"友好"的方式与英国人告别，犹太人也希望能继续与英国人保持友好关系。他对格尼说，也许这对你来说并不重要，但对我们来说却非常重要。[87]

犹太事务局随后思考了两种可能出现的情形：要么英国人有序地转移控制权，以确保连续性；要么他们会惊慌失措，突然离开，然后留下一片烂摊子。在后一种情况下，犹太人和阿拉伯人将竞相争夺控制权，行动更快的一方将成为赢家。犹太人的行动都建立在这样一种假设上，即英国人会选择第二种方案。犹太事务局的一名情报人员表示，英国人显然会尽一切努力来阻止犹太复国主义者接管这个国家，他预测英国人会推行焦土政策。[88]

但英国人却在操心其他的事情。他们关心的是通知政府雇员被解雇，保证这些雇员在其他地方继续工作时能得到预支薪水，以及有组织地将家具和其他设备运回英国。在一份长达 14 页的文件中，他们列出了 62 项任务，其中最重要的是为寡妇和孤儿安排好抚恤基金。[89]

当然，英国人完全可以不考虑后果就立马离开——但他们实在是太看重他们的官僚体系了。爱德华·基思–罗奇写道："高级专员们来了又走。对他们来说，巴勒斯坦只是他们官场生涯中的一个片段；但对我和这里的其他官员来说，它却是我们的生命。"[90] 詹姆斯·波洛克写道，他们在这个国家待了 25 年，投入了大量的工作才建立起这套行政体系，他们不可能眼睁睁地看着它被拆除而不感到一丝的痛苦和不安。波洛克和其他持有同样想法的人都希望政府能够继续正常运转下去。因此，在政府交接（移交给犹太人）过程中，他们付出了许多努力。[91] 英国人将政府的一部分职能交给了各市政机构，其余的职能则移交给了犹太事务局。此外，根据英国政府的撤离计划，整个国家从南到北的犹太人聚居区仍将由英国方面来负责，而英国人几乎是直到离开前的最后一分钟才卸掉了这份责任。这一决定最终阻碍了阿拉伯人的战争规划。[92]

促使英国人为犹太复国主义运动提供这种服务的原因不是同情，而是其作为统治者的心态。在英国人看来，他们离开后的第二天就必须有人接过政府的责任，不管是法院、兽医服务、文物部门还是列车时刻表。[93] 如果阿拉伯人也有自己的预备政府，英国人又会做出何种决定呢？这个问题还真不好说。

9

首席政务官格尼觉得自己仿佛坐在剃刀的边缘。在委任统治即将落幕的日子里，他陷入了一种相当疯狂的情绪当中，并在日记中对当时的局势发表了一些荒谬的看法。他用电报把《以赛亚书》第 37 章第 32 节的经文发给了伦敦的殖民部："必有余剩的民从耶路撒冷而出；必有逃脱的人从锡安山而来。万军之耶和华的热心必成就这事。"[94]在秩序普遍崩溃、暴力屠杀肆虐全城的情况下，行政官员谨守着自己的工作常规，而由此造成的结果往往是非常荒唐的。教育部门的负责人伯纳德·德本森（Bernard De Bunsen）发现自己正在展开一次英勇的行动——他要去接收官办高中的考试试卷。这些试卷保存在教育部门官员犹大·莱布·布鲁姆（Juda Leib Bloom）的家里，他住在雷哈维亚附近。在当时的局面下，想要在城市里走动已经非常不容易了。不同的区域被铁丝网隔开，从一个区域跨越到另一区域需要许可证。德本森设法从他位于玛丽公主街的办公室走到了雷哈维亚的加沙街，布鲁姆就住在这附近。两人在一处设有沙袋和铁丝网的路障处碰头，士兵们帮助布鲁姆把试卷从路障的一边传到了另一边。[95]

在统治巴勒斯坦 30 年后，英国人仍未实行义务教育，在此背景下，英国人对考试的推崇便显得尤其荒唐。在当时的教育体制下，城市和乡村儿童的教育标准不同，男孩和女孩的教育标准也不同。每十个阿拉伯人中只有三个人上学，其余七人（大部分都住在农村）长大后都是文盲。[96]对阿拉伯社群来说，这种损失是灾难性的。如果存在一个全国性的教育系统，那阿拉伯人便能够借此形成民族凝聚力。但 1948 年的战争暴露出了阿拉伯人因地区、社会和经济层面的区隔而造成的分裂，其城市居民和农村居民之间存在着巨大的差异。[97]相比之下，犹太教育体系则将犹太人组成了一个民族共同体，为他们的独立战争做好了准备，并带领他们取得了胜利。即便英国政府对犹太复国主义运动的支持仅限于使阿拉伯人的文盲问题持久化，国王陛下的政府也依然可以宣称自己遵守了在《贝尔福宣言》中所许下的诺言。*

首席政务官格尼声称，英国人当年是带着良好的意图来到巴勒斯坦的，它也帮助该国走上了通往 20 世纪的道路。巴勒斯坦已经变得富裕起来。它有一流的道路、供水、学校、医院和电力系统，还有农业研究站、港口和铁路。此外，该国还拥有中东地区独一无二的司法系统，因为它与腐败绝缘。"尽管犯了错误，但我们做得非常好，"一位英国议员说道。坎宁安高级专员只须从

---

* 首席政务官格尼援引了犹太复国主义学校要求学生自愿为国家服务一年的规定，并以此来表明这些学校培养出的是狭隘且尚武的爱国主义。在提到哈加纳下令禁止耶路撒冷的犹太人离开被围困的城市时，他写道："犹太人在对待自己的人民时，正变得越来越纳粹化，也变得越来越无情。"[98]

他的窗户向外望去，便可以看到耶路撒冷在过去25年中所取得的成就。然而，他感到遗憾的是，在每年2 400万镑的预算中，他不得不将800万镑用于安保领域。他总在想，如果这笔钱被用于改善国家的状况，巴勒斯坦现在会变成什么样啊。在首席政务官格尼看来，比起成就，巴勒斯坦所面对的问题更多。从一开始，英国便把大厦建在了沙滩上。"我今天在想，"他写道，"如果必须把巴勒斯坦写在我的心上，难道一定要用阿拉伯语和希伯来语这两种语言来写吗？"[99]

詹姆斯·波洛克如今驻扎在海法，他正在权衡一个关键的决定——到底是把他的瓷器和银器单独装运，还是和其他家具一起打包寄走。在艾伦比出兵抵达耶路撒冷后的三十年里，波洛克曾在尼日利亚短暂停留过，但现在距他回到巴勒斯坦时已经有一段时间了。和以往一样，他每天都给家里写信。他的妻子几个月前就离开了，是和其他的平民一起走的。波洛克把自己所遇到的难题告诉了妻子：如果他把银器和瓷器单独寄走，这可能产生更多的费用，因为运输其他物品（其中包括家具）的费用，都是由政府来买单的。

他在给妻子的信中提到了为了纪念英国征服巴勒斯坦三十周年而举行的一场仪式。波洛克说，每个人穿着五颜六色的长袍，戴着精致的头饰，就像第一年的仪式一样。他还提到了城中正在发生的战争的细节。

"我想，当我们走的时候，会有一片巨大的欢呼声，"波洛克写道。他相信英国人将于5月1日离开，这是一个有过动乱历史的日子。那年的5月1日恰好是个星期六；这一天既是圣墓教堂举行圣火仪式的日子，也是内比·穆萨节大游行的日子。"不用担心，因为到时候就不该我们负责了，"他十分欣慰地写道。"好吧，"他在联合国投票赞成分治后总结说，"犹太人赢了……除此之外，还有什么可写的呢？"[100]

在给妻子的信中，他还会不时地谈到在当地发生的恐怖袭击。他会告诉妻子，这个人被杀了，那个人受伤了，雷克斯（Rex）电影院被人放了火，整个城市因此实行宵禁。他对妻子说，英国政府在耶路撒冷举行了一场高尔夫球赛，由英国平民对阵英国军队。比赛进行过程中，从拉马特拉海勒（Ramat Rachel）基布兹传来了枪声。其中一名士兵骑着马去查看发生了什么事，结果他却一个人走了回来。能看得出来，他被吓得不轻。"伊索贝勒（Isobel）中枪了，"他喃喃自语道。旁边的英国人费了一番功夫才搞清楚，原来他说的是他的马。

　　还有一次，耶路撒冷发生了一次巨大的爆炸，爆炸所产生的冲击波震动了本-耶胡达大街，几乎把波洛克从床上扔了下来。这次事件共造成十人死亡。"犹太人坚信这件事是英国警察干的，"波洛克在给妻子的信中写道。他并没有排除这种可能性，只是指出，这一事件掩盖住了另一则消息：巴勒斯坦不再属于货币与英镑挂钩的国家。就在几天前，《巴勒斯坦邮报》的编辑部遭到了袭击，而在几周后，犹太事务局的办公大楼也成了袭击目标。这三起事件的确有可能是英国人展开的报复行动，但它们也可能是阿拉伯人所为，甚至有可能是某些犹太人为了激化矛盾而故意这么干的。犹太特工在执行任务时有时会身着英国人的制服。[101] *

　　荒唐的事情比比皆是。一位名叫德拉克福德（D. Drakeford）的警察要求犹太事务局为他写一封推荐信，并在信中表明他在过去 7 年中与该机构存在"密切合作"。他并不清楚自己接下来该干什么——也许会搬到新西兰去，也有可能去南非。犹太事务局给他开了推荐信，并祝他一切顺利。还有一名英国士兵给果尔达·梅厄写信说，他决定留在巴勒斯坦当农民。他说他百分之一百地亲犹，作为一个虔诚的基督徒，他有义务这么做。此外，总有一天，巴勒斯坦会完全成为犹太人的天下，因为《圣经》上是这么说的，他相信《圣经》。[103]

　　迈克尔·布赖恩特也想把自己的命运与巴勒斯坦联系在一起。和巴克将军一样，这位耶路撒冷电力公司的董事似乎也是在爱情的影响下形成了自己的政治观点。1936 年，布赖恩特带着妻子和儿子来到耶路撒冷定居，当年他 25 岁。在电力公司工作的十二年里，他已经很好地融入了当地社会。当他被指控为阿拉伯人的间谍时，他觉得十分诧异。毕竟，他对犹太人抱有同情心，而不管是哈加纳还是犹太事务局，两者都对此心知肚明。

　　在一本保存在洛特·盖格尔手里的日记中，布赖恩特记录了自己为确保耶路撒冷稳定的电力供应所付出的努力。对于当时正处于围困状态的圣城来说，这可不是一件容易的事情。电力公司的燃料储备开始减少，但他却没办法获得补给。与此同时，公司在资金方面也出现了短缺，因为耶路撒冷的居民们此时

---

* 安瓦尔·努赛贝很自豪地描述了这三起袭击事件，但犹太人却怀疑它们是否系阿拉伯人所为。这一点让努赛贝感到很受伤。[102]

已不再缴纳电费。此外，布赖恩特还要操心公司设施以及工人们的安全问题。公司当时所雇用的大部分工人都是阿拉伯人。5月12日，他在日记中对当天与多夫·约瑟夫（Dov Yosef）所展开的会谈进行了总结。多夫是布赖恩特的老朋友，他当时被犹太事务局任命为耶路撒冷城西区的区长。为了节约用电，布赖恩特建议立即实行"双夏时制"。身为律师的多夫面色阴沉，他一如既往地穿着一件白色细条纹西装。他说他没法移动时钟的指针，因为如果真的这么做了，便会有人指控犹太事务局试图将委任统治结束的时间提前两个小时。

5月13日，布赖恩特试图找到某个类似这样的国家或机构：这个国家或机构能允许他在电力公司的设施上方悬挂其旗帜，以此来象征电力公司作为公共服务机构的中立地位。国际红十字会的代表立马便答应了布赖恩特的请求，该机构还试图肩负起整个城市的工作。但犹太事务局和阿拉伯最高委员会都拒绝了这一提议。于是布赖恩特便跑去找联合国，联合国虽然允许他悬挂该国际组织的旗帜，但却建议他不要这么做。因为联合国的旗帜是蓝白相间的，阿拉伯人很可能会把它当成了以色列的旗帜。布赖恩特不想悬挂英国国旗，因为他知道犹太人和阿拉伯人都对它感到憎恶。最后，耶路撒冷的几位外国领事授权布赖恩特同时悬挂他们各国的旗帜。在英国征服巴勒斯坦三十年后，被围困的耶路撒冷又一次让各国领事们成为了舞台上的主角。[104] *

哈加纳为最后一批英国官员举行了告别晚宴，宴会现场的气氛十分凝重。[106] 英国政府的各大办公室都已经人去楼空。警方则将最后一批价值100万镑的装备锁在了仓库里。他们想把钥匙交给联合国，但联合国却拒绝接收。于是首席政务官格尼在自己任内的最后一个晚上跑到了联合国总部，他把仓库的钥匙放到了大楼前的台阶上。那天晚上他没有睡觉，枪声从午夜开始响起，并像往常一样一直持续到凌晨4点。他认为这场战争十分愚蠢。

早上7点15分，格尼带着17名工作人员离开了大卫王酒店。其中一位工作人员跑到这座受损酒店的屋顶上把英国国旗降了下来，然后又在原地升

---

* 迈克尔·布赖恩特和他的几个雇员是以色列第一次刑事审判的被告，他们被指控犯有间谍罪，检方依据的是以色列从英国那里继承来的紧急状态法。为了救出布赖恩特，洛特·盖格尔付出了巨大的努力，她从一个部委跑到另一个部委，与任何愿意倾听的人交谈。布赖恩特最终因为证据不足而被释放回家了。英国驻耶路撒冷领事一直密切地关注着此事的进展，他在报告中小心翼翼地将"以色列国"几个字打上引号。[105]

起了红十字会的旗帜。英国广播公司的记者当时也在场，同样出席的还有许多其他记者和摄影师。随后，一支由两辆民用车、一辆公共汽车和四辆装甲警车组成的车队载着格尼一行人离开了大卫王酒店。英军的坦克停驻在艾伦比广场和通往附近卡兰迪亚机场（Kalandia）的路上。街上的人不多，其中一些人还向他们挥手告别。

在政府大楼，高级专员检阅了最后一支仪仗队；随着红十字会旗帜的升起，他也于上午 8 点过几分的时候离开了。在卡兰迪亚机场，他跟手下的工作人员道了别。此后他便赶往海法，并在当地出席了一些告别仪式。按计划，到午夜时分他便已经在海上了。[107] 伯纳德·德本森则在另一支车队中，车队里的成员将从利达（Lydda）机场离开巴勒斯坦。乘客们登上了飞机，但当飞机正准备起飞时，有人注意到机场大楼的上空还在飘扬着英国国旗。这面国旗后来被机上的一名官员取了下来。"我们已经相当疲惫了，"德本森写道，"即使是马耳他凌晨 4 点的鸡蛋和培根也无法唤醒我们，直到我们半睡半醒、跌跌撞撞地回到英格兰。"[108]

这就是故事的结尾，但在它之后还有一篇后记，一篇有点荒谬的后记。1948 年 5 月 14 日星期五，詹姆斯·波洛克在他的日记中写道："这是一个令人感到悲伤的日子，犹太人……宣布独立建国了。"[109] 他将和一位名叫麦克米兰（MacMillan）的英国将军一起在巴勒斯坦多待一段时间。在戴维·本-古里安宣读完独立宣言后的几个星期里，英国人继续控制着海法港周围的一小块飞地，以确保其装备和最后一批人员的顺利撤离。这块飞地的管理者便是波洛克。阅读他遗留下来的文件，就感觉他好像是在建立一个属于自己的小国家。他给自己的"政府"设立了数个部门，并把手下的官员分配到了不同的部门中。其中有财政部、司法部、运输部还有港口部。波洛克在给港口部命名的时候，港口一词用的是复数，就好像他还要再建一个港口似的。他的幕僚包括两名特别顾问，分别负责阿拉伯和犹太事务。麦克米兰将军则发表了一份历史性声明，他宣布飞地的管辖权归英国所有，仿佛他就是艾伦比将军本人似的。[110] *

---

* 以色列政府对这最后的几位英国官员非常宽大，近乎偏爱。在伦敦，波洛克曾收到过出席以色列公使馆鸡尾酒会的邀请。[111]

波洛克自己的头衔是"首席民事顾问"。他和他手下的官员们帮助海法的最后一批阿拉伯人离开了该城，但他们大部分时间是在指挥解散行政机构以及出售和打包设备。一份总结其活动的报告显示，这次行动进行得非常顺利，没有发生任何意外。但波洛克却在自己的日记中透露了他所经历的灾难：在他离开前的最后一刻，有人竟把停放在拉马特戴维（Ramat David）机场的三辆克伦威尔坦克偷偷开走了。其中一辆坦克最终被人遗弃，但另外两辆则彻底消失了。"那是一场名副其实的骚动，"波洛克指出。除此之外，他还不得不承受最后的耻辱：为了纪念英军司令的离去，一艘战列舰发射了十五响礼炮，但随后另一艘军舰却又跟着发射了一枚多余的炮弹。"最后的那响礼炮是个错误，"波洛克指出。他讨厌犯下这样的失误。尽管如此，当这一切结束后，他最终还是松了一口气。在给妻子的电报中，他说他看到的是"一片完美的海面，巴勒斯坦在我们身后渐渐变成了朦胧一片"。[112]

巴勒斯坦之战逐渐进入白热化阶段。一天，在拉莫特纳夫塔利（Ramot Naftali）基布兹的战斗中，天空突然出现了一架小型飞机。在这架飞机上，飞行员的旁边坐着一位女士。她是洛娜·温盖特（Lorna Wingate），即犹太人的"朋友"奥德·温盖特的遗孀。在地面上，犹太男孩们正在为自己和祖国的命运而战。洛娜·温盖特的飞机在男孩们的头顶上盘旋了一段时间。为了提升他们的士气，她把她丈夫的希伯来圣经从空中扔了下去。阿瑟·凯斯特勒（Arthur Koestler）很喜欢这个故事，并把它写进了自己的书里。在这本有关以色列独立的书中，温盖特夫人的故事被放置在名为"大卫与歌利亚"的一章中。也许这个故事只不过是个一厢情愿的幻想，因为按照有些人的说法，在旁人的劝说下，温盖特夫人在最后一刻放弃了她的空中冒险。[113]尽管如此，在梦想与幻觉之间、在小说与神话之间，这个故事总能找到其存在的位置。

注　释

1. Kalinov to Kupferberg, 12 Feb. 1946, CZA S25/5900.
   R. Ipka Mistabra, "Liberated Darling" (in Hebrew), *Yediot Aharonot*, 22 June 1945, p. 2.
2. Elihau Stern, ed., *Chronology of the New Jewish Yishuv in Palestine, 1936–1947* (in Hebrew) (Jerusalem: Yad Ben-Zvi, 1974), p. 172.
   Yehuda Koren, "The English Officer's Woman" (in Hebrew), *Davar Ha-Shavu'a*, 28 Nov. 1986, p. 12.
3. Yitzhak Abadai, *Between Us and the English* (in Hebrew) (Jerusalem: Kiriyat Sefer, 1977).

4. A. J. Sherman, *Mandate Days* (London: Thames and Hudson, 1997), p. 186.
5. Hadara Lazar, *The Mandatories* (in Hebrew) (Jerusalem: Keter, 1990), p. 109ff.
   Bryant to Geiger, 31 July 1948. Quoted with her kind permission.
6. Henry Gurney, *Palestine Postscript*, p. 11, MEC, Gurney Papers, GUR 1/2.
7. Minutes of a meeting held in the Department of Public Works, 8 Oct. 1947. In the possession of Lotte Geiger. Quoted with her kind permission.
   Chief Secretary's Office, *Withdrawal*, 2 Dec. 1947.
   De Bunsen Papers. With the kind permission of his widow.
8. Hope-Simpson to Chancellor, 30 Aug., 15 Oct. 1945, RHL, Chancellor Papers, 16:6, ff. 73–76.
9. Gurney diary, pp. 53, 28. MEC, Gurney Papers, GUR 1/1.
10. The Arrangements for the New Immigrants in Palestine, 1944–1945 (in Hebrew), CZA S25/556.
    Tom Segev, *1949: The First Israelis* (New York: Henry Holt and Co., 1998).
11. The Arrangements for the New Immigrants in Palestine, 1944–1945 (in Hebrew), CZA S25/556.
12. Samuel in the House of Lords, 10 Nov. 1945, 138 H.L. Deb. 5.s. col. 495.
13. PRO PREM 8/256.
    Alan Bullock, *Ernest Bevin: Trade Union Leader* (New York: W. W. Norton, 1960), p. 167.
    Dean Acheson, *Present at the Creation* (New York: New American Library, 1970), p. 234.
14. Khalil al-Sakakini, *Such Am I, O World* (in Hebrew) (Jerusalem: Keter, 1990), p. 221.
15. Acheson, *Present at the Creation*, p. 246.
    Wm. Roger Louis, "British Imperialism and the End of the Palestine Mandate," in *The End of the Palestine Mandate*, ed. Wm. Roger Louis and Robert W. Stookey (Austin: The University of Texas Press, 1986), p. 15ff.
16. Meir Avizohar, "The Hourglass" (in Hebrew), in David Ben-Gurion, *Chimes of Independence* (Tel Aviv: Am Oved, 1993), p. 5.
    David Ben-Gurion, *Chimes of Independence*, p. 253.
17. David Ben-Gurion, *Towards the End of the Mandate* (in Hebrew) (Tel Aviv: Am Oved, 1993), p. 379.
18. Michael J. Cohen, *Palestine and the Great Powers, 1945–1948* (Princeton: Princeton University Press, 1982), p. 217ff.
19. Ben-Gurion with Bevin, 3 Feb. 1947, CZA S25/7568.
20. Ben-Gurion, *Towards the End of the Mandate*, p. 355.
    Ben-Gurion with Bevin, 29 Jan., 3, 6 Feb. 1947, CZA S25/7568.
21. "*Sunday Express* and *Daily Mail*," in Saul Zadka, *Blood in Zion* (London: Brassey's, 1995), p. 181ff.
    Beely to the prime minister, 31 Dec. 1946, PRO FO 371/61761.
22. Brigadier Peto in Parliament, 25 Feb. 1947, 433 H.C. Deb. 5.s., col. 1934.
23. Churchill to Parliament, 31 Jan. 1947, 432 H.C. Deb. 5.s., col. 1348. See also: Churchill to Parliament, 3 Mar. 1947, 434 H.C. Deb. 5.s., col. 35.
    Churchill to Parliament, 12 Nov. 1946, 430 H.C. Deb. 5.s., col. 26.
    Prime minister in Cabinet, 20 Sept. 1947, PRO CAB 128/10.
24. Churchill in Parliament, 31 Jan. 1947, 432 H.C. Deb. 5.s., col. 1348.
    The Palestine Problem (1945), PRO WO 210/192.
    Memorandum by Joint Planning Staff, 26 September 1947, PRO AIR 20/2461. J.P. (47) 130 Final.
    The Chief to the Air Staff in Cabinet, 14 Feb. 1947, PRO CAB 128/9.
    Dalton in Cabinet, 20 Sept. 1947, PRO CAB 128/10.
    Gurney diary, p. 38, MEC, Gurney Papers, GUR 1/1.
25. Correlli Barnett, *The Lost Victory: British Dreams, British Realities, 1945–1950* (London: Macmillan, 1995), p. 53ff.

Louis, "British Imperialism and the End of the Palestine Mandate," p. 53ff.
26. Michael J. Cohen, *Palestine and the Great Powers, 1945–1948* (Princeton: Princeton University Press, 1982), p. 268.
27. Ben-Gurion in the Jewish Agency Executive, 12 Oct. 1947, CZA S25/22.
28. Ben-Gurion, *Chimes of Independence*, p. 55.
29. Unsigned letter, 5 May 1941, CZA S25/7967.
Weizmann with Roosevelt, 11 June 1943, Weizmann Papers.
Yaron Ran, *The Roots of the Jordanian Option* (in Hebrew) (Zitrin, 1991). See also: Meyerson with Abdallah, 17 Nov. 1947, CZA S25/4004.
30. Anwar Nusseibeh, "Pattern of Disaster: Personal Note on the Fall of Palestine," p. 12. With the kind permission of his son.
31. Cohen, *Palestine and the Great Powers*, p. 260ff.
32. Henry Gurney, "Palestine Postscript," p. 14, MEC, Gurney Papers, GUR 1/2.
Gurney diary, p. 22, MEC, Gurney Papers, GUR 1/1.
33. Ben-Gurion, *Chimes of Independence*, p. 217ff.
Menachem Friedman, "And These Are the Generations of the Status Quo: Religion and State in Israel" (in Hebrew), in *The Transition from Yishuv to State, 1947–1948* (in Hebrew), ed. Varda Pilovsky (Haifa: Haifa University, 1990), p. 47ff.
34. Louis, "British Imperialism and the End of the Palestine Mandate," p. 23ff.
35. Michaeli to the Jewish Agency, 18 Dec. 1947, CZA S25/10039.
Cohen, *Palestine and the Great Powers*, p. 139.
36. Cohen diary, 27–30 Nov. 1947, Haganah Archive, P. 80.276.
37. Sakakini diary, 20 June 1946. With the kind permission of his daughters.
38. Barker to Antonius, 14 and 27 May, 21 June, 6 July 1947, ISA P/867.
39. Barker to Antonius, 27 May 1947, ISA P/867.
40. Barker to Antonius, 27 Oct., 6 and 16 Dec. 1947, ISA P/867.
41. Barker to Antonius, 1 Dec. 1947, ISA P/867.
42. Barker to Antonius, 19 Sept. and 1 Oct. 1947, ISA P/867.
43. Barker to Antonius, 6 July 1947, ISA P/867.
44. Barker to Antonius, 3 July 1947, ISA P/867.
45. Eliahu Eilat, "Conversations with Musa Alami," *Yahadut Zemananu*, vol. II (1985), p. 35.
46. Proposed Arab Department (n.d.), ISA P/375/2562.
Sakakini to Pinkerton, 18 May 1945, 16 Mar. 1947, ISA P/337/1060.
47. Sakakini to Alami, 13 Apr. and 4 May 1945, ISA P/375/2561.
Sakakini to Alami, 21 Apr. 1946, ISA P/335/969.
Sakakini to Alami, 5 Apr. 1947, ISA P/337/1060.
48. Isa Khalaf, *Politics in Palestine* (Albany: State University of New York Press, 1991), p. 138ff.
49. Eilat, "Conversations with Musa Alami," pp. 1, 43.
50. Stern, *Chronology of the New Jewish Yishuv in Palestine*, p. 280.
51. Haim Levenberg, *Military Preparations of the Arab Community in Palestine, 1945–1948* (London: Frank Cass, 1993), p. 179ff.
52. Ben Gurion diary, 20 Apr. 1948, Ben-Gurion Heritage Archives.
53. Cohen diary, 7 Dec. 1947, Haganah Archive, P. 80.276/3.
54. Cohen diary, 25 Dec. 1947, Haganah Archive, P. 80.276/3.
55. Sakakini, *Such Am I, O World*, pp. 230, 227, 228.
56. Sakakini, *Such Am I, O World*, p. 229.
57. Letters to Adnan al-Yehiya, ISA 65 P/392 (03149).
58. Sakakini, *Such Am I, O World*, p. 232.
Danny Rubinstein, "Why Did Abdel-Kader Speak English?" (in Hebrew), *Ha'aretz*, 6 Nov. 1998, p. B7.
59. Pollock to his wife, 10 Apr. 1948, PRONI D/1 581/2/9.

60. Fawzi to Adnan, 12 Apr. 1948, ISA 65 P/392 (03149).
61. Nusseibeh, "Pattern of Disaster," p. 152ff. With the kind permission of his son.
62. Uri Milstein, *The History of the War of Independence* (in Hebrew) (Tel Aviv: Zemora Bitan, 1991), vol. IV, p. 201ff.
63. Sakakini, *Such Am I, O World*, p. 232.
64. Hala Sakakini, *Jerusalem and I* (Amman: n.p., 1987), p. 121ff.
    ISA, minutes of cabinet meeting, 9 June 1948 (classified portion); see: Tom Segev, "The First Secrets" (in Hebrew), *Ha'aretz*, 3 Feb. 1995, p. 5.
65. H. Sakakini, *Jerusalem and I*, p. 118.
66. Yitzhak Levi, *Nine Measures* (in Hebrew) (Tel Aviv: Ma'archot, 1986), p. 342ff.
    Milstein, *The History of the War of Independence*, vol. IV, p. 251ff.
    De Bunsen diary, 11 Apr. 1948. With the kind permission of his widow.
    Gurney diary, p. 59. MEC, Gurney Papers, GUR 1/1.
67. Sakakini, *Such Am I, O World*, p. 243.
    H. Sakakini, *Jerusalem and I*, p. 140.
68. Netanel Lorch, *The Events of the War of Independence* (in Hebrew) (Masada, 1989), p. 195.
69. C. S. Halevi and A. Bezhezhinsky, *In a Double Siege* (in Hebrew) (Hadar, 1982).
70. Nusseibeh, "Pattern of Disaster," p. 178ff. With the kind permission of his son.
71. CZA S25/9679; 10046.
72. Benny Morris, *The Birth of the Palestine Refugee Problem, 1947–1949* (Cambridge: Cambridge University Press, 1988).
73. Sakakini, *Such Am I, O World*, p. 243.
74. Nusseibeh, "Pattern of Disaster," p. 194. With the kind permission of his son.
75. Ben-Gurion diary, 1 May 1948, Ben-Gurion Heritage Archives.
76. "Political and Diplomatic Documents, Dec. 1947–May 1948," ISA, 1980, p. 703ff.
77. Khalaf, *Politics in Palestine*, p. 132.
78. Nusseibeh, "Pattern of Disaster," pp. 32, 80. With the kind permission of his son.
79. Nusseibeh, "Pattern of Disaster," p. 56ff. With the kind permission of his son.
80. Khalaf, *Politics in Palestine*, p. 155.
81. Nusseibeh, "Pattern of Disaster," pp. 13, 15, 39, 43, 56, 60, 80ff., 98ff., 102ff., 161, 208. With the kind permission of his son.
82. Nusseibeh, "Pattern of Disaster," pp. 78ff., 209ff. With the kind permission of his son.
83. Tom Segev, "The First Secrets" (in Hebrew), *Ha'aretz*, 3 Feb. 1995, p. 5.
84. Levenberg, *Military Preparations of the Arab Community in Palestine*, p. 186.
85. PRO AIR 23/8342-5; 23/8350.
    Evacuation of Palestine, Progress Reports, Feb.–Apr. 1948, PRO WO 216/249.
86. Framework plan for receiving control of the country, 17 Oct. 1947, CZA S25/3735.
87. Ben-Gurion with Gurney, 13 Oct. 1947, CZA S25/22.
88. Reuven Zalani to Golda Meyerson, 16 Nov. 1947, CZA S25/4065.
89. Henry Gurney, "Palestine Postscript," p. 11, MEC, Gurney Papers, GUR 1/2.
90. Gurney diary, p. 83, MEC, Gurney Papers, GUR 1/1.
    Keith-Roach to Parkinson, 30 Sept. 1936, PRO CO 733/316 75528/71.
91. Pollock memorandum, 20 Mar. 1948, PRONI D/1581/4/2.
    "Political and Diplomatic Documents, Dec. 1947–May 1948," ISA, 1980, p. 703ff.
92. Khalaf, *Politics in Palestine*, p. 199ff.
93. Chief Secretary's Office, Central Problems Common to All Departments, 2 Dec. 1947, De Bunsen papers. With the kind permission of his widow.
    G. H. A. MacMillan, The Planning of the Evacuation of Palestine, IWM, MacMillan Papers.
94. Gurney diary, pp. 5, 104, MEC, Gurney Papers, GUR 1/1.
    Henry Gurney, "Palestine Postscript," p. 25, MEC, Gurney Papers, GUR 1/2.

95. De Bunsen, 24 Mar. 1948. With the kind permission of his widow.

96. Memorandum (village school in Tarshiha), 6 Nov. 1946, ISA M/125/19.
A Survey of Palestine Prepared for the Anglo-American Committee of Inquiry (Jerusalem: Government Printer, 1946), vol. II, p. 638.

97. Khalaf, Politics in Palestine, pp. 162, 203ff.

98. Gurney diary, pp. 5, 37, 53, MEC, Gurney Papers, GUR 1/1.
Henry Gurney, "Palestine Postscript," p. 3ff., MEC, Gurney Papers, GUR 1/2.

99. Colonel Gomme-Duncan in Parliament, 14 May 1948, 450 H.C. Deb. 5.s., col. 2426.
Alan Cunningham, "Palestine: The Last Days of the Mandate," International Affairs, vol. XXIV (1948), p. 481.
Gurney diary, pp. 5, 37, 53, MEC, Gurney Papers, GUR 1/1.
Henry Gurney, "Palestine Postscript," pp. 3ff., 15, MEC, Gurney Papers, Gur 1/2.
Naomi Shepherd, Ploughing Sand: British Rule in Palestine, 1917–1948 (London: John Murray, 1999).

100. Pollock to his wife, 9, 12, 13, and 30 Nov. 1947, PRONI D/1581/2/9.

101. Pollock to his wife, 11 Jan., 22 Feb. 1948, PRONI D/1581/2/9. See also: CZA S25/10391; 4145.
Testimony of Ya'akov Solomon, Haganah Archive, 178.62 (47).

102. Nusseibeh, "Pattern of Disaster," p. 128. With the kind permission of his son.

103. Drakeford to the Jewish Agency, 3 Jan. 1948; Sakharov to Drakeford, 20 Jan. 1948, CZA S25/6195; letter to Meyerson, 15 Nov. 1947, CZA S25/8178.

104. Bryant diary. With the kind permission of Lotte Geiger. See also: Tom Segev, "The Absolution of Michael Bryant" (in Hebrew), Ha'aretz, 18 Sept. 1992.
Dov Yosef, Faithful City (in Hebrew) (Tel Aviv: Schocken, 1964).

105. British consul in Haifa to Foreign Office, 13 Aug. 1948, PRO FO 371/68656.

106. Evacuation of Security Areas, 17 May 1948, CZA S25/10526.

107. Gurney diary, p. 106ff. MEC, Gurney Papers, GUR 1/1.

108. De Bunsen diary. With the kind permission of his widow.

109. Pollock diary, 14 May 1948, PRONI D/1581/3/20.

110. Pollock report, 23 July 1948; speech by MacMillan. PRONI D/1 581/4/2.

111. PRONI D/1581/4/3.

112. Pollock diary, 29–30 June 1948, PRONI D/1581/3/20.

113. Arthur Koestler, Promise and Fulfillment (London: Macmillan, 1949), p. 226.
Uri Yafeh, "Orde Wingate's Bible" (in Hebrew), in First to Battle (in Hebrew), ed. Galia Yardeni (Tel Aviv: Ha-Kibbutz Ha-Me'uhad, 1967), p. 56ff.; Tom Segev, "Two Holding the Bible" (in Hebrew), Ha'aretz, 27 Feb. 1998, p. B7.

图书在版编目(CIP)数据

一个完整的巴勒斯坦:英国委任统治时期的犹太人
与阿拉伯人/(以)汤姆·塞格夫(Tom Segev)著;丁
辰熹译. —上海:上海人民出版社,2023
(地区研究丛书/刘东主编)
书名原文:One Palestine Complete:Jews and
Arabs under the British Mandate
ISBN 978-7-208-18015-4

Ⅰ.①一… Ⅱ.①汤…②丁… Ⅲ.①社会生活-生
活史-巴勒斯坦 Ⅳ.①D738.18

中国版本图书馆 CIP 数据核字(2022)第 202780 号

责任编辑 史美林
封面设计 安克晨

地区研究丛书

一个完整的巴勒斯坦
——英国委任统治时期的犹太人与阿拉伯人

[以]汤姆·塞格夫 著

丁辰熹 译

出 版	上海人 ▓ 出版社	
	(201101 上海市闵行区号景路 159 弄 C 座)	
发 行	上海人民出版社发行中心	
印 刷	苏州工业园区美柯乐制版印务有限责任公司	
开 本	720×1000 1/16	
印 张	39.25	
插 页	14	
字 数	597,000	
版 次	2023 年 8 月第 1 版	
印 次	2024 年 3 月第 3 次印刷	
ISBN 978-7-208-18015-4/K·3250		
定 价	168.00 元